中财传媒版

2020年注册会计师全国统一考试辅导系列丛书——名师点拨

审计

重难点点拨

注册会计师考试编写组 编

中国财经出版传媒集团
中国财政经济出版社

图书在版编目（CIP）数据

审计重难点点拨/注册会计师考试编写组编．—北京：中国财政经济出版社，2020.6

（中财传媒版2020年注册会计师全国统一考试辅导系列丛书．名师点拨）

ISBN 978－7－5095－9806－1

Ⅰ.①审…　Ⅱ.①注…　Ⅲ.①审计－资格考试－自学参考资料　Ⅳ.①F239

中国版本图书馆CIP数据核字（2020）第077808号

责任编辑：黄双蓉　罗　荀　　责任印制：党　辉
责任校对：李　丽　　封面设计：王　颖

中国财政经济出版社 出版

URL：http：//www.cfeph.cn

E－mail：cfeph@cfeph.cn

社址：北京市海淀区阜成路甲28号　邮政编码：100142

营销中心电话：010－88190406　北京财经书店电话：010－64033436

北京鑫海金澳胶印有限公司印装　各地新华书店经销

787×1092毫米　16开　42.25印张　1 010 000字

2020年6月第1版　2020年6月北京第1次印刷

定价：126.00元

ISBN 978－7－5095－9806－1

（图书出现印装问题，本社负责调换）

本社质量投诉电话：010－88190744

反盗版举报热线：88190492　88190446

前　言

中国注册会计师制度恢复重建今年正好走过40个春秋，40年风雨历程也见证着注册会计师事业的辉煌，注册会计师考试是其很重要的组成部分。注册会计师考试编写组通过对教材的详细阅读与专门研究，对教材中的知识点进行了深度的梳理与分析。在本系列丛书中，我们将教会考生如何备考、如何抓住重难点以及如何理解以前年度真题。通过对本系列丛书的学习，考生可以更加深入地了解历年考试的重点，更好地把握今年教材的新变化。书中还附有相应的练习题，帮助考生巩固所学知识、顺利通过考试。

注册会计师考试科目多、章节内容广、知识点庞杂，考生常常反映考试难度大，甚至有的考生在备考过程中就选择了放弃。其实，考生如果能够把握正确的复习方法和应试技巧，顺利通过考试并没有想象中那么困难。复习时，首先应当按考试大纲规定的范围和相应的辅导教材进行全面、系统的学习；其次抓住重点章节和重点内容强化知识储备；最后有针对性地多做练习，以掌握答题思路和技巧，并加深对重点难点的理解和把握，方法得当，教辅应手，往往事半功倍！

注册会计师考试编写组以注册会计师考试教材为起点，认真剖析知识点与考试的关系，精准把握考试定位，方便考生的理解和记忆，书中主要包含以下五个部分：

第一部分：2020年新教材内容的主要变化。这一部分主要是解读新教材的变化，帮助考生了解今年教材与以往的不同之处，把握教材新动向。

第二部分：近五年的考情统计分析。这一部分主要是对每一章节近五年的考试分值分布与考点分布进行了统计，帮助考生了解重点所在，使考生复习时有的放矢。

第三部分：重难点解析。这一部分是对教材知识点进行深度解析，为了考生使用方便，我们对每个重难点标有不同的星级，以此来对其重要程度进行区分，且重难点后会设有经典真题和经典模拟题，以求更好地帮助考生把握重点难点。

第四部分：进阶练习。这一部分增加配套练习，目的是帮助考生巩固所学知识点，掌握答题的思路和技巧，加深对重点和难点的理解和把握。

第五部分：进阶练习答案及解析。

本系列丛书的撰写倾注了编写团队大量的心血和情感，团队成员经验丰富、熟悉专业、了解考生的需求。我们的最终目标就是希望能真正帮助考生攻克每一个难关，提高考生的应试能力，使考生能轻松通过考试，顺利拿下证书。

预祝各位考生取得好成绩！

目　录

第一章　审计概述

第二章　审计计划

第三章　审计证据

第四章　审计抽样方法

第五章　信息技术对审计的影响

第六章 审计工作底稿

第七章 风险评估

第八章 风险应对

第九章 销售与收款循环的审计

第十章 采购与付款循环的审计

第十一章　生产与存货循环的审计

第十二章　货币资金的审计

第十三章　对舞弊和法律法规的考虑

第十四章　审计沟通

第十五章　注册会计师利用他人的工作

第十六章　对集团财务报表审计的特殊考虑

第十七章　其他特殊项目的审计

第十八章　完成审计工作

第十九章　审计报告

第二十章　企业内部控制审计

第二十一章　会计师事务所业务质量控制

第二十二章　职业道德基本原则和概念框架

第二十三章　审计业务对独立性的要求

第一章　审计概述

一、2020 年新教材内容主要变化

2020 年本章无实质变化。

二、本章近 5 年考情统计分析

本章考题主要以客观题为主，但是针对个别的知识点（如认定等），常常结合审计实务（教材第三编内容），以主观题（综合题）的形式考查。

本章属于最重要的考试章节之一，最近 5 年平均考试分值一般在 10 分左右。

（一）近 5 年考试分值分布

题型	2015 年	2016 年	2017 年	2018 年	2019 年
单选题	2	2	5	5	3
多选题	2	2	4	8	4
简答题	—	—	—	—	—
综合题	—	—	—	—	—
合计	4	4	9	13	7

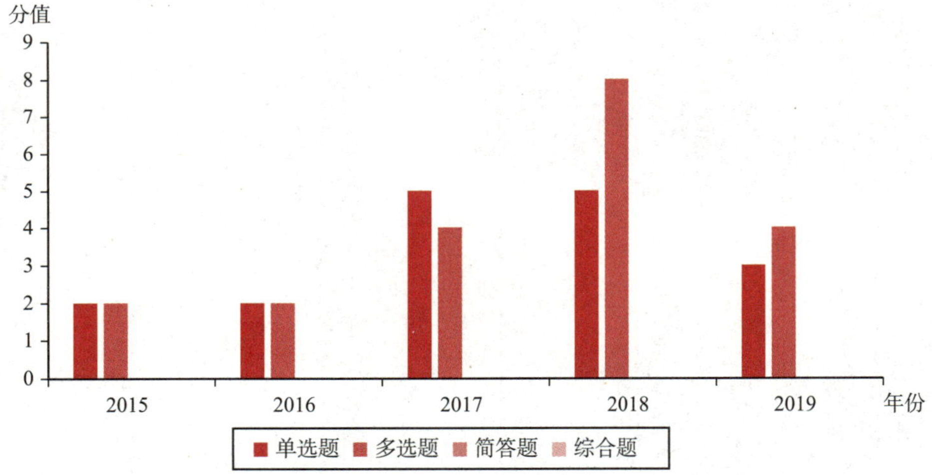

（二）近 5 年考试考点分布

高频考点内容	年度及题型分布
审计概念	2019 年单选、2018 年单选、2017 年单选
审计要素	2019 年多选、2018 年单选、2018 年多选、2017 年单选、2017 年多选、2016 年单选、2016 年多选、2015 年多选
职业怀疑与职业判断	2018 年单选、2018 年多选、2017 年单选、2017 年多选、2016 年单选、2015 年单选

续表

高频考点内容	年度及题型分布
审计风险模型	2018 年单选、2017 年单选
保证程度	2019 年多选、2015 年单选
审计基本要求	2018 年多选
审计固有限制	2019 年单选、2018 年多选

三、重难点解析

本章内容属于审计原理的基础章节，主要阐述审计的概念、保证程度、注册会计师审计和政府审计、审计业务的三方关系人、审计证据、审计的总体目标、认定、具体审计目标、保持职业怀疑、合理运用职业判断、重大错报风险、检查风险、重大错报风险与检查风险的关系、审计的固有限制等。

【小贴士】本章内容的学习，需要结合后续有关章节内容。例如，有关认定、具体审计目标和重大错报风险应与教材第三编（各类交易和账户余额的审计）的有关内容结合学习。

重难点 1：审计的概念★★

sj200101

（一）审计的定义

财务报表审计是指注册会计师对财务报表是否不存在重大错报提供合理保证，以积极方式提出意见，增强除管理层之外的预期使用者对财务报表信赖的程度。

（二）核心要点

1. 审计的用户（审计产品的提供对象）

审计的用户是财务报表的预期使用者，即审计可以用来有效满足财务报表预期使用者的需求。

【小贴士】审计的用户包括管理层，但是，如果审计用户只有管理层，则不能称其为审计。

2. 审计的目的（满足用户的需求）

审计的目的是改善财务报表的质量或内涵，增强预期使用者对财务报表的信赖程度，即以合理保证的方式提高财务报表的可信度，而不涉及为如何利用信息提供建议。

【小贴士】审计不涉及为如何利用信息提供建议，否则有损独立性。

3. 保证程度（产品质量要求）

注册会计师应当提供合理保证，不能提供绝对保证。

【小贴士】绝对保证的保证程度为百分之百，由于受到审计程序、审计对象等的固有限制，作为形成审计意见基础的审计证据大多是说服性的而非结论性的，所以，只能做到合理保证。

4. 独立性和专业性（实现审计目的的基础）

审计的基础是独立性和专业性，通常由具备专业胜任能力和独立性的注册会计师来执行，注册会计师应当独立于被审计单位和预期使用者。

【小贴士】在审计三方关系中，注册会计师既要独立于委托人（包括管理层），又要独立于除管理层之外的预期使用者，也就是说，注册会计师始终处于中立地位。

5. 审计报告（审计的最终产品）

审计报告就是注册会计师把审计结果传递给有关财务报表使用者。

【小贴士】注册会计师审计的最终产品为审计报告，不是审计后的财务报告；注册会计师审计也不同于政府审计，政府审计项目结束后，项目组提交审计报告，派出机关要根据审计报告出具审计决定书，案情严重的还要出具案件移送书。

【经典真题】

【单选题·2018】下列有关财务报表审计的说法中，错误的是（　　）。

A. 财务报表审计的目的是改善财务报表的质量或内涵

B. 财务报表审计的基础是独立性和专业性

C. 财务报表审计可以有效满足财务报表预期使用者的需求

D. 财务报表审计提供的合理保证意味着注册会计师可以通过获取充分、适当的审计证据消除审计风险

【答案】D

【解析】选项D错误，由于审计的固有限制，注册会计师据以得出结论和形成审计意见的大多数审计证据是说服性的而非结论性的，因此，审计只能提供合理保证，不能提供绝对保证。消除审计风险意味着审计风险可以降为零，进而可以得出审计的保证程度为100%，很显然是错误的。

【经典模拟题】

【单选题】下列有关财务报表审计业务的说法中，正确的是（　　）。

A. 审计业务的最终产品是审计报告和后附的财务报表

B. 如果不存在除责任方之外的其他预期使用者，则该项业务不属于审计业务

C. 审计的目的是改善财务报表质量，因此，审计可以减轻被审计单位管理层对财务报表的责任

D. 执行审计业务获取的审计证据大多数是结论性而非说服性的

【答案】B

【解析】选项A错误，注册会计师审计业务的最终产品是审计报告，不包括财务报表；选项C错误，审计的目的是改善财务报表的质量或内涵，增强预期使用者对财务报表的信赖程度，但是并不能减轻被审计单位管理层对财务报表的责任；选项D错误，执行审计业务获取的审计证据大多数是说服性而非结论性的。

重难点2：保证程度★★★

（一）注册会计师的业务范围

注册会计师根据是否提供保证程度将其业务范围划分为两大部分，即鉴证业务与相关服

务，具体如下图所示。

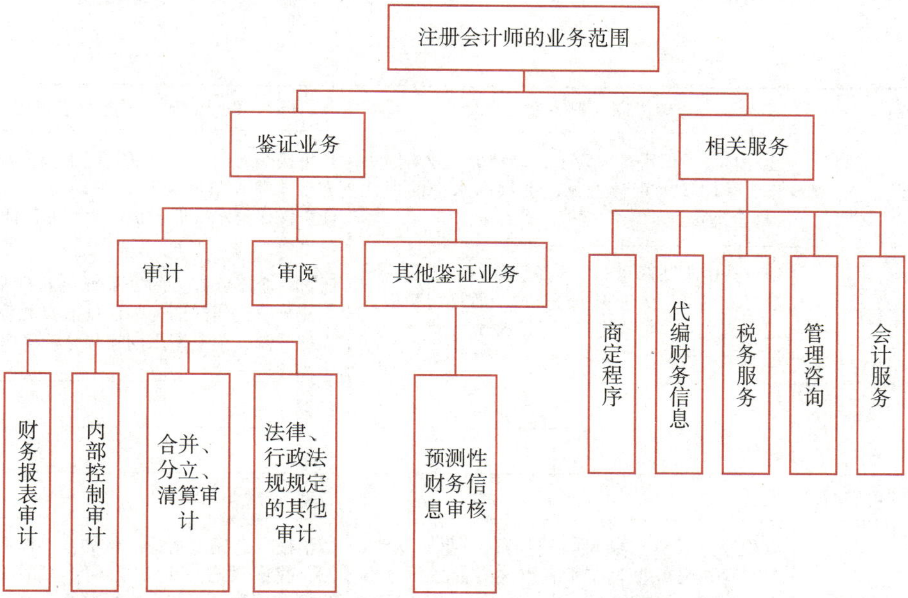

【小贴士】本教材主要讲述财务报表审计（前19章内容）和企业内部控制审计（第二十章），这两部分属于合理保证的鉴证业务；审阅业务属于有限保证的鉴证业务，在教材中不涉及，但是往往作为考试的范围；其他鉴证业务主要包括预测性财务信息审核等，从保证程度看可能是合理保证鉴证业务，也可能是有限保证鉴证的业务；相关服务是注册会计师提供的非鉴证业务，注册会计师提供非鉴证业务时无保证程度规范要求。

【经典真题】

【多选题·2019】下列不属于鉴证业务的有（　　）。

A. 财务报表审阅　　B. 财务报表审计

C. 对财务信息执行商定程序　　D. 代编财务信息

【答案】CD

【解析】鉴证业务包括审计、审阅和其他鉴证业务。相关服务包括税务代理、代编财务信息、对财务信息执行商定程序等。

【多选题·2018】下列有关鉴证业务保证程度的说法中，正确的有（　　）。

A. 审计提供合理保证，审阅和其他鉴证业务提供有限保证

B. 合理保证是高水平的保证，有限保证是中等水平的保证

C. 合理保证以积极方式得出结论，有限保证以消极方式得出结论

D. 合理保证所需证据数量较多，有限保证所需证据数量较少

【答案】CD

【解析】对于选项A，其他鉴证业务可能是合理保证的鉴证业务，也可能是有限保证的鉴证业务，故选项A错误；对于选项B，合理保证是高水平的保证，有限保证是低于高水平的保证，而并非中等水平的保证，故选项B错误。

（二）合理保证和有限保证

以财务报表审计和审阅为例，合理保证的鉴证业务和有限保证的鉴证业务的区别，如下表所示。

区别	合理保证（财务报表审计）	有限保证（财务报表审阅）
目标	在可接受的低审计风险下，以积极方式对财务报表整体发表审计意见，提供高水平的保证（即合理保证）	在可接受的审阅风险下，以消极方式对财务报表整体发表审阅意见，提供有意义水平的保证。该保证水平低于审计业务的保证水平
证据收集程序	通过一个不断修正的、系统化的执业过程，获取充分、适当的证据，证据收集程序包括检查记录或文件、检查有形资产、观察、询问、函证、重新计算、重新执行、分析程序等	通过一个不断修正的、系统化的执业过程，获取充分、适当的证据，证据收集程序受到有意识的限制，主要采用询问和分析程序获取证据
所需证据数量	较多	较少
检查风险	较低	较高
财务报表的可信性	较高	较低
提出结论的方式	以积极方式提出结论。例如："我们认为，ABC 公司财务报表在所有重大方面按照企业会计准则的规定编制，公允反映了 ABC 公司 201×年 12 月 31 日的财务状况以及 201×年度的经营成果和现金流量"	以消极方式提出结论。例如："根据我们的审阅，我们没有注意到任何事项使我们相信，ABC 公司财务报表没有按照企业会计准则的规定编制，未能在所有重大方面公允反映被审阅单位的财务状况、经营成果和现金流量"

【经典真题】

【单选题·2017】下列有关财务报表审计和财务报表审阅的区别的说法中，错误的是（　　）。

A. 财务报表审计所需证据的数量多于财务报表审阅

B. 财务报表审计提出结论的方式与财务报表审阅不同

C. 财务报表审计采用的证据收集程序少于财务报表审阅

D. 财务报表审计提供的保证水平高于财务报表审阅

【答案】C

【解析】选项 C 错误，财务报表审计是合理保证业务，注册会计师需要合理运用检查、观察、询问、函证、重新计算、重新执行和分析程序等审计程序，而在财务报表审阅中，保证程度是有限保证，运用的审阅程序有限，主要采用询问和分析程序。

【经典模拟题】

【多选题】下列有关鉴证业务保证程度的说法中，错误的有（　　）。

A. 审计提供合理保证，审阅和其他鉴证业务提供有限保证

B. 合理保证是高水平的保证，有限保证是中等水平的保证

C. 合理保证以积极方式得出结论，有限保证以消极方式得出结论

D. 合理保证所需证据数量较多，有限保证所需证据数量较少

【答案】AB

【解析】选项 A 错误，审计业务属于合理保证，审阅业务属于有限保证，其他鉴证业务也可能是合理保证的鉴证业务；选项 B 错误，合理保证是高水平的保证，有限保证是低于高水平的保证。

重难点 3：注册会计师审计和政府审计★★

（一）我国审计监督体系

在审计分类体系中，按照主体分类是基本分类，可以将审计划分为政府审计（国家审计）、内部审计（部门、单位内部审计）和注册会计师审计（民间审计），三大主体既相互联系，又各司其职，职能与目标有所侧重，它们共同构成了我国审计监督体系，如下图所示。

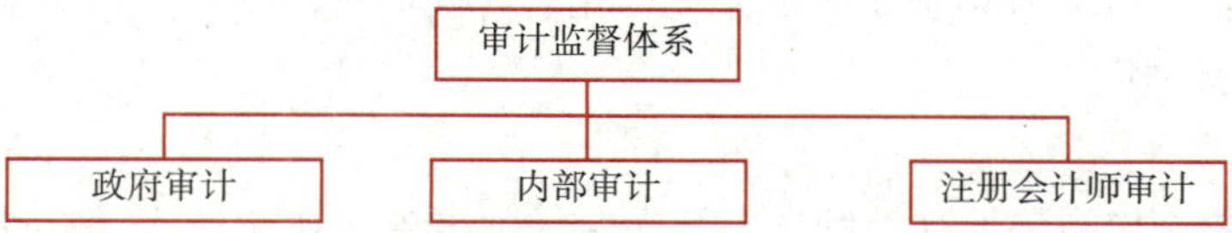

（二）注册会计师审计和政府审计的区别

注册会计师审计与政府审计的区别如下表所示。

区别	注册会计师审计	政府审计
1. 目标和对象不同	注册会计师依法对企业财务报表进行审计，确定其是否符合会计准则和相关会计制度，是否公允反映了财务状况、经营成果和现金流量	对政府的财政收支或者国有金融机构和企事业组织财务收支进行审计，确定其是否真实、合法和具有效益
2. 审计的标准不同	《中华人民共和国注册会计师法》和财政部批准发布的注册会计师审计准则	《中华人民共和国审计法》和审计署制定的国家审计准则
3. 经费或收入来源不同	注册会计师审计是市场行为，是有偿服务，费用由注册会计师和审计客户协商确定，但是注册会计师在发表审计意见时，独立性不能受到干扰 【小贴士】受托有偿	政府审计是行政行为，政府审计机关履行职责所必须的经费，列入同级财政预算，由同级人民政府予以保证 【小贴士】强制无偿
4. 取证权限不同	注册会计师审计受市场行为的局限，在获取审计证据时，很大程度上有赖于企业及相关单位配合和协助，对企业及相关单位没有行政强制力	政府审计具有更大的强制力，各有关单位和个人应当支持、协助审计机关的工作，如实向审计机关反映情况，提供有关证明材料 【小贴士】尽管强于注册会计师审计，但是取证权限也弱于公安、纪检等部门
5. 对发现问题的处理方式不同	注册会计师对审计过程中发现的问题只能提请企业调整有关数据或进行披露，没有行政强制力；如果企业拒绝调整和披露，注册会计师需根据具体情况予以反映，具体表现为出具保留意见或否定意见的审计报告 【小贴士】就有关问题也可向国家监管等部门汇报	审计机关对违反国家规定的财政收支、财务收支行为可在职权范围内作出审计决定或者向有关主管机关提出处理、处罚意见 【小贴士】政府审计机关对于处理、处罚意见的执行，需要国家其他部门的配合

【经典模拟题】

【多选题】下列各项中，属于政府审计的依据的有（　　）。

A.《中华人民共和国审计法》　　B.《中华人民共和国注册会计师法》

C. 国家审计准则　　D. 注册会计师审计准则

【答案】AC

【解析】对于选项 B 和选项 D，属于注册会计师的审计标准。

重难点 4：审计业务的三方关系人★★★

审计三方关系是对审计性质的基本描述。三方关系人包括注册会计师［第一方］、被审计单位管理层［第二方］和财务报表的预期使用者［第三方］。

（一）注册会计师

1. 注册会计师含义

注册会计师是指取得注册会计师证书并在会计师事务所执业的人员，通常是指项目合伙人或项目组其他成员，有时也指其所在的会计师事务所。

【小贴士】如果审计业务涉及特殊知识和技能，注册会计师可以利用专家协助工作，确保项目组在整体上具有胜任能力。

2. 注册会计师的职责

按照审计准则的规定对财务报表发表审计意见是注册会计师的责任。为履行这一职责，注册会计师应当遵守相关职业道德要求，按照审计准则的规定计划和实施审计工作，获取充分、适当的审计证据，并根据获取的审计证据得出合理的审计结论，发表恰当的审计意见。注册会计师通过签署审计报告确认其责任。

（二）被审计单位管理层

1. 管理层和治理层的含义

管理层是指对被审计单位经营活动的执行负有经营管理责任的人员。管理层包括部分或全部治理层成员。

治理层是指对被审计单位战略方向以及管理层履行经营管理责任负有监督责任的人员或组织。治理层的责任包括监督财务报告过程。

【小贴士】

（1）财务报表审计并不减轻管理层或治理层的责任；

（2）管理层或治理层对编制财务报表承担完全责任；

（3）如果财务报表存在重大错报，而注册会计师通过审计没有发现，并不能减轻管理层和治理层对财务报表的责任。

2. 审计工作前提

（1）按照适用的财务报告编制基础编制财务报表，并使其实现公允反映；

（2）设计、执行和维护必要的内部控制，以使财务报表不存在由于舞弊或错误导致的重大错报；

（3）向注册会计师提供必要的工作条件，包括允许注册会计师接触与编制财务报表相关的所有信息（如记录、文件和其他事项），向注册会计师提供审计所需的其他信息，允许注册会计师在获取审计证据时不受限制地接触其认为必要的内部人员和其他相关人员。

【小贴士】上述三项内容之所以成为审计工作的前提，究其主要原因是，若上述三个条件不能满足将不具备执行审计的条件。

（三）预期使用者

预期使用者是指预期使用审计报告和财务报表的组织或人员。

（1）如果审计业务服务于特定的使用者或具有特殊目的，注册会计师可以很容易地识别预期使用者。

例如，企业向银行贷款，银行要求企业提供一份反映财务状况的财务报表，那么，银行就是该审计报告的预期使用者。

（2）注册会计师可能无法识别使用审计报告的所有组织和人员，尤其在各种可能的预期使用者对财务报表存在不同的利益需求时。此时，预期使用者主要是指那些与财务报表有重要和共同利益的主要利益相关者。

例如，在上市公司财务报表审计中，预期使用者主要是指上市公司的股东。

注册会计师应当根据法律法规的规定或与委托人签订的协议识别预期使用者。

（3）审计报告的收件人应当尽可能地明确为所有的预期使用者，但在实务中往往很难做到这一点。原因很简单，有时审计报告并不向某些特定组织或人员提供，但这些组织或人员也有可能使用审计报告。

例如，注册会计师为上市公司提供财务报表审计服务，其审计报告的收件人为“××股份有限公司全体股东”，但除股东之外，公司债权人、证券监管机构等显然也是预期使用者。

【经典真题】

【单选题·2018】下列各项中，通常不属于审计报告预期使用者的是（　　）。

A. 被审计单位的股东

B. 被审计单位的管理层

C. 对被审计单位财务报表执行审计的注册会计师

D. 向被审计单位提供贷款的银行

【答案】C

【解析】预期使用者是指预期使用审计报告和财务报表的组织或人员。注册会计师审计目标是对财务报表发表审计意见，不是审计报告的预期使用者，故选择选项C。

【经典模拟题】

【多选题】下列有关财务报表审计业务三方关系人的说法中，正确的有（　　）。

A. 如果注册会计师无法识别出使用审计报告的所有组织或人员，则预期使用者主要是指那些与财务报表有重要和共同利益的主要利益相关者

B. 审计业务的三方关系人分别是注册会计师、被审计单位管理层和财务报表预期使用者

C. 委托人通常是财务报表预期使用者之一，也可能由责任方担任

D. 如果责任方和财务报表预期使用者来自于同一企业，则两者是同一方

【答案】ABC

【解析】选项D错误，在某些情况下，管理层和预期使用者可能来自同一企业，但并不意味着两者就是同一方，例如企业普通员工可能是预期使用者，但不是责任方。

重难点5：审计证据★★

【小贴士】对于本部分内容尽管在第三章会详述，但是因有关观点仅在本节阐述，第三章不会涉及，所以应该深刻领会本章有关观点表述。

（一）审计证据的定义

证据是指注册会计师为了得出审计结论和形成审计意见而使用的必要信息。

审计证据在性质上具有累积性，主要是在审计过程中通过实施审计程序获取的。

（二）审计证据的获取

审计证据还可能包括从其他来源获取的信息，如以前审计中获取的信息或会计师事务所接受与保持客户或业务时实施质量控制程序获取的信息。

除从被审计单位内部其他来源和外部来源获取的信息外，会计记录也是重要的审计证据来源。同样，被审计单位雇用或聘请的专家编制的信息也可以作为审计证据。

【小贴士】审计证据既包括支持和佐证管理层认定的信息，也包括与这些认定相矛盾的信息。在某些情况下，信息的缺乏（如管理层拒绝提供注册会计师要求的声明）本身也构成审计证据，可以被注册会计师利用。

【经典真题】

【多选题·2018】下列各项中，可能构成审计证据的有（　　）。

A. 注册会计师在本期审计中获取的信息

B. 被审计单位聘请的专家编制的信息

C. 注册会计师在以前审计中获取的信息

D. 会计师事务所接受业务时实施质量控制程序获取的信息

【答案】ABCD

【解析】选项A正确，审计证据在性质上具有累积性，主要是在审计过程中通过实施审计程序获取的；选项B正确，被审计单位雇用或聘请的专家编制的信息也可以作为审计证据；选项C正确，审计证据还可能包括从其他来源获取的信息，如以前审计中获取的信息；选项D正确，审计证据包括会计师事务所接受与保持客户或业务时实施质量控制程序获取的信息。

【经典模拟题】

【单选题】下列有关审计证据的说法中，错误的是（　　）。

A. 审计证据包括从公开渠道获取的与管理层认定相矛盾的信息

B. 审计证据包括会计师事务所接受与保持客户获取的信息

C. 审计证据包括被审计单位聘请的评估专家编制的信息

D. 信息的缺乏本身不构成审计证据

【答案】D

【解析】选项D错误，在某些情况下，信息的缺乏（如管理层拒绝提供注册会计师要求的声明）本身也构成审计证据。

重难点6：审计的总体目标★★

审计的总体目标主要包括如下两方面内容：

（1）对财务报表整体是否不存在由于舞弊或错误导致的重大错报获取合理保证，使能对财务报表是否在所有重大方面按照适用的财务报告编制基础编制发表审计意见；

（2）按照审计准则的规定，根据审计结果对财务报表出具审计报告，并与管理层和治理层沟通。

【经典模拟题】

【多选题】关于注册会计师执行财务报表审计工作的总体目标，下列说法中，错误的有（　　）。

A. 对财务报表整体是否不存在由于舞弊或错报导致的重大错报获取合理保证，使得注册会计师能够对财务报表是否在所有重大方面按照适用的财务报告编制基础编制发表审计意见

B. 对被审计单位的持续经营能力提供合理保证

C. 对被审计单位内部控制是否存在值得关注的缺陷提供合理保证

D. 按照审计准则的规定，根据审计结果对财务报表出具审计报告，并与管理层和治理层沟通

【答案】BC

【解析】对于选项B、选项C中的说法不适当，保持持续经营能力，设计、实施、维护内部控制是管理层的责任，不是注册会计师的责任，故选项B、选项C错误。

重难点7：认定★★★

（一）认定的含义

认定是指管理层对财务报表作出的明确或隐含的表达，注册会计师将其用于考虑可能发生的不同类型的潜在错报。注册会计师的工作就是要确定管理层的认定是否恰当。

（二）认定的类型

1. 关于所审计期间各类交易、事项及相关披露的认定

（1）发生：记录或披露的交易和事项已发生，且这些交易和事项与被审计单位有关。该认定为定性问题，相关错报错在性质上，不是金额上。

①错报的性质：不该入账入了账。

②典型的手段：虚构。

③代表性错报：确认了不该确认的营业收入。

（2）完整性：所有应当记录的交易和事项均已记录，所有应当包括在财务报表中的相关披露均已包括。该认定为定性问题，相关错报错在性质上，不是金额上。

①错报的性质：该入账的没入账。

②典型的手段：隐瞒。

③代表性错报：隐瞒了已发生的销售交易。

（3）准确性：与交易和事项有关的金额及其他数据已恰当记录，相关披露已得到恰当计量和描述。该认定为定量认定，是在符合发生、完整性认定的前提下针对金额的量化认定。错报在金额上，而不是性质上。

①错报的性质：入账的金额不正确。

②典型的手段：多记或少记金额。

③代表性错报：金额不正确。

（4）截止：交易和事项已记录于正确的会计期间。该认定在符合发生、完整性认定的前提下专门针对期间的认定。

①错报的性质：入账的会计期间不正确。

②典型的手段：提前或推迟入账。

③代表性错报：将下期的收入计入本期或将本期的收入推迟到下期。

（5）分类：交易和事项已记录于恰当的账户。该认定是在符合发生、完整性认定的前提下针对会计账户是否恰当的认定。

①错报的性质：入账的会计账户不正确。

②代表性错报：将应计入甲账户的交易计入乙账户。

（6）列报：交易和事项已被恰当地汇总或分解且表述清楚，相关披露在适用的财务报告编制基础下是相关的、可理解的。

2. 关于期末账户余额及相关披露的认定

【小贴士】该类认定的理解与“关于所审计期间各类交易、事项及相关披露的认定”中各类认定相同或相近。

（1）存在：记录的资产、负债和所有者权益是存在的。

与发生认定类似，错报主要表现形式为，不该入账的入了账。

（2）权利和义务：记录的资产由被审计单位拥有或控制，记录的负债是被审计单位应当履行的偿还义务。

【小贴士】该认定与期末余额认定独有，错报主要表现为定性的认定错误。

（3）完整性：所有应当记录的资产、负债和所有者权益均已记录，所有应当包括在财务报表中的相关披露均已包括。

（4）准确性、计价和分摊：资产、负债和所有者权益以恰当的金额包括在财务报表中，与之相关的计价或分摊调整已恰当记录，相关披露已得到恰当计量和描述。

（5）分类：资产、负债和所有者权益已记录于恰当的账户。

（6）列报：资产、负债和所有者权益已被恰当地汇总或分解且表述清楚，相关披露在适用的财务报告编制基础下是相关的、可理解的。

【经典模拟题】

【单选题】对于下列存货认定，通过向生产和销售人员询问是否存在过时或周转缓慢的存货，注册会计师认为最可能证实的是（　　）。

A. 计价和分摊　　B. 权利和义务　　C. 存在　　D. 完整性

【答案】A

【解析】选项 A 正确，存货周转缓慢意味着销售积压，最可能导致存货发生跌价，这与计价和分摊认定直接相关。

重难点 8：具体审计目标★★★

【小贴士】具体审计目标的制定，既要依据审计总体目标，还要充分考虑管理层的有关认定。

（1）与所审计期间各类交易、事项及相关披露相关的认定与具体审计目标如下表所示。

认定类别	具体审计目标
发生	确认已记录的交易是真实的
完整性	确认已发生的交易确实已经记录
准确性	确认已记录的交易是按正确金额反映的
截止	确认接近于资产负债表日的交易记录于恰当的期间
分类	确认被审计单位记录的交易经过适当分类
列报	确认被审计单位的交易和事项已被恰当地汇总或分解且表述清楚，相关披露在适用的财务报告编制基础下是相关的、可理解的

（2）与期末账户余额及相关披露相关的认定与具体审计目标，如下表所示。

认定类别	具体审计目标
存在	确认记录的金额确实存在
权利和义务	确认资产属于被审计单位的权利，负债属于被审计单位的义务
完整性	确认已存在的金额均已记录
准确性、计价和分摊	确认资产、负债和所有者权益以恰当的金额包括在财务报表中，与之相关的计价或分摊调整已恰当记录
分类	确认资产、负债和所有者权益已记录于恰当的账户
列报	确认资产、负债和所有者权益已被恰当地汇总或分解且表述清楚，相关披露在适用的财务报告编制基础下是相关的、可理解的

（3）认定、具体审计目标和审计程序之间的关系举例，如下表所示。

【小贴士】该部分内容学习需要结合教材第三编的内容。

认定	审计目标	审计程序
存在	资产负债表列示的存货存在	实施存货监盘程序
完整性	销售收入包括了所有已发货的交易	检查发货单和销售发票的编号以及销售明细账

续表

认定	审计目标	审计程序
准确性	应收账款反映的销售业务是否基于正确的价格和数量，计算是否准确	比较价格清单与发票上的价格、发货单与销售订购单上的数量是否一致，重新计算发票上的金额
截止	销售业务记录在恰当的期间	比较上一年度最后几天和下一年度最初几天的发货单日期与记账日期
权利和义务	资产负债表中的固定资产确实为公司所有	查阅所有权证书、购货合同、结算单和保险单
准确性、计价和分摊	以净值记录应收款项	检查应收账款账龄分析表、评估计提的坏账准备是否充足

【经典模拟题】

【单选题】注册会计师通过风险评估初步确认被审计单位存在虚构收入的舞弊行为，则确定的具体审计目标应为（　　）。

A. 与交易与事项相关的“发生”目标

B. 与交易与事项相关的“准确性”目标

C. 与期末账户余额相关的“存在”目标

D. 与期末账户余额相关的“准确性、计价和分摊”目标

【答案】A

【解析】选项 A 正确，虚构收入的舞弊行为属于定性的问题，这与交易与事项相关的“发生”目标相关。

重难点9：保持职业怀疑★★★

（一）职业怀疑的含义

职业怀疑，是指注册会计师执行审计业务的一种态度，包括采取质疑的思维方式，对可能表明由于舞弊或错误导致错报的情况保持警觉，以及对审计证据进行审慎评价。

（二）保持职业怀疑的内容

1. 职业怀疑在本质上要求秉持一种质疑的理念

注册会计师应当具有批判和质疑的精神，摒弃“存在即合理”的逻辑思维，寻求事物的真实情况。

【小贴士】职业怀疑与客观和公正、独立性两项职业道德基本原则密切相关。

2. 职业怀疑要求对引起疑虑的情形保持警觉

（1）相互矛盾的审计证据；

（2）引起对文件记录、对询问的答复的可靠性产生怀疑的信息；

（3）表明可能存在舞弊的情况；

（4）表明需要实施除审计准则规定外的其他审计程序的情形。

3. 职业怀疑要求审慎评价审计证据

（1）质疑相互矛盾的审计证据的可靠性；

（2）在怀疑信息的可靠性或存在舞弊迹象时，注册会计师需要作出进一步调查，并确定需要修改哪些审计程序或实施哪些追加的审计程序；

（3）审计中的困难、时间或成本等事项本身，不能作为省略不可替代的审计程序或满足于说服力不足的审计证据的理由。

4. 职业怀疑要求客观评价管理层和治理层

（1）即使以前正直、诚信的管理层和治理层也可能发生变化，注册会计师不应依赖以往对管理层和治理层诚信形成的判断；

（2）即使注册会计师认为管理层和治理层是正直、诚实的，也不能降低保持职业怀疑的要求，不允许在获取合理保证的过程中满足于说服力不足的审计证据。

（三）保持职业怀疑的作用

1. 有助于识别和评估重大错报风险

【小贴士】对该内容的理解需要结合第七章（风险评估）。

（1）在识别和评估重大错报风险时，保持职业怀疑有助于注册会计师设计恰当的风险评估程序，有针对性地了解被审计单位及其环境；

（2）有助于使注册会计师对引起疑虑的情形保持警觉，充分考虑错报发生的可能性和重大程度，有效识别和评估重大错报风险。

2. 有助于进一步审计程序的运用

【小贴士】对该内容的理解需要结合第八章（风险应对）。

（1）在设计和实施进一步审计程序以应对重大错报风险时，保持职业怀疑有助于注册会计师针对评估出的重大错报风险，恰当设计进一步审计程序的性质、时间安排和范围，降低选取不适当的审计程序的风险；

（2）有助于注册会计师对已获取的审计证据表明可能存在未识别的重大错报风险的情形保持警觉，并作出进一步调查。

3. 有助于评价审计证据

【小贴士】对该内容的理解需要结合第三章（审计证据）。

（1）在评价审计证据时，保持职业怀疑有助于注册会计师评价是否已获取充分、适当的审计证据以及是否还需执行更多的工作；

（2）有助于注册会计师审慎评价审计证据，纠正仅获取最容易获取的审计证据，忽视存在相互矛盾的审计证据的偏向。

4. 有助于应对舞弊

【小贴士】对该内容的理解需要结合第十三章（对舞弊和违反法律法规的考虑）。

（1）保持职业怀疑有助于使注册会计师认识到存在由于舞弊导致的重大错报的可能性，不会受到以前对管理层、治理层正直和诚信形成的判断的影响；

（2）使注册会计师对获取的信息和审计证据是否表明可能存在由于舞弊导致的重大错报风险始终保持警惕；

（3）使注册会计师在认为文件可能是伪造的或文件中的某些条款可能已被篡改时，作出进一步调查。

【经典真题】

【单选题·2018】下列有关职业怀疑的说法中，错误的是（　　）。

A. 保持职业怀疑是注册会计师的必备技能

B. 注册会计师应当在整个审计过程中保持职业怀疑

C. 保持职业怀疑是保证审计质量的关键要素

D. 保持职业怀疑可以使注册会计师发现所有由于舞弊导致的错报

【答案】D

【解析】选项D错误，财务报表审计的保证程度为合理保证，非绝对保证。

【经典模拟题】

【多选题】下列有关职业怀疑的说法中，正确的有（　　）。

A. 职业怀疑要求注册会计师摒弃“存在即合理”的逻辑思维

B. 职业怀疑要求注册会计师对引起疑虑的情形保持警觉

C. 职业怀疑要求注册会计师审慎评价审计证据

D. 职业怀疑要求注册会计师假定管理层和治理层不诚信，并以此为前提计划审计工作

【答案】ABC

【解析】选项D错误，注册会计师应当客观评价管理层和治理层，注册会计师不应依赖以往对管理层和治理层诚信形成的判断，也不能直接假定管理层和治理层缺乏诚信。

重难点10：合理运用职业判断★★★

1. 职业判断的含义

职业判断，是指在审计准则、财务报告编制基础和职业道德要求的框架下，注册会计师综合运用相关知识、技能和经验，作出适合审计业务具体情况、有根据的行动决策。

2. 运用职业判断的重要领域

（1）确定重要性，识别和评估重大错报风险；

（2）为满足审计准则的要求和收集审计证据的需要，确定所需实施的审计程序的性质、时间安排和范围；

（3）为实现审计准则规定的目标和注册会计师的总体目标，评价是否已获取充分、适当的审计证据以及是否还需执行更多的工作；

（4）评价管理层在运用适用的财务报告编制基础时作出的判断；

（5）根据已获取的审计证据得出结论，如评价管理层在编制财务报表时作出的会计估计的合理性；

（6）运用职业道德概念框架识别、评估和应对对职业道德基本原则不利的影响。

3. 衡量职业判断质量的标准

（1）准确性或意见一致性，即职业判断结论与特定标准或客观事实的相符程度，或者不同职业判断主体针对同一职业判断问题所作判断彼此认同的程度。

（2）决策一贯性和稳定性，即同一注册会计师针对同一项目的不同判断问题，所作出的

判断之间是否符合应有的内在逻辑，以及同一注册会计师针对相同的职业判断问题，在不同时点所作出的判断是否结论相同或相似。

（3）可辩护性，即注册会计师是否能够证明自己的工作，通常，理由的充分性、思维的逻辑性和程序的合规性是可辩护性的基础。

4. 对职业判断作出的适当书面记录

（1）对职业判断问题和目标的描述；

（2）解决职业判断相关问题的思路；

（3）收集到的相关信息；

（4）得出的结论以及得出结论的理由；

（5）就决策结论与被审计单位进行沟通的方式和时间。

【经典真题】

【多选题·2017】下列各项中，通常需要注册会计师运用职业判断的有（　　）。

A. 确定财务报表整体的重要性

B. 确定审计工作底稿归档的最晚日期

C. 确定是否利用被审计单位的内部审计工作

D. 评价审计抽样的结果

【答案】ACD

【解析】选项 B 不恰当，审计准则对审计工作底稿的归档期限准则规定为审计报告日后 60 天内，无需职业判断。

【经典模拟题】

【多选题】下列有关职业判断的说法中，正确的有（　　）。

A. 如果有关决策不被该业务的具体事实和情况所支持，职业判断并不能作为注册会计师作出不恰当决策的理由

B. 注册会计师恰当记录与被审计单位就相关决策结论进行沟通的方式和时间，有利于提高职业判断的可辩护性

C. 保持职业怀疑有助于注册会计师提高职业判断质量

D. 职业判断涉及与具体会计处理和审计程序相关的决策，但不涉及与遵守职业道德要求相关的决策

【答案】ABC

【解析】选项 D 错误，职业判断涉及注册会计师如何运用职业道德概念框架识别、评估和应对职业道德基本原则不利的影响。

重难点 11：重大错报风险★★★

（一）重大错报风险的含义

重大错报风险是指财务报表在审计前存在重大错报的可能性。

（二）重大错报风险的类别

重大错报风险包含财务报表层次和认定层次两个层次，注册会计师应当从两个层次考虑重大错报风险。

1. 财务报表层次重大错报风险

（1）财务报表层次重大错报风险与财务报表整体存在广泛联系，可能影响多项认定；

（2）财务报表层次重大错报风险通常与控制环境有关，但也可能与其他因素有关，如经济萧条等；

（3）财务报表层次重大错报风险难以界定于某类交易、账户余额和相关披露的具体认定；相反，此类风险增大了认定层次发生重大错报的可能性；

（4）与注册会计师考虑由舞弊引起的风险尤其相关。

2. 认定层次重大错报风险

（1）注册会计师同时考虑各类交易、账户余额和披露认定层次的重大错报风险，考虑的结果直接有助于注册会计师确定认定层次上实施的进一步审计程序的性质、时间安排和范围。

（2）注册会计师在各类交易、账户余额和披露认定层次获取审计证据，以便能够在审计工作完成时，以可接受的低审计风险水平对财务报表整体发表审计意见。

（3）认定层次的重大错报风险又可以进一步细分为固有风险和控制风险。

【经典真题】

【单选题·2019】下列有关重大错报风险的说法中，错误的是（　　）。

A. 注册会计师应当从财务报表层次和各类交易、账户余额和披露认定层次考虑重大错报风险

B. 重大错报风险指财务报表在审计前存在重大错报的可能性

C. 重大错报风险可进一步区分为固有风险和检查风险

D. 注册会计师可以定性或定量评估重大错报风险

【答案】C

【解析】选项 C 错误，认定层次的重大错报风险又可以进一步细分为固有风险和控制风险。

（三）固有风险

1. 固有风险的含义

固有风险是指在考虑相关的内部控制之前，某类交易、账户余额或披露的某一认定易于发生错报（该错报单独或连同其他错报可能是重大的）的可能性。

2. 固有风险的示例

（1）复杂的计算比简单计算更可能出错；

（2）受重大计量不确定性影响的会计估计发生错报的可能性较大；

（3）产生经营风险的外部因素也可能影响固有风险，例如，技术进步可能导致某项产品陈旧，进而导致存货易于发生高估错报；

（4）维持经营的流动资金匮乏、被审计单位处于夕阳行业等，可能影响多个认定的固有

风险。

（四）控制风险

1. 控制风险的含义

控制风险是指某类交易、账户余额或披露的某一认定发生错报，该错报单独或连同其他错报是重大的，但没有被内部控制及时防止或发现并纠正的可能性。

2. 控制风险的特点

（1）控制风险取决于与财务报表编制有关的内部控制的设计和运行的有效性。

（2）由于控制的固有局限性，某种程度的控制风险始终存在。

【经典真题】

【单选题·2018】下列有关固有风险和控制风险的说法中，正确的是（　　）。

A. 固有风险和控制风险与被审计单位的风险相关，独立财务报表审计而存在

B. 财务报表层次和认定层次的重大错报风险可以细分为固有风险和控制风险

C. 注册会计师无法单独对固有风险和控制风险进行评估

D. 固有风险始终存在，而运行有效的内部控制可以消除控制风险

【答案】A

【解析】选项 B 错误，认定层次的重大错报风险又可以进一步细分为固有风险和控制风险；选项 C 错误，注册会计师既可以对固有风险和控制风险进行单独评估，也可以对其进行合并评估；选项 D 错误，固有风险是指在考虑相关的内部控制之前，某类交易、账户余额或披露的某一认定易于发生错报（该错报单独或连同其他错报可能是重大的）的可能性。

重难点 12：检查风险★★

1. 检查风险的含义

检查风险是指如果存在某一错报，该错报单独或连同其他错报可能是重大的，注册会计师为将审计风险降至可接受的低水平而实施程序后没有发现这种错报的风险。

2. 检查风险的成因

（1）检查风险取决于审计程序设计的合理性和执行的有效性。

（2）由于注册会计师通常并不对所有的交易、账户余额和披露进行检查，以及其他原因，检查风险不可能降低为零。

（3）其他原因包括注册会计师可能选择了不恰当的审计程序、审计过程执行不当，或者错误解读了审计结论。

3. 降低检查风险的对策

注册会计师可以通过适当计划、在项目组成员之间进行恰当的职责分配、保持职业怀疑态度，对审计项目组成员执行的工作进行指导、监督和复核，尽可能降低检查风险。

重难点 13：重大错报风险与检查风险的关系★★★

（一）审计风险定义

审计风险指财务报表存在重大错报时，注册会计师发表不恰当审计意见的可能性。审计

风险取决于重大错报风险和检查风险，具体审计风险模型如下：

审计风险＝重大错报风险×检查风险

（二）检查风险与重大错报风险的反向关系

根据审计风险模型（审计风险＝重大错报风险×检查风险），注册会计师通过风险评估程序，了解被审计单位及其环境，评估的重大错报风险，在既定的审计风险水平下，则：

检查风险＝审计风险（既定）/重大错报风险

在既定的可接受审计风险水平下，可接受的检查风险水平与认定层次重大错报风险的评估结果呈反向关系：评估的重大错报风险越高，可接受的检查风险越低；反之，评估的重大错报风险越低，可接受的检查风险越高。

【经典真题】

【单选题·2017】下列有关检查风险的说法中，错误的是（　　）。

A. 检查风险是指注册会计师未通过审计程序发现错报，因而发表不恰当审计意见的风险

B. 检查风险取决于审计程序设计的合理性和执行的有效性

C. 检查风险通常不可能降低为零

D. 保持职业怀疑有助于降低检查风险

【答案】A

【解析】选项A错误，本选项的表述属于审计风险的定义。检查风险是指如果存在某一错报，该错报单独或连同其他错报可能是重大的，注册会计师为将审计风险降至可接受的低水平而实施程序后没有发现这种错报的风险。

【经典模拟题】

【多选题】下列关于重大错报风险的说法中，错误的有（　　）。

A. 重大错报风险包括固有风险和检查风险

B. 注册会计师应当将重大错报风险与特定的交易、账户余额和披露的认定相联系

C. 在评估一项重大错报风险是否为特别风险时，注册会计师不应考虑控制对风险的抵销作用

D. 注册会计师对重大错报风险的评估，可能随着审计过程中不断获取审计证据而作出相应的变化

【答案】AB

【解析】选项A错误，认定层次的重大错报风险包括固有风险和控制风险；选项B错误，财务报表层次的重大错报风险无法与特定的交易、账户余额和披露的认定相联系。

重难点14：审计的固有限制★★

（一）财务报告的性质

许多财务报表项目涉及主观决策、评估或不确定性，金额本身存在一定的变动幅度，这种变动幅度不能通过实施审计程序予以消除。

例如，资产减值等会计估计通常如此。即便如此，审计准则要求注册会计师特别考虑在适用的财务报告编制基础下会计估计是否合理，相关披露是否充分，会计实务的质量是否良好（包括管理层判断是否可能存在偏向）。

（二）审计程序的性质

（1）管理层或其他人员可能有意或无意地不提供与财务报表编制相关的或注册会计师要求的全部信息；

（2）舞弊可能涉及精心策划和蓄意实施以进行隐瞒，注册会计师不应被期望成为鉴定文件真伪的专家；

（3）审计不是对涉嫌违法行为的官方调查。

（三）财务报告的及时性和成本效益的权衡

注册会计师需要在合理时间内以合理成本对财务报表形成审计意见。

（1）计划审计工作，以使审计工作以有效的方式得到执行；

（2）将审计资源投向最可能存在重大错报风险的领域，并相应地在其他领域减少审计资源；

（3）运用测试和其他方法检查总体中存在的错报。

【经典真题】

【单选题·2019】下列各项中，不属于审计固有限制的来源的是（　　）。

A. 注册会计师获取审计证据的能力受到法律上的限制

B. 注册会计师可能满足于说服力不足的审计证据

C. 管理层可能不提供编制财务报表相关的全部信息

D. 管理层在编制财务报表的过程中可能运用到判断

【答案】B

【解析】审计的固有限制源于：（1）财务报告的性质（选项D）；（2）审计程序的性质（选项A、选项C）；（3）在合理的时间内以合理的成本完成审计的需要。

【经典模拟题】

【单选题】下列各项中，不属于导致审计固有限制的因素是（　　）。

A. 许多财务报表项目涉及主观决策、评估或一定程度的不确定性

B. 注册会计师的胜任能力可能不足

C. 注册会计师获取审计证据的能力受到实务和法律上的限制

D. 注册会计师只能在合理的时间内以合理的成本完成审计工作

【答案】B

【解析】对于选项A属于财务报告的性质；对于选项C，属于审计程序的性质限制；对于选项D，属于在合理的时间内以合理的成本完成审计的需要限制。对于选项B，不能将其认定为固有限制，否则有损于注册会计师的职业谨慎要求。

四、进阶练习

（一）单选题

1. 下列关于财务报表审计含义的理解，正确的是（　　）。

A. 财务报表审计可以用来有效满足财务报表预期使用者的需求

B. 财务报表审计的目的特定情形下，可以为如何利用信息提供建议

C. 财务报表审计的基础是独立性和权威性

D. 财务报表审计的最终产品是财务报表和审计报告

2. 下列关于审计证据的说法，不正确的是（　　）。

A. 会计账簿属于重要的审计证据来源

B. 被审计单位聘请的法律顾问提供的信息不能作为审计证据

C. 某些时候信息的缺乏本身也构成审计证据

D. 不同来源或不同性质的信息可以证明同一项认定

3. 下列有关审计目标的表述，不正确的是（　　）。

A. 审计目标分为审计的总体目标、认定和具体审计目标

B. 审计的总体目标是指注册会计师为完成整体审计工作而达到的预期目的

C. 具体审计目标是指注册会计师通过实施审计程序以确定管理层在财务报表中确认的各类交易、账户余额、披露层次认定是否恰当

D. 注册会计师在了解每个项目的认定后，就很容易确定每个项目的具体目标

4. 下列各项中，不属于注册会计师对财务报表审计的总体目标的是（　　）。

A. 对财务报表整体是否不存在由于舞弊或错误导致的重大错报获取合理保证

B. 根据审计结果对财务报表出具审计报告

C. 与管理层和治理层沟通审计结果

D. 确定被审计单位内控是否健全

5. 由于市场竞争对手推出新产品，为防止现有产品因滞销而导致大量积压，甲公司采用了宽松的赊销策略。据此，注册会计师应当关注甲公司（　　）的重大错报风险。

A. 销售费用的准确性

B. 营业成本项目的准确性认定

C. 营业收入项目的发生认定

D. 应收账款的准确性、计价和分摊认定

6. 下列各事项中，不属于违反完整性认定的是（　　）。

A. 赊销一批产品，合同已履行，具备收入确认条件，但由于年末忙于结账，至12月31日尚未登记收入明细账

B. 12月15日采购商品时，已收到该商品，但发票账单未收到，故12月31日尚未进行会计处理

C. 12月31日应计提短期借款利息50 000元，只计提35 000元

D. 12月25日发生销售商品退回，12月28日收到退回商品，由于仓储人员疏忽，截至

12 月 31 日尚未入账

7. 下列有关职业怀疑的理解，不恰当的是（　　）。

A. 若审计证据之间相互矛盾，就应该保持警觉

B. 职业怀疑在本质上要求秉持一种质疑的理念

C. 注册会计师可以在审计成本与信息的可靠性之间进行权衡，但审计中的困难等不能作为省略不可替代的审计程序的理由

D. 风险评估后，注册会计师认为管理层和治理层是正直、诚实的，可以适当降低保持职业怀疑的要求

8. 下列各项关于职业判断的说法中，错误的是（　　）。

A. 职业判断能力是衡量注册会计师胜任能力的核心要件

B. 职业判断对于适当地执行审计工作是必不可少的

C. 随着信息技术发展，未来在审计领域将不需要职业判断

D. 注册会计师需要对职业判断作出适当的书面记录

9. 下列有关职业怀疑的说法中，错误的是（　　）。

A. 审计程序的时间安排，有可能会阻碍注册会计师保持职业怀疑

B. 会计师事务所的业绩评价机制，会削弱注册会计师对职业怀疑的保持程度

C. 遵守独立性的要求，可以增强注册会计师在审计中保持职业怀疑的能力

D. 注册会计师保持职业怀疑合理性，在很大程度上取决于其胜任能力

10. 以下关于审计风险相关概念的理解中，不正确的是（　　）。

A. 检查风险高，则审计风险一定高

B. 固有风险高，则注册会计师就要多搜集证据

C. 检查风险取决于审计程序设计的合理性和执行的有效性

D. 可接受的检查风险降低时，注册会计师需要在期末实施更多的审计程序

11. 注册会计师在确定可接受的检查风险时，应当采取的有效措施是（　　）。

A. 调节重要性水平的高低

B. 深入了解内部控制，以降低控制风险

C. 深入了解被审计单位，以降低固有风险

D. 合理设计和有效实施进一步审计程序

12. 下列关于检查风险的说法中，错误的是（　　）。

A. 检查风险是指注册会计师未能通过审计程序发现重大错报，进而发表不恰当审计意见的风险

B. 检查风险通常不可能降低为零

C. 保持职业怀疑有助于降低检查风险

D. 检查风险的高低取决于审计程序设计的合理性和执行的有效性

13. 有关固有风险和控制风险的表述中，正确的是（　　）。

A. 控制风险与被审计单位的风险管控相关，独立于财务报表审计而存在

B. 重大错报风险可以分解为固有风险和控制风险

C. 注册会计师无法单独对固有风险进行评估

D. 固有风险始终存在，而运行有效的内部控制可以降低固有风险

14. 关于财务报表审计与审阅业务的说法中，不恰当的是（　　）。

A. 审计属于合理保证，保证程度高于审阅业务

B. 审阅属于有限保证，保证程度低于审计业务

C. 审阅保证程度低于审计业务，但是高于相关服务，属于中等水平

D. 审阅业务以消极方式提出结论

15. 下列有关财务报表审计业务三方关系人的说法中，不正确的是（　　）。

A. 如果审计业务不存在除责任方之外的其他预期使用者，那么该业务不构成审计业务

B. 审计业务的三方关系人分别是被审计单位管理层、注册会计师和财务报表预期使用者

C. 审计报告的收件人应当尽可能地明确为所有的预期使用者

D. 财务报表审计可以在一定程度上减轻管理层或治理层的责任

（二）多选题

1. 下列有关责任方的说法中，错误的有（　　）。

A. 责任方可能是预期使用者，但不一定是唯一的预期使用者

B. 责任方可能是审计业务的委托人

C. 责任方是指被审计单位的管理层，但可能包括治理层

D. 责任方应对编制财务报表承担绝大多数责任

2. 下列各项关于审计报告的说法中，正确的有（　　）。

A. 审计报告是注册会计师与财务报表预期使用者沟通的主要手段

B. 审计报告是财务报表预期使用者阅读财务报表的重要附件

C. 审计报告过于标准化模式，致使信息量低、相关性差

D. 审计报告信息量过低，将严重影响注册会计师在社会公众的心目中的形象

3. 下列有关年度财务报表审计的相关说法中，不恰当的有（　　）。

A. 审计对象是预测的财务状况、经营业绩和现金流量

B. 审计对象的载体是财务报表和账簿

C. 在财务报表审计中，财务报告编制基础即是标准

D. 注册会计师在确定有关标准是否适当时，不需要运用职业判断

4. 因审计程序的性质导致的审计固有限制，以下理解恰当的有（　　）。

A. 舞弊可能涉及精心策划和蓄意实施以进行隐瞒

B. 管理层可能有意地不提供与财务报表编制相关的信息

C. 管理层编制财务报表需要根据事实和情况，常常需要作出判断

D. 审计不是对涉嫌违法行为的官方调查

5. 有关注册会计师执行下列业务提供的保证程度的说法中，不正确的有（　　）。

A. 对财务信息执行商定程序提供较低水平保证

B. 代编财务信息业务提供较低水平保证

C. 鉴证业务提供合理保证

D. 财务报表审阅提供有限保证

6. 下列各项关于注册会计师审计和政府审计的说法中，正确的有（　　）。

A. 审计目标不同　　B. 审计对象不同

C. 取证权限相同　　D. 对发现问题的处理方式不相同

7. 下列有关审计的固有限制的说法中，注册会计师认为不正确的有（　　）。

A. 审计工作可能因管理层的舞弊而受到限制

B. 审计工作可能因低价竞争而受到限制

C. 审计工作可能因项目组成员整体素质不足而受到限制

D. 审计工作可能因运用会计估计等而受到限制

8. 下列各项中，与期末账户余额及相关披露相关的认定相关的有（　　）。

A. 权利和义务　　B. 准确性、计价和分摊

C. 发生　　D. 截止

9. A注册会计师在审计中发现甲公司2019年3月的某项生产用设备少计提了折旧，由此应将（　　）认定的重大错报风险评估为高水平。

A. 营业成本的准确性　　B. 营业收入的合理性

C. 存货的准确性、计价和分摊　　D. 固定资产的准确性、计价和分摊

10. 下列有关具体审计目标的说法中，正确的有（　　）。

A. 对于尚未履行合同销售交易，在销售收入账中记录了该项业务，违反了发生目标

B. 将已经出售商品，买方寄存商品列入被审计单位的存货中，违反了存在认定

C. 在财务报表附注中隐瞒关联方关系，违反了完整性目标

D. 如果在销售交易中，在销售收入账中记录金额与发票上的价格不符，违反了完整性或发生目标

11. 下列各项中，注册会计师可以据以衡量职业判断质量的有（　　）。

A. 准确性　　B. 可辩护性　　C. 决策一贯性　　D. 意见一致性

12. 下列各项中，属于固有风险较高的有（　　）。

A. 手机生产企业生产的手机　　B. 涉及复杂计算的业务

C. 鲜活、易腐的商品存货　　D. 盐业生产企业销售的食盐

13. 下列关于重大错报风险的说法中，正确的有（　　）。

A. 重大错报风险是指如果存在某一错报，注册会计师实施程序后没有发现这种错报的风险

B. 重大错报风险是指财务报表在审计前存在重大错报的可能性

C. 注册会计师可以通过实施审计程序，将重大错报风险降低至适当的低水平

D. 注册会计师可以将认定层面的固有风险和控制风险，单独进行评估

14. 注册会计师不可能将检查风险消除，其主要原因包括（　　）。

A. 注册会计师通常采用抽样的方法

B. 注册会计师的审计时间受到限制

C. 注册会计师选择了不恰当的审计程序

D. 注册会计师的审计成本受到限制

15. 管理层在资产负债表中列报应收账款及其金额，下列各项属于隐含认定的有（　　）。

A. 记录的应收账款是存在的

B. 应收账款以恰当的金额包括在财务报表中，与之相关的计价或分摊调整已恰当记录

C. 所有应当记录的应收账款均已记录

D. 记录的应收账款都由被审计单位所有

五、进阶练习答案

（一）单选题

1. 【答案】A

【解析】选项B不正确，审计的目的是改善财务报表的质量或内涵，增强除管理层以外的预期使用者对财务报表的信赖程度，即以合理保证的方式提高财务报表的可信度，而不涉及为如何利用信息提供建议；选项C不正确，审计的基础是独立性和专业性。选项D不正确，审计的最终产品是审计报告。

2. 【答案】B

【解析】除从被审计单位内部其他来源和外部来源获取的信息外，会计记录也是重要的审计证据来源（选项A）。同样，被审计单位雇用或聘请的专家编制的信息也可以作为审计证据（选项B不正确）。在某些情况下，信息的缺乏（如管理层拒绝提供注册会计师要求的声明）本身也构成审计证据，可以被注册会计师利用（选项C）。不同来源或不同性质的证据可以证明同一项认定（选项D），注册会计师可以考虑获取证据的成本与所获取信息有用性之间的关系。

3. 【答案】A

【解析】选项A不正确，审计目标分为审计的总体目标和具体审计目标。

4. 【答案】D

【解析】选项D错误，注册会计师的总体目标是：（1）对财务报表整体是否不存在由于舞弊或错误导致的重大错报获取合理保证，使得注册会计师能够对财务报表是否在所有重大方面按照适用的财务报告编制基础编制发表审计意见；（2）按照审计准则的规定，根据审计结果对财务报表出具审计报告，并与管理层和治理层沟通。

5. 【答案】D

【解析】选项D恰当，为防止现有产品因滞销而导致大量积压，甲公司采用了宽松的赊销策略。所以与应收账款的准确性、计价和分摊认定有关。

6. 【答案】C

【解析】选项C，12月31日应计提短期借款利息50 000元，只计提35 000元，属于准确性认定。

7. 【答案】D

【解析】选项D不恰当，即使注册会计师认为管理层和治理层是正直、诚实的，也不能降低保持职业怀疑的要求，不允许在获取合理保证的过程中满足于说服力不足的审计证据。

8. 【答案】C

【解析】选项C错误，随着信息技术发展，未来在审计领域离不开职业判断。

9. 【答案】B

【解析】选项 B 错误，会计师事务所的业绩评价机制会促进或削弱注册会计师对职业怀疑的保持程度，这取决于这些机制如何设计和执行。

10. 【答案】A

【解析】审计风险模型中的审计风险指的是可接受的审计风险，是一个既定的常数，所以如果重大错报风险较高，检查风险就要低，注册会计师就要多做程序（选项 A 错误，选项 B 正确）；检查风险是指如果存在某一错报，该错报单独或连同其他错报可能是重大的，注册会计师为将审计风险降至可接受的低水平而实施程序后没有发现这种错报的风险。检查风险取决于审计程序设计的合理性和执行的有效性（选项 C 正确）；当可接受的检查风险降低时，说明重大错报风险较高，注册会计师通过修改实质性程序的性质、时间安排和范围降低检查风险（选项 D 正确）。

11. 【答案】D

【解析】选项 A 不正确，重要性水平是注册会计师站在财务报表使用者的角度对财务报表错报的严重程度的判断，不能为了降低审计风险而人为调高重要性水平；注册会计师无法降低控制风险和固有风险，故选项 B、选项 C 不正确；选项 D 正确，根据审计风险模型，审计风险 = 重大错报风险 × 检查风险，注册会计师通过风险评估程序，了解被审计单位及其环境后评估重大错报风险，根据评估的重大错报风险确定检查风险，根据确定的检查风险来设计和实施进一步审计程序，通过实施进一步审计程序来降低检查风险。

12. 【答案】A

【解析】A 选项错误，检查风险是指如果存在某一错报，该错报单独或连同其他错报可能是重大的，注册会计师为将审计风险降至可接受的低水平而实施程序后没有发现这种错报的风险。

13. 【答案】A

【解析】选项 B 错误，认定层次的重大错报风险可以进一步细分为固有风险和控制风险；选项 C 错误，注册会计师既可以对固有风险和控制风险进行单独评估，也可以进行合并评估；选项 D 错误，固有风险是客观的，不能通过内部控制予以降低。

14. 【答案】C

【解析】选项 C 不恰当，审阅属于有限保证（低于审计业务的保证水平）的鉴证业务，注册会计师需将审阅业务风险降至审阅业务环境下可接受的水平，以此作为以消极方式提出审阅结论的基础。

15. 【答案】D

【解析】选项 D 错误，财务报表审计并不减轻管理层或治理层的责任。

（二）多选题

1. 【答案】AD

【解析】选项 A 错误，责任方可能是预期使用者，但如果是唯一的预期使用者，则不能称为审计；选项 D 错误，被审计单位的管理层和治理层应对编制财务报表承担完全责任，而不是绝大多数责任。

2. 【答案】ABC

【解析】选项D不正确，标准化审计报告产生的缺陷导致公众产生“信息差距”，也就是说，财务报表预期使用者作出的明智投资和信托决策需要的信息，与他们从审计报告和已审计财务报表中得到的信息之间存在着较大的差距。这种“信息差距”会影响资本市场的效率和资本的成本。

3.【答案】ABD

【解析】选项A不恰当，审计对象是历史的财务状况、经营业绩和现金流量；选项B不恰当，审计对象的载体是财务报表；选项D不恰当，注册会计师在运用职业判断对审计对象作出合理一致的评价或计量时，需要有适当的标准。

4.【答案】ABD

【解析】选项C属于财务报告的性质导致的审计的固有限制，这种限制并不是由审计程序的性质导致的，所以不恰当。

5.【答案】ABC

【解析】选项A、选项B不属于鉴证业务，不存在保证程度的规范要求。选项C，鉴证业务包括审计业务、审阅业务等，而审阅业务提供的是有限保证。

6.【答案】ABD

【解析】选项C不正确，注册会计师审计和政府审计的取证权限不同，政府审计具有更大的强制力，而注册会计师审计受市场行为的局限，在获取审计证据时，很大程度上有赖于企业及相关单位配合和协助，对企业及相关单位没有行政强制力。

7.【答案】BC

【解析】审计的固有限制源于：（1）财务报告的性质（选项D）；（2）审计程序的性质（选项A）；（3）在合理的时间内以合理的成本完成审计的需要。

8.【答案】AB

【解析】选项C、选项D属于与交易与事项及相关披露相关的认定。

9.【答案】ACD

【解析】甲公司少提了3月份的折旧，会造成设备的账面价值不准确，同时该设备用来生产产品，会造成设备的折旧计入存货成本的金额不准确，如果生产的产品售出，会造成营业成本记录的不准确，故选项A、选项C、选项D是恰当的。

10.【答案】AC

【解析】选项B不正确，将已经出售商品，买方寄存商品列入被审计单位的存货中，违反了权利和义务目标；选项D不正确，如果在销售交易中，在销售收入账中记录金额与发票上的价格不符，违反了准确性目标。

11.【答案】ABCD

【解析】衡量职业判断质量可以基于下列三个方面：（1）准确性或意见一致性；（2）决策一贯性和稳定性；（3）可辩护性。

12.【答案】ABC

【解析】对于选项D，盐业生产企业销售的食盐，从性质上固有风险较低。

13.【答案】BD

【解析】重大错报风险是指财务报表在审计前存在重大错报的可能性，故选项A错误，选项 B 正确。选项 C 错误，重大错报风险与被审计单位的风险相关，且独立于财务报表审计而存在，注册会计师不能降低重大错报风险。选项 D 正确，注册会计师可以对固有风险和控制风险进行单独评估，也可以对两者进行合并评估。

14. 【答案】AC

【解析】注册会计师不可能将检查风险降低为零的原因包括注册会计师通常不对所有的交易、账户余额和披露进行检查，以及其他原因，其他原因包括注册会计师可能选择了不恰当的审计程序、审计过程执行不当，或者错误解读了审计结论。故选项 A、选项 C 正确。

15. 【答案】CD

【解析】选项 A、选项 B 属于明确的认定。

第二章　审计计划

一、2020年新教材内容主要变化

本章主要变化知识点如下：

（1）审计业务约定书；

（2）错报。

【小贴士】具体详见有关重难点。

二、本章近5年考情统计分析

本章考题主要以客观题和主观题（简答题）为主，但是针对个别的知识点（如重要性等），也可以结合审计实务（教材第三编内容），以主观题（综合题）的形式考查。

本章属于重要的考试章节之一，最近5年平均考试分值一般在6分左右。

（一）近5年考试分值分布

题型	2015年	2016年	2017年	2018年	2019年
单选题	1	3	2	1	3
多选题	—	2	—	4	4
简答题	—	—	—	—	—
综合题	—	1	—	4.5	—
合计	1	6	2	9.5	7

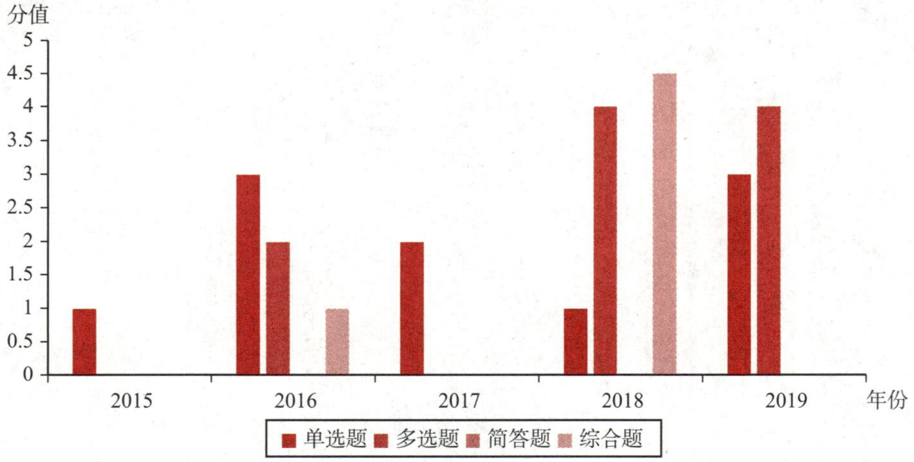

（二）近5年考试考点分布

高频考点内容	年度及题型分布
实际执行重要性	2018年单选、2018年综合、2017年单选、2016年综合
业务约定书	2019年单选、2018年多选、2016年单选

续表

高频考点内容	年度及题型分布
明显小微错报临界值	2019 年多选、2018 年多选、2018 年综合
重要性	2019 年单选、2016 年单选
错报及评价	2018 年综合、2016 年单选
初步业务活动	2019 年多选、2016 年多选
审计计划	2019 年单选、2015 年单选

三、重难点解析

本章内容属于审计原理的基础章节，主要阐述初步业务活动的目的和内容、审计的前提条件、审计业务约定书、具体审计计划、重要性的含义、重要性水平的确定、对错报的考虑等。

【小贴士】对本章内容的学习，需要结合后续有关章节内容。例如，初步业务活动的目的和内容与教材第七编（质量控制）；具体审计计划、重要性水平、对错报的考虑与教材第四编（各类交易和账户余额的审计）。

重难点1：初步业务活动的目的和内容★★

（一）初步业务活动的目的

（1）确保注册会计师具备执行业务所需要的独立性和专业胜任能力；

（2）确定不存在因管理层诚信问题而可能影响注册会计师保持该项业务意愿的情况；

（3）确保会计师事务所与被审计单位之间不存在对业务约定条款的误解。

（二）初步业务活动的内容

（1）针对保持客户关系和具体审计业务实施相应的质量控制程序；

（2）评价遵守职业道德规范的情况，如评价独立性等；

（3）就业务约定条款与被审计单位达成一致理解。

【经典真题】

【多选题·2019】下列各项中，属于注册会计师应当进行的初步业务活动的有（　　）。

A. 评价遵守相关职业道德要求的情况

B. 确定审计范围和项目组成员

C. 就审计业务约定条款与被审计单位达成一致

D. 针对接受或保持客户关系实施相应质量控制程序

【答案】ACD

【解析】注册会计师初步业务活动的内容包括：（1）针对保持客户关系和具体审计业务实施相应的质量控制程序；（2）评价遵守相关职业道德要求的情况；（3）就审计业务约定条款达成一致意见。而选项B，确定审计范围和项目组成员属于业务承接后，制定总体审计策略考虑的事项。

【多选题·2018】下列各项中，会计师事务所在执行客户接受与保持程序时应当获取相关信息的有（　　）。

A. 具有执行业务必要的素质和专业胜任能力

B. 没有信息表明客户缺乏诚信

C. 能够遵守相关职业道德要求

D. 具有执行业务必要的时间和资源

【答案】ABCD

【解析】会计事务所应当制定有关客户关系和具体业务接受与保持的政策和程序，以合理保证只有在下列情况下，才能接受或保持客户关系和具体业务：（1）能够胜任该项业务，并具有执行该项业务必要的素质、时间和资源（选项A、选项D）；（2）能够遵守相关职业道德要求（选项C）；（3）已考虑客户的诚信，没有信息表明客户缺乏诚信（选项B）。

重难点2：审计的前提条件★★★

审计的前提条件主要包括管理层在编制财务报表时采用可接受的财务报告编制基础，以及就管理层的责任与注册会计师达成一致意见。

（一）财务报告编制基础适当，且能够为预期使用者获取

承接鉴证业务的条件之一是标准适当，且能够为预期使用者获取。因此，作为鉴证业务之一的审计业务，亦是如此。

（二）就管理层的责任达成一致意见

管理层认可并理解其责任，是审计工作的前提，这对独立审计工作是至关重要的。

（1）按照适用的财务报告编制基础编制财务报表，并使其实现公允反映。

实现公允列报的报告目标非常重要，因而在与管理层达成一致意见的执行审计工作的前提中需要特别提及公允列报，或需要特别提及管理层负有确保财务报表根据财务报告编制基础编制并使其实现公允反映的责任。

（2）设计、执行和维护必要的内部控制，以使财务报表不存在由于舞弊或错误导致的重大错报。

由于内部控制的固有限制，无论其如何有效，也只能合理保证被审计单位实现其财务报告目标。注册会计师按照审计准则的规定执行的独立审计工作，不能代替管理层维护编制财务报表所需要的内部控制。因此，注册会计师需要就管理层认可并理解其与内部控制有关的责任与管理层达成共识。

（3）向注册会计师提供必要的工作条件。

包括允许注册会计师接触与编制财务报表相关的所有信息（如记录、文件和其他事项），向注册会计师提供审计所需要的其他信息，允许注册会计师在获取审计证据时不受限制地接触其认为必要的内部人员和其他相关人员。

【经典真题】

【单选题·2018】下列各项中，不属于财务报表审计的前提条件的是（　　）。

A. 管理层设计、执行和维护必要的内部控制，以使财务报表不存在由于舞弊或错误导致的重大错报

B. 管理层按照适用的财务报表编制基础编制财务报表，并使其实现公允反映

C. 管理层承诺将更正注册会计师在审计过程中识别出的重大错报

D. 管理层向注册会计师提供必要的工作条件

【答案】C

【解析】是否更正重大错报是在承接业务后才需要考虑的，一般考虑对审计意见的影响，故选项 C 不属于财务报表审计的前提条件。

【经典模拟题】

【多选题】为确定审计的前提条件是否存在，下列各项中，不属于注册会计师应当执行的工作有（　　）。

A. 确定被审计单位是否存在违反法律法规行为

B. 确定被审计单位的内部控制是否有效

C. 确定管理层在编制财务报表时采用的财务报告编制基础是否是可接受的

D. 确定管理层是否认可并理解其与财务报表相关的责任

【答案】AB

【解析】为确定审计的前提条件是否存在，注册会计师应当执行以下工作：（1）确定管理层在编制财务报表时采用的财务报告编制基础是否是可接受的（选项 C 正确）；（2）就管理层认可并理解其责任与管理层达成一致意见（选项 D 正确）。选项 A、选项 B 属于注册会计师承接审计业务委托后的相关工作，不属于委托前考虑的事项。

重难点 3：审计业务约定书★★

审计业务约定书是指会计师事务所与被审计单位签订的，用以记录和确认审计业务的委托与受托关系、审计目标和范围、双方的责任以及报告的格式等事项的书面协议。

【小贴士】会计师事务所承接任何审计业务，都应与被审计单位签订审计业务约定书。

（一）审计业务约定书的基本内容

审计业务约定书的具体内容和格式可能因被审计单位的不同而不同，但应当包括以下主要内容：

（1）财务报表审计的目标与范围；

（2）注册会计师的责任；

（3）管理层的责任；

（4）指出用于编制财务报表所适用的财务报告编制基础；

（5）提及注册会计师拟出具的审计报告的预期形式和内容，以及对在特定情况下出具的审计报告可能不同于预期形式和内容的说明。

（二）审计业务约定书的特殊考虑

1. 考虑特定需要

【小贴士】2020 年增加了两项内容：（3）关于注册会计师按照《中国注册会计师审计准

则第 1504 号——在审计报告中沟通关键审计事项》的规定，在审计报告中沟通关键审计事项的要求；(7) 预期管理层将允许注册会计师接触管理层知悉的与财务报表编制相关的所有信息（包括与披露相关的所有信息）。

补充完善了一项内容：(8) 管理层同意向注册会计师及时提供财务报表草稿（包括与财务报表及披露的编制相关的所有信息）和其他所有附带信息（如有），以使注册会计师能够按照预定的时间表完成审计工作。

【经典模拟题】

【多选题】如下项目中，属于在审计业务约定书中考虑特定需要的有（　　）。

A. 财务报表审计的目标与范围

B. 关于注册会计师按照《中国注册会计师审计准则第 1504 号——在审计报告中沟通关键审计事项》的规定，在审计报告中沟通关键审计事项的要求

C. 预期管理层将允许注册会计师接触管理层知悉的与财务报表编制相关的所有信息（包括与披露相关的所有信息）

D. 管理层同意向注册会计师及时提供财务报表草稿（包括与财务报表及披露的编制相关的所有信息）和其他所有附带信息（如有），以使注册会计师能够按照预定的时间表完成审计工作

【答案】BCD

【解析】选项 A，属于审计业务约定书的基本内容。

2. 组成部分的审计

3. 连续审计

4. 审计业务约定条款的变更

在完成审计业务前，如果被审计单位或委托人要求将审计业务变更为保证程度较低的业务，注册会计师应当确定是否存在合理理由予以变更。如果没有合理的理由，注册会计师不应同意变更业务。具体业务的变更的原因主要包括以下三个方面：

（1）环境变化对审计服务的需求产生影响；

（2）对原来要求的审计业务的性质存在误解；

（3）无论是管理层施加的还是其他情况引起的审计范围受到限制。

上述第（1）项和第（2）项通常被认为是变更业务的合理理由，但如果有迹象表明该变更要求与错误的、不完整的或者不能令人满意的信息相关，注册会计师不应认为该变更是合理的。

【经典真题】

【单选题 · 2019】通常无需包含在审计业务约定书中的是（　　）。

A. 财务报表审计的目标与范围

B. 出具审计报告的日期

C. 用于编制财务报表所适用的财务报告编制基础

D. 管理层和治理层的责任

【答案】B

【解析】审计业务约定书的具体内容和格式可能因被审计单位的不同而不同，但应当包括以下主要内容：（1）财务报表审计的目标与范围；（2）注册会计师的责任；（3）管理层的责任；（4）指出用于编制财务报表所适用的财务报告编制基础；（5）提及注册会计师拟出具的审计报告的预期形式和内容，以及对在特定情况下出具的审计报告可能不同于预期形式和内容的说明。故选项 B 不属于审计业务约定的内容。

【多选题·2018】下列各项中，通常可以作为变更审计业务的合理理由的有（　　）。

A. 环境变化对审计服务的需求产生影响

B. 客观因素导致审计范围受到限制

C. 委托方对原来要求的审计业务的性质存在误解

D. 管理层对审计范围施加限制

【答案】AC

【解析】无论是管理层施加的还是其他情况引起的审计范围受到限制都不认为是变更审计业务的合理理由，故选项 B、选项 D 不正确。

重难点 4：具体审计计划★★

具体审计计划比总体审计策略更加详细，其内容包括为获取充分、适当的审计证据以将审计风险降至可接受的低水平，项目组成员拟实施的审计程序的性质、时间和范围。

1. 风险评估程序（第七章讲述）

为了充分识别和评估财务报表重大错报风险，注册会计师计划实施的风险评估程序的性质、时间安排和范围。

2. 进一步审计程序（第八章讲述）

针对评估的认定层次的重大错报风险，注册会计师计划实施的进一步审计程序的性质、时间安排和范围，即控制测试和实质性程序的性质、时间安排和范围。进一步审计程序包括控制测试和实质性程序。

3. 计划的其他审计程序（教材第四编讲述）

其他审计程序是指上述进一步审计程序的计划中没有涵盖的，根据其他审计准则的要求注册会计师应当执行的既定程序。

在审计计划阶段，除了按照《中国注册会计师审计准则第 1211 号——通过了解被审计单位及其环境识别和评估重大错报风险》进行计划工作，实施风险评估和应对外，注册会计师还需要兼顾其他准则中规定的、针对特定项目在审计计划阶段应执行的程序及记录要求。例如，《中国注册会计师审计准则第 1141 号——财务报表审计中与舞弊相关的责任》（第十三章讲述）、《中国注册会计师审计准则第 1324 号——持续经营》（第十七章讲述）、《中国注册会计师审计准则第 1142 号——财务报表审计中对法律法规的考虑》（第十三章讲述）及《中国注册会计师审计准则第 1323 号——关联方》（第十七章讲述）等准则中对注册会计师针对这些特定项目在审计计划阶段应当执行的程序及其记录作出了规定。

【经典真题】

【多选题·2016】下列各项中，属于具体审计计划的活动的有（　　）。

A. 确定重要性

B. 确定是否需要实施项目质量控制复核

C. 确定风险评估程序的性质、时间安排和范围

D. 确定进一步审计程序的性质、时间安排和范围

【答案】CD

【解析】选项A、选项B属于制定总体审计策略时需要考虑的内容。

【经典模拟题】

【多选题】下列有关审计计划的说法中，不正确的有（　　）。

A. 制定总体审计策略的过程通常在具体审计计划之前

B. 具体审计计划的核心是确定审计的范围和审计方案

C. 制定审计计划的工作应当在实施进一步审计程序之前完成

D. 总体审计策略不受具体审计计划的影响

【答案】BCD

【解析】选项A正确，总体审计策略是用以确定审计范围、时间安排和方向，并指导具体审计计划的制定，制定总体审计策略的过程通常在具体审计计划之前；选项B不正确，确定审计的范围和审计方案是总体审计策略的内容；选项C不正确，审计计划的修改贯穿在整个审计过程；选项D不正确，尽管总体审计策略对具体审计计划具有统御作用，但是具体审计计划反过来也会影响总体审计策略。

重难点5：重要性的含义★★★

（一）含义

（1）如果合理预期错报单独或汇总起来可能影响财务报表使用者的经济决策，则错报是重大的；

（2）对重要性的判断是根据具体环境作出的，并受错报金额、性质或受两者共同作用的影响；

（3）判断某事项对财务报表使用者是否重大，是在考虑财务报表使用者整体共同的财务信息需求的基础上作出的。

【小贴士】由于不同财务报表使用者对财务信息的需求可能差异很大，因此不考虑错报对个别财务报表使用者可能产生的影响。

（二）财务报表审计流程中运用重要性的主要节点

1. 计划和实施报表审计工作阶段

（1）确定风险评估程序的性质、时间安排和范围；

（2）识别和评估重大错报风险；

（3）确定进一步审计程序的性质、时间安排和范围。

2. 审计报告阶段

（1）评价识别出的错报对财务报表的影响；

（2）评价未更正错报对审计报告中审计意见的影响。

【小贴士】在整个业务过程中，随着审计工作的进展，注册会计师应当根据所获得的新信息更新重要性。

【经典真题】

【单选题·2019】下列各项中，不属于注册会计师使用财务报表整体重要性的目的的是（　　）。

A. 识别和评估重大错报风险

B. 决定风险评估程序的性质、时间安排和范围

C. 确定审计中识别出的错报是否需要累积

D. 评价已识别的错报对审计意见的影响

【答案】C

【解析】注册会计师使用整体重要性水平（将财务报表作为整体）的目的有：（1）决定风险评估程序的性质、时间安排和范围；（2）识别和评估重大错报风险；（3）确定进一步审计程序的性质、时间安排和范围。选项 C，确定审计中识别出的错报是否需要累积，是在错报沟通阶段明显微小错报的运用。

重难点 6：重要性水平的确定★★★

在计划审计工作时，注册会计师应当确定一个合理的重要性水平，以发现在金额上重大的错报。

（一）财务报表整体的重要性（重要性水平）

由于财务报表审计的目标是注册会计师通过执行审计工作对财务报表发表审计意见，因此，注册会计师应当考虑财务报表整体的重要性（整体的重要性水平）。只有这样，才能得出财务报表是否公允反映的结论。

1. 重要性水平确定的时间

在计划审计工作（制定总体审计策略）时，注册会计师应当确定一个可接受的重要性水平，以发现在金额上重大的错报，以此作为衡量重大错报的界限。

2. 重要性水平确定的方法

财务报表层次的重要性水平确定尽管需要专业判断，但是一般可采用如下公式：

重要性水平 = 基准 × 百分比

（1）适当的基准。

选择适当的基准需要综合考虑以下 5 项因素：

①报表要素（如资产、负债、所有者权益、收入和费用）。

②是否存在财务报表使用者特别关注的项目。

③被审计单位的性质、所处的生命周期阶段（成立/成长/成熟）以及所处行业和经济环境。

例如，对于以营利为目的的实体，通常以经常性业务的税前利润作为基准。

④被审计单位的所有权结构和融资方式。

例如，如果被审计单位仅通过债务而非权益进行融资，财务报表使用者可能更关注资产及资产的索偿权，而非被审计单位的收益。

⑤基准的相对波动性。如果经常性业务的税前利润不稳定，选用其他基准可能更加合适，如毛利或营业收入。

【小贴士】如果被审计单位的经营规模较上年度没有重大变化，通常使用替代性基准确定的重要性不宜超过上年度的重要性。

【经典真题】

【多选题·2019】下列各项因素中，注册会计师在确定财务报表整体重要性时通常需考虑的有（　　）。

A. 被审计单位所处行业和经济环境

B. 被审计单位所处的生命周期

C. 以前年度是否存在审计难度

D. 财务报表预期使用者的范围

【答案】ABD

【解析】注册会计师在选择基准时，通常考虑被审计单位的性质、所处的生命周期以及所处行业和经济环境；而在为选定的基准确定百分比时，要考虑财务报表使用者的范围。而注册会计师在确定财务报表整体重要性时无需考虑以前年度的审计情况，如以前年度是否存在审计难度等。故选项 C 不属于考虑的因素。

【单选题·2016】下列有关在确定财务报表整体的重要性时选择基准的说法中，正确的是（　　）。

A. 注册会计师应当充分考虑被审计单位的性质和重大错报风险，选取适当的基准

B. 对于以营利为目的的被审计单位，注册会计师应当选取税前利润作为基准

C. 基准一经选定，需在各年度中保持一致

D. 基准可以是本期财务数据的预算和预测结果

【答案】D

【解析】选项 A 错误，注册会计师在确定重要性基准时，不需要考虑重大错报风险；选项 B 错误，对于以营利为目的的被审计单位，注册会计师通常选取经常性业务的税前利润作为基准；选项 C 错误，重要性水平的基准是可以根据被审计单位的实际情况变化的，并不是各年度中保持一致。

【经典模拟题】

【多选题】注册会计师在确定重要性时通常选定一个基准。下列因素中，注册会计师在选择基准时需要考虑的有（　　）。

A. 被审计单位的性质

B. 以前年度审计调整的金额

C. 基准的相对波动性

D. 是否存在财务报表使用者特别关注的项目

【答案】ACD

【解析】选择基准时，要基于当前的环境考虑：财务报表要素；报表使用者特别关注的项目（选项 D）；被审计单位的性质、所处的生命周期阶段以及所处行业和经济环境（选项 A）；基准的相对波动性（选项 C）；以前年度审计调整的金额不属于考虑的因素，故选项 B 错误。

（2）适当的百分比。

在确定百分比时，除了考虑被审计单位是否为上市公司或公众利益实体外，其他因素也会影响注册会计师对百分比的选择，这些因素包括但不限于：

①财务报表使用者的范围；

②被审计单位是否由集团内部关联方提供融资或是否有大额对外融资（如债券或银行贷款）；

③财务报表使用者是否对基准数据特别敏感（如特殊目的财务报表的使用者）。

【小贴士】经常性业务的税前利润对应的百分比通常比营业收入对应的百分比要高。对以营利为目的的制造行业实体，经常性业务的税前利润的 5% 是适当的；对非营利组织，总收入或费用总额的 1% 是适当的。

（二）特定类别的交易、账户余额或披露的重要性（重要性水平）

特定类别的交易、账户余额或披露发生错报时，虽然错报金额低于财务报表整体的重要性，但如能合理预期该错报可能影响报表使用者作出的经济决策，这些使用者可能根据这些认定作出决策（例如，关联方交易、预计负债的完整性等），应确定该认定的重要性水平。

【小贴士】在此主要强调特定类别的交易、账户余额或披露，不是所有的交易、账户余额或披露，这需要运用职业判断。

（三）实际执行的重要性（重要性水平）

1. 定义

实际执行的重要性，是指注册会计师确定的低于财务报表整体的重要性的一个或多个金额，旨在将未更正和未发现错报的汇总数超过财务报表整体的重要性的可能性降至适当的低水平。

如果适用，实际执行的重要性还指注册会计师确定的低于特定类别的交易、账户余额或披露的重要性水平的一个或多个金额。

2. 确定实际执行的重要性应考虑的因素

（1）对被审计单位的了解（在实施风险评估程序的过程中会得到更新）；

（2）前期审计工作中识别出的错报的性质和范围；

（3）根据前期识别出的错报对本期错报作出的预期。

3. 实际执行的重要性在审计中的作用

（1）注册会计师在计划审计工作时可以根据实际执行的重要性确定需要对哪些类型的交易、账户余额和披露实施进一步审计程序。

通常选取金额超过实际执行的重要性的财务报表项目，因为这些财务报表项目有可能导致财务报表出现重大错报。

【小贴士】上述观点不代表注册会计师可以对所有金额低于实际执行的重要性的财务报表项目不实施进一步审计程序，这主要出于以下考虑：

①单个金额低于实际执行的重要性的财务报表项目汇总起来可能金额重大（可能远远超过财务报表整体的重要性），注册会计师需要考虑汇总后的潜在错报风险；

②对于存在低估风险的财务报表项目，不能仅仅因为其金额低于实际执行的重要性而不实施进一步审计程序；

③对于识别出存在舞弊风险的财务报表项目，不能因为其金额低于实际执行的重要性而不实施进一步审计程序。

（2）运用实际执行的重要性确定进一步审计程序的性质、时间安排和范围。

例如，在实施实质性分析程序时，注册会计师确定的已记录金额与预期值之间的可接受差异额通常不超过实际执行的重要性。

又如，在运用审计抽样实施细节测试时，注册会计师可以将可容忍错报的金额设定为等于或低于实际执行的重要性。

4. 确定实际执行的重要性的经验值

【小贴士】通常而言，财务报表层次实际执行的重要性为财务报表整体重要性的 50% ~ 75%。

（1）接近财务报表整体重要性 50% 的情况。

①首次接受委托的审计项目；

②连续审计项目，以前年度审计调整较多；

③项目总体风险较高，例如处于高风险行业、管理层能力欠缺、面临较大市场竞争压力或业绩压力等；

④存在或预期存在值得关注的内部控制缺陷。

（2）接近财务报表整体重要性 75% 的情况。

①连续审计项目，以前年度审计调整较少；

②项目总体风险为低到中等，例如处于非高风险行业、管理层有足够能力、面临较低的市场竞争压力和业绩压力等；

③以前期间的审计经验表明内部控制运行有效。

【小贴士】在实际运用时为了简化，一般可以选择财务报表整体重要性的 50% 或者 75%。

【经典真题】

【单选题·2019】下列因素中，注册会计师在确定实际执行的重要性时无需考虑的是（　　）。

A. 是否为首次接受委托的审计项目

B. 是否存在财务报表使用者特别关注的项目

C. 是否存在值得关注的内部控制缺陷

D. 前期审计中识别出的错报的数量和性质

【答案】B

【解析】通常而言，实际执行的重要性通常为财务报表整体重要性的50%～75%。

例如，如果存在下列情况，注册会计师可能考虑选择较低的百分比来确定实际执行的重要性：首次接受委托的审计项目；连续审计项目，以前年度审计调整较多；项目总体风险较高，例如处于高风险行业、管理层能力欠缺、面临较大市场竞争压力或业绩压力等；存在或预期存在值得关注的内部控制缺陷。而是否存在财务报表使用者特别关注的项目一般在确定重要性基准时需要考虑的，故选择选项B。

【经典模拟题】

【单选题】下列各项工作中，通常不属于注册会计师需要运用实际执行的重要性的是（　　）。

A. 运用实质性分析程序时，确定已记录金额与预期值之间的可接受差异额

B. 确定需要对哪些类型的交易、账户余额或披露实施进一步审计程序

C. 运用审计抽样实施细节测试时，确定可容忍错报

D. 确定未更正错报对财务报表整体的影响是否重大

【答案】D

【解析】选项D错误，注册会计师确定未更正错报对财务报表整体是否重大时，需要运用财务报表整体的重要性。

重难点7：对错报的考虑★★★

（一）错报的概念

错报是指某一财务报表项目的金额、分类、列报或披露与按适用的财务报告编制基础应列示的金额、分类、列报或披露之间存在的差异；或者根据注册会计师的判断，为使财务报表在所有重大方面实现公允反映，需要对金额、分类、列报作出必要的调整。

（二）错报的成因

（1）收集或处理用以编制财务报表的数据时出现错误；

（2）遗漏某项金额或披露；

（3）由于疏忽或明显误解有关事实作出不正确的会计估计；

（4）注册会计师认为管理层对会计估计作出不合理的判断或对会计政策作出不恰当的选择和运用；

（5）信息的分类、汇总或分解不恰当。

【小贴士】第（5）项为2020年新增。

【经典模拟题】

【多选题】下列各项中，通常属于错报形成根源的有（　　）。

A. 收集或处理用以编制财务报表的数据时出现错误

B. 遗漏某项金额或披露

C. 由于疏忽或明显误解有关事实作出不正确的会计估计

D. 信息的分类、汇总或分解不恰当

【答案】ABCD

（三）明显微小错报

1. 总体要求

注册会计师在制定总体审计策略和审计计划时，需要确定一个明显微小错报的临界值，低于该临界值的错报视为明显微小的错报，可以不累积。

2. 确定临界值应当考虑的因素

（1）以前年度审计中识别出的错报（包括已更正和未更正错报）的数量和金额；

（2）重大错报风险的评估结果；

（3）被审计单位治理层和管理层对注册会计师与其沟通错报的期望；

（4）被审计单位的财务指标是否勉强达到监管机构的要求或投资者的期望。

3. “明显微小错报”不等同于“不重大错报”

（1）明显微小错报的临界值可能是财务报表整体重要性的3% ~5%，一般不超过财务报表整体重要性的10%。

（2）“不重大错报”有两种情形：

①如果针对某一交易、账户余额或披露认定层次，“不重大错报”是指低于对应的“实际执行的重要性”的错报。

②如果针对判断审计意见类型时，“不重大错报”是指低于“财务报表整体的重要性”的错报。

【经典真题】

【多选题·2018】下列各项因素中，注册会计师在确定明显微小错报的临界值时通常需要考虑的有（　　）。

A. 以前年度审计中识别出的错报的数量和金额

B. 财务报表使用者的经济决策受错报影响的程度

C. 重大错报风险的评估结果

D. 被审计单位的财务指标是否勉强达到监管机构的要求

【答案】ACD

【解析】在确定明显微小错报的临界值时，注册会计师可能考虑以下因素：（1）以前年度审计中识别出的错报的数量和金额（选项A）；（2）重大错报风险的评估结果（选项C）；（3）被审计单位治理层和管理层对注册会计师与其沟通错报的期望；（4）被审计单位的财务指标是否勉强达到监管机构的要求或投资者的期望（选项D）。而选项B，财务报表使用者的经济决策受错报影响的程度，不属于考虑的因素。

【经典模拟题】

【多选题】下列各项因素中，注册会计师在确定明显微小错报临界值时，通常需要考虑的有（　　）。

A. 重大错报风险的评估结果

B. 以前年度审计中识别出的错报

C. 被审计单位的财务报表是否分发给广大范围的使用者

D. 被审计单位治理层和管理层对注册会计师与其沟通错报的期望

【答案】ABD

【解析】在确定明显微小错报的临界值时，注册会计师可能考虑以下因素：（1）以前年度审计中识别出的错报的数量和金额（选项B）；（2）重大错报风险的评估结果（选项A）；（3）被审计单位治理层和管理层对注册会计师与其沟通错报的期望（选项D）；（4）被审计单位的财务指标是否勉强达到监管机构的要求或投资者的期望。而选项C，财务报表的使用范围不属于考虑因素。

（四）错报的分类

1. 事实错报

事实错报是指毋庸置疑的错报。

2. 判断错报

判断错报是指管理层对会计估计作出不合理的判断或不恰当地选择和运用会计政策而导致的差异。

3. 推断错报

推断错报指通过测试样本估计出的总体的错报减去在测试中发现的已经识别的具体错报。

四、进阶练习

（一）单选题

1. 注册会计师按照审计准则执行工作的前提是管理层认可并理解其责任，下列有关管理层责任的说法中，错误的是（　　）。

A. 按照适用的财务报告编制基础编制财务报表，并使其实现公允反映

B. 设计、执行和维护必要的内部控制，以使财务报表不存在错报

C. 向注册会计师提供必要的工作条件

D. 允许注册会计师在获取审计证据时不受限制地接触其认为必要的内部人员

2. 下列关于计划审计工作的说法中，错误的是（　　）。

A. 计划审计工作贯穿审计全过程

B. 计划审计工作包括考虑审计程序性质和时间决策

C. 计划审计工作的性质和范围，将因审计业务情况的变化、被审计单位的规模和复杂程度等不同而不同

D. 审计工作底稿中只需记录在审计过程中对具体审计计划作出的重大修改，无需记录理由

3. 在总体审计策略阶段，下列各项中与考虑重大错报风险较高的审计领域最相关的是（　　）。

A. 审计资源

B. 报告目标、时间安排及所需沟通的性质

C. 审计方向

D. 审计范围

4. 注册会计师在制定总体审计策略的审计资源的规划时，以下不属于对审计资源规划所需考虑的事项是（　　）。

A. 就复杂的问题考虑是否聘请专家　　B. 由谁负责指导助理人员的工作

C. 何时召开项目组成员讨论会　　D. 项目组审计工作总体涵盖的范围

5. 下列有关在确定财务报表整体的重要性时选择基准的说法中，正确的是（　　）。

A. 对于以营利为目的的被审计单位，注册会计师应当选取营业收入作为基准

B. 对于国际企业集团设立的研发中心，注册会计师应当选取研发收入作为基准

C. 根据被审计单位的经营情况的变化，重要性水平的基准可以根据实际来变化

D. 基准不能是本期财务数据的预算和预测结果

6. 下列情形中，注册会计师通常考虑采用75%百分比，确定实际执行的重要性的是（　　）。

A. 连续审计情形下，以前年度审计调整较少

B. 被审计单位首次接受委托执行审计

C. 被审计单位审计年度面临较大的竞争压力

D. 预期本年被审计单位存在较多值得关注的内部控制缺陷

7. 下列关于实际执行的重要性的说法中，不正确的是（　　）。

A. 注册会计师应当确定实际执行的重要性，不能超过财务报表整体重要性

B. 注册会计师根据实际执行的重要性确定对哪些类型的交易、账户余额和披露实施进一步审计程序

C. 以前年度审计调整越多，评估的项目总体风险越高，实际执行的重要性通常为财务报表整体重要性的75%

D. 注册会计师应当确定实际执行的重要性，以评估重大错报风险并实施进一步审计程序

8. A注册会计师首次承接W公司2020年度财务报表审计业务，确定的W公司财务报表整体的重要性水平为200万元，则实际执行的重要性水平下列适当的是（　　）万元。

A. 180　　B. 100　　C. 10　　D. 150

9. 下列各项因素中，注册会计师在确定明显微小错报临界值时，通常无需考虑的是（　　）。

A. 以前年度审计中识别出的错报

B. 被审计单位的财务指标是否勉强达到监管机构的要求或投资者的期望

C. 被审计单位治理层和管理层对注册会计师与其沟通错报的期望

D. 被审计单位的财务报表预期使用者范围

10. 下列选项中，关于错报的理解错误的是（　　）。

A. 错报可能是由于错误或舞弊导致的

B. 注册会计师认为管理层对会计估计作出不合理的判断或对会计政策作出不恰当的选

择和运用可能导致错报

C. 错报不包括因疏忽遗漏的金额

D. 明显微小错报不需要累积

11. 下列各项中，不属于审计业务约定书基本内容的是（　　）。

A. 财务报表审计的目标

B. 财务报表审计的范围

C. 收费的计算基础和收费安排

D. 注册会计师拟出具的审计报告的预期形式和内容

12. 下列各项有关审计计划的说法中，正确的是（　　）。

A. 审计计划分为总体审计策略和具体审计计划两个层次

B. 制定总体审计策略应该考虑管理层认定

C. 总体审计策略影响具体审计计划，因此不存在根据具体审计计划调整总体审计策略的情形

D. 确定实际执行的重要性属于具体审计计划内容

13. 下列各项，不属于在确定实际执行的重要性时考虑的因素是（　　）。

A. 了解被审计单位，实施风险评估程序的结果

B. 前期审计工作中识别出的错报的性质和范围

C. 注册会计师根据前期情况对本期错报作出的预期

D. 报表使用者的期望值

14. 以下项目中，不属于注册会计师修改重要性水平的合理理由的是（　　）。

A. 审计过程中获取新信息

B. 被审计单位决定的一个重要组成部分

C. 约定的审计收费基础发生变化

D. 通过实施进一步审计程序，注册会计师对被审计单位及其经营所了解的情况发生变化

15. 实际执行的重要性通常为财务报表整体重要性的50%～75%，下列项目属于接近财务报表整体重要性50%的是（　　）。

A. 连续接受委托的审计项目

B. 以前年度审计调整较少

C. 存在或预期存在值得关注的内部控制缺陷

D. 以前期间的审计经验表明内部控制运行有效

（二）多选题

1. 下列各项，属于注册会计师开展的初步业务活动的内容有（　　）。

A. 与被审计单位之间不存在对业务约定条款的误解

B. 评价遵守相关职业道德要求的情况

C. 针对保持客户关系和具体审计业务实施相应的质量控制程序

D. 就审计业务约定条款达成一致意见

2. 下列各项，属于开展初步业务活动的目的有（　　）。

A. 确保具备执行业务所需的独立性和能力

B. 确定不存在因管理层诚信问题而可能影响注册会计师保持该项业务的意愿的事项

C. 确保与被审计单位之间不存在对业务约定条款的误解

D. 评价遵守相关职业道德要求的情况

3. 注册会计师在制定总体审计策略时，应当考虑的事项包括（　　）。

A. 审计报告目标　　B. 审计报告时间安排

C. 审计资源　　D. 拟实施的进一步审计程序

4. 在理解重要性概念时，下列表述中不正确的有（　　）。

A. 如果合理预期错报（包括漏报）单独或汇总起来可能影响财务报表使用者依据财务报表作出的经济决策，则通常认为错报是重大的

B. 对重要性的判断是要根据具体环境作出的，无需考虑错报性质的影响

C. 重要性的确定离不开职业判断

D. 判断某事项对财务报表使用者是否重大，需要考虑对个别财务报表使用者的财务信息需求

5. 下列有关审计业务约定书的说法中，正确的包括（　　）。

A. 审计业务约定书应当包括注册会计师的责任和管理层的责任

B. 如果集团公司的注册会计师同时也是组成部分注册会计师，则无需向组成部分单独致送审计业务约定书

C. 对于连续审计，注册会计师可能不需要每期都向被审计单位致送新的审计业务约定书

D. 对于连续审计，如果法律法规的规定发生变化，可能导致注册会计师修改审计业务约定条款

6. 下列各项中，属于具体审计计划的有（　　）。

A. 计划实施的风险评估程序的性质、时间安排和范围

B. 计划实施的进一步审计程序的性质、时间安排和范围

C. 计划向高风险领域分派的项目组成员人选

D. 就复杂的问题考虑聘请专家的人选

7. 下列各项中，属于注册会计师运用财务报表整体重要性水平的目的有（　　）。

A. 决定风险评估程序的性质、时间安排和范围

B. 评价已识别的错报对财务报表的影响和对审计意见的影响

C. 确定是否承接审计业务

D. 识别和评估重大错报风险

8. 下列有关重要性的说法中，正确的有（　　）。

A. 确定一项错报是否重大，要从性质和金额两方面进行考虑

B. 注册会计师应当在制定具体审计计划时确定财务报表整体的重要性

C. 计划审计工作时，注册会计师应当确定一个合理的重要性水平，以发现金额上的重大错报

D. 注册会计师在确定实际执行的重要性时需要考虑计划的重要性

9. 在确定财务报表整体的重要性时，通常应先选定一个基准，下列各项中，对基准的选

择不恰当的有（　　）。

A. 对于盈利水平保持稳定的企业，以资产作为基准

B. 针对公益性质的基金会，一般以捐赠收入或捐赠支出总额作为确定重要性的基准

C. 针对近年来经营状况大幅波动，盈利和亏损交替发生的企业，可以采用过去3～5年经常性业务的平均税前利润作为基准

D. 对于侧重于抢占市场份额的新兴企业，以资产总额作为基准

10. 下列关于确定财务报表整体重要性的说法中，不正确的有（　　）。

A. 如果被审计单位的经营规模较上年没有重大变化，通常使用替代性基准确定的重要性可以超过上年度的重要性

B. 在确定百分比时，注册会计师要考虑财务报表使用者是否对基准数据特别敏感

C. 在确定百分比时，注册会计师应当考虑被审计单位是否为公众利益实体

D. 在连续审计中，注册会计师为被审计单位选择的基准在各年度应当保持一致，不能变化

11. 下列各项中，属于具体审计计划活动的有（　　）。

A. 确定财务报表整体重要性

B. 确定风险评估程序的性质、时间安排和范围

C. 确定进一步审计程序的性质、时间安排和范围

D. 确定控制测试的性质、时间安排和范围

12. 下列因素中，注册会计师在评价财务报告编制基础的可接受性时，需要考虑的有（　　）。

A. 财务报表的目的　　B. 被审计单位的性质

C. 财务报表使用者的期望　　D. 财务报表的性质

13. 下列各项中，通常不属于变更审计业务的合理理由的有（　　）。

A. 审计环境变化对审计服务的需求产生影响

B. 客观因素导致审计范围受到限制

C. 管理层对审计范围施加限制

D. 委托方对原来要求的审计业务的性质存在误解

14. 关于特定类别交易、账户余额或披露的重要性水平，下列说法中，不正确的有（　　）。

A. 确定是否确定特定类别交易、账户余额或披露的重要性水平时，需要执业判断

B. 特定类别交易、账户余额或披露的重要性水平，应低于财务报表整体的重要性水平

C. 确定特定类别交易、账户余额或披露的重要性水平，只考虑金额

D. 如果财务报表整体重要性水平合理，则不需确定特定类别交易、账户余额或披露的重要性

15. 为确定审计的前提条件是否存在，下列各项中，注册会计师应当执行的工作有（　　）。

A. 确定管理层是否有违规行为

B. 确定管理层是否认可并理解其与财务报表相关的责任

C. 确定管理层在编制财务报表时采用的财务报告编制基础是否是可接受的

D. 确定被审计单位内控是否健全

（三）简答题

W会计师事务所接受委托审计上市公司甲公司2019年度财务报表，上市公司甲公司是W会计师事务所的常年审计客户，事务所委派A注册会计师担任审计项目合伙人。在执行审计计划工作时，有关决策如下：

1. 首先确定财务报表整体重要性，通过实施进一步审计程序，发现甲公司及其经营情况发生变化，可以决定适当修改财务报表整体的重要性。

2. 由于财务报表含有高度不确定性的大额估计，A注册会计师认为应该确定一个比不含有该估计的财务报表整体的重要性更低的重要性。

3. 在考虑了财务报表整体重要性水平以及甲公司管理层的期望后，确定实际执行的重要性。

4. 将明显微小错报的临界值确定为财务报表整体重要性的3%～5%，绝不能超过财务报表整体重要性的10%。

5. 具体审计计划的核心内容之一是确定重要性。

【要求】针对上述第1～5项，逐项指出A注册会计师的决策是否恰当。如不恰当，简要说明理由。

五、进阶练习答案

（一）单选题

1. 【答案】B

【解析】管理层认可并理解其对财务报表的责任包括：（1）按照适用的财务报告编制基础编制财务报表，并使其实现公允反映（选项A）；（2）设计、执行和维护必要的内部控制，以使财务报表不存在由于舞弊或错误导致的重大错报（选项B错误）；（3）向注册会计师提供必要的工作条件，包括允许注册会计师接触与编制财务报表相关的所有信息（选项C）；向注册会计师提供审计所需要的其他信息，允许注册会计师在获取审计证据时不受限制地接触其认为必要的内部人员和其他相关人员（选项D）。

2. 【答案】D

【解析】选项D错误，如果注册会计师在审计过程中对总体审计策略或具体审计计划作出重大修改，应当在审计工作底稿中记录作出的重大修改及其理由。

3. 【答案】C

【解析】在确定审计方向时，注册会计师需要考虑重大错报风险较高的审计领域，故选择选项C。

4. 【答案】D

【解析】注册会计师应当在总体审计策略中清楚地说明审计资源的规划和调配，包括确定执行审计业务所必需的审计资源的性质、时间安排和范围。①向具体审计领域调配的资源（选项A）；②向具体审计领域分配资源的多少；③何时调配这些资源；④如何管理、指导、监督这些资源（选项 B、选项 C）。选项 D 属于在确定审计范围时应该考虑的因素。

5.【答案】C

【解析】选项 A 不正确，对于以营利为目的的被审计单位，注册会计师可能选取经常性业务的税前利润作为基准；选项 B 不正确，对于国际企业集团设立的研发中心，注册会计师应当选取研发收入作为基准，应该以成本或营业费用为基准；选项 D 不正确，基准可以是本期财务数据的预算和预测结果。

6.【答案】A

【解析】如果存在下列情况，注册会计师可能考虑选择较高的百分比来确定实际执行的重要性：（1）连续审计项目，以前年度审计调整较少；（2）项目总体风险为低到中等，例如处于非高风险行业、管理层有足够能力、面临较低的市场竞争压力和业绩压力等；（3）以前期间的审计经验表明内部控制运行有效。故应该选择选项 A。

7.【答案】C

【解析】选项 C 不正确，以前年度审计调整越多，评估的项目总体风险越高，越应当确定一个较低水平的实际执行的重要性，通常为财务报表整体重要性的 50%。

8.【答案】B

【解析】选项 B 正确，一般而言，注册会计师确定的实际执行的重要性水平是财务报表整体重要性水平的 50% ~75%，首次承接的审计业务适用较低的百分比。

9.【答案】D

【解析】选项 D 不正确，在确定明显微小错报的临界值时，注册会计师可能考虑以下因素：（1）以前年度审计中识别出的错报（包括已更正和未更正错报）的数量和金额；（2）重大错报风险的评估结果；（3）被审计单位治理层和管理层对注册会计师与其沟通错报的期望；（4）被审计单位的财务指标是否勉强达到监管机构的要求或投资者的期望。

10.【答案】C

【解析】选项 C 错误，错报包括因疏忽遗漏的金额。

11.【答案】C

【解析】选项 C 属于审计业务约定书的特殊考虑，不属于基本内容。

12.【答案】A

【解析】选项 B 错误，制定具体审计计划应该考虑管理层认定；选项 C 错误，注册会计师可能会在具体审计计划中制定相应的审计程序，并相应调整总体审计策略的内容；选项 D 错误，确定实际执行的重要性属于总体审计策略内容。

13.【答案】D

【解析】选项 D 不正确，确定实际执行的重要性考虑下列因素的影响：（1）对被审计单位的了解（这些了解在实施风险评估程序的过程中得到更新）；（2）前期审计工作中识别出的错报的性质和范围；（3）根据前期识别出的错报对本期错报作出的预期。

14.【答案】C

【解析】由于存在下列原因，注册会计师可能需要修改财务报表整体的重要性和特定类别的交易、账户余额或披露的重要性水平：（1）审计过程中情况发生重大变化（如决定处置被审计单位的一个重要组成部分）；（2）获取新信息；（3）通过实施进一步审计程序，注册会计师对被审计单位及其经营所了解的情况发生变化。故选择选项 C。

15.【答案】C

【解析】选项 A、选项 B、选项 D 属于实际执行的重要性通常为财务报表整体重要性 75% 的情况。

（二）多选题

1.【答案】BCD

【解析】选项 A 是初步业务活动的目的，不是初步业务活动的内容。

2.【答案】ABC

【解析】选项 D 是初步业务活动的内容，不是初步业务活动的目的。

3.【答案】ABC

【解析】选项 D 属于具体审计计划的内容。

4.【答案】BD

【解析】选项 B 不正确，对重要性的判断是根据具体环境作出的，并受错报的金额或性质的影响，或受两者共同作用的影响；选项 D 不正确，判断某事项对财务报表使用者是否重大，不需要考虑对个别财务报表使用者的财务信息需求。

5.【答案】ACD

【解析】选项 B 表述错误，如果母公司的注册会计师同时也是组成部分注册会计师，需要考虑下列因素，决定是否向组成部分单独致送审计业务约定书：（1）组成部分注册会计师的委托人；（2）是否对组成部分单独出具审计报告；（3）与审计委托相关的法律法规的规定；（4）母公司占组成部分的所有权份额；（5）组成部分管理层相对于母公司的独立程度。

6.【答案】AB

【解析】确定审计程序的性质、时间安排和范围是具体审计计划的核心（选项 A、选项 B）；选项 C、选项 D 均属于总体审计策略的内容。

7.【答案】ABD

【解析】注册会计师使用财务报表整体重要性水平的目的有：（1）决定风险评估程序的性质、时间安排和范围（选项 A）；（2）识别和评估重大错报风险（选项 D）；（3）确定进一步审计程序的性质、时间安排和范围。在形成审计结论阶段，要使用整体重要性水平和为了特定交易类别、账户余额和披露而确定的较低金额的重要性水平来评价已识别的错报对财务报表的影响和对审计报告中审计意见的影响（选项 B）。对于选项 C，确定是否承接审计业务不涉及财务报表整体重要性水平问题。

8.【答案】ACD

【解析】选项 B 错误，注册会计师应当在制定总体审计策略时确定财务报表整体的重要性。

9.【答案】AD

【解析】选项 A 不正确，对于盈利水平保持稳定的企业，以经常性税前利润作为基准；选项 D 不正确，对于侧重于抢占市场份额的新兴企业，以营业收入作为基准。

10.【答案】AD

【解析】选项 A 错误，如果被审计单位的经营规模较上年没有重大变化，通常使用替代性基准确定的重要性不能超过上年度的重要性；选项 D 错误，注册会计师为被审计单位选择的基准在各年度中通常会保持稳定，但是并非必须保持一贯不变，注册会计师可以根据经济形势、行业状况和被审计单位具体情况的变化等对采用的基准作出调整。

11. 【答案】BCD

【解析】具体审计计划应当包括风险评估程序、计划实施的进一步审计程序和其他审计程序（选项 B、选项 C、选项 D）；重要性水平是在总体审计策略确定的，选项 A 属于在总体审计策略中需要考虑的内容。

12. 【答案】ABD

【解析】在确定编制财务报表所采用的财务报告编制基础的可接受性时，注册会计师需要考虑下列相关因素：第一，被审计单位的性质；第二，财务报表的目的；第三，财务报表的性质；第四，法律法规是否规定了适用的财务报告编制基础（选项 A、选项 B、选项 D）；而选项 C 不属于考虑的因素。

13. 【答案】BC

【解析】选项 A 和选项 D 属于变更审计业务的合理理由。

14. 【答案】CD

【解析】选项 C 不正确，确定特定类别交易、账户余额或披露的重要性水平，不仅要考虑金额还要考虑性质；选项 D 不正确，即使财务报表整体重要性水平合理，注册会计师也需要根据具体情况决定是否需要针对特定类别的交易、账户余额或披露确定重要性。

15. 【答案】BC

【解析】选项 B、选项 C 正确，审计的前提条件，是指管理层在编制财务报表时采用可接受的财务报告编制基础，以及管理层对注册会计师执行审计工作的前提的认同。

（三）简答题

【答案】

1. 恰当。

2. 不恰当。

理由：财务报表含有高度不确定性的大额估计，注册会计师并不会因此而确定一个比不含有该估计的财务报表整体的重要性更高或更低的重要性，也就是说，注册会计师在确定重要性水平时，不需考虑与具体项目计量相关的固有不确定性。

3. 不恰当。

理由：确定实际执行的重要性，不需要考虑甲公司管理层的期望。

4. 不恰当。

理由：注册会计师可能将明显微小错报的临界值确定为财务报表整体重要性的 3% ~ 5%，也可能低一些或高一些，但通常不超过财务报表整体重要性的 10%，除非注册会计师认为有必要单独为重分类错报确定一个更高的临界值。

5. 不恰当。

理由：具体审计计划的核心内容之一是确定重要性。

第三章　审计证据

一、2020 年新教材内容主要变化

本章主要知识点没有变化。

二、本章近 5 年考情统计分析

本章考题主要以客观题和主观题（简答题）为主，但是针对个别的知识点（如函证），也可以结合审计实务（教材第三编内容），以主观题（综合题）的形式考查。

本章属于非常重要的考试章节之一，最近 5 年平均考试分值一般在 10 分左右。

（一）近 5 年考试分值分布

题型	2015 年	2016 年	2017 年	2018 年	2019 年
单选题	3	2	3	3	4
多选题	—	2	2	—	2
简答题	11	1.5	3	5	5
综合题	—	—	4	1	1
合计	14	5.5	12	9	12

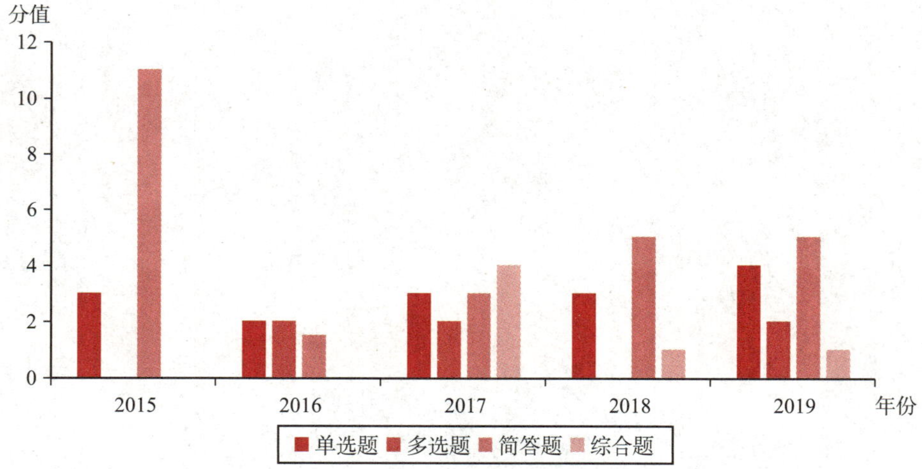

（二）近 5 年考试考点分布

高频考点内容	年度及题型分布
审计证据	2019 年单选、2019 年简答、2019 年综合、2018 年单选、2017 年单选、2017 年综合、2016 年单选、2016 年简答、2015 年单选
询问程序	2018 年单选、2017 年综合
函证	2018 年简答、2017 年多选、2017 年简答、2016 年多选、2015 年简答

续表

高频考点内容	年度及题型分布
分析程序	2019 年单选、2019 年多选、2018 年单选、2017 年单选、2016 年单选、2015 年单选、2015 年简答
实质性分析	2019 年单选、2018 年综合、2017 年单选

三、重难点解析

本章内容为审计证据相关内容，属于审计的基础章节，主要包括审计证据的性质、获取审计证据的程序、函证和分析程序四个主要部分。

【小贴士】本章内容的学习，需要结合后续有关章节内容。例如，有关函证、分析程序和实质性分析与第二编（审计测试流程）和第三编（各类交易和账户余额的审计）相联系。

重难点1：审计证据的含义★★

（一）审计证据的定义

审计证据是指注册会计师为了得出审计结论、形成审计意见而使用的所有信息。

（二）审计证据的构成

审计证据包括构成财务报表基础的会计记录所含有的信息和其他的信息。

1. 会计记录中含有的信息

【小贴士】依据会计记录编制财务报表是被审计单位管理层的责任，注册会计师应当测试会计记录以获取审计证据。

（1）会计记录主要包括原始凭证、记账凭证、总分类账和明细分类账、未在记账凭证中反映的对财务报表的其他调整，以及支持成本分配、计算、调节和披露的手工计算表和电子数据表。

（2）会计记录取决于相关交易的性质，它既包括被审计单位内部生成的手工或电子形式的凭证，也包括从与被审计单位进行交易的其他企业收到的凭证。

（3）除此之外，会计记录还可能包括：

①销售发运单和发票、顾客对账单以及顾客的汇款通知单；

②附有验货单的订购单、购货发票和对账单；

③考勤卡和其他工时记录、工薪单、个别支付记录和人事档案；

④支票存根、电子转移支付记录（EFTs）、银行存款单和银行对账单；

⑤合同记录；

⑥记账凭证；

⑦分类账账户调节表。

【小贴士】将这些会计记录作为审计证据时，其来源和被审计单位内部控制的相关强度（对内部生成的证据而言）都会影响注册会计师对这些原始凭证的信赖程度。

2. 其他的信息

会计记录中含有的信息本身并不足以提供充分的审计证据作为对财务报表发表审计意见的基础，注册会计师还应当获取用作审计证据的其他的信息。

3. 两类审计证据的关系

财务报表依据的会计记录中包含的信息和其他的信息共同构成了审计证据，两者缺一不可。

（1）如果没有财务报表依据的会计记录，审计工作将无法进行。

（2）如果没有其他的信息，可能无法识别重大错报风险。

（3）只有将两者结合在一起，才能将审计风险降至可接受的低水平，为注册会计师发表审计意见提供合理基础。

【经典模拟题】

【多选题】下列关于审计证据的说法中，错误的有（　　）。

A. 审计证据是指注册会计师为了得出审计结论、形成审计意见而使用的所有财务信息

B. 会计记录中含有的信息是注册会计师对财务报表发表审计意见的基础

C. 会计记录包括原始凭证、记账凭证、总分类账和明细分类账

D. 注册会计师可以依据被审计单位的会计记录开展审计工作

【答案】ABCD

【解析】审计证据是指注册会计师为了得出审计结论、形成审计意见而使用的所有信息，因此选择选项A。会计记录中含有的信息本身并不足以提供充分的审计证据作为对财务报表发表审计意见的基础，注册会计师还应当获取用作审计证据的其他的信息，因此选B。会计记录包括原始凭证、记账凭证、总分类账和明细分类账、未在记账凭证中反映的对财务报表的其他调整，以及支持成本分配、计算、调节和披露的手工计算表和电子数据表，因此选择选项C。财务报表依据的会计记录中包含的信息和其他的信息共同构成了审计证据，两者缺一不可，如果没有财务报表依据的会计记录，审计工作将无法进行，因此选择选项D。

重难点2：审计证据的充分性★★★

【小贴士】注册会计师应当保持职业怀疑态度，运用职业判断，评价审计证据的充分性和适当性。

（一）含义

审计证据的充分性是对审计证据数量的衡量，主要与注册会计师确定的样本量有关。

（二）审计证据充分性的影响因素

（1）注册会计师确定的样本量；

（2）注册会计师获取的审计证据的数量受其对重大错报风险评估的影响（评估的重大错报风险越高，需要的审计证据可能越多）；

（3）审计证据质量的影响（审计证据质量越高，需要的审计证据可能越少）。

【小贴士】注册会计师仅靠获取更多的审计证据可能无法弥补其质量上的缺陷。

【经典真题】

【单选题·2015】下列有关审计证据充分性的说法中，错误的是（　　）。

A. 初步评估的控制风险越低，需要通过控制测试获取的审计证据可能越少

B. 计划从实质性程序中获取的保证程度越高，需要的审计证据可能越多

C. 评估的重大错报风险越高，需要的审计证据可能越多

D. 审计证据质量越高，需要的审计证据可能越少

【答案】A

【解析】初步评估的控制风险低，说明拟信赖被审计单位的内部控制制度，但需要通过实施控制测试获取较多的审计证据来获得印证，因此选择选项A。

重难点3：审计证据的适当性★★★

审计证据的适当性，是对审计证据质量的衡量，即审计证据在支持审计意见所依据的结论方面具有的相关性和可靠性。

【小贴士】相关性和可靠性是审计证据适当性的核心内容，只有相关且可靠的审计证据才是高质量的。

（一）审计证据的相关性

1. 含义

指用作审计证据的信息与审计程序的目的和所考虑的相关认定之间的逻辑联系。

【小贴士】用作审计证据的信息的相关性可能受测试方向的影响。

2. 审计证据相关性的认识

（1）特定的审计程序可能只为某些认定提供相关的审计证据，而与其他认定无关。

（2）有关某一特定认定（如存货的存在认定）的审计证据，不能替代与其他认定（如该存货的计价认定）相关的审计证据。

（3）不同来源或不同性质的审计证据可能与同一认定相关。

3. 控制测试的目的

控制测试旨在评价内部控制在防止或发现并纠正认定层次重大错报方面的运行有效性。

设计控制测试以获取相关审计证据，包括识别一些显示控制运行的情况（特征或属性），以及显示控制未恰当运行的偏差情况。然后，注册会计师可以测试这些情况是否存在。

4. 实质性程序的目的

实质性程序旨在发现认定层次重大错报，包括细节测试和实质性分析程序。

设计实质性程序包括识别与测试目的相关的情况，这些情况构成相关认定的错报。

【经典模拟题】

【多选题】关于审计证据相关性的说法中，错误的有（　　）。

A. 审计程序可以为财务报表认定提供相关的审计证据

B. 为存货的存在认定获取的审计证据，同样可以为存货计价认定提供相关证据

C. 用作审计证据的信息的相关性可能受测试方向的影响

D. 不同来源或不同性质的审计证据可能与同一认定相关

【答案】AB

【解析】特定的审计程序可能只为某些认定提供相关的审计证据，而与其他认定无关，因此选择选项A。有关某一特定认定（如存货的存在认定）的审计证据，不能替代与其他认定（如该存货的计价认定）相关的审计证据，因此选择选项B。

（二）审计证据的可靠性

1. 含义

审计证据的可靠性是指证据的可信程度。

【小贴士】审计证据的可靠性受其来源和性质的影响，并取决于获取审计证据的具体环境。

2. 判断审计证据可靠性时考虑的原则

（1）从外部独立来源获取的审计证据比从其他来源获取的审计证据更可靠。

（2）内部控制有效时内部生成的审计证据比内部控制薄弱时内部生成的审计证据更可靠。

（3）直接获取的审计证据比间接获取或推论得出的审计证据更可靠。

（4）以文件、记录形式（无论是纸质、电子或其他介质）存在的审计证据比口头形式的审计证据更可靠。

【小贴士】一般情况下，口头证据往往需要得到其他相应证据的支持。

（5）从原件获取的审计证据比从传真件或复印件获取的审计证据更可靠。

【小贴士】注册会计师在按照上述原则评价审计证据的可靠性时，还应当注意可能出现的重要例外情况。如果注册会计师不具备评价证据的专业能力，那么即使是直接获取的证据，也可能不可靠。

【经典真题】

【单选题·2019】下列各项中，不影响审计证据可靠性的是（　　）。

A. 用作审计证据的信息与相关认定之间的关系

B. 被审计单位内部控制是否有效

C. 审计证据的来源

D. 审计证据的存在形式

【答案】A

【解析】用作审计证据的信息与相关认定之间的关系，指的是审计证据的相关性，不影响可靠性，因此选择选项A。

【单选题·2018】下列有关审计证据的适当性的说法中，错误的是（　　）。

A. 审计证据的适当性包括相关性和可靠性

B. 审计证据的适当性不受审计证据的充分性的影响

C. 审计证据的适当性影响审计证据的充分性

D. 审计证据的适当性是对审计证据质量和数量的衡量

【答案】D

【解析】审计证据的充分性是对审计证据数量的衡量，审计证据的适当性是对审计证据质量的衡量。

（三）充分性和适当性之间的关系

1. 基本要求

充分性和适当性是审计证据的两个重要特征，两者缺一不可，只有充分且适当的审计证据才是有证明力的。

2. 审计证据适当性对审计证据充分性的影响

注册会计师需要获取的审计证据的数量也受审计证据质量的影响。审计证据质量越高，需要的审计证据数量可能越少。也就是说，审计证据的适当性会影响审计证据的充分性。

3. 审计证据质量"一票否决"

尽管审计证据的充分性和适当性相关，但如果审计证据的质量存在缺陷，那么注册会计师仅靠获取更多的审计证据可能无法弥补其质量上的缺陷。

【小贴士】如果注册会计师获取的证据不可靠，那么证据数量再多也难以起到证明作用。

【经典真题】

【单选题·2019】下列有关审计证据的充分性和适当性的说法中，错误的是（　　）。

A. 审计证据的充分性和适当性分别是对审计证据数量和质量的衡量

B. 只有充分且适当的审计证据才有证明力

C. 审计证据的充分性会影响审计证据的适当性

D. 审计证据的适当性会影响审计证据的充分性

【答案】C

【解析】注册会计师需要获取的审计证据的数量受审计证据质量的影响。审计证据质量越高，需要的审计证据数量可能越少。也就是说，审计证据的适当性会影响审计证据的充分性。但如果审计证据的质量存在缺陷，那么注册会计师仅靠获取更多的审计证据可能无法弥补其质量上的缺陷。因此选择选项 C。

【单选题·2016】下列有关审计证据的可靠性的说法中，正确的是（　　）。

A. 可靠的审计证据是高质量的审计证据

B. 审计证据的充分性影响审计证据的可靠性

C. 内部控制薄弱时内部生成的审计证据是不可靠的

D. 从独立的外部来源获得的审计证据可能是不可靠的

【答案】D

【解析】只有相关且可靠的审计证据才是高质量的，因此选项 A 不正确；注册会计师需要获取的审计证据的数量也受审计证据质量的影响。审计证据质量越高，需要的审计证据数量可能越少。也就是说，审计证据的适当性会影响审计证据的充分性，因此选项 B 不正确；内部控制有效时内部生成的审计证据比内部控制薄弱时生成的审计证据更可靠，因此选项 C 不正确；从外部独立来源获得的审计证据比从其他来源获取的审计证据更可靠，因此选择选项 D。

重难点4：评价充分性和适当性时的特殊考虑★★★

（一）对文件记录可靠性的考虑

1. 审计工作不涉及鉴定文件记录的真伪

审计工作通常不涉及鉴定文件记录的真伪，注册会计师也不是鉴定文件记录真伪的专家，但应当考虑用作审计证据的信息的可靠性，并考虑与这些信息生成和维护相关控制的有效性。

2. 识别出文件记录可能伪造时的处理

如果在审计过程中识别出的情况使其认为文件记录可能是伪造的，或文件记录中的某些条款已发生变动，注册会计师应当作出进一步调查，包括直接向第三方询证，或考虑利用专家的工作以评价文件记录的真伪。

（二）使用被审计单位生成信息时的考虑

（1）注册会计师为获取可靠的审计证据，实施审计程序时使用的被审计单位生成的信息需要足够完整和准确。

（2）如果针对这类信息的完整性和准确性获取审计证据是所实施审计程序本身不可分割的组成部分，则可以与对这些信息实施的审计程序同时进行。

（3）在某些情况下，注册会计师可能打算将被审计单位生成的信息用于其他审计目的。在这种情况下，获取的审计证据的适当性受到该信息对于审计目的而言是否足够精确和详细的影响。

（三）证据相互矛盾时的考虑

（1）如果针对某项认定从不同来源获取的审计证据或获取的不同性质的审计证据能够相互印证，与该项认定相关的审计证据则具有更强的说服力。

（2）如果从不同来源获取的审计证据或获取的不同性质的审计证据不一致，表明某项审计证据可能不可靠，注册会计师应当追加必要的审计程序。

（四）获取审计证据时对成本的考虑

（1）注册会计师可以考虑获取审计证据的成本与所获取信息的有用性之间的关系，但不应以获取审计证据的困难和成本为由减少不可替代的审计程序。

（2）在保证获取充分、适当的审计证据的前提下，控制审计成本也是会计师事务所增强竞争能力和获利能力所必须的。

【经典真题】

【单选题·2015】下列有关审计证据的说法中，正确的是（　　）。

A. 外部证据与内部证据矛盾时，注册会计师应当采用外部证据

B. 审计证据不包括会计师事务所接受与保持客户或业务时实施质量控制程序获取的信息

C. 注册会计师无需鉴定作为审计证据的文件记录的真伪

D. 注册会计师可以考虑获取审计证据的成本与所获取信息的有用性之间的关系

【答案】D

【解析】从不同来源获取的审计证据或获取的不同性质的审计证据不一致，表明某项审

计证据可能不可靠，注册会计师应当追加必要的审计程序，因此选项 A 不正确；会计师事务所接受与保持客户或业务时实施质量控制程序获取的信息属于审计证据，因此选项 B 不正确；审计工作通常不涉及鉴定文件记录的真伪，注册会计师也不是鉴定文件记录真伪的专家，但应当考虑用作审计证据的信息的可靠性，并考虑与这些信息生成和维护相关控制的有效性，因此选项 C 不正确。

重难点5：审计程序★★★

（一）审计程序的作用

1. 定义

审计程序是指注册会计师在审计过程中的某个时间，对将要获取的某类审计证据如何进行收集的详细指令。

【小贴士】审计程序基于审计的不同阶段和目的单独或组合起来，可用作风险评估程序、控制测试和实质性程序，如下表所示。

总体审计程序	应用方式	审计程序
风险评估程序（必须实施） 控制测试（可以不做） 实质性程序（必须实施）	→ 单独或组合起来应用 ←	检查 观察 询问 函证 重新计算 重新执行 分析程序

【小贴士】在设计审计程序时，注册会计师通常使用规范的措辞或术语，以使审计人员能够准确理解和执行。

2. 目的

通过实施审计程序，获取充分、适当的审计证据，以满足对财务报表发表意见。

【小贴士】受到成本的约束，注册会计师不可能检查和评价所有可能获取的证据，因此对审计证据充分性、适当性的判断是非常重要的。

3. 注册会计师利用审计程序获取审计证据的决策

注册会计师利用审计程序获取审计证据的决策如下表所示。

决策内容	涉及内容
选用何种审计程序	审计程序
对选定的审计程序，应当选取多大的样本规模	审计抽样方法
应当从总体中选取哪些项目	审计抽样方法
何时执行这些程序	审计程序

（二）审计程序的种类

【小贴士】在审计过程中，注册会计师可根据（获取审计证据）需要单独或综合运用以下审计程序，以获取充分、适当的审计证据。

1. 检查

（1）定义。

检查是指注册会计师对被审计单位内部或外部生成的，以纸质、电子或其他介质形式存在的记录和文件进行审查，或对资产进行实物审查。

（2）对审计证据可靠性的影响。

检查记录或文件可以提供可靠程度不同的审计证据，审计证据的可靠性取决于记录或文件的性质和来源，而在检查内部记录或文件时，其可靠性则取决于生成该记录或文件的内部控制的有效性。

（3）获取审计证据的缺陷。

检查有形资产可为其存在提供可靠的审计证据，但不一定能够为权利和义务或计价等认定提供可靠的审计证据。

2. 观察

（1）含义。

观察是指注册会计师查看相关人员正在从事的活动或实施的程序。

（2）获取审计证据的缺陷。

观察可以提供执行有关过程或程序的审计证据，但观察所提供的审计证据仅限于观察发生的时点，而且被观察人员的行为可能因被观察而受到影响，这也会使观察提供的审计证据受到限制。

3. 询问

（1）含义。

询问是指注册会计师以书面或口头方式，向被审计单位内部或外部的知情人员获取财务信息和非财务信息，并对答复进行评价的过程。

【小贴士】作为其他审计程序的补充，询问广泛应用于整个审计过程中。

（2）询问程序作用。

①知情人员对询问的答复可能为注册会计师提供尚未获悉的信息或佐证证据。

②对询问的答复也可能提供与注册会计师已获取的其他信息存在重大差异的信息。

③在某些情况下，对询问的答复为注册会计师修改审计程序或实施追加的审计程序提供了基础。

（3）获取审计证据的缺陷。

尽管对通过询问获取的审计证据予以佐证通常特别重要，但在询问管理层意图时，获取的支持管理层意图的信息可能是有限的。

（4）询问程序的佐证方式。

针对某些事项，注册会计师可能认为有必要向管理层和治理层（如适用）获取书面声明，以证实对口头询问的答复。

4. 函证

【小贴士】函证程序的全过程在本章重难点 6 ~ 13 详细介绍。

（1）含义。

函证是指注册会计师直接从第三方（被询证者）获取书面答复以作为审计证据的过程，

书面答复可以采用纸质、电子或其他介质等形式。

（2）适用范围。

①当针对的是与特定账户余额及其项目相关的认定时，函证常常是相关的程序。

②注册会计师可能要求对被审计单位与第三方之间的协议或交易条款进行函证。

③函证程序还可以用于获取不存在的某些情况的审计证据，例如“背后协议”。

【小贴士】函证不必仅仅局限于账户余额。

5. 重新计算

重新计算是指注册会计师对记录或文件中的数据计算的准确性进行核对。重新计算可通过手工方式或电子方式进行。

6. 重新执行

重新执行是指注册会计师独立执行原本作为被审计单位内部控制组成部分的程序或控制。

7. 分析程序

（1）含义。

分析程序指注册会计师通过分析不同财务数据之间以及财务数据与非财务数据之间的内在关系，对财务信息作出评价。

（2）适用范围。

①分析不同财务数据之间以及财务数据与非财务数据之间的内在关系，对财务信息作出评价。

②在必要时对识别出的、与其他相关信息不一致或与预期值差异重大的波动或关系进行调查。

【经典真题】

【单选题·2019】下列审计程序中，不适用于细节测试的是（　　）。

A. 函证　　B. 检查　　C. 重新执行　　D. 询问

【答案】C

【解析】重新执行是指注册会计师独立执行原本作为被审计单位内部控制组成部分的程序或控制，因此选择选项 C。

【单选题·2018】下列有关询问程序的说法中，错误的是（　　）。

A. 询问可以以口头或书面方式进行

B. 询问适用于风险评估、控制测试和实质性程序

C. 注册会计师应当就管理层对询问作出的口头答复获取书面声明

D. 询问是指注册会计师向被审计单位内部或外部的知情人员获取财务信息和非财务信息，并对答复进行评价的过程

【答案】C

【解析】针对某些事项，注册会计师可能认为有必要向管理层和治理层（如适用）获取书面声明，以证实对口头询问的答复。因此选择选项 C。

重难点6：函证决策★★★

（一）函证决策的目的

注册会计师应当确定是否有必要实施函证以获取认定层次的充分、适当的审计证据。

（二）函证决策考虑因素

函证决策考虑的因素如下表所示。

函证决策考虑的因素	应当考虑因素	评估的认定层次重大错报风险； 函证程序针对的认定； 实施函证以外的其他审计程序
	可能考虑因素	被询证者对函证事项的了解； 预期被询证者回复函证的能力和意愿； 预期被询证者的客观性

（三）评估的认定层次重大错报风险

（1）评估的认定层次重大错报风险水平越高，注册会计师对通过实质性程序获取的审计证据的相关性和可靠性的要求越高。注册会计师要设计实质性程序获取更加相关和可靠的审计证据，或者更有说服力的审计证据。

【小贴士】函证程序的运用对于提供充分、适当的审计证据可能是有效的。

（2）评估的认定层次重大错报风险水平越低，注册会计师需要从实质性程序中获取的审计证据的相关性和可靠性的要求越低。

（3）如果认为某项风险属于特别风险，注册会计师需要考虑是否通过函证特定事项以降低检查风险。

（四）函证程序针对的认定

（1）函证可以为某些认定提供审计证据，但是对不同的认定，函证的证明力是不同的。

【示例】函证应收账款，可能为存在、权利和义务认定提供相关可靠的审计证据，但不能为计价和分摊认定提供证据。

（2）对特定认定，函证的相关性受注册会计师选择函证信息的影响。

【示例】应付账款完整性认定时，需要获取没有重大未记录负债的证据，但向主要供应商函证，即使记录显示应付金额为零，也需要函证。

（五）实施除函证以外的其他审计程序

针对同一项认定可以从不同来源获取审计证据或获取不同性质的审计证据。

（六）确定是否选择函证程序作为实质性程序考虑因素

（1）被询证者对函证事项的了解。

（2）预期被询证者回复询证函的能力或意愿。

【示例】在下列情况下，被询证者可能不会回复，也可能只是随意回复或可能试图限制对其回复的依赖程度：

①被询证者可能不愿承担回复询证函的责任；

②被询证者可能认为回复询证函成本太高或消耗太多时间；

③被询证者可能对因回复询证函而可能承担的法律责任有所担心；
④被询证者可能以不同币种核算交易；
⑤回复询证函不是被询证者日常经营的重要部分。
（3）预期被询证者的客观性。

【经典真题】

【多选题·2017】下列各项因素中，通常影响注册会计师是否实施函证的决策的有（　　）。

A. 评估的认定层次重大错报风险　　B. 函证信息与特定认定的相关性
C. 被询证者的客观性　　D. 被审计单位管理层的配合程度

【答案】ABC

【解析】评估的认定层次重大错报风险水平越高，注册会计师对通过实质性程序获取的审计证据的相关性和可靠性的要求越高（选项A）。对特定认定，函证的相关性受注册会计师选择函证信息的影响（选项B）。预期被询证者的客观性（选项C）。函证是注册会计师直接从第三方（被询证者）获取书面答复以作为审计证据的过程，因此不选择选项D。

重难点7：函证的内容★★★

（一）函证的对象

1. 银行存款、借款及与金融机构往来的其他重要信息（结合教材第十二章货币资金）

注册会计师应当对银行存款（包括零余额账户和在本期内注销的账户）、借款及与金融机构往来的其他重要信息实施函证程序，除非有充分证据表明某一银行存款、借款及与金融机构往来的其他重要信息对财务报表不重要且与之相关的重大错报风险很低。

【小贴士】如果不对这些项目实施函证程序，注册会计师应当在审计工作底稿中说明理由。

2. 应收账款（结合教材第九章第五节）

注册会计师应当对应收账款实施函证程序，除非有充分证据表明应收账款对财务报表不重要，或函证很可能无效。

【小贴士】如果认为函证很可能无效，注册会计师应当实施替代审计程序，获取相关、可靠的审计证据。如果不对应收账款函证，注册会计师应当在审计工作底稿中说明理由。

3. 函证的其他内容

注册会计师可以根据具体情况和实际需要对下列内容（包括但并不限于）实施函证：（1）交易性金融资产；（2）应收票据；（3）其他应收款；（4）预付账款；（5）由其他单位代为保管、加工或销售的存货；（6）长期股权投资；（7）应付账款；（8）预收账款；（9）保证、抵押或质押；（10）或有事项；（11）重大或异常的交易。

【小贴士】函证通常适用于账户余额及其组成部分（如应收账款明细账），但是不一定限于这些项目。

（二）函证程序实施的范围

如果采用审计抽样的方式确定函证程序的范围，无论采用统计抽样方法，还是非统计抽样方法，选取的样本应当足以代表总体。

注册会计师可以确定从总体中选取特定项目进行测试。选取的特定项目可能包括：

（1）金额较大的项目；

（2）账龄较长的项目；

（3）交易频繁但期末余额较小的项目；

（4）重大关联方交易；

（5）重大或异常的交易；

（6）可能存在争议、舞弊或错误的交易。

（三）函证的时间

注册会计师通常以资产负债表日为截止日，在资产负债表日后适当时间内实施函证。如果重大错报风险评估为低水平，注册会计师可选择资产负债表日前适当日期为截止日实施函证，并对所函证项目自该截止日起至资产负债表日止发生的变动实施实质性程序。

（四）管理层要求不实施函证时的处理

1. 总体要求

当被审计单位管理层要求对拟函证的某些账户余额或其他信息不实施函证时，注册会计师应当考虑该项要求是否合理，并获取审计证据予以支持。

2. 具体情况分析对待

（1）如果认为管理层的要求合理，注册会计师应当实施替代审计程序，以获取与这些账户余额或其他信息相关的充分、适当的审计证据。

（2）如果认为管理层的要求不合理，且被其阻挠而无法实施函证，注册会计师应当视为审计范围受到限制，并考虑对审计报告可能产生的影响。

3. 注册会计师的应对

分析管理层要求不实施函证的原因时，注册会计师应当保持职业怀疑态度，并考虑：

（1）管理层是否诚信；

（2）是否可能存在重大的舞弊或错误；

（3）替代审计程序能否提供与这些账户余额或其他信息相关的充分、适当的审计证据。

【经典真题】

【简答题·2018】ABC 会计师事务所的 A 注册会计师负责审计甲公司 2017 年度财务报表。审计工作底稿中与函证相关的部分内容摘录如下：

（1）甲公司 2017 年年末的一笔大额银行借款已于 2018 年初到期归还。A 注册会计师检查了还款凭证等支持性文件，结果满意，决定不实施函证程序，并在审计工作底稿中记录了不实施函证程序的理由。

（2）A 注册会计师评估认为应收账款的重大错报风险较高，为尽早识别可能存在的错报，在期中审计时对截至 2017 年 9 月末的余额实施了函证程序，在期末审计时对剩余期间的发生额实施了细节测试，结果满意。

（3）A 注册会计师对应收乙公司的款项实施了函证程序。因回函显示无差异，A 注册会计师认可了管理层对应收乙公司款项不计提坏账准备的处理。

（4）A 注册会计师拟对甲公司应付丙公司的款项实施函证程序。因甲公司与丙公司存在诉讼纠纷，管理层要求不实施函证程序。A 注册会计师认为其要求合理，实施了替代审计程序，结果满意。

（5）A 注册会计师评估认为应付账款存在低估风险，因此，在询证函中未填列甲公司账面余额，而是要求被询证者提供余额信息。

【要求】针对上述第（1）~（5）项，逐项指出 A 注册会计师的做法是否恰当。如不恰当，简要说明理由。

【答案】

（1）不恰当。应当对重要的银行借款实施函证程序。

（2）不恰当。重大错报风险较高时，应当考虑在期末或接近期末实施函证/在期末审计时应再次发函；只有重大错报风险评估为低水平，才可以在期中实施函证。

（3）不恰当。函证不能为计价与分摊认定/应收账款坏账准备的计提提供充分证据。

（4）不恰当。还应考虑可能存在重大的舞弊或错误，以及管理层的诚信度。

（5）恰当。

重难点 8：询证函的设计★★★

（一）设计询证函的总体要求

注册会计师应当根据特定审计目标设计询证函。询证函的设计服从于审计目标的需要，如下表所示。

审计目标	询证函设计内容
账户余额的存在	注册会计师应当在询证函中列明相关信息，要求对方核对确认
账户余额的完整性认定	注册会计师需要改变询证函的内容设计或者采用其他审计程序

（二）设计询证函需要考虑的因素

【小贴士】注册会计师应当考虑所审计的认定以及可能影响函证可靠性的因素。

1. 函证的方式

（1）积极式函证（结合教材第九章第五节）。如果采用积极的函证方式，注册会计师应当要求被询证者在所有情况下必须回函，确认询证函所列示信息是否正确，或填列询证函要求的信息。积极式函证分为列明函证信息和不列明函证信息两种方式，如下表所示。

方式	含义	优缺点
列明函证信息	在询证函中列明拟函证的账户余额或其他信息，要求被询证者确认所函证的款项是否正确	询证函的回复能够提供可靠的审计证据。缺点是被询证者可能对所列示信息根本不加以验证就予以回函确认。注册会计师通常难以发觉是否发生了这种情形
不列明函证信息	在询证函中不列明账户余额或其他信息，而要求被询证者填写有关信息或提供进一步信息	询证函要求被询证者作出更多的努力，可能会导致回函率降低，进而导致注册会计师执行更多的替代程序

【小贴士】在采用积极的函证方式时，只有注册会计师收到回函，才能为财务报表认定提供审计证据。

（2）消极的函证方式，如下表所示。

含义	缺点	使用条件
注册会计师只要求被询证者仅在不同意询证函列示信息的情况下才予以回函	对消极式询证函而言，未收到回函并不能明确表明预期的被询证者已经收到询证函或已经核实了询证函中包含的信息的准确性。因此，未收到消极式询证函的回函提供的审计证据，远不如积极式询证函的回函提供的审计证据有说服力	同时存在下列情况时，注册会计师可考虑采用消极的函证方式： ①重大错报风险评估为低水平； ②涉及大量余额较小的账户； ③预期不存在大量的错误； ④没有理由相信被询证者不认真对待函证

【小贴士】积极式函证和消极式函证两种方式的结合使用。在实务中，注册会计师也可将这两种方式结合使用。

【示例】当应收账款的余额是由少量的大额应收账款和大量的小额应收账款构成时，注册会计师可以对所有的或抽取的大额应收账款样本项目采用积极的函证方式，而对抽取的小额应收账款样本项目采用消极的函证方式。

【经典真题】

【单选题·2014】下列有关函证的说法中，正确的是（　　）。

A. 如果注册会计师认为取得积极式函证回函是获取充分、适当的审计证据的必要程序，则替代程序不能提供注册会计师所需要的审计证据

B. 如果被审计单位与银行存款存在认定有关的内部控制设计良好并有效运行，注册会计师可适当减少函证的样本量

C. 注册会计师应当对应收账款实施函证程序，除非应收账款对财务报表不重要且评估的重大错报风险低

D. 如果注册会计师将重大错报风险评估为低水平，且预期不符事项的发生率很低，可以将消极式函证作为唯一的实质性程序

【答案】A

【解析】注册会计师应当对银行存款（包括零余额账户和在本期内注销的账户）、借款及与金融机构往来的其他重要信息实施函证程序，除非有充分证据表明某一银行存款、借款及与金融机构往来的其他重要信息对财务报表不重要且与之相关的重大错报风险很低。因此选项B错误。注册会计师应当对应收账款实施函证程序，除非有充分证据表明应收账款对财务报表不重要，或函证很可能无效，因此选项C错误。注册会计师可以考虑采用消极的函证方式：（1）重大错报风险评估为低水平；（2）涉及大量余额较小的账户；（3）预期不存在大量的错误；（4）没有理由相信被询证者不认真对待函证。因此选项D错误。

2. 以往审计或类似业务的经验

在判断实施函证程序的可靠性时，注册会计师通常会考虑来自以前年度审计或类似审计业务的经验，包括回函率、以前年度审计中发现的错报以及回函所提供信息的准确程度等。

【小贴士】当注册会计师根据以往经验认为，即使询证函设计恰当，回函率仍很低，应考虑从其他途径获取审计证据。

3. 拟函证信息的性质

注册会计师应当了解被审计单位与第三方之间交易的实质，以确定哪些信息需要进行函证。

4. 选择被询证者的适当性

注册会计师应当向对所询证信息知情的第三方发送询证函。同时还要考虑函证所提供的审计证据的可靠性还受到被询证者的能力、独立性、客观性、回函者是否有权回函等因素的影响。

5. 被询证者易于回函的信息类型

询证函所函证信息是否便于被询证者回答，影响到回函率和所获取审计证据的性质。

【小贴士】对获得被审计单位管理层授权的询证函，被询证者可能更愿意回函，在某些情况下，如果没有获得授权，被询证者甚至不能够回函。

【经典模拟题】

【单选题】注册会计师在执行函证程序时，下列说法正确的是（　　）。

A. 当注册会计师根据以往经验认为，即使询证函设计恰当，回函率仍很低，应考虑实施消极的函证方式获取审计证据

B. 注册会计师应当了解被审计单位与第三方之间的交易，以确定函证方式的选择

C. 对获得被审计单位管理层授权的询证函，被询证者可能更愿意回函，在某些情况下，如果没有获得授权，被询证者甚至不能够回函，因此注册会计师实施函证前需要与被审计单位进行沟通，以商定函证对象

D. 注册会计师要考虑函证所提供的审计证据的可靠性还受到被询证者的能力、独立性、客观性、回函者是否有权回函等因素的影响

【答案】D

【解析】当注册会计师根据以往经验认为，即使询证函设计恰当，回函率仍很低，应考虑从其他途径获取审计证据，因此选项 A 错误。注册会计师应当了解被审计单位与第三方之间交易的实质，以确定哪些信息需要进行函证，因此选项 B 错误。对获得被审计单位管理层授权的询证函，被询证者可能更愿意回函，在某些情况下，如果没有获得授权，被询证者甚至不能够回函。但注册会计师应避免被审计单位与被询证者之间的串通舞弊，所以不能与被审计单位商定函证对象，因此选项 C 说法错误。注册会计师应当向对所询证信息知情的第三方发送询证函。同时还要考虑函证所提供的审计证据的可靠性受到被询证者的能力、独立性、客观性、回函者是否有权回函等因素的影响，因此选择选项 D。

重难点9：函证过程的控制★★★

【小贴士】注册会计师应当对函证的全过程保持控制。

（一）函证发出前的控制措施

1. 要求

（1）询证函经被审计单位盖章后，应当由注册会计师直接发出。

（2）为使函证程序能有效地实施，在询证函发出前，注册会计师需要恰当地设计询证函，并对询证函上的各项资料进行充分核对。

2. 核对资料时的注意事项

（1）询证函中填列的需要被询证者确认的信息是否与被审计单位账簿中的有关记录保持一致。

（2）考虑选择的被询证者是否适当，包括被询证者对被函证信息是否知情、是否具有客观性、是否拥有回函的授权等。

（3）是否已在询证函中正确填列被询证者直接向注册会计师回函的地址。

（4）是否已将部分或全部被询证者的名称、地址与被审计单位有关记录进行核对，以确保询证函中的名称、地址等内容的准确性。

3. 可以执行的程序（包括但不限于）

（1）通过拨打公共查询电话核实被询证者的名称和地址；

（2）通过被询证者的网站或其他公开网站核对被询证者的名称和地址；

（3）将被询证者的名称和地址信息与被审计单位持有的相关合同等文件核对；

（4）对于供应商或客户，可以将被询证者的名称、地址与被审计单位收到或开具的增值税专用发票中的对方单位名称、地址进行核对。

（二）通过不同方式发出询证函时的控制措施

根据注册会计师对舞弊风险的判断，以及被询证者的地址和性质、以往回函情况、回函截止日期等因素，询证函的发出和收回可以采用邮寄、跟函、电子形式函证（包括传真、电子邮件、直接访问网站等）等方式。

1. 通过邮寄方式发出询证函时采取的控制措施

为避免询证函被拦截、篡改等舞弊风险，在邮寄询证函时，注册会计师可以在核实由被审计单位提供的被询证者的联系方式后，不使用被审计单位本身的邮寄设施，而是独立寄发询证函。

【小贴士】不得使用被审计单位本身的邮寄设施，应独立寄发询证函。

2. 通过跟函的方式发出询证函时采取的控制措施

如果注册会计师认为跟函的方式能够获取可靠信息，可以采取该方式发送并收回询证函。

（1）如果被询证者同意注册会计师独自前往被询证者执行函证程序，注册会计师可以独自前往。

（2）如果注册会计师跟函时需有被审计单位员工陪伴，注册会计师需要在整个过程中保持对询证函的控制，同时，对被审计单位和被询证者之间串通舞弊的风险保持警觉。

【小贴士】在我国目前的实务操作中，由于被审计单位之间的商业惯例还比较认可印章原件，所以邮寄和跟函方式更为常见。

3. 电子方式发送询证函

如果注册会计师根据具体情况选择通过电子方式发送询证函，在发函前可以基于对特定询证方式所存在风险的评估，考虑相应的控制措施。

【经典真题】

【简答题·2019】ABC会计师事务所的A注册会计师负责审计甲公司2018年度财务报表。审计工作底稿中与函证相关的部分内容摘录如下：

（1）A注册会计师对甲公司年内已注销的某人民币银行账户实施函证，银行表示无法就已注销账户回函。A注册会计师检查了该账户的注销证明原件，核对了亲自从中国人民银行获取的《已开立银行结算账户清单》中的相关信息，结果满意。

（2）在实施应收账款函证程序时，A注册会计师将财务人员在发函信封上填写的客户地址与销售部门提供的客户清单中的地址进行核对后，亲自将询证函交予快递公司发出。

（3）甲公司根据销售合同在发出商品时确认收入。客户乙公司回函确认金额小于函证金额，甲公司管理层解释系期末发出商品在途所致。A注册会计师检查了合同、出库单以及签收单等支持性文件，并与乙公司财务人员电话确认了相关信息，结果满意。

（4）A注册会计师对应收账款余额实施了函证程序，有15家客户未回函。A注册会计师对其中14家实施了替代程序，结果满意；对剩余一家的应收账款余额，因其小于明显微小错报的临界值，A注册会计师不再实施替代程序。

（5）甲公司未对货到票未到的原材料进行暂估。A注册会计师从应付账款明细账中选取90%的供应商实施函证程序，要求供应商在询证函中填列余额信息。

【要求】针对上述第（1）~（5）项，逐项指出A注册会计师的做法是否恰当。如不恰当，简要说明理由。

【答案】

（1）恰当。

（2）不恰当。客户清单属于内部信息/客户清单并不是用以验证发函地址准确性的适当证据；应当通过合同、公开网站等来源核对地址。

（3）恰当。

（4）不恰当。应对所有未回函的余额实施替代程序。

（5）不恰当。应从供应商清单中选取函证对象/从应付账款明细账中选取函证对象不足以应对低估风险。

重难点10：积极式函证未收到回函时的处理★★

（一）要求（规定动作）

如果在合理的时间内没有收到询证函回函时，注册会计师应当考虑必要时再次向被询证者寄发询证函。

（二）实施替代程序（替补方式）

如果未能得到被询证者的回应，注册会计师应当实施替代审计程序。

（三）必要程序的情况判断（无可替代）

注册会计师可能识别出认定层次重大错报风险，且取得积极式函证回函是获取充分、适当的审计证据的必要程序的情况可能包括：

（1）可获取的佐证管理层认定的信息只能从被审计单位外部获得；

（2）存在特定舞弊风险因素。

（四）对审计工作和审计意见的影响（后果评价）

如果注册会计师认为取得积极式函证回函是获取充分、适当的审计证据的必要程序，则替代程序不能提供注册会计师所需要的审计证据。在这种情况下，如果未获取回函，注册会计师应当确定其对审计工作和审计意见的影响。

【经典模拟题】

【多选题】针对积极式函证未收到回函时的说法正确的有（　　）。

A. 如果在合理的时间内没有收到询证函回函时，注册会计师应当考虑实施替代程序

B. 如果注册会计师认为取得积极式函证回函是必要程序，如果未获取回函，注册会计师应当确定其对审计工作和审计意见的影响

C. 注册会计师识别出被审计单位存在特定舞弊风险因素，此时取得积极式函证回函是获取充分、适当的审计证据的必要程序

D. 注册会计师认为可获取的佐证管理层认定的信息只能从被审计单位外部获得时，取得积极式函证回函是获取充分、适当的审计证据的必要程序

【答案】CD

【解析】如果在合理的时间内没有收到询证函回函时，注册会计师应当考虑必要时再次向被询证者寄发询证函，因此选项A不正确。如果注册会计师认为取得积极式函证回函是获取充分、适当的审计证据的必要程序，则替代程序不能提供注册会计师所需要的审计证据。在这种情况下，如果未获取回函，注册会计师应当确定其对审计工作和审计意见的影响，因此选项B不正确。注册会计师可能识别出认定层次重大错报风险，且取得积极式函证回函是获取充分、适当的审计证据的必要程序的情况可能包括：可获取的佐证管理层认定的信息只能从被审计单位外部获得；存在特定舞弊风险因素，因此选择选项C和选项D。

重难点11：评价函证的可靠性★★★

评价函证可靠性的内容如下表所示。

函证的可靠性	评价函证可靠性时考虑	询证函回函方式
取决于注册会计师设计询证函、实施函证程序和评价函证结果等程序的适当性	（1）对询证函的设计、发出及收回的控制情况； （2）被询证者的胜任能力、独立性、授权回函情况、对函证项目的了解及其客观性； （3）被审计单位施加的限制或回函中的限制	邮寄方式收到的回函； 跟函方式收到的回函； 电子形式收到的回函； 对询证函的口头答复

【小贴士】如果可行的话，注册会计师应当努力确保询证函被送交给适当的人员。在验证回函的可靠性时，注册会计师需要保持职业怀疑。

（一）通过邮寄方式收到的回函

通过邮寄方式发出询证函并收到回函后，注册会计师可以验证以下信息：

（1）被询证者确认的询证函是否是原件，是否与注册会计师发出的询证函是同一份；

（2）回函是否由被询证者直接寄给注册会计师；

（3）寄给注册会计师的回邮信封或快递信封中记录的发件方名称、地址是否与询证函中记载的被询证者名称、地址一致；

（4）回邮信封上寄出方的邮戳显示发出城市或地区是否与被询证者的地址一致；

（5）被询证者加盖在询证函上的印章以及签名中显示的被询证者名称是否与询证函中记载的被询证者名称一致。在认为必要的情况下，注册会计师还可以进一步与被审计单位持有的其他文件进行核对或亲自前往被询证者进行核实等。

【小贴士】如果被询证者将回函寄至被审计单位，被审计单位将其转交注册会计师，该回函不能视为可靠的审计证据。在这种情况下，注册会计师可以要求被询证者直接书面回复。

（二）通过跟函方式收到的回函

注册会计师可以实施以下审计程序：

（1）了解被询证者处理函证的通常流程和处理人员；

（2）确认处理询证函人员的身份和处理询证函的权限；

（3）观察处理询证函的人员是否按照处理函证的正常流程认真处理询证函。

（三）以电子形式收到的回函

（1）对以电子形式收到的回函，由于回函者的身份及其授权情况很难确定，对回函的更改也难以发觉，因此可靠性存在风险。

（2）注册会计师和回函者采用一定的程序为电子形式的回函创造安全环境，可以降低该风险。如果注册会计师确信这种程度安全得到适当控制，则会提高相关回函的可靠性。

【小贴士】电子函证程序涉及多种确认发件人身份的技术，如加密技术、电子数码签名技术、网页真实性认证程序。

（3）当注册会计师存有疑虑时，可以与被询证者联系以核实回函的来源及内容。必要时，注册会计师可以要求被询证者提供回函原件。

（四）对询证函的口头回复

（1）只对询证函进行口头回复不是对注册会计师的直接书面回复，不符合函证的要求，因此，不能作为可靠的审计证据。

（2）在收到对询证函口头回复的情况下，注册会计师可以要求被询证者提供直接书面回复。

（3）如果仍未收到书面回函，注册会计师需要通过实施替代程序，寻找其他审计证据以支持口头回复中的信息。

【小贴士】无论是采用纸质还是电子介质，被询证者的回函中都可能包括免责或其他限制条款。

（五）回函中存在免责或其他限制性条款

【小贴士】这种限制不一定使回函失去可靠性，注册会计师能否依赖回函信息以及依赖的程度取决于免责或限制条款的性质和实质。

1. 对回函可靠性不产生影响的条款

（1）回函中格式化的免责条款可能并不会影响所确认信息的可靠性，实务中常见的这种免责条款。

【示例】

①“提供的本信息仅出于礼貌，我方没有义务必须提供，我方不因此承担任何明示或暗示的责任、义务和担保”。

②“本回复仅用于审计目的，被询证方、其员工或代理人无任何责任，也不能免除注册会计师做其他询问或执行其他工作的责任”。

（2）其他限制条款如果与所测试的认定无关，也不会导致回函失去可靠性。

2. 对回函可靠性产生影响的限制条款

一些限制条款可能使注册会计师对回函中所包含信息的完整性、准确性或注册会计师能够信赖其所含信息的程度产生怀疑，实务中常见的此类限制条款。

【示例】

①“本信息是从电子数据库中取得，可能不包括被询证方所拥有的全部信息”；

②“本信息既不保证准确也不保证是最新的，其他方可能会持有不同意见”；

③“接收人不能依赖函证中的信息”。

3. 注册会计师对限制性条款的应对

（1）如果限制条款使注册会计师将回函作为可靠审计证据的程度受到了限制，则注册会计师可能需要执行额外的或替代审计程序。

（2）在特殊情况下，如果限制条款产生的影响难以确定，注册会计师可能认为要求被询证者澄清或寻求法律意见是适当的。

4. 其他特殊情况时注册会计师的应对

（1）如果认为询证函回函不可靠，注册会计师应当评价其对评估的相关重大错报风险（包括舞弊风险），以及其他审计程序的性质、时间安排和范围的影响。

【小贴士】注册会计师可以通过直接打电话给被询证者等方式以验证回函的内容和来源。

（2）注册会计师应当在考虑舞弊导致的财务报表重大错报风险的基础上，适当选择函证的方式，谨慎分析和评价函证结果。

【经典真题】

【多选题·2016】下列有关询证函回函可靠性的说法中，错误的有（　　）。

A. 被询证者对于函证信息的口头回复是可靠的审计证据

B. 询证函回函中的免责条款削弱了回函的可靠性

C. 由被审计单位转交给注册会计师的回函不是可靠的审计证据

D. 以电子形式收到的回函不是可靠的审计证据

【答案】ABD

【解析】只对询证函进行口头回复不是对注册会计师的直接书面回复，不符合函证的要求，因此，不能作为可靠的审计证据。因此选择选项A。回函中存在免责或其他限制性条款是影响外部审计函证可靠性的因素之一，但这种限制不一定使回函失去可靠性，注册会计师能否依赖回函信息以及依赖的程度取决于免责或限制条款的性质和实质。因此选择选项B。电子形式收到的回函，由于回函者的身份及其授权情况很难确定，对回函的更改也难以发觉，因此可靠性存在风险。注册会计师和回函者采用一定的程序为电子形式的回函创造安全环境，可以降低该风险。如果注册会计师确信这种程序安全并得到适当控制，则会提高相关回函的可靠性。因此选择选项D。如果被询证者将回函寄往被审计单位，被审计单位将其转交给注册会计师，该回函不能视为可靠的审计证据。因此不选择选项C。

重难点12：对不符事项的处理★★★

（一）要求

注册会计师应当调查不符事项，以确定是否表明存在错报。

（二）可能显示财务报表存在的错报或潜在错报

（1）询证函回函中指出的不符事项可能显示财务报表存在错报或潜在错报。

（2）不符事项还可能显示被审计单位与财务报告相关的内部控制存在缺陷。

（3）某些不符事项并不表明存在错报。

【示例】注册会计师可能认为询证函回函的差异是由于函证程序的时间安排、计量或书写错误造成的。

【经典模拟题】

【多选题】下列有关询证函回函的说法中，错误的有（　　）。

A. 注册会计师应当调查不符事项，以确定错报

B. 被询证的甲公司回复，与审计客户之间不存在往来款项未结清状况，经询问被审计客户，该笔应收账款已经由银行托收，企业尚未记账

C. 询证函回函中指出的不符事项显示财务报表存在错报

D. 询证函回函中的某些不符事项并不表明存在错报

【答案】AC

【解析】注册会计师应当调查不符事项，以确定是否表明存在错报，因此选择选项A。询证函回函中指出的不符事项可能显示财务报表存在错报或潜在错报，因此选择选项C。

重难点13：实施函证时需要关注的舞弊风险迹象以及采取的应对措施★★★

（一）注册会计师需要关注的舞弊风险迹象

（1）管理层不允许寄发询证函；

（2）管理层试图拦截、篡改询证函或回函，如坚持以特定的方式发送询证函；

（3）被询证者将回函寄至被审计单位，被审计单位将其转交注册会计师；

（4）注册会计师跟进访问被询证者，发现回函信息与被询证者记录不一致；

（5）从私人电子信箱发送的回函；

（6）收到同一日期发回的、相同笔迹的多份回函；

（7）位于不同地址的多家被询证者的回函邮戳显示的发函地址相同；

（8）收到不同被询证者用快递寄回的回函，但快递的交寄人或发件人是同一个人或是被审计单位的员工；

（9）回函邮戳显示的发函地址与被审计单位记录的被询证者的地址不一致；

（10）不正常的回函率；

（11）被询证者缺乏独立性。

（二）针对舞弊风险迹象注册会计师可以采取的应对措施

（1）验证被询证者是否存在、是否与被审计单位之间缺乏独立性，其业务性质和规模是否与被询证者和被审计单位之间的交易记录相匹配；

（2）将与从其他来源得到的被询证者的地址（如与被审计单位签订的合同上签署的地址、网络上查询到的地址）相比较，验证寄出方地址的有效性；

（3）将被审计单位档案中有关被询证者的签名样本、公司公章与回函核对；

（4）要求与被询证者相关人员直接沟通讨论询证事项，考虑是否有必要前往被询证者工作地点以验证其是否存在；

（5）分别在中期和期末寄发询证函，并使用被审计单位账面记录和其他相关信息核对相关账户的期间变动；

（6）考虑从金融机构获得被审计单位的信用记录，加盖该金融机构公章，并与被审计单位会计记录相核对，以证实是否存在被审计单位没有记录的贷款、担保、开立银行承兑汇票、信用证、保函等事项。根据金融机构的要求，注册会计师获取信用记录时可以考虑由被审计单位人员陪同前往。在该过程中，注册会计师需要注意确认该信用记录没有被篡改。

【经典真题】

【简答题·2015】 ABC会计师事务所负责审计甲公司2014年度财务报表。审计项目组确定财务报表整体的重要性为100万元，明显微小错报的临界值为5万元。审计工作底稿中与函证程序相关的部分内容摘录如下：

（1）审计项目组在寄发询证函前，将部分被询证方的名称、地址与甲公司持有的合同及发票中的对应信息进行了核对。

（2）甲公司应付账款年末余额为550万元。审计项目组认为应付账款存在低估风险，选取了年末余额合计为480万元的两家主要供应商实施函证，未发现差异。

（3）审计项目组成员跟随甲公司出纳到乙银行实施函证。出纳到柜台办理相关事宜，审计项目组成员在等候区等候。

（4）客户丙公司年末应收账款余额100万元，回函金额90万元。因差异金额高于明显微小错报的临界值，审计项目组据此提出了审计调整建议。

（5）客户丁公司回函邮戳显示发函地址与甲公司提供的地址不一致。甲公司财务人员解释是由于丁公司有多处办公地址所致。审计项目组认为该解释合理，在审计工作底稿中记录了这一情况。

（6）客户戊公司为海外公司。审计项目组收到戊公司境内关联公司代为寄发的询证函回函，未发现差异，结果满意。

【要求】针对上述第（1）~（6）项，逐项指出审计项目组的做法是否恰当。如不恰当，简要说明理由。

【答案】

（1）恰当。

（2）不恰当。仅选取大金额主要供应商实施函证不能应对低估风险/还应选取小额或零余额账户。

（3）不恰当。审计项目组成员应当观察函证的处理过程/审计项目组成员需要在整个过程中保持对询证函的控制。

（4）不恰当。审计项目组应当调查不符事项，以确定是否表明存在错报。

（5）不恰当。审计项目组应当对该情况进行核实/口头解释证据不充分，还应实施其他审计程序/直接与丁公司联系核实/前往丁公司办公地点进行验证。

（6）不恰当。未直接取得回函影响回函的可靠性/应取得戊公司直接寄发的询证函。

重难点14：分析程序的目的★★★

（一）定义

分析程序，是指注册会计师通过分析不同财务数据之间以及财务数据与非财务数据之间的内在关系，对财务信息作出评价。分析程序还包括在必要时对识别出的、与其他相关信息不一致或与预期值差异重大的波动或关系进行调查。

（二）注册会计师实施分析程序的目的

注册会计师实施分析程序不同目的的适用范围和要求如下表所示。

目的	适用范围	要求
用作风险评估程序	以了解被审计单位及其环境（了解被审计单位及其环境并评估财务报表层次和认定层次的重大错报风险）	注册会计师必须实施
用作实质性程序	比细节测试能更有效地将认定层次的检查风险降至可接受的水平时，分析程序可以用作实质性程序	当使用分析程序。在针对评估的重大错报风险实施进一步审计程序时，注册会计师可以将分析程序作为实质性程序的一种，单独或结合其他细节测试，收集充分、适当的审计证据
用作总体复核	在审计结束或临近结束时对财务报表进行总体复核	在审计结束或临近结束时，注册会计师应当运用分析程序，在已收集的审计证据的基础上，对财务报表整体的合理性作最终把关，评价报表仍然存在重大错报风险而未被发现的可能性，考虑是否需要追加审计程序，以便为发表审计意见提供合理基础

【小贴士】注册会计师在风险评估阶段和审计结束时的总体复核阶段必须运用分析程序，在实施实质性程序阶段可选用分析程序。

【经典真题】

【单选题·2016】下列有关分析程序的说法中，正确的是（　　）。

A. 分析程序是指注册会计师通过分析不同财务数据之间的内在关系对财务信息作出评价

B. 注册会计师无需在了解被审计单位及其环境的各个方面实施分析程序

C. 细节测试比实质性分析程序更能有效地将认定层次的检查风险降至可接受的水平

D. 用于总体复核的分析程序的主要目的在于识别那些可能表明财务报表存在重大错报

风险的异常变化

【答案】B

【解析】注册会计师在风险评估阶段和审计结束时的总体复核阶段必须运用分析程序，在实施实质性程序阶段可选用分析程序。因此选项 B 正确。分析程序是指注册会计师通过分析不同财务数据之间以及财务数据与非财务数据之间的内在关系，对财务信息作出评价，因此选项 A 不正确。当使用分析程序比细节测试能更有效地将认定层次的检查风险降至可接受的水平时，分析程序可以用作实质性程序。因此选项 C 不正确。在总体复核阶段实施的分析程序主要在于强调并解释财务报表项目自上个会计期间以来发生的重大变化，以证实财务报表中列报的所有信息与注册会计师对被审计单位及其环境的了解一致，与注册会计师取得的审计证据一致。因此，选项 D 不正确。

重难点 15：用作风险评估程序★★★

（一）总体要求

注册会计师在实施风险评估程序时，应当运用分析程序，以了解被审计单位及其环境。注册会计师应当围绕了解被审计单位及其环境并评估重大错报风险这一目的运用分析程序。

【小贴士】在这个阶段运用分析程序是强制要求。

（二）在风险评估程序中的具体运用

1. 应遵守的规范

注册会计师在将分析程序用作风险评估程序时，应当遵守《中国注册会计师审计准则第 1211 号——通过了解被审计单位及其环境识别和评估重大错报风险》的相关规定。

2. 具体运用

（1）可以将分析程序与询问、检查和观察程序结合运用，以获取对被审计单位及其环境的了解，识别和评估财务报表层次及具体认定层次的重大错报风险。

（2）应重点关注关键的账户余额、趋势和财务比率关系等方面，对其形成一个合理的预期，并与被审计单位记录的金额、依据记录金额计算的比率或趋势相比较。

（3）如果分析程序的结果显示的比率、比例或趋势与注册会计师对被审计单位及其环境的了解不一致，并且被审计单位管理层无法提出合理的解释，或者无法取得相关的支持性文件证据，注册会计师应当考虑其是否表明被审计单位的财务报表存在重大错报风险。

（4）注册会计师无须在了解被审计单位及其环境的每一方面时都实施分析程序。

【小贴士】在对内部控制的了解中，注册会计师一般不会运用分析程序。

（三）风险评估过程中运用的分析程序的特点

风险评估程序中运用分析程序的主要目的在于识别那些可能表明财务报表存在重大错报风险的异常变化。

【小贴士】与实质性分析程序相比，在风险评估过程中使用的分析程序所进行比较的性质、预期值的精确程度，以及所进行的分析和调查的范围都并不足以提供充分、适当的审计证据。

【经典真题】

【单选题·2018】下列有关用作风险评估程序的分析程序的说法中，错误的是（　　）。

A. 此类分析程序的主要目的在于识别可能表明财务报表存在重大错报风险的异常变化

B. 此类分析程序所使用数据的汇总性较强

C. 此类分析程序通常不需要确定预期值

D. 此类分析程序通常包括对账户余额变化的分析，并辅之以趋势分析和比率分析

【答案】C

【解析】在运用分析程序时，注册会计师应重点关注关键的账户余额、趋势和财务比率关系等方面，对其形成一个合理的预期，因此选项 C 是错误的。

重难点 16：用作实质性程序★★★

（一）总体要求

1. 要求

注册会计师应当针对评估的认定层次重大错报风险设计和实施实质性程序。

2. 范围

实质性程序包括对各类交易、账户余额和披露的细节测试以及实质性分析程序。

3. 定义

实质性分析程序是指用作实质性程序的分析程序，它与细节测试都可用于收集审计证据，以识别财务报表认定层次的重大错报风险。

4. 注册会计师考虑运用实质性分析程序的情形

（1）当使用分析程序比细节测试能更有效地将认定层次的检查风险降至可接受的水平时，注册会计师可以考虑单独或结合细节测试，运用实质性分析程序。

（2）实质性分析程序不仅仅是细节测试的一种补充，在某些审计领域，如果重大错报风险较低且数据之间具有稳定的预期关系，注册会计师可以单独使用实质性分析程序获取充分、适当的审计证据。

5. 注册会计师实质性程序时考虑不实施实质性分析程序的情形

（1）针对认定层次的重大错报风险，注册会计师实施细节测试而不实施分析程序，同样可能实现实质性程序的目的。

（2）分析程序有其运用的前提和基础，它并不适用于所有的财务报表认定。

尽管分析程序有特定的作用，但并未要求注册会计师在实施实质性分析程序时必须使用分析程序。

【小贴士】相对于细节测试而言，实质性分析程序能够达到的精确度可能受到种种限制，所提供的证据在很大程度上是间接证据，证明力相对较弱。从审计过程整体来看，注册会计师不能仅依赖实质性分析程序，而忽略对细节测试的运用。

6. 注册会计师设计、实施实质性分析程序的考虑

无论单独使用或与细节测试结合使用，注册会计师都应当：

（1）考虑针对所涉及认定评估的重大错报风险和实施的细节测试（如有），确定特定实质性分析程序对这些认定的适用性；

（2）考虑可获得信息的来源、可比性、性质和相关性以及与信息编制相关的控制，评价在对已记录的金额或比率作出预期时使用数据的可靠性；

（3）对已记录的金额或比率作出预期，并评价预期值是否足够精确以识别重大错报（包括单项重大的错报和单项虽不重大但连同其他错报可能导致财务报表产生重大错报的错报）；

（4）确定已记录金额与预期值之间可接受的，且无需做进一步调查的差异额。

（二）确定实质性分析程序对特定认定的适用性

（1）实质性分析程序通常更适用于在一段时期内存在预期关系的大量交易。分析程序的运用建立在这种预期的基础上，即数据之间的关系存在且在没有反证的情况下继续存在。

（2）某一分析程序的适用性，取决于注册会计师评价该分析程序在发现某一错报单独或连同其他错报可能引起财务报表存在重大错报时的有效性。

（3）在某些情况下，不复杂的预测模型也可以用于实施有效的分析程序。

（4）不同类型的分析程序提供不同程度的保证。

（5）对特定实质性分析程序适用性的确定，受到认定的性质和注册会计师对重大错报风险评估的影响。

（6）在针对同一认定实施细节测试时，特定的实质性分析程序也可能视为是适当的。

【经典真题】

【单选题·2017】下列有关实质性分析程序的适用性的说法中，错误的是（　　）。

A. 实质性分析程序通常更适用于在一段时间内存在预期关系的大量交易

B. 实质性分析程序不适用于识别出特别风险的认定

C. 对特定实质性分析程序适用性的确定，受到认定的性质和注册会计师对重大错报风险评估的影响

D. 注册会计师无需在所有审计业务中运用实质性分析程序

【答案】B

【解析】考虑针对所涉及认定评估的重大错报风险和实施的细节测试（如有），确定特定实质性分析程序对这些认定的适用性，因此选项 B 是错误的。

（三）数据的可靠性

1. 注册会计师对已记录的金额或比率作出预期时数据来源于内部或外部

（1）来自被审计单位内部的数据包括：①前期数据，并根据当期的变化进行调整；②当期的财务数据；③预算或预测；④非财务数据等。

（2）外部数据包括：①政府有关部门发布的信息；②行业监管者、贸易协会以及行业调查单位发布的信息；③经济预测组织，包括某些银行发布的预测消息；④公开出版的财务信息；⑤证券交易所发布的信息等。

【小贴士】数据的可靠性直接影响根据数据形成的预期值。数据的可靠性越高，预期的准确性也将越高，分析程序将更有效。注册会计师计划获取的保证水平越高，对数据可靠性的要求也就越高。

2. 数据的可靠性的影响因素

数据的可靠性受其来源和性质的影响，并取决于获取该数据的环境。因此，在确定数据的可靠性是否能够满足实质性分析程序的需要时，下列因素是相关的：

（1）可获得信息的来源。例如，从被审计单位以外的独立来源获取的信息可能更加

可靠。

（2）可获得信息的可比性。

（3）可获得信息的性质和相关性。

（4）与信息编制相关的控制，用以确保信息完整、准确和有效。

【小贴士】当针对评估的风险实施实质性分析程序时，如果使用被审计单位编制的信息，注册会计师可能需要考虑测试与信息编制相关的控制（如有）的有效性。

当这些控制有效时，注册会计师通常对该信息的可靠性更有信心，进而对分析程序的结果更有信心。对与非财务信息相关的控制运行有效性进行的测试，通常与对其他控制的测试结合在一起进行。

【经典真题】

【综合题（部分）·2019】甲公司是ABC会计师事务所的常年审计客户，主要从事轨道交通车辆配套产品的生产和销售。A注册会计师负责审计甲公司2018年度财务报表，确定财务报表整体的重要性为1 000万元，实际执行的重要性为500万元。

资料四：

A注册会计师在审计工作底稿中记录了实施进一步审计程序的情况，部分内容摘录如下：

（2）A注册会计师采用实质性分析程序测试甲公司2018年度的借款利息支出，发现已记录金额与预期值之间存在600万元差异，因可接受差异额为500万元，A注册会计师要求管理层更正了100万元的错报。

【要求】针对资料四第（2）项，假定不考虑其他条件，指出A注册会计师的做法是否恰当。如不恰当，简要说明理由。将答案直接填入答题区的相应表格内。

【答案】

事项序号	是否恰当（是/否）	理　由
（2）	否	差异超过可接受的差异额，注册会计师应当调查该差异，而不是将超出部分直接作为错报

（四）评价预期值的准确程度

（1）精准度。

准确程度是对预期值与真实值之间接近程度的度量，也称精确度。

（2）分析程序的有效性。

分析程序的有效性很大程度上取决于注册会计师形成的预期值的准确性。预期值的准确性越高，注册会计师通过分析程序获取的保证水平将越高。

（3）注册会计师评价作出预期的准确程度是否足以在计划的保证水平上识别重大错报时，应当考虑的主要因素：

①对实质性分析程序的预期结果作出预测的准确性。

②信息可分解的程度。

③财务和非财务信息的可获得性。

【小贴士】在设计实质性分析程序时，注册会计师应考虑是否可以获得财务信息（如预算和预测）以及非财务信息（如已生产或已销售产品的数量），以有助于运用分析程序。

（五）已记录金额与预期值之间可接受的差异额

（1）在设计和实施实质性分析程序时，注册会计师应当确定已记录金额与预期值之间可接受的差异额。

（2）注册会计师在确定已记录金额与预期值之间可接受的，且无需做进一步调查的差异额时，受重要性和计划的保证水平的影响。在确定该差异额时，注册会计师需要考虑一项错报单独或连同其他错报导致财务报表发生重大错报的可能性。

（3）注册会计师评估的风险越高，越需要获取有说服力的审计证据。因此，为了获取具有说服力的审计证据，当评估的风险增加时，可接受的、无需做进一步调查的差异额将会降低。

（4）如果在期中实施实质性程序，并计划针对剩余期间实施实质性分析程序，注册会计师应当考虑实质性分析程序对特定认定的适用性、数据的可靠性、评价预期值的准确程度以及可接受的差异额，并评估这些因素如何影响针对剩余期间获取充分、适当的审计证据的能力。

（5）注册会计师还应考虑某类交易的期末累计发生额或账户期末余额在金额、相对重要性及构成方面能否被合理预期。

【小贴士】如果认为仅实施实质性分析程序不足以收集充分、适当的审计证据，注册会计师还应测试剩余期间相关控制运行的有效性或针对期末实施细节测试。

【经典真题】

【单选题·2019】下列有关实质性分析程序的说法中，错误的是（　　）。

A. 实质性分析程序达到的精确度低于细节测试

B. 实质性分析程序并不适用于所有财务报表认定

C. 实质性分析程序提供的审计证据是间接证据，因此无法为相关财务报表认定提供充分、适当的审计证据

D. 注册会计师可以对某些财务报表认定同时实施实质性分析程序和细节测试

【答案】C

【解析】当使用分析程序比细节测试能更有效地将认定层次的检查风险降至可接受的水平时，注册会计师可以考虑单独或结合细节测试，运用实质性分析程序（选项C错误）。

重难点17：用于总体复核★★★

（一）总体要求

在审计结束或临近结束时，注册会计师运用分析程序的目的是确定财务报表整体是否与其对被审计单位的了解一致，注册会计师应当围绕这一目的运用分析程序。

【小贴士】这时运用分析程序是强制要求，注册会计师在这个阶段应当运用分析程序。

（二）总体复核阶段分析程序的特点

在总体复核阶段执行分析程序，所进行的比较和使用的手段与风险评估程序中使用的分析程序基本相同，但两者的目的不同。

（1）在总体复核阶段实施的分析程序主要在于强调并解释财务报表项目自上个会计期间以来发生的重大变化，以证实财务报表中列报的所有信息与注册会计师对被审计单位及其环境的了解一致，与注册会计师取得的审计证据一致。

（2）两者的主要差别在于实施分析程序的时间和重点不同，以及所取得的数据的数量和质量不同。

（3）在总体复核阶段实施的分析程序并非为了对特定账户余额和披露提供实质性的保证水平，因此并不如实质性分析程序那样详细和具体，而往往集中在财务报表层次。

（三）再评估重大错报风险

在运用分析程序进行总体复核时，如果识别出以前未识别的重大错报风险，注册会计师应当重新考虑对全部或部分各类交易、账户余额和披露评估的风险是否恰当，并在此基础上重新评价之前计划的审计程序是否充分，是否有必要追加审计程序。

【经典真题】

【单选题·2017】下列有关注册会计师在临近审计结束时运用分析程序的说法中，错误的是（　　）。

A. 注册会计师进行分析的重点通常集中在财务报表层次

B. 注册会计师采用的方法与风险评估程序中使用的分析程序基本相同

C. 注册会计师进行分析并非为了对特定账户余额和披露提供实质性的保证水平

D. 注册会计师进行分析的目的在于识别可能表明财务报表存在重大错报风险的异常变化

【答案】D

【解析】在审计结束或临近结束时，注册会计师运用分析程序的目的是确定财务报表整体是否与其对被审计单位的了解一致，因此选项 D 是错误的。

【简答题·2015】甲公司是 ABC 会计师事务所的常年审计客户。A 注册会计师负责审计甲公司 2014 年度财务报表。审计工作底稿中与分析程序相关的部分内容摘录如下：

（1）甲公司所处行业 2014 年度市场需求显著下降。A 注册会计师在实施风险评估分析程序时，以 2013 年财务报表已审数为预期值，将 2014 年财务报表中波动较大的项目评估为存在重大错报风险的领域。

（2）A 注册会计师对营业收入实施实质性分析程序，将实际执行的重要性作为已记录金额与预期值之间可接受的差异额。

（3）甲公司的产量与生产工人工资之间存在稳定的预期关系。A 注册会计师认为产量信息来自非财务部门，具有可靠性，在实施实质性分析程序时据以测算直接人工成本。

（4）A 注册会计师对运输费用实施实质性分析程序，确定已记录金额与预期值之间可接受的差异额为 150 万元，实际差异为 350 万元。A 注册会计师就超出可接受差异额的 200 万元询问了管理层，并对其答复获取了充分、适当的审计证据。

（5）A 注册会计师在审计过程中未提出审计调整建议，已审财务报表与未审财务报表一致，因此认为无需在临近审计结束时运用分析程序对财务报表进行总体复核。

【要求】针对上述第（1）~（5）项，逐项指出 A 注册会计师的做法是否恰当。如不恰当，提出改进建议。

【答案】

（1）不恰当。应根据 2014 年度的变化情况设定预期值。

（2）恰当。

（3）不恰当。测试与产量信息编制相关的内部控制/测试产量信息/应测试内部信息的可靠性。

（4）不恰当。应当针对 350 万元的差异进行调查。

（5）不恰当。在临近审计结束时，应当运用分析程序对财务报表进行总体复核/总体复核分析程序是必要程序。

四、进阶练习

（一）单选题

1. 下列有关审计证据的说法中，正确的是（　　）。

A. 可用作审计证据的其他信息只有注册会计师从被审计单位外部获取的会计记录

B. 被审计单位会计记录通常是电子数据，因而要求注册会计师要关注这些记录的真实性和完整性

C. 财务报表依据的会计记录中包含的信息和其他信息共同构成了审计证据，两者缺一不可

D. 会计记录中包含的信息形成审计证据

2. 下列有关审计证据的适当性的说法中，正确的是（　　）。

A. 审计证据的适当性包括相关性和可靠性

B. 审计证据的适当性受审计证据的充分性影响

C. 审计证据的适当性影响审计证据的质量

D. 审计证据的适当性是对审计证据质量和数量的衡量

3. 下列有关审计证据可靠性的说法中，错误的是（　　）。

A. 审计证据的可靠性受其来源和性质的影响，并取决于获取审计证据的具体环境

B. 从外部独立来源获取的审计证据比从其他来源获取的审计证据更可靠

C. 有内部控制制度的被审计单位生成的审计证据比没有内部控制制度的被审计单位生成的审计证据更可靠性

D. 从原件获取的审计证据比从传真件或复印件获取的审计证据更可靠

4. 下列有关审计证据的说法中，错误的是（　　）。

A. 外部证据与内部证据矛盾时，注册会计师应当采用外部证据

B. 审计证据包括会计师事务所接受与保待客户或业务时实施质量控制程序获取的信息

C. 注册会计师应当考虑用作审计证据的信息的可靠性，并考虑与这些信息生成和维护

相关控制的有效性

D. 注册会计师无须考虑获取审计证据的成本与所获取信息的有用性之间的关系

5. 关于注册会计师在财务报表审计业务执行审计程序的说法中，正确的是（　　）。

A. 重新执行被审计单位财务报表编制的全部程序

B. 通过询问相关人员确定被审计单位内部控制执行的薄弱环节

C. 核对财务报表与会计记录

D. 检查被审计单位存货管理制度和账簿记录，确认存货数量

6. 下列有关函证的说法中，正确的是（　　）。

A. 评估的认定层次重大错报风险水平越低，注册会计师通过实质性程序获取的审计证据的相关性和可靠性的要求越高

B. 如果认定某项风险是特别风险，注册会计师需要考虑通过函证特定事项以降低检查风险

C. 被询证者是被审计单位的关联方，其回函的可靠性低

D. 函证可以为某些认定提供审计证据，但是对不同的认定，函证的证明力是不同的

7. 下列有关注册会计师是否实施应收账款函证程序的说法中，错误的是（　　）。

A. 如果有充分证据表明函证很可能无效，注册会计师可以不实施应收账款函证程序

B. 如果不对应收账款函证，注册会计师应当在审计工作底稿中说明理由

C. 函证不适用于应收账款明细账

D. 如果重大错报风险评估为低水平，注册会计师可选择资产负债表日前适当日期为截止日，实施函证

8. 注册会计师可采用积极或消极的函证方式实施函证，下列说法正确的是（　　）。

A. 在采用积极的函证方式时，只有注册会计师收到回函，才能为财务报表认定提供审计证据

B. 是否采取消极式函证，取决于注册会计师对被审计单位内部控制评估的结果

C. 注册会计师在询证函中不列明账户余额或其他信息，要求被询证者填写有关信息或提供进一步信息的函证方式是消极式函证

D. 注册会计师对于零账户不需要进行函证

9. 下列有关询证函回函可靠性的说法中，正确的是（　　）。

A. 以电子形式收到的回函是可靠的审计证据

B. 只对询证函进行口头回复不是对注册会计师的直接书面回复，不符合函证的要求，因此，不能作为可靠的审计证据

C. 由被审计单位转交给注册会计师的回函是可靠的审计证据

D. 回函的限制性条款影响了函证的可靠性

10. 下列有关用作风险评估程序的分析程序的说法中，错误的是（　　）。

A. 风险评估阶段运用分析程序是强制性要求

B. 注册会计师在了解被审计单位及其环境的每一方面时都实施分析程序

C. 风险评估程序中所使用的分析程序通常包括多账户余额变化的分析，并辅之以趋势分析和比率分析

D. 在运用分析程序时，注册会计师应重点关注关键的账户余额、趋势和财务比率关系等方面，对其形成一个合理的预期

11. 下列有关注册会计师在临近审计结束时运用分析程序的说法中，正确的是（　　）。

A. 分析程序并非为了对特定账户余额和披露提供实质性的保证水平，往往集中在财务报表层次

B. 注册会计师采用的方法与风险评估程序中使用的分析程序、目的基本相同

C. 在运用分析程序进行总体复核后，注册会计师应当重新考虑对全部或部分各类交易、账户余额和披露评估的风险

D. 在运用分析程序进行总体复核后，注册会计师应当重新评价之前计划的审计程序是否充分，是否有必要追加审计程序

（二）多选题

1. 下列有关审计证据的说法中，错误的是（　　）。

A. 可用作审计证据的其他的信息包括注册会计师从被审计单位内部或外部获取的会计记录以外的信息

B. 财务报表依据的会计记录中包含的信息和其他信息共同构成了审计证据，两者缺一不可

C. 用作审计证据的其他的信息，与注册会计师执行财务报表审计时应当阅读被审计单位年度报告中除财务报表和审计报告外的其他信息是一致的

D. 注册会计师将不同来源和不同性质的审计证据综合起来考虑，这样能够反映出结果的一致性，从而佐证会计记录中记录的信息

2. 下列有关审计证据充分性的说法中，错误的是（　　）。

A. 审计证据的充分性与被审计单位内部控制制度的强弱相关，与注册会计师确定的样本量无关

B. 被审计单位内部控制越强，注册会计师需要的审计证据可能越少

C. 审计证据的需求量取决于被审计单位的会计记录是电子数据还是手工记录

D. 评估的重大错报风险越高，需要的审计证据可能越少

3. 下列有关审计证据的可靠性的说法中，错误的是（　　）。

A. 与认定相关的审计证据是可靠的审计证据

B. 审计证据的可靠性影响审计证据的充分性

C. 内部控制薄弱时内部生成的审计证据是不可靠的

D. 从独立的外部来源获得的审计证据可能是不可靠的

4. 下列有关审计证据的充分性和适当性的说法中，错误的是（　　）。

A. 只有充分且适当的审计证据才有证明力

B. 审计证据的充分性和适当性分别是对审计证据质量和数量的衡量

C. 审计证据的充分性会影响审计证据的适当性

D. 审计证据的适当性直接影响审计证据的充分性

5. 下列有关检查程序的说法中，错误的是（　　）。

A. 检查是指注册会计师对被审计单位内部生成的，以纸质、电子或其他介质形式存在

的记录和文件进行审查

B. 检查有形资产可为其存在提供可靠的审计证据，也能够为权利和义务等认定提供可靠的审计证据

C. 检查所提供的审计证据仅限于检查发生的时点

D. 检查已执行的合同可以提供与被审计单位运用会计政策相关的审计证据

6. 注册会计师实施函证的决策时的影响因素有（　　）。

A. 评估的认定层次重大错报风险　　B. 替代程序与特定认定的相关性

C. 预期被询证者的客观性　　D. 被审计单位管理层的配合程度

7. 下列有关注册会计师实施应收账款函证程序的说法中，正确的是（　　）。

A. 如果有充分证据表明应收账款对财务报表不重要，注册会计师可以不实施应收账款函证程序

B. 如果不对应收账款函证，注册会计师无需在审计工作底稿中说明理由

C. 注册会计师通常在资产负债表日后某一天函证资产负债表的应收账款余额

D. 如果在资产负债表日前对应收账款余额实施函证程序，注册会计师应当针对询证函指明的截止日期与审计日之间实施进一步的实质性程序

8. 如果被审计单位管理层要求注册会计师不实施函证时，注册会计师应当考虑（　　）。

A. 管理层的要求是否合理

B. 被审计单位是否存在重大的舞弊或错误

C. 如何实施替代程序，以获取充分、适当的审计证据

D. 对审计报告可能产生的影响

9. 下列有关询证函回函可靠性的说法中，错误的是（　　）。

A. 通过邮寄方式发出询证函并收到回函后，注册会计师可以验证回函是否由被询证者直接寄给注册会计师

B. 跟函过程中，注册会计师需要了解被询证者处理函证的通常流程和处理人员

C. 电子形式收到的回函中注明“本信息是从电子数据库中取得，可能不包括被询证方所拥有的全部信息”并不影响函证的可靠性

D. 注册会计师收到对询证函口头答复后，需要通过实施替代程序，寻找其他审计证据以支持口头回复中的信息

10. 下列有关分析程序的说法中，错误的是（　　）。

A. 分析程序是指注册会计师通过分析财务数据之间的内在关系对财务信息作出评价

B. 注册会计师需要在财务报表审计全过程了解被审计单位及其环境的各个方面实施分析程序

C. 注册会计师在风险评估阶段和审计结束时的总体复核阶段必须运用分析程序

D. 在总体复核阶段执行分析程序与风险评估程序中使用的分析程序的目的相同

11. 下列有关实质性分析程序的说法中，错误的是（　　）。

A. 细节测试同样可能实现实质性程序的目的，因此，实质性分析程序与细节测试同样适用于财务报表认定

B. 对特定实质性分析程序适用性的确定，受到认定的性质和注册会计师对重大错报风险评估的影响

C. 实质性分析程序使用的数据的可靠性直接影响根据数据形成的预期值

D. 在设计实质性分析程序时，注册会计师应考虑是否可以获得财务数据，以有助于运用分析程序

（三）简答题

ABC 会计师事务所的 A 注册会计师负责审计甲公司 2019 年度财务报表，A 注册会计师在审计工作底稿中记录了实施进一步审计程序的情况，部分内容摘录如下：

（1）因对甲公司管理层提供的银行对账单的真实性存有疑虑，A 注册会计师在出纳陪同下前往银行获取银行对账单。在银行柜台人员打印对账单时，A 注册会计师前往该银行其他部门对 2018 年的大额定期存单实施了函证。

（2）A 注册会计师向乙公司函证由其保管的甲公司存货的数量和状况，收到的传真件回函显示数量一致，状况良好。A 注册会计师据此认可了回函结果。

（3）甲公司 2019 年年末应收票据余额重大。A 注册会计师于 2019 年 12 月 31 日检查了这些票据的复印件，并核对了相关信息，结果满意。

（4）甲公司的某企业客户利用甲公司的快递服务，向 A 注册会计师寄回了询证函回函。A 注册会计师认为回函可靠性受到影响，重新发函并要求该客户通过其他快递公司寄回询证函。

（5）因仅实施替代程序无法获取充分、适当的审计证据，A 注册会计师就一份重要的询证函通过电话与被询证方确认了函证信息，被询证方告知回函已寄出，A 注册会计师确认函证信息可靠，并形成审计结论。次日，A 注册会计师收到回函，获取满意的审计证据。

【要求】针对上述第（1）~（5）项，逐项指出 A 注册会计师的做法是否恰当。如不恰当，简要说明理由。

五、进阶练习答案

（一）单选题

1.【答案】C

【解析】财务报表依据的会计记录中包含的信息和其他信息共同构成了审计证据，两者缺一不可。因此选择选项 C。

2.【答案】A

【解析】审计证据的充分性包括相关性和可靠性，因此选择选项 A。

3.【答案】C

【解析】内部控制有效时内部生成的审计证据比内部控制薄弱时内部生成的审计证据更可靠。因此选择选项 C。

4.【答案】A

【解析】从不同来源获取的审计证据或获取的不同性质的审计证据不一致，表明某项审计证据可能不可靠，注册会计师应当追加必要的审计程序。因此选择选项 A。

5. 【答案】C

【解析】重新执行是注册会计师独立执行原本作为被审计单位内部控制组成部分的程序或控制，因此选项 A 不正确。但在某些情况下，对询问的答复为注册会计师修改审计程序或实施追加审计程序提供了基础，因此选项 B 不正确。检查被审计单位存货管理制度和账簿记录仅是获取内部控制制度和账簿数量，存货的真实数量需要通过对存货的监盘程序获得，因此选项 D 不正确。

6. 【答案】D

【解析】评估的认定层次重大错报风险水平越低，注册会计师需要从实质性程序中获取的审计证据的相关性和可靠性的要求越低。因此选项 A 是错误的。如果认为某项风险属于特别风险，注册会计师需要考虑是否通过函证特定事项以降低检查风险。因此选项 B 是错误的。如果被询证者是被审计单位的关联方，则其回复的可靠性会降低。因此选项 C 是错误的。

7. 【答案】C

【解析】函证通常适用于账户余额及其组成部分（如应收账款明细账），因此选项 C 错误。

8. 【答案】A

【解析】当同时存在下列情况时，注册会计师可以考虑采用消极的函证方式：重大错报风险评估为低水平、涉及大量余额较小的账户、预期不存在大量的错误和没有理由相信被询证者不认真对待函证，因此选项 B 错误。注册会计师在询证函中不列明账户余额或其他信息，要求被询证者填写有关信息或提供进一步信息的函证方式是积极式函证，因此选项 C 错误。注册会计师应当对银行存款（包括零余额账户和在本期内注销的账户）、借款及与金融机构往来的其他重要信息实施函证程序，除非有充分证据表明某一银行存款、借款及与金融机构往来的其他重要信息对财务报表不重要且与之相关的重大错报风险很低。因此选项 D 错误。

9. 【答案】B

【解析】只以电子形式收到的回函，由于回函者的身份及其授权情况很难确定，对回函的更改也难以发觉，因此可靠性存在风险，注册会计师和回函者采用一定的程序为电子形式的回函创造安全环境，可以降低该风险。如果注册会计师确信这种程序安全并得到适当控制，则会提高相关回函的可靠性。因此不选择选项 A。对询证函进行口头回复不是对注册会计师的直接书面回复，不符合函证的要求，因此，不能作为可靠的审计证据。因此选择选项 B。如果被询证者将回函寄往被审计单位，被审计单位将其转交给注册会计师，该回函不能视为可靠的审计证据。因此不选择选项 C。回函中存在免责或其他限制性条款是影响外部审计函证可靠性的因素之一，但这种限制不一定使回函失去可靠性，注册会计师能否依赖回函信息以及依赖的程度取决于免责或限制条款的性质和实质。因此不选择选项 D。

10. 【答案】B

【解析】注册会计师无须在了解被审计单位及其环境的每一方面时都实施分析程序。因此选择选项 B。

11. 【答案】A

【解析】注册会计师采用的方法与风险评估程序中使用的分析程序基本相同，但两者的目的不同，因此不选择选项 B。在运用分析程序进行总体复核后，如果识别出以前未识别的重大错报风险，注册会计师应当重新考虑对全部或部分各类交易、账户余额和披露评估的风险是否恰当，并在此基础上重新评价之前计划的审计程序是否充分，是否有必要追加审计程序，因此不选择选项 C、D。

（二）多选题

1.【答案】ABD

【解析】用作审计证据的其他的信息，与注册会计师执行财务报表审计时应当阅读被审计单位年度报告中除财务报表和审计报告外的其他信息是两个不同的概念。因此不选择选项 C。

2.【答案】ABC

【解析】审计证据的充分性是对审计证据数量的衡量，主要与注册会计师确定的样本量有关，与是否电子数据还是手工数据无关，因此选择选项 A 和选项 C。注册会计师需要获取的审计证据数量受其对重大错报风险评估的影响，而与被审计单位内部控制指导强弱本身无关，因此选择选项 B。评估的重大错报风险越高，需要的审计证据可能越少，因此不选择选项 D。

3.【答案】ABC

【解析】只与管理当局认定相关的审计证据可能只提供某一方面的认定，不一定能够完成审计目标的需求，因此选择选项 A；注册会计师需要获取的审计证据的数量也受审计证据质量的影响。审计证据质量越高，需要的审计证据数量可能越少。也就是说，审计证据的适当性会影响审计证据的充分性，因此选择选项 B；内部控制有效时内部生成的审计证据比内部控制薄弱时生成的审计证据更可靠，因此选择选项 C；从外部独立来源获得的审计证据比从其他来源获取的审计证据更可靠，因此不选择选项 D。

4.【答案】BCD

【解析】审计证据的充分性是对审计证据数量的衡量，适当性是对审计证据质量的衡量，因此选项 B 错误；注册会计师需要获取的审计证据的数量受审计证据质量的影响。审计证据质量越高，需要的审计证据数量可能越少。也就是说，审计证据的适当性会影响审计证据的充分性。但如果审计证据的质量存在缺陷，那么注册会计师仅靠获取更多的审计证据可能无法弥补其质量上的缺陷。选项 C、D 错误。

5.【答案】ABC

【解析】检查是指注册会计师对被审计单位内部或外部生成的，以纸质、电子或其他介质形式存在的记录和文件进行审查，因此选择选项 A。检查有形资产可为其存在提供可靠的审计证据，不一定能够为权利和义务等认定提供可靠的审计证据，因此选择选项 B。询问所提供的审计证据仅限于检查发生的时点，因此选择选项 C。

6.【答案】AC

【解析】函证没有获得回函，注册会计师才考虑替代程序，因此选项 B 不正确。函证是注册会计师直接从第三方（被询证者）获取书面答复以作为审计证据的过程，因此选项 D 不正确。

7.【答案】AC

【解析】如果不对应收账款函证，注册会计师必须在审计工作底稿中说明理由，因此不选择选项 B。如果在资产负债表日前对应收账款余额实施函证程序，注册会计师应当针对询证函指明的截止日期与资产负债表日之间实施进一步的实质性程序，因此不选择选项 D。

8. 【答案】AB

【解析】当被审计单位管理层要求对拟函证的某些账户余额或其他信息不实施函证时，注册会计师应当考虑该项要求是否合理，并获取审计证据予以支持，因此选择选项A。只有管理层要求是合理的，注册会计师才应当实施替代程序，因此不选择选项C。分析管理层要求不实施函证原因时，注册会计师应当保持职业怀疑态度，并考虑管理层是否诚信、是否可能存在重大的舞弊或错误，替代程序能否提供与这些账户余额或其他信息相关的充分、适当的审计证据，因此选择选项B。如果认为管理层的要求不合理，且其阻挠而无法实施函证，注册会计师应当视为审计范围受到限制，并考虑对审计报告可能产生的影响。因此不选择选项D。

9. 【答案】CD

【解析】回函中存在免责或其他限制性条款是影响外部审计函证可靠性的因素之一，但这种限制不一定使回函失去可靠性，注册会计师能否依赖回函信息以及依赖的程度取决于免责或限制条款的性质和实质。对回函可靠性可能产生影响的限制性条款包括："本信息是从电子数据库中取得，可能不包括被询证方所拥有的全部信息；本信息既不保证准确也不保证是最新的，其他方可能会持有不同意见；接收人不能依赖函证中的信息"等，因此选择选项C。对询证函进行口头回复不是对注册会计师的直接书面回复，不符合函证的要求，因此，不能作为可靠的审计证据。在收到对询证函口头答复的情况下，注册会计师可以要求被询证者提供直接书面回复，如果仍未收到书面回函，注册会计师需要通过实施替代程序，寻找其他审计证据以支持口头回复中的信息，因此选择选项D。

10. 【答案】ABD

【解析】分析程序是指注册会计师通过分析不同财务数据之间以及财务数据与非财务数据之间的内在关系，对财务信息作出评价，因此选择选项A。注册会计师在风险评估阶段和审计结束时的总体复核阶段必须运用分析程序，在实施实质性程序阶段可选用分析程序。因此选择选项B。在总体复核阶段实施分析程序，所进行的比较和使用的手段与风险评估程序中使用的分析程序基本相同，但两者的目的不同。因此选择选项D。

11. 【答案】AD

【解析】针对认定层次的重大错报风险，注册会计师实施细节测试而不实施实质性分析程序，同样可能实现实质性程序的目的，另外，分析程序有其运用的前提和基础，它并不适用于所有的财务报表认定，因此选择选项A。在设计实质性分析程序时，注册会计师应考虑是否可以获得财务信息以及非财务信息，以有助于运用分析程序，因此选择选项D。

（三）简答题

【答案】

（1）不恰当。应全程关注银行对账单的打印过程/未对银行对账单获取过程保持控制。

（2）不恰当。注册会计师应当验证传真件回函的可靠性。

（3）不恰当。注册会计师应当检查应收票据原件/仅检查应收票据复印件不能获取充分、适当的审计证据/还应实施其他审计程序。

（4）恰当。

（5）不恰当。口头回复不能作为可靠的审计证据/审计结论形成前未获取充分、适当的审计证据。

第四章　审计抽样方法

一、2020 年新教材内容主要变化

本章主要知识点没有实质变化。

二、本章近 5 年考情统计分析

本章考题主要以客观题和主观题（简答题）为主，但是针对个别的知识点（如重要性等），也可以结合审计实务（教材第三编内容），以主观题（综合题）的形式考查。

本章属于重要的考试章节之一，最近 5 年平均考试分值一般在 6 分左右。

（一）近 5 年考试分值分布

题型	2015 年	2016 年	2017 年	2018 年	2019 年
单选题	3	1	2	3	1
多选题	—	4	2	2	2
简答题	2	—	0	—	—
综合题	1.5	—	2.5	—	3
合计	6.5	5	6.5	5	6

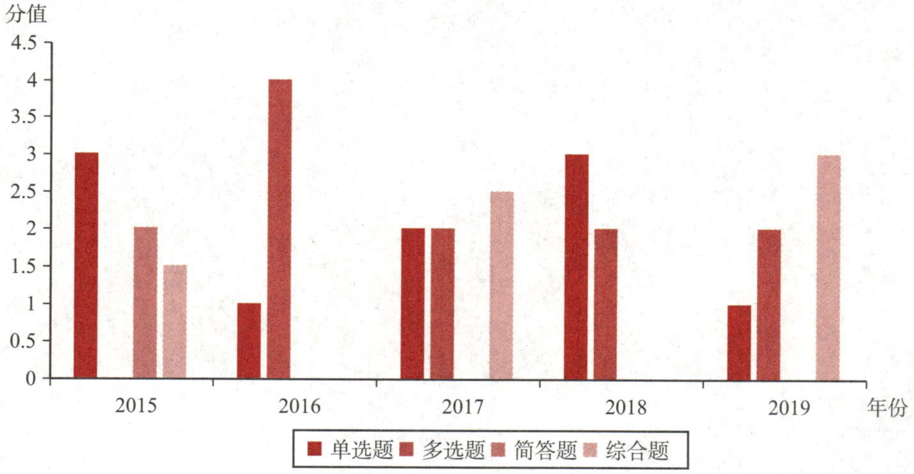

（二）近 5 年考试考点分布

高频考点内容	年度及题型分布
抽样风险与非抽样风险	2018 年单选、2016 年单选、2015 年单选
审计抽样与样本	2019 年多选、2019 年综合、2018 年单选、2018 年多选、2017 年多选、2017 年综合、2016 年多选、2015 年单选
审计抽样在控制测试中的应用	2018 年单选、2017 年单选、2015 年单选、2015 年简答、2015 年综合
审计抽样在细节测试中的运用	2019 年单选、2016 年多选

三、重难点解析

本章内容为审计抽样方法的相关内容，属于审计学的基础章节，主要包括审计抽样的含义、特征、适用性，抽样风险和非抽样风险、统计抽样和非统计抽样、属性抽样和变量抽样等相关概念，以及审计抽样在控制测试和细节测试中的应用问题。

【小贴士】本章内容的学习，需要结合后续有关章节内容。例如，审计抽样在控制测试中的应用、审计抽样在细节测试中的应用中控制测试和细节测试的内容与第二编（审计测试流程中）第八章风险应对相联系，控制测试和细节测试的部分内容与第二编（审计测试流程）、第三编（各类交易和账户余额的审计）相联系。

重难点1：审计抽样★★★

sj200401

（一）审计抽样的含义和目的

1. 含义

审计抽样是指注册会计师对具有审计相关性的总体中低于百分之百的项目实施审计程序，使所有抽样单元都有被选取的机会，为注册会计师针对整个总体得出结论提供合理基础。

2. 目的

审计抽样能够使注册会计师获取和评价有关所选取项目某一特征的审计证据，以形成或有助于形成有关总体的结论。

（二）审计抽样的特征（同时具备）

【小贴士】抽样审计应当同时具备三个基本特征。

（1）对具有审计相关性的总体中低于百分之百的项目实施审计程序；

（2）所有抽样单元都有被选取的机会；

（3）可以根据样本项目的测试结果推断出有关抽样总体的结论。

【经典真题】

【多选题·2017】下列各项中，属于审计抽样基本特征的有（　　）。

A. 对具有审计相关性的总体中低于百分之百的项目实施审计程序

B. 所有抽样单元都有被选取的机会

C. 以基于某一特征从总体中选出特定项目实施审计程序

D. 可以根据样本项目的测试结果推断出有关抽样总体的结论

【答案】ABD

【解析】审计抽样的特征有对具有审计相关性的总体中低于百分之百的项目实施审计程序，因此选项A正确；所有抽样单元都有被选取的机会，因此选项B正确；可以根据样本项目的测试结果推断出有关抽样总体的结论，因此选项D正确。

【小贴士】只有当从抽样总体中选取的样本具有代表性时，注册会计师才能根据样本项目的测试结果推断出有关总体的结论。

【经典真题】

【单选题·2018】下列有关审计抽样的样本代表性的说法中，错误的是（　　）。

A. 样本具有代表性意味着根据样本测试结果推断的错报与总体中的错报相同

B. 如果样本的选取是无偏向的，该样本通常具有代表性

C. 样本的代表性与样本规模无关

D. 样本的代表性通常只与错报的发生率而非错报的特定性质相关

【答案】A

【解析】只有当从抽样总体中选取的样本具有代表性时，注册会计师才能根据样本项目的测试结果推断出有关总体的结论。因此选项A是错误的。

（三）审计抽样的适用性

审计抽样并非在所有审计程序中都可使用。注册会计师拟实施的审计程序将对运用审计抽样产生重要影响。

1. 风险评估程序

（1）通常不涉及审计抽样。

（2）如果注册会计师在了解控制的设计和确定控制是否得到执行的同时计划和实施控制测试，则可能涉及审计抽样，但此时审计抽样仅适用于控制测试。

2. 控制测试程序

【小贴士】关注控制运行是否留下运行轨迹。

（1）当控制的运行留下轨迹时，注册会计师可以考虑使用审计抽样实施控制测试。

（2）对于未留下运行轨迹的控制，注册会计师通常实施询问、观察等审计程序，以获取有关控制运行有效性的审计证据，此时不宜使用审计抽样。

（3）被审计单位采用信息技术处理各类交易及其他信息时，注册会计师通常只需要测试信息技术一般控制，并从各类交易中选取一笔或几笔交易进行测试，就能获取有关信息技术应用控制运行有效性的审计证据，此时不需使用审计抽样。

3. 实质性程序

实质性程序包括对各类交易、账户余额和披露的细节测试，以及实质性分析程序。

（1）在实施细节测试时，注册会计师可以使用审计抽样获取审计证据，以验证有关财务报表金额的一项或多项认定（如应收账款的存在），或对某些金额作出独立估计（如陈旧存货的价值）。

（2）如果注册会计师将某类交易或账户余额的重大错报风险评估为可接受的低水平，也可不实施细节测试，此时不需使用审计抽样。

（3）实施实质性分析程序时，注册会计师的目的不是根据样本项目的测试结果推断有关总体的结论，因而不宜使用审计抽样。

4. 审计抽样可以与其他选取测试项目的方法结合进行。

【经典真题】

【单选题·2019】下列与内部控制有关的审计工作中，通常可以使用审计抽样的是（　　）。

A. 评价内部控制设计的合理性

B. 确定控制是否得到执行

C. 测试自动化应用控制的运行有效性

D. 测试留下运行轨迹的人工控制的运行有效性

【答案】D

【解析】当控制的运行留下轨迹时，注册会计师可以考虑使用审计抽样实施控制测试，因此选择选项 D。

【多选题·2018】下列审计程序中，通常不宜使用审计抽样的有（　　）。

A. 风险评估程序

B. 对未留下运行轨迹的控制的运行有效性实施测试

C. 对信息技术应用控制的运行有效性实施测试

D. 实质性分析程序

【答案】ABCD

【解析】风险评估程序通常不涉及审计抽样，因此选择选项 A；对于未留下运行轨迹的控制，注册会计师通常实施询问、观察等审计程序，以获取有关控制运行有效性的审计证据，此时不宜使用抽样审计，因此选择选项 B；在被审计单位采用信息技术处理各类交易及其他信息时，注册会计师通常只需要测试信息技术一般控制，并从各类交易中选取一笔或几笔交易进行测试，就能获取有关信息技术应用控制运行有效性的审计证据，此时不需使用审计抽样，因此选择选项 C。实施实质性分析程序时，注册会计师的目的不是根据样本项目的测试结果推断有关总体的结论，因而不宜使用审计抽样。因此选择选项 D。

【多选题·2014】下列各项审计程序中，通常不采用审计抽样的有（　　）。

A. 风险评估程序　　B. 控制测试　　C. 实质性分析程序　　D. 细节测试

【答案】AC

【解析】风险评估程序通常不涉及设计抽样，因此选择选项 A；实施实质性分析程序时，注册会计师的目的不是根据样本项目的测试结果推断有关总体的结论，因而不宜使用审计抽样。因此选择选项 C。当控制的运行留下轨迹时，注册会计师可以考虑使用审计抽样实施控制测试，在实施细节测试时，注册会计师可以使用审计抽样获取审计证据，因此选项 B 和选项 D 不是此题答案。

重难点2：抽样风险★★★

抽样风险，是指注册会计师根据样本得出的结论，可能不同于如果对整个总体实施与样本相同的审计程序得出的结论的风险。抽样风险是由抽样引起的，与样本规模和抽样方法相关。

（一）控制测试中的抽样风险

【小贴士】控制测试中的抽样风险包括信赖过度风险和信赖不足风险。

（1）信赖过度风险是指推断的控制有效性高于其实际有效性的风险，也可以说，尽管样本结果支持注册会计师计划信赖内部控制的程度，但实际偏差率不支持该信赖程度的风险。信赖过度风险与审计的效果有关。如果注册会计师评估的控制有效性高于其实际有效性，从而导致评估的重大错报风险水平偏低，注册会计师可能不适当地减少从实质性程序中获取的证据，因此审计的有效性下降。对于注册会计师而言，信赖过度风险更容易导致注册会计师发表不恰当的审计意见，因而更应予以关注。

（2）信赖不足风险是指推断的控制有效性低于其实际有效性的风险，也可以说，尽管样本结果不支持注册会计师计划信赖内部控制的程度，但实际偏差率支持该信赖程度的风险。信赖不足风险与审计的效率有关。当注册会计师评估的控制有效性低于其实际有效性时，评估的重大错报风险水平高于实际水平，注册会计师可能会增加不必要的实质性程序。在这种情况下，审计效率可能降低。

【经典真题】

【单选题·2016】下列有关信赖过度风险的说法中，正确的是（　　）。

A. 信赖过度风险属于非抽样风险

B. 信赖过度风险影响审计效率

C. 信赖过度风险与控制测试和细节测试均相关

D. 注册会计师可以通过扩大样本规模降低信赖过度风险

【答案】D

【解析】控制测试中的抽样风险包括信赖赖过度与信赖不足，信赖过度风险与审计的效果有关，因此选项 A、B、C 均不正确。抽样风险与样本规模和抽样方法相关，因此选项 D 正确。

（二）细节测试中的抽样风险

【小贴士】*在实施细节测试时，注册会计师要关注两类抽样风险：误受风险和误拒风险。*

（1）误受风险是指注册会计师推断某一重大错报不存在而实际上存在的风险。如果账面金额实际上存在重大错报而注册会计师认为其不存在重大错报，注册会计师通常会停止对该账面金额继续进行测试，并根据样本结果得出账面金额无重大错报的结论。与信赖过度风险类似，误受风险影响审计效果，容易导致注册会计师发表不恰当的审计意见，因此注册会计师更应予以关注。

（2）误拒风险是指注册会计师推断某一重大错报存在而实际上不存在的风险。与信赖不足风险类似，误拒风险影响审计效率。如果账面金额不存在重大错报而注册会计师认为其存在重大错报，注册会计师会扩大细节测试的范围并考虑获取其他审计证据，最终注册会计师会得出恰当的结论。在这种情况下，审计效率可能降低。

（三）抽样风险类型

无论在控制测试还是在细节测试中，抽样风险都可以分为两种类型：

（1）影响审计效果的抽样风险，包括控制测试中的信赖过度风险和细节测试中的误受风险；

（2）影响审计效率的抽样风险，包括控制测试中的信赖不足风险和细节测试中的误拒风险。相较于影响审计效率的抽样风险，注册会计师更应关注影响审计效果的抽样风险。

【小贴士】*抽样风险与样本规模反方向变动：样本规模越小，抽样风险越大；样本规模越大，抽样风险越小。无论是控制测试还是细节测试，注册会计师都可以通过扩大样本规模*

降低抽样风险。如果对总体中的所有项目都实施检查，就不存在抽样风险，此时审计风险完全由非抽样风险产生。

【经典真题】

【单选题·2015】下列有关抽样风险的说法中，错误的是（　　）。

A. 除非注册会计师对总体中所有的项目都实施检查，否则存在抽样风险

B. 在使用统计抽样时，注册会计师可以准确地计量和控制抽样风险

C. 控制测试中的抽样风险包括误受风险和误拒风险

D. 注册会计师可以通过扩大样本规模降低抽样风险

【答案】C

【解析】在实施细节测试时，注册会计师要关注两类风险：误受风险和误拒风险。因此选择选项C。

重难点3：非抽样风险★★★

（一）定义

非抽样风险，是指注册会计师由于任何与抽样风险无关的原因而得出错误结论的风险。

（二）成因

在审计过程中，可能导致非推样风险的原因主要包括下列情况：

（1）注册会计师选择了不适于实现特定目标的审计程序。

（2）注册会计师选择的总体不适合于测试目标。

（3）注册会计师未能适当地定义误差（包括控制偏差或错报），导致注册会计师未能发现样本中存在的偏差或错报。

（4）注册会计师未能适当地评价审计发现的情况。

【小贴士】非抽样风险是由人为因素造成的，虽然难以量化非抽样风险，但通过采取适当的质量控制政策和程序，对审计工作进行适当的指导、监督和复核，仔细设计审计程序，以及对审计实务的适当改进，注册会计师可以将非抽样风险降至可接受的水平。

【经典真题】

【单选题·2018】下列有关非抽样风险的说法中，错误的是（　　）。

A. 非抽样风险不能量化

B. 非抽样风险影响审计风险

C. 注册会计师可以通过采取适当的质量控制政策和程序降低非抽样风险

D. 注册会计师可以通过扩大样本规模降低非抽样风险

【答案】D

【解析】非抽样风险，是指注册会计师由于任何与抽样风险无关的原因而得出错误结论的风险。注册会计师即使对某类交易或账户余额的所有项目实施审计程序，也可能仍未发现重大错报或控制失效，因此选项D是错误的。

【单选题·2014】下列各项中，不会导致非抽样风险的是（　　）。

A. 注册会计师选择的总体不适合于测试目标
B. 注册会计师未能适当地定义误差
C. 注册会计师未对总体中的所有项目进行测试
D. 注册会计师未能适当地评价审计发现的情况

【答案】C

【解析】导致非抽样风险发生的四种情况：注册会计师选择了不适于实现特定目标的审计程序。注册会计师选择的总体不适合于测试目标。注册会计师未能适当地定义误差（包括控制偏差或错报），导致注册会计师未能发现样本中存在的偏差或错报。注册会计师未能适当地评价审计发现的情况。选项 C 导致的是抽样风险，因此选择选项 C。

重难点 4：统计抽样和非统计抽样★★★

（一）统计抽样

统计抽样基本特征（同时具备）：

（1）随机选取样本项目；

（2）运用概率论评价样本结果，包括计量抽样风险。

（二）非统计抽样

不同时具备统计抽样两个基本特征的抽样方法为非统计抽样。

（1）统计抽样能够客观地计量抽样风险，并通过调整样本规模精确地控制风险，这是与非统计抽样最重要的区别。

（2）注册会计师使用非统计抽样时，也必须考虑抽样风险并将其降至可接受水平，但无法精确地测定抽样风险。

（3）注册会计师在统计抽样与非统计抽样方法之间进行选择时主要考虑成本效益。不管统计抽样还是非统计抽样，两种方法都要求注册会计师在设计、选取和评价样本时运用职业判断。

【小贴士】如果设计适当，非统计抽样也能提供与统计抽样方法同样有效的结果。

（4）选取的样本项目实施的审计程序通常与使用的抽样方法无关。

【经典真题】

【单选题 · 2016】下列有关抽样风险的说法中，错误的是（　　）。

A. 在使用非统计抽样时，注册会计师可以对抽样风险进行定性的评价和控制
B. 如果注册会计师对总体中的所有项目都实施检查，就不存在抽样风险
C. 注册会计师未能恰当地定义误差将导致抽样风险
D. 无论是控制测试还是细节测试，注册会计师都可以通过扩大样本规模降低抽样风险

【答案】C

【解析】抽样风险，是指注册会计师根据样本得出的结论，可能不同于如果对整个总体实施与样本相同的审计程序得出的结论的风险。因此选择选项 C。

重难点 5：属性抽样和变量抽样★★

属性抽样和变量抽样的内容如下表所示。

类别	定义	适用	结论
属性抽样	用来对总体中某一事件发生率得出结论的统计抽样方法	控制测试	与总体发生率有关
变量抽样	用来对总体金额得出结论的统计抽样方法	细节测试	与总体的金额有关
特殊	变量抽样中的货币单元抽样，是运用属性抽样的原理得出以金额表示的结论		

【经典真题】

【单选题·2015】下列抽样方法中，适用于控制测试的是（　　）。

A. 变量抽样　　B. PPS 抽样　　C. 差额估计抽样　　D. 属性抽样

【答案】D

【解析】属性抽样是一种用来对总体中某一事件发生率得出结论的统计抽样方法。属性抽样在审计中最常见的用途是测试某一设定控制的偏差率，以支持注册会计师评估的控制风险水平，即用于控制测试，因此选择选项 D。变量抽样主要用途是用于确定记录金额是否合理，因此不选择选项 A。传统变量抽样又分为均值法、差额法和比率法，因此不选择选项 C。变量抽样中的例外是货币单元抽样（PPS 抽样），因此不选择选项 B。

重难点 6：控制测试中的样本设计阶段★★★

（一）确定测试目标

1. 目的

注册会计师实施控制测试的目标是提供关于控制运行有效性的审计证据，以支持计划的重大错报风险评估水平。

2. 控制测试主要关注内容

（1）控制在所审计期间的相关时点是如何运行的；

（2）控制是否得到一贯执行；

（3）控制由谁或以何种方式执行。

【小贴士】注册会计师应当首先针对某项认定详细了解控制目标和内部控制政策与程序之后，方可确定从哪些方面获取关于控制是否有效运行的审计证据。

（二）定义总体

总体，是指注册会计师从中选取样本并期望据此得出结论的整个数据集合。注册会计师在界定总体时，应当确保总体的适当性和完整性。

1. 适当性

总体应适合于特定的审计目标，包括测试的方向。

【示例】测试用以保证所有发运商品都已开单的控制是否有效运行，注册会计师从已开单的项目中抽取样本不能发现误差，因为该总体不包含那些已发运但未开单的项目。为发现这种误差，将所有已发运的项目作为总体通常比较适当。

测试现金支付授权控制是否有效运行，如果从已得到授权的项目中抽取样本，注册会计师不能发现控制偏差，因为该总体不包含那些已支付但未得到授权的项目。

2. 完整性

注册会计师应当从总体项目内容和涉及时间等方面确定总体的完整性。

【示例】注册会计师从档案中选取付款证明，除非确信所有的付款证明都已归档，否则注册会计师不能对该期间的所有付款证明得出结论。

注册会计师对某一控制活动在财务报告期间是否有效运行得出结论，总体应包括来自整个报告期间的所有相关项目。

3. 在控制测试中，注册会计师还必须考虑总体的同质性

同质性是指总体中的所有项目应该具有同样的特征。

【示例】被审计单位的出口和内销业务的处理方式不同，注册会计师应分别评价两种不同的控制情况，因而出现两个独立的总体。

被审计单位的所有分支机构的经营可能都相同，但每个分支机构是由不同的人运行。如果注册会计师对每个分支机构的内部控制和员工感兴趣，可以将每个分支机构作为一个独立的总体对待。

4. 被审计单位在被审计期间可能改变某个特定控制

如果某控制（旧控制）被用于实现相同控制目标的另一控制（新控制）所取代，注册会计师需要确定是否测试这两个控制的运行有效性，或只测试新控制。

【示例】如果注册会计师需要就与销售交易相关的控制的运行有效性获取证据，以支持重大错报风险的评估水平，且预期新、旧控制都是有效的，注册会计师可以将被审计期间的所有销售交易作为一个总体。在新控制与旧控制差异很大时，也可以分别进行测试，因而出现两个独立的总体。不过，如果注册会计师对重大错报风险的评估主要取决于控制在被审计期间的后期或截至某个特定时点的有效运行，也可能主要测试新控制，而对旧控制不进行测试或仅进行少量测试，此时，新控制针对的销售交易是一个独立的总体。

（三）定义抽样单元

抽样单元通常是能够提供控制运行证据的一份文件资料、一个记录或其中一行，每个抽样单元构成了总体中的一个项目。

在控制测试中，注册会计师应根据被测试的控制定义抽样单元。

【小贴士】注册会计师定义的抽样单元应与审计测试目标相适应。

（四）定义偏差构成条件

注册会计师应根据对内部控制的了解，确定哪些特征能够显示被测试控制的运行情况，然后据此定义偏差构成条件。在控制测试中，偏差是指偏离对设定控制的预期执行。在评估控制运行的有效性时，注册会计师应当考虑其认为必要的所有环节。

（五）定义测试期间

注册会计师通常在期中实施控制测试。由于期中测试获取的证据只与控制截至期中测试时点的运行有关，注册会计师需要确定如何获取关于剩余期间的证据。注册会计师可以有两种做法：

（1）将测试扩展至在剩余期间发生的交易，以获取额外的证据。（总体由整个被审计期间的所有交易组成）

①初始测试。注册会计师可能将总体定义为包括整个被审计期间的交易，但在期中实施

初始测试。在这种情况下，注册会计师可能估计总体中剩余期间将发生的交易的数量，并在期末审计时对所有发生在期中测试之后的被选取交易进行检查。

【示例】如果被审计单位在当年的前 10 个月开具了编号 1 ~ 10 000 的发票，注册会计师可能估计，根据企业的经营周期，剩下两个月中将开具 2 500 张发票；因此注册会计师在选取所需的样本时用 1 ~ 12 500 作为编号。所选取的发票中，编号小于或等于 10 000 的样本项目在期中审计时进行检查，剩余的样本项目将在期末审计时进行检查。

②估计总体的特征。在估计总体规模时，注册会计师可能考虑上年同期的实际情况、变化趋势以及经营性质等因素。在实务中，注册会计师可能高估剩余项目的数量也可能低估剩余项目的数量如下表所示。

估计总体项目数量（编号从 1 ~ 12 500）	出现的状况（年底）	注册会计师的应对
高估剩余项目（编号未到 12 500）	部分被选取的编号对应的交易没有发生	可以用其他交易代替
低估剩余项目（编号超过 12 500）	一些交易没有被选取的机会	可以重新定义总体，将样本中未包含的项目排除在新的总体之外。 对未包含在重新定义总体中的项目，注册会计师可以实施替代程序。 【示例】将这些项目作为一个独立的样本进行测试或对其进行百分之百的检查，或询问剩余期间的情况

【小贴士】注册会计师应判断各种替代程序的效率和效果，并据此选择适合于具体情况的方法。

③注册会计师的灵活应对方式。在许多情况下，注册会计师可能不需等到被审计期间结束，就能得出关于控制的运行有效性是否支持其计划评估的重大错报风险水平的结论。在对选取的交易进行期中测试时，注册会计师发现的误差可能足以使其得出结论：即使在发生于期中测试以后的交易中未发现任何误差，控制也不能支持计划评估的重大错报风险水平。在这种情况下，注册会计师可能决定不将样本扩展至期中测试以后发生的交易，而是相应地修正计划的重大错报风险评估水平和实质性程序。

（2）不将测试扩展至在剩余期间发生的交易。

①总体只包括从年初到期中测试日为止的交易，测试结果也只针对这个期间进行推断，注册会计师可以使用替代方法测试剩余期间的控制有效性。

②在确定是否需要针对剩余期间获取额外证据以及获取哪些证据时，通常考虑下列因素：

A. 评估的认定层次重大错报风险的重要程度；

B. 在期中测试的特定控制和测试结果，以及自期中测试后控制发生的重大变动；

C. 在期中对有关控制运行有效性获取的审计证据的程度；

D. 剩余期间的长度；

E. 在信赖控制的基础上拟缩小实质性程序的范围；

F. 控制环境。

【经典模拟题】

【单选题】注册会计师运用审计抽样实施控制测试时的说法，正确的是（　　）。

A. 注册会计师从会计档案中选取付款证明以获取审计期间被审计单位付款审批执行的相关证据

B. 能够提供控制运行证据的一份文件资料、一个记录或其中一行，都可以作为注册会计师定义的抽样单元

C. 对抽样单元定义过于宽泛可能导致审计效果不佳

D. 注册会计师可能高估剩余项目的数量，年底如果部分被选取的编号对应的项目没有发生，注册会计师可以直接删除未发生的项目编号

【答案】B

【解析】注册会计师从会计档案中选取付款证明，除非确信所有的付款证明均已归档，否则不能对该期间的所有付款证明得出结论，以获取审计期间被审计单位付款审批执行的相关证据，因此不选择选项 A。注册会计师定义的抽样单元应与审计测试目标相适应，抽样单元通常是能够提供控制运行证据的一份文件资料、一个记录或其中一行，每个抽样单元构成了总体中的一个项目，因此选择选项 B。对抽样单元定义过于宽泛可能导致缺乏效率，因此不选择选项 C。注册会计师可能高估剩余项目的数量，年底如果部分被选取的编号对应的项目没有发生，可以用其他交易代替，因此不选择选项 D。

重难点 7：控制测试中的选取样本阶段★★★

（一）确定抽样方法

不同抽样方法的内涵和适用范围如下表所示。

抽样方法	简单随机选样	系统选样	随意选样	整群选样
内涵	相同数量的抽样单元组成的每种组合被选取的概率都相等	注册会计师需要确定选样间隔，然后确定一个随机起点，从这个起点开始，按照选样间隔在总体中按序选取样本	注册会计师要避免任何有意识的偏向或可预见性	从总体中选取一群（或多群）连续的项目
方法运用	注册会计师可使用计算机或随机数表获取所需的随机数，选取匹配的随机样本	总体的每一个抽样单元被选取的机会相等，人工选样时尤为方便。克服缺点的方法：增加随机起点个数；对总体特征分布进行观察		
运用范围	统计抽样和非统计抽样均适用	要求总体必须是随机排列。系统选样可以在非统计抽样中使用，在总体随机分布时也适用于统计抽样	仅适用于非统计抽样	通常不能在审计抽样中使用。虽有些情况下注册会计师检查一群项目可能是适当的审计程序，但极少将整群选样作为适当的选样方法

【经典真题】

【多选题·2014】下列选取样本的方法中，可以在统计抽样中使用的有（　　）。

A. 使用随机数表选样　　　　B. 随意选样

C. 整群选样　　　　D. 系统选样

【答案】ACD

【解析】简单随机选样在统计抽样和非统计抽样均适用，因此选择选项A。随意选样仅适用于非统计抽样，因此不选择选项B。整群选样通常不能在审计抽样中使用，虽有些情况下注册会计师检查一群项目可能是适当的审计程序，但极少将整群选样作为适当的选样方法，但没有禁止使用，因此选择选项C。系统选样可以在非统计抽样中使用，在总体随机分布时也适用于统计抽样，因此选择选项D。

（二）确定样本规模

样本规模是指从总体中选取样本项目的数量。

【小贴士】在审计抽样中，如果样本规模过小，就不能反映出审计对象总体的特征，注册会计师就无法获取充分的审计证据，其审计结论的可靠性就会大打折扣，甚至可能得出错误的审计结论。

1. 影响样本规模的因素

影响样本规模的因素如下表所示。

因素	含义	与样本规模的关系
可接受的信赖过度风险	实施控制测试中，注册会计师主要关注信赖过度风险，影响因素： （1）该控制所针对的分析的重要性； （2）控制环境的评估结果； （3）针对风险的控制程序的重要性； （4）证明该控制能够防止、发现和改正认定层次重大错报的审计证据的相关性和可靠性； （5）在于某项认定有关的其他控制的测试中获取的证据的范围； （6）控制的叠加程度； （7）对控制的观察和询问所获得的答复可能不能准确反映该控制得以持续适当运行的风险	与样本规模反向变动 【小贴士】信赖过度风险应确定在相对较低的水平上。 注册会计师一般将信赖过度风险确定为10%，特别重要的测试则可以将信赖过度风险确定为5%
可容忍偏差率	指注册会计师设定的偏离规定的内部控制的比率，注册会计师试图对总体中的实际偏离差不超过该比率获取适当水平的保证 【小贴士】可容忍偏离差是注册会计师那个接受的最大偏离数量。如果偏离了这一数量则减少或取消对内部控制的信赖	与样本规模反向变动 【小贴士】确定偏离差时，注册会计师应考虑计划评估的控制有效性。 计划评估的控制有效性越低，注册会计师确定的可容忍偏离差率通常越高，所需的样本规模就越小。 不是所有的偏离都一定导致财务报表出现重大错报
预计总体偏差率	注册会计师考虑总体特征时需要根据对相关控制的了解或对总体中少量项目的检查来评估预期偏差率 【小贴士】注册会计师可根据上年测试结果、内控的设计和控制环境等因素对预期总体偏离差率进行评估	与样本规模同向变动 【小贴士】如果预期总体偏差率高得无法接受，注册会计师提出决定不实施控制测试，实施更多的实质性程序
总体规模	一般而言，对样本规模的影响几乎为零	影响很小，几乎为零
其他因素	（1）控制运行的相关期间越长，需要测试的样本越多； （2）控制程序越复杂，测试的样本越多； （3）控制的类型影响样本规模，人工控制实施的测试要多于自动化控制	

2. 针对运行频率较低的内部控制的考虑

【经典真题】

【单选题·2014】甲公司财务人员每月与前35名主要客户对账，如有差异进行调查。A注册会计师以与各主要客户的每次对账为抽样单元，采用非统计抽样测试该控制，确定最低样本数量时可以参照的控制执行频率是（　　）。

A. 每月1次　　B. 每周1次　　C. 每日1次　　D. 每日数次

【答案】D

【解析】控制发生的总次数 $=35\times12=420$（次），大于250次，根据人工控制最低样本规模表，控制的执行频率应当是每日数次。

3. 确定样本量

（1）非统计抽样中，注册会计师可以只对影响样本规模的因素进行定性的估计，并运用职业判断确定样本规模。

（2）统计抽样方法时，注册会计师必须对影响样本规模的因素进行量化，并利用根据统计公式开发的专门的计算机程序或专门的样本量表来确定样本规模。

【经典真题】

【单选题·2018】下列有关控制测试的样本规模的说法中，错误的是（　　）。

A. 预计总体偏差率与样本规模同向变动

B. 可容忍偏差率与样本规模反向变动

C. 信赖不足风险与样本规模反向变动

D. 总体规模对样本规模的影响几乎为零，除非总体非常小

【答案】C

【解析】信赖不足风险是推断的控制有效性低于其实际有效性的风险，即样本结果不支持注册会计师计划信赖内部控制的程度，但实际偏差率支持该信赖程度的风险，与审计效率有关。因此选项C是错误的。

（三）选取样本并对其实施审计程序

在对选取的样本项目实施审计程序时可能出现以下几种情况：

（1）无效单据。

（2）未使用或不适用的单据。

（3）对总体的估计出现错误。

（4）在结束之前停止测试。

（5）无法对选取的项目实施检查。

【经典真题】

【单选题·2017】在使用审计抽样实施控制测试时，下列情形中，注册会计师不能另外选取替代样本的是（　　）。

A. 单据丢失　　B. 单据无效　　C. 单据未使用　　D. 单据不适用

【答案】A

【解析】单据丢失意味着，注册会计师可能无法使用替代程序测试控制测试是否适当运行，因此选择选项A。

重难点8：控制测试中评价样本结果阶段★★★

【小贴士】在此过程中，无论使用统计抽样还是非统计抽样方法，注册会计师都需要运用职业判断。

（一）计算偏差率

样本偏差率 = 样本中发现的偏差数量 ÷ 样本规模

【小贴士】样本偏差率就是注册会计师对总体偏差率的最佳估计，因而在控制测试中无需另外推断总体偏差率，但注册会计师还必须考虑抽样风险。

（二）考虑抽样风险

1. 使用统计抽样方法（结合教材统计抽样示例学习掌握）

注册会计师在统计抽样中通常使用公式、表格或计算机程序直接计算在确定的信赖过度风险水平下可能发生的偏差率上限。

（1）使用统计公式评价样本结果。

总体偏差率上限 = 风险系数(R) ÷ 样本量(n)

（2）使用样本结果评价表。

计算出估计的总体偏差率上限后，注册会计师通常可以对总体进行的判断，如下表所示。

偏差率表现	总体是否接受	注册会计师对总体的结论
总体偏差率上限低于可容忍偏差率	总体可以接受	样本结果支持计划评估的控制有效性，从而支持计划的重大错报风险评估水平
总体偏差率上限大于或等于可容忍偏差率	总体不能接受	样本结果不支持计划评估的控制的有效性，从而不支持计划的重大错报风险评估水平。 注册会计师应当修正重大错报风险评估水平，并增加实质性程序的数量
总体偏差率上限低于但接近可容忍偏差率	考虑是否接受总体	考虑是否需要扩大测试范围，以进一步证实计划评估的控制有效性和重大错报风险水平

【示例】假设注册会计师准备使用统计抽样方法，测试现金支付授权控制运行的有效性。注册会计师作出下列判断：（1）为发现未得到授权的现金支付，注册会计师将所有已支付现金的项目作为总体；（2）定义的抽样单元为现金支付单据上的每一行；（3）偏差被定义为没有授权人签字的发票和验收报告等证明文件的现金支付；（4）可接受信赖过度风险为10%；（5）可容忍偏差率为7%；（6）根据上年测试结果和对控制的初步了解，预计总体的偏差率为1.75%；（7）由于现金支付业务数量很大，总体规模对样本规模的影响可以忽略。

在教材表4-4中，信赖过度风险为10%时，7%可容忍偏差率与1.75%预计总体偏差率的交叉处为55，即所需的样本规模为55。注册会计师使用简单随机选样法选择了55个样本项目，并对其实施了既定的审计程序。

情况一：

假设在这55个项目中未发现偏差，注册会计师利用统计公式，在教材表4－5中查得风险系数为2.3，并据此计算出总体最大偏差率为4.18%（也可以选择教材表4－6，估计出总体的偏差率上限为4.1%，与利用公式计算的结果接近)。这意味着如果样本量为55且无一例偏差，总体实际偏差率超过4.18%的风险为10%，即有90%的把握保证总体实际偏差率不超过4.18%。由于注册会计师确定的可容忍偏差率为7%，因此可以得出结论，总体的实际偏差率超过可容忍偏差率的风险很小，总体可以接受。也就是说，样本结果证实注册会计师对控制运行有效性的估计和评估的重大错报风险水平是适当的。

情况二：

假设在这55样本中发现两个偏差，注册会计师利用统计公式，计算出总体最大偏差率为9.64%（也可以选择样本结果评价表，估计出总体的偏差率上限为9.4%，与利用公式计算的结果接近)。这意味着，如果样本量为55且有两个偏差，总体实际偏差率超过9.64%的风险为10%。在可容忍偏差率为7%的情况下，注册会计师可以得出结论，总体的实际偏差率超过可容忍偏差率的风险很大，因而不能接受总体。

2. 使用非统计抽样方法

注册会计师通常将估计的总体偏差率（即样本偏差率）与可容忍偏差率相比较，运用职业判断确定总体是否可以接受，如下表所示。

偏差率表现	总体是否接受	注册会计师对总体的结论
总体偏差率大于可容忍偏差率	总体不能接受	
总体偏差率虽然低于可容忍偏差率，但二者很接近	总体不可接受	注册会计师通常认为时间的总体偏差率高于可容忍偏差率的抽样风险很高
总体偏差率与可容忍偏差率之间的差额不是很大也不是很小	不能认为总体是否可以接受	注册会计师考虑扩大样本规模或实施其他程序，进一步收集证据
总体偏差率大大低于可容忍偏差率	总体可以接受	

（三）考虑偏差的性质和原因

(1) 除了关注偏差率和抽样风险之外，注册会计师还应当调查识别出的所有偏差的性质和原因，并评价其对审计程序的目的和审计的其他方面可能产生的影响。无论是统计抽样还是非统计抽样，对样本结果的定性评估和定量评估一样重要。即使样本的评价结果在可接受的范围内，注册会计师也应对样本中的所有控制偏差进行定性分析。

(2) 如果注册会计师发现许多偏差具有相同的特征，如交易类型、地点、生产线或时期等，则应考虑该特征是不是引起偏差的原因，是否存在其他尚未发现的具有相同特征的偏差。此时，注册会计师应将具有该共同特征的全部项目划分为一层，并对层中的所有项目实施审计程序，以发现潜在的系统偏差。

(3) 如果对偏差的分析表明是故意违背了既定的内部控制政策或程序，注册会计师应考虑存在重大舞弊的可能性。在这种情况下，注册会计师应当确定实施的控制测试能否提供适当的审计证据，是否需要增加控制测试，或是否需要使用实质性程序应对潜在的重大错报风险。

（4）一般情况下，如果在样本中发现了控制偏差，注册会计师有两种处理办法：

①扩大样本规模，以进一步收集证据。

②认为控制没有有效运行，样本结果不支持计划的控制运行有效性和重大错报风险的评估水平，因而提高重大错报风险评估水平，增加对相关账户的实质性程序。

不过将追加测试的样本量确定为至少与初始样本量相同，这种做法只是简单的“经验法则”。使用统计抽样方法时，注册会计师可以对需要追加的样本量进行更为精确的计算。如果在预期不存在偏差的初始样本中发现两个或更多偏差，追加测试的样本量通常会大大超过初始样本量。此时，注册会计师也可能认为采取第二种处理方法更有效，即不采取大量追加测试样本量，而是选择不再信赖内部控制。但是，如果确定控制偏差是系统偏差或舞弊导致，扩大样本规模通常无效，注册会计师需要直接采用第二种处理办法。

（5）分析偏差的性质和原因时，注册会计师还要考虑已识别的偏差对财务报表的直接影响。控制偏差虽然增加了金额错报的风险，但并不一定导致财务报表中的金额错报。如果某项控制偏差更容易导致金额错报，该项控制偏差就更加重要。

（四）得出总体结论

在计算偏差率，考虑抽样风险，分析偏差的性质和原因之后，注册会计师需要运用职业判断得出总体结论。

（1）如果样本结果及其他相关审计证据支持计划评估的控制有效性，从而支持计划的重大错报风险评估水平，注册会计师可能不需要修改计划的实质性程序。

（2）如果样本结果不支持计划的控制运行有效性和重大错报风险的评估水平，注册会计师通常有两种选择：

①进一步测试其他控制（如补偿性控制），以支持计划的控制运行有效性和重大错报风险的评估水平；

②提高重大错报风险评估水平，并相应修改计划的实质性程序的性质、时间安排和范围。

重难点9：细节测试中的样本设计阶段★★★

（一）确定测试目标

细节测试的目的是识别财务报表中各类交易、账户余额和披露中存在的重大错报。在细节测试中，审计抽样通常用来测试有关财务报表金额的一项或多项认定（如应收账款的存在）的合理性。如果该金额是合理正确的，注册会计师将接受与之相关的认定，认为财务报表金额不存在重大错报。

（二）定义总体

在实施审计抽样之前，注册会计师必须仔细定义总体，确定抽样总体的范围，确保总体的适当性和完整性。

（1）适当性。

①含义：注册会计师应确信抽样总体适合于特定的审计目标。

【示例】注册会计师如果对已记录的项目进行抽样，就无法发现由于某些项目被隐瞒而导致的金额低估。为发现这类低估错报，注册会计师应从包含被隐瞒项目的来源选取样本。例如，注册会计师可能对期后的现金支付进行抽样，以测试由隐瞒采购所导致的应付账款低估，或者对装运单据进行抽样以发现由已装运但未确认为销售的交易所导致的销售收入低估问题。

②不同性质的交易可能导致借方余额、贷方余额和零余额多种情况并存，注册会计师需要根据风险、相关认定和审计目标进行不同的考虑。

【示例】应收账款账户可能既有借方余额，又有贷方余额。借方余额由赊销导致（形成资产），贷方余额则由预收货款导致（形成负债）。对于借方余额，注册会计师较为关心其存在性；对于贷方余额，则更为关心其完整性。如果贷方余额金额重大，注册会计师可能认为分别测试借方余额和贷方余额能更为有效地实现审计目标，此时，注册会计师可以将存在借方余额的应收账款账户与存在贷方余额的应收账款账户区分开来，作为两个独立的总体对待。

（2）完整性。

①总体的完整性包括代表总体的实物的完整性。

【示例】如果注册会计师将总体定义为特定时期的所有现金支付，代表总体的实物就是该时期的所有现金支付单据。由于注册会计师实际上是从该实物中选取样本，所有根据样本得出的结论只与该实物有关。

②如果代表总体的实物和总体不一致，注册会计师可能对总体得出错误的结论。因此，注册会计师必须详细了解代表总体的实物，确定代表总体的实物是否包括整个总体。注册会计师通常通过加总或计算来完成这一工作。

【示例】注册会计师可将发票金额总数与已记入总账的销售收入金额总数进行核对。

③如果注册会计师将选择的实物和总体比较之后，认为代表总体的实物遗漏了应包含在最终评价中的总体项目，注册会计师应选择新的实物，或对被排除在实物之外的项目实施替代程序，并询问遗漏的原因。

（3）在细节测试中，注册会计师还应当运用职业判断，判断某账户余额或交易类型中是否存在及存在哪些应该单独测试而不能放在抽样总体中的项目。

某一项目可能由于金额较大或存在较高的重大错报风险而被视为单个重大项目，注册会计师应当对单个重大项目实施100%的检查，所有单个重大项目都不构成抽样总体。

【示例】应收账款中有5个重大项目，占到账面价值的75%。注册会计师将这5个项目视为单个重大项目，逐一进行检查，这是选取特定项目而不是抽样，注册会计师只能根据检查结果对这5个项目单独得出结论。如果占到账面价值25%的剩余项目加总起来不重要，或者被认为存在较低的重大错报风险，注册会计师可以无需对这些剩余项目实施检查，或仅在必要时对其实施分析程序。如果注册会计师认为这些剩余项目加总起来是重要的，需要实施细节测试以实现审计目标，这些剩余项目就构成了抽样总体。

（4）值得注意的是，在审计抽样时，销售收入和销售成本通常被视为两个独立的总体。为了减少样本量而仅将毛利率作为一个总体是不恰当的，因为收入错报并非总能被成本错报抵消，反之亦然。

【示例】当存在舞弊时，被审计单位记录了虚构的销售收入，该笔收入并没有与之相匹配的销售成本。如果仅将毛利率作为一个总体，样本量可能太小，无法发现收入舞弊。

（三）定义抽样单元

（1）在细节测试中，注册会计师应根据审计目标和所实施审计程序的性质定义抽样单元。抽样单元可能是一个账户余额、一笔交易或交易中的一个记录（如销售发票中的单个项目），甚至是每个货币单元。

【示例】如果抽样的目标是测试应收账款是否存在，注册会计师可能选择各应收账款明细账余额、发票或发票上的单个项目作为抽样单元。选择的标准是，如何定义抽样单元能使审计抽样实现最佳的效率和效果。

（2）注册会计师定义抽样单元时也应考虑实施计划的审计程序或替代程序的难易程度。如果将抽样单元界定为客户明细账余额，当某客户没有回函证实该余额时，注册会计师可能需要对构成该余额的每一笔交易进行测试。因此，如果将抽样单元界定为构成应收账款余额的每笔交易，审计抽样的效率可能更高。

【经典真题】

【多选题·2019】注册会计师运用审计抽样实施细节测试时，下列各项中，可以作为抽样单元的有（　　）。

A. 一个账户余额　B. 一笔交易　C. 交易中的一个记录　D. 每个货币单元

【答案】ABCD

【解析】在细节测试中，注册会计师应根据审计目标和所实施审计程序的性质定义抽样单元。抽样单元可能是一个账户余额、一笔交易或交易中的一个记录（如销售发票中的单个项目），甚至是每个货币单元。

（四）界定错报

在细节测试中，注册会计师应根据审计目标界定错报。

【示例】例如，在对应收账款存在的细节测试中（如函证），客户在函证信息针对的截止日之前已支付而被审计单位在该日之后才收到的款项不构成错报。而且，被审计单位在不同客户之间误登明细账也不影响应收账款总账余额。即使在不同客户之间误登明细账可能对审计的其他方面（如对舞弊的可能性或坏账准备的适当性的评估）产生重要影响，注册会计师在评价应收账款函证程序的样本结果时也不宜将其判定为错报。注册会计师还可能将被审计单位自己发现并已在适当期间予以更正的错报排除在外。

重难点10：细节测试中的选取样本阶段★★★

（一）确定抽样方法

在细节测试中进行审计抽样，可能使用统计抽样，也可能使用非统计抽样。注册会计师在细节测试中常用的统计抽样方法包括货币单元抽样和传统变量抽样。

1. 货币单元抽样

（1）含义。

货币单元抽样是一种运用属性抽样原理对货币金额而不是对发生率得出结论的统计抽样

方法，它是概率比例规模抽样方法的分支，有时也被称为金额单元抽样、累计货币金额抽样以及综合属性变量抽样等。货币单元抽样以货币单元作为抽样单元。

【示例】总体包含100个应收账款明细账户，共有余额200 000元。若采用货币单元抽样，则认为总体含有200 000个抽样单元，而不是100个。

（2）注册会计师如何运用。

总体中的每个货币单元被选中的机会相同，所以总体中某一项目被选中的概率等于该项目的金额与总体金额的比率，项目金额越大，被选中的概率就越大，这样有助于注册会计师将审计重点放在较大的账户余额或交易。

但实际上注册会计师并不是对总体中的货币单元实施检查，而是对包含被选取货币单元的账户余额或交易实施检查。注册会计师检查的账户余额或交易被称为逻辑单元。

（3）货币单元抽样的优点。

①货币单元抽样以属性抽样原理为基础，注册会计师可以很方便地计算样本规模和评价样本结果，因而通常比传统变量抽样更易于使用；

②货币单元抽样在确定所需的样本规模时无需直接考虑总体的特征（如变异性），因为总体中的每一个货币单元都有相同的规模，而传统变量抽样的样本规模是在总体项目共有特征的变异性或标准差的基础上计算的；

③货币单元抽样中，项目被选取的概率与其货币金额大小成比例，因而无需通过分层减少变异性，而传统变量抽样通常需要对总体进行分层以减小样本规模；

④在货币单元抽样中使用系统选样法选取样本时，如果项目金额等于或大于选样间距，货币单元抽样将自动识别所有单个重大项目，即该项目一定会被选中；

⑤如果注册会计师预计不存在错报，货币单元抽样的样本规模通常比传统变量抽样方法更小；

⑥货币单元抽样的样本更容易设计，且可在能够获得完整的最终总体之前开始选取样本。

（4）货币单元抽样的缺点。

①货币单元抽样不适用于测试总体的低估，因为账面金额小但被严重低估的项目被选中的概率低，如果在货币单元抽样中发现低估，注册会计师在评价样本时需要特别考虑；

②对零余额或负余额的选取需要在设计时予以特别考虑。

【示例】如果准备对应收账款进行抽样注册会计师可能需要将贷方余额分离出去，作为一个单独的总体，如果检查零余额的项目对审计目标非常重要，注册会计师需要单独对其进行测试，因为零余额的项目在货币单元抽样中不会被选取。

③当发现错报时，如果风险水平一定，货币单元抽样在评价样本时可能高估抽样风险的影响，从而导致注册会计师更可能拒绝一个可接受的总体账面金额。

④在货币单元抽样中，注册会计师通常需要逐个累计总体金额，以确定总体是否完整并与财务报表一致，不过如果相关会计数据以电子形式储存，就不会额外增加大量的审计成本。

⑤当预计总体错报的金额增加时，货币单元抽样所需的样本规模也会增加，这种情况下，货币单元抽样的样本规模可能大于传统变量抽样所需的规模。

【经典真题】

【综合题（部分）·2019】甲公司是ABC会计师事务所的常年审计客户，主要从事轨道交通车辆配套产品的生产和销售。A注册会计师负责审计甲公司2018年度财务报表，确定财务报表整体的重要性为1 000万元，实际执行的重要性为500万元。

资料三：

A注册会计师在审计工作底稿中记录了审计计划，部分内容摘录如下：

（2）甲公司供应商数量多，采购交易量大。A注册会计师拟对采购与付款循环相关的财务报表项目实施综合性方案，采用随意抽样测试相关内部控制的运行有效性，采用货币单元抽样测试应付账款的准确性和完整性。

【要求】针对资料三第（2）项，假定不考虑其他条件，指出A注册会计师的做法是否恰当。如不恰当，简要说明理由。将答案直接填入答题区的相应表格内。

【答案】

事项序号	是否恰当（是/否）	理　由
（2）	否	货币单元抽样不适用于测试总体的低估/完整性

2. 传统变量抽样

（1）含义。

传统变量抽样运用正态分布理论，根据样本结果推断总体的特征。传统变量抽样涉及难度较大、较为复杂的数学计算，注册会计师通常使用计算机程序确定样本规模，一般不需懂得这些方法所用的数学公式。

（2）传统变量抽样的优点。

①如果账面金额与审定金额之间存在较多差异，传统变量抽样可能只需较小的样本规模就能满足审计目标；

②注册会计师关注总体的低估时，使用传统变量抽样比货币单元抽样更合适；

③需要在每一层追加选取额外的样本项目时，传统变量抽样更易于扩大样本规模；

④对零余额或负余额项目的选取，传统变量抽样不需要在设计时予以特别考虑。

（3）传统变量抽样的缺点。

①传统变量抽样比货币单元抽样更复杂，注册会计师通常需要借助计算机程序；

②在传统变量抽样中确定样本规模时，注册会计师需要估计总体特征的标准差，而这种估计往往难以作出，注册会计师可能利用以前对总体的了解或根据初始样本的标准差进行估计；

③如果存在非常大的项目，或者在总体的账面金额与审定金额之间存在非常大的差异，而且样本规模比较小，正态分布理论可能不适用，注册会计师更可能得出错误的结论；

④如果几乎不存在错报，传统变量抽样中的差异法和比率法将无法使用。

3. 传统变量抽样方法

在细节测试中运用传统变量抽样时，常见的方法，如下表所示。

常用方法	计算公式
均值法	样本审定金额的平均值 = 样本审定金额 ÷ 样本规模 估计的总体金额 = 样本审定金额的平均值 × 总体规模 推断的总体错报 = 总体账面金额 − 估计的总体金额
差额法	样本平均错报 =（样本账面全额 − 样本审定金额）÷ 样本规模 推断的总体错报 = 样本平均错报 × 总体规模 估计的总体金额 = 总体账面金额 − 推断的总体错报
比率法	比率 = 样本审定金额 ÷ 样本账面金额 估计的总体金额 = 总体账面金额 × 比率 推断的总体错报 = 总体账面金额 − 估计的总体金额

【小贴士】如果未对总体进行分层，注册会计师通常不使用均值法，因为此时所需的样本规模可能太大，不符合成本效益原则。

【经典真题】

【综合题（部分）·2019】甲公司是ABC会计师事务所的常年审计客户，主要从事轨道交通车辆配套产品的生产和销售。A注册会计师负责审计甲公司2018年度财务报表，确定财务报表整体的重要性为1 000万元，实际执行的重要性为500万元。

资料四：

A注册会计师在审计工作底稿中记录了实施进一步审计程序的情况，部分内容摘录如下：

（4）甲公司原材料年末余额为10 000万元，包括3 000个项目。A注册会计师在实施计价测试时，抽样选取了50个项目作为测试样本，发现两个样本存在错报，这两个样本的账面金额为150万元和50万元，审定金额为120万元和40万元。A注册会计师采用比率法推断的总体错报为2 400万元。

【要求】针对资料四第（4）项，假定不考虑其他条件，指出A注册会计师的做法是否恰当。如不恰当，简要说明理由。将答案直接填入答题区的相应表格内。

【答案】

事项序号	是否恰当（是/否）	理　由
（4）	否	推断的总体错报应为2 000万元。

【计算过程】样本审定金额与样本账面金额的比率为0.8（120 ÷ 150或40 ÷ 50），得到估计的总体金额为8 000元（10 000 × 0.8），推断的总体错报为2 000元（10 000 − 8 000）。

（二）确定样本规模

提供充分审计证据所必需的样本规模取决于审计目标和抽样方法的效率。

1. 影响样本规模的因素，如下表所示。

因素	含义	与样本规模的关系
可接受的误受风险	细节测试中的抽样风险包括误受风险和误拒风险。 误受风险——注册会计师推断某一重大错报不存在而实际上存在的风险，与审计的效果有关。 在确定可接受的误受风险时，注册会计师需要考虑下列因素： （1）注册会计师愿意接受的审计风险水平； （2）评估的重大错报风险水平； （3）针对同一审计目标或财务报表认定的其他实质性程序的检查风险。 误拒风险——注册会计师推断某一重大错报存在而实际上不存在的风险，与审计效率有关	误受风险与样本规模反向变动 误拒风险与样本规模反向变动
可容忍错报	指注册会计师设定的货币金额，注册会计师试图对总体中的实际错报不超过该货币金额获取适当水平的保证。细节测试中，某账户余额、交易类型或披露的可容忍错报是注册会计师那个接受的最大金额的错报。 可容忍错报可看作实际执行的重要性这个概念在抽样程序中的运用。 可容忍错报可能等于或低于实际执行的重要性，取决于注册会计师考虑下列因素后的职业判断： （1）事实错报和推断错报的预期金额； （2）被审计单位对建议的调整所持的态度； （3）某审计领域中，金额需要估计或无法准确确定的账户的数量； （4）经营场所、分支机构或某账户已被组合的数量，注册会计师分别测试这些经营场所、分支机构或样本组合，但需要将测试结果累积起来得出审计结论； （5）测试项目占账户全部项目的比例	与样本规模反向变动 当误受风险一定时，如果注册会计师确定的可容忍错报降低，为实现审计目标所需的样本规模就增加
预计总体错报	在确定细节测试所需的样本规模时，注册会计师还需考虑预计在账户余额或交易类别中存在的错报金额和频率。 【小贴士】预计总体错报不应超过可容忍错报。 如果预期错报很高，注册会计师实施细节测试是对总体进行100%的检查或使用较大的样本规模可能较为适当	在既定的可容忍错报下，预计总体错报的金额和频率越小，所需的样本规模也越小。相反，预计总体错报的金额和频率越大，所需的样本规模也越大
总体规模	对样本规模的影响很小。 【小贴士】按总体的固定百分比确定样本规模通常缺乏效率	影响很小
总体的变异性	注册会计师确定适当的样本规模时要考虑特征的变异性。衡量这种变异或分散程度的指标是标准差。 【小贴士】如果总体项目存在较大的变异性，注册会计师考虑将总体分层。 注册会计师应当仔细界定子总体，以使每一个抽样单元只能属于一个层。 分层可以降低每一层项目中的变异性，从而在抽样风险没有成比例增加的前提下减少样本规模，提高审计效率	总体项目的变异性越低，通常样本规模越小

【小贴士】如果总体项目存在重大的变异性，注册会计师可以考虑将总体分层。在细节测试中，分层的依据可能包括项目的账面金额，与项目处理有关的控制的性质，或与特定项目（如更可能包含错报的那部分总体项目）有关的特殊考虑等。

分层后的每一组子总体被称为一层，每层分别独立选取样本。对某一层中的样本项目实施审计程序的结果，只能用于推断构成该层的项目。如果注册会计师将某类交易或账户余额分成不同的层，需要对每层分别推断错报。在考虑错报对该类别的所有交易或账户余额的可能影响时，注册会计师需要综合考虑每层的推断错报。如果对整个总体得出结论，注册会计师应当考虑与构成整个总体的其他层有关的重大错报风险。

【示例】在对某一账户余额进行测试时，占总体数量20%的项目，其金额可能占该账户余额的90%。注册会计师只能根据该样本的结果推断至上述90%的金额。对于剩余10%的金额，注册会计师可以抽取另一个样本或使用其他收集审计证据的方法，单独得出结论，或者认为其不重要而不实施审计程序。

【经典真题】

【单选题·2019】在运用审计抽样实施细节测试时，下列情形中，对总体进行分层可以提高抽样效率的是（　　）。

A 总体规模较大　　B. 总体变异性较大

C. 预计总体错报较高　　D. 误拒风险较高

【答案】B

【解析】如果总体项目存在重大的变异性，注册会计师可以考虑将总体分层。分层可以降低每一层中项目的变异性，从而在抽样风险没有成比例增加的前提下减小样本规模，提高审计效率。

【多选题·2016】下列有关注册会计师使用非统计抽样实施细节测试的说法中错误的有（　　）。

A. 注册会计师增加单独测试的重大项目，可以减少样本规模

B. 在定义抽样单元时，注册会计师无需考虑实施计划的审计程序或替代程序的难易程度

C. 在确定可接受的误受风险水平时，注册会计师无需考虑针对同一审计目标的其他实质性程序的检查风险

D. 注册会计师根据样本中发现的错报金额推断总体错报金额时，可以采用比率法或差异法

【答案】BC

【解析】在定义抽样单元时，注册会计师也应考虑实施计划的审计程序或替代程序的难易程度，因此选择选项B。在确定可接受的误受风险水平时，注册会计师需要考虑的因素：针对同一审计目标（财务报表认定）的其他实质性程序的检查风险，包括分析程序，因此选择选项C。

【单选题·2014】下列有关细节测试样本规模的说法中，错误的是（　　）。

A. 总体项目的变异性越低，通常样本规模越小

B. 当总体被适当分层时，各层样本规模的汇总数通常等于在对总体不分层的情况下确定的样本规模

C. 当误受风险一定时，可容忍错报越低，所需的样本规模越大

D. 对于大规模总体，总体的实际规模对样本规模几乎没有影响

【答案】B

【解析】分层后的每一组子总体被称为一层，每层分别独立选取样本，各层样本规模汇

总数不一定等于对总体不分层的情况下确定的样本规模。因此选择选项 B。

2. 确定样本量

实施细节测试时，无论使用统计抽样还是非统计抽样方法，注册会计师都应当综合考虑上述的影响因素，运用职业判断和经验确定样本规模。

（1）细节测试中基于货币单元抽样法的样本量。

教材表 4－8 中可接受的误受风险为 5% 或 10%，如果注册会计师需要其他误受风险水平的抽样规模，必须使用统计抽样参考资料中的其他表格或计算机程序。

【示例】注册会计师确定的误受风险为 10%，可容忍错报与总体账面金额之比为 5%，预计总体错报与可容忍错报之比为 0.20，根据教材表 4－8，注册会计师确定样本规模为 69。

（2）使用传统变量抽样方法时，注册会计师通常运用计算机程序确定适当的样本规模。

（3）如果使用非统计抽样，注册会计师也可以利用教材表 4－8 了解细节测试的样本规模，再考虑影响样本规模的各种因素及非统计抽样与货币单元抽样之间的差异，运用职业判断确定所需的适当样本规模。

（4）注册会计师还可以使用下列公式确定样本规模：

样本规模 =（总体账面金额 ÷ 可容忍错报）× 保证系数

【示例】如果在设计非统计抽样时没有对总体进行分层，考虑到总体的变异性，注册会计师可能将样本规模调增 50%。注册会计师使用上述公式确定样本规模。

注册会计师可以从教材表 4－9 中选择适当的保证系数，再运用公式法确定样本规模。沿用上例的数据，如果注册会计师确定的误受风险为 10%，预计总体错报与可容忍错报之比为 0.20，根据教材表 4－9 保证系数为 3.41，由于可容忍错报与总体账面金额之比为 0.05，注册会计师确定的样本规模为 69（3.41 ÷ 0.05 = 68.2，出于谨慎考虑，将样本规模确定为 69）这与根据教材表 4－8 得出的样本规模相同。

【经典真题】

【单选题 · 2015】下列有关样本规模的说法中，正确的是（　　）。

A. 注册会计师愿意接受的抽样风险越高，样本规模越大

B. 在控制测试中，注册会计师确定的可容忍偏差率越低，样本规模越小

C. 在细节测试中，总体规模越大，注册会计师确定的样本规模越大

D. 在既定的可容忍误差下，注册会计师预计的总体误差越大，样本规模越大

【答案】D

【解析】不论是控制测试还是细节测试，可接受的抽样风险越高，样本规模越小因此不选择选项 A。在控制测试中，可容忍偏差率与样本规模的关系是反向变动，因此不选择选项 B。在细节测试中，总体规模较大的情况下，对样本规模的影响几乎为零，因此不选择选项 C。在既定的可容忍误差下，注册会计师预计的总体误差越大，样本规模越大，因此选择选项 D。

（三）选取样本并对其实施审计程序

（1）选样方法的选择。

注册会计师应当仔细选取样本，以使样本能够代表抽样总体的特征。注册会计师可以根据具体情况，从简单随机选样、系统选样或随意选样中挑选适当的选样方法选取样本，也可

以使用计算机辅助审计技术提高选样的效果。

（2）识别单个重大项目。

在选取样本之前，注册会计师通常先识别单个重大项目。然后，从剩余项目中选取样本，或者对剩余项目分层，并将样本规模相应分配给各层。注册会计师也可以将总体分为金额大约相等的两个部分，然后在这两个部分之间平均分配样本量。注册会计师从每一层中选取样本，但选取的方法应当能使样本具有代表性。

（3）货币单元抽样选取样本。

货币单元抽样以货币单元作为抽样单元，因为总体中的每一个货币单元都有相同的规模，项目被选取的概率与其货币金额大小成比例，因而无需分层。

①如果用系统选样法选取样本，注册会计师需要先确定选样间隔，即用总体账面金额除以样本规模，得到样本间隔。

②然后在第一个间隔中确定一个随机起点，从这个随机起点开始按照选样间隔，从总体中顺序选取样本。

③注册会计师再对包含被选取货币单元的账户余额或交易（逻辑单元）实施检查。

【示例】在应收账款明细账户中，账户 A1、A2、A3、A4、A5……的账面金额分别为200 元、150 元、350 元、100 元、700 元……则 A1 占的货币区间为 1 ~200 元，A2 占 201 ~350 元，A3 占 351 ~700 元，A4 占 701 ~800 元，A5 占 801 ~1 500 元……如果注册会计师确定的选样间隔为 300 元，然后从 1 ~300 元（含 300 元）之间选择一个随机起点，如第 150 元随后挑选出来的样本依次为第 450 元（150 +300）、第 750 元（450 +300）、第 1 050 元（750 +300）、第 1 350 元（1 050 +300）……注册会计师将要实施检查的逻辑单元为账户 A1（包含第 150 元）、A3（包含第 450 元）、A4（包含第 750 元）、A5（包含第 1 050 元）……

如果逻辑单元的账面金额大于或等于选样间隔，该项目一定会被挑选出来。如果逻辑单元的账面金额是选样间隔的数倍，该项目将不止一次被挑选出来，如账户 A5，包含了第 1 050 元和第 1 350 元，有两次被选取的机会。这种情况下，最终选取的逻辑单元数量小于确定的样本规模。为简化样本评价工作，注册会计师可能对账面金额大于或等于选样间隔的项目实施 100% 的检查，而不将其纳入抽样总体。

（4）注册会计师应对选取的每一个样本实施适合于具体审计目标的审计程序。无法对选取的项目实施检查时，注册会计师应当考虑这些未检查项目对样本评价结果的影响。

（5）选取的样本中可能包含未使用或无效的项目，注册会计师应当考虑设计样本时是如何界定总体的。

【示例】如果总体包含所有的支票（无论是已签发支票，还是空白支票），注册会计师需要考虑样本中包含一个或多个空白支票的可能性。考虑到这种可能性，注册会计师可能希望比最低样本规模稍多选取一些项目，对多余的项目只在需要作为替代项目时才进行检查。

重难点 11：细节测试中评价样本结果阶段★★★

（一）推断总体的错报

1. 要求

注册会计师应当根据样本结果推断总体的错报。如果在期中实施细节测试时用到审计抽样，注册会计师只能根据样本结果推断从中选取样本的总体的错报金额。注册会计师需要实施进一步审计程序，以确定能否将期中测试得出的结论合理延伸至期末。

【示例】未回函的消极函证不能证明被询证者已收到询证函并验证其中包含的信息是正确的，因此注册会计师不能根据未回函的消极函证推断总体的错报。

2. 推断总体错报的方法

根据样本中发现的错报金额估计总体的错报金额时，注册会计师可以使用比率法、差额法及货币单元抽样法等。

【小贴士】如果注册会计师在设计样本时将进行抽样的项目分为几层，则要在每层分别推断错报，然后将各层推断的金额加总，计算估计的总体错报。注册会计师还要将在进行百分之百检查的个别重大项目中发现的所有错报与推断的错报金额汇总。

3. 货币单元抽样法

（1）如果逻辑单元的账面金额大于或等于选样间隔，推断的错报就是该逻辑单元的实际错报金额；

（2）如果逻辑单元的账面金额小于选样间隔，注册会计师首先计算存在错报的所有逻辑单元的错报百分比，这个百分比就是整个选样间隔的错报百分比（因为每一个被选取的货币单元都代表了整个选样间隔中的所有货币单元），再用这个错报百分比乘以选样间隔，得出推断错报的金额；

（3）将所有这些推断错报汇总后，再加上在金额大于或等于选样间隔的逻辑单元中发现的实际错报，注册会计师就能计算出总体的错报金额。

【示例】注册会计师确定的选样间隔是 3 000 元，如果在样本中发现了 3 个高估错报，项目的账面金额分别为 100 元、200 元和 5 000 元，审定金额分别为 0 元、150 元和 4 000 元，则注册会计师推断的错报金额为 4 750 元（100% ×3 000 +25% ×3 000 +1 000）。

（二）考虑抽样风险

（1）在细节测试中，推断的错报是注册会计师对总体错报作出的最佳估计。对于出现的情况应采取的应对措施，如下表所示。

出现的情况	注册会计应对措施
当推断的错报接近或超过可容忍错报时，总体中的实际错报金额很可能超过了可容忍错报	要将各交易类别或账户余额的错报总额与该类交易或账户余额的可容忍错报相比较，并适当考虑抽样风险，以评价样本结果
推断的错报总额低于可容忍错报	考虑即使总体的实际错报金额超过可容忍错报，仍可能出现这一情况的风险

（2）在非统计抽样中，注册会计师运用职业判断和经验考虑抽样风险，如下表所示。

错报差距	总体是否接受	结论
推断的总体错报远远低于可容忍错报	总体可以接受	注册会计师可能合理确信，总体实际错报金额超过可容忍错报的抽样风险很低

续表

错报差距	总体是否接受	结论
推断的错报金额与可容忍错报的差距既不很小又不很大	考虑是否接受总体	注册会计师仔细考虑，总体实际错报超过可容忍错报的风险是否高得无法接受 【措施】注册会计师可能会扩大样本规模以降低抽样风险的影响，增加的样本量通常至少是初始样本量的一倍
推断的错报大于注册会计师确定的样本规模时预计的总体错报	总体不能接受	注册会计师认为总体实际错报金额超过可容忍错报的抽样风险

（3）在货币单元抽样中，注册会计师通常使用教材表4－10中的保证系数，考虑抽样风险的影响，计算总体错报的上限。

①如果在样本中没有发现错报，总体错报的上限＝保证系数×选样间隔。

【示例】如果误受风险为5%，选样间隔为3 000元，注册会计师没有在样本中发现错报，总体错报的上限为9 000元（3×3 000）。没有发现错报时估计的总体错报上限也被称作“基本精确度”。

②如果在账面金额大于或等于选样间隔的逻辑单元中发现了错报，无论该错报的百分比是否为100%，总体错报的上限＝事实错报＋基本精确度。

【示例】如果误受风险为5%，选样间隔为3 000元，注册会计师在样本中发现1个错报，该项目的账面金额为5 000元，审定金额为4 000元，总体错报的上限为10 000元（1 000＋3×3 000）。

如果误受风险为5%，选样间隔为3 000元，注册会计师在样本中发现1个错报，该项目的账面金额为5 000元，审定金额为0元，总体错报的上限为14 000元（5 000＋3×3 000）。注册会计师还要将计算出来的总体错报上限，与在需要实施100%检查的其他项目中发现的事实错报累计起来。

③如果在样本（排除账面金额大于或等于选样间隔的逻辑单元）中发现了错报百分比为100%的错报，总体错报的上限＝保证系数×选样间隔。

【示例】如果误受风险为5%，选样间隔为3 000元，注册会计师在样本中发现1个错报，该项目的账面金额为20元，审定金额为0元，则总体错报的上限为14 250元（4.75×3 000）。

④如果在样本（排除账面金额大于或等于选样间隔的逻辑单元）中发现了错报百分比低于100%的错报，注册会计师先计算推断错报，再将推断错报按金额降序排列后，分别乘以对应的保证系数增量（即在既定的误受风险水平下，特定数量的高估错报所对应的保证系数与上一行保证系数之间的差异），加上基本精确度之后，最终计算出总体错报的上限。总体错报的上限＝推断错报×保证系数的增量＋基本精确度。

【示例】如果误受风险为5%，选样间隔为3 000元，注册会计师在样本中发现2个错报，账户A的账面金额为2 000元，审定金额为1 500元，推断错报为750元（500÷2 000×3 000）；账户B的账面金额为1 000元，审定金额为200元，推断错报为2 400元（800÷1 000×3 000）。将推断错报按金额降序排列后，由教材表4－10可知，在5%的误受风险水平下，账户A对应的保证系数增量为1.55，账户B对应的保证系数增量为1.75。因此，总体错报的上限为14 363元（750×1.55+2 400×1.75+3×3 000）。

⑤如果样本中既有账面金额大于或等于选样间隔的逻辑单元，又有账面金额小于选样间隔的逻辑单元，而且在账面金额小于选样间隔的逻辑单元中，既发现了错报百分比为100%的错报，又发现了错报百分比低于100%的错报。注册会计师可以将所有样本项目分成两组：第一组是账面金额大于或等于选样间隔的逻辑单元，注册会计师计算出该组项目的事实错报；第二组是账面金额小于选样间隔的逻辑单元，无论该组项目的错报百分比是否为100%，注册会计师都先计算出各项目的推断错报，再将所有推断错报按金额降序排列后，分别乘以对应的保证系数增量，并将计算结果累计起来。用这个累计结果加上基本精确度，再加上第一组项目中的事实错报，就是最终总体错报的上限。

⑥在货币单元抽样中，注册会计师将总体错报的上限与可容忍错报进行比较。如果总体错报的上限小于可容忍错报，注册会计师可以初步得出结论，样本结果支持总体的账面金额。不过，注册会计师还应将推断错报（排除被审计单位管理层已更正的事实错报）与其他事实错报和推断错报汇总，以评价财务报表整体是否可能存在重大错报。

（三）考虑错报的性质和原因

（四）得出总体结论

1. 要求

在推断总体的错报，考虑抽样风险，分析错报的性质和原因之后，注册会计师需要运用职业判断得出总体结论。

2. 具体应对

（1）样本结果不支持总体账目金额，且注册会计师认为账目金额可能存在错报，注册会计师通常会建议被审计单位对错报进行调查，并在必要时调整账目记录。

（2）依据被审计单位已更正后的错报对推断的总体额进行调整后，注册会计师应当将该类交易或账户余额中剩余的推断错报与其他交易或账户余额中的错报总额累计起来，以评价财务报表整体是否存在重大错报。

（3）无论样本结果是否表明错报总额超过了可容忍错报，注册会计师都应当要求被审计单位的管理层记录已发现的事实错报（除非明显微小）。

（4）样本结果表明注册会计师作出抽样计划时的依据的假设有误，注册会计师应当采取适当的行动。

【示例】如果细节测试中发现的错报的金额或频率大于依据重大错报风险的评估水平作出的预期，注册会计师需要考虑重大错报风险的评估水平是否仍然适当。注册会计师也可能决定修改对重大错报风险评估水平低于最高水平的其他账户拟实施的审计程序。

【经典真题】

【多选题·2016】下列有关注册会计师在实施审计抽样时评价样本结果的说法中，正确的有（　　）。

A. 在分析样本误差时，注册会计师应当对所有误差进行定性评估

B. 注册会计师应当实施追加的审计程序，以高度确信异常误差不影响总的其余部分

C. 控制测试的抽样风险无法计量，但注册会计师在评价样本结果时仍应考虑抽样风险

D. 在细节测试中，如果根据样本结果推断的总体错报小于可容忍错报，则总体可以接受

【答案】AB

【解析】使用统计抽样时，控制测试的抽样风险可以计量。在控制测试中评价样本结果时，注册会计师应当考虑抽样风险。因此不选择选项 C。细节测试中如果推断的总体错报总额接近或超过可容忍错报，注册会计师通常会得出总体实际错报超过可容忍错报的结论，总体不可接受，因此不选择选项 D。

四、进阶练习

（一）单选题

1. 下列各项中，不属于审计抽样基本特征的是（　　）。

A. 对具有审计相关性的总体中低于百分之百的项目实施审计程序

B. 从总体中挑选具备某一特征的项目实施审计程序

C. 所有抽样单元都有被选取的机会

D. 可以根据样本项目的测试结果推断出有关抽样总体的结论

2. 下列审计程序中，关于审计抽样的说法正确的是（　　）。

A. 注册会计师实施风险评估程序时涉及审计抽样

B. 当控制运行留下轨迹时，注册会计师可以考虑对控制运行的有效性实施测试

C. 在实施细节测试时，注册会计师为获得充分适当的审计证据，一般不使用抽样审计

D. 被审计单位采用信息技术处理各类交易及其他信息时，注册会计师使用审计抽样可以获得有关信息技术应用控制运行有效性的审计证据

3. 下列有抽样风险的说法中，正确的是（　　）。

A. 信赖不足影响审计的效率

B. 如果样本结果不支持注册会计师计划信赖的内部控制的程度，实际偏差率也不支持该信赖程度的风险，则会形成信赖不足风险

C. 误受风险影响审计效率，容易导致注册会计师发表不恰当的审计意见

D. 信赖不足和误受风险影响审计效率

4. 下列各项中，有关非抽样风险说法正确的是（　　）。

A. 非抽样风险不是人为因素所导致

B. 注册会计师可以将非抽样风险降至可接受的水平

C. 注册会计师未对总体中的所有项目进行测试

D. 注册会计师可以通过采取适当的质量控制政策和程序，量化非抽样风险

5. 关于属性抽样和变量抽样的说法中，错误的是（　　）。

A. 属性抽样在实务中常见的用途是测试某一设定控制的偏差率，以支持注册会计师评估的控制风险水平

B. 变量抽样的主要用途是进行细节测试，以确定记录金额是否合理

C. 货币单元抽样运用属性抽样的原理得出以金额表示的结论，因此属于属性抽样

D. 属性抽样中，设定的每一次发生或偏差都被赋予同样的权重，而不管交易的金额大小

6. 审计抽样在控制测试中的应用，正确的说法有（　　）。

A. 注册会计师在界定总体时，应当确保总体的适当性、完整性和同质性

B. 在被审计单位某控制被用于实现相同控制目标的另一控制所取代，注册会计师需要测试新控制，对旧控制不进行测试

C. 注册会计师定义的抽样单元应与审计测试目标相适应

D. 对抽样单元定义过于严谨可能导致缺乏效率

7. 既可以在统计抽样也可以在非统计抽样中使用的抽样方法有（　　）。

A. 简单随机选样　　B. 系统选样　　C. 随意选样　　D. 整群选样

8. 下列有关控制测试的样本规模的说法中，错误的是（　　）。

A. 可接受的信赖过度风险与样本规模反向变动

B. 可容忍偏差率与样本规模反向变动

C. 可接受的信赖过度风险应确定在相对较低的水平上

D. 总体规模直接影响样本规模

9. 细节测试中影响样本规模的说法中错误的是（　　）。

A. 误受风险与样本规模反向变动

B. 可容忍错报可能等于或低于实际执行的重要性

C. 可容忍错报与样本规模同向变动

D. 总体中的项目数量对样本规模的影响很小

10. 细节测试中运用传统变量抽样时，常用的方法表述正确的是（　　）。

A. 均值法简单适应，可直接在细节测试中使用

B. 如果发现错报金额与项目的金额紧密相关，注册会计师通常会选择差额法

C. 比率法和差额法都要求样本项目存在错报

D. 如果发现错报金额与项目的数量紧密相关，注册会计师通常会选择比率法

11. 审计抽样在细节测试中运用的相关说法中错误的是（　　）。

A. 审计抽样通常用来测试一个财务报表金额的认定的合理性

B. 注册会计师应根据审计目标界定错报，但不应将被审计单位自己发现并已经在适当期间予以更正的错报排除在外

C. 细节测试中常用的统计抽样方法包括货币单元抽样和传统变量抽样

D. 货币单元抽样的样本更容易设计，且可在能够获得完整的最终总体之前开始选取样本

（二）多选题

1. 下列关于样本代表性的说法中，正确是有（　　）。

A. 代表性意味着根据样本测试结果推断的错报一定与总体的错报完全相同

B. 代表性与样本规模无关

C. 代表性通常只与错报的发生率而非错报的特定性质相关

D. 异常情况导致的样本错报也具有代表性

2. 下列有关抽样风险的说法中，正确的有（　　）。

A. 抽样风险在注册会计师的重大错报风险的评估中可能涉及

B. 误拒风险人员导致注册会计师发表不恰当的审计意见，因此注册会计师更应予以关注

C. 控制测试中的信赖不足风险和细节测试中的误拒风险都是影响审计效率的抽样风险

D. 抽样风险与样本规模同方向变动

3. 注册会计师更应关注影响审计效果的抽样风险有（　　）。

A. 信赖不足风险　　B. 信赖过度风险　　C. 误受风险　　D. 误拒风险

4. 下列可能导致非抽样风险的原因的说法中，错误的有（　　）。

A. 注册会计选择的审计程序不适于实现审计目标

B. 注册会计师测试现金支付授权控制的有效性时，测试的样本为企业签发的现金支票

C. 注册会计师依赖应收账款函证来揭示未入账的应收账款

D. 注册会计师通过扩大样本规模降低非抽样风险

5. 下列有关统计抽样和非统计抽样的说法中，错误的有（　　）。

A. 具有随机选取样本和运用概率论评价样本结果两特征的抽样方法是统计抽样

B. 统计抽样能够客观地记录抽样风险，并精确地控制风险

C. 使用统计抽样的表格确定样本规模就是统计抽样

D. 注册会计师在统计抽样和非统计抽样方法之间进行选择时主要考虑成本效益

6. 审计抽样在控制测试中的应用相关说法中正确的有（　　）。

A. 注册会计师实施控制测试的目标是提供关于控制运行有效性的审计证据，以支持计划的重大错报风险评估水平

B. 控制测试中，注册会计师必须考虑总体的同质性

C. 控制测试时，注册会计师在估计总体规模时，可能考虑被审计单位经营性质等因素

D. 注册会计师从被审计单位会计档案中选取付款证明，就可以得出被审计单位付款控制执行的结论

7. 总体特征的发布呈随机分布时，统计抽样中使用的抽样方法有（　　）。

A. 简单随机选样　　B. 系统选样　　C. 随意选样　　D. 整群选样

8. 注册会计师在使用审计抽样实施控制测试时可以使用替代的随机数据情况有（　　）。

A. 无效单据　　B. 未使用或不适用的单据

C. 对总体的估计出现错误　　D. 在结束之前停止测试

9. 关于细节测试样本规模的说法中错误的有（　　）。

A. 预计总体错报的金额和频率越小，所需的样本规模也越小

B. 误拒风险与样本规模反向变动

C. 在考虑错报对某类交易或账户余额的影响时，注册会计师需要把各层错报累计后判断

D. 误受风险与样本规模反向变动

10. 关于货币单元抽样方法的表述中错误的有（　　）。

A. 货币单元抽样运用属性抽样的原理得出以金额表示的结论

B. 货币单元抽样以货币为抽样单元，因此需要对总体按照一定金额进行分层

C. 如果用系统选样法选取样本，注册会计师需要先确定选样间隔

D. 如果逻辑单元的账目金额大于或等于选样间隔，该项目一定不会被挑选出来

11. 审计抽样在控制测试与细节测试中应用后形成的审计工作底稿记录内容相同的有（　　）。

A. 确定样本规模的方法　　B. 使用的抽样方法

C. 对如何实施抽样程序的描述　　D. 对样本的评价

（三）简答题

A 注册会计师在审计工作底稿中记录了实施进一步审计程序情况的部分内容摘录如下：

（1）A 注册会计师在测试与销售收款相关的内部控制时识别出一项偏差，经查系员工舞弊所致。因追加样本量进行测试后未再识别出偏差，A 注册会计师认为相关内部控制运行有效，并向管理层通报了该项舞弊。

（2）在采用审计抽样测试甲公司付款审批控制时，A 注册会计师确定总体为 2019 年度的所有付款单据，抽样单元为单张付款单据，选取 2019 年 12 月 26 日至 12 月 31 日的全部付款单据共计 80 张作为样本，测试结果满意。

（3）甲公司与原材料采购批准相关的控制每日运行数次，审计项目组确定样本规模为 25 个。考虑到该控制自 2019 年 7 月 1 日起发生重大变化，审计项目组从上半年和下半年的交易中分别选取 12 个和 13 个样本实施控制测试。

（4）A 注册会计师确定甲公司财务报表整体的重要性为 600 万元。A 注册会计师使用审计抽样对管理费用进行了测试，发现测试样本存在 20 万元错报。A 注册会计师认为该错报不重大，同意管理层不予调整。

【要求】针对上述第（1）~（4）项，逐项指出审计项目组的做法是否恰当。如不恰当，简要说明理由。

五、进阶练习答案

（一）单选题

1. 【答案】B

【解析】审计抽样的特征有对具有审计相关性的总体中低于百分之百的项目实施审计程序，因此选项 A 正确；所有抽样单元都有被选取的机会，因此选项 C 正确；可以根据样本项目的测试结果推断出有关抽样总体的结论，因此选项 D 正确。

2. 【答案】B

【解析】风险评估程序通常不涉及设计抽样，因此不选择选项 A；对于留下运行轨迹的控制，注册会计师通常实施询问、观察等审计程序，以获取有关控制运行有效性的审计证据，因此选择选项 B；在上述细节测试时，注册会计师可以使用审计抽样获取审计证据，以验证有关财务报表金额的一项或多项认定，或对某些金额作出独立估计，因此不选择选项 C；在被审计单位采用信息技术处理各类交易及其他信息时，注册会计师通常只需要测试信

息技术一般控制，并从各类交易中选取一笔或几笔交易进行测试，就能获取有关信息技术应用控制运行有效性的审计证据，此时不需使用审计抽样，因此不选择选项 D。

3.【答案】A

【解析】信赖不足风险是指推断的控制有效性低于其实际有效性的风险，也可以说，尽管如果样本结果不支持注册会计师计划信赖的内部控制的程度，但实际偏差率支持该信赖程度的风险，因此不选择选项 B。误受风险影响审计效果，容易导致注册会计师发表不恰当的审计意见因此不选择选项 C。信赖不足影响审计效率，误受风险影响审计效果，因此不选择选项 D。

4.【答案】B

【解析】非抽样风险是由人为因素造成的，因此不选择选项 A。注册会计师如果对总体的所有项目都实施检查，就不存在抽样风险，此时审计风险完全由非抽样风险产生，而选项 C 是抽样风险，因此不选择选项 C。非抽样风险难以量化，注册会计师可以通过采取适当的质量控制政策和程序，对审计工作进行适当的指导、监督和复核、仔细设计审计程序，以及对审计实务的适当改进，可以将非抽样风险降至可接受的水平，因此不选择选项 D。

5.【答案】C

【解析】货币单元抽样是变量抽样的一个例外，它运用属性抽样的原理得出以金额表示的结论，因此选择选项 C。

6.【答案】C

【解析】注册会计师在界定总体时，应当确保总体的适当性和完整性，控制测试中，还必须考虑总体的同质性，因此不选择选项 A。如果某控制（旧控制）被用于实现相同控制目标的另一控制（新控制）所取代，注册会计师需要确定是否测试这个两个控制的运行有效性，或只测试新控制，因此不选择选项 B。对抽样单元定义过于宽泛可能导致缺乏效率，因此不选择选项 D。

7.【答案】A

【解析】简单随机选样在统计抽样和非统计抽样中均适用，因此选择选项 A。总体特征的发布呈随机分布，采用系统选样方法，否则，可考虑其他选样方法，因此不选择选项 B。随意选样仅适用于非统计抽样，因此不选择选项 C。整群选样通常不能在审计抽样中使用，因此不选择选项 D。

8.【答案】D

【解析】除非总体非常小，一般而言，总体规模对样本规模的影响几乎为零。因此选择选项 D。

9.【答案】C

【解析】可容忍错报与样本规模反向变动，因此选择选项 C。

10.【答案】C

【解析】如果未对总体分层，注册会计师通常不使用均值法，因此此时所需的样本规模可能太大，不符合成本效益原则，因此不选择选项 A。如果发现错报金额与项目的金额紧密相关，注册会计师通常会选择比率法，因此不选择选项 B。如果发现错报金额与项目的数量紧密相关，注册会计师通常会选择差额法，因此不选择选项 D。

11. 【答案】B

【解析】注册会计师应根据审计目标界定错报，还可能将被审计单位自己发现并已经在适当期间予以更正的错报排除在外，因此选择选项 B。

（二）多选题

1. 【答案】BC

【解析】代表性并不意味着根据样本测试结果推断的错报一定与总体的错报完全相同，如果样本的选取是无偏向性的，这样本就具有了代表性，因此选项 A 错误。异常情况导致的样本错报就不具有代表性，因此选项 D 错误。

2. 【答案】AC

【解析】误受风险人员导致注册会计师发表不恰当的审计意见，因此注册会计师更应予以关注，因此不选择选项 B。抽样风险与样本规模反方向变动，因此不选择选项 D。

3. 【答案】BC

【解析】控制测试中的信赖过度风险和细节测试中的误受风险是影响审计效果的抽样风险，控制测试中的信赖不足风险和细节测试中的误拒风险是影响审计效果的抽样风险，相较于影响审计效率的抽样风险，注册会计师更应关注影响审计效果的抽样风险。

4. 【答案】ABCD

【解析】可能导致非抽样风险的原因主要包括：注册会计选择了不适于实现特定目标的审计程序（选项 A 不正确），选择的总体不适与测试目标、未能适当定义误差和未能适当地评价审计发现的情况，选项 B 是属于选择了不适于实现特定目标的审计程序。选项 C 属于未能适当定义偏差，即未将签字人未得到适当授权的情况界定为控制偏差，因此选择选项 A、B、C。非抽样风险，是指注册会计师由于任何与抽样风险无关的原因而得出错误结论的风险。注册会计师即使对某类交易或账户余额的所有项目实施审计程序，也可能仍未发现重大错报或控制失效，因此选择选项 D。

5. 【答案】ABC

【解析】统计抽样是指同时具备下列特征的抽样方法：（1）随机选取样本；（2）运用概率论评价样本结果，因此选择选项 A。统计抽样能够客观地计量抽样风险，并通过调整样本规模精确地控制风险，因此选择选项 B。使用统计抽样的表格确定样本规模，如果没有对样本结果进行统计评估，仍然是非统计抽样，因此选择选项 C。

6. 【答案】AB

【解析】控制测试时，注册会计师在估计总体规模时，可能考虑被审计单位上年同期的视角情况、变化趋势以及经营性质等因素，因此不选择选项 C。注册会计师从被审计单位会计档案中选取付款证明，除非确信所有的付款证明都已经归档，否则注册会计师不能对该期间的所有付款证明得出结论，因此不选择选项 D。

7. 【答案】AB

【解析】简单随机选样在统计抽样和非统计抽样中均适用，因此选择选项 A。总体特征的发布呈随机分布，采用系统选样方法，否则，可考虑其他选样方法，因此选择选项 B。随意选样仅适用于非统计抽样，因此不选择选项 C。整群选样通常不能在审计抽样中使用，因此不选择选项 D。

8.【答案】ABC

【解析】在结束之前停止测试，这种情况下，注册会计师要重估重大错报风险并考虑是否有必要进行测试，因此不选择选项D。

9.【答案】AC

【解析】在既定的可容忍错报下，预计总体错报的金额和频率越小，所需的样本规模也越小，因此选择选项A。在考虑错报对某类交易或账户余额的影响时，注册会计师需要综合考虑每层的推断错报，因此选择选项C。

10.【答案】BD

【解析】货币单元抽样以货币为抽样单元，因为总体中的每一个货币单元都有相同的规模，项目被选取的概率与其货币金额大小成比例，因而无需分层，因此选择选项B。如果逻辑单元的账目金额大于或等于选样间隔，该项目一定会被挑选出来，因此选择选项D。

11.【答案】ABCD

【解析】以上都是需要形成审计工作底稿记录的内容。

（三）简答题

【答案】

（1）不恰当。控制偏差系由舞弊导致，扩大样本规模通常无效/该内部控制无效。

（2）不恰当。整群选样通常不适用于审计抽样/应从全年的付款单据中选取样本。

（3）不恰当。因为控制发生重大变化，应当分别测试2019年上半年和下半年与原材料采购批准相关的内部控制活动不同，应当分别测试25个。

（4）不恰当。没有推断总体错报。注册会计师应当使用在抽样中发现的样本错报去推断总体的错报金额/应针对推断的总体错报金额评价其是否重大。

第五章 信息技术对审计的影响

一、2020年新教材内容主要变化

本章节无变化。

二、本章近5年考情统计分析

本章考试一般以单选题或多选题为主，但是在第二节信息技术中一般控制和应用控制测试内容可能会在综合题中考察，但总体难度不大。

本章属于本书中一般重要的章节，在以往考试中占据的分值较低，近5年平均考试分值为1分左右。

（一）近5年考试分值分布

题型	2015年	2016年	2017年	2018年	2019年
单选题	—	1	—	1	1
多选题	—	—	—	—	—
简答题	—	—	—	—	—
综合题	1.25	—	0.5	—	—
合计	1.25	1	0.5	1	1

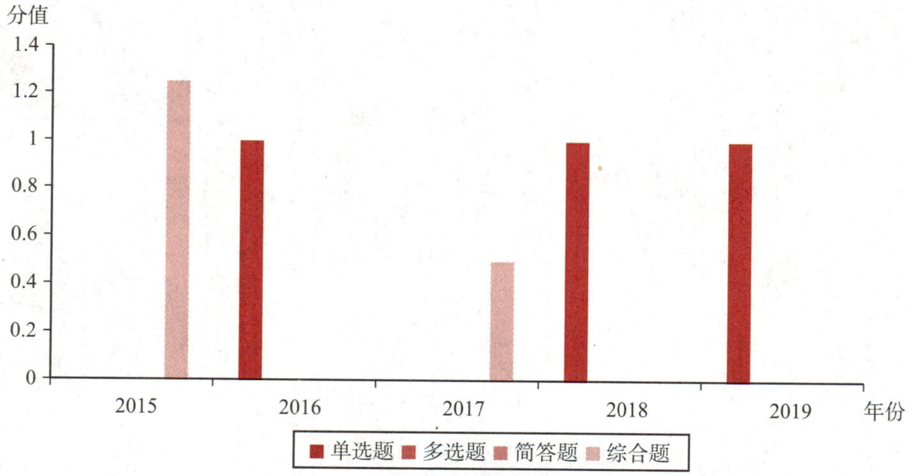

（二）近5年考试考点分布

高频考点内容	年度及题型分布
信息技术对审计的影响	2019年单选、2016年单选
信息技术一般控制	2018年单选
信息技术控制测试	2017年综合、2015年综合

三、重难点解析

本章内容将审计工作与信息技术结合起来，为审计的工作带来新的改变与创新，对未来的审计工作有着深远的意义和影响。本章内容主要包括：信息技术对企业财务报告和企业内部控制的影响；信息技术产生的风险；注册会计师在信息化环境下面临的挑战；信息技术一般控制、应用控制、公司层面信息技术控制以及三者的关系；信息技术对审计的影响；信息技术审计范围的确定；信息技术一般控制对控制风险的影响；信息技术应用控制对控制风险和实质性程序的影响；不同 IT 环境下的审计；计算机辅助审计技术；数据分析；网络环境、数据库管理系统、电子商务系统、外包安排等不同信息技术环境下的问题等内容。

【小贴士】本章内容的学习，需要结合第八章《风险应对》、第二十章《内部控制审计》等的有关章节内容。例如，了解内控、控制测试等。

重难点1：信息技术对企业财务报告的影响★

（一）信息技术对企业管理和财务核算的影响

（1）计算机输入和输出设备代替了手工记录；

（2）计算机显示屏和电子影像代替了纸质凭证；

（3）计算机文档代替了纸质日记账和分类账；

（4）网络通信和电子邮件代替了公司间的邮寄；

（5）管理需求固化到应用程序之中；

（6）灵活多样的报告代替了固定的定期报告；

（7）数据更加充分，信息实现共享；

（8）系统问题的存在比偶然性误差更为普遍。

（二）对注册会计师的要求

注册会计师在进行财务报表审计时，如果依赖相关信息系统所形成的财务信息和报告作为审计工作的依据，则必须考虑相关信息和报告的质量，而财务报告相关的信息质量是通过交易的录入到输出整个过程中适当的控制来实现的，所以，注册会计师需要在整个过程中考虑信息的准确性、完整性、授权体系及访问限制四个方面。

重难点2：信息技术对企业内部控制的影响★

信息系统对控制的影响，取决于被审计单位对信息系统的依赖程度。

【小贴士】随着信息技术的发展，内部控制虽然在形式及内涵方面发生了变化，但内部控制的目标并没有发生改变。

重难点3：信息技术产生的风险★

信息技术产生的风险，如下表所示。

风险点	情形
处理错误	可能会错误地处理数据，也可能会处理错误的数据
安全控制隐患	如相关安全控制如果无效，会增加对数据信息非授权访问的风险，这种风险可能导致非授权交易、虚假交易、系统程序和系统内的数据的不当改变、交易的不当的记录，以及信息技术人员越权访问和处理等
数据丢失	数据丢失风险或数据无法访问风险，如系统瘫痪
人为干预	不适当的人工干预，或人为绕过自动控制

重难点4：注册会计师在信息化环境下面临的挑战★

（一）对业务流程开展和内部控制运作的理解

信息化环境下，注册会计师需要重新建立对业务流程开展和内部控制运作的理解和认识。

（二）对信息系统相关审计风险的认识

注册会计师在执行财务报表审计时，需要充分识别并评估与会计核算和财务报告编制相关的信息技术运用相伴而生的风险，如程序逻辑的错误，权限的不当授予等。对相关控制风险缺乏认识，可能导致审计工作针对性的欠缺，难以有效识别财务报表重大错报。

（三）审计范围的确定

（四）审计内容的变化

（五）审计线索的隐性化

在信息化环境下，会计信息已经全面数字化，传统的审计线索可能已经不复存在；在信息加工处理方面，信息系统封装了信息处理的过程，其内部处理逻辑、运算的中间过程，往往对系统的用户而言是独立的，传统的审计线索全面隐性化。

（六）审计技术改进的必要性

一方面，信息技术的运用改变了企业的运作模式和工作方式，传统审计技术针对的问题特征可能已经消失，或者发生了改变，注册会计师的经验可能无法简单移植，从而丧失了针对性；

另一方面，面对海量数据，传统的抽样方式难以覆盖大量的数据，对于不同来源的数据缺乏深刻的洞察力，覆盖性方面也难以提供更强的审计信心。

（七）有待优化的知识结构

在信息化环境下，注册会计师必须熟悉信息技术的运用和信息系统的风险及控制，应对新的挑战，对审计的策略、范围、内容、方法和手段作出有针对性的调整，获取充分、适当的审计证据，从而发表恰当的审计意见。

（八）与专业团队的充分协同工作

【经典模拟题】

【单选题】下列关于注册会计师与信息系统相关风险评估的表述中，错误的是（　　）。

A. 处理大流量交易及数据时效率低于人工控制

B. 系统故障导致的数据丢失

C. 安全控制失效导致记录被篡改

D. 管理层对信息系统中的权限设置进行人为干预

【答案】A

【解析】自动控制能有效处理大流量交易及数据，选项 A 表述错误。

重难点 5：信息技术一般控制★

（一）信息技术一般控制定义

（1）信息技术一般控制是指为了保证信息系统的安全，对整个信息系统以及外部各种环境要素实施的、对所有的应用或控制模块具有普遍影响的控制措施。

（2）信息技术一般控制通常会对实现部分或全部财务报表认定作出间接贡献。在有些情况下，信息技术一般控制也可能对实现信息处理目标和财务报表认定作出直接贡献。

（二）信息技术一般控制的内容

信息技术一般控制包括程序开发、程序变更、程序和数据访问以及计算机运行四个方面。如果注册会计师计划依赖自动应用控制、自动会计程序或依赖系统生成信息的控制，他们就需要对相关的信息技术一般控制进行测试。信息技术一般控制的内容及含义，如下表所示。

内容	含义
程序开发	目标是确保系统的开发、配置和实施能够实现管理层的应用控制目标
程序变更	（1）目标是确保对程序和相关基础组件的变更经过请求、授权、执行、测试和实施，以达到管理层应用控制目标； （2）范围包括代码类的常规变更、配置类的变更和紧急变更
程序和数据访问	（1）目标是确保分配的访问程序和数据的权限经过用户身份认证并经过授权的； （2）包括安全活动管理、安全管理、数据安全、操作系统安全、网络安全和物理安全
计算机运行	（1）目标是确保业务系统根据管理层的控制目标完整准确地运行，确保运行问题被完整准确地识别并解决，以维护财务数据的完整性； （2）包括系统作业管理、问题和故障管理、数据备份和恢复、备份介质的异地存放和灾难恢复等

【经典真题】

【单选题·2018】下列有关信息技术一般控制的说法中，错误的是（　　）。

A. 信息技术一般控制只能对实现部分或全部财务报表认定作出间接贡献

B. 信息技术一般控制对所有应用控制具有普遍影响

C. 信息技术一般控制包括程序开发、程序变更、程序和数据访问以及计算机运行四个方面

D. 信息技术一般控制旨在保证信息系统的安全

【答案】A

【解析】信息技术一般控制通常会对实现部分或全部财务报表认定作出间接贡献。在有些情况下，信息技术一般控制也可能对实现信息处理目标和财务报表认定作出直接贡献。因此，选项 A 不正确。

重难点6：信息技术应用控制★

（一）信息技术应用控制定义

信息技术应用控制是设计在计算机应用系统中的、有助于达到信息处理目标的控制。一般要经过输入、处理及输出等环节；需要关注的要素包括完整性、准确性、存在和发生等。

（二）信息技术应用控制的内容

（1）系统自动生成报告；

（2）系统配置和科目映射；

（3）接口控制；

（4）访问和权限。

【经典模拟题】

【多选题】以下属于信息系统应用控制的有（　　）。

A. 财务系统定期生成分析报告

B. 计算机运行故障管理

C. 财务系统中设定各科目映射关系

D. 信息系统的外包和预算管理

【答案】AC

【解析】选项B属于信息系统一般控制，选项D属于公司层面控制。

重难点7：公司层面信息技术控制★

常见的公司层面信息技术控制包括但不限于：

（1）信息技术规划的制定；

（2）信息技术年度计划的制定；

（3）信息技术内部审计机制的建立；

（4）信息技术外包管理；

（5）信息技术预算管理；

（6）信息安全和风险管理；

（7）信息技术应急预案的制定；

（8）信息系统架构和信息技术复杂性。

重难点8：信息技术一般控制、应用控制与公司层面控制三者之间的关系★★

（一）总体关系

（1）公司层面信息技术控制是信息技术的整体控制环境，决定了信息技术一般控制和应用控制的风险基调；

（2）信息技术一般控制是应用控制的基础，信息技术一般控制的有效与否直接关系到信息技术应用控制的有效性是否能够信任。

（二）对注册会计师的要求

注册会计师需要了解与审计相关的信息技术一般控制和应用控制。

根据目前信息技术审计的业内最佳实践，注册会计师在执行信息技术一般控制和信息技术应用控制审计之前，会首先执行配套的公司层面信息技术控制审计，以了解公司的信息技术整体控制环境，并基于此识别出信息技术一般控制和信息技术应用控制的主要风险点以及审计重点。

【经典真题】

【综合题（部分）·2017】 ABC会计师事务所首次接受委托，审计上市公司甲公司2016年度财务报表，委派A注册会计师担任项目合伙人。A注册会计师确定财务报表整体的重要性为1 200万元。甲公司主要提供快递物流服务。

资料四：

A注册会计师在审计工作底稿中记录了实施的进一步审计程序，部分内容摘录如下：

（2）甲公司收入交易高度依赖信息系统。ABC事务所的信息技术专家对甲公司信息技术一般控制和与收入相关的信息技术应用控制进行了测试，结果满意。

【要求】 针对资料四第（2）项，假定不考虑其他条件，指出A注册会计师的做法是否恰当。如不恰当，简要说明理由。

【答案】 恰当。

甲公司收入高度依赖信息系统，拟信赖信息系统，那么就要实施控制测试，所以对一般控制和相关的应用控制进行测试是恰当的。

重难点9：信息技术对审计的影响★

（一）对审计线索的影响

（二）对审计技术手段的影响

（三）对内部控制的影响

现代审计技术中，注册会计师会对被审计单位的内部控制进行审查与评价，以此作为制定审计方案和决定抽样范围的依据。

（四）对审计内容的影响

（五）对注册会计师的影响

注册会计师要成为知识全面的复合型人才，不仅要有丰富的会计、审计、经济、法律、管理等方面的知识和技能，还需要熟悉信息系统的应用技术、结构和运行原理，有必要对信息化环境下的内部控制作出适当的评价。

因此，注册会计师必须对系统内的风险和控制都非常熟悉，然后对审计的策略、范围、方法和手段作出相应的调整，以获取充分、适当的审计证据，支持发表的审计意见。

【经典真题】

【单选题·2019】 下列有关信息技术对审计的影响的说法中，错误的是（　　）。

A. 被审计单位对信息技术的运用不改变注册会计师制定审计目标，进行风险评估和了

解内部控制的原则性要求

B. 被审计单位对信息技术的运用影响注册会计师需要获取的审计证据的性质

C. 被审计单位对信息技术的运用影响审计内容

D. 被审计单位对信息技术的运用不影响注册会计师需要获取的审计证据的数量

【答案】D

【解析】选项 D 错误，被审计单位对信息技术的运用影响注册会计师需要获取的审计证据的数量。

【经典模拟题】

【多选题】下列关于信息技术对审计过程的影响，正确的有（　　）。

A. 对内部控制的影响　　B. 对注册会计师的影响

C. 对审计技术手段的影响　　D. 对审计线索的影响

【答案】ABCD

【解析】信息技术对审计过程的影响主要体现在审计线索、审计技术手段、内部控制、审计内容和注册会计师五个方面。

重难点 10：信息技术审计范围的确定★

（一）考虑因素

注册会计师在确定审计策略时，需要结合被审计单位业务流程复杂度、信息系统复杂度、系统生成的交易数量和业务对系统的依赖程度、信息和复杂计算的数量、信息技术环境规模和复杂度五个方面，对信息技术审计范围进行适当考虑。

【小贴士】信息技术审计的范围与被审计单位在业务流程及信息系统相关方面的复杂度成正比。

（二）评估复杂度考虑的方面

1. 评估业务流程的复杂度（如销售流程、薪酬流程、采购流程等）

注册会计师可以通过考虑流程的人员、活动、数据量、处理方式及依赖程度等因素来对业务流程复杂度作出适当判断。

2. 评估信息系统的复杂度

评估信息系统复杂度需要大量职业判断，同时受到所使用系统类型（如商业软件或自行研发系统）的影响。

对于自行研发系统复杂度的评估，应当考虑系统复杂程度、距离上一次系统架构重大变更的时间、系统变更对财务系统的影响结果，以及系统变更之后的系统运行情况及运行期间。同时还需要考虑系统生成的交易数量、信息和复杂计算的数量。

3. 信息技术环境的规模和复杂度

评估信息技术环境的规模和复杂度，主要应当考虑产生财务数据的信息系统数量、信息系统接口以及数据传输方式、信息部门的结构与规模、网络规模、用户数量、外包及访问方式（例如本地登录或远程登录）。

【小贴士】信息技术环境复杂并不一定意味着信息系统是复杂的，反之亦然。

【经典真题】

【单选题·2016】下列有关注册会计师评估被审计单位信息系统的复杂度的说法中，错误的是（　　）。

A. 信息技术环境复杂，意味着信息系统也是复杂的

B. 评估信息系统的复杂度，需要考虑系统生成的交易数量

C. 评估信息系统的复杂度，需要考虑系统中进行的复杂计算的数量

D. 对信息系统复杂度的评估，受被审计单位所使用的系统类型的影响

【答案】A

【解析】信息技术环境复杂并不一定意味着信息系统是复杂的，反之亦然，选项 A 错误。

重难点 11：信息技术一般控制对控制风险的影响★

（1）信息技术一般控制对应用控制的有效性具有普遍性影响。

无效的一般控制增加了应用控制不能防止或发现并纠正认定层次重大错报的可能性，即使这些应用控制本身得到了有效设计。

（2）如果一般控制有效，注册会计师可以更多地信赖应用控制，测试这些控制的运行有效性，并将控制风险评估为低于"最高"水平。

（3）考虑到公司层面信息技术控制是公司的整体控制环境，决定了信息技术的风险基准，因此，注册会计师通常优先评估公司层面信息技术控制和信息技术一般控制的有效性。

重难点 12：信息技术应用控制对控制风险和实质性程序的影响★

（1）在评估应用控制对控制风险和实质性程序的影响时，注册会计师需要将控制与具体的审计目标相联系。

（2）如果针对某一具体审计目标，注册会计师能够识别出有效的应用控制，在通过测试确定其运行有效后，注册会计师能够减少实质性程序。

重难点 13：不同 IT 环境下的审计★

不同 IT 环境下的审计方式和要求，如下表所示。

环境	方式	对注册会计师的要求
不太复杂	可采取传统方式进行审计，即"绕过计算机进行审计"	仍需了解信息技术一般控制和应用控制，但不测试其运行的有效性
较为复杂	"穿过计算机进行审计"	运用计算机辅助审计技术和电子表格等开展工作

重难点 14：计算机辅助审计技术★

（一）计算机辅助审计技术的定义

计算机辅助审计技术，是指利用计算机和相关软件，使审计测试工作实现自动化的

技术。

（二）计算机辅助审计技术的类型

计算机辅助审计的类型，如下表所示。

分类	内容
面向系统的计算机辅助审计技术	包括平行模拟、测试数据、嵌入审计模块法、程序编码审查、程序代码比较和跟踪、快照等方法
面向数据的计算机辅助审计技术	包括数据查询、账表分析、审计抽样、统计分析、数值分析等方法

（三）计算机辅助审计技术的应用

（1）计算机辅助审计技术最广泛地应用于实质性程序领域中，特别是在与分析程序相关的方面。

（2）计算机辅助审计技术也可用于测试控制的有效性，选择少量的交易，并在系统中进行穿行测试，或是开发一套集成的测试工具，用于测试系统中的某些交易。在控制调试中使用计算机辅助审计技术的优势是，可以对每一笔交易进行测试（包括主文件和交易文件），从而确定是否存在控制失效的情况。

（3）由于计算机辅助审计技术有助于详审海量数据，它也可用于辅助对舞弊的检查工作（如审计非正常的日记账）。

【小贴士】计算机辅助审计技术可以提高审计工作的效率和效果，节约审计时间和成本。

【经典模拟题】

【单选题】关于计算机辅助审计技术能否有效应用的环节，以下情形中，不正确的是（　　）。

A. 授权控制的检查　　B. 测试控制的有效性

C. 实质性分析程序　　D. 在自动化业务流程中实施穿行测试

【答案】A

【解析】选项A不正确，测试授权控制运行是否有效更适合采用人工测试。

重难点15：电子表格★

因为电子表格非常容易被修改，并可能缺少控制活动，因此，电子表格往往面临重大的固有风险和错误，如下表所示。

相关风险	内容
输入错误	由错误数据录入、错误引用和剪贴功能造成的错误
逻辑错误	公式错误
接口错误	系统间的传输错误
其他错误	单元格范围定义不当、单元格参考错误等

重难点16：数据分析★★

（一）数据分析的概念

对审计而言，数据分析是注册会计师获取审计证据的一种手段，是指注册会计师在计划和执行审计工作时，通过对内部或外部数据进行分析、建模或可视化处理，以发现其中隐藏的模式、偏差或不一致，从而揭示出对审计有用的信息的方法。

（二）数据分析的作用及其应用

（1）通过基础数据结构中的字段来提取数据，而不是通过数据记录的格式。

（2）数据分析工具可用于风险分析、交易和控制测试、分析性程序，用于为判断提供支撑并提供见解。更高级的常规分析工具可用于风险分析以便发现问题，而更详细的分析可用来明确重点，提供审计证据和洞察力。

（3）一些常规分析工具可以提供审计证据，为会计估计的计算方法是否适当的判断提供支持。

（4）数据分析工具可以提高审计质量，审计质量不在于工具本身，而是在于分析和相应判断的质量。这种价值不在于数据转换，而是在于从分析产生的交谈和询问中提取的审计证据。

（三）数据分析面临的挑战

数据分析面临的挑战类型，如下表所示。

类型	内容
数据接口	注册会计师需要为客户的系统开发接口和映射编码，以便能够通过一个可使用的格式从系统中提取数据
数据转换	注册会计师需要考虑数据改变的程度，以便实现数据的可用性
数据容量	数据分析的规模和范围可能超出标准服务器的容量
数据保留	注册会计师需要考虑以何种方式保留数据，从而满足审计准则的文件记录要求

【经典模拟题】

【单选题】下列有关数据分析的说法中，不正确的是（　　）。

A. 数据分析主要通过基础数据结构中的字段来提取数据

B. 一些常规分析工具可以提供审计证据，为会计估计的计算方法是否适当的判断提供支持

C. 注册会计师可以对提取的数据进行转换，也可以对数据作出改变

D. 数据分析的价值在于可以提高审计质量，这种价值来自于数据分析工具本身及对数据进行的转换

【答案】D

【解析】选项D不正确，数据分析工具可以提高审计质量，审计质量不在于工具本身，而是在于分析和相应判断的质量。这种价值不在于数据转换，而是在于从分析产生的交谈和询问中提取的审计证据。

重难点17：不同信息技术环境下的问题★★

（一）网络环境

在网络环境下，用于处理交易的应用软件和数据文件可能分布于不同位置但互相连接的计算机设备上，由此产生了与内部控制相关的问题，包括对分布于不同位置的服务器的安全、数据和信息的分布及同步、管理监督以及兼容性问题。

（二）数据库管理系统

数据库管理系统带来了一些与内部控制相关的问题，包括多重使用者能够访问和修改共享数据的风险。因此，需要实施严格的数据库管理和接触控制，以及数据安全备份制度。

（三）电子商务系统

在这种方式下，交易信息在网上传输，容易被拦截、篡改或不当获取，需要采取相应的安全控制。此外，被审计单位的会计信息系统可能与交易对方的系统相连接，产生了互相依赖的风险，即交易一方的风险部分取决于交易对手如何识别和管理其自身系统中的风险。

（四）外包安排

1. 外包安排的含义

被审计单位可能将全部或部分的信息技术职能外包给专门的应用软件服务提供商或云计算服务商等计算机服务机构。

2. 总体程序

（1）了解服务机构中与内部控制相关的控制以及针对服务机构活动所实施的控制；

（2）获取相关控制运行有效性的证据。

其中获取相关控制运行有效性的证据的程序：

（1）了解服务机构注册会计师对服务机构内部控制有效性出具的报告或与控制测试相关的商定程序报告；

（2）测试被审计单位对服务机构活动的控制；

（3）对服务机构实施控制测试。

3. 获取外部报告

如果可以获取服务机构注册会计师对服务机构内部控制有效性出具的报告，注册会计师应当评价该报告是否提供了充分、适当的证据，以支持注册会计师的意见。

在评价时，注册会计师可能考虑下列因素：

（1）对控制的测试涵盖的期间及其与管理层评估时间点的关系；

（2）对控制的测试涵盖的范围、测试的控制及其与企业控制的关联度；

（3）对控制的测试结果，以及服务机构注册会计师对控制运行有效性发表的意见。

【经典模拟题】

【多选题】甲集团将信息技术职能外包给专门服务机构，注册会计师评价服务机构注册会计师对服务机构内部控制有效性出具的报告时，需考虑的因素有（　　）。

A. 控制测试涵盖的期间

B. 测试的控制与企业的关联度

C. 服务机构注册会计师对服务机构内部控制有效性出具的意见

D. 服务机构注册会计师的收费水平

【答案】ABC

【解析】如果可以获取服务机构注册会计师对服务机构内部控制有效性出具的报告，注册会计师应考虑三点因素进行评价：(1) 控制测试涵盖的期间以及与管理层评估时间点的关系；(2) 测试涵盖的范围、测试的控制及其与企业控制的关联度；(3) 控制测试结果以及服务机构注册会计师对控制运行有效性发表的意见。

四、进阶练习

(一) 单选题

1. 下列关于信息技术一般控制审计的表述中，正确的是（　　）。

A. 信息技术一般控制通常会对实现部分或全部财务报表认定作出直接贡献

B. 信息技术一般控制包括程序开发、程序变更及程序和数据访问三个方面

C. 程序变更范围包括代码类变更、配置类变更和紧急变更

D. 计算机运行的目标是确保业务系统根据管理层的控制目标完整准确地运行、确保系统的配置和实施，确保运行问题被完整准确地识别并解决，以维护财务数据的完整性

2. 下列关于计算机辅助审计技术的说法中，正确的是（　　）。

A. 计算机辅助审计技术可以用于实质性程序

B. 计算机辅助审计技术无法替代手工测试

C. 计算机辅助审计技术不能用于控制测试

D. 计算机辅助技术无法应对舞弊的检查工作

3. 下列关于数据分析的说法中，正确的是（　　）。

A. 数据分析通过数据记录的格式提取信息

B. 数据分析不能用于控制测试

C. 数据分析数据分析的价值在于可以提高审计质量，这种价值来自于数据分析工具本身及对数据进行的转换

D. 数据分析可以用于分析性程序

4. 下列关于信息技术在企业中的应用的说法，不正确的是（　　）。

A. 将影响审计线索　　B. 将影响审计目标

C. 将影响抽样范围　　D. 将影响审计内容

5. 以下信息技术的内部控制中，属于信息技术应用控制的是（　　）。

A. 程序开发　　B. 数据输出

C. 信息技术预算管理　　D. 信息安全和风险管理

6. 下列关于信息系统一般控制、应用控制和公司层面信息技术控制的说法中，正确的是（　　）。

A. 数据备份和恢复属于公司层面信息技术控制

B. 信息技术应用控制一般要经过输入、处理及输出等环节

C. 信息安全和风险管理属于信息技术一般控制

D. 一般控制不包括对信息系统外部各种环境要素的控制

7. 下列有关信息技术产生的风险的表述中，错误的是（　　）。

A. 信息系统或相关系统程序可能会错误地处理数据，也可能会去处理本身就错误的数据

B. 即使相关安全控制无效，也不会增加对数据信息非授权访问的风险

C. 会产生数据丢失风险或数据无法访问风险

D. 可能会出现不适当的人工干预，或人为绕过自动控制

8. 注册会计师测试信息技术应用控制时，不需要测试的是（　　）。

A. 系统自动生成报告　　B. 访问和权限

C. 系统配置　　D. 计算机运行

9. 当被审计单位将信息系统外包给专业的服务机构时，注册会计师应该对与服务机构活动相关的事项实施的下列程序中，错误的是（　　）。

A. 了解服务机构中与内部控制相关的控制

B. 获取相关控制运行是否有效的证据

C. 了解服务机构中针对服务机构活动所实施的控制

D. 无需了解服务机构中与内部控制相关的控制

10. 注册会计师在评估自行研发系统的复杂度时，不需要考虑的因素是（　　）。

A. 系统复杂程度　　B. 距离上一次系统架构重大变更的时间

C. 客制化程度　　D. 系统变更之后的系统运行情况

（二）多选题

1. 下列关于 IT 环境下的审计的说法中，不正确的有（　　）。

A. IT 环境较为复杂时，应采用“绕过计算机进行审计”的方式

B. IT 环境不太复杂时，可采用传统方式进行审计

C. 采用“绕过计算机进行审计”时，注册会计师不需了解测试一般控制和应用控制

D. “绕过计算机进行审计”无需测试其运行的有效性

2. 下列有关信息技术产生的风险的说法中，正确的有（　　）。

A. 错误的处理数据　　B. 不适当的人为干预

C. 数据存在丢失风险　　D. 系统瘫痪

3. 注册会计师在确定信息技术审计范围时，应考虑的因素包括（　　）。

A. 系统生成的交易数量

B. 评估销售流程的复杂度

C. 被审计单位业务对系统的依赖程度

D. 被审计单位信息系统复杂度

4. 下面关于计算机辅助审计技术的说法中，正确的有（　　）。

A. 计算机辅助审计技术有助于详审海量数据

B. 计算机辅助审计技术能够提高审阅大量交易的效率

C. 注册会计师仅可以在统计抽样方法中使用计算机辅助审计技术选取样本

D. 计算机辅助审计技术使得人们有可能对每笔交易进行测试

5. 下列关于信息技术一般控制的说法中，正确的有（　　）。

A. 信息技术一般控制是对所有的应用或控制模块具有普遍影响的控制措施

B. 信息技术一般控制不能对实现信息处理目标和财务报表认定作出直接贡献

C. 当人工控制依赖信息系统生成的信息时，信息技术一般控制同样重要

D. 如果注册会计师计划依赖自动应用控制、自动会计程序或依赖系统生成信息的控制，他们就需要对相关的信息技术一般控制进行测试

6. 下列关于数据分析的说法中，正确的有（　　）。

A. 注册会计师在使用管理层提供的数据时，需要对数据的提取和验证过程执行控制测试

B. 只有在注册会计师要求的情况下，管理层需要进行广泛的安全性和完整性检查

C. 数据分析工具本身可以提高审计质量

D. 数据分析工具可用于为判断提供支撑并提供见解

7. 下列关于信息系统一般控制的说法中，正确的有（　　）。

A. 一般控制的目的是保证信息系统的安全

B. 有效的一般控制可以保障应用系统控制的有效运行

C. 一般控制的措施对特定应用或控制模块具有影响

D. 一般控制不包括对信息系统外部各种环境要素的控制

8. 注册会计师计划在审计中使用电子表格，下列说法中正确的有（　　）。

A. 注册会计师在进行系统审计时，需要确保电子表格相关的内嵌控制持续的完整性

B. 电子表格数据准确性较高

C. 注册会计师应当了解电子表格相关的控制

D. 电子表格的逻辑错误是指与其他系统传输数据时产生的错误

9. 注册会计师在对被审计单位的信息技术进行审计时，通常优先评估的有（　　）。

A. 公司层面信息技术控制　　B. 信息技术一般控制的有效性

C. 信息技术应用控制的有效性　　D. 信息技术应用控制设计的合理性

10. 下列各项中，体现注册会计师在信息化环境下面临的挑战的有（　　）。

A. 对业务流程开展和内部控制运作的理解

B. 对信息系统相关审计风险的认识

C. 审计范围的确定

D. 审计内容的变化

五、进阶练习答案

（一）单选题

1. 【答案】C

【解析】选项 A 不正确，信息技术一般控制通常会对实现部分或全部财务报表认定作出间接贡献，在有些情况下，信息技术一般控制也可能对实现信息处理目标和财务报表认定作

出直接贡献；选项 B 不正确，信息技术一般控制包括程序开发、程序变更、程序和数据访问及计算机运行等四个方面；选项 D 不正确，计算机运行这一领域的目标是确保业务系统根据管理层的控制目标完整准确地运行，确保运行问题被完整准确地识别并解决，以维护财务数据的完整性；确保系统的配置和实施，是程序开发领域的目标。

2.【答案】A

【解析】选项 B 不正确，计算机辅助审计技术使得对系统中的每一笔交易进行测试成为可能，用于在交易样本量很大的情况下替代手工测试；选项 C 不正确，与其他控制测试相同，计算机辅助审计技术也可用于测试控制的有效性，选择少量的交易，并在系统中进行穿行测试，或是开发一套集成的测试工具，用于测试系统中的某些交易；选项 D 不正确，由于计算机辅助审计技术有助于详查海量数据，它可用于辅助对舞弊的检查工作（如审计非正常的日记账）。

3.【答案】D

【解析】选项 A 不正确，数据分析是通过基础数据结构中的字段来提取信息，而不是通过数据记录的格式；选项 B 不正确、选项 D 正确，数据分析工具可用于风险分析、交易和控制测试、分析性程序，用于为判断提供支撑并提供见解；选项 C 不正确，数据分析工具可以提高审计质量，审计质量不在于工具本身，而是在于分析和相应判断的质量。这种价值不在于数据转换，而是在于从分析产生的交谈和询问中提取的审计证据。

4.【答案】B

【解析】选项 B 符合题意，信息技术在企业中的应用并不改变注册会计师制定审计目标，进行风险评估和了解内部控制的原则性要求，审计准则和财务报告审计目标在所有情况下都适用。

5.【答案】B

【解析】选项 A 属于信息技术一般控制；选项 C、D 属于公司层面信息技术控制；选项 B 正确，信息技术应用控制一般要经过输入、处理及输出等环节，故数据输出属于信息技术应用控制。

6.【答案】B

【解析】选项 A 不正确，数据备份和恢复属于信息技术一般控制中的计算机运行；选项 C 不正确，信息安全和风险管理属于公司层面信息技术控制；选项 D 不正确，信息系统一般性控制是为保护信息系统的安全而对整个信息系统以及外部各种环境要素实施的，对所有的应用或控制模块具有普遍影响的控制措施。

7.【答案】B

【解析】选项 B 不正确，自动信息系统、数据库及操作系统的相关安全控制如果无效，会增加对数据信息非授权访问的风险，这种风险可能导致非授权交易、虚假交易、系统程序和系统内的数据的不当改变、交易的不当的记录，以及信息技术人员越权访问和处理等。

8.【答案】D

【解析】选项 A、B、C 不符合题意，常见的系统自动控制以及信息技术应用控制审计关注点为系统自动生成报告、系统配置和科目映射、接口控制、访问和权限；选项 D 符合题意，计算机运行属于信息技术一般控制。

9.【答案】D

【解析】选项 A、B、C 正确，属于注册会计师应当实施与服务机构活动相关的程序；选项 D 错误，注册会计师需了解服务机构中与内部控制相关的控制。

10.【答案】C

【解析】选项 A、B、D 说法正确但不符合题意，对于自行研发系统复杂度的评估，应当考虑系统复杂程度、距离上一次系统架构重大变更的时间、系统变更对财务系统的影响结果，以及系统变更之后的系统运行情况及运行期间。选项 C，在评估商业软件的复杂程度时应考虑客制化程度。

（二）多选题

1.【答案】AC

【解析】选项 A 不正确，IT 环境较为复杂时，“绕过计算机进行审计”就不可行，而需要“穿过计算机进行审计”；选项 C 不正确，采用“绕过计算机进行审计”时，注册会计师仍需要了解信息技术的一般控制和应用控制；选项 D，“绕过计算机进行审计”不测试其运行的有效性。

2.【答案】ABCD

【解析】选项 A、B、C、D 均符合题意，信息技术在改进被审计单位内部控制的同时，也产生了特定的风险：①信息系统或相关系统程序可能会对数据进行错误处理，也可能会去处理那些本身就错误的数据；②自动信息系统、数据库及操作系统的相关安全控制如果无效，会增加对数据信息非授权访问的风险；③数据丢失风险或数据无法访问风险；④不适当的人工干预，或人为绕过自动控制。

3.【答案】ABCD

【解析】选项 A、B、C、D 均符合题意，在确定审计策略时，需要结合被审计单位业务流程复杂度、信息系统复杂度、系统生成的交易数量和业务对系统的依赖程度、信息和复杂计算的数量、信息技术环境规模和复杂度五个方面，对信息技术审计范围进行适当考虑。

4.【答案】ABD

【解析】选项 A 正确，由于计算机辅助审计技术有助于详审海量数据，它也可用于辅助对舞弊的检查工作（如审计非正常的日记账）；选项 B 正确，计算机辅助审计技术能够提高审计、审阅工作的效率和效果；选项 C 不正确，在非统计抽样和统计抽样方法中，注册会计师均可使用计算机辅助审计技术选取样本；选项 D 正确，在控制测试中使用计算机辅助审计技术的优势是，可以对每一笔交易进行测试，从而确定是否存在控制失效的情况。

5.【答案】ACD

【解析】选项 A 正确，信息技术一般控制是指为了保证信息系统的安全，对整个信息系统以及外部各种环境要素实施的、对所有应用或控制模块具有普遍影响的控制措施；选项 B 错误，信息技术一般控制也可能对实现信息处理目标和财务报表认定作出直接贡献；选项 C、D 正确，当人工控制依赖信息系统生成的信息时，信息技术一般控制同样重要。如果注册会计师计划依赖自动应用控制、自动会计程序或依赖系统生成的信息的控制，则需要测试相关的信息技术一般控制。

6.【答案】AD

【解析】选项 A 正确，注册会计师围绕管理层的数据提取和验证过程执行一套控制测试，然后将管理层生成的信息用于自己的分析；选项 B 不正确，在任何情况下，管理层必须在注册会计师做任何事情以前进行广泛的安全性和完整性检查；选项 C 不正确，数据分析工具可以提高审计质量，审计质量不在于工具本身，而是在于分析和相应判断的质量；选项 D 正确，数据分析工具可用于风险分析、交易和控制测试、分析性程序，用于为判断提供支撑并提供见解。

7. 【答案】AB

【解析】选项 A 正确，信息技术一般控制是为了保证信息系统安全的控制措施；选项 B 正确，有效的信息技术一般控制确保了应用系统控制和依赖计算机处理的自动会计程序得以持续有效的运行；选项 C 错误，一般控制对所有的应用或控制模块具有普遍影响；选项 D 错误，一般控制包括对整个信息系统以及外部各种环境要素的控制。

8. 【答案】AC

【解析】选项 A、C 正确，注册会计师在进行系统审计时，需要谨慎地考虑电子表格的控制，以及类似于信息系统一般控制的设计与执行（在相关时）有效性，从而确保这些内嵌控制持续的完整性；选项 B 不正确，电子表格的特性以及编制并使用电子表格的环境的特性，增加了电子表格所生成数据存在错误的风险；选项 D 不正确，逻辑错误是指创建错误的公式从而生成了错误的结果。

9. 【答案】AB

【解析】选项 A、B 正确，考虑到公司层面信息技术控制是公司的整体控制环境，决定了信息技术的风险基准，因此，注册会计师通常优先评估公司层面信息技术控制和信息技术一般控制的有效性。

10. 【答案】ABCD

【解析】注册会计师在信息化环境下面临的挑战体现在对业务流程开展和内部控制运作的理解、对信息系统相关审计风险的认识、审计范围的确定、审计内容的变化、审计线索的隐性化、审计技术改进的必要性、有待优化的知识结构、与专业团队的充分协同工作等方面。选项 A、B、C、D 均正确。

第六章　审计工作底稿

一、2020 年新教材内容主要变化

本章内容无实质性变化。

二、本章近 5 年考情统计分析

本章考题一般以单选题或多选题为主，但是有关审计工作底稿归档工作的内容，可在简答题中考查其归档后变动及保存期限。本章属于本书中比较重要的章节，最近 5 年平均考试分值超过 4 分。

（一）近 5 年考试分值分布

题型	2015 年	2016 年	2017 年	2018 年	2019 年
单选题	—	—	—	—	2
多选题	—	2	—	2	—
简答题	—	5	8.4	—	2
合计	—	7	8.4	2	4

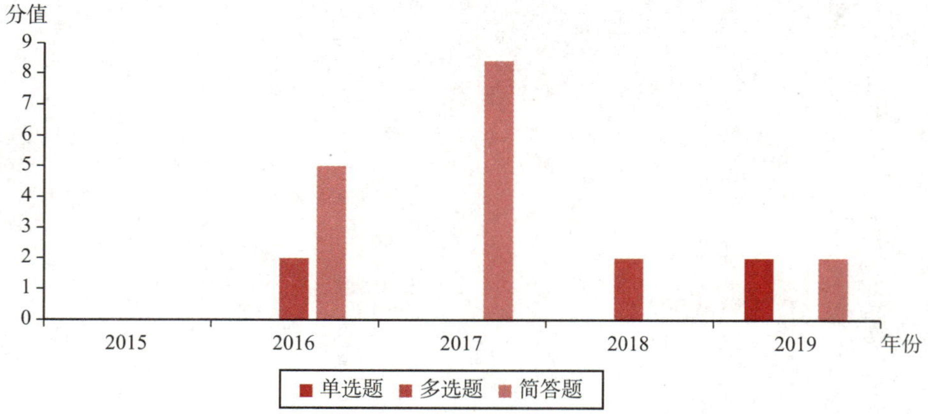

（二）近 5 年考试考点分布

高频考点内容	年度及题型分布
工作底稿归档	2019 年单选、2018 年多选、2017 年简答、2016 年简答
工作底稿编制	2017 年简答、2016 年简答
识别特征	2017 年简答
保存期限	2019 年简答、2017 年简答、2016 年简答
专家底稿	2017 年简答
记录内容	2017 年简答

续表

高频考点内容	年度及题型分布
底稿作用	2016 年多选
工作底稿复核	2019 年单选

三、重难点解析

本章内容是审计工作底稿，与教材中其他章节部分内容密切相关。本章主要内容包括：审计工作底稿的含义、审计工作底稿的编制目的、审计工作底稿的编制要求、审计工作底稿的性质、确定审计工作底稿格式、要素和范围的考虑因素、审计工作底稿的要素、审计工作底稿归档工作的性质、审计工作底稿归档的期限及要求、审计工作底稿归档后的变动、审计工作底稿的保存期限等内容。

【小贴士】本章内容的学习，需要结合第三章（审计证据）、第二十一章（会计师事务所业务质量控制）有关内容。

重难点1：审计工作底稿的含义★

审计工作底稿，是指注册会计师对制定的审计计划、实施的审计程序、获取的相关审计证据，以及得出的审计结论作出的记录。

审计工作底稿是审计证据的载体，是注册会计师在审计过程中形成的审计工作记录和获取的资料。它形成于审计过程，也反映整个审计过程。

重难点2：审计工作底稿的编制目的★★

审计工作底稿的编制目的，如下表所示。

基本目的	（1）提供充分、适当的记录，作为出具审计报告的基础； （2）提供证据，证明已按照审计准则和法律法规的规定计划和执行了审计工作
其他目的	（1）有助于计划和执行审计工作； （2）有助于履行指导、监督与复核的责任； （3）便于项目组说明其执行审计工作的情况； （4）保留对未来审计工作持续产生重大影响的事项的记录； （5）便于实施质量控制复核与检查； （6）便于监管机构和注册会计师协会实施执业质量检查

【小贴士】牢记两个基本目的，必要时可运用排除法选出正确答案。

【经典真题】

【多选题·2016】下列各项中，属于注册会计师编制审计工作底稿的目的的有（　　）。

A. 有助于项目组计划和执行审计工作

B. 保留对未来审计工作持续产生重大影响的事项的记录

C. 便于后任注册会计师的查阅

D. 便于监管机构对会计师事务所实施执业质量检查

【答案】ABD

【解析】编制审计工作底稿的目的，不包括便于后任注册会计师的查阅。

【经典模拟题】

【多选题】下列各项中，属于注册会计师编制审计工作底稿的基本目的的有（　　）。

A. 提供充分、适当的记录，作为出具审计报告的基础

B. 便于实施质量控制复核与检查

C. 便于监管机构和注册会计师协会实施执业质量检查

D. 提供证据，证明已按照审计准则和法律法规的规定计划和执行了审计工作

【答案】AD

【解析】注册会计师编制审计工作底稿的基本目的有：（1）提供充分、适当的记录，作为出具审计报告的基础；（2）提供证据，证明已按照审计准则和法律法规的规定计划和执行了审计工作。选项 B、C 属于其他目的。

重难点 3：审计工作底稿的编制要求★★

审计工作底稿的编制要求，如下表所示。

1. 基本要求
应当使未曾接触该项审计工作的有经验的专业人士清楚地了解： （1）按照规定实施的审计程序的性质、时间安排和范围； （2）实施审计程序的结果和获取的审计证据； （3）遇到的重大事项和得出的结论，以及作出的重大职业判断
2. 有经验的专业人士
指会计师事务所内部或外部的具有审计实务经验，并且对下列方面有合理了解的人士： （1）审计过程； （2）相关法律法规和审计准则的规定； （3）被审计单位所处的经营环境； （4）与被审计单位所处行业相关的会计和审计问题

【小贴士】基本要求从程序、证据和结论三个方面记忆，注意“未曾接触”这一前提。专业人士包括内部和外部。

【经典模拟题】

【单选题】下列各项中，不属于应当使未曾接触该项审计工作的有经验的专业人士清楚了解的内容是（　　）。

A. 实施审计程序的结果和获取的审计证据

B. 与被审计单位所处行业相关的会计和审计问题

C. 按照规定实施的审计程序的性质、时间安排和范围

D. 遇到的重大事项和得出的结论，以及作出的重大职业判断

【答案】B

【解析】审计工作底稿的编制要求的基本要求，应当使未曾接触该项审计工作的有经验的专业人士清楚地了解：（1）按照规定实施的审计程序的性质、时间安排和范围；（2）实施审计程序的结果和获取的审计证据；（3）遇到的重大事项和得出的结论，以及作出的重大职业判断。

重难点4：审计工作底稿的性质★★★

审计工作底稿的性质，如下表所示。

存在形式	纸质、电子或其他介质
实施控制程序的目的	（1）清晰地显示其生成、修改及复核的时间和人员； （2）在审计业务的所有阶段，尤其是在项目组成员共享信息或通过互联网传递信息时，保护信息的完整性和安全性； （3）防止未经授权改动审计工作底稿； （4）允许项目组和其他经授权的人员为适当履行职责而接触审计工作底稿
转换和保存要求	（1）电子或其他介质形式存在的底稿，应与其他纸质形式的审计工作底稿一并归档，并能通过打印等方式，转换成纸质形式的审计工作底稿； （2）同时，单独保存这些以电子或其他介质形式存在的审计工作底稿
内容	
包括	（1）业务约定书； （2）总体审计策略、具体审计计划； （3）分析表、核对表和问题备忘录； （4）重大事项概要及往来函件； （5）内部或外部会议记录； （6）被审计单位文件记录的摘要或复印件； （7）错报汇总表； （8）声明书； （9）与其他人士的沟通文件； （10）管理建议书
不包括	（1）已被取代的审计工作底稿的草稿或财务报表的草稿； （2）反映不全面或初步思考的记录； （3）存在印刷错误或其他错误而作废的文本； （4）重复的文件记录等

【小贴士】

（1）对审计计划、重要性的更新和修改，需要保留；

（2）审计工作底稿中不包括的内容可以根据其特点记忆，分别是草稿的、初步的、错误的和重复的。

【经典模拟题】

【多选题】下列关于审计工作底稿的说法中，注册会计师认为错误的是（　　）。

A. 将电子介质的底稿打印归档后，电子形式可不必纳入审计工作底稿中

B. 注册会计师可以根据具体业务的特点对会计师事务所制定的审计工作底稿模板进行修改

C. 为保护信息的完整性和安全性，任何项目组以外的人员均不得接触审计工作底稿

D. 编制审计工作底稿的要求是使得事务所内部有经验的专业人士清楚地了解审计程序、审计证据和重大审计结论

【答案】ACD

【解析】选项 A 中，电子等形式的底稿，可以通过打印转换成纸质底稿，并一起归档，同时单独保存这些电子或其他介质形式存在的审计工作底稿；选项 C 中，允许项目组和其他经授权的人员为适当履行职责而接触审计工作底稿；选项 D 中，编制审计工作底稿的要求是使得事务所内部或外部有经验的专业人士清楚地了解审计程序、审计证据和重大审计结论。

重难点 5：确定审计工作底稿格式、要素和范围的考虑因素★★

（一）被审计单位的规模和复杂程度

大型被审计单位通常比小型被审计单位多，复杂被审计单位通常比简单被审计单位多。

（二）拟实施审计程序的性质

不同的审计程序会使得注册会计师获取不同性质的审计证据，由此注册会计师可能会编制不同的审计工作底稿。如函证程序与存货监盘程序两者的审计工作底稿不同。

（三）识别出的重大错报风险

识别和评估的重大错报风险水平的不同可能导致注册会计师实施的审计程序和获取的审计证据不尽相同。重大错报风险高，审计工作底稿中记录的内容越多，范围越广。

（四）已获取的审计证据的重要程度

审计证据的相关性和可靠性影响审计工作底稿的格式、要素和范围。

（五）识别出的例外事项的性质和范围

如追查回函不符事项后发现，该例外事项不构成错报，注册会计师可能只在审计工作底稿中解释其发生原因及影响；反之，如果发现该例外事项构成错报，注册会计师可能需要执行额外的审计程序并获取更多的审计证据。

（六）当从已执行审计工作或获取审计证据的记录中不易确定结论或结论的基础时，记录结论或结论基础的必要性

应当考虑是否需要进一步说明并记录得出结论的过程及该事项的结论。

（七）审计方法和使用的工具

如使用计算机辅助审计技术与采用人工方式是不同的。

【小贴士】可以从正向和反向两个角度做题：通过正向记忆选择正确答案。或从反向思考，如收费、语言文字、归档期限等均不属于考虑因素。

【经典模拟题】

【多选题】下列关于审计工作底稿的格式、要素和范围取决的因素中，正确的是（　　）。

A. 审计证据的重要程度对审计工作底稿的格式、要素和范围有直接影响

B. 不同的审计程序得到的审计证据不同，审计工作底稿格式和要求也会有所不同

C. 如果从已执行审计工作或获取审计证据的记录中不易确定审计结论或结论的基础，

需要记录结论或结论的基础的必要性

D. 如果识别的是重大错报风险较高的项目，审计工作底稿记录的内容不需那么多

【答案】ABC

【解析】选项 D 错误，重大错报风险越高的项目，注册会计师实施的审计程序越多，审计工作底稿记录的内容也需要更多。

重难点 6：审计工作底稿的要素★★

审计工作底稿的要素，如下图所示。

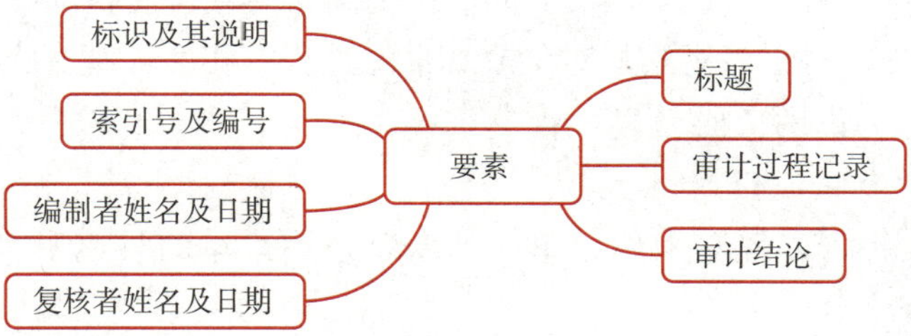

（一）审计工作底稿的标题

每张底稿应当包括：

（1）被审计单位的名称；

（2）审计项目的名称；

（3）资产负债表日或底稿覆盖的会计期间（如果与交易相关）。

（二）审计过程记录

1. 具体项目或事项的识别特征

具体项目或事项的识别特征及具体情形，如下表所示。

一般特征	（1）指被测试项目或事项表现出的象征或标志； （2）识别特征通常具有唯一性：可以使其他人员根据识别特征识别该项目或事项，并重新执行该测试
具体情形	（1）单据的唯一编号。 在对订购单进行细节测试时，需要注意区别不同的会计期间，以确保查询编号可以直接识别相关项目或事项 （2）实施审计程序的范围并指明该主体。 对于需要选取或复核既定总体内一定金额以上的所有项目的审计程序，如银行存款日记账中一定金额以上的所有分录 （3）样本来源、抽样起点和间隔。 对选样方法进行说明，重新执行可以追踪到特定的样本 （4）询问程序。 询问的时间、被询问人的姓名及职位 （5）观察程序。 观察的对象或观察过程、相关被观察人员及其各自的责任、观察的地点和时间

【小贴士】该知识点常常以简答题形式进行考查，关键点在于判断识别特征是否具有唯一性。

【经典模拟题】

【多选题】针对审计工作底稿中记录的识别特征，以下说法中，正确的是（　　）。

A. 针对被审计单位生成的采购订单进行细节测试，可以将订单的数量、单价和金额作为识别特征

B. 针对检查销售合同和协议，可以以合同编号作为主要识别特征

C. 针对询问程序，可能会以询问的时间、被询问人的姓名及职位作为识别特征

D. 针对观察程序，可以以观察的对象或观察的过程，相关被观察人员及其各自的责任，观察的地点和时间作为识别特征

【答案】BCD

【解析】选项 A 错误，针对采购订单，可以以采购订单的日期和其唯一编号作为识别特征。

2. 重大事项及相关重大职业判断

重大事项内容及记录要求，如下表所示。

内容	（1）引起特别风险的事项； （2）实施审计程序的结果，该结果表明财务信息可能存在重大错报，或需要修正以前对重大错报风险的评估和拟采取的应对措施； （3）导致注册会计师难以实施必要审计程序的情形； （4）导致出具非无保留意见或者带强调事项段“与持续经营相关的重大不确定性”等段落的审计报告的事项
记录要求	（1）与管理层、治理层和其他人员对重大事项性质的讨论，包括讨论的时间、地点和参与人员； （2）可以将分散的重大事项的记录汇总在重大事项概要中，有利于有效地复核和检查审计工作底稿，并评价重大事项的影响； （3）重大事项概要包括识别的重大事项及其如何得到解决，或对其他支持性审计工作底稿的交叉索引； （4）当涉及重大事项和重大职业判断时，注册会计师需要编制与运用职业判断相关的审计工作底稿

3. 针对重大事项如何处理不一致情况

如果识别出的信息与针对某重大事项得出的最终结论不一致，注册会计师应当记录如何处理不一致的情况。

（三）审计结论

审计工作的每一部分都应包含与已实施审计程序的结果及其是否实现既定审计目标相关的结论，还应包括审计程序识别出的例外情况和重大事项如何得到解决的结论。

（四）审计标识及说明

审计工作底稿可使用各种审计标识，但应说明其含义，并保持前后一致。

（五）索引号及编号

审计工作底稿通常需要注明索引号及顺序编号，相关审计工作底稿之间需要保持清晰的勾稽关系。

（六）编制人员和复核人员及执行日期

审计过程记录内容及要求，如下表所示。

记录内容	（1）测试的具体项目或事项的识别特征； （2）审计工作的执行人员及完成审计工作的日期； （3）审计工作的复核人员及复核的日期和范围； （4）项目质量控制复核人员及复核的日期（需要的情况下）
要求	（1）通常，需要在每一张审计工作底稿上注明执行审计工作的人员和复核人员、完成该项审计工作的日期以及完成复核日期； （2）如果若干页的审计工作底稿记录同一性质的具体审计程序或事项，并且编制在同一个索引号中，可以仅在审计工作底稿的第一页上记录审计工作的执行人员和复核人员并注明日期

重难点7：审计工作底稿归档工作的性质★★

sj200601

（一）性质

审计工作底稿归档是指将审计工作底稿归整为最终审计档案，属于一项事务性工作，不涉及实施新的审计程序或得出新的审计结论。

（二）归档期间可以对审计工作底稿进行的事务性变动

（1）删除或废弃被取代的审计工作底稿；

（2）对审计工作底稿进行分类、整理和交叉索引；

（3）对审计档案归整工作的完成核对表签字认可；

（4）记录在审计报告日前获取的、与项目组相关成员进行讨论并达成一致意见的审计证据。

【小贴士】此知识点适合正向记忆。

【经典真题】

【多选题·2018】注册会计师在审计工作底稿归档期间作出的下列变动中，属于事务性变动的有（　　）。

A. 删除管理层书面声明的草稿

B. 对审计档案归整工作的完成核对表签字认可

C. 将审计报告日前已收回的询证函进行编号和交叉索引

D. 获取估值专家的评估报告最终版本并归入审计工作底稿

【答案】ABC

【解析】如果在归档期间对审计工作底稿作出的变动属于事务性的，注册会计师可以作出变动，主要包括：（1）删除或废弃被取代的审计工作底稿（选项A）；（2）对审计工作底稿进行分类、整理和交叉索引（选项C）；（3）对审计档案归整工作的完成核对表签字认可（选项B）；（4）记录在审计报告日前获取的、与项目组相关成员进行讨论并达成一致意见的审计证据。

【经典模拟题】

【多选题】下列有关注册会计师在审计报告日后对审计工作底稿作出变动的做法中，正确的有（　　）。

A. 在归档期间记录在审计报告日前获取的、为项目组相关成员进行讨论并达成一致意见的审计证据

B. 在归档期间删除或废弃被取代的审计工作底稿

C. 以归档期间收到的询证函回函替换审计报告日前已实施的替代程序审计工作底稿

D. 在归档后由于实施追加的审计程序而修改审计工作底稿，并记录修改的理由、时间和人员，以及复核的时间和人员

【答案】ABD

【解析】在归档期间对审计工作底稿作出的变动属于事务性的，注册会计师可以作出变动的情形主要包括：（1）删除或废弃被取代的审计工作底稿（选项B正确）；（2）对审计工作底稿进行分类、整理和交叉索引；（3）对审计档案归整工作的完成核对表签字认可；（4）记录在审计报告日前获取的、与项目组相关成员进行讨论并达成一致意见的审计证据（选项A正确）。归档后需要变动审计工作底稿的情形和记录要求（选项D正确）。归档期间收到的询证函回函不应替换替代审计程序的审计工作底稿，因为之前实施的审计程序也是有效程序（选项C错误）。

重难点8：审计工作底稿归档的期限及要求★★

（一）期限

（1）审计报告日后60天内；

（2）或审计业务中止后的60天内。

（二）要求

如果针对客户的同一财务信息执行不同的委托业务，出具两个或多个不同的报告，会计师事务所应当将其视为不同的业务，根据会计师事务所内部制定的政策和程序，在规定的归档期限内分别将审计工作底稿归整为最终审计档案。

【经典模拟题】

【多选题】在归档审计工作底稿时，下列有关归档期限的要求中，注册会计师认为正确的是（　　）。

A. 在审计报告公布日后六十天内完成审计工作底稿的归档工作

B. 在审计报告日后六十天内完成审计工作底稿的归档工作

C. 在审计业务中止后的六十天内完成审计工作底稿的归档工作

D. 在审计报告公布日后九十天内完成审计工作底稿的归档工作

【答案】BC

【解析】审计工作底稿的归档期限为审计报告日后六十天内或审计业务中止后的六十天内。

重难点9：审计工作底稿归档后的变动★★

（一）基本要求

在完成最终审计档案的归整工作后，不应在规定的保存期限届满前删除或废弃任何性质的审计工作底稿。

（二）需要变动审计工作底稿的情形

（1）注册会计师已实施了必要的审计程序，取得了充分、适当的审计证据并得出了恰当的审计结论，但审计工作底稿的记录不够充分；

（2）审计报告日后，发现例外情况要求实施新的或追加审计程序，或导致注册会计师得出新的结论。

【小贴士】归档后的变动只有以上两点，注意不要和归档期间的事务性变动混淆。

（三）变动审计工作底稿时的记录要求

注册会计师应当记录下列事项：

（1）修改或增加审计工作底稿的理由；

（2）修改或增加审计工作底稿的时间和人员，以及复核的时间和人员。

【经典模拟题】

【多选题】在某些例外情况下，如果在审计报告日后实施了新的或追加的审计程序，或者得出新的结论，应当形成相应的审计工作底稿。下列各项中，需要包括在审计工作底稿中的是（　　）。

A. 有关例外情况的记录

B. 实施的新的或追加的审计程序、获取的审计证据、得出的结论及对审计报告的影响

C. 对审计工作底稿作出相应变动的时间和人员以及复核的时间和人员

D. 审计报告日后，修改后的被审计单位财务报表草稿

【答案】ABC

【解析】审计工作底稿通常不包括财务报表草稿。注册会计师在完成最终审计档案的归整工作后，如果发现有必要修改现有审计工作底稿或增加新的审计工作底稿，无论修改或增加的性质如何，注册会计师均应当记录下列事项：（1）修改或增加审计工作底稿的理由；（2）修改或增加审计工作底稿的时间和人员，以及复核的时间和人员。

重难点10：审计工作底稿的保存期限★★★

会计事务所应当自审计报告日起，对审计工作底稿至少保存10年；如果注册会计师未能完成审计业务，会计事务所应当自业务中止日起，对审计工作底稿至少保存10年。

【小贴士】不是归档日起。

【经典真题】

【简答题（部分）·2017】ABC会计师事务所的A注册会计师负责审计多家被审计单位2016年度财务报表。与审计工作底稿相关的部分事项如下：

（1）因无法获取充分、适当的审计证据，A 注册会计师在 2017 年 2 月 28 日终止了甲公司 2016 年度财务报表审计业务。考虑到该业务可能重新启动，A 注册会计师未将审计工作底稿归档。

（2）A 注册会计师在出具乙公司 2016 年度审计报告日次日收到一份应收账款询证函回函，确认金额无误后将其归入审计工作底稿，未删除记录替代程序的原审计工作底稿。

（3）在将丙公司 2016 年度财务报表审计工作底稿归档后，A 注册会计师知悉丙公司已于 2017 年 4 月清算并注销，认为无须保留与丙公司相关的审计档案，决定销毁。

（4）A 注册会计师在将丁公司 2016 年度审计工作底稿归档后，收到管理层寄回的书面声明原件，与已归档的传真件核对一致后，直接将其归入审计档案。

（5）A 注册会计师获取了丁公司 2016 年年度报告的最终版本，阅读和考虑年度报告中的其他信息后，通过在年度报告封面上注明“已阅读”作为已执行工作的记录。

【要求】针对下列第（1）~（5）项，逐项指出 A 注册会计师的做法是否恰当。如不恰当，简要说明理由。

【答案】

（1）不恰当。应在业务中止后的 60 天内归档/业务中止也应归档。

（2）恰当。

（3）不恰当。会计师事务所应当自审计报告日起对审计工作底稿至少保存 10 年/在规定保存期届满前，不应删除或废止任何性质的审计工作底稿。

（4）不恰当。注册会计师应当记录对已归档审计工作底稿的修改或增加/应当记录修改或增加审计工作底稿的理由/应当记录修改或增加审计工作底稿的时间和人员/应当记录复核的时间和人员。

（5）不恰当。应当记录实施的具体程序/应当记录阅读和考虑的程序。

【经典模拟题】

【单选题】注册会计师对被审计单位 2018 年度财务报表进行审计，于 2019 年 4 月 10 日出具审计报告，相关审计工作底稿于 2019 年 5 月 30 日归档。关于审计工作底稿的保存期限，下列说法中，正确的是（　　）。

A. 自 2019 年 1 月 1 日起至少 10 年　　B. 自 2019 年 4 月 10 日起至少 10 年

C. 自 2019 年 5 月 30 日起至少 10 年　　D. 自 2019 年 12 月 31 日起至少 10 年

【答案】B

【解析】选项 B 正确，审计工作底稿的保存期限是自审计报告日（2019 年 4 月 10 日）起至少 10 年。

【简答题】ABC 会计师事务所的 A 注册会计师负责审计甲公司 2016 年度财务报表。与审计工作底稿相关的部分事项如下：

（1）在归整审计档案时，A 注册会计师删除了商誉减值测试审计工作底稿的初稿，以及计划阶段评估重要性的工作底稿；同时，代之以商誉减值测试审计工作底稿的终稿，以及重新评估重要性的工作底稿。

（2）审计工作底稿中包含一份甲公司文件记录的复印件，共计 30 页，A 注册会计师将其编制在同一索引号中，并要求审计工作的执行人员和复核人员仅在该复印件首页签署姓名和日期。

（3）A注册会计师在甲公司财务部员工的陪同下到乙银行实施函证，A注册会计师将跟函的时间和地点、银行柜台经办人员的职位以及观察其处理函证的过程记录于审计工作底稿中作为识别特征。

（4）在完成审计档案归整工作后，A注册会计师收到一份其他应收款询证函回函，其结果显示无差异。A注册会计师将其归入审计档案，并删除了在审计过程中实施的相关替代程序的审计工作底稿。

【要求】针对下列第（1）~（4）项，逐项指出A注册会计师的做法是否恰当。如不恰当，简要说明理由。

【答案】

（1）不恰当。理由：计划阶段评估重要性的工作底稿不应在审计工作底稿归档时删除/注册会计师应当在审计工作底稿中记录在审计过程中对具体审计计划作出的任何重大修改和理由。

（2）恰当。

（3）不恰当。理由：注册会计师还应当在审计工作底稿中记录处理询证函人员的姓名、员工号等身份识别特征。

（4）不恰当。在完成最终审计档案的归整工作后，不应在规定的保存期限届满前删除或废弃任何性质的审计工作底稿。

四、进阶练习

（一）单选题

1. 注册会计师应当及时编制审计工作底稿，以实现其主要目的（　　）。

A. 提供充分、适当的记录，便于注册会计师及时完成审计工作

B. 提供证据，保留对未来审计工作持续产生重大影响的事项的记录

C. 提供证据，便于注册会计师协会对注册会计师事务所实施执业质量检查

D. 提供充分、适当的记录，作为注册会计师出具审计报告的基础

2. 注册会计师编制的审计工作底稿，应当使未曾接触该项审计工作的有经验的专业人士清楚了解相关事项。下列各项中，属于有经验的专业人士需要满足的条件是（　　）。

A. 从事审计行业10年

B. 了解与被审计单位所处行业相关的会计和审计问题

C. 是审计项目组关键成员

D. 在会计师事务所专职执业3年以上

3. 在编制审计工作底稿时，下列各项中，注册会计师通常认为不必形成最终审计工作底稿的是（　　）。

A. 注册会计师记录的被审计单位本年各月收入与上一年度的同期数据进行比较的情况

B. 注册会计师与被审计单位管理层对重大事项进行讨论的结果

C. 注册会计师作出的反映初步思考的记录

D. 被审计单位重大事项概要及往来函件

4. 下列有关审计工作底稿的说法中，错误的是（　　）。

A. 注册会计师可以将被审计单位与其他人士的沟通文件作为审计工作底稿的一部分

B. 审计工作底稿包括分析表、核对表和问题备忘录

C. 存在印刷错误而作废的文本属于审计工作底稿的内容

D. 审计工作底稿不可以代替被审计单位的会计记录

5. 下列各项中，不属于影响审计工作底稿的格式、要素和范围的因素是（　　）。

A. 编制审计工作底稿使用的文字　　　　B. 识别出的例外事项的性质和范围

C. 已获取的审计证据的重要程度　　　　D. 审计方法和使用的工具

6. 下列各项中，不属于审计工作底稿包含的要素是（　　）。

A. 审计过程记录　　　　B. 归档人员及执行日期

C. 编制人员和复核人员及执行日期　　　　D. 审计标识及说明

7. 对于某一具体项目或事项而言，识别特征的最主要的特点是（　　）。

A. 合理性　　　　B. 广泛性　　　　C. 唯一性　　　　D. 相关性

8. 审计工作底稿中应当具备编制人员和复核人员及执行日期这一要素，下列说法中不属于该要素记录内容的是（　　）。

A. 审计计划的编制人员及编制日期

B. 测试的具体项目或事项的识别特征

C. 审计工作的执行人员及完成审计工作的日期

D. 审计工作的复核人员及复核的日期和范围

9. 下列有关审计工作底稿归档期间可以进行的事务性变动的说法中，错误的是（　　）。

A. 删除或废弃被取代的审计工作底稿

B. 对审计工作底稿的内容进行修改

C. 对审计档案归整工作的完成核对表签字认可

D. 记录在审计报告日前获取的、与项目组相关成员进行讨论并达成一致意见的审计证据

10. 下列有关审计工作底稿归档期限的说法中，正确的是（　　）。

A. 如果注册会计师未能完成审计业务，归档期限为审计业务中止日后60天内

B. 如果完成了审计工作，归档期限为审计报告公布日后60天内

C. 针对客户的同一财务信息执行不同的委托业务，出具两个或多个不同的报告，会计师事务所应当一并归档

D. 归档后的审计工作底稿所有权归被审计单位所有

（二）多选题

1. 审计工作底稿通常包括的内容有（　　）。

A. 询证函回函　　　　B. 业务约定书

C. 已被取代的审计工作底稿的草稿　　　　D. 错报汇总表

2. 会计师事务所应当针对审计工作底稿设计和实施适当的控制，下列有关控制目的的说法中，正确的有（　　）。

A. 在审计业务的部分阶段，保护信息的完整性和安全性

B. 防止未经授权改动审计工作底稿

C. 在规定的时间内完成审计工作

D. 使工作底稿清晰地显示其生成、修改及复核的时间和人员

3. 下列各项中，关于审计工作底稿存在形式的说法，不正确的是（　　）。

A. 审计工作底稿只能以纸质形式存在

B. 电子形式的审计工作底稿转换成纸质形式后，可以将电子形式的审计工作底稿删除

C. 电子形式的审计工作底稿无须转换成纸质形式的

D. 电子或其他介质形式存在的底稿，应与其他纸质形式的审计工作底稿一并归档

4. 在编制审计工作底稿的过程中，注册会计师应当根据具体情况判断某一事项是否属于重大事项，重大事项通常包括（　　）。

A. 引起审计风险的事项

B. 引起特别风险的事项

C. 导致注册会计师难以实施必要审计程序的情形

D. 导致出具非无保留意见或者带强调事项段“与持续经营相关的重大不确定性”等段落的审计报告的事项

5. 下列各项中，属于注册会计师应当在记录审计过程时特别关注的有（　　）。

A. 审计结论　　B. 具体项目或事项的识别特征

C. 重大事项及相关重大职业判断　　D. 其他应说明事项

6. 在记录工作底稿时，应记录识别特征。下列说法中错误的是（　　）。

A. 对被审计单位生成的订购单进行细节测试，将订购单金额作为主要识别特征

B. 对运用系统抽样的审计程序，将抽样的起点作为主要识别特征

C. 对需要选取既定总体内一定金额以上的所有项目进行测试，将该金额作为主要识别特征

D. 对观察程序，将观察的地点作为主要识别特征

7. 在审计工作底稿归档后，注册会计师认为有必要修改或增加审计工作底稿，应在审计工作底稿中记录的事项包括（　　）。

A. 修改或增加审计工作底稿的理由　　B. 归档审计工作底稿的时间和人员

C. 修改或增加审计工作底稿的时间　　D. 复核审计工作底稿的时间和人员

8. 在审计报告日后，注册会计师准备将审计工作底稿归档，下列做法中正确的是（　　）。

A. 审计报告日后收到应收账款回函原件，注册会计师核对一致后，将原底稿中的复印件替换

B. 发现其中一张工作底稿出现污渍，重新誊写，销毁原底稿

C. 发现以前工作底稿中有计算错误，注册会计师进行涂改修正，改变原底稿结论

D. 注册会计师甲编制的工作底稿没有索引号，助理人员经项目经理安排代编索引号

9. 下列有关审计工作底稿的说法中，正确的是（　　）。

A. 在审计报告日后，可以删除或废弃被取代的审计工作底稿

B. 审计报告日后的归档工作涉及实施新的审计程序或得出新的结论

C. 在归档期间，注册会计师可以记录在审计报告日前获取的、与项目组相关成员进行讨论并达成一致意见的审计证据

D. 在审计报告日后将审计工作底稿归整为最终审计档案是一项事务性的工作

10. A 会计师事务所于 2019 年 4 月 30 日完成了甲公司 2018 年度财务报表审计业务的所有审计工作底稿的归档。下列事项中，会导致注册会计师变动审计工作底稿的有（　　）。

A. 注册会计师对审计工作底稿进行分类、整理和交叉索引

B. 注册会计师对银行存款进行了函证，但归档后发现对函证结果记录不充分

C. 审计报告日后，注册会计师发现例外情况要求实施新的或追加审计程序，会导致注册会计师得出新的结论

D. 2019 年 5 月 5 日得知被审计单位于 2019 年 2 月 15 日销售的部分货物被退回

（三）简答题

ABC 会计师事务所的 A 注册会计师负责审计甲公司 2018 年度财务报表。与审计工作底稿相关的部分事项如下：

（1）A 注册会计师将以电子形式存在的审计工作底稿通过打印转换成纸质形式的审计工作底稿，与其他纸质工作底稿一同归档，并将这些电子形式存在的审计工作底稿销毁。

（2）在对营业收入进行细节测试时，注册会计师对顺序编号的销售发票进行了抽样检查，针对所检查的销售发票，注册会计师记录的识别特征为销售发票的金额。

（3）A 注册会计师认为被审计单位文件记录的复印件不重要，并不能作为影响审计意见的支持性证据，因此不属于审计工作底稿应当包括的内容。

（4）在对审计工作底稿进行归档的过程中，A 注册会计师删除了被取代的审计工作底稿，并对审计档案归整工作的完成核对表签字认可。

（5）A 注册会计师在审计工作底稿归档之后收到了一份银行存款询证函回函原件，于是用原件替换审计档案中的回函传真件。

（6）审计报告日期为 2019 年 4 月 20 日。A 注册会计师于 2019 年 4 月 23 日将审计报告提交给甲公司管理层，并于 2019 年 7 月 1 日完成审计工作底稿的归档工作。

【要求】针对上述第（1）~（6）项，逐项指出 A 注册会计师的做法是否恰当。如不恰当，简要说明理由。

五、进阶练习答案

（一）单选题

1. 【答案】D

【解析】注册会计师编制审计工作底稿的主要目的有：（1）提供充分、适当的记录，作为出具审计报告的基础；（2）提供证据，证明已按照审计准则和法律法规的规定计划和执行了审计工作。

2. 【答案】B

【解析】有经验的专业人士是指在会计师事务所内部或外部的具有审计实务经验，并且对下列方面有合理了解的人士：（1）审计过程；（2）相关法律法规和审计准则的规定；（3）被审计单位所处的经营环境；（4）与被审计单位所处行业相关的会计和审计问题。

3. 【答案】C

【解析】审计工作底稿的内容不包括反映不全面或初步思考的记录。

4. 【答案】C

【解析】选项C错误，审计工作底稿不包括的内容有：（1）已被取代的审计工作底稿的草稿或财务报表的草稿；（2）反映不全面或初步思考的记录；（3）存在印刷错误或其他错误而作废的文本；（4）重复的文件记录等。

5. 【答案】A

【解析】在确定审计工作底稿的格式、要素和范围时，注册会计师应当考虑下列因素：（1）被审计单位的规模和复杂程度；（2）拟实施审计程序的性质；（3）识别出的重大错报风险；（4）已获取审计证据的重要程度；（5）识别出的例外事项的性质和范围；（6）当从已执行审计工作或获取审计证据的记录中不易确定结论或结论的基础时，记录结论或结论基础的必要性；（7）审计方法和使用的工具。

6. 【答案】B

【解析】审计工作底稿的要素不包括归档人员及执行日期。

7. 【答案】C

【解析】对某一个具体项目或事项而言，其识别特征通常具有唯一性，所以选项C正确。

8. 【答案】A

【解析】选项A错误。编制人员和复核人员及执行日期要素通常记录的内容包括：（1）测试的具体项目或事项的识别特征；（2）审计工作的执行人员及完成审计工作的日期；（3）审计工作的复核人员及复核的日期和范围；（4）项目质量控制复核人员及复核的日期（需要的情况下）。

9. 【答案】B

【解析】选项B说法错误。归档期间可以对审计工作底稿进行的事务性变动包括：（1）删除或废弃被取代的审计工作底稿；（2）对审计工作底稿进行分类、整理和交叉索引；（3）对审计档案归整工作的完成核对表签字认可；（4）记录在审计报告日前获取的、与项目组相关成员进行讨论并达成一致意见的审计证据。

10. 【答案】A

【解析】选项B错误，审计工作底稿归档的期限在审计报告日后60天内或审计业务中止后的60天内。选项C错误，针对客户的同一财务信息执行不同的委托业务，出具两个或多个不同的报告，会计师事务所应当将其视为不同的业务，在规定的归档期限内分别归档。选项D错误，根据《质量控制准则第5101号——会计师事务所对执行财务报表审计和审阅、其他鉴证和相关服务业务实施的质量控制》的规定，审计工作底稿的所有权属于会计师事务所。

（二）多选题

1. 【答案】ABD

【解析】审计工作底稿不包括已被取代的审计工作底稿的草稿，选项 C 错误。

2. 【答案】BD

【解析】实施控制程序的目的包括：（1）清晰地显示其生成、修改及复核的时间和人员；（2）在审计业务的所有阶段，尤其是在项目组成员共享信息或通过互联网传递信息时，保护信息的完整性和安全性；（3）防止未经授权改动审计工作底稿；（4）允许项目组和其他经授权的人员为适当履行职责而接触审计工作底稿。选项 A、C 错误。

3. 【答案】ABC

【解析】选项 A 说法错误，审计工作底稿的存在形式包括纸质、电子或其他介质。选项 B 说法错误，电子形式的审计工作底稿转换成纸质形式后，需要单独保存电子形式的审计工作底稿。选项 C 说法错误，电子或其他介质形式存在的底稿，应与其他纸质形式的审计工作底稿一并归档，并能通过打印等方式，转换成纸质形式的审计工作底稿。

4. 【答案】BCD

【解析】选项 A 错误。重大事项通常包括：（1）引起特别风险的事项；（2）实施审计程序的结果，该结果表明财务信息可能存在重大错报，或需要修正以前对重大错报风险的评估和拟采取的应对措施；（3）导致注册会计师难以实施必要审计程序的情形；（4）导致出具非无保留意见或者带强调事项段“与持续经营相关的重大不确定性”等段落的审计报告的事项。

5. 【答案】BC

【解析】在记录审计过程时，注册会计师应当特别注意的几个重要方面包括：（1）具体项目或事项的识别特征；（2）重大事项及相关重大职业判断；（3）针对重大事项如何处理不一致情况。选项 A、D 属于审计工作底稿的要素。

6. 【答案】ABD

【解析】选项 A 错误，对订购单进行细节测试，注册会计师可以以订购单的日期或其唯一编号作为测试订购单的识别特征。选项 B 错误，对运用系统抽样的审计程序，通过样本的来源、抽样的起点及抽样间隔来识别已选取的样本；选项 D 错误，对观察程序，应将观察的对象或观察过程、相关被观察人员及其各自的责任、观察的地点和时间作为识别特征。

7. 【答案】ACD

【解析】变动审计工作底稿的记录要求：（1）修改或增加审计工作底稿的时间和人员，以及复核的时间和人员；（2）修改或增加审计工作底稿的理由。不包括归档审计工作底稿的时间和人员，选项 B 错误。

8. 【答案】ABD

【解析】选项 C 错误，在审计报告日后将审计工作底稿归整为最终审计档案是一项事务性的工作，不涉及实施新的审计程序或得出新的结论。

9. 【答案】ACD

【解析】审计报告日后的归档工作不涉及实施新的审计程序或得出新的结论。

10. 【答案】BC

【解析】归档后审计工作底稿需要变动的情形包括：(1) 注册会计师已实施了必要的审计程序，取得了充分、适当的审计证据并得出了恰当的审计结论，但审计工作底稿的记录不够充分；(2) 审计报告日后，发现例外情况要求实施新的或追加审计程序，会导致注册会计师得出新的结论。选项 B 属于第一种情形，选项 C 属于第二种情形，选项 A 属于归档期间的事务性变动，选项 D 作为当期事项处理，不会引起审计工作底稿的变动。

(三) 简答题

【答案】

(1) 不恰当。应当单独保存这些以电子形式存在的审计工作底稿。

(2) 不恰当。对某一个具体项目或事项而言，其识别特征通常应具有唯一性，针对所检查的连续编号的销售发票，识别特征应当为销售发票的编号。

(3) 不恰当。审计工作底稿的内容通常包括被审计单位文件记录的摘要或复印件。

(4) 恰当。

(5) 不恰当。在完成归档后，不应在规定保管期限届满前删除或废弃任何审计工作底稿。

(6) 不恰当。应当在审计报告日后六十天内将工作底稿归档，即 2019 年 6 月 19 日前。

第七章　风险评估

一、2020 年新教材内容主要变化

除对部分文字进行了重新修订，本章内容无实质性变化。

二、本章近 5 年考情统计分析

本章属于本书中非常重要的章节，本章内容在考试中所占极高分值，风险评估贯穿于审计过程的始终。在近 5 年的考试中，都有客观题、综合题涉及本章内容。本章也可以与其他章节内容相结合在一起出考题，务必认真学习本章内容。

（一）近 5 年考试分值分布

题型	2015 年	2016 年	2017 年	2018 年	2019 年
单选题	1	2	4	1	5
多选题	—	2	8	1	8
简答题	—	2	—	—	—
综合题	1. 25	6. 9	4. 5	7. 75	7
合计	2. 25	12. 9	16. 5	9. 75	20

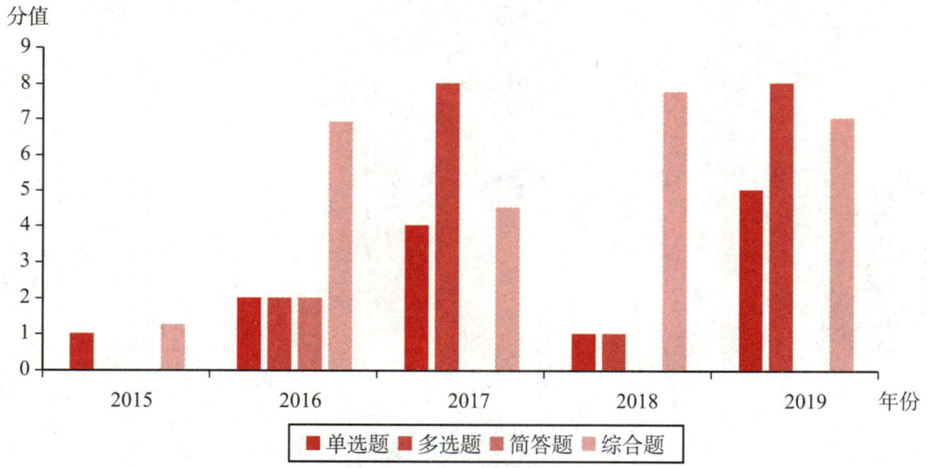

（二）近 5 年考试考点分布

高频考点内容	年度及题型分布
了解被审计单位及其环境	2019 年单选、2018 年简答
风评程序与项目组讨论	2019 年单选、2016 年多选、2016 年综合、2016 年单选、2016 年简答
了解被审计单位内部控制	2019 年多选、2017 年单选、2017 年多选、2016 年单选、2016 年简答、2015 年综合
风险评估理论	2019 年综合、2018 年综合、2017 年单选、2017 年综合、2015 年单选
识别特别风险考虑因素	2019 年单选、2019 年多选、2018 年单选、2017 年多选

三、重难点解析

本章属于本书中非常重要的章节，本章主要内容包括：风险识别和评估概述、了解风险评估程序、信息来源以及项目组内部的讨论、了解审计单位及其环境、了解审计单位的内部控制以及评估重大错报风险。

【小贴士】本章内容的学习，需要结合后续有关章节。本章和第八章（风险评估）同构成财务报表审计的测试流程，主要介绍如何对重大错报风险进行识别、评估和应对，并最终将审计风险降至可接受的低水平；本章与第三编（各类交易和账户余额审计）、第十三章密切相关。

重难点1：风险识别和评估的概念、作用及要求★★★

（一）风险识别和评估的概念

1. 风险识别和评估基本原理

在风险导向审计模式下，注册会计师以重大错报风险的识别、评估和应对为审计工作的主线，最终将审计风险控制在可接受的低水平。风险的识别和评估是审计风险控制流程的起点。

2. 风险识别和评估的相关概念

（1）风险识别和评估：是指注册会计师通过实施风险评估程序，识别和评估财务报表层次和认定层次的重大错报风险；

（2）风险识别：是指找出财务报表层次和认定层次的重大错报风险；

（3）风险评估：是指对重大错报发生的可能性和后果严重程度进行评估。

（二）风险识别和评估的作用

了解被审计单位及其环境是风险评估程序的必要程序，特别是为注册会计师在下列关键环节作出职业判断提供重要基础：

（1）确定重要性水平，并随着审计工作的进程评估对重要性水平的判断是否仍然适当；

（2）考虑会计政策的选择和运用是否恰当，以及财务报表的列报是否适当；

（3）识别需要特别考虑的领域，包括关联方交易、管理层运用持续经营假设的合理性，或交易是否具有合理的商业目的等；

（4）确定在实施分析程序时所使用的预期值；

（5）设计和实施进一步审计程序，以将审计风险降至可接受的低水平；

（6）评价所获取审计证据的充分性和适当性。

【小贴士】需要注意的是，了解被审计单位及其环境是一个连续和动态地收集、更新与分析信息的过程，贯穿于整个审计过程的始终；注册会计师对被审计单位及其环境了解的程度，要低于管理层为经营管理企业而对被审计单位及其环境需要了解的程度。

【经典真题】

【单选题·2017】下列有关了解被审计单位及其环境的说法中，正确的是（　　）。

A. 注册会计师无需在审计完成阶段了解被审计单位及其环境

B. 注册会计师对被审计单位及其环境了解的程度，低于管理层为经营管理企业而对被审计单位及其环境需要了解的程度

C. 对小型被审计单位，注册会计师可以不了解被审计单位及其环境

D. 注册会计师对被审计单位及其环境了解的程度，取决于会计师事务所的质量控制政策

【答案】B

【解析】注册会计师了解被审计单位及其环境的目的只是评估重大错报风险，因此其了解的程度要低于管理层为经营管理企业而需要对被审计单位及其环境的了解的程度，故选项B正确。

【经典模拟题】

【多选题】下列关于了解被审计单位及其环境的说法中，正确的是（　　）。

A. 注册会计师只需要在审计的初始阶段了解被审计单位及其环境

B. 注册会计师应当运用职业判断确定需要了解被审计单位及其环境的程度

C. 评价对被审计单位及其环境了解的程度是否恰当，关键是看注册会计师对被审计单位及其环境的了解是否足以识别和评估财务报表的重大错报风险

D. 要求注册会计师对被审计单位及其环境了解的程度，要低于管理层为经营管理企业而对被审计单位及其环境需要了解的程度

【答案】BCD

【解析】了解被审计单位及其环境是一个连续和动态地收集、更新与分析信息的过程，贯穿于整个审计过程的始终，故选项A不正确。

（三）风险识别和评估的要求

（1）了解被审计单位及其环境贯穿于整个审计过程的始终；

（2）恰当运用职业判断，注册会计师在审计过程中应当运用职业判断，确认注册会计师需要了解被审计单位及其环境的程度；

（3）评价了解的程度是否恰当，是否足以识别和评估重大错报风险；

（4）注册会计师与管理层了解的程度不同，要低于管理层为经营管理企业而对被审计单位及其环境需要了解的程度。

重难点2：风险评估程序的含义、目的及内容★★★

（一）风险评估程序的含义

风险评估程序是指注册会计师为了解被审计单位及其环境，识别和评估财务报表重大错报风险而实施的审计程序。

（二）风险评估程序的目的

风险评估程序的目的如下表所示。

目的	注册会计师实施风险评估程序，其目的是为了识别和评估财务报表重大错报风险，具体包含：	财务报表层次的重大错报风险
		认定层次的重大错报风险（认定层次的重大错报风险包括各类交易、账户余额和披露）

【小贴士】若注册会计师识别出财务报表层次的重大错报风险，则应采取总体应对措施；若注册会计师识别出认定层次的重大错报风险，则应采取进一步审计程序。

（三）风险评估程序的内容

注册会计师应当实施下列风险评估程序，以了解被审计单位及其环境：

（1）询问管理层和被审计单位内部其他人员；

（2）分析程序；

（3）观察和检查。

【详细内容说明】（理解为主）

（1）询问管理层和被审计单位内部其他人员如下表所示。

询问对象	询问内容
管理层和财务负责人	（1）管理层所关注的主要问题。如新的竞争对手、主要客户和供应商的流失、新的税收法规的实施以及经营目标或战略的变化等； （2）被审计单位最近的财务状况、经营成果和现金流量； （3）可能影响财务报告的交易和事项，或者目前发生的重大会计处理问题，如重大的并购事宜等； （4）被审计单位发生的其他重要变化。如所有权结构、组织结构的变化，以及内部控制的变化等
治理层	了解编制财务报表的环境
内部审计人员	了解本年度内部审计程序，以及管理层是否根据实施这些程序的结果采取了适当的应对措施
参与生成、处理或记录复杂或异常交易的员工	评价被审计单位选择和运用某项会计政策的恰当性
内部法律顾问	了解有关信息，如诉讼、影响被审计单位的舞弊或舞弊嫌疑、产品保证、售后责任、与业务合作伙伴的安排和合同条款的含义等
营销或销售人员	了解被审计单位营销策略的变化、销售趋势或与客户的合同安排

（2）实施分析程序。

分析程序既可用于风险评估程序和实质性程序，也可用于对财务报表的总体复核。注册会计师实施分析程序有助于识别异常的交易或事项，以及对财务报表和审计产生影响的金额、比率和趋势。在实施分析程序时，注册会计师应当预期可能存在的合理关系，并与被审计单位记录的金额、依据记录金额计算的比率或趋势相比较；如果发现异常或未预期到的关系，注册会计师应当识别重大错报风险时考虑这些比较结果。

（3）观察和检查。注册会计师应当实施的观察和检查程序如下表所示。

程序内容	举例说明
观察被审计单位的经营活动	正在从事的生产活动和内部控制活动，增加注册会计师对被审计单位人员如何进行生产经营活动及实施内部控制的了解
检查文件、记录和内部控制手册	检查被审计单位的经营计划、策略、章程，与其他单位签订的合同、协议，各业务流程操作指引和内部控制手册等
阅读由管理层和治理层编制的报告	了解自上一期审计结束至本期审计期间被审计单位发生的重大事项
实地察看生产经营场所和厂房设备	通过现场访问和实地察看被审计单位的生产经营场所和厂房设备，可以帮助注册会计师了解被审计单位的性质及其经营活动
穿行测试	通过追踪某笔或某几笔交易在业务流程中如何生成、记录、处理和报告，以及相关控制如何执行，确定相关控制是否得到执行

【小贴士】穿行测试必须执行，有助于注册会计师熟悉被审计单位的业务流程和了解被审计单位的内部控制情况。

【经典模拟题】

【多选题】在了解被审计单位及其环境时，注册会计师可能实施的风险评估程序有（　　）。

A. 询问被审计单位管理层和内部其他人员

B. 实地查看被审计单位生产经营场所和设备

C. 检查文件、记录和内部控制手册

D. 重新执行内部控制

【答案】ABC

【解析】风险评估程序包括询问、观察和检查、分析程序，故选项 A、B、C 正确。选项 D 是控制测试程序。

重难点 3：其他审计程序和信息来源★

（一）其他审计程序

一般从被审计单位外部获取信息。除了采用上述程序从被审计单位内部获取信息以外，如果根据职业判断认为从被审计单位外部获取的信息有助于识别重大错报风险，注册会计师应当实施其他审计程序以获取这些信息。例如，询问被审计单位聘请的外部法律顾问、专业评估师、投资顾问和财务顾问等。

（二）其他信息来源

（1）注册会计师应当考虑在客户接受或保持过程中获取的信息，以及向被审计单位提供其他服务所获得的经验是否有助于识别重大错报风险；

（2）注册会计师还应当考虑向被审计单位提供其他服务（如执行中期财务报表审阅业务）所获得的经验是否有助于识别重大错报风险；

（3）对于连续审计业务，如果拟利用以往与被审计单位交往的经验和以前审计中实施审计程序获取的信息，注册会计师应当确定被审计单位及其环境自以前审计后是否已发生变化，进而可能影响这些信息对本期审计的相关性；

（4）被审计单位或其环境的变化可能导致此类信息在本期审计中已不具有相关性。例如，注册会计师前期已经了解了内部控制的设计和执行情况，但被审计单位及其环境可能在本期发生变化，导致内部控制也发生相应变化。在这种情况下，注册会计师需要实施询问和其他适当的审计程序（如穿行测试），以确定该变化是否可能影响此类信息在本期审计中的相关性。

【小贴士】在了解被审计单位及其环境的过程中，经常将以上程序结合实施，但并非了解被审计单位及其环境的每个方面均实施上述所有风险评估程序（例如，了解内部控制时不用分析程序）。

重难点4：项目组内部的讨论★★

项目组讨论的目标、内容、人员、时间及方式如下表所示。

讨论的目标	（1）了解在各自负责的领域中，由于舞弊或错误导致财务报表重大错报的可能性； （2）了解各自实施审计程序的结果如何影响审计的其他方面（分享），包括对确定进一步审计程序的性质、时间安排和范围的影响
讨论的内容	（1）被审计单位面临的经营风险； （2）财务报表容易发生错报的领域以及发生错报的方式
讨论的人员	项目组的关键成员，如需要的特殊技能专家，专家也应参与讨论。不要求所有成员每次都参与项目组的讨论
讨论的时间	在整个审计过程中持续交换有关财务报表发生重大错报可能性的信息
讨论的方式	项目组在讨论时应当强调在整个审计过程中保持职业怀疑，警惕可能发生重大错报的迹象，并对这些迹象进行严格追踪

【小贴士】在讨论过程中，注册会计师应保持高度的职业怀疑。只要是影响注册会计师审计质量的内容，均可以进行项目组内部讨论。

【经典模拟题】

【多选题】注册会计师应当要求参与项目组讨论的人员包括（　　）。

A. 项目合伙人　　　　B. 关键审计人员

C. 聘请的特定领域专家　　　　D. 项目质量控制复核人员

【答案】ABC

【解析】参加项目组讨论的人员是项目组的关键人员，如果项目组需要拥有信息技术或其他特殊技能的专家，这些专家也应当参与讨论。选项A、选项B是项目组关键人员，选项C属于聘请的特定领域专家。选项D不是项目组成员。

重难点5：了解被审计单位及其环境的总体要求★

了解被审计单位及其环境的主要内容包括：

（1）行业状况、法律环境和监管环境及其他外部因素；

（2）被审计单位的性质；
（3）被审计单位对会计政策的选择和运用；
（4）被审计单位的目标、战略以及可能导致重大错报的相关经营风险；
（5）对被审计单位财务业绩的衡量；
（6）被审计单位的内部控制评价。

注册会计师应从以上六方面了解被审计单位及其环境，即序号（1）~（6），序号（1）是被审计单位的外部环境，序号（2）、（3）、（4）和（6）是被审计单位的内部因素，序号（5）是既有外部因素，也有内部因素。需要注意的是，被审计单位及其环境的各个方面可能会互相影响，注册会计师在对被审计单位及其环境的各个方面进行了解和评估时，应当考虑各因素之间的相互关系（必要时可进行项目组讨论，有助于了解被审计单位及其环境）。

【小贴士】本节主要详细讲述序号（1）~（5）的内容，序号（6）在本章第四节中将进行重点学习。

重难点6：行业状况、法律环境和监管环境及其他外部因素★

（一）行业状况

行业状况的内容：
（1）所处行业的市场供求与竞争，包括市场需求、生产能力和价格竞争；
（2）生产经营的季节性和周期性；
（3）与被审计单位产品相关的生产技术；
（4）能源供应与成本；
（5）行业的关键指标和统计数据。

（二）法律环境及监管环境

法律环境及监管环境的内容：
（1）会计原则和行业特定惯例；
（2）受管制行业的法规框架；
（3）对被审计单位经营活动产生重大影响的法律法规，包括直接的监管活动；
（4）税收政策（关于企业所得税和其他税种的政策）；
（5）目前对被审计单位开展经营活动产生影响的政府政策，如货币政策、财政政策、财政刺激政策、关税或贸易限制政策等；
（6）影响行业和被审计单位经营活动的环保要求。

（三）其他外部因素

其他外部因素包括：
（1）总体经济情况；
（2）利率；
（3）融资的可获得性；
（4）通货膨胀水平或币值变动等。

【小贴士】了解的范围和程度因被审计单位所处行业、规模和其他因素（在市场中的地位）等不同而不同。举例如下：

行业	注册会计师的关注点
计算机硬件制造企业	市场和竞争以及技术进步的情况
金融机构	宏观经济走势以及货币、财政方面的宏观经济政策
化工等产生污染的行业	相关环保法规
建筑行业	长期合同涉及收入和成本的重大估计可能导致重大错报风险
商业银行	银行监管机构对其资本充足率有专门规定，不能满足这一监管要求的商业银行可能有操纵财务报表的动机和压力

重难点7：被审计单位性质★

（一）所有权结构

被审计单位所有权结构的了解重点为识别关联方关系并了解被审计单位的决策过程。

被审计单位所有权结构的了解内容包括：

（1）了解被审计单位识别关联方的程序，获取被审计单位提供的所有关联方信息；

（2）考虑关联方关系是否已经得到识别，关联方交易是否得到恰当记录和充分披露。

【小贴士】注册会计师了解所有权结构可能注意到关联方和决策过程。

（二）治理结构

被审计单位治理结构的了解重点为：被审计单位的治理结构是否良好，考虑治理层是否能够在独立于管理层的情况下对被审计单位事务（包括财务报告）作出客观判断。

被审计单位治理结构的了解内容包括：董事会的构成情况、董事会内部是否有独立董事；治理结构中是否设有审计委员会或监事会及其运作情况。

【小贴士】治理结构一般与财务报表层次重大错报风险有关，良好的治理结构可以对被审计单位的经营和财务运作实施有效的监督，从而降低财务报表发生重大错报风险。

（三）组织结构

被审计单位组织结构的了解重点是：被审计单位的组织结构，考虑复杂组织结构可能导致的重大错报风险。

了解组织结构后，分析被审计单位的财务报表合并、商誉减值以及长期股权投资等问题是否会导致重大错报风险。

【小贴士】了解哪些是被审计单位的子公司，被审计单位的持股比例等问题。被审计单位的组织结构复杂可能导致某些特定的重大错报风险，例如对于子公司、合营企业、联营企业和其他股权投资类别的判断及其会计处理等。

（四）经营活动

1. 了解重点

了解被审计单位经营活动有助于注册会计师识别预期在财务报表中反映的主要交易类别、重要账户余额和列报。

2. 了解内容

（1）主营业务的性质。例如，主营业务是制造业还是商品批发与零售；是银行、保险还是其他金融服务；是公用事业、交通运输还是提供技术产品和服务等。

（2）与生产产品或提供劳务相关的市场信息。例如，主要客户和合同、付款条件、市场份额、竞争者、出口、定价政策、产品声誉、质量保证、营销策略和目标等。

（3）业务的开展情况。例如，业务分部的设立情况、产品和服务的交付、衰退或扩展的经营活动的详情等。

（4）联盟、合营与外包情况。

（5）从事电子商务的情况。例如，是否通过互联网销售产品和提供服务以及从事营销活动。

（6）地区分布与行业细分。例如，是否涉及跨地区经营和多种经营，各个地区和各行业分布的相对规模以及相互之间是否存在依赖关系。

（7）生产设施、仓库和办公室的地理位置，存货存放地点和数量。

（8）关键客户。例如，销售对象是少量的大客户还是众多的小客户：是否有被审计单位高度依赖的特定客户（如超过销售总额10%的顾客）；是否有造成高回收性风险的若干客户或客户类别（如正处在衰退市场中的客户）；是否与某些客户订立了不寻常的销售条款或条件。

（9）货物和服务的重要供应商。例如，是否签订长期供应合同、原材料供应的可靠性和稳定性、付款条件，以及原材料是否受重大价格变动的影响。

（10）劳动用工安排。例如，分地区用工情况、劳动力供应情况、工薪水平、退休金和其他福利、股权激励或其他奖金安排以及与劳动用工事项相关的政府法规。

（11）研究与开发活动及其支出。

（12）关联方交易。例如，有些客户或供应商是否为关联方；对关联方和非关联方是否采用不同的销售和采购条款。此外，还存在哪些关联方交易，对这些交易采用怎样的定价政策。

【小贴士】注册会计师主要考虑被审计单位的经营风险。

（五）了解投资活动

被审计单位投资活动的了解重点为：被审计单位投资活动有助于注册会计师关注被审计单位在经营策略和方向上的重大变化。

被审计单位投资活动的了解内容包括：

（1）近期拟实施或已实施的并购活动与资产处置情况；

（2）证券投资、委托贷款的发生与处置；

（3）资本性投资活动，包括固定资产和无形资产投资，近期或计划发生的变动，以及重大的资本承诺等；

（4）不纳入合并范围的投资。

【小贴士】被审计单位的投资是否成功，会影响到被审计单位的持续经营能力。在第十七章第三节将进一步阐述关于被审计单位持续经营假设的相关内容。

（六）了解筹资活动

被审计单位筹资活动的了解重点为：被审计单位筹资活动有助于注册会计师评估被审计单位在融资方面的压力，并进一步考虑被审计单位在可预见未来的持续经营能力。

被审计单位筹资活动的了解内容包括：

（1）债务结构和相关条款，包括资产负债表外融资和租赁安排；
（2）主要子公司和联营企业（无论是否处于合并范围内）的重要融资安排；
（3）实际受益方及关联方；
（4）衍生金融工具的使用。

【小贴士】注册会计师在了解被审计单位的筹资活动时，检查其是否有高利贷等情况，分析被审计单位的融资压力，进一步考虑其持续经营能力。

（七）财务报告

被审计单位财务报告的了解重点是影响财务报告的重要政策、交易或事项。

被审计单位财务报告的了解内容包括：

（1）会计政策和行业特定惯例，包括特定行业的重要活动；
（2）收入确认惯例；
（3）公允价值会计核算；
（4）外币资产、负债与交易；
（5）异常或复杂交易。

重难点8：被审计单位对会计政策的选择和运用★

注册会计师了解被审计单位对会计政策的选择和运用是否恰当，可能包含如下四点内容：

（1）重大和异常交易的会计处理方法，例如，银行向客户发放贷款、证券公司对外投资、医药企业的研究与开发活动等；

（2）在缺乏权威性标准或共识、有争议的新兴领域采用重要会计政策产生的影响；

（3）会计政策的变更，是法定变更还是自愿变更，会计政策变更是否能提供更可靠、更相关的会计信息；

（4）新颁布的财务报告准则、法律法规，以及被审计单位何时采用、如何采用这些规定。

除上述对会计政策的选择和运用相关的事项外，注册会计师还应对被审计单位下列与会计政策运用相关的情况予以关注：

（1）是否采用激进的会计政策、方法、估计和判断；

（2）财会人员是否拥有足够的运用会计准则的知识、经验和能力；

（3）是否拥有足够的资源支持会计政策的运用，如人力资源及培训、信息技术的采用、数据和信息的采集等。

【小贴士】注册会计师应当考虑，被审计单位是否按照适用的会计准则和相关会计制度的规定恰当地进行了列报，并披露了重要事项。注册会计师在了解被审计单位对会计政策的选择和运用时，如果发现对会计政策的选择或运用不恰当，注册会计师应当考虑这是否会造成财务报表整体存在重大错报，若得出财务报表整体存在重大错报，则注册会计师应考虑发表非无保留意见。

重难点9：被审计单位的目标、战略以及相关经营风险★★★

（一）目标、战略与经营风险

目标、战略与经营风险的含义：

（1）目标是企业经营活动的指针；

（2）战略是管理层为实现经营目标采用的方法；

（3）经营风险是指可能对被审计单位实现目标和实施战略的能力产生不利影响的重要状况、事项、情况、作为（或不作为）所导致的风险，或由于制定不恰当的目标和战略而导致的风险。

注册会计师应当了解被审计单位是否存在与下列方面有关的目标和战略，并考虑相应的经营风险。

被审计单位导致风险的因素及对应的潜在相关经营风险如下表所示。

导致风险的因素	潜在的相关经营风险
行业发展	被审计单位不具备足以应对行业变化的人力资源和业务专长
开发新产品或提供新服务	被审计单位产品责任增加
业务扩张	被审计单位对市场需求的估计不准确
新的会计要求	被审计单位不当执行相关会计要求，或会计处理成本增加
监管要求	被审计单位法律责任增加
本期及未来的融资条件	被审计单位由于无法满足融资条件而失去融资机会
信息技术的运用	被审计单位信息系统与业务流程难以融合
实施战略的影响，特别是由此产生的需要运用新的会计要求的影响	被审计单位执行新要求不当或不完整

【小贴士】注册会计师应关注被审计单位的变化，因为当被审计单位发生变化时，可能产生相应的经营风险。若被审计单位不能随着环境的变化而作出相应的调整，这也可能产生相应的经营风险，但被审计单位在对其作出调整时，这也是一种变化，可能同样会产生经营风险。

（二）经营风险对重大错报的影响

（1）经营风险与财务报表重大错报风险是既有联系又相互区别的两个概念，前者比后者范围更广；

（2）多数经营风险最终都会产生财务后果，从而影响财务报表；

（3）并非所有的经营风险都与财务报表相关，注册会计师没有责任识别或评估对财务报表没有重大影响的经营风险；

（4）经营风险可能对某类交易、账户余额和披露的认定层次重大错报风险或财务报表层次重大错报风险产生直接影响（两个层次）。

【小贴士】以上四点应牢牢记住。

【经典真题】

【单选题·2017】下列有关经营风险对重大错报风险的影响的说法中，错误的是（　　）。

A. 多数经营风险最终都会产生财务后果，从而可能导致重大错报风险

B. 注册会计师在评估重大错报风险时，没有责任识别或评估对财务报表没有重大影响的经营风险

C. 经营风险通常不会对财务报表层次重大错报风险产生直接影响

D. 经营风险可能对认定层次重大错报风险产生直接影响

【答案】C

【解析】经营风险可能对某类交易、账户余额和披露的认定层次重大错报风险或财务报表层次重大错报风险产生直接影响，故选项C错误。

【经典模拟题】

【单选题】以下对注册会计师了解经营风险的说法中，不恰当的是（　　）。

A. 经营风险可能源于不恰当的目标和战略

B. 所有经营风险均与财务报表重大错报风险相关

C. 多数经营风险最终都会产生财务后果，从而影响财务报表

D. 经营风险可能对某些交易、账户余额和披露认定产生重大而且直接的影响

【答案】B

【解析】经营风险的范围很广泛，并不是都与财务报表重大错报风险相关，不是都会产生财务后果，不一定都影响财务报表，故选项B不恰当。

（三）被审计单位的风险评估过程

管理层通常制定识别和应对经营风险的策略，注册会计师应当了解被审计单位的风险评估过程。此类风险评估过程是被审计单位内部控制的组成部分。

重难点10：被审计单位财务业绩的衡量和评价★

（一）了解的主要方面

注册会计师在了解被审计单位财务业绩衡量和评价情况时，注册会计师应当关注下列信息：

（1）关键业绩指标（财务或非财务的）、关键比率、趋势和经营统计数据；

（2）同期财务业绩比较分析；

（3）预算、预测、差异分析，分部信息与分部、部门或其他不同层次的业绩报告；

（4）员工业绩考核与激励性报酬政策；

（5）被审计单位与竞争对手的业绩比较。

（二）关注内部财务业绩衡量的结果

注册会计师应关注的方面：

（1）关注被审计单位内部财务业绩衡量所显示的未预期到的结果或趋势；

（2）管理层的调查结果和纠正措施；

（3）以及相关信息是否显示财务报表可能存在重大错报。

（三）考虑财务业绩衡量指标的可靠性

注册会计师如果拟利用被审计单位内部信息系统生成的财务业绩衡量指标，注册会计师应当考虑相关信息是否可靠，以及利用这些信息是否足以实现审计目标。

【经典模拟题】

【多选题】在了解被审计单位财务业绩的衡量和评价时，下列各项中，注册会计师可以考虑的信息有（　　）。

A. 经营统计数据　　　　B. 信用评级机构报告

C. 证券研究机构的分析报告　　　　D. 员工业绩考核与激励性报酬政策

【答案】ABCD

【解析】在了解被审计单位财务业绩衡量和评价情况时，注册会计师应当关注下列信息：（1）关键业绩指标（财务或非财务的）、关键比率、趋势和经营统计数据；（2）同期财务业绩比较分析；（3）预算、预测、差异分析，分部信息与分部、部门或其他不同层次的业绩报告；（4）员工业绩考核与激励性报酬政策；（5）被审计单位与竞争对手的业绩比较。故选项A、B、C、D均正确。

重难点11：内部控制含义、要素和目标★★

（一）内部控制的定义

内部控制是被审计单位为了合理保证财务报告的可靠性、经营效率和效果，以及对法律法规的遵守，由治理层、管理层和其他人员设计与执行的政策及程序。

（二）内部控制的要素

（1）控制环境；

（2）风险评估过程；

（3）与财务报告相关的信息系统和沟通；

（4）控制活动；

（5）对控制的监督。

（三）内部控制的目标

内部控制的目标是合理保证：

（1）财务报告的可靠性；

（2）经营的效率和效果；

（3）遵守适用的法律法规的要求。

【小贴士】内部控制的目标和要素简称为“三目标，五要素”，贯穿于被审计单位所有的业务部门。

【经典模拟题】

【单选题】在下列各项中，不属于内部控制要素的是（　　）。

A. 风险评估过程

B. 对控制的监督

C. 非财务报告信息系统地与财务报告相关的信息系统

D. 与财务报告相关的信息系统和沟通

【答案】C

【解析】根据审计准则对内部控制的定义，内部控制要素包括：控制环境、风险评估过程、与财务报告相关的信息系统和沟通、控制活动以及对控制的监督。选项 C 不属于内部控制要素。

重难点 12：与审计相关的控制★★★

（一）内部控制的目标

内部控制的目标旨在合理保证财务报告的可靠性、经营的效率和效果以及对法律法规的遵守。被审计单位的目标与为实现目标提供合理保证的控制之间存在直接关系。

（二）核心要点

与财务报表审计相关的内部控制应考虑以下几方面：

（1）被审计单位的目标和控制，与财务报告、经营和合规有关。

与经营和合规目标相关的控制与注册会计师实施审计程序时评价或使用的数据相关，则这些控制也可能与审计相关。用以防止未经授权购买、使用或处置资产的内部控制，可能包括与财务报告和经营目标相关的控制。注册会计师对这些控制的考虑通常仅限于与财务报告可靠性相关的控制。

（2）针对信息完整性和准确性的控制。

如果在设计和实施进一步审计程序时拟利用被审计单位内部生成的信息，针对该信息完整性和准确性的控制可能与审计相关。

【小贴士】注册会计师在财务报表审计中只需要了解与审计相关的内部控制，与审计相关的内部控制并非均与财务报告相关；与财务报告相关的内部控制并非均与审计相关；如果与经营和合规目标相关的控制与注册会计师实施审计程序时评价或使用的数据相关则这些控制也可能与审计相关。

（三）与审计无关的控制

注册会计师审计的目标是对财务报表是否不存在重大错报发表审计意见，尽管要求注册会计师在财务报表审计中考虑与审计相关的内部控制，但目的并非对被审计单位内部控制的有效性发表意见。因此，注册会计师需要了解和评价的内部控制只是与财务报表审计相关的内部控制，并非被审计单位所有的内部控制。

（四）核心要点

被审计单位通常有一些与目标相关但与审计无关的控制，注册会计师无需对其加以考虑。例如，被审计单位可能依靠某一复杂的自动化控制提高经营活动的效率和效果（如航空公司用于维护航班时间表的自动化控制系统），但这些控制通常与审计无关。进一步讲，虽然内部控制应用于整个被审计单位或所有经营部门或业务流程，但是了解与每个经营部门和业务流程相关的内部控制，可能与审计无关。

【小贴士】注册会计师审计财务报表的目的并非对被审计单位内部控制的有效性发表意见，注册会计师需要了解和评价的内部控制只是与财务报表审计相关的内部控制，并非被审计单位所有的内部控制。

【经典真题】

【多选题·2017】下列有关于注册会计师了解内部控制的说法中，正确的有（　　）。

A. 注册会计师在了解被审计单位内部控制时，应当确定其是否得到一贯执行

B. 注册会计师不需要了解被审计单位所有的内部控制

C. 注册会计师对内部控制的了解通常不足以测试控制运行的有效性

D. 注册会计师询问被审计单位人员不足以评价内部控制设计的有效性

【答案】BCD

【解析】选项A不正确，注册会计师确定内部控制是否得到一贯执行，属于控制测试，不属于了解内部控制；选项B正确，注册会计师需要了解和评价的内部控制只是与财务报表审计相关的内部控制，并非被审计单位所有的内部控制；选项C正确，除非存在某些可以使控制得到一贯运行的自动化控制，否则注册会计师对控制的了解并不足以测试控制运行的有效性；选项D正确，询问程序不足以评价内部控制设计的有效性，注册会计师在了解内部控制时，应当将询问与其他风险评估程序结合使用。

【多选题·2019】为应对管理层凌驾于控制之上的风险，下列各项审计程序中，注会师应当实施的有（　　）。

A. 确认重大关联方交易是否得到适当授权

B. 测试编制财务报表过程中作出的会计分录和其他调整是否适当

C. 评价作出被审计单位正常经营过程的重大交易的商业理由

D. 复核会计估计是否存在偏向

【答案】BCD

【解析】选项A不正确，管理层凌驾于控制之上的风险属于特别风险。无论对管理层凌驾于控制之上的风险的评估结果如何，注册会计师都应当设计和实施审计程序。

【经典模拟题】

【多选题】在财务报表审计中，下列有关了解内部控制的说法中，正确的是（　　）。

A. 与经营目标和合规目标相关的控制均与审计无关

B. 在某些情况下，控制得到执行就能为控制运行的有效性提供证据

C. 内部控制无论如何有效，都只能为被审计单位，实现财务报告目标提供合理保证

D. 了解被审计单位及其环境贯穿于整个审计过程的始终

【答案】BCD

【解析】选项A不正确，如果与经营目标和合规目标相关的控制与注册会计师实施审计程序时评价和使用的数据相关，则这些控制也可能与审计相关。

重难点13：对内部控制了解的深度★★★

（一）含义

对内部控制了解的深度，是指在了解被审计单位及其环境时，对内部控制了解的程度。具体包括：评价控制的设计，并确定其是否得到执行。

（二）核心要点

（1）评价控制的设计：考虑该控制或连同其他控制是否能够有效防止或发现并纠正重大错报。

（2）确认其是否得到执行：控制得到执行是指某项控制存在且被审计单位正在使用。

【小贴士】注册会计师了解内部控制，最关心的是内部控制是否能够防止或发生并纠正由于错误和舞弊导致的重大错报，而不是为了实现经营效率和区分控制要素等。

（三）对控制实施的风险评估程序

（1）询问被审计单位人员；

（2）观察特定控制的运用；

（3）检查文件和报告；

（4）追踪交易在财务报告信息系统中的处理过程（穿行测试）。

（四）核心要点

（1）询问本身不足以评价控制的设计以及确定其是否得到执行，注册会计师应当将询问与其他风险评估程序结合使用；

（2）分析程序不包含在了解内部控制中。

【小贴士】分析程序无法用来评价控制的设计，并确定其是否得到执行，注册会计师了解内部控制的程序，包括询问被审计单位的人员、观察特定控制的运用、检查文件和报告以及穿行测试。

（五）了解内部控制与控制测试的关系

除非存在某些可以使控制得到一贯运行的自动化控制，否则注册会计师对控制的了解并不足以测试控制运行的有效性。

（六）核心要点

（1）获取某一人工控制在某一时点得到执行的审计证据，并不能证明该控制在所审计期间内的其他时点也有效运行。但是，信息技术可以使被审计单位持续一贯地对大量数据进行处理。

（2）由于信息技术处理流程的内在一贯性，实施审计程序确定某项自动控制是否得到执行，也可能实现对控制运行有效性测试的目标，这取决于注册会计师对控制（如针对程序变更的控制）的评估和测试。

（3）了解内部控制包含评价控制的设计和确定其是否得到执行，而控制测试是确认控制运行有效性的审计程序。

【小贴士】对控制了解的程序和对控制测试的程序大部分是相同的，并非完全不同。

【经典模拟题】

【多选题】在财务报告审计中，注册会计师了解内部控制时，通常包括的内容是（　　）。

A. 记录了解的内部控制　　　　　　　　B. 寻找内部控制运行中的缺陷

C. 了解内部控制的设计　　　　　　　　D. 了解控制活动是否得到执行

【答案】ACD

【解析】记录了解的内部控制、寻找内部控制运行中的缺陷和了解控制活动是否得到执行是了解内部控制的内容，选项 B 是控制测试的范畴，不属于了解内部控制。

重难点 14：内部控制的人工和自动化成分★★

（一）人工控制的适用范围

大多数被审计单位出于编制财务报告和实现经营目标的需要使用信息技术。然而，人工控制仍存在于我国的部分企业的内部控制中。内部控制的人工成分在处理下列需要主观判断或酌情处理的情形可能更为恰当：

（1）存在大额、异常或偶发的交易；

（2）存在难以界定、预计或预测的错误的情况；

（3）针对变化的情况需要对现有的自动化控制进行人工干预；

（4）监督自动化控制的有效性。

人工控制更依赖于人的主观臆断，所以存在一定的特定风险，相对于自动化控制，人工控制的可靠性较低。

（二）自动化控制的适用范围

信息技术通常会在一些方面提高被审计单位内部控制的效率和效果，因此被逐渐应用于企业的内部控制中。自动化控制在下列情形中是恰当的：

（1）存在大量或重复发生的交易；

（2）事先可预计或预测的错误能够通过自动化控制参数得以防止或发现并纠正；

（3）用特定方法实施控制的控制活动可得到适当设计和自动化处理。

信息技术也可能对内部控制产生特定风险，注册会计师应当对信息技术对内部控制产生的特定风险加以了解。

【小贴士】如果在被审计单位对日常交易采用高度自动化处理的情况下，审计证据可能仅以电子形式存在，其充分性和适当性通常取决于自动化信息系统相关控制的有效性，注册会计师应当考虑仅通过实施实质性程序能不能获得充分、适当审计证据和可能性，此时应当评价被审计单位是否针对这些风险设置的相关控制并确定执行情况。

【经典模拟题】

【单选题】下列情形中，最不适合采用人工控制的情形是（　　）。

A. 监督自动化控制的有效性

B. 针对变化的情况，需要对现有的自动化控制进行人工干预

C. 存在难以界定、预计或预测的错误的情况

D. 事先可预测的错误能够通过自动化控制参数得以防止

【答案】D

【解析】选项 D 适合采用自动化控制，最不适合采用人工控制，其他选项均适合采用人

工控制。

重难点 15：内部控制的局限性★★

内部控制实现目标的可能性受其固有限制的影响。这些限制分为主要原因与其他原因。

1. 主要原因

（1）在决策时人为判断可能出现错误和因人为失误而导致内部控制失效。（人的主观臆断，非故意）

（2）控制可能由于两个或更多的人员串通或与管理层不当的凌驾于内部控制之上而被规避。（舞弊，故意）

2. 其他原因

被审计单位内部行使控制职能的人员素质不适应岗位要求；被审计单位实施内部控制的成本效益问题会影响其效能；内部控制一般都是针对经常而重复的业务设置的，如果出现不经常发生或未预计到的业务，原有控制就可能不适用。

【小贴士】内部控制无论如何有效，都只能为被审计单位实现财务报告目标提供合理保证。

【经典模拟题】

【单选题】下列关于内部控制固有局限性的原因，说法中正确的是（　　）。

A. 建立和维护内部控制是被审计单位管理层的职责

B. 管理层不当的凌驾于内部控制之上

C. 对资产和记录采取适当的安全保护措施，是被审计单位管理层应当履行的经营管理责任

D. 治理层对内部控制的设计和执行负有监督责任

【答案】B

【解析】内部控制实现目标的可能性受其固有限制的影响具体包括：（1）在决策时人为判断可能出现错误和因人为失误而导致内部控制失效；（2）控制可能由于两个或更多的人员串通或与管理层不当的凌驾于内部控制之上而被规避。

重难点 16：控制环境★★★

（一）控制环境的含义

控制环境包括治理职能和管理职能，以及治理层和管理层对内部控制及其重要性的态度、认识和措施。控制环境设定了被审计单位的内部控制基调影响员工对内部控制的意识。良好的控制环境是实施有效内部控制的基础。在承接审计业务时，需要对以下方面进行了解。

（1）对诚信和道德价值观念的沟通与落实。诚信和道德价值观念是控制环境的重要组成部分，影响到重要业务流程的内部控制设计和运行，同时也促成了企业内部控制的风气。

（2）对胜任能力的重视。注册会计师应当考虑主要管理人员和其他相关人员是否能够胜任承担的工作和责任。

（3）治理层的参与程度。被审计单位的控制环境在很大程度上受治理层的影响。治理层对控制环境影响的要素有：治理层相对于管理层的独立性、成员的经验和品德、治理层参与被审计单位经营的程度和收到的信息及其对经营活动的详细检查、治理层采取措施的适当性，包括提出问题的难度和对问题的跟进程度，以及治理层与内部审计人员和注册会计师的互动等。

【小贴士】控制环境体现在治理层和管理层对内部控制及其重要性的态度、认识和措施等。

（4）管理层的理念和经营风格。管理层的理念包括管理层对内部控制的理念，即管理层对内部控制以及对具体控制实施环境的重视程度。

组织结构及职权与责任的分配。注册会计师对组织结构的审查，有助于其确定被审计单位的职责划分应该达到何种程度，也有助于其评价被审计单位在这方面的不足会对整体审计策略产生的影响。

【小贴士】注册会计师应当了解管理层和治理层的监督下，是否建立了防止或发生并纠正舞弊和错误的恰当控制。

（5）人力资源政策与实务。人力资源政策与实务涉及招聘、培训、考核、咨询、晋升和薪酬等方面。

（二）核心要点

控制环境对重大错报风险的评估具有广泛影响，注册会计师应当考虑控制环境的总体优势是否为内部控制的其他要素提供了适当的基础，并且未被控制环境中存在的缺陷所削弱。

注册会计师在评估重大错报风险时，存在令人满意的控制环境是一个积极的因素。虽然令人满意的控制环境并不能绝对防止舞弊，但却有助于降低发生舞弊的风险。（不能防止，但有助于降低舞弊风险）

有效的控制环境还能为注册会计师相信在以前年度和期中所测试的控制将继续有效运行提供一定基础。相反，控制环境中存在的弱点可能削弱控制的有效性。例如，注册会计师在进行风险评估时，如果认为被审计单位控制环境薄弱，则很难认定某一流程的控制是有效的。

控制环境本身并不能防止或发现并纠正各类交易、账户余额和披露认定层次的重大错报，注册会计师在评估重大错报风险时，应当将控制环境连同其他内部控制要素产生的影响一并考虑。

【小贴士】注册会计师在审计业务承接阶段，对控制环境仅能作出初步的了解和评价，并不需要对控制环境作出最终评价。

【经典真题】

【单选题·2016】下列各项中，不属于控制环境要素的是（　　）。

A. 对诚信和道德价值观念的沟通与落实

B. 内部审计的职能范围

C. 治理层的参与

D. 人力资源政策与实务

【答案】B

【解析】选项 B 错误，内部审计的职能范围属于对控制的监督，不属于控制环境。

【经典模拟题】

【多选题】下列有关控制环境的说法中，正确的是（　　）。

A. 有效的控制环境本身可以防止、发现并纠正各类交易、账户余额和披露认定层次的重大错报

B. 控制环境对重大错报风险的评估具有广泛影响

C. 有效的控制环境可以降低舞弊发生的风险

D. 财务报表层次重大错报风险很可能源于控制环境存在缺陷

【答案】BCD

【解析】选项 A 错误，控制环境本身不能防止或发生并纠正各类交易、账户余额和披露认定层次的重大错报，注册会计师在评估重大错报风险时，应当将控制环境连同其他内部控制要素产生的影响一并考虑。

重难点 17：被审计单位的风险评估过程★

（一）被审计单位风险评估过程的含义

任何经济组织在经营活动中都会面临各种各样的风险（即经营风险），风险对其生存和竞争能力产生影响。很多风险并不为经济组织所控制，但管理层应当确定可以承受的风险水平，识别这些风险并采取一定的应对措施。

（二）对风险评估过程的了解

在评价被审计单位风险评估过程的设计和执行时，注册会计师应当确定管理层如何识别与财务报告相关的经营风险，如何估计该风险的重要性，如何评估风险发生的可能性，以及如何采取措施管理这些风险。具体分为两种情况：

（1）已发现：在审计过程中，如果发现与财务报表有关的风险因素，注册会计师可通过向管理层询问和检查有关文件确定被审计单位的风险评估过程是否也发现了该风险；

（2）未发现：如果识别出管理层未能识别的重大错报风险，注册会计师应当考虑被审计单位的风险评估过程为何没有识别出这些风险，以及评估过程是否适合于具体环境，或者确定与风险评估过程相关的内部控制是否存在值得关注的内部控制缺陷。

【小贴士】风险评估过程在一定程度上表示了被审计单位的风险意识和态度，影响着被审计单位对风险的防范和认识。

【经典模拟题】

【多选题】下列有关风险评估过程的说法中，正确的是（　　）。

A. 在审计过程中，发现与财务报表有关的风险，注册会计师可通过向被审计单位普通员工询问确定被审计单位的风险评估过程是否也发现了该风险

B. 在审计过程中，发现与财务报表有关的风险，注册会计师可通过检查有关文件确定被审计单位的风险评估过程是否也发现了该风险

C. 如果识别出管理层未能识别的重大错报风险，说明该风险影响程度小，注册会计师对此忽略不计

D. 在评价被审计单位风险评估过程的设计和执行时，注册会计师应当确定管理层如何估计该风险的重要性

【答案】BD

【解析】选项B、D正确，A选项错误，在审计过程中，如果发现与财务报表有关的风险因素，注册会计师可通过向管理层询问确定被审计单位的风险评估过程是否也发现了该风险；C选项错误，如果识别出管理层未能识别的重大错报风险，注册会计师应当考虑被审计单位的风险评估过程为何没有识别出这些风险，以及评估过程是否适合于具体环境。

重难点18：信息系统与沟通★

（一）与财务报告相关的信息系统的含义

与财务报告相关的信息系统，包括用以生成、记录、处理和报告交易、事项和情况，对相关资产、负债和所有者权益履行经营管理责任的程序和记录。

核心要点：

（1）与财务报告相关的信息系统应当与业务流程相适应。业务流程是指被审计单位开发、采购、生产、销售、发送产品和提供服务、保证遵守法律法规、记录信息等一系列活动。

（2）与财务报告相关的信息系统所生成信息的质量，对管理层能否作出恰当的经营管理决策以及编制可靠的财务报告具有重大影响。

（二）与财务报告相关的信息系统职能

（1）识别与记录所有的有效交易；

（2）及时、详细地描述交易，以便在财务报告中对交易作出恰当分类；

（3）恰当计量交易，以便在财务报告中对交易的金额作出准确记录；

（4）恰当确定交易生成的会计期间；

（5）在财务报表中恰当列报交易。

（三）与财务报告相关的沟通的含义和了解

与财务报告相关的沟通包括使员工了解各自在与财务报告有关的内部控制方面的角色和职责，员工之间的工作联系，以及向适当级别的管理层报告例外事项的方式。

注册会计师应当了解被审计单位内部如何对财务报告的岗位职责以及与财务报告相关的重大事项进行沟通。注册会计师还应当了解管理层与治理层（特别是审计委员会）之间的沟通，以及被审计单位与外部（包括与监管部门）的沟通。

重难点19：控制活动★★★

（一）控制活动的含义

控制活动是指有助于确保管理层的指令得以执行的政策和程序。包括与授权、业绩评价、信息处理、实物控制和职责分离等相关的活动。

（二）对控制活动各要素的介绍

1. 授权

注册会计师应当了解与授权有关的控制活动，包括一般授权和特别授权。

一般授权是指管理层制定的要求组织内部遵守的普遍适用于某类交易或活动的政策。

特别授权是指管理层针对特定类别的交易或活动逐一设置的授权，如重大资本支出和股票发行等。特别授权也可能用于超过一般授权限制的常规交易。

2. 业绩评价

注册会计师应当了解与业绩评价有关的控制活动，主要包括被审计单位分析评价实际业绩与预算（或预测、前期业绩）的差异，综合分析财务数据与经营数据的内在关系，将内部数据与外部信息来源相比较，评价职能部门、分支机构或项目活动的业绩（如银行客户信贷经理复核各分行、地区和各种贷款类型的审批和收回），以及对发现的异常差异或关系采取必要的调查与纠正措施。

3. 信息处理

注册会计师应当了解与信息处理有关的控制活动，包括信息技术的一般控制和应用控制。

（1）信息技术一般控制是指与多个应用系统有关的政策和程序，有助于保证信息系统持续恰当地运行。

（2）信息技术应用控制是指主要在业务流程层面运行的人工或自动化程序，与用于生成、记录、处理、报告交易或其他财务数据的程序相关。

4. 实物控制

注册会计师应当了解实物控制，主要包括了解对资产和记录采取适当的安全保护措施，对访问计算机程序和数据文件设置授权，以及定期盘点并将盘点记录与会计记录相核对。

【小贴士】在实务控制中要注意：（1）限制接近，以严格控制对实物资产及与实物资产有关的文件的接触，如现金、银行存款、有价证券和存货等，除出纳人员和仓库保管人员外，其他人员则限制接触，以保证资产的安全。（2）定期进行实物资产清查，保证实物资产实有数量与账面记载相符，如账实不符，应查明原因，及时处理。

5. 职责分离

注册会计师应当了解职责分离，主要包括了解被审计单位如何将交易授权、交易记录以及资产保管等职责分配给不同员工，以防范同一员工在履行多项职责时可能发生的舞弊或错误。当信息技术运用于信息系统时，职责分离可以通过设置安全控制来实现。

（三）对控制活动的了解

在了解控制活动时，注册会计师应当重点考虑一项控制活动单独或连同其他控制活动，是否能够以及如何防止或发现并纠正各类交易、账户余额和披露存在的重大错报。

注册会计师的工作重点是识别和了解针对重大错报可能发生的领域的控制活动。如果多项控制活动能够实现同一目标，注册会计师不必了解与该目标相关的每项控制活动。

【经典模拟题】

【单选题】下列各项中，不属于控制活动要素的有（　　）。

A. 业绩评价　　B. 风险评估过程

C. 实物控制　　D. 职责分离

【答案】B

【解析】控制活动主要包括授权、业绩评价、信息处理、实物控制和职责分离等相关的活动。选项B是内部控制要素，不属于控制活动要素。

重难点20：对控制的监督★

（一）对控制的监督的含义

对控制的监督是指被审计单位评价内部控制在一段时间内运行有效性的过程。对控制的监督涉及及时评估控制的有效性并采取必要的补救措施。

【小贴士】对被审计单位内部控制进行监督要注意时效性，在业务流程的有效阶段进行监督和评价，超出业务流程有效性的时段监督很可能是无意义的。

（二）对控制的监督的方法

管理层通过持续的监督活动、单独的评价活动或两者相结合实现对控制的监督。

（1）持续的监督活动通常贯穿于被审计单位日常重复的活动中，包括常规管理和监督工作。

（2）被审计单位可能使用内部审计人员或具有类似职能的人员对内部控制的设计和执行进行专门的评价，以找出内部控制的优点和不足，并提出改进建议。

（3）被审计单位也可能利用与外部有关各方沟通或交流所获取的信息监督相关的控制活动。

（三）了解对内部控制的监督

注册会计师在对被审计单位整体层面的监督进行了解和评估时，考虑的主要因素可能包括：

（1）被审计单位是否定期评价内部控制。

（2）被审计单位人员在履行正常职责时，能够在多大程度上获得内部控制是否有效运行的证据。

（3）与外部的沟通能够在多大程度上证实内部产生的信息或者指出存在的问题。

（4）管理层是否采纳内部审计人员和注册会计师有关内部控制的建议。

（5）管理层是否及时纠正控制运行中的偏差。

（6）管理层根据监管机构的报告及建议是否及时采取纠正措施。

（7）是否存在协助管理层监督内部控制的职能部门（如内部审计部门）。

【经典真题】

【单选题·2017】下列各项中，属于对控制的监督的是（　　）。

A. 授权与批准　　B. 职权与责任的分配

C. 业绩评价　　D. 内审部门定期评估控制的有效性

【答案】D

【解析】选项D正确，被审计单位可能使用内部审计人员或具有类似职能的人员对内部控制的设计和执行进行专门的评价，以找出内部控制的优点和不足，并提出改进建议，即对控制的监督。选项 A、C 属于控制活动，选项 B 属于控制环境，均不属于对控制的监督。

【经典模拟题】

【单选题】下列活动中属于持续的监督活动的是（ ）。

A. 审计委员会定期了解财务数据

B. 相应级别的员工复核采购业务流程中控制的情况

C. 注册会计师对年度财务报表进行审计

D. 内部审计人员对控制实施风险评估

【答案】B

【解析】选项 A、D 属于单独评价活动；选项 C 属于注册会计师审计业务，是外部监督范畴，而不是被审计单位内部控制范畴。

重难点 21：在整体层面和业务流程层面了解内部控制★★★

sj200701

（一）整体层面

内部控制的某些要素（如控制环境）更多地对被审计单位整体层面产生影响，而其他要素（如信息系统与沟通、控制活动）则可能更多地与特定业务流程相关。在实务中，注册会计师应当从被审计单位整体层面和业务流程层面分别了解和评价被审计单位的内部控制。

整体层面的控制（包括对管理层凌驾于内部控制之上的控制）和信息技术一般控制通常在所有业务活动中普遍存在。

（二）业务流程层面

在初步计划审计工作时，注册会计师需要确定在被审计单位财务报表中可能存在重大错报风险的重大账户及其相关认定。为实现此目的，通常采取下列步骤：

1. 确定重要业务流程和重要交易类别

在实务中，将被审计单位的整个经营活动划分为几个重要的业务循环，有助于注册会计师更有效地了解和评估重要业务流程及相关控制。

2. 了解重要交易流程，并进行记录

在确定重要的业务流程和交易类别后，注册会计师便可着手了解每一类重要交易在信息技术或人工系统中生成、记录、处理及在财务报表中报告的程序，即重要交易流程。这是确定在哪个环节或哪些环节可能发生错报的基础。

3. 确定可能发生错报的环节

注册会计师需要确认和了解被审计单位应在哪些环节设置控制，以防止或发现并纠正各重要业务流程可能发生的错报。

4. 识别和了解相关控制

通过对被审计单位的了解，包括在被审计单位整体层面对内部控制各要素的了解，以及在上述程序中对重要业务流程的了解，注册会计师可以确定是否有必要进一步了解在业务流程层面的控制。

通常将业务流程中的控制划分为预防性控制和检查性控制：

（1）预防性控制。预防性控制通常用于正常业务流程的每一项交易，以防止错报的发生。在流程中防止错报是信息系统的重要目标。预防性控制可能是人工的，也可能是自动化的。预防性控制举例如下表所示。

对控制的描述	控制用来防止的错报
计算机程序自动生成收货报告，同时也更新采购档案	防止出现购货漏记账的情况
在更新采购档案之前要有收货报告	防止记录了未收到购货的情况
销货发票上的价格根据价格清单上的信息确定	防止销货计价错误
系统将各凭证上的账户号码与会计科目表对比，然后进行一系列的逻辑测试	防止出现分类错报

（2）检查性控制。建立检查性控制的目的是发现流程中可能发生的错报（尽管有预防性控制还是会发生的错报）。被审计单位通过检查性控制，监督其流程和相应的预防性控制能否有效地发挥作用。检查性控制通常是管理层用来监督实现流程目标的控制。检查性控制可以由人工执行，也可以由信息系统自动执行。检查性控制示例如下表所示。

定期编制银行存款余额调节表，跟踪调查挂账的项目	在对其他项目进行审核的同时，查找存入银行但没有记入日记账的现金收入，未记录的银行现金支付或虚构入账的不真实的银行现金收入或支付，未及时入账或未正确汇总分类的银行现金收入或支付
将预算与实际费用间的差异列入计算机编制的报告中并由部门经理复核。记录所有超过预算 2% 的差异情况和解决措施	在对其他项目进行审核的同时，查找本月发生的重大分类错报或没有记录及没有发生的大笔收入、支出以及相关联的资产和负债项目
系统每天比较运出货物的数量和开票数量。如果发现差异，产生报告，由开票主管复核和追查	查找没有开票和记录的出库货物，以及与真实发货无关的发票
每季度复核应收账款贷方余额并找出原因	查找未予入账的发票和销售与现金收入中的分类错误

【小贴士】预防性控制应被应用在业务流程的交易前，检查性控制应被应用在业务流程的交易过程中和事后。

5. 执行穿行测试，证实对交易流程和相关控制的了解

为了解各类重要交易在业务流程中发生、处理和记录的过程，注册会计师通常会执行穿行测试。注册会计师将穿行测试的情况记录于工作底稿时，记录的内容包括穿行测试中查阅的文件、穿行测试的程序以及注册会计师的发现和结论。

（三）核心要点

1. 执行穿行测试，证实对交易流程和相关控制的了解

为了解各类重要交易在业务流程中发生、处理和记录的过程，注册会计师通常会执行穿行测试。执行穿行测试可获得下列方面的证据：

（1）确认对业务流程的了解；

（2）确认对重要交易的了解是完整的，即在交易流程中所有与财务报表认定相关的可能发生错报的环节都已识别；

（3）确认所获取的有关流程中的预防性控制和检查性控制信息的准确性；

（4）评估控制设计的有效性；

（5）确认控制是否得到执行；

（6）确认之前所做的书面记录的准确性。

2. 进行初步评价和风险评估

在识别和了解控制后，根据执行上述程序及获取的审计证据，注册会计师需要评价控制设计的合理性并确定其是否得到执行。

注册会计师对控制的评价结论可能是：

（1）所设计的控制单独或连同其他控制能够防止或发现并纠正重大错报，并得到执行；

（2）控制本身的设计是合理的，但没有得到执行；

（3）控制本身的设计就是无效的或缺乏必要的控制。

（四）对财务报告流程的了解

以上讨论了注册会计师如何在重要业务流程层面了解重大交易生成、处理和记录的流程，并评估在可能发生错报的环节控制的设计及其是否得到执行。在实务中，注册会计师还需要进一步了解有关信息从具体交易的业务流程过入总账、财务报表以及相关列报的流程，即财务报告流程及其控制。这一流程和控制与财务报表的列报认定直接相关。

【经典真题】

【2017·单选题】下列各项中，属于预防性控制的是（　　）。

A. 财务主管定期盘点现金和有价证券

B. 管理层分析评价实际业绩与预算的差异，并针对超过规定金额的差异调查原因

C. 董事会复核并批准由管理层编制的财务报表

D. 由不同的员工负责职工薪酬档案的维护和职工薪酬的计算

【答案】D

【解析】选项D属于岗位职责分离的控制措施，其目的是为了防止错报的发生，是典型的预防性控制；选项A、B、C均是通过比较、调查发现流程中的错报，监督已经设计的控制能否实现流程目标的控制，其目的均是为了发现流程中可能发生的错报，属于检查性控制。

【单选题·2018】下列各项控制中，属于检查性控制的是（　　）。

A. 出纳不兼任收入或支出的记账工作

B. 财务总监复核并批准财务经理提出的撤销银行账号的申请

C. 财务经理根据其权限复核并批准相关付款

D. 财务经理复核会计编制的银行存款余额调节表

【答案】D

【解析】选项D正确，财务经理复核会计编制的银行存款余额调节表，其目的是为了发现流程中可能发生的错报，是典型的检查性控制；选项A、B、C均是为了防止错报的发生，均属于预防性控制。

重难点22：评估财务报表层次和认定层次的重大错报风险★★★

（一）评估重大错报风险时考虑的因素

评估重大错报风险时考虑因素如下表所示。

1. 风险是什么？	
财务报表层次	（1）源于薄弱的被审计单位整体层面内部控制或信息技术一般控制； （2）与财务报表整体广泛相关的特别风险； （3）与管理层凌驾和舞弊相关的风险因素； （4）管理层愿意接受的风险，例：小企业因缺乏职责分离导致的风险
认定层次	（1）与完整性、准确性、存在或计价相关的风险： ①收入、费用和其他交易；②账户余额；③财务报表披露。 （2）可能产生多重错报的风险
相关内部控制程序	（1）特别风险； （2）用于预防、发现或减轻已识别风险的恰当设计并执行的内部控制程序； （3）仅通过执行控制测试应对的风险
2. 错报（金额影响）可能发生的规模多大？	
财务报表层次	什么事情可能导致财务报表重大错报？考虑管理层凌驾、舞弊、未预期事件和以往经验
认定层次	考虑： （1）交易、账户余额或披露的固有性质； （2）日常和例外事件； （3）以往经验
3. 事件（风险）发生的可能性有多大？	
财务报表层次	考虑： （1）来自高层的基调； （2）管理层风险管理的方法； （3）采用的政策和程序； （4）以往经验
认定层次	考虑： （1）相关的内部控制活动； （2）以往经验
相关内部控制程序	识别对于降低事件发生可能性非常关键的管理层风险应对要素

（二）评估重大错报风险的审计程序

（1）在了解被审计单位及其环境（包括与风险相关的控制）的整个过程中，结合对财务报表中各类交易、账户余额和披露的考虑，识别风险；

（2）结合对拟测试的相关控制的考虑，将识别出的风险与认定层次可能发生错报的领域相联系；

（3）评估识别出的风险，并评价其是否更广泛地与财务报表整体相关，进而潜在地影响多项认定；

（4）考虑发生错报的可能性（包括发生多项错报的可能性），以及潜在错报的重大程度是否足以导致重大错报。

（三）识别两个层次的重大风险错报（见下图）

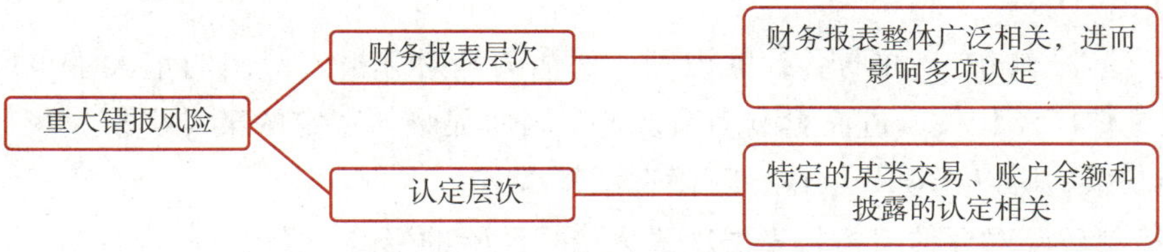

【经典真题】

【多选题·2017】下列各项中，通常可能导致财务报表层次重大错报风险的有（　　）。

A. 被审计单位新聘任的财务总监缺乏必要的胜任能力

B. 被审计单位的长期资产减值准备存在高度的估计不确定性

C. 被审计单位管理层缺乏诚信

D. 被审计单位的某项销售交易涉及复杂的安排

【答案】AC

【解析】财务总监缺乏必要的胜任能力（选项 A）、管理层缺乏诚信（选项 C）均属于控制环境的影响因素，可能导致财务报表层次重大错报风险，故选项 A、C 正确；选项 B、D 错误，长期资产减值准备、某项销售交易涉及复杂的安排仅影响个别项目，属于认定层次的重大错报风险。

【单选题·2016】下列情形中，通常表明存在财务报表层次重大错报风险的是（　　）。

A. 被审计单位的竞争者开发的新产品上市

B. 被审计单位从事复杂的金融工具投资

C. 被审计单位资产的流动性出现问题

D. 被审计单位存在重大的关联方交易

【答案】C

【解析】某些重大错报风险可能与财务报表整体广泛相关，进而影响多项认定。例如，在经济不稳定的国家和地区开展业务、资产的流动性出现问题（选项 C）、重要客户流失、融资能力受到限制等，可能导致注册会计师对被审计单位的持续经营能力产生重大疑虑。又如，管理层缺乏诚信或承受异常的压力可能引发舞弊风险，这些风险与财务报表整体相关。

【经典模拟题】

【多选题】下列有关识别、评估和应对重大错报风险的说法中，正确的是（　　）。

A. 在识别和评估重大错报风险时，注册会计师应当考虑发生错报的可能性以及潜在错报的重大程度

B. 注册会计师应当将识别的重大错报风险与特定的某类交易、账户余额和披露的认定相联系

C. 对于某些重大错报风险，注册会计师可能认为仅通过实质性程序无法获取充分、适当的审计证据

D. 在实施进一步审计程序的过程中，注册会计师可能需要修正对认定层次重大错报风

险的评估结果

【答案】ACD

【解析】选项 B，如果注册会计师识别、评估的是财务报表层次的重大错报风险，可能与财务报表整体广泛相关，进而影响多项认定，因而很难与特定的某类交易、账户余额和披露的认定相联系，所以选项 B 错误，正确选项是 ACD。

（四）控制环境对评估财务报表层次重大错报风险的影响

财务报表层次的重大错报风险很可能源于薄弱的控制环境。

薄弱的控制环境带来的风险可能对财务报表产生广泛影响，难以限于某类交易、账户余额和披露，注册会计师应当采取总体应对措施。

（五）控制环境对评估认定层次重大错报风险的影响（见下图）

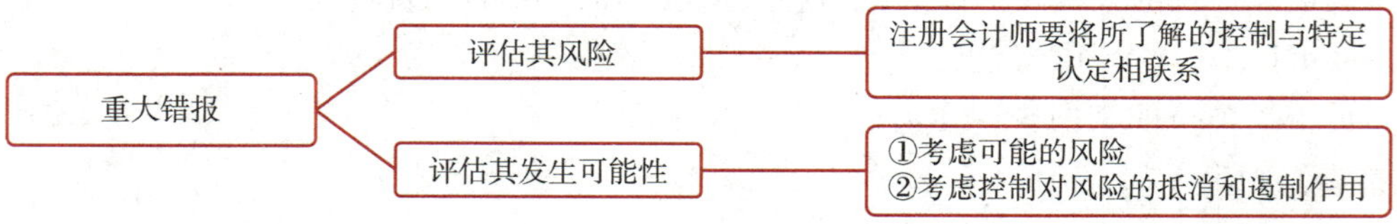

【小贴士】

（1）有效的控制会减少错报发生的可能性，而控制不当或缺乏控制，错报就有可能会变成现实。

（2）控制可能与某一认定直接相关，也可能与某一认定间接相关。关系越间接，控制在防止或发现并纠正认定中错报的作用越小。

（六）考虑财务报表的可审计性

注册会计师在了解被审计单位内部控制后，可能对被审计单位财务报表的可审计性产生怀疑。如果通过对内部控制的了解发现下列情况，并对财务报表局部或整体的可审计性产生疑问。注册会计师应考虑出具保留意见或无法表示意见的审计报告，必要时，应当考虑解除业务约定：

（1）被审计单位会计记录的状况和可靠性存在重大问题，不能获取充分、适当的审计证据以支持发表无保留意见；

（2）对管理层的诚信存在严重疑虑。

重难点 23：需要特别考虑的重大错报风险★★★

（一）特别风险的含义

特别风险，是指注册会计师识别和评估的、根据判断认为需要特别考虑的重大错报风险。

（二）确定特别风险时应考虑的事项

（1）风险是否属于舞弊风险；

（2）风险是否与近期经济环境、会计处理方法或其他方面的重大变化相关，因而需要特别关注；

（3）交易的复杂程度；

（4）风险是否涉及重大的关联方交易；

（5）财务信息计量的主观程度，特别是计量结果是否具有高度不确定性；

（6）风险是否涉及异常或超出正常经营过程的重大交易。

【小贴士】在判断哪些风险是特别风险时，注册会计师不应考虑识别出的控制对相关风险的抵销效果。但评估重大错报发生的可能性时要考虑控制对风险的抵销和遏制作用。

【经典真题】

【单选题·2018】下列各项中，注册会计师在确定某项重大错报风险是否为特别风险时，通常无需考虑的是（　　）。

A. 交易的复杂程度

B. 风险是否涉及重大的关联方交易

C. 被审计单位财务人员的胜任能力

D. 财务信息计量的主观程度

【答案】C

【解析】注册会计师在确定特别风险时，应考虑的事项至少包括：①风险是否属于舞弊风险；②风险是否与近期经济环境、会计处理方法或其他方面的重大变化相关，因而需要特别关注；③交易的复杂程度（选项 A）；④风险是否涉及重大的关联方交易（选项 B）；⑤财务信息计量的主观程度，特别是计量结果是否具有高度不确定性（选项 D）；⑥风险是否涉及异常或超出正常经营过程的重大交易。

【多选题·2019】下列各项中，注册会计师在判断重大错报风险是否为特别风险时应当考虑的有（　　）。

A. 风险是否涉及重大的关联方交易

B. 风险是否与近期经济环境的重大变化相关

C. 财务信息计量的主观程度

D. 风险是否属于舞弊风险

【答案】ABCD

【解析】在判断哪些风险是特别风险时，注册会计师应当至少考虑 6 点事项：①风险是否属于舞弊风险；②风险是否与近期经济环境、会计处理方法或其他方面的重大变化相关，因而需要特别关注；③交易的复杂程度；④风险是否涉及重大的关联方交易；⑤财务信息计量的主观程度，特别是计量结果是否具有高度不确定性；⑥风险是否涉及异常或超出正常经营过程的重大交易。

【经典模拟题】

【多选题】下列各项中，注册会计师在确定特别风险时需要考虑的是（　　）。

A. 错报发生的可能性

B. 控制对相关风险的抵销效果

C. 潜在错报的重大程度

D. 风险的性质

【答案】ACD

【解析】注册会计师在判断哪些风险是特别风险时，不应考虑识别出的控制对相关风险的抵销效果，所以选项 B 不需要考虑。

（三）非常规交易和判断事项导致的特别风险

特别风险来源通常与重大的非常规交易和判断事项有关如下表所示。

（1）非常规交易：指由于金额或性质异常而不经常发生的交易。例如，企业购并、债务重组、重大或有事项等。

（2）判断事项：通常包括作出的会计估计（具有计量的重大不确定性）。

非常规交易的特征	重大的判断事项
（1）管理层更多地干预会计处理；（管理层凌驾于控制之上） （2）数据收集和处理进行更多的人工干预； （3）复杂的计算或会计处理方法； （4）非常规交易的性质可能使被审计单位难以对由此产生的特别风险实施有效控制	（1）对涉及会计估计、收入确认等方面的会计原则存在不同的理解； （2）所要求的判断可能是主观和复杂的，或需要对未来事项作出假设

（四）考虑与特别风险相关的控制

（1）对特别风险，注册会计师应当评价相关控制的设计情况，并确定其是否已经得到执行。由于与重大非常规交易或判断事项相关的风险很少受到日常控制的约束，注册会计师应当了解被审计单位是否针对该特别风险设计和实施了控制。

（2）如果管理层未能实施控制以恰当应对特别风险，注册会计师应当认为内部控制存在重大缺陷，并考虑其对风险评估的影响。在此情况下，注册会计师应当就此类事项与治理层沟通。

【小贴士】了解与特别风险相关的控制，有助于注册会计师制定有效的审计方案予以应对。

【经典真题】

【单选题·2015】下列有关特别风险的说法中，正确的是（　　）。

A. 注册会计师应当将管理层凌驾于控制之上的风险评估为特别风险

B. 注册会计师应当了解并测试与特别风险相关的控制

C. 注册会计师应当对特别风险实施细节测试

D. 注册会计师在判断重大错报风险是否为特别风险时，应当考虑识别出的控制对于相关风险的抵销效果

【答案】A

【解析】选项B错误，如果注册会计师了解到与特别风险相关的控制的设计是合理的但没有得到执行，或者特别风险的控制本身的设计是无效的或缺乏必要的控制，则无需进行控制测试；选项C错误，注册会计师应当对特别风险实施实质性程序，不一定需要进行细节测试；选项D错误，注册会计师在判断重大错报风险是否为特别风险时，不应考虑识别出的控制对相关风险的抵销效果。

【单选题·2019】下列有关注册会计师评估特别风险的说法中，正确的是（　　）。

A. 注册会计师应当将具有高度估计不确定性的会计估计评估为存在特别风险

B. 注册会计师应当将涉及重大管理层判断和重大审计判断的事项评估为存在特别风险

C. 注册会计师应当将管理层凌驾于控制之上的风险作为特别风险

D. 注册会计师应当将重大非常规交易评估为存在特别风险

【答案】C

【解析】选项C正确，应当评估为特别风险的事项只有三个：（1）舞弊导致的重大错报风险；（2）管理层凌驾于控制之上的风险；（3）超出被审计单位正常经营过程的重大关联

方交易导致的重大错报风险。其余的事项都需要进一步评估才能确定是否存在特别风险。

【经典模拟题】

【多选题】下列各项中，注册会计师不应当评估为存在特别风险的有（　　）。

A. 收入确认

B. 管理层可能凌驾于控制之上

C. 超出正常经营过程的重大关联方交易

D. 具有高度估计不确定性的重大会计估计

【答案】AD

【解析】管理层凌驾于控制之上的风险属于特别风险；注册会计师应当将识别出的、超出被审计单位正常经营过程的重大关联方交易导致的风险确定为特别风险，选项 B、C 应当评估为特别风险；针对具有高度估计不确定性的重大会计估计以及收入确认，属于与重大判断事项相关，注册会计师需要根据职业判断确认是否会导致特别风险，所以选项 A、D 不应当评估为存在特别风险。

重难点 24：仅通过实质性程序无法应对的重大错报风险★★

如果认为仅通过实质性程序获取的审计证据无法应对认定层次的重大错报风险，注册会计师应当评价被审计单位针对这些风险设计的控制，并确定其执行情况。

在被审计单位对日常交易采用高度自动化处理的情况下，审计证据可能仅以电子形式存在，其充分性和适当性通常取决于自动化信息系统相关控制的有效性，注册会计师应当考虑仅通过实施实质性程序不能获取充分、适当审计证据的可能性。同时应当考虑依赖的相关控制的有效性，并对其进行了解、评估和测试。

重难点 25：对风险评估的修正★★

注册会计师对认定层次重大错报风险的评估应以获取的审计证据为基础，并可能随着审计过程中对审计证据的不断获取而作出相应变化。

如果通过实施进一步审计程序获取的审计证据与初始评估相矛盾，注册会计师应当修正风险评估结果，并相应修改原计划实施的进一步审计程序。

风险评估是一个连续和动态地收集、更新与分析信息的过程，贯穿于整个审计过程的始终。

四、进阶练习

（一）单选题

1. 下列关于风险评估运用分析程序的说法中错误的是（　　）。

A. 风险评估贯穿于审计过程的始终

B. 注册会计师运用分析程序通常需要数据之间存在预期关系，因此只能使用财务信息

C. 注册会计师实施分析程序可能有助于识别异常的交易或事项，以及对审计产生影响

的金额、比率或趋势

D. 通过实施分析程序识别出异常的或者未预期到的关系对识别和评估由于舞弊导致的重大错报风险具有特别意义

2. 下列有关项目组内部讨论的说法中，不正确的是（　　）。

A. 项目组应当根据审计的具体情况，持续交换有关被审计单位财务报表发生重大错报可能性的消息

B. 项目组应当讨论被审计单位面临的经营风险、财务报表容易发生错报的领域以及发生错报的方式，特别是由于舞弊导致重大错报的可能性

C. 如果项目组利用了信息技术或其他特殊技能的专家工作，这些专家不用参与讨论

D. 讨论的范围受项目组成员的职位、经验和信息需要的影响

3. 下列关于风险评估的说法中，不正确的是（　　）。

A. 了解被审计单位及其环境是一个连续和动态地收集、更新与分析信息的过程，贯穿于整个审计过程的始终

B. 注册会计师应当运用职业判断确定需要了解被审计单位及其环境的程度

C. 注册会计师应当了解被审计单位及其环境，以充分识别和评估财务报表重大错报风险，设计和实施进一步审计程序

D. 风险评估程序并不是必须实施的，注册会计师可以根据职业判断作出选择

4. 在下列控制中，属于检查性控制的是（　　）。

A. 在更新采购档案之前必须先有收货报告

B. 计算机每天比较运出货物的数量和开票数量，并生成差异报告

C. 销货发票上的价格根据价格清单上的信息确定

D. 计算机将记账凭证上借贷方金额对比，对账户代码进行逻辑测试

5. 下列有关控制环境的说法中，错误的是（　　）。

A. 控制环境对重大错报风险的评估具有广泛影响

B. 财务报表层次重大错报风险很可能源于薄弱的控制环境

C. 有效的控制环境有助于降低发生舞弊的风险

D. 有效的控制环境本身可以防止、发现并纠正各类交易、账户余额和披露认定层次的重大错报

6. 下列有关注册会计师了解内部控制的说法中，不正确的有（　　）。

A. 注册会计师不需要了解被审计单位所有的内部控制注册会计师

B. 注册会计师在了解被审计单位内部控制时，应当确定其是否得到一贯执行

C. 注册会计师对内部控制的了解通常不足以测试控制运行的有效性

D. 注册会计师询问被审计单位人员不足以评价内部控制设计的合理性

7. 下列各项中，属于检查性控制的有（　　）。

A. 定期编制银行存款余额调节表，跟踪调查挂账的项目

B. 负责业务收入和应收账款记账的财务人员不得经手货币资金

C. 采购固定资产需要经适当级别的人员批准

D. 仓库管理员根据经批准的发货单办理出库

8. 下列各项中，属于认定层次重大错报风险的是（　　）。

A. 被审计单位管理层凌驾于内部控制之上

B. 被审计单位所处行业陷入严重衰退

C. 被审计单位治理层和管理层不重视内部控制

D. 被审计单位大额应收账款可收回性具有高度不确定性

9. A注册会计师负责审计甲公司2018年度财务报表，下列情形中，最有可能导致A注册会计师不能执行财务报表审计的是（　　）。

A. 甲公司管理层没有清晰区分内部控制要素

B. 甲公司管理层没有根据变化的情况修改相关的内部控制

C. 甲公司管理层凌驾于内部控制之上

D. A注册会计师对甲公司管理层的诚信存在严重疑虑

10. 下列重大错报风险中，与特定的某类交易、账户余额和披露的认定相关的是（　　）。

A. 被审计单位在经济不稳定的国家和地区开展业务

B. 被审计单位存在复杂的联营或合营

C. 被审计单位资产的流动性出现问题

D. 被审计单位融资能力受到限制

（二）多选题

1. 下列关于风险评估程序的说法中，正确的是（　　）。

A. 为了解被审计单位及其环境而实施的程序就是风险评估程序

B. 注册会计师实施风险评估程序是为了识别和评估财务报表重大错报风险

C. 注册会计师应当实施的风险评估程序包括询问管理层和被审计单位内部其他人员、分析程序、观察和检查

D. 注册会计师应当在了解被审计单位及其环境的每一个方面实施询问、观察、检查和分析程序

2. 下列关于风险评估的理解中，不正确的有（　　）。

A. 审计风险控制流程的起点是风险的识别和评估

B. 评价对被审计单位及其环境了解的程度是否恰当，关键是看注册会计师是否能够发现舞弊

C. 无论评估的重大错报风险结果如何，均应当针对所有的各类交易、账户余额和实质性程序

D. 注册会计师应当了解被审计单位的目标、战略以及所有的经营风险

3. 注册会计师组织项目讨论组讨论的主要内容有（　　）。

A. 管理层是否倾向于高估或低估收入　　B. 管理层是否存在严重诚信问题

C. 会计政策是否发生重大变化　　D. 被审计单位是否面临重大的经营风险

4. 下列有关了解内部控制的表述中，不正确的是（　　）。

A. 在了解内部控制时，注册会计师应评价相关控制的设计情况，并确定其是否得到一贯执行

B. 注册会计师需要了解和评价的内部控制只是与非财务报表相关的内部控制

C. 小型被审计单位通常没有正式的内部控制，注册会计师通常无需对其内部控制进行了解

D. 执行穿行测试，可以确定相关控制活动是否得到执行

5. 在注册会计师了解控制活动时，下列说法中，恰当的有（　　）。

A. 注册会计师应当了解被审计单位所有的与财务报表相关的控制活动

B. 注册会计师应当了解被审计单位所有的控制活动

C. 注册会计师应当了解与审计相关的控制活动

D. 如果多项控制活动能够实现同一控制目标，注册会计师不必了解与该目标相关的每项控制活动

6. 下列被审计单位的控制中，通常与审计有关的是（　　）。

A. 工厂存货定期盘点

B. 公司因某些特别原因同意对某个不符合一般信用条件的客户赊购商品

C. 航空公司用于维护航班时间表的自动控制系统

D. 银行客户信贷经理复核各分行、地区和各种贷款类型的审批和收回

7. 下列与审计相关的内部控制的说法中，正确的是（　　）。

A. 被审计单位通常有些与内部控制目标相关但与审计无关的控制，注册会计师无须对其加以考虑

B. 与审计相关的内部控制一定与财务报告相关

C. 被审计单位的目标和控制，与财务报告、经营及合规有关，但这些目标和控制并非都与注册会计师的风险评估相关

D. 如果与经营和合规目标相关的控制与注册会计师实施审计程序时评价或使用的数据相关，则这些控制也可能与审计相关

8. A 注册会计师在审计甲公司 2018 年度财务报表，在识别和评估重大错报风险时，A 注册会计师可能实施的审计程序有（　　）。

A. 评估识别出的风险，并评价其是否更广泛地与财务报表整体相关

B. 考虑识别的错报风险导致财务报表发生重大错报的可能性

C. 考虑识别的错报风险是否重大

D. 将识别的错报风险与认定层次可能发生错报的领域相联系

9. 在应对仅通过实质性程序无法应对的重大错报风险时，注册会计师应当考虑的主要因素有（　　）。

A. 被审计单位是否针对这些风险设计了控制

B. 相关控制是否可以信赖

C. 会计政策是否发生变更

D. 相关交易是否采用高度自动化的处理

10. 下列选项中，通常导致财务报表层次重大错报风险的有（　　）。

A. 管理层舞弊　　B. 未实施恰当的职责分离

C. 出纳舞弊　　D. 赊销金额超过授权

（三）简答题

A 注册会计师是甲公司 2018 年度财务报表审计业务的项目合伙人。在了解甲公司及其环境以及评估重大错报风险时，A 注册会计师的观点如下：

（1）针对甲公司多项控制活动能够实现营业收入发生的目标，A 注册会计师认为应该了解与该目标相关的每项控制活动。

（2）甲公司与固定资产相关的会计估计在本年发生变化，A 注册会计师认为这可能会导致固定资产的金额计量不准确，但不会导致特别风险。

（3）在了解甲公司的内部控制时，A 注册会计师认为应该了解的是与财务报告相关的内部控制，而非甲公司所有的内部控制。

（4）在识别和评估特别风险时，A 注册会计师认为必须要亲自实施各项审计程序，不能利用专家的工作。

（5）针对特别风险的项目，A 注册会计师认为不需要了解内部控制，只需直接实施实质性程序。

【要求】假定上述第（1）~（5）项均独立，逐项指出 A 注册会计师的观点是否恰当。如不恰当，简要说明理由。

五、进阶练习答案

（一）单选题

1. 【答案】B

【解析】注册会计师实施分析程序可以利用财务信息和非财务信息，如销售额与卖场的面积或已出售商品数量之间的关系。

2. 【答案】C

【解析】如果项目组需要拥有信息技术或其他特殊技能的专家（包括会计师事务所内外），项目组讨论时，这些专家也可根据需要参与讨论。

3. 【答案】D

【解析】风险评估是必须实施的程序。

4. 【答案】B

【解析】预防性控制通常用于正常业务流程中的每一项交易中以防止错报的发生，建立检查性控制的目的是发现流程中可能发生的错报。

5. 【答案】D

【解析】控制环境本身并不能防止或发现并纠正各类交易账户余额和披露认定层次重大错报。

6. 【答案】B

【解析】“了解内部控制”包括两层含义：一是评价控制的设计；二是确定控制是否得到执行。在测试控制运行的有效性时，注册会计师应当从下列方面获取关于控制是否有效运行的审计证据：①控制在所审计期间的相关时点是如何运行的；②控制是否得到一贯执行；③控制由谁或以何种方式执行。

7. 【答案】A

【解析】选项 B、C、D 属于预防性控制。

8. 【答案】D

【解析】选项 A、B、C 均属于财务报表层次重大错报风险，财务报表整体广泛相关，进而影响多项认定，所以选项 D 正确。

9. 【答案】D

【解析】选项 A、B 说明甲公司内部控制存在缺陷；选项 C 管理层凌驾于内部控制之上，注册会计师可以少利用甚至不利用控制测试的结果，通过多做实质性程序来实施审计；选项 D 的情况可能解除业务约定，从而不能执行财务报表审计。

10. 【答案】B

【解析】选项 A、C、D 是可能与财务报表整体广泛相关的情形，比如经济不稳定的国家和地区开展业务，可能会对企业的持续经营产生影响，此时对财务报表产生的影响是广泛性的，与报表整体性有关，选项 B 表明“长期股权投资”账户的认定可能存在重大错报风险。

（二）多选题

1. 【答案】ABC

【解析】注册会计师应当实施下列风险评估程序，以了解被审计单位及其环境：（1）询问管理层和被审计单位内部其他人员；（2）分析程序；（3）观察和检查。注册会计师在审计过程中应当实施上述审计程序，但是在了解被审计单位及其环境的每一个方面时无需实施上述所有程序。

2. 【答案】BCD

【解析】选项 B，评价对被审计单位及其环境了解的程序是否恰当，关键是看注册会计师对被审计单位及其环境的了解是否足以识别和评估财务报表的重大错报风险；选项 C，无论评估的重大错报风险结果如何，均应当针对所有重大的各类交易、账户余额和披露实施实质性分析程序；选项 D，注册会计师只需要识别可能导致重大错报风险的经营风险。

3. 【答案】ABCD

【解析】项目组应当讨论被审计单位面临的经营风险、财务报表容易发生错报的领域以及发生错报的方式，特别是由于舞弊导致重大错报的可能性。选项 A 是财务报表容易发生错报的方式；选项 B、选项 C 属于财务报表容易发生错报的领域；选项 D 是被审计单位面临的经营风险，所以上述选项均正确。

4. 【答案】ABC

【解析】选项 A，对内部控制了解的深度，是指在了解被审计单位及其环境时对内部控制了解的程度，包括评价控制的设计，并确定其是否得到执行，但不包括对控制是否得到一贯执行的测试；选项 B，注册会计师需要了解和评价的内部控制只是与财务报表审计相关的内部控制；选项 C，了解内部控制是必须的程序。

5. 【答案】CD

【解析】注册会计师进行财务报表审计时目标很明确，即合理保证查出财务报表重大错报，降低财务信息的重大错报风险，提高财务报表的可信性。因此，注册会计师需要了解的是被审计单位内部控制中与财务报表审计相关的重要控制活动，不需要了解与财务报表审计无关的内部控制；如果多项控制活动能够实现同一控制目标，注册会计师不必了解与该目标相关的每项控制活动。

6. 【答案】ABD

【解析】被审计单位通常有一些与审计无关的控制，注册会计师无需对其加以考虑。例如，被审计单位可能依靠某复杂的自动控制系统提高经营活动的效率和效果（如航空公司用于维护航班时间表的自动控制系统），但这些控制通常与审计无关。

7. 【答案】ACD

【解析】选项 A，例如，被审计单位可能依靠某一复杂的自动化控制提高经营活动的效率和效果（如航空公司用于维护航班时间表的自动化控制系统），但这些控制通常与审计无关。选项 B，与审计相关的内部控制并非均与财务报告相关。

8. 【答案】ABCD

9. 【答案】ABD

【解析】如果认为仅通过实质性程序获取的审计证据无法将认定层次的重大错报风险降至可接受的低水平，注册会计师应当评价被审计单位针对这些风险设计的控制，并确定其执行情况，选项 A、B 正确。在被审计单位对日常交易采用高度自动化处理的情况下，审计证据可能仅以电子形式存在，其充分性和适当性通常取决于自动化信息系统相关控制的有效性，可能仅通过实施实质性程序不能获取充分、适当审计证据，需执行控制测试，选项 D 正确。

10. 【答案】AB

【解析】选项 A、B 都会导致报表层次重大错报风险，与整体有关，而选项 C 与货币资金项目错报有关，选项 D 与营业收入、应收账款等项目错报有关。

（三）简答题

【答案】

（1）不恰当。如果多项控制活动能够实现同一目标，注册会计师不必了解与该目标相关的每项控制活动。

（2）不恰当。特别风险通常与重大的非常规交易和判断事项有关，判断事项通常包括作出的会计估计（具有计量的重大不确定性），所以这一事项也可能产生特别风险。

（3）不恰当。注册会计师需要了解和评价的内部控制是与财务报表审计相关的内部控制，并非与财务报告相关的内部控制，也不是甲公司所有的内部控制。

（4）不恰当。注册会计师在识别和评估重大错报风险时可以利用专家的工作，而特别风险属于需要特别考虑的重大错报风险，所以也可以利用专家的工作。

（5）不恰当。对特别风险，注册会计师应当评价相关控制的设计情况，并确定其是否已经得到执行。

第八章　风险应对

一、2020 年新教材内容主要变化

本章主要变化知识点：在“进一步审计程序的时间”的知识点中，增加了一项注册会计师在确定何时实施审计程序时考虑的因素。

二、本章近 5 年考情统计分析

本章考题客观题和综合题均有涉及，在综合题中，经常结合某一认定考查控制测试和实质性程序。本章是比较重要的考试章节之一，最近 5 年平均考试分值 7 分左右。

（一）近 5 年考试分值分布

题型	2015 年	2016 年	2017 年	2018 年	2019 年
单选题	1	2	—	1	1
多选题	2	2	2	—	—
简答题	4	1	2	4	—
综合题	1	1	3	2	—
合计	8	6	7	7	1

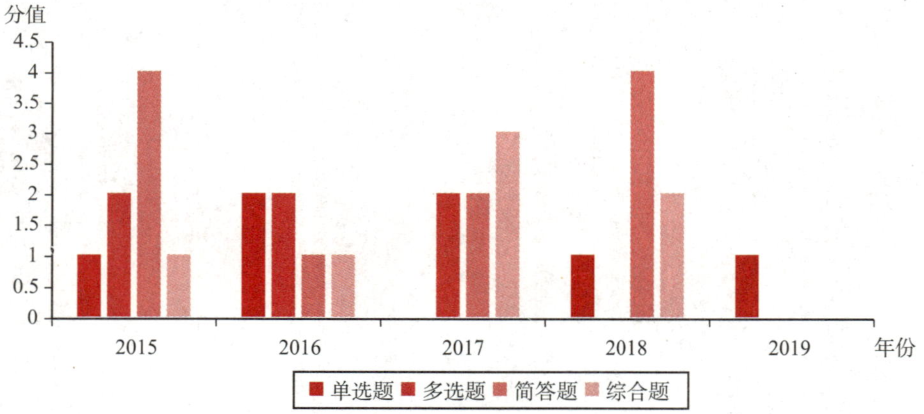

（二）近 5 年考试考点分布

高频考点内容	年度及题型分布
报表层总体应对措施	2015 年多选、2016 年单选
进一步审计程序	2016 年简答、2017 年多选
控制测试	2015 年单选、2015 年简答、2015 年综合、2016 年多选、2016 年综合、2017 年综合、2018 年单选、2018 年综合、2019 年单选
实质性程序	2016 年单选、2017 年简答、2017 年综合、2018 年简答、2018 年综合

三、重难点解析

本章内容属于重要的章节之一，主要内容包括：明确注册会计师应当针对财务报表层次重大错报风险的总体应对措施，并针对评估的认定层次重大错报风险设计和实施进一步审计程序，以将审计风险降至可接受的低水平。掌握控制测试和实质性测试的性质、时间安排和范围。

【小贴士】本章内容的学习，需要结合第七章（风险评估）有关内容进行理解，认识风险、评估风险，再根据评估的风险作出相应的风险应对。本章与第三编（各类交易和账户余额审计）、第十三章（对舞弊和法律法规的考虑）密切相关。

重难点1：报表层总体应对措施★★

（一）总体应对措施的实施要求

在财务报表重大错报风险的评估过程中，注册会计师应当确定，与财务报表整体广泛相关，进而影响多项认定的，属于财务报表层次的重大错报风险。注册会计师应当针对评估的财务报表层次重大错报风险确定总体应对措施。

（二）总体应对措施的内容

（1）向审计项目组强调保持职业怀疑的必要性。

（2）指派更有经验或具有特殊技能的人员，或利用专家的工作。

（3）提供更多的督导。

（4）在选择拟实施的进一步审计程序时融入更多的不可预见的因素。

（5）对拟实施审计程序的性质、时间安排或范围作出总体修改。

【小贴士】针对评估的财务报表层次重大错报风险的总体应对措施，要实施实质性程序。

（三）控制环境的影响

财务报表层次的重大错报风险很可能源于薄弱的控制环境，薄弱的控制环境带来的风险可能对财务报表产生广泛影响，注册会计师应当采取总体应对措施。

（1）注册会计师对控制环境的了解影响其对财务报表层次重大错报风险的评估。

（2）有效的控制环境可以使注册会计师增强对内部控制和被审计单位内部产生的证据的信赖程度。

（3）如果控制环境存在缺陷，注册会计师在对拟实施审计程序的性质、时间安排和范围作出总体修改时应当考虑：

①从时间安排上，在期末而非期中实施更多的审计程序。控制环境的缺陷通常会削弱期中获得的审计证据的可信赖程度。

②从性质上，通过实施实质性程序获取更广泛的审计证据。良好的控制环境是其他控制要素发挥作用的基础。控制环境存在缺陷通常会削弱其他控制要素的作用，导致注册会计可能无法信赖内部控制，而主要依赖实施实质性程序获取审计证据。

③从范围上，增加拟纳入审计范围的经营地点的数量。

【经典真题】

【单选题·2016】下列各项措施中，不能应对财务报表层次重大错报风险的是（　　）。

A. 在期末而非期中实施更多的审计程序

B. 扩大控制测试的范围

C. 增加拟纳入审计范围的经营地点的数量

D. 增加审计程序的不可预见性

【答案】B

【解析】应对财务报表层次重大错报风险应更多的实施实质性程序，选项 B 扩大控制测试的范围，是为了获取某一认定相关的审计证据，所以不能应对财务报表层次重大错报风险。

【经典模拟题】

【多选题】如果控制环境存在缺陷，注册会计师在对拟实施审计程序的性质、时间安排和范围作出总体修改时应当考虑的是（　　）。

A. 主要依赖实施分析程序

B. 通过实施实质性程序获取更广泛的审计证据

C. 增加拟纳入审计范围的经营地点的数量

D. 在期末而非期中实施更多的审计程序

【答案】BCD

【解析】注册会计师在对拟实施审计程序的性质、时间安排和范围作出总体修改时应当考虑：从时间安排上，在期末而非期中实施更多的审计程序；从性质上，通过实施实质性程序获取更广泛的审计证据；从范围上，增加拟纳入审计范围的经营地点的数量。因此选项 B、C、D 正确。

重难点 2：增加审计程序不可预见性的方法★★

（一）增加审计程序不可预见性的思路

（1）对某些以前未测试的低于设定的重要性水平或风险较小的账户余额和认定实施实质性程序。

（2）调整实施审计程序的时间，使其超出被审计单位的预期。

（3）采取不同的审计抽样方法，使当年抽取的测试样本与以前有所不同。

（4）选取不同的地点实施审计程序，或预先不告知被审计单位所选定的测试地点。

（二）增加审计程序不可预见性的实施要点

（1）注册会计师需要与被审计单位的高层管理人员事先沟通，要求实施具有不可预见性的审计程序，但不能告知其具体内容。

（2）注册会计师可以在签订审计业务约定书时明确提出这一要求。

【小贴士】注册会计师可以在签订审计业务约定书时明确提出这一要求，但不是必须提出，视实际情况而定。

（3）虽然对于不可预见性程度没有量化的规定，但审计项目组可根据对舞弊风险的评估等确定具有不可预见性的审计程序。审计项目组可以汇总那些具有不可预见性的审计程序，并记录在审计工作底稿中。

（4）项目合伙人需要安排项目组成员有效地实施具有不可预见性的审计程序，但同时要避免使项目组成员处于困难境地。

（三）增加审计程序不可预见性的示例

审计程序的不可预见性示例如下表所示。

审计领域	一些可能适用的具有不可预见性的审计程序
1. 存货	向以前审计过程中接触不多的被审计单位员工询问，例如采购、销售、生产人员等
	在不事先通知被审计单位的情况下，选择一些以前未曾到过的盘点地点进行存货监盘
2. 销售和应收账款	向以前审计过程中接触不多或未曾接触过的被审计单位员工询问，例如负责处理大客户账户的销售部人员
	改变实施实质性分析程序的对象，例如对收入按细类进行分析
	针对销售和销售退回延长截止测试期间
	实施以前未曾考虑过的审计程序，例如： （1）函证确认销售条款或者选定销售额较不重要、以前未曾关注的销售交易，例如对出口销售实施实质性程序。 （2）实施更细致的分析程序，例如使用计算机辅助审计技术复核销售及客户账户。 （3）测试以前未曾函证过的账户余额，例如，金额为负或是零的账户，或者余额低于以前设定的重要性水平的账户。 （4）改变函证日期，即把所函证账户的截止日期提前或者推迟。 （5）对关联公司销售和相关账户余额，除了进行函证外，再实施其他审计程序进行验证
3. 采购和应付账款	如果以前未曾对应付账款余额普遍进行函证，可考虑直接向供应商函证确认余额。如果经常采用函证方式，可考虑改变函证的范围或者时间
	对以前由于低于设定的重要性水平而未曾测试过的采购项目，进行细节测试
	使用计算机辅助审计技术审阅采购和付款账户，以发现一些特殊项目，例如是否有不同的供应商使用相同的银行账户
4. 现金和银行存款	多选几个月的银行存款余额调节表进行测试
	对有大量银行账户的，考虑改变抽样方法
5. 固定资产	对以前由于低于设定的重要性水平而未曾测试过的固定资产进行测试，例如考虑实地盘查一些价值较低的固定资产，如汽车和其他设备等
6. 集团审计项目	修改组成部分审计工作的范围或者区域（如增加某些不重要的组成部分的审计工作量，或实地去组成部分开展审计工作）

【经典真题】

【多选题·2015】下列有关审计程序不可预见性的说法中，正确的有（　　）。

A. 注册会计师应当在签订审计业务约定书时明确提出拟在审计过程中实施具有不可预见性的审计程序，但不能明确其具体内容

B. 注册会计师采取不同的抽样方法使当年抽取的测试样本与以前有所不同，可以增加审计程序的不可预见性

C. 注册会计师通过调整实施审计程序的时间，可以增加审计程序的不可预见性

D. 注册会计师需要与被审计单位管理层事先沟通拟实施具有不可预见性的审计程序的要求，但不能告知其具体内容

【答案】BCD

【解析】选项A错误，注册会计师可以在签订审计业务约定书时明确提出拟在审计过程中实施具有不可预见性的审计程序，不是应当提出。

【经典模拟题】

【单选题】下列做法中，不能提高审计程序的不可预见性的有（　　）。

A. 针对销售收入和销售退回延长截止测试时间

B. 对被审计单位银行存款年末余额实施函证

C. 向以前没有询问过的被审计单位员工询问

D. 对以前通常不测试的金额较小的项目实施实质性程序

【答案】B

【解析】对被审计单位银行存款年末余额实施函证属于应当执行的一般审计程序，不属于不可预见性的审计程序。

重难点3：总体审计方案★★

（一）总体审计方案影响因素

注册会计师评估的财务报表层次重大错报风险以及采取的总体应对措施，对拟实施进一步审计程序的总体审计方案具有重大影响。

【小贴士】总体应对措施与总体审计方案概念的区分：

（1）总体审计措施是应对财务报表层次重大错报风险的措施。

（2）总体审计方案针对的是拟实施进一步审计程序，属于认定层次的风险应对。

（二）总体审计方案的类型

拟实施进一步审计程序的总体审计方案包括实质性方案和综合性方案。其中，实质性方案是指注册会计师实施的进一步审计程序以实质性程序为主；综合性方案是指注册会计师在实施进一步审计程序时，将控制测试与实质性程序结合使用，如下图所示。

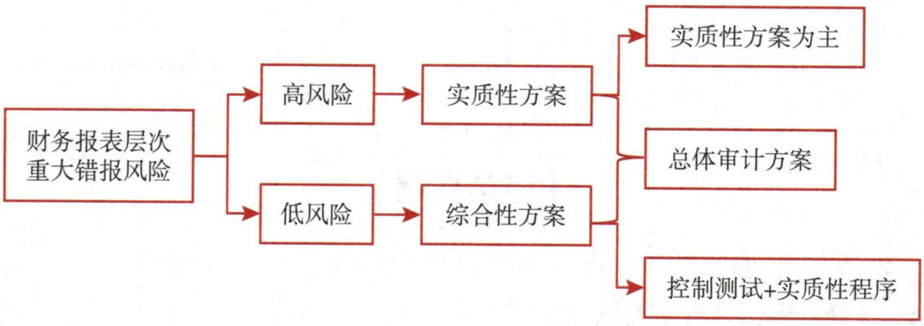

【经典模拟题】

【多选题】下列有关采用总体审计方案的说法中，错误的有（　　）。

A. 注册会计师可以针对不同认定采用不同的审计方案

B. 注册会计师可以采用综合性方案或实质性方案应对重大错报风险

C. 注册会计师应当采用实质性方案应对特别风险

D. 注册会计师应当采用与前期审计一致的审计方案，除非评估的重大错报风险发生重大变化

【答案】CD

【解析】选项C错误，即便是应对特别风险，注册会计师评估该控制后预期控制有效，也应当实施控制测试，此时应对特别风险采用的是综合性方案；选项D错误，注册会计师应当针对本期风险评估结果和采取的总体应对措施制定总体审计方案。

【单选题】如果注册会计师评估的财务报表层次重大错报风险为高水平，则拟实施的进一步审计程序的总体方案往往更倾向于（　　）。

A. 综合性方案

B. 实质性方案

C. 总体应对措施

D. 仅通过实质性程序无法应对的审计方案

【答案】B

【解析】如果注册会计师评估的财务报表层次重大错报风险为高水平，则拟实施的进一步审计程序的总体方案往往更倾向于实质性方案。

重难点4：进一步审计程序★★

（一）进一步审计程序的含义

进一步审计程序，是指注册会计师针对评估的各类交易、账户余额和披露认定层次重大错报风险实施的审计程序，包括控制测试和实质性程序。

（二）设计和实施进一步审计程序的要求

注册会计师应当针对评估的认定层次重大错报风险设计和实施进一步审计程序，包括审计程序的性质、时间安排和范围。注册会计师设计和实施的进一步审计程序的性质、时间安排和范围，应当与评估的认定层次重大错报风险具备明确的对应关系。

（三）设计进一步审计程序时应当考虑的因素

（1）风险的重要性，即风险造成的后果的严重程度。

（2）重大错报发生的可能性。

（3）涉及的各类交易、账户余额和披露的特征。

（4）被审计单位采用的特定控制的性质。

（5）注册会计师是否拟获取审计证据，以确定内部控制在防止或发现并纠正重大错报方面的有效性。

（四）设计和实施进一步审计程序时的特别考虑

注册会计师应当根据对认定层次重大错报风险的评估结果，恰当选用实质性方案或综合性方案。无论选择何种方案，注册会计师都应当对重大类别的交易、账户余额和披露设计和实施实质性程序。

【经典模拟题】

【单选题】下列有关针对重大账户余额实施审计程序的说法中，正确的是（　　）。

A. 注册会计师应当实施实质性程序
B. 注册会计师应当实施细节测试
C. 注册会计师应当实施控制测试
D. 注册会计师应当实施控制测试和实施性程序

【答案】A

【解析】无论针对重大错报风险的评估结果选择何种方案，注册会计师都应当对重大类别的交易、账户余额和披露设计和实施实质性程序，因此选项 A 正确。

【多选题】下列有关进一步审计程序的相关表述中，正确的是（　　）。

A. 分析程序属于进一步审计程序
B. 实质性程序和控制测试属于进一步审计程序
C. 进一步审计程序应对的是认定层次的重大错报风险
D. 进一步审计程序的总体审计方案包括实质性方案和综合性方案

【答案】BCD

【解析】实质性分析程序属于进一步审计程序，但是当分析程序用于风险评估和总体复核阶段时，就不属于进一步审计程序的范畴。选项 A 错误。

重难点 5：进一步审计程序的性质★★

（一）进一步审计程序的性质的含义

进一步审计程序的性质是指进一步审计程序的目的和类型。

（1）目的：包括通过实施控制测试以确定内部控制运行的有效性，通过实施实质性程序以发现认定层次的重大错报。

（2）类型：包括检查、观察、询问、函证、重新计算、重新执行和分析程序。

【小贴士】在应对评估的风险时，进一步审计程序的性质、时间安排和范围三个要素中，合理确定审计程序的性质是最重要的。

（二）进一步审计程序的性质的选择

（1）在确定进一步审计程序的性质时，注册会计师首先需要考虑的是认定层次重大错报风险的评估结果。

（2）注册会计师接下来应当考虑评估的认定层次重大错报风险产生的原因，包括考虑各类交易、账户余额和披露的具体特征以及内部控制。

（3）如果在实施进一步审计程序时拟利用被审计单位信息系统生成的信息，注册会计师应当就信息的准确性和完整性获取审计证据。

【经典模拟题】

【单选题】下列关于注册会计师对进一步审计程序的性质的选择中，不恰当的是（　　）。

A. 注册会计师应当根据认定层次重大错报风险的评估结果选择审计程序
B. 注册会计师在实施进一步审计程序时不应该利用被审计单位信息系统生成的信息
C. 在确定进一步审计程序的性质时，注册会计师首先要考虑的是认定层次重大错报风

险的评估结果

D. 除了从总体上把握认定层次重大错报风险的评估结果对选择进一步审计程序的影响外，在确定拟实施的审计程序时，注册会计师接下来应当考虑评估的认定层次重大错报风险产生的原因

【答案】B

【解析】选项 B 中，如果在实施进一步审计程序时拟利用被审计单位信息系统生成的信息，注册会计师应当就信息的准确性和完整性获取审计证据。

【多选题】在确定进一步审计程序的性质时，注册会计师应当考虑的主要因素有（　　）。

A. 不同的审计程序应对特定认定错报风险的效力

B. 认定层次重大错报风险的评估结果

C. 认定层次重大错报风险产生的原因

D. 各类交易、账户余额、列报的特征

【答案】ABCD

【解析】选项 A 正确，不同的审计程序特定认定错报风险的效力不同，注册会计师应当考虑不同的审计程序应对特定认定错报风险的效力；选项 B、C、D 正确，在确定进一步审计程序的性质时，注册会计师首先需要考虑的是认定层次重大错报风险的评估结果。注册会计师接下来应当考虑评估的认定层次重大错报风险产生的原因，包括考虑各类交易、账户余额和披露的具体特征以及内部控制。

重难点6：进一步审计程序的时间★★

（一）进一步审计程序的时间的含义

进一步审计程序的时间是指注册会计师何时实施进一步审计程序，或审计证据适用的期间或时点。

（二）确定进一步审计程序的时间的重要因素

（1）控制环境；

（2）何时能得到相关信息；

（3）错报风险的性质；

（4）审计证据适用的期间或时点；

（5）编制财务报表的时间，尤其是编制某些披露的时间。

【经典真题】

【单选题·2015】下列有关注册会计师实施进一步审计程序的时间的说法中，错误的是（　　）。

A. 注册会计师在确定何时实施进一步审计程序时需要考虑能够获取相关信息的时间

B. 如果评估的重大错报风险为低水平，注册会计师可以选择资产负债表日前适当日期为截止日实施函证

C. 对于被审计单位发生的重大交易，注册会计师应当在期末或期末以后实施实质性程序

D. 如果被审计单位的控制环境良好，注册会计师可以更多地在期中实施进一步审计程序

【答案】C

【解析】选项 C 错误，针对被审计单位发生的重大交易，注册会计师应当在期末或者接近期末实施实质性程序。

【经典模拟题】

【单选题】下列有关实质性程序时间安排的说法中，错误的是（　　）。

A. 控制环境和其他相关的控制越薄弱，注册会计师越不宜在期中实施实质性程序

B. 注册会计师评估的某项认定的重大错报风险越高，越应当考虑将实质性程序集中在期末或接近期末实施

C. 如果实施实质性程序所需信息在期中之后难以获取，注册会计师应考虑在期中实施实质性程序

D. 如在期中实施了实质性程序，应针对剩余期间实施控制测试，以将期中测试得出的结论合理延伸至期末

【答案】D

【解析】选项 D 错误。为将期中测试得出的结论合理延伸至期末，应针对剩余期间实施实质性程序。在实质性程序不充分时，可针对剩余期间实施控制测试或者实质性程序与控制测试结合使用，或针对期末实施实质性程序。

【单选题】在确定进一步审计程序的时间时，注册会计师应当考虑的主要因素中，不正确的是（　　）。

A. 审计证据适用的期间或时点　　　　B. 评估的认定层次重大错报风险

C. 审计意见的类型　　　　D. 错报风险的性质

【答案】C

【解析】本题属于确定进一步审计程序的时间考虑因素的直接考察。

重难点 7：进一步审计程序的范围★★

（一）进一步审计程序的范围的含义

进一步审计程序的范围是指实施进一步审计程序的数量，包括抽取的样本量、对某项控制活动的观察次数等。

（二）确定进一步审计程序的范围时考虑的因素

（1）确定的重要性水平。确定的重要性水平越低，注册会计师实施进一步审计程序的范围越广。

（2）评估的重大错报风险。评估的重大错报风险越高，注册会计师实施的进一步审计程序的范围也越广。

（3）计划获取的保证程度。计划获取的保证程度越高，注册会计师实施的进一步审计程序的范围越广。

【小贴士】随着重大错报风险的增加，注册会计师应当考虑扩大审计程序的范围。但是，

只有当审计程序本身与特定风险相关时，扩大审计程序的范围才是有效的。

（三）计算机辅助审计技术

在考虑确定进一步审计程序的范围时，使用计算机辅助审计技术具有积极的作用。注册会计师可以使用计算机辅助审计技术对电子化的交易和账户文档进行更广泛的测试，包括从主要电子文档中选取交易样本，或按照某一特征对交易进行分类，或对总体而非样本进行测试。

重难点8：控制测试含义★★★

（一）控制测试的定义

控制测试是指用于评价内部控制在防止或发现并纠正认定层次重大错报方面的运行有效性的审计程序。

【小贴士】控制测试不同于了解内部控制，在了解内部控制是否得到执行时，注册会计师只需抽取少量的交易进行检查或观察某几个时点。但在测试控制运行的有效性时，注册会计师需要抽取足够数量的交易进行检查或对多个不同时点进行观察。

（二）控制测试的实施内容

（1）控制在所审计期间的相关时点是如何运行的。

（2）控制是否得到一贯执行。

（3）控制由谁或以何种方式执行。

【小贴士】控制运行有效性强调的是控制能够在各个不同时点按照既定设计得以一贯执行。

（三）控制测试的要求

当存在下列情形之一时，注册会计师应当实施控制测试：

（1）在评估认定层次重大错报风险时，预期控制的运行是有效的。

（2）仅实施实质性程序并不能够提供认定层次充分、适当的审计证据。

重难点9：控制测试的性质★★★

（一）控制测试的性质的含义

控制测试的性质，是指控制测试所使用的审计程序的类型及其组合。控制测试所采用的审计程序的类型包括：询问、观察、检查和重新执行。

（二）确定控制测试的性质时的要求

（1）考虑特定控制的性质。

注册会计师应当根据特定控制的性质选择所需实施审计程序的类型。

例如，某些控制可能存在反映控制运行有效性的文件记录，在这种情况下，注册会计师可以检查这些文件记录以获取控制运行有效的审计证据；例如，某些控制可能不存在文件记录（如一项自动化的控制活动），或文件记录与能否证实控制运行有效性不相关，注册会计师应当考虑实施检查以外的其他审计程序（如询问和观察）或借助计算机辅助审计技术，以获取有关控制运行有效性的审计证据。

（2）考虑测试与认定直接相关和间接相关的控制。

在设计控制测试时，注册会计师不仅应当考虑与认定直接相关的控制，还应当考虑这些控制所依赖的与认定间接相关的控制，以获取支持控制运行有效性的审计证据。

例如，被审计单位可能针对超出信用额度的例外赊销交易设置报告和审核制度（与认定直接相关的控制）；在测试该项制度的运行有效性时，注册会计师不仅应当考虑审核的有效性，还应当考虑与例外赊销报告中信息准确性有关的控制（与认定间接相关的控制）是否有效运行。

（3）如何对一项自动化的应用控制实施控制测试。

对于一项自动化的应用控制，由于信息技术处理过程的内在一贯性，注册会计师可以利用该项控制得以执行的审计证据和信息技术一般控制（特别是对系统变动的控制）运行有效性的审计证据，作为支持该项控制在相关期间运行有效性的重要审计证据。

【经典模拟题】

【多选题】在确定控制测试的性质时，注册会计师正确的做法有（　　）。

A. 当拟实施的进一步审计程序以控制测试为主时，应当获取有关控制运行有效性的更高的保证水平

B. 根据特定控制的性质选择所需实施审计程序的类型

C. 询问本身不足以测试控制运行的有效性，应当与其他审计程序结合使用

D. 考虑测试与认定直接相关和间接相关的控制

【答案】ABCD

【解析】本题为经典题，四个选项均属于在确定控制测试的性质时，注册会计师需要考虑的事项。

【多选题】关于控制测试的性质，下列描述正确的是（　　）。

A. 将询问与检查或重新执行结合使用，通常能比仅实施询问和观察获取更高的保证

B. 对运行情况留有书面证据的控制，检查非常适用

C. 询问本身无法获取控制有效运行的充分、适当的审计证据，需要与其他测试手段结合使用才能发挥作用

D. 注册会计师可以通过观察程序获取控制运行有效性的充分适当的审计证据

【答案】ABC

【解析】观察提供的证据不足以测试控制运行的有效性，选项 D 错误。

（三）实施控制测试时双重目的的实现

（1）控制测试的目的是评价控制是否有效运行；

（2）细节测试的目的是发现认定层次的重大错报；

（3）尽管控制测试和细节测试的目的不同，但注册会计师可以考虑针对同一交易同时实施控制测试和细节测试，以实现双重目的。

（四）实施实质性程序的结果对控制测试结果的影响

（1）如果通过实施实质性程序未发现某项认定存在错报，这本身并不能说明与该认定有关的控制是有效运行的。

（2）如果通过实施实质性程序发现某项认定存在错报，注册会计师应当在评价相关控制

的运行有效性时予以考虑，如：①降低对相关控制的信赖程度；②调整实质性程序的性质；③扩大实质性程序的范围。

（3）如果实施实质性程序发现被审计单位没有识别出的重大错报，通常表明内部控制存在重大缺陷，注册会计师应当就这些缺陷与管理层和治理层进行沟通。

【小贴士】关注实施实质性程序的结果对控制测试结果的影响。

【经典真题】

【简答题（部分）·2015】ABC会计师事务所负责审计甲公司2014年度财务报表，审计工作底稿中与内部控制相关的部分内容摘录如下：

（1）审计项目组对银行存款实施了实质性程序，未发现错报，因此认为甲公司与银行存款相关的内部控制运行有效；

（2）甲公司内部控制制度规定，财务经理每月应复核销售返利计算表，检查销售收入金额和返利比例是否准确，如有异常进行调查并处理，复核完成后签字存档，审计项目组选取了3个月的销售返利计算表，检查了财务经理的签字，以为该控制运行有效。

【答案】

（1）不恰当。如果通过实施实质性程序未能发现错报，这并不能说明与该认定有关的内部控制是有效的。

（2）不恰当。只检查财务经理的签字不足以提供充分的审计证据，还应当检查财务经理是否按规定完整实施了该控制。

【经典模拟题】

【多选题】下列关于实质性程序的结果对控制测试结果的影响表述正确的是（　　）。

A. 如果通过实施实质性程序未发现某项认定存在错报，这本身并不能说明与该认定有关的控制是有效运行的

B. 如果通过实施实质性程序发现某项认定存在错报，注册会计师应当在评价相关控制的运行有效性时予以考虑

C. 如果通过实施实质性程序发现某项认定存在错报，注册会计师可以得出控制运行有效的结论

D. 如果实施实质性程序发现被审计单位没有识别的重大错报，通常表明内部控制存在重大缺陷，注册会计师应当就这些缺陷与管理层和治理层进行沟通

【答案】ABD

【解析】对于选项C，如果通过实施实质性程序发现某项认定存在错报，注册会计师应当评价控制运行有效性的影响，考虑是否降低相关控制的信赖程度或者调整实质性程序的性质、扩大实质性程序的范围等。

重难点10：控制测试的时间★★★

（一）控制测试的时间的含义

控制测试的时间包含两层含义：

（1）何时实施控制测试；

（2）测试所针对的控制适用的时点或期间。

（二）如何考虑期中审计证据

1. 基本要求

对于控制测试，注册会计师在期中实施此类程序具有更积极的作用，即使已获取有关控制在期中运行有效性的审计证据，仍然需要考虑如何能够将控制在期中运行有效性的审计证据合理延伸至期末，因此，针对期中至期末这段剩余期间获取充分、适当的审计证据，注册会计师应当实施下列审计程序：

（1）获取这些控制在剩余期间发生重大变化的审计证据。

（2）确定针对剩余期间还需获取的补充审计证据。

2. 针对剩余期间获取的补充审计证据时应当考虑的因素

（1）评估的认定层次重大错报风险的重要程度，评估的重大错报风险对财务报表的影响越大，注册会计师需要获取的剩余期间的补充证据越多。

（2）在期中测试的特定控制，以及自期中测试后发生的重大变动。

（3）在期中对有关控制运行有效性获取的审计证据的程度。

（4）剩余期间的长度。剩余期间越长，注册会计师需要获取的剩余期间的补充证据越多。

（5）在信赖控制的基础上拟缩小实质性程序的范围。注册会计师对相关控制的信赖程度越高，通常在信赖控制的基础上拟减少实质性程序的范围就越大。在这种情况下，注册会计师需要获取的剩余期间的补充证据越多。

（6）控制环境。控制环境越薄弱（或把握程度越低），注册会计师需要获取的剩余期间的补充证据越多。

【经典真题】

【单选题·2018】如果注册会计师已获取有关控制在期中运行有效的审计证据，下列有关剩余期间补充证据的说法中，错误的是（　　）。

A. 注册会计师可以通过测试被审计单位对控制的监督，将控制在期中运行有效的审计证据合理延伸至期末

B. 被审计单位的控制环境越有效，注册会计师需要获取的剩余期间的补充证据越少

C. 如果控制在剩余期间发生了变化，注册会计师可以通过穿行测试，将期中获取的审计证据合理延伸至期末

D. 注册会计师在信赖控制的基础上拟减少的实质性程序的范围越大，注册会计师需要获取的剩余期间的补充证据越多

【答案】C

【解析】选项C错误，如果控制在剩余期间发生了变化，注册会计师应当实施控制测试，穿行测试不适合用于控制测试，主要用于了解内部控制。

【经典模拟题】

【多选题】如在期中执行了控制测试，并获取了控制在期中运行有效性的审计证据，下列说法中，不正确的是（　　）。

A. 如果在期中实施实质性程序未发现某项认定存在错报，说明与该项认定相关的控制是有效的，不需要再对相关控制进行测试

B. 如果某一控制在剩余期间内发生变动，在评价整个期间的控制运行有效性时，无需考虑期中测试的结果

C. 对某些自动化运行的控制，可以通过测试信息系统一般控制的有效性获取控制在剩余期间运行有效的审计证据

D. 如果某一控制在剩余期间内未发生变动，不需要补充剩余期间控制运行有效性的审计证据

【答案】ABD

【解析】选项A错误，实施实质性程序未发现某项认定存在错报，不能说明该项认定相关的控制是有效的；选项B错误，如果某一控制在剩余期间内发生变动，需要了解并测试这些变化对期中审计证据的影响，而不是无需考虑期中测试的结果；对于选项D，如果某一控制在剩余期间内未发生变动，可能决定信赖期中获取的审计证据，而非无需补充剩余期间控制运行有效性的审计证据，故选项D错误。

（三）如何考虑以前审计获取的审计证据

1. 基本思路

考虑拟信赖的以前审计中测试的控制在本期是否发生变化。如果拟信赖以前审计获取的有关控制运行有效性的审计证据，注册会计师应当通过实施询问并结合观察或检查程序，获取这些控制是否已经发生变化的审计证据。

（1）控制在本期发生变化时注册会计师的做法：

①与本期相关：不影响以前证据。

②与本期无关：在本期测试。

（2）控制在本期未发生变化时注册会计师的做法：

①旨在减轻特别风险的控制：不应依赖，在本期测试。

②不属于旨在减轻特别风险的控制：每三年至少测一次。

2. 对测试间隔期间的因素

如果控制在本期未发生变化，注册会计师在确定是否利用以前审计获取的有关控制运行有效性的审计证据以及再次测试控制时间间隔时，应当考虑的因素或情况包括：

（1）内部控制其他要素的有效性。

（2）控制特征（是人工控制还是自动化控制）产生的风险。

（3）信息技术一般控制的有效性。

（4）影响内部控制的重大人事变动。

（5）由于环境发生变化而特定控制缺乏相应变化导致的风险。

（6）重大错报的风险和对控制的信赖程度。

注册会计师是否需要在本期测试某项控制的决策过程，如下图所示。

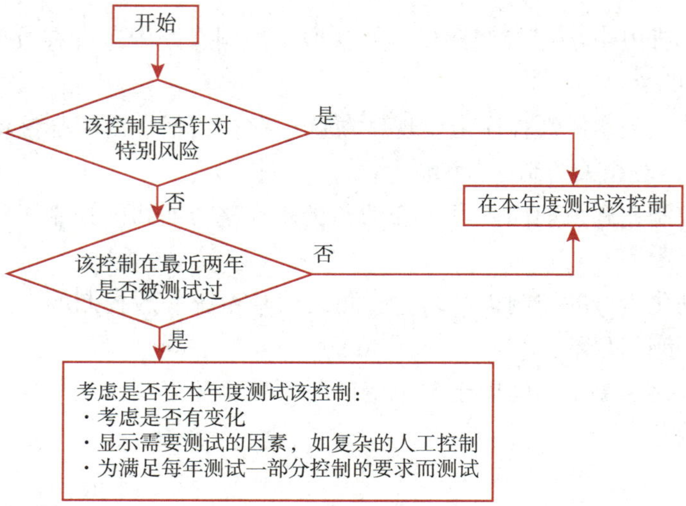

3. 旨在减轻特别风险的控制

（1）对于旨在减轻特别风险的控制，不论该控制在本期是否发生变化，注册会计师都不应依赖以前审计获取的证据，而应在本期审计中测试这些控制的运行有效性。

（2）如果确定评估的认定层次重大错报风险是特别风险，且注册会计师拟信赖旨在减轻特别风险的控制，那么所有关于该控制运行有效性的审计证据必须来自当年的控制测试，注册会计师应当在每次审计中都测试这类控制。

【经典真题】

【多选题·2016】下列有关利用以前审计获取的有关控制运行有效性的审计证据的说法中，错误的有（　　）。

A. 如果拟信赖以前审计获取的有关控制运行有效性的审计证据，注册会计师应当通过询问程序获取这些控制是否已经发生变化的审计证据

B. 如果拟信赖的控制在本期发生变化，注册会计师应当考虑以前审计获取的有关控制运行有效性的审计证据是否与本期审计相关

C. 如果拟信赖的控制在本期未发生变化，注册会计师可以运用职业判断决定不在本期测试其运行的有效性

D. 如果拟信赖的控制在本期未发生变化，控制应对的重大错报风险越高，本次控制测试与上次控制测试的时间间隔越短

【答案】AC

【解析】选项A错误，仅仅通过询问不能为控制运行的有效性提供充分证据，应当印证被询问者的答复，通常可以检查报告、文件记录等以获取控制运行有效的审计证据；选项C错误，如果拟信赖的控制在本期未发生变化，注册会计师应当运用职业判断决定是否在本期测试运行有效性，如果是针对旨在减轻特别风险的控制，那么无论该控制是否发生变化，都不应依赖以前审计获取的证据。

【经典模拟题】

【单选题】下列关于控制测试的说法不正确的是（　　）。

A. 控制测试与了解内部控制的目的不同，但二者有时可以采用相同的审计程序类型

B. 如果确定评估的认定层次重大错报风险是特别风险，并拟信赖旨在减轻特别风险的控制，注册会计师可以信赖以前审计获取的证据而不再测试

C. 控制测试与细节测试的目的不同，但注册会计师可以考虑针对同一交易同时实施控制测试和细节测试，以实现双重目的

D. 注册会计师可以考虑在评价控制设计和获取其得到执行的审计证据的同时测试控制运行有效性，以提高审计效率

【答案】B

【解析】对于旨在减轻特别风险的控制，不论该控制在本期是否发生变化，注册会计师都不应依赖以前审计获取的证据，而应在本期审计中测试这些控制的运行有效性。因此选项B错误。

重难点 11：控制测试的范围★★★

（一）控制测试的范围的含义

控制测试的范围，是指某项控制活动的测试次数。注册会计师应当设计控制测试，以获取控制在整个拟信赖的期间有效运行的充分、适当的审计证据。

（二）确定控制测试范围的考虑因素

（1）在拟信赖期间，被审计单位执行控制的频率。控制执行的频率越高，控制测试的范围越大。

（2）在所审计期间，注册会计师拟信赖控制运行有效性的时间长度。拟信赖控制运行有效性的时间长度不同，在该时间长度内发生的控制活动次数也不同。注册会计师需要根据拟信赖控制的时间长度确定控制测试的范围。拟信赖期间越长，控制测试的范围越大。

（3）控制的预期偏差。预期偏差可以用控制未得到执行的预期次数占控制应当得到执行次数的比率加以衡量（也可称为预期偏差率）。考虑该因素，是因为在考虑测试结果是否可以得出控制运行有效性的结论时，不可能只要出现任何控制执行偏差就认定控制运行无效，所以需要确定一个合理水平的预期偏差率。控制的预期偏差率越高，需要实施控制测试的范围越大。如果控制的预期偏差率过高，注册会计师应当考虑控制可能不足以将认定层次的重大错报风险降至可接受的低水平，从而针对某一认定实施的控制测试可能是无效的。

（4）通过测试与认定相关的其他控制获取的审计证据的范围。针对同一认定，可能存在不同的控制。当针对其他控制获取审计证据的充分性和适当性较高时，测试该控制的范围可适当缩小。

（5）拟获取的有关认定层次控制运行有效性的审计证据的相关性和可靠性。

（三）对自动化控制的测试范围的特别考虑

（1）信息技术处理具有内在一贯性，除非系统发生变动，一项自动化应用控制应当一贯运行。

（2）对于一项自动化应用控制，一旦确定被审计单位正在执行该控制，注册会计师通常无需扩大控制测试的范围，但需要考虑执行下列测试以确定该控制持续有效运行：

①测试与该应用控制有关的一般控制的运行有效性。

②确定系统是否发生变动，如果发生变动，是否存在适当的系统变动控制。

③确定对交易的处理是否使用授权批准的软件版本。

【经典模拟题】

【单选题】在确定控制测试的范围时，注册会计师不正确的做法是（　　）。

A. 如果控制的预期偏差率较高，通常应当考虑扩大实施控制测试的范围

B. 在拟信赖期间，被审计单位执行控制的频率越高，控制测试的范围越大

C. 对于一项持续有效运行的自动化控制，通常应当考虑扩大实施控制测试的范围

D. 在风险评估时对控制运行有效性的拟信赖程度越高，通常应当考虑扩大实施控制测试的范围

【答案】C

【解析】对于一项持续有效运行的自动化控制，注册会计师通常无需扩大控制测试的范围。故选项 C 错误。

重难点 12：实质性程序★★

（一）实质性程序的含义

实质性程序，是指用于发现认定层次重大错报的审计程序，包括对各类交易、账户余额和披露的细节测试以及实质性分析程序。

（二）实质性程序的要求

1. 实质性程序的一般要求

无论评估的重大错报风险结果如何，注册会计师都应当针对所有重大类别的交易、账户余额和披露实施实质性程序。

2. 针对特别风险实施实质性程序

（1）如果认为评估的认定层次重大错报风险是特别风险，注册会计师应当专门针对该风险实施实质性程序；

（2）如果针对特别风险实施的程序仅为实质性程序，这些程序应当包括细节测试，或将细节测试和实质性分析程序结合使用，以获取充分、适当的审计证据，不能仅实施实质性程序。

【经典模拟题】

【多选题】在针对特别风险计划如何实施进一步审计程序时，注册会计师可能采取的做法有（　　）。

A. 实施控制测试和实质性程序

B. 实施细节测试和实质性分析程序

C. 仅实施控制测试

D. 仅实施实质性程序

【答案】AB

【解析】注册会计师应当专门针对特别风险实施实质性程序，如果针对特别风险实施的程序仅为实质性程序，这些程序应当包括细节测试，或将细节测试和实质性分析程序结合使用。

【多选题】下列关于实质性程序，不正确的是（　　）。

A. 注册会计师应当对所有交易、账户余额和披露实施实质性程序

B. 如果认为评估的财务报表层次重大错报风险是特别风险，注册会计师应当专门针对该风险实施实质性分析程序

C. 实质性程序是用于识别和发现认定层次重大错报风险的审计程序

D. 注册会计师实施的实质性程序包括与财务报表编制完成阶段相关的某些审计程序

【答案】ABC

【解析】注册会计师应当对所有重大交易、账户余额和披露实施实质性程序，故选项 A 错误；选项 B 错误，如果认为评估的财务报表层次重大错报风险是特别风险，注册会计师应当专门针对该风险实施实质性程序；实质性程序仅用于发现认定层次重大错报，而不是识别风险的审计程序，选项 C 错误。

重难点 13：实质性程序的性质★★

（一）实质性程序的性质的含义

实质性程序的性质，是指实质性程序的类型及其组合。

（二）细节测试和实质性分析程序

细节测试和实质性分析程序的区别，如下表所示。

控制测试	细节测试	实质性分析程序
含义	对各类交易、账户余额和披露的具体细节进行测试	研究数据间关系评价信息，识别各类交易、账户余额和披露及相关认定是否存在错报
程序	检查、询问、观察、函证、重新计算	分析程序
适用性	对各类交易、账户余额和披露认定的测试，尤其是对存在或发生、计价认定的测试	一段时间内存在可预期关系的大量交易

（三）细节测试的方向

（1）逆查：在针对存在或发生认定设计细节测试时，注册会计师应当选择包含在财务报表金额中的项目，并获取相关审计证据。

（2）顺查：在针对完整性认定设计细节测试时，注册会计师应当选择有证据表明应包含在财务报表金额中的项目，并调查这些项目是否确实包括在内。

（四）设计实质性分析程序时考虑的因素

（1）对特定认定使用实质性分析程序的适当性。

（2）对已记录的金额或比率作出预期时，所依据的内部或外部数据的可靠性。

（3）作出预期的准确程度是否足以在计划的保证水平上识别重大错报。

（4）已记录金额与预期值之间可接受的差异额。

【经典真题】

【单选题·2016】下列有关实质性程序的说法中，正确的是（　　）。

A. 注册会计师应当针对所有类别的交易、账户余额和披露实施实质性程序

B. 注册会计师针对认定层次的特别风险实施的实质性程序应当包括实质性分析程序

C. 如果在期中实施了实质性程序，注册会计师应当对剩余期间实施控制测试和实质性程序

D. 注册会计师实施的实质性程序应当包括将财务报表与其所依据的会计记录进行核对或调节

【答案】D

【解析】注册会计师应当针对所有重大类别的交易、账户余额和披露实施实质性程序，故选项A错误；如果针对特别风险实施的程序仅为实质性程序，这些程序应当包括细节测试，不一定实施实质性分析程序，故选项B错误；选项C错误，如果在期中实施了实质性程序，注册会计师应当对剩余期间实施进一步的实质性程序，或将控制测试和实质性程序结合使用。

【经典模拟题】

【多选题】下列有关实质性分析程序的适用性说法中，正确的是（　　）。

A. 实质性分析程序通常更适用于一段时间内存在可预期关系的大量交易

B. 实质性分析程序不适用于识别出特别风险的认定

C. 注册会计师无需在所有审计业务中运用实质性分析程序

D. 对特定实质性分析程序适用性的确定，受到认定的性质和注册会计师对重大错报风险评估的影响

【答案】ACD

【解析】选项B错误，如果针对特别风险实施的程序仅为实质性程序，这些程序应当包括细节测试，或将细节测试和实质性分析程序结合使用，以获取充分、适当的审计证据，不能仅实施实质性程序。

重难点14：实质性程序的时间★★

（一）如何考虑是否在期中实施实质性程序

（1）控制环境和其他相关的控制；

（2）实施审计程序所需信息在期中之后的可获得性；

（3）实质性程序的目的；

（4）评估的重大错报风险；

（5）特定类别交易或账户余额以及相关认定的性质；

（6）针对剩余期间，能否通过实施实质性程序或将实质性程序与控制测试相结合，降低期末存在错报而未被发现的风险。

【经典模拟题】

【单选题】下列有关实质性程序的时间安排的说法中，正确的是（　　）。

A. 实质性程序应当在控制测试完成后实施

B. 应对舞弊风险的实质性程序应当在资产负债表日后实施

C. 针对账户余额的实质性程序应当在接近资产负债表日实施

D. 实质性程序的时间安排受被审计单位控制环境的影响

【答案】D

【解析】选项 A 错误，注册会计师可以同时实施控制测试和细节测试，以实现双重目的；选项 B 错误，如果是舞弊导致的重大错报风险，注册会计师应当考虑在期末或接近期末实施实质性程序；选项 C 错误，针对某些相关认定的特殊性质，注册会计师应当在期末或接近期末实施实质性程序，但不是说所有的实质性程序都在期末或接近期末实施。

（二）如何考虑期中审计证据

（1）如果在期中实施了实质性程序，注册会计师应当针对剩余期间实施进一步的实质性程序，或将实质性程序和控制测试结合使用，以将期中测试得出的结论合理延伸至期末。

（2）如果拟将期中测试得出的结论延伸至期末，注册会计师应当考虑针对剩余期间仅实施实质性程序是否足够。如果认为实施实质性程序本身不充分，注册会计师还应测试剩余期间相关控制运行的有效性或针对期末实施实质性程序。

（3）对于舞弊导致的重大错报风险（作为一类重要的特别风险），被审计单位存在故意错报或操纵的可能性，那么注册会计师更应慎重考虑能否将期中测试得出的结论延伸至期末。

（4）如果已识别出由于舞弊导致的重大错报风险，为将期中得出的结论延伸至期末而实施的审计程序通常是无效的，注册会计师应当考虑在期末或者接近期末实施实质性程序。

【经典真题】

【单选题·2014】下列有关实质性程序时间安排的说法中，错误的是（　　）。

A. 注册会计师评估的某项认定的重大错报风险越高，越应当考虑将实质性程序集中在期末或接近期末实施

B. 控制环境和其他相关的控制越薄弱，注册会计师越不宜在期中实施实质性程序

C. 如果实施实质性程序所需信息在期中之后难以获取，注册会计师应考虑在期中实施实质性程序

D. 如果在期中实施了实质性程序，注册会计师应当针对剩余期间实施控制测试，以将期中测试得出的结论合理延伸至期末

【答案】D

【解析】选项 D 错误，如果在期中实施了实质性程序，注册会计师应当针对剩余期间实施进一步的实质性程序，或者将实质性程序和控制测试结合使用。

【经典模拟题】

【单选题】下列有关实质性程序时间的说法中，正确的是（　　）。

A. 由于与未决诉讼认定相关的特殊性质，注册会计师应当在期末或接近期末实施实质性程序

B. 如果在期中实施了实质性程序，注册会计师应当针对剩余期间实施控制测试，以将期中测试得出的结论合理延伸至期末

C. 如识别出管理层凌驾于内部控制之上的风险，应当考虑在期中实施审计程序

D. 评估的认定层次的重大错报风险越高，越应当考虑在期中实施审计程序

【答案】A

【解析】选项B错误，为将期中结论合理延伸至期末，应针对剩余期间实施实质性程序，在实质性程序不充分时，可针对剩余期间实施控制测试或针对期末实施实质性程序，或将实质性程序和控制测试结合使用；选项C错误，如识别出管理层凌驾于内部控制之上的风险，将期中的结论延伸至期末的审计程序通常是无效的；选项D错误，评估的认定层次的重大错报风险越高，越应当集中在期末实施审计程序。

（三）如何考虑以前审计获取的审计证据

（1）在以前审计中实施实质性程序获取的审计证据，通常对本期只有很弱的证据效力或没有证据效力，不足以应对本期的重大错报风险；

（2）只有当以前获取的审计证据及其相关事项未发生重大变动时，以前获取的审计证据才可能用做本期的有效审计证据；

（3）如果拟利用以前审计中实施实质性程序获取的审计证据，注册会计师应当在本期实施审计程序，以确定这些审计证据是否具有持续相关性。

重难点15：实质性程序的范围★

（一）确定实质性程序的范围时考虑因素

评估的认定层次重大错报风险和实施控制测试的结果是注册会计师在确定实质性程序的范围时的重要考虑因素。

（1）注册会计师评估的认定层次的重大错报风险越高，需要实施实质性程序的范围越广；

（2）注册会计师如果对控制测试结果不满意，可能需要考虑扩大实质性程序的范围。

（二）确定细节测试范围时考虑因素

（1）从样本量的角度考虑测试范围；

（2）考虑选样方法的有效性。

（三）实质性分析程序对可容忍偏差的考虑

（1）注册会计师应当确定已记录金额与预期值之间可接受的差异额，可容忍或可接受的偏差越大，调查的范围越小。

（2）在确定该差异额时，注册会计师应当主要考虑各类交易、账户余额和披露及相关认定的重要性和计划的保证水平。

四、进阶练习

（一）单选题

1. 下列各项措施中，可以应对财务报表层次重大错报风险的是（　　）。

A. 增加更多审计程序的不可预见因素

B. 向审计项目组强调保持职业独立性的必要性

C. 在期中而非期末实施更多的审计程序

D. 通过实施控制测试扩大获取审计证据的范围

2. 下列关于审计程序不可预见性的说法中，正确的是（　　）。

A. 审计项目组对舞弊风险的评估不能确定具有不可预见性的审计程序

B. 注册会计师必须在签订审计业务约定书时明确提出实施具有不可预见性的审计程序这一要求，但不能告知其具体内容

C. 对大额应收账款进行函证可以达到提高审计程序不可预见性的目的

D. 采取不同的审计抽样方法可以增加审计程序的不可预见性

3. 有关进一步审计程序的说法中，正确的是（　　）。

A. 如果评估的重大错报风险比较低，注册会计师可以选择不实施实质性程序

B. 针对评估的财务报表层次重大错报风险设计和实施进一步审计程序

C. 进一步审计程序包括控制测试和实质性程序

D. 进一步审计程序的范围是最重要的

4. 注册会计师在确定进一步审计程序的时间时考虑的重要因素不包括（　　）。

A. 控制环境　　B. 审计证据适用的种类

C. 错报风险的性质　　D. 何时能得到相关信息

5. 关于进一步审计程序的说法中，错误的是（　　）。

A. 注册会计师可以考虑针对同一交易同时实施控制测试和细节测试，以实现双重目的

B. 当拟实施的进一步审计程序主要以控制测试为主，尤其仅实施实质性程序无法获取充分、适当的审计证据时，注册会计师应当获取有关控制运行有效性更高的保证水平

C. 在测试控制运行的有效性时，注册会计师只需抽取少量的交易进行检查或观察某几个时点

D. 当注册会计师通过询问、观察和检查程序仍无法获取充分证据时，可考虑通过重新执行来证实控制是否有效运行

6. 对于控制测试的时间，下列说法正确的是（　　）。

A. 注册会计师一般在期初实施控制测试

B. 注册会计师一般在期中实施控制测试

C. 注册会计师一般在期末实施控制测试

D. 控制环境越薄弱，需获取的剩余期间的补充证据越少

7. 以下关于控制测试的范围的说法中，错误的是（　　）。

A. 控制测试是指某项控制活动的测试次数

B. 一旦确定被审计单位正在执行某自动化控制，注册会计师通常无需扩大控制测试的范围

C. 只要注册会计师发现某次控制运行偏差，应认为该控制运行无效

D. 拟信赖期间越长，控制测试的范围越大

8. 以下关于实质性程序的说法中，不恰当的是（　　）。

A. 以前期间实施实质性程序获得的审计证据不能利用，需在本期重新获取证据

B. 当使用分析程序比细节测试能更有效地将认定层次的检查风险降低至可接受的水平时，分析程序可以用作实质性程序

C. 为应对特别风险，仅实施实质性分析程序不足以获取充分、适当的审计证据

D. 仅实施实质性程序不能提供认定层次充分、适当的审计证据时，注册会计师应当实施控制测试

9. 下列各项中，不属于影响实质性程序范围的因素是（　　）。

A. 评估的认定层次重大错报风险　　　　B. 实施控制测试的结果

C. 从样本量的角度考虑测试范围　　　　D. 评估的财务报表层次重大错报风险

10. 注册会计师在实施实质性程序时对期中审计证据的考虑中不恰当的是（　　）。

A. 如果在期中实施了实质性程序，注册会计师可针对剩余期间实施进一步的实质性程序

B. 如果在期中实施了实质性程序，注册会计师可针对剩余期间将实质性程序和控制测试结合使用

C. 如果认为实施实质性程序本身不充分，注册会计师可针对期末实施实质性程序

D. 如果拟将期中测试得出的结论延伸至期末，注册会计师应当针对剩余期间实施控制测试

（二）多选题

1. 以下各项中，注册会计师可以提高审计程序不可预见性的方式有（　　）。

A. 在不事先通知被审计单位的情况下，选择一些以前未曾到过的盘点地点进行存货监盘

B. 测试以前未曾函证过的账户余额，如余额低于以前设定的重要性水平的账户

C. 对以前由于低于设定的重要性水平而未曾测试过的采购项目，进行细节测试

D. 选取不同的地点实施审计程序，或预先不告知被审计单位所选定的测试地点

2. 有关采用总体审计方案的说法中，正确的是（　　）。

A. 为应对重大错报风险，注册会计师可以采用综合性方案或实质性方案

B. 评估的财务报表层次重大错报风险对拟实施进一步审计程序的总体审计方案具有重大影响

C. 当评估的财务报表层次重大错报风险属于低风险水平时，拟实施进一步审计程序的总体审计方案往往倾向于以实质性方案为主

D. 总体审计方案针对的是拟实施进一步审计程序，属于认定层次的风险应对

3. 关于进一步审计程序的说法中，正确的是（　　）。

A. 确定进一步审计程序的性质时，注册会计师首要考虑内部控制的评估结果

B. 注册会计师设计和实施进一步审计程序的性质、时间安排和范围，应当与评估的认

定层次重大错报风险具备明确的对应关系

C. 设计进一步审计程序时应当考虑被审计单位采用的特定控制的性质

D. 注册会计师根据对认定层次重大错报风险的评估结果，可能选用综合性方案

4. 注册会计师在确定进一步审计程序的范围时，恰当的是（　　）。

A. 注册会计师确定的重要性水平越低，则实施进一步审计程序的范围越广

B. 只有当审计程序本身与特定风险相关时，扩大审计程序的范围才是有效的

C. 评估的重大错报风险越高，注册会计师实施的进一步审计程序的范围也越广

D. 注册会计师对于控制的预期偏差率越低，需要实施控制测试的范围越大

5. 下列属于控制测试类型的是（　　）。

A. 询问　　B. 观察　　C. 检查　　D. 重新执行

6. 关于控制有效性的审计证据，注册会计师应当从以下（　　）方面获取。

A. 控制在所审计期间的相关时点是如何运行的

B. 控制由谁或以何种方式执行

C. 控制是否得到一贯执行

D. 控制设计是否合理

7. 如果拟信赖的控制通过实施询问并结合观察或检查程序，获取的审计证据说明这些控制未发生变化，则注册会计师应当采取的措施是（　　）。

A. 如果属于旨在减轻特别风险的控制，则必须在本期测试

B. 如果不属于旨在减轻特别风险的控制，应运用职业判断确定是否在本期审计中测试运行有效性，但至少每三年对控制测试一次

C. 如果不属于旨在减轻特别风险的控制，应运用职业判断确定是否在本期审计中测试运行有效性，但至少每两年对控制测试一次

D. 无论是否属于旨在减轻特别风险的控制，均必须在本期实施控制测试才能得出控制运行是否有效的结论

8. 针对特别风险实施的审计程序，以下说法正确的是（　　）。

A. 如果认为评估的认定层次重大错报风险是特别风险，注册会计师应当专门针对该风险实施实质性程序

B. 如果认为评估的认定层次重大错报风险是特别风险，注册会计师应当专门针对该风险实施细节测试

C. 如果针对特别风险实施的程序仅为实质性程序，这些程序应当包括实质性分析程序

D. 为应对特别风险，仅实施实质性程序，不能获取充分、适当的审计证据

9. 注册会计师在设计实质性分析程序时考虑的因素包括（　　）。

A. 对已记录的金额或比率作出预期时，所依据的内部或外部数据的可靠性

B. 特定认定使用实质性分析程序的适当性

C. 已记录金额与预期值之间可接受的差异额

D. 作出预期的准确程度是否足以在计划的保证水平上识别重大错报

10. 下列实质性程序的说法中，正确的是（　　）。

A. 实质性程序包括细节测试和实质性分析程序

B. 无论评估的重大错报风险结果如何，注册会计师都应当针对所有重大类别的交易、账户余额和披露实施实质性程序

C. 实质性程序通常适用于一段时间内存在可预期关系的大量交易

D. 细节测试的目的是发现认定层次的重大错报

（三）简答题

注册会计师小张负责甲上市公司2019年度财务报表的审计工作，现在小张正针对财务报表重大错报风险设计和实施审计程序，部分相关情况摘录如下：

（1）小张对截至2019年7月31日的应收账款相关的内部控制实施了控制测试，该控制有效运行，并获取了相关审计证据，小张拟针对剩余期间不再关注。

（2）小张认为可容忍偏差与实质性分析程序的调查范围是正向变动的。

（3）针对识别出的重大关联方交易舞弊风险，小张拟仅实施实质性分析程序予以应对。

【要求】针对事项（1）~（3），简要说明注册会计师小张的做法是否恰当，如不恰当，简要说明理由。

五、进阶练习答案

（一）单选题

1. 【答案】A

【解析】针对财务报表层次重大错报风险确定总体应对措施。对于选项B，确定总体应对措施包括向审计项目组强调保持职业怀疑的必要性，而不是独立性，故选项B错误；财务报表层次的重大错报风险很可能源于薄弱的控制环境，控制环境存在重大缺陷时，注册会计师应在期末而非在期中实施更多的审计程序，并且应实施实质性程序获取更广泛的审计证据，因此选项C、D错误。

2. 【答案】D

【解析】审计项目组可根据对舞弊风险的评估等确定具有不可预见性的审计程序，选项A错误；注册会计师可以在签订审计业务约定书时明确提出实施具有不可预见性的审计程序这一要求，而不是必须提出，选项B错误；对大额应收账款进行函证不能提高审计程序的不可预见性，选项C错误。

3. 【答案】C

【解析】选项A错误，注册会计师应当对所有重大类别的交易、账户余额和披露设计和实施实质性程序；选项B错误，针对认定层次重大错报风险设计和实施进一步审计程序；选项D错误，进一步审计程序的性质是最重要的。

4. 【答案】B

【解析】确定进一步审计程序的时间的重要因素包括控制环境、何时能得到相关信息、错报风险的性质、审计证据适用的期间或时点。选项B错误。

5. 【答案】C

【解析】在了解内部控制是否得到执行时，注册会计师只需抽取少量的交易进行检查或观察某几个时点，但在测试控制运行的有效性时，注册会计师需要抽取足够数量的交易进行

检查或对多个不同时点进行观察。选项 C 错误。

6. 【答案】B

【解析】一般情况下，控制测试在期中执行更具有积极作用，选项 B 正确。

7. 【答案】C

【解析】注册会计师一般不会因为发现某次控制运行出现偏差就认定该控制无效，如将审计抽样运用在控制测试中，存在一定的可容忍偏差率。

8. 【答案】A

【解析】当以前获取的审计证据未发生重大变动时，可以作为本期的有效审计证据，选项 A 不恰当。

9. 【答案】D

【解析】对于选项 D，实质性程序属于进一步审计程序，是针对认定层次重大错报风险的，而不是针对财务报表层次。

10. 【答案】D

【解析】选项 D 不恰当。如果拟将期中测试得出的结论延伸至期末，注册会计师应当考虑针对剩余期间仅实施实质性程序是否足够。如果认为实施实质性程序本身不充分，注册会计师还应测试剩余期间相关控制运行的有效性或针对期末实施实质性程序。

（二）多选题

1. 【答案】ABCD

【解析】本题考查的是注册会计师增加审计程序不可预见性的做法，选项 A、B、C、D 均正确。

2. 【答案】ABD

【解析】当评估的财务报表层次重大错报风险属于低风险水平时，拟实施进一步审计程序的总体审计方案往往倾向于综合性方案，反之则倾向于实质性方案，故选项 C 错误。

3. 【答案】BCD

【解析】选项 A 错误，确定进一步审计程序的性质时，注册会计师首要考虑认定层次重大错报风险的评估结果。

4. 【答案】ABC

【解析】注册会计师对于控制的预期偏差率越高，需要实施控制测试的范围越大，选项 D 错误。

5. 【答案】ABCD

【解析】控制测试所采用的审计程序的类型包括：询问、观察、检查和重新执行。

6. 【答案】ABC

【解析】控制是否设计合理是风险评估阶段了解内部控制时应当得出的结论，选项 D 错误。

7. 【答案】AB

【解析】如果属于旨在减轻特别风险的控制，则不应依赖之前测试的控制，必须在本期测试；如果不属于旨在减轻特别风险的控制，至少每三年对控制测试一次。

8. 【答案】AD

【解析】如果认为评估的认定层次重大错报风险是特别风险，注册会计师应当专门针对该风险实施实质性程序，故选项 B 错误；如果针对特别风险实施的程序仅为实质性程序，这些程序应当包括细节测试，或将细节测试和实质性分析程序结合使用，以获取充分、适当的审计证据，不能仅实施实质性程序，故选项 C 错误。

9. 【答案】ABCD

【解析】本题考查设计实质性分析程序时考虑的因素，选项 A、B、C、D 均正确。

10. 【答案】ABD

【解析】实质性分析程序通常适用于一段时间内存在可预期关系的大量交易，选项 C 错误。

（三）简答题

【答案】

（1）不恰当。即使已获取有关控制在期中运行有效性的审计证据，仍然需要考虑如何能够将控制在期中运行有效性的审计证据合理延伸至期末。

（2）不恰当。注册会计师应当确定已记录金额与预期值之间可接受的差异额，可容忍或可接受的偏差越大，调查的范围越小，即两者呈反向变动。

（3）不恰当。舞弊导致的重大错报风险是特别重要的一类特别风险，如果认为评估的财务报表层次重大错报风险是特别风险，注册会计师应当专门针对该风险实施实质性程序，仅实施实质性分析程序不足以获取充分、适当的审计证据。

第九章 销售与收款循环的审计

一、2020 年新教材内容主要变化

本章主要变化知识点如下：

（一）常用的收入确认舞弊手段

（二）收入确认可能存在舞弊风险的迹象

（三）对收入确认实施分析程序以识别收入确认舞弊风险

（四）主营业务收入的实质性分析程序

（五）营业收入的特别审计程序

【小贴士】具体详见有关重难点。

二、本章近 5 年考情统计分析

本章考题主要以主观题（综合题和简答题）为主，但是针对个别的知识点也可以采取客观题的形式考查。

本章属于一般重要的考试章节之一，但最近 5 年平均考试分值一般在 1 分左右。

（一）近 5 年考试分值分布

题型	2015 年	2016 年	2017 年	2018 年	2019 年
单选题	—	1	—	—	—
多选题	—	—	—	—	—
简答题	—	—	—	—	1
综合题	1	1	1	1	—
合计	1	2	1	1	1

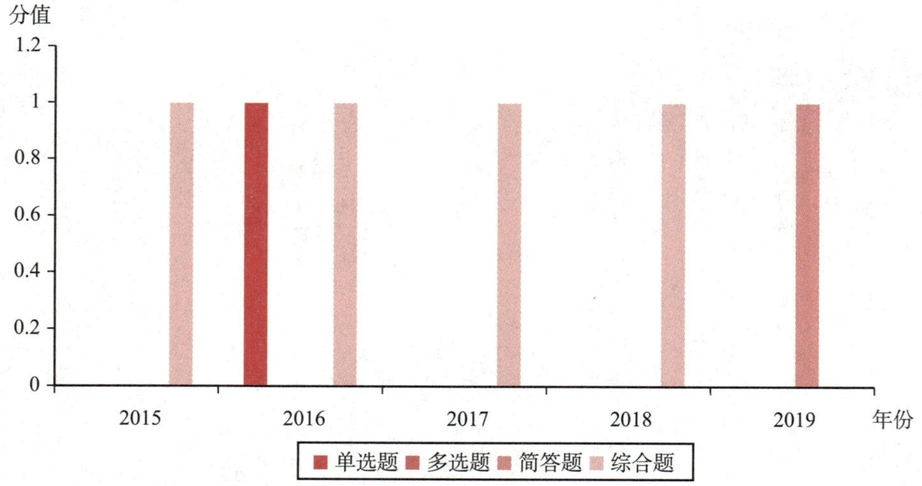

（二）近 5 年考试考点分布

高频考点内容	年度及题型分布
销售风险评估	2016 年单选
销售风险应对	2019 年简答

三、重难点解析

本章内容属于财务报表审计实务的重要章节，主要以制造业企业为背景阐述销售与收款循环的主要业务活动，销售交易的内部控制，收款交易的内部控制，销售与收款循环存在的重大错报风险，常用的收入确认舞弊手段，收入确认可能存在舞弊风险的迹象，对收入确认实施分析程序以识别收入确认舞弊风险，测试销售与收款循环的内部控制，主营业务收入的实质性分析程序，销售的截止测试，营业收入的特别审计程序，应收账款的函证程序等。

【小贴士】本章内容的学习，既需要具备审计理论（如认定、风险识别与评估、风险应对等知识），又需要相关会计知识作为支撑（如收入、应收账款等准则规范）。

重难点 1：销售与收款循环的主要业务活动★

（一）接受客户订购单

客户提出订货要求是整个销售与收款循环的起点。从法律上讲，这是购买某种货物或接受某种劳务的一项申请。客户的订单只有在符合企业管理层的授权标准时，才能被接受。

很多企业在批准了顾客订单之后，下一步就应编制一式多联的销售单。

【小贴士】销售单是证明管理层有关销售交易的“发生”认定的凭据之一，也是此笔销售的交易轨迹的起点。此外，由于客户订购单也是来自外部的引发销售交易的文件之一，有时也能为有关销售交易的“发生”认定提供补充凭据。

（二）批准赊销信用

赊销批准是由信用管理部门根据管理层的赊销政策在每个顾客的已授权的信用额度进行的。

信用管理部门的职员在收到销售单管理部门的销售单后，应将销售单与该顾客已被授权的赊销信用额度以及至今尚欠的账款余额加以比较。执行人工赊销信用检查时还应合理划分工作职责，以切实避免销售人员为扩大销售而使企业承受不适当的信用风险。

【小贴士】企业的信用管理部门应对每个新顾客进行信用调查，包括获取信用评审机构对顾客信用等级的评定报告。无论批准赊销与否，都要求被授权的信用管理部门人员在销售单上签署意见，然后再将已签署意见的销售单送回销售单管理部门。

设计信用批准控制的目的是为了降低坏账风险，因此，这些控制与应收账款账面余额的“计价和分摊”认定有关。

【经典模拟题】

【多选题】下列认定中，与销售信用批准控制不相关的有（　　）。

A. 发生　　B. 计价和分摊　　C. 权利和义务　　D. 完整性

【答案】ACD

【解析】设计信用批准控制的目的是降低坏账风险，这些控制与应收账款账面余额的“计价和分摊”认定有关，故与选项A、C、D不相关。

（三）按销售单编制发运凭证并发货

企业管理层通常要求商品仓库只有在收到经过批准的销售单时才能编制发运凭证并发货供货，设立这项控制程序的目的是为了防止仓库在未经授权的情况下擅自发货。因此，已批准销售单的一联通常应送达仓库，作为仓库按销售单供货和发货给装运部门的授权依据。

（四）按销售单装运货物

将按经批准的销售单供货与按销售单装运货物职责相分离，有助于避免负责装运货物的职员在未经授权的情况下装运产品。

此外，装运部门职员在装运之前，还必须进行独立验证，以确定从仓库提取的商品都附有经批准的销售单，查验所提取商品的内容与销售单一致。

（五）向顾客开具发票

开具发票包括编制和向顾客寄送事先连续编号的销售发票。这项功能所针对的主要问题是：

（1）是否对所有装运的货物都开具了发票（即“完整性”认定问题）；

（2）是否只对实际装运的货物才开具发票，有无重复开具账单或虚构交易（即“发生”认定问题）；

（3）是否按已授权批准的商品价目表所列价格计价开具发票（即“准确性”认定问题）。

【小贴士】为了降低开具发票过程中出现遗漏、重复、错误计价或其他差错的风险，应设立以下的控制程序：

（1）开具发票的员工在编制每张销售发票之前，独立检查是否存在装运凭证和相应的经批准的销售单；

（2）依据已授权批准的商品价目表编制销售发票；

（3）将装运凭证上的商品总数与相对应的销售发票上的商品总数进行比较。

上述控制与销售交易（即营业收入）的“发生”“完整性”以及“准确性”认定有关。

（六）记录销售

在手工会计系统中，记录销售的过程包括区分赊销、现销，按销售发票编制转账凭证或现金、银行存款收款凭证，再据以登记营业收入明细账和应收账款明细账或库存现金、银行存款日记账。

（1）依据有效的发运凭证和销售单的销售发票记录销售。这些装运凭证和销售单应能证明销售交易的发生及其发生的日期。

（2）使用事先连续编号的销售发票，并监控发票的使用情况。

（3）独立检查已处理销售发票上的销售金额同会计记录金额的一致性。

（4）记录销售的职责应与处理销售交易的其他功能相分离。

（5）对记录过程中所涉及的有关记录的接触予以限制，以减少未经授权批准的记录发生。

(6) 定期独立检查应收账款的明细账与总账的一致性。

(7) 由不负责现金出纳和销售及应收账款的人员，定期向顾客寄送对账单，并要求顾客将任何例外情况直接向指定的未执行或记录销售交易的会计主管报告。

（七）办理和记录现金、银行存款收入

这项功能涉及的是有关货款收回，现金、银行存款增加以及应收账款减少的活动，企业最关心的是货币资金的安全。

处理货币资金收入时最重要的是要保证全部货币资金都必须如数、及时地记入库存现金、银行存款日记账或应收账款明细账，并如数、及时地将现金存入银行。在这方面，汇款通知单起着很重要的作用。

（八）办理和记录销售退回、销售折扣与折让

顾客如果对商品不满意，销售企业一般都会同意接受退货，或给予一定的销售折让，顾客如果提前支付货款，销售企业则可能会给予一定的销售折扣。发生此类事项时，必须经授权批准并应确保办理此事有关的部门和职员各司其职，分别控制实物流和会计处理。

（九）提取坏账准备

坏账准备提取的数额必须能够抵补企业以后无法收回的销货款。

（十）注销坏账

不管赊销部门的工作如何主动，顾客因经营不善、宣告破产、死亡等原因而不支付货款的事仍时有发生。销售企业若认为某项货款再也无法收回，就必须注销这笔货款。对这些坏账，正确的处理方法应该是获取货款无法收回的确凿证据，经适当审批后及时作会计调整。

重难点2：销售交易的内部控制★★

【小贴士】如下方面是销售交易内部控制的关键控制环节，是评价内部控制是否健全的主要环节，自然成为我们学习把控的重点。

（一）适当的职责分离

【小贴士】注意把握各项不相容职责的分离。

适当的职责分离就是对不相容职责的适当分离，这有助于防止各种有意或无意的错误。常见的职责分离如下：

(1) 主营业务收入账如果系由记录应收账款账之外的职员独立登记，并由另一位不负责账簿记录的职员定期调节总账和明细账，就构成了一项交互牵制；

(2) 规定负责主营业务收入和应收账款记账的职员不得经手货币资金，也是防止舞弊的一项重要控制；

(3) 赊销批准职能与销售职能的分离，因为销售人员通常有一种追求更大销售数量的自然倾向，而轻视坏账损失，赊销的审批职责分离则在一定程度上可以抑制这种倾向；

(4) 企业应当分别设立办理销售、发货、收款三项业务的部门（或岗位）；

(5) 企业在销售合同订立前，应当指定专门人员就销售价格、信用政策、发货及收款方式等具体事项与客户进行谈判；

(6) 谈判人员至少应有两人以上，并与订立合同的人员相分离；

（7）编制销售发票通知单的人员与开具销售发票的人员应相互分离；销售人员应当避免接触销货现款；

（8）企业应收票据的取得和贴现必须经由保管票据以外的主管人员的书面批准。

（二）恰当的授权审批

1. 关键控制点的审批程序

（1）在销售发生之前，赊销已经正确审批；

（2）非经正当审批，不得发出货物；

（3）销售价格、销售条件、运费、折扣等必须经过审批；

（4）审批人应当根据销售与收款授权批准制度的规定，在授权范围内进行审批，不得超越审批权限。

【小贴士】对于超过单位既定销售政策和信用政策规定范围的特殊销售交易，施行特别授权，单位应当进行集体决策。

2. 关键控制点的审批程序设置的目的

（1）前两项控制的目的在于防止企业因向虚构的或者无力支付货款的客户发货而蒙受损失；

（2）价格审批控制的目的在于保证销售交易按照企业定价政策规定的价格开票收款；

（3）对授权审批范围设定权限的目的则在于防止因审批人决策失误而造成严重损失。

（三）充分的凭证和记录

【小贴士】充分的凭证和记录强调“充分”，“充分”既包含凭证和记录种类的问题，也包含着对于自制凭证一式几联的问题，由于单位不同、业务不同，对于“充分”运用自然存在差异。

例如，有的企业在收到顾客订货单后，就立即编制一份预先编号的一式多联的销售单，分别用于批准赊销、审批发货、记录发货数量以及向顾客开具账单等。在这种制度下，只要定期清点销售发票，漏开账单的情形几乎就不太会发生。

（四）凭证的预先编号

对凭证预先进行编号的目的，旨在防止销售以后忘记向顾客开具账单或登记入账，也可防止重复开具发票或重复记账。

【小贴士】因此，凭证的预先编号主要与完整性认定最相关。定期检查全部凭证的编号，并调查凭证缺号的原因，就是实施这项控制的一种方法。

（五）按月寄出对账单

【小贴士】对于寄送对账单职责的归属是关键控制点。

一般由不负责现金出纳和销售及应收账款记账的人员按月向顾客寄发对账单，能促使顾客在发现应付账款余额不正确后及时反馈有关信息，因而这是一项有用的控制。当然，为了使这项控制更加有效，最好将账户余额中出现的所有核对不符的账项，指定一位不掌管货币资金也不记载主营业务收入和应收账款账目的主管人员处理。

（六）内部核查程序

内部核查程序属于内控中的监督环节，一般由内部审计人员或其他独立人员核查销售交易的处理和记录，是实现内部控制目标所不可缺少的一项控制措施。

重难点3：收款交易的内部控制★

【小贴士】注意对第（2）~（6）的掌握。

（1）企业应当按照《现金管理暂行条例》《支付结算办法》等规定，及时办理销售收款业务。

（2）企业应将销售收入及时入账，不得账外设账，不得擅自坐支现金。销售人员应当避免接触销售现款。

（3）企业应当建立应收账款账龄分析制度和逾期应收账款催收制度。销售部门应当负责应收账款的催收，财会部门应当督促销售部门加紧催收。对催收无效的逾期应收账款可通过法律程序予以解决。

（4）企业应当按客户设置应收账款台账，及时登记每一客户应收账款余额增减变动情况和信用额度使用情况。对长期往来客户应当建立起完善的客户资料，并对客户资料实行动态管理，及时更新。

（5）企业对于可能成为坏账的应收账款应当报告有关决策机构，由其进行审查，确定是否确认为坏账。单位发生的各项坏账，应查明原因，明确责任，并在履行规定的审批程序后作出会计处理。

（6）企业注销的坏账应当进行备查登记，做到账销案存。已注销的坏账又收回时应当及时入账，防止形成账外资金。

（7）企业应收票据的取得和贴现必须经由保管票据以外的主管人员的书面批准。应有专人保管应收票据，对于即将到期的应收票据，应及时向付款人提示付款；已贴现票据应在备查簿中登记，以便日后追踪管理；并应制定逾期票据的冲销管理程序和逾期票据追踪监控制度。

（8）企业应当定期与往来客户通过函证等方式核对应收账款、应收票据、预收款项等往来款项。如有不符，应查明原因，及时处理。

重难点4：销售与收款循环存在的重大错报风险（以制造业赊销业务背景）★★

【小贴士】尽管本节着重阐述了收入确认存在舞弊的风险的审计程序，但是对于该问题首先应该做到整体的掌握，熟记销售与收款循环存在的重大错报风险的形式，对于“期末收入交易和收款交易可能未计入正确的期间”和“应收账款坏账准备的计提不准确”风险识别与应对，也是需要掌握的。

（一）收入确认存在舞弊的风险

被审计单位管理层可能为了完成预算，满足业绩考核要求，保证从银行获得额外的资金，吸引潜在投资者，或影响公司股价，而在财务报告中虚增收入。

【小贴士】注册会计师在识别和评估与收入确认相关的重大错报风险时，应当基于收入确认存在舞弊风险的假定，评价哪些类型的收入、收入交易或认定导致舞弊风险。

【经典模拟题】

【多选题】下列有关收入确认的舞弊风险的说法中，正确的有（　　）。

A. 关联方交易比非关联方交易更容易增加收入的发生认定存在舞弊风险的可能性

B. 对于以营利为目的的被审计单位，收入的发生认定存在舞弊风险的可能性通常大于完整性认定存在舞弊风险的可能性

C. 如果被审计单位已经超额完成当年的利润目标，但预期下一年度的目标较难达到，表明收入的截止认定存在舞弊风险的可能性较大

D. 如果被审计单位采用完工百分比法确认收入，且合同完工进度具有高度估计不确定性，表明收入的准确性认定存在舞弊风险的可能性较大

【答案】ACD

【解析】选项B错误，对于以营利为目的的被审计单位，收入的发生认定存在舞弊风险的可能性是否大于完整性认定存在舞弊风险的可能性，要结合具体情形判断。

（二）收入的复杂性导致的错误

例如，被审计单位已开始采用网络销售方式，但管理层对网络销售方式可能出现的问题缺乏经验时，收入确认上就容易发生错误。

（三）发生的收入交易未能得到准确的记录

（四）期末收入交易和收款交易可能未计入正确的期间

将属于下一会计期间的收入有意或无意地计入本期，或者将属于本期的收入有意或无意地计入下一会计期间，可能导致本期收入以及本期期末应收账款余额、货币资金余额和应交税费余额的高估或低估。

（五）收款未及时入账或计入不正确的账户

（六）应收账款坏账准备的计提不准确

重难点5：常用的收入确认舞弊手段★★

【小贴士】该知识点2020年大范围修订。

（一）虚增收入或提前确认收入的手段

【小贴士】虚增收入或提前确认收入是上市公司以及其他类型公司造假的主流，其主要目的是高估当期收入、高估利润、高估每股收益等，达到影响估价、实现盈利目标等。

（1）虚构销售交易。

①在无存货实物流转的情况下，通过与其他方（包括已披露或未披露的关联方、非关联方等）签订虚假购销合同，虚构存货进出库，并通过伪造出库单、发运单，验收单等单据，以及虚开商品销售发票虚构收入。

②在多方串通的情况下，通过与其他方（包括已披露或未披露的关联方配合、非关联方等）签订虚假购销合同，并通过存货实物流转、真实的交易单证票据和资金流转配合虚构收入。

③被审计单位根据其所处行业特点虚构销售交易。例如，从事网络游戏运营业务的被审计单位，以游戏玩家的名义，利用体外资金购买虚拟物品或服务，并予以消费，以虚增收入。

（2）进行显失公允的交易。

①通过与未披露的关联方或真实非关联方进行显失公允的交易。例如，以明显高于其他

客户的价格向未披露的关联方销售商品。与真实非关联方客户进行显失公允的交易，通常会由实际控制人或其他关联方以其他方式弥补客户损失。

②通过出售关联方的股权，使之从形式上不再构成关联方，但仍与之进行显失公允的交易，或与未来或潜在的关联方进行显失公允的交易。

③与同客户或同受一方控制的多个客户在各期发生多次交易，通过调节各次交易的商品销售价格，调节各期销售收入金额。

（3）在客户取得相关商品控制权前确认销售收入。

（4）通过隐瞒退货条款，在发货时全额确认销售收入。

（5）通过隐瞒不符合收入确认条件的售后回购或售后租回协议，而将以售后回购或售后租回方式发出的商品作为销售商品确认收入。

（6）在被审计单位属于代理人的情况下，被审计单位按主要责任人确认收入。

（7）对于属于在某一时段内履约的销售交易，通过高估履约进度的方法实现当期多确认收入。

（8）当存在多种可供选择的收入确认会计政策或会计估计方法时，随意变更所选择的会计政策或会计估计方法。

（9）选择与销售模式不匹配的收入确认会计政策。

（10）通过调整与单独售价或可变对价等相关的会计估计，达到多计或提前确认收入的目的。

（11）对于存在多项履约义务的销售交易，未对各项履约义务单独进行核算，而整体作为单项履约义务一次性确认收入。

（12）对于应整体作为单项履约义务的销售交易，通过将其拆分为多项履约义务，达到提前确认收入的目的。

【经典模拟题】

【多选题】下列有关收入确认舞弊手段中，属于虚构收入的有（　　）。

A. 在无存货实物流转的情况下，通过与其他方签订虚假购销合同，虚构存货进出库，并通过伪造出库单、发运单，验收单等单据，以及虚开商品销售发票虚构收入

B. 在多方串通的情况下，通过与其他方签订虚假购销合同，并通过存货实物流转、真实的交易单证票据和资金流转配合虚构收入

C. 通过出售关联方的股权，使之从形式上不再构成关联方，但仍与之进行显失公允的交易，或与未来或潜在的关联方进行显失公允的交易

D. 与同客户或同受一方控制的多个客户在各期发生多次交易，通过调节各次交易的商品销售价格，调节各期销售收入金额

【答案】AB

【解析】选项 C、D，属于进行显失公允的交易。

（二）为了达到报告期内降低税负或转移利润等目的而少计收入或者延后确认收入的手段

【小贴士】少计收入或者延后确认收入尽管不是上市公司以及其他类型公司造假的主流，但也时有发生，低估当期收入，以达到降低税负，或转移利润的目的；而将本期的收入延后

至下一年度确认，达到平滑利润的目的。

（1）被审计单位在满足收入确认条件后，不确认收入。而将收到的货款作为负债挂账，或转入本单位以外的其他账户。

（2）被审计单位采用以旧换新的方式销售商品时，以新旧商品的差价确认收入。

（3）对于应采用总额法确认收入的销售交易，被审计单位采用净额法确认收入。

（4）对于属于在某时段内履约的销售交易，被审计单位未按实际履约进度确认收入，或采用时点法确认收入。

（5）对于属于在某时点履约的销售交易，被审计单位未在客户取得相关商品或服务控制权时确认收入，推迟收入确认时点。

（6）通过调整与单独售价或可变对价等相关的会计估计，达到少计或推迟确认收入的目的。

【经典真题】

【单选题·2016】下列有关收入确认的舞弊风险的说法中，错误的是（　　）。

A. 关联方交易比非关联方交易更容易增加收入的发生认定存在舞弊风险的可能性

B. 对于以营利为目的的被审计单位，收入的发生认定存在舞弊风险的可能性通常大于完整性认定存在舞弊风险的可能性

C. 如果被审计单位已经超额完成当年的利润目标，但预期下一年度的目标较难达到，表明收入的截止认定存在舞弊风险的可能性较大

D. 如果被审计单位在一段时间内确认收入，且履约进度具有高度估计不确定性，表明收入的准确性认定存在舞弊风险的可能性较大

【答案】B

【解析】选项B不正确，尽管虚增收入或提前确认收入是上市公司以及其他类型公司造假的主要手段，但对于以营利为目的被审计单位，管理层实施舞弊的动机或压力不同，其舞弊风险所涉及的具体认定以及舞弊风险发生的可能性也不同，注册会计师需要作出具体判断。

重难点6：收入确认可能存在舞弊风险的迹象★

【小贴士】该知识点2020年大范围修订。

掌握收入确认方面可能存在舞弊风险的迹象，是收入确认存在舞弊风险实施的审计程序重要环节，便于理论与实践的运用。

通常表明被审计单位在收入确认方面可能存在舞弊风险的迹象举例如下：

（1）销售客户方面出现异常；

（2）销售交易方面出现异常；

（3）销售合同、单据方面出现异常；

（4）销售回款方面出现异常；

（5）货币资金出现异常；

（6）其他方面出现异常。

【经典模拟题】

【多选题】下列有关收入确认可能存在舞弊风险的迹象，属于销售客户方面出现异常的有（　　）。

A. 与同一客户同时发生销售和采购交易，或者与同受一方控制的时发生交易

B. 交易标的对交易对方而言不具有合理用途

C. 主要客户自身规模与其交易规模不匹配

D. 实际销售情况与订单不符，或者根据已取消的订单发货或重复发货

【答案】ABC

【解析】选项 D，属于销售交易方面出现异常。

重难点 7：对收入确认实施分析程序，识别收入确认舞弊风险★★

（一）在收入确认领域，注册会计师可以实施的分析程序的示例

【小贴士】该知识点 2020 年大范围修订。

（1）将账面销售收入、销售清单和销售增值税销项清单进行比较。

（2）将本期销售收入金额与以前可比期间的对应数据或预算数进行比较。

（3）分析月度或季度销售量、销售单价、销售收入金额、毛利率变动趋势。

（4）将销售收入变动幅度与销售商品及提供劳务收到的现金、应收账款/合同资产、存货、税金等项目的变动幅度进行比较。

（5）将销售毛利率、应收账款/合同资产周转率、存货周转率等关键财务指标与可比期间数据、预算数或同行业其他企业数据进行比较。

（6）分析销售收入等财务信息与投入产出率、劳动生产率、产能、水电能耗、运输数量等非财务信息之间的关系。

（7）分析销售收入与销售费用之间的关系，包括销售人员的人均业绩指标、销售人员薪酬、广告费、差旅费，以及销售机构的设置、规模、数量、分布。

（二）针对可能存在的舞弊风险，采取的常用调查方法

【小贴士】该知识点 2020 年小范围修订。

1. 对毛利率变动异常性的调查

如果注册会计师发现被审计单位的毛利率变动较大或与所在行业的平均毛利率差异较大，注册会计师可以采用定性分析与定量分析相结合的方法，从行业及市场变化趋势、产品销售价格和产品成本要素等方面对毛利率变动的合理性进行调查。

2. 对应收账款余额异常性的调查

如果注册会计师发现应收账款余额较大，或其增长幅度高于销售收入的增长幅度，注册会计师需要分析具体原因（如赊销政策和信用期限是否发生变化等），并在必要时采取恰当的措施，如扩大函证比例、增加截止测试和期后收款测试的比例、使用与前期不同的抽样方法、实地走访客户（【小贴士】该知识点为 2020 年新增）等。

3. 对收入增长幅度异常性的调查

如果注册会计师发现被审计单位的收入增长幅度明显高于管理层的预期，可以询问管理

层的适当人员，并考虑管理层的答复是否与其他审计证据一致，例如，如果管理层表示收入增长是由于销售量增加所致，注册会计师可以调查与市场需求相关的情况。

【经典模拟题】

【多选题】如果注册会计师发现应收账款余额较大，或其增长幅度高于销售收入的增长幅度，注册会计师需要分析具体原因，下列措施的恰当有（　　）。

A. 扩大函证比例

B. 增加截止测试和期后收款测试的比例

C. 使用与前期不同的抽样方法

D. 实地走访客户

【答案】ABCD

重难点8：测试销售与收款循环的内部控制★

风险评估和风险应对是整个审计过程的核心，因此，注册会计师通常以识别的重大错报风险为起点，选取拟测试的控制并实施控制测试。教材表9－5列示了通常情况下，注册会计师对销售与收款循环实施的控制测试。

【小贴士】教材表9－5中各栏从左至右依次为：（1）可能发生错报的环节；（2）相关的财务报表项目及认定；（3）存在的内部控制（自动）；（4）存在的内部控制（人工）；（5）内部控制测试程序。需要重点掌握针对“可能发生错报的环节”涉及“相关的财务报表项目及认定”，以及“相应的内部控制测试程序”。

重难点9：主营业务收入的实质性分析程序★★

【小贴士】该知识点2020年大范围修订。

（1）针对已识别需要运用分析程序的有关项目，并基于对被审计单位及其环境的了解，通过进行以下比较，同时考虑有关数据间关系的影响，以建立有关数据的期望值：

①将账面销售收入、销售清单和销售增值税销项清单进行比较；

②将本期销售收入金额与以前可比期间的对应数据或预算数进行比较；

③分析月度或季度销售量、销售单价、销售收入金额、毛利率变动趋势；

④将销售收入变动幅度与销售商品及提供劳务收到的现金、应收账款/合同资产、存货、税金等项目的变动幅度进行比较；

⑤将销售毛利率、应收账款/合同资产周转率、存货周转率等关键财务指标与可比期间数据、预算数或同行业其他企业数据进行比较；

⑥分析销售收入等财务信息与投入产出率、劳动生产率、产能、水电能耗、运输数量等非财务信息之间的关系；

⑦分析销售收入与销售费用之间的关系，包括销售人员的人均业绩指标、销售人员薪酬、广告费、差旅费，以及销售机构的设置、规模、数量、分布。

（2）确定可接受的差异额；

（3）将实际的情况与期望值相比较，识别需要进一步调查的差异；

（4）如果其差额超过可接受的差异额，调查并获取充分的解释和恰当的佐证审计证据（如通过检查相关的凭证等）；

（5）评估分析程序的测试结果。

重难点10：销售的截止测试★★

（一）截止测试的目的

（1）确定被审计单位主营业务收入的会计记录归属期是否正确；

（2）应记入本期或下期的主营业务收入是否被推延至下期或提前至本期。

（二）截止测试审计程序

（1）选取资产负债表日前后若干天一定金额以上的发运凭证，与应收账款和收入明细账进行核对；同时，从应收账款和收入明细账选取在资产负债表日前后若干天一定金额以上的凭证，与发运凭证核对，以确定销售是否存在跨期现象；

（2）复核资产负债表日前后销售和发货水平，确定业务活动水平是否异常（如与正常水平相比），并考虑是否有必要追加截止程序；

（3）取得资产负债表日后所有的销售退回记录，检查是否存在提前确认收入的情况；

（4）结合对资产负债表日应收账款的函证程序，检查有无未取得对方认可的大额销售。

（三）销售截止测试的前提

实施截止测试的前提是注册会计师充分了解被审计单位收入确认会计实务，并识别能够证明某笔销售符合收入确认条件的关键单据。

例如，货物出库时，与存货相关的风险和报酬可能尚未转移，不符合收入确认的条件，因此，仓储部门留存的发运凭证可能不是实现收入的充分证据，注册会计师需要检查有客户签署的那一联发运凭证。

又例如，销售发票与收入相关，但是发票开具日期不一定与收入实现的日期一致。实务中由于增值税发票涉及企业的纳税和抵扣问题，开票日期滞后于收入可确认日期的情况并不少见，因此，通常不能将开票日期作为收入确认的日期。

（四）实施销售截止测试的审计路径

1. 以账簿记录为起点（逆查法）

从资产负债表日前后若干天的账簿记录查至记账凭证，检查发票存根与发运凭证，目的是证实已入账收入是否在同一期间已开具发票并发货，有无多记收入。这种方法的优点是比较直观，容易追查至相关凭证记录，以确定其是否应在本期确认收入，特别是在连续审计两个以上会计期间时，检查跨期收入十分便捷，可以提高审计效率。缺点是缺乏全面性和连贯性，只能查多记，无法查漏记，尤其是本期漏记收入延至下期而审计时被审计单位尚未及时登账时，不易发现应记入而未记入报告期收入的情况。

【小贴士】使用这种方法主要是为了证实是否存在多计收入。

2. 以发运凭证为起点（顺查法）

从资产负债表日前后若干天的发运凭证查至发票开具情况与账簿记录，确定主营业务收入是否已记入恰当的会计期间。

【小贴士】使用这种方法主要证实是否存在少计收入。

重难点11：营业收入的特别审计程序★★

（一）特别审计程序示例

1. 附有销售退回条件的商品销售

评估对退货部分的估计是否合理，确定其是否按估计不会退货部分确认收入。

2. 售后回购

了解回购安排属于远期安排、企业拥有回购选择权还是客户拥有回售选择权，确定企业是否根据不同的安排进行了恰当的会计处理。

3. 以旧换新销售

确定销售的商品是否按照商品销售的方法确认收入，回收的商品是否作为购进商品处理。

4. 出口销售

根据交易的定价和成交方式（离岸价格、到岸价格或成本加运费价格等），并结合合同（包括购销合同和运输合同）中有关货物运输途中风险承担的条款，确定收入确认的时点和金额。

（二）“延伸检查”的运用

【小贴士】该知识点2020年新增。

如果识别出被审计单位收入真实性存在重大异常情况，且通过常规审计程序无法获取充分、适当的审计证据，注册会计师需要考虑实施“延伸检查”程序，即对检查范围进行合理延伸，以应对识别出的舞弊风险。实务中，注册会计师可以实施的“延伸检查”程序举例如下：

（1）在获取被审计单位配合的前提下，对相关供应商、客户进行实地走访，针对相关采购、销售交易的真实性获取进一步的审计证据。在实施实地走访程序时，注册会计师通常需要关注以下事项：

①被访谈对象的身份真实性和适当性；

②相关供应商、客户是否与被审计单位存在关联方关系或“隐性”关联方关系；

③观察相关供应商、客户的生产经营场地，判断其与被审计单位之间的交易规模是和其生产经营规模匹配；

④相关客户向被审计单位进行采购的商业理由；

⑤相关客户采购被审计单位商品的用途和去向，是否存在销售给被审计单位指定单位的情况；

⑥相关客户从被审计单位采购的商品的库存情况，必要时进行实地察看；

⑦是否存在“抽屉协议”，如退货条款、价格保护机制等；

⑧相关供应商向被审计单位销售的产品是否来自于被审计单位的指定单位；

⑨相关供应商、客户与被审计单位是否存在除购销交易以外的资金往来，如有，了解资金往来的性质。

（2）利用企业信息查询工具，查询主要供应商和客户的股东至其最终控制人，以识别相关供应商和客户与被审计单位是否存在关联方关系。

（3）在采用经销模式的情况下，检查经销商的最终销售实现情况。

（4）当注意到存在关联方（例如，被审计单位控股股东、实际控制人、关键管理人员）配合被审计单位虚构收入的迹象时，获取并检查相关关联方的银行账户资金流水，关注是否存在与被审计单位相关供应商或客户的异常资金往来。

【小贴士】如果注册会计师认为“延伸检查”程序是必要的，但受条件限制无法实施，或实施“延伸检查”程序后仍不足以获取充分、适当的审计证据，注册会计师应当考虑审计范围是否受限，并考虑对审计报告意见类型的影响或解除业务约定。

【经典模拟题】

【多选题】如果识别出被审计单位收入真实性存在重大异常情况，且通过常规审计程序无法获取充分、适当的审计证据，注册会计师需要考虑实施“延伸检查”程序，如下项目正确的有（　　）。

A. 在未获取被审计单位配合的前提下，对相关供应商、客户进行实地走访，针对相关采购、销售交易的真实性获取进一步的审计证据

B. 利用企业信息查询工具，查询主要供应商和客户的股东至其最终控制人，以识别相关供应商和客户与被审计单位是否存在关联方关系

C. 在采用经销模式的情况下，检查经销商的最终销售实现情况

D. 当注意到存在关联方配合被审计单位虚构收入的迹象时，获取并检查相关关联方的银行账户资金流水，关注是否存在与被审计单位相关供应商或客户的异常资金往来

【答案】BCD

【解析】选项 A，应该是在获取被审计单位配合的前提下，对相关供应商、客户进行实地走访，针对相关采购、销售交易的真实性获取进一步的审计证据，故选项 A 错误。

重难点 12：应收账款的函证程序★★★

（一）函证决策

【小贴士】除非有充分证据表明应收账款对被审计单位财务报表而言是不重要的，或者函证很可能是无效的，否则，注册会计师应当对应收账款进行函证。如果注册会计师不对应收账款进行函证，应当在审计工作底稿中说明理由。如果认为函证很可能是无效的，注册会计师应当实施替代审计程序，获取相关、可靠的审计证据。

（二）函证的范围和对象

1. 函证范围确定（样本量的选择）

（1）应收账款在全部资产中的重要性。若应收账款在全部资产中所占的比重较大，则函证的范围应相应大一些。

（2）被审计单位内部控制的强弱。若内部控制制度较健全，则可以相应减少函证量；反之，则应相应扩大函证范围。

（3）以前期间的函证结果。若以前期间函证中发现过重大差异，或欠款纠纷较多，则函证范围应相应扩大一些。

2. 函证对象确定（选取特定项目的方法）

一般情况下，注册会计师应选择以下项目作为函证对象：

（1）大额或账龄较长的项目；

（2）与债务人发生纠纷的项目；

（3）重大关联方项目；

（4）主要客户（包括关系密切的客户）项目；

（5）交易频繁但期末余额较小甚至余额为零的项目；

（6）可能产生重大错报或舞弊的非正常的项目。

3. 函证的方式

注册会计师可采用积极的或消极的函证方式实施函证，也可将两种方式结合使用。

【小贴士】由于应收账款通常存在高估风险，且与之相关的收入确认存在舞弊风险假定，因此实务中通常对应收账款采用积极的函证方式。

4. 函证时间的选择

注册会计师通常以资产负债表日为截止日，在资产负债表日后适当时间内实施函证。

【小贴士】如果重大错报风险评估为低水平，注册会计师可选择资产负债表日前适当日期为截止日实施函证，并对所函证项目自该截止日起至资产负债表日止发生的变动实施实质性程序。

5. 函证的控制

【小贴士】注册会计师通常利用被审计单位提供的应收账款明细账户名称及客户地址等资料据以编制询证函，但注册会计师应当对选择被询证者、设计询证函以及发出和收回询证函保持控制。

6. 对不符事项的处理

对回函中出现的不符事项，注册会计师需要调查核实原因，确定其是否构成错报。

【小贴士】对应收账款而言，登记入账的时间不同而产生的不符事项（不构成错报）主要表现为：

（1）询证函发出时，债务人已经付款，而被审计单位尚未收到货款；

（2）询证函发出时，被审计单位的货物已经发出并已作销售记录，但货物仍在途中，债务人尚未收到货物；

（3）债务人由于某种原因将货物退回，而被审计单位尚未收到；

（4）债务人对收到的货物的数量、质量及价格等方面有异议而全部或部分拒付货款等。

7. 对未回函项目实施替代审计程序

（1）检查资产负债表日后收回的货款；

（2）检查相关的销售合同、销售单、发运凭证；

（3）检查被审计单位与客户之间的往来邮件。

【小贴士】某些情况下，注册会计师可能认为取得积极式函证回函是获取充分、适当的审计证据的必要程序，尤其是识别出有关收入确认的舞弊风险，导致注册会计师不能信赖从被审计单位取得的审计证据，则替代程序不能提供注册会计师需要的审计证据。在这种情况下，如果未获取回函，注册会计师应当确定其对审计工作和审计意见的影响。

【经典真题】

【综合题（部分）· 2018】上市公司甲公司是ABC会计师事务所的常年审计客户，主要从事汽车的生产与销售。A注册会计师负责审计甲公司2017年度财务报表，确定财务报表整体的重要性为1 000万元，明显微小错报的临界值为30万元。

资料一：A注册会计师在审计工作底稿中记录了所了解的甲公司情况及其环境，部分内容摘录如下：

（1）2017年，在钢材价格及劳动力成本大幅上涨的情况下，甲公司通过调低主打车型的价格，保持了良好的竞争力和市场占有率。（该项与本章相关）

（2）2017年，甲公司首款互联网汽车研发项目取得突破性进展，于2017年末开始量产。甲公司因此获得研发补助1 800万元，并于2017年12月将相关开发支出转入无形资产。

（3）自2017年1月起，甲公司将产品质量保证金的计提比例由营业收入的3%调整为2%。

（4）2017年12月31日，甲公司以1亿元购入丙公司40%股权。根据约定，甲公司按持股比例享有丙公司自评估基准日2017年6月30日至购买日的净利润。

（5）2017年12月，甲公司与非关联方丁公司签订意向书，以3 000万元价格向其转让一批旧设备。2018年1月，该交易获得批准并完成交付。

资料二：A注册会计师在审计工作底稿中记录了甲公司的财务数据，部分内容摘录如下：

单位：万元

项目	未审数	已审数
	2017年	2016年
营业收入	100 000	95 000
营业成本	89 000	84 500
销售费用——产品质量保证	2 000	2 850
投资收益——权益法核算（丙公司）	1 200	0
其他收益——互联网汽车项目补助	1 800	0
持有待售资产——拟销售给丁公司的设备	4 200	0
长期股权投资——丙公司	11 200	0
无形资产——互联网汽车开发项目	4 000	0

【要求】针对资料一第（1）~（5）项，结合资料二，假定不考虑其他条件，逐项指出资料一所列事项是否可能表明存在重大错报风险。如果认为可能表明存在重大错报风险，简要说明理由，并说明该风险主要与哪些财务报表项目的哪些认定相关（不考虑税务影响）。

【答案】

事项序号	是否可能表明存在重大错报风险（是/否）	理　由	财务报表项目名称及认定
（1）	是	在原材料和人工成本上涨，而主要产品价格下降的情况下，毛利率仍与上年相当，可能存在多计收入、少计成本的风险	营业收入（发生） 营业成本（完整性/准确性）

【解析】主要考核营业收入重大错报风险的识别和评估。

由于甲公司在钢材（原材料）价格及劳动力成本（人工成本）大幅上涨的情况下，甲公司通过调低主打车型的价格（收入降低），势必造成甲公司 2017 年的毛利率应当大大低于 2016 年的毛利率，这是合理预期的结果。但是财务数据显示，2017 年的毛利率（11%）接近于 2016 年毛利率（11.05%），显然与预期不符，因此，可以合理判断，被审计单位存在营业收入多计、营业成本少计的重大错报风险。

四、进阶练习

（一）单选题

1. 下列有关收入确认的舞弊风险的说法中，错误的是（　　）。

A. 注册会计师在识别和评估与收入确认相关的重大错报风险时，应当基于收入确认存在舞弊风险的假定，评价哪些类型的收入、收入交易或认定导致舞弊风险

B. 如果被审计单位已经超额完成当年的利润目标，为了平滑利润，收入的截止认定存在舞弊风险的可能性较大

C. 关联方交易比非关联方交易更容易增加收入的发生认定存在舞弊风险的可能性

D. 收入的发生认定存在舞弊风险的可能性通常大于完整性认定存在的舞弊风险

2. 下列与销售相关的内部控制中，与营业收入的发生认定直接相关的是（　　）。

A. 仓库管理人员只有在收到经批准的销售单时才能编制发运凭证并供货

B. 负责开具销售发票的员工依据经批准的商品价目表开发票

C. 定期对应收账款的坏账风险进行评估，据此计提坏账准备

D. 依据有效的发运凭证和销售单及销售发票记录销售

3. 销售单是企业内部处理销售交易的重要单据，一般在批准了客户订购单之后，会编制一式多联的销售单，该项控制与（　　）最相关。

A. 完整性认定　　B. 发生认定　　C. 准确性认定　　D. 分类认定

4. A 注册会计师负责销售与收款循环的审计，针对 2019 年营业收入的发生认定，设计了如下审计程序，其中能够获取充分、适当的审计证据的程序是（　　）。

A. 抽取 2019 年 12 月 31 日的发运单，检查相应的销售发票副本和账簿记录

B. 抽取 2019 年 12 月 31 日开具的销售发票副本，检查相应的发货单和账簿记录

C. 抽取 2019 年 12 月 31 日账簿记录记录，检查相应报表的列报

D. 从营业收入明细账中抽取 2018 年 12 月 31 日的明细记录，检查相应的记账凭证、发

货单和销售发票副本

5. 针对发运商品与客户销售单可能不一致的错报风险，下列程序中，属于最适当的控制测试的是（　　）。

A. 询问发运人员

B. 检查例外报告和暂缓发货的清单

C. 从发运凭证追查至销售发票

D. 从主营业务收入明细账追查至发票存根及发运凭证

6. 以下选项中，能作为定期向客户寄发对账单工作的人员的是（　　）。

A. 负责应收账款明细账记账人员　　B. 负责主营业务收入总账记人员

C. 现金出纳员　　D. 负责固定资产登记人员

7. 以下有关职责分离的说法中，不恰当的是（　　）。

A. 存货仓储的职责与记账职责分离

B. 主营业务收入账系由记录主营业务成本之外的员工独立登记，并定期调节总账和明细账

C. 负责应收账款记账的员工不得经手货币资金

D. 销售人员通常有一种追求更大销售数量的自然倾向，赊销的审批不能由销售人员负责

8. 注册会计师检查发运凭证与销售发票连续编号是否完整，有助于实现的审计目标是（　　）。

A. 销售交易计入恰当的会计期间，截止正确

B. 所有销售交易均已登记入账，不存在隐瞒

C. 销售的金额是准确的

D. 登记入账的销售交易是真实的，不存在虚构

9. 下列有关收款交易相关控制的作法中，不恰当的是（　　）。

A. 企业应将销售收入及时入账，不得账外设账，不得擅自坐支现金

B. 销售部门应当负责应收账款的催收，可以直接收取现金

C. 企业应当定期与客户通过函证等方式核对应收账款、应收票据等债权

D. 企业对于可能成为坏账的应收账款，财务人员不能未经审批确认为坏账

10. 以下各项中，属于为了降低税负或转移利润而少计收入的舞弊手段的是（　　）。

A. 当存在多种可供选择的收入确认会计政策时，选择增加收入的会计政策

B. 通过未披露的关联方，进行高于公允价值的交易

C. 被审计单位采用以旧换新的方式销售商品时，以新旧商品的差价确认收入

D. 在商品交易合同未履行时，提前确认收入

11. 如果管理层期末收入可能未计入正确的会计期间存在重大错报风险，风险程度为特别风险，内部控制预期是不可以信赖的，则拟从实质性程序中获取的保证程度的水平是（　　）。

A. 高　　B. 中　　C. 无　　D. 部分

12. 如下销售与收款循环的内部控制措施，不恰当的是（　　）。

A. 企业应当客户设置应收账款台账，及时登记每一客户应收账款余额增减变动情况和

信用额度使用情况

B. 企业应当建立逾期应收账款催收制度，信用管理部门应当负责应收账款的催收，销售部门应当督促信用管理部门加紧催收

C. 企业对于可能成为坏账的应收账款应当报告有关决策机构，由其进行审查，确定是否确认为坏账

D. 企业应当定期与往来客户通过函证等方式核对应收账款、应收票据、预收款项等往来款项。如有不符应查明原因，及时处理

13. 下列说法中，注册会计师针对被审计单位销售与收款循环的重大错报风险评估的说法中不恰当的是（　　）。

A. 注册会计师在识别和评估与收入确认相关的重大错报风险时，应当基于收入确认存在舞弊风险的假定

B. 注册会计师通过了解被审计单位销售模式和业务流程、收入确认的具体原则等，有助于其考虑收入虚假错报可能采取的方式，从而设计恰当的审计程序以发现此类错报

C. 注册会计师通过实施风险评估程序了解到，被审计单位所处行业竞争激烈并伴随着利润率的下降，而管理层过于强调完成既定盈利的目标，则注册会计师需要警惕实施舞弊低估收入，达到平滑利润，从而低估利润的风险

D. 注册会计师需要结合对被审计单位及其环境的具体了解，考虑收入确认舞弊可能如何发生

14. 下列各项审计程序中，不能为营业收入的发生认定提供审计证据的是（　　）。

A. 以发运凭证、发票等原始凭证为起点，检查主营业务收入明细账中的业务记录

B. 对应收账款余额实施函证

C. 存在销货退回的，检查相关手续是否符合规定，检查有关会计处理是否正确，并结合存货项目审计关注退货业务的真实性

D. 采取将本期营业收入与上年比较分析等实质性分析程序

15. 如下项不适合实施实质性分析程序的是（　　）。

A. 营业外收入　　B. 应收账款　　C. 利息收入　　D. 产品毛利率

（二）多选题

1. 应收账款的审计需要结合销售交易的审计来进行，下列理由合理的有（　　）。

A. 营业收入和应收账款均为利润表的主要项目

B. 营业收入与应收账款的数额是一一对应的

C. 收入的“发生”认定直接影响应收账款的“存在”认定

D. 应收账款代表了尚未收回货款的收入，通过审计应收账款获取的审计证据也能够为收入提供审计证据

2. 针对销售交易收款交易，以下内部控制中，符合职责适当分离的要求的有（　　）。

A. 在销售合同订立前，应当指定专门人员就销售价格、信用政策等具体事项与客户进行谈判并签订合同

B. 应收票据的取得和贴现必须经由保管票据以外的主管人员的书面批准

C. 应当分别设立办理销售、发货、收款三项业务的部门（或岗位）

D. 销售人员应当避免接触销货现款

3. 下列有关应收账款函证程序决策的说法中，正确的有（　　）。

A. 如果有充分证据表明函证很可能是无效的，注册会计师可以不实施应收账款函证程序

B. 如果在收入确认方面不存在由于舞弊导致的重大错报风险，注册会计师可以不实施应收账款函证程序

C. 如果有充分证据表明应收账款对财务报表而言不重要，注册会计师可以不实施应收账款函证程序

D. 对小型企业财务报表执行审计时，注册会计师可以不实施应收账款函证程序

4. 如下审计程序，可以用作销售与收款循环控制测试的审计程序的有（　　）。

A. 询问　　B. 观察　　C. 检查　　D. 重新计算

5. 如下项目中，属于应收账款未回函项目实施替代审计程序的有（　　）。

A. 检查资产负债表日后收回的货款

B. 检查相关的销售合同、销售单、发运凭证

C. 检查被审计单位与客户之间的往来邮件

D. 检查资产负债表日后坏账的计提

6. 下列审计程序中，能够发现被审计单位低估主营业务收入的有（　　）。

A. 从发运凭证追查至主营业务收入明细账

B. 检查销售发票连续编号的完整性

C. 检查主营业务收入明细账是否后附销售发票、发运凭证等原始凭证

D. 检查发运凭证连续编号的完整性

7. 下列各项中，属于销售截止测试的审计程序的有（　　）。

A. 选取资产负债表日前后若干天一定金额以上的发运凭证，与应收账款和收入明细账进行核对；同时，从应收账款和收入明细账选取在资产负债表日前后若干天一定金额以上的凭证，与发运凭证核对，以确定销售是否存在跨期现象

B. 复核资产负债表日前后销售和发货水平，确定业务活动水平是否异常（如与正常水平相比），并考虑是否有必要追加截止程序

C. 取得资产负债表日后所有的销售退回记录，检查是否存在提前确认收入的情况

D. 结合对资产负债表日应收账款的函证程序，检查有无未取得对方认可的大额销售

8. 注册会计师确定应收账款函证范围时，通常考虑的因素有（　　）。

A. 应收账款在全部资产中的重要性　　B. 被审计单位内部控制的强弱

C. 以前期间的函证结果　　D. 交易的频繁程度

9. 一般注册会计师针对主营业务收入实施截止测试时可以考虑选择下列（　　）审计路径。

A. 从资产负债表日前后若干天的销售发票追查至发运凭证

B. 从资产负债表日前后若干天的账簿记录追查至记账凭证和发运凭证

C. 从资产负债表日前的销售发票追查至销售合同

D. 从资产负债表日前后若干天的发运凭证追查至账簿记录

10. 下列有关注册会计师针对应收账款实施函证程序的说法中，不恰当的有（　　）。

A. 若相关内部控制设计良好有效运行，则可以相应增加函证样本量

B. 注册会计师可采用积极的或消极的函证方式实施函证，也可将两种方式结合使用

C. 对回函中出现的不符事项，遵循谨慎原则，一般确定为错报

D. 注册会计师应当将询证函回函作为审计证据，纳入审计工作底稿管理

（三）简答题

W 注册会计师依照审计计划了解甲公司销售与收款循环的内部控制，审计工作底稿的部分内容摘录如下：

（1）销售单管理部门发现 X 客户未在客户清单中，由销售单管理部门的主管决定同意销售后，企业编制一式一联的销售单；

（2）对于赊销业务的批准是由销售部门根据管理层的赊销政策在每个客户的已授权的信用额度内进行的；

（3）商品仓库管理人员根据发货情况编制发运凭证并供货，并定期与批准的销售单核对；

（4）每月末，由内部审计人员核查销售交易的处理和记录；

（5）由负责应收账款记账的人员按月向客户寄发对账单，能促使客户在发现应付账款余额不正确后及时反馈有关信息。

【要求】针对上述第（1）~（5）项，假定不考虑其他条件，逐项指出所列控制的设计是否恰当。如不恰当，简要说明理由。

五、进阶练习答案

（一）单选题

1.【答案】D

【解析】选项 D 错误，管理者实施舞弊的动机或压力不同，其舞弊风险所涉及的具体认定也不同，如果管理层存在为了隐瞒收入而降低税负的动机，则注册会计师需要关注与收入完整性认定相关的舞弊风险。

2.【答案】D

【解析】选项 A，防止仓库在未经授权的情况下擅自发货，与存货的存在认定直接相关；选项 B，防止开具销售发票的人员擅自更改商品价格，与营业收入的准确性认定直接相关；选项 C，防止坏账损失计提不准确，与应收账款的准确性、计价和分摊认定直接相关。

3.【答案】B

【解析】接受客户订购单并编制销售单，该单据是记录销售交易的重要依据，与销售交易的“发生”认定相关，故选择选项 B。

4.【答案】D

【解析】选项 A、B、C 顺向检查，主要获取完整性认定证据，选项 D 针对的是营业收入的发生认定。

5.【答案】B

【解析】选项 A，可以作为控制测试的一项程序，但是相对于选项 B，获取证据的可靠

性较差；选项 C 有助于完整性认定；选项 D，有助于证实收入发生认定。

6. 【答案】D

【解析】选项 D 正确，为了使这项控制更加有效，最好将账户余额中出现的所有不符的账项进行核对，指定一位既不掌管货币资金也不记录主营业务收入和应收账款的主管人员处理，然后由独立人员按月编制对账情况汇总报告并交管理层审阅。

7. 【答案】B

【解析】选项 B 不恰当，主营业务收入账系由记录应收账款之外的员工独立登记，并由另一位不负责账簿记录的员工定期调节总账和明细账，构成一项交互牵制。

8. 【答案】B

【解析】检查发运凭证与销售发票连续编号是否完整针对的是完整性认定，其目标是测试所有销售交易是否均已登记入账，故选择选项 B。

9. 【答案】B

【解析】选项 B 不恰当，销售部门可以负责应收账款的催收，但是不可以直接收取现金。

10. 【答案】C

【解析】选项 A、B、D 属于管理层为了达到粉饰财务报表目的而虚增收入或提前确认收入的舞弊手段。

11. 【答案】A

【解析】选项 A 恰当，收入可能未计入正确的会计期间属于特别风险，内部控制预期是不可以信赖的，则拟从实质性程序中获取的保证程度应为高。

12. 【答案】B

【解析】选项 B 不恰当，销售部门应当负责应收账款的催收，财会部门应当督促销售部门加紧催收。

13. 【答案】C

【解析】选项 C 不恰当，注册会计师通过实施风险评估程序了解到，被审计单位所处行业竞争激烈并伴随着利润率的下降，而管理层过于强调完成既定盈利的目标，则注册会计师需要警惕管理层通过实施舞弊高估收入，从而高估利润的风险。

14. 【答案】A

【解析】选项 A 不正确，以发运凭证、发票等原始凭证为起点，检查主营业务收入明细账中的业务记录，提供完整性认定审计证据。

15. 【答案】A

【解析】选项 A 不正确，营业外收入是非日常活动的利得，具有偶发性。

（二）多选题

1. 【答案】CD

【解析】选项 A 错误，应收账款不是利润表的主要项目；选项 B 错误，营业收入与应收账款的数额不是一一对应的。

2. 【答案】BCD

【解析】选项 A 不正确，企业在销售合同订立前，应当指定专门人员就销售价格、信用政策、发货及收款方式等具体事项与客户进行谈判。谈判人员至少应有两人以上，并与订立合同的人员相分离。

3.【答案】AC

【解析】除非有充分证据表明应收账款对被审计单位财务报表而言是不重要的，或者函证很可能是无效的，否则，注册会计师应当对应收账款进行函证，并不受其他因素的影响，故选项 B、D 错误的。

4.【答案】ABC

【解析】选项 D 属于用于实质性程序的审计程序。

5.【答案】ABC

【解析】选项 D 的程序作为替代程序，获取证据的相关性较弱。

6.【答案】ABD

【解析】选项 C 是针对营业收入的发生认定。

7.【答案】ABCD

8.【答案】ABC

【解析】交易频繁程度属于确定函证对象考虑的因素。

9.【答案】BD

【解析】截止测试一般有两条审计路径：一是以账簿记录为起点追查至记账凭证和发运凭证（选项 B）；二是以发运凭证为起点追查至账簿记录（选项 D）。

10.【答案】AC

【解析】选项 A 不恰当，若相关内部控制设计良好有效运行，则可以相应减少函证样本量；选项 C 不恰当，对回函中出现的不符事项，遵循谨慎原则，要查明原因，不能直接确定为错报。

（三）简答题

【答案】

（1）不恰当。

理由：企业编制的销售单应该一式多联，具体联数可根据管理需要。

（2）不恰当。

理由：对于赊销业务的批准是由信用管理部门根据管理层的赊销政策在每个客户的已授权的信用额度内进行的。

（3）不恰当。

理由：企业管理层通常要求商品仓库管理人员只有在收到经过批准的销售单时才能编制发运凭证并供货。

（4）恰当。

（5）不恰当。

理由：应该由不负责现金出纳和销售及应收账款记账的人员定期向客户寄发对账单，对不符事项进行调查，必要时调整会计记录，编制对账情况汇总报告并交管理层审核。

第十章 采购与付款循环的审计

一、2020 年新教材内容主要变化

2020 年本章无实质变化。

二、本章近 5 年考情统计分析

本章考题主要以主观题（综合题和简答题）为主，但是针对个别的知识点也可以以客观题的形式考查。

本章属于一般重要的考试章节之一，最近 5 年平均考试分值一般在 1 分左右。

（一）近 5 年考试分值分布

题型	2015 年	2016 年	2017 年	2018 年	2019 年
单选题	—	—	—	—	—
多选题	—	—	—	—	—
简答题	1	3	—	—	—
综合题	—	—	—	1	—
合计	—	3	—	1	—

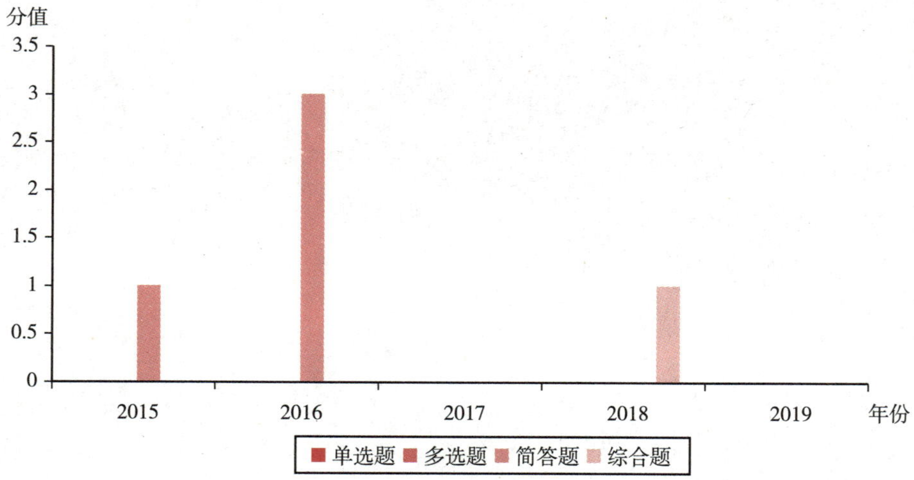

（二）近 5 年考试考点分布

高频考点内容	年度及题型分布
采购交易内部控制	2016 年简答
采购交易风险评估	2016 年简答、2015 年简答
除折旧/摊销、人工费用以外的一般费用的实质性程序	2018 年综合

三、重难点解析

本章内容属于财务报表审计实务的重要章节，主要以制造业企业为背景阐述采购与付款循环涉及的主要凭证与会计记录，采购与付款循环的主要业务活动，采购交易的主要控制活动，采购与付款循环的相关交易和余额存在的重大错报风险，测试采购与付款循环的内部控制，应付账款的审计目标，应付账款的实质性程序，除折旧/摊销、人工费用以外的一般费用的实质性程序等。

【小贴士】本章结构与第九章相近，本章内容的学习，既需要具备审计理论（如认定、风险识别与评估、风险应对等），又需要相关会计知识作为支撑（如存货采购、应付账款等准则规范）。

重难点1：涉及的主要凭证与会计记录★

【小贴士】采购与付款交易通常要经过请购——订货——验收——付款这样的程序，同销售与收款交易一样，在内部控制比较健全的企业，处理采购与付款交易通常需要使用很多单据与会计记录。以一般制造业为例，其典型的采购与付款循环所涉及的主要单据与会计记录有12种（不同被审计单位的单据名称可能不同）。

（1）采购计划；
（2）供应商清单；
（3）请购单；
（4）订购单；
（5）验收及入库单；
（6）卖方发票；
（7）付款凭单；
（8）转账凭证；
（9）付款凭证；
（10）应付账款明细账；
（11）库存现金日记账和银行存款日记账；
（12）供应商对账单。

【小贴士】有关主要凭证与会计记录内容，应该结合第二节主要业务活动和相关内部控制。

重难点2：采购与付款循环的主要业务活动★★

（一）制定采购计划

（1）生产、仓库等部门定期编制采购计划。

（2）经部门负责人等适当的管理人员审批后提交采购部门，具体安排商品及服务采购。

（二）供应商认证及信息维护

（1）通常对于合作的供应商事先进行资质等审核，将通过审核的供应商信息录入系统，形成完整的供应商清单；

（2）及时对供应商信息变更进行更新；

（3）采购部门只能向通过审核的供应商进行采购。

（三）请购商品和劳务

生产部门根据采购计划，对需要购买的已列入存货清单的原材料等项目填写请购单，其他部门也可以对所需要购买的商品或劳务编制请购单。

【小贴士】大多数企业对正常经营所需物资的购买均作一般授权，例如，生产部门在现有库存达到再订购点时就可提出采购申请，其他部门也可为正常的维修工作和类似工作直接申请采购有关物品。

【小贴士】由于企业内不少部门都可以填列请购单，可以分别部门设置请购单的连续编号，每张请购单必须经过对这类支出预算负责的主管人员签字批准。

请购单是证明采购交易“发生”认定的凭据之一，也是采购交易轨迹的起点。

（四）编制订购单

采购部门在收到请购单后，只能对经过恰当批准的请购单发出订购单。对每张订购单，采购部门应确定最佳的供应来源。

订购单应正确填写所需要的商品品名、数量、价格、厂商名称和地址等，预先予以顺序编号并经过被授权的采购人员签名。

【小贴士】订购单正联应送交供应商，副联则送至企业内部的验收部门、应付凭单部门和编制请购单的部门。随后，应独立检查订购单的处理，以确定是否确实收到商品并正确入账。

这项检查与采购交易的“完整性”和“发生”认定有关。

（五）验收商品

验收部门首先应比较所收商品与订购单上的要求是否相符，如商品的品名、摘要、数量、到货时间等，然后再盘点商品并检查商品有无损坏。

【小贴士】验收后，验收部门应对已收货的每张订购单编制一式多联、预先按顺序编号的验收单，作为验收和检验商品的依据。

验收人员将商品送交仓库或其他请购部门时，应取得经过签字的收据，或要求其在验收单的副联上签收，以确立他们对所采购的资产应负的保管责任。验收人员还应将其中的一联验收单送交应付凭单部门。

验收单是支持资产以及与采购有关的负债的“存在或发生”认定的重要凭据。

定期独立检查验收单的顺序以确定每笔采购交易都已编制凭单，则与采购交易的“完整性”认定有关。

（六）储存已验收的商品

将已验收商品的保管与采购的其他职责相分离，可减少未经授权的采购和盗用商品的风险。这些控制与商品的“存在”认定有关。

（七）编制付款凭单

（1）确定供应商发票的内容与相关的验收单、订购单的一致性；

（2）确定供应商发票计算的正确性；

（3）编制有预先顺序编号的付款凭单，并附上支持性凭证（如订购单、验收单和供应商发票等）；

（4）独立检查付款凭单计算的正确性；

（5）在付款凭单上填入应借记的资产或费用账户名称；

（6）由被授权人员在凭单上签字，以示批准照此凭单要求付款。

【经典模拟题】

【多选题】被审计单位设置应付凭单，所有未付凭单的副联应保存在未付凭单档案中，以待日后付款。经适当批准和有预先编号的凭单为记录采购交易提供了依据，因此，这些控制与下列（　　）认定有关。

A. 存在　　B. 发生　　C. 完整性　　D. 权利和义务

【答案】ABCD

【解析】所有未付凭单的副联应保存在未付凭单档案中，以待日后付款。经适当批准和有预先编号的凭单为记录采购交易提供了依据，因此，这些控制与“存在”“发生”“完整性”“权利和义务”“计价和分摊”等认定有关。

（八）确认与记录负债

【小贴士】在手工系统下确认与记录负债关键环节。

（1）应将已批准的未付款凭单送达会计部门，据以编制有关记账凭证和登记有关账簿；

（2）会计主管应监督为采购交易而编制的记账凭证中账户分类的适当性；

（3）通过定期核对编制记账凭证的日期与凭单副联的日期，监督入账的及时性；

（4）独立检查会计人员则应核对所记录的凭单总数与应付凭单部门送来的每日凭单汇总表是否一致，并定期独立检查应付账款总账余额与应付凭单部门未付款凭单档案中的总金额是否一致。

（九）办理付款

（1）独立检查已签发支票的总额与所处理的付款凭单的总额的一致性；

（2）应由被授权的财务部门的人员负责签署支票；

（3）被授权签署支票的人员应确定每张支票都附有一张已经适当批准的未付款凭单，并确定支票收款人姓名和金额与凭单内容的一致；

（4）支票一经签署就应在其凭单和支持性凭证上用加盖印戳或打洞等方式将其注销，以免重复付款；

（5）支票签署人不应签发无记名甚至空白的支票；

（6）支票应预先顺序编号，以保证支出支票存根的完整性和作废支票处理的恰当性；

（7）应确保只有被授权的人员才能接近未经使用的空白支票。

（十）记录现金、银行存款支出

（1）会计主管应独立检查记入银行存款日记账和应付账款明细账的金额的一致性，以及与支票汇总记录的一致性；

（2）通过定期比较银行存款日记账记录的日期与支票副本的日期，独立检查入账的及时性；

（3）独立编制银行存款余额调节表。

【小贴士】不能由出纳员编制银行存款余额调节表，否则属于内部控制设计缺陷。

【经典模拟题】

【单选题】如下有关采购与付款业务流程相关控制活动与相关认定的对应关系的表述中，不恰当的是（　　）。

A. 订购单的连续编号，能够有效降低应付账款“完整性”认定错报风险

B. 支票预先顺序编号能够确保支出支票存根的完整性和作废支票处理的恰当性

C. 验收单的连续编号，与应付账款的“存在”认定最有关

D. 确定供应商发票计算的正确性能够降低应付账款的计价和分摊认定、相关费用的准确性认定的错报风险

【答案】C

【解析】选项 C 不恰当，验收单的连续编号，与应付账款的“完整性”认定最有关。

重难点 3：采购交易的主要控制活动★★

（一）适当的职责分离

【小贴士】采购与付款交易不相容岗位分离，至少包括下列职责的合理分离：（1）请购与审批；（2）询价与确定供应商；（3）采购合同的订立与审批；（4）采购与验收；（5）采购；（6）验收与相关会计记录；（7）付款审批与付款执行。

（二）恰当的授权审批

付款需要由经过授权的人员审批，审批人员在审批前需检查相关支持文件，并对其发现的例外事项进行跟进处理。

（三）凭证的预先编号及对例外报告的跟进处理

通过对入库单的预先编号以及对例外情况的汇总处理，被审计单位可以应对存货和负债记录方面的完整性风险。

【小贴士】如果该控制是人工执行的，被审计单位可以安排入库单编制人员以外的独立复核人员定期检查已经进行会计处理的入库单记录，确认是否存在遗漏或重复记录的入库单，并对例外情况予以跟进；如果在 IT 环境下，则系统可以定期生成列明跳号或重号的入库单统计例外报告，由经授权的人员对例外报告进行复核和跟进，可以确认所有入库单都进行了处理，且没有重复处理。

重难点 4：采购与付款循环的相关交易和余额存在的重大错报风险★★★

（1）低估负债与相关准备；

（2）管理层错报负债及费用支出的偏好与动因；

（3）费用支出的复杂性；

（4）不正确地记录外币交易；

（5）舞弊和盗窃的固有风险；

（6）存在未记录的权利和义务。

重难点5：测试采购与付款循环的内部控制★

风险评估和风险应对是整个审计过程的核心，因此，注册会计师通常以识别的重大错报风险为起点，选取拟测试的控制并实施控制测试。教材表10－3列示了通常情况下，注册会计师对采购与付款循环实施的控制测试。

【小贴士】教材表10－3中各栏从左至右依次为1. 重大错报风险描述；2. 相关的财务报表项目及认定；3. 风险程度；4. 是否信赖内控；5. 进一步审计程序的总体方案；6. 拟从控制测试中获取的保证程度；7. 拟从实质性程序中获取的保证程度。需要重点掌握针对不同的“风险程度”，采取的进一步审计程序，即“是否信赖内控”“进一步审计程序的总体方案”“拟从控制测试和实质性程序中获取的保证程度”。

【经典模拟题】

【多选题】以下控制活动中能够控制应付账款“完整性”认定错报风险的有（　　）。

A. 应付凭单均经事先连续编号并确保已付款的交易登记入账

B. 订购单均经事先连续编号并确保已完成的采购交易登记入账

C. 验收单、卖方发票上的日期与采购明细账中的日期已经核对一致

D. 验收单均经事先连续编号并确保已验收的采购交易登记入账

【答案】ABD

【解析】选项C不恰当，将验收单、卖方发票上的日期与采购明细账中的日期进行核对，其目的是为了控制采购业务入账时间的恰当性。

重难点6：应付账款的审计目标★

（1）确定资产负债表中记录的应付账款是否存在（存在认定）；

（2）确定所有应当记录的应付账款是否均已记录（完整性认定）；

（3）确定资产负债表中记录的应付账款是否为被审计单位应当履行的现时义务；

（4）确定应付账款是否以恰当的金额包括在财务报表中，与之相关的计价调整是否已恰当记录（计价认定）；

（5）确定应付账款是否已按照企业会计准则的规定在财务报表中作出恰当的列报。

【小贴士】上述应付账款的审计目标，是从一般性角度列示的具体审计目标，重点应该结合具体审计项目合理确定其重要程度，以合理分配审计资源。需要重点掌握（2）、（5）的运用。

【经典模拟题】

【单选题】注册会计师从材料采购明细账追查至材料验收入库单，能查明存货的（　　）认定。

A. 存在　　B. 发生　　C. 权利和义务　　D. 完整性

【答案】A

【解析】从采购材料明细账追查至验收入库单，检查顺序属于逆查，能够证实材料的存

在认定。故选择选项 A。

重难点 7：应付账款的实质性程序★★★

（一）函证应付账款

获取适当的供应商相关清单，例如本期采购量清单、所有现存供应商名单或应付账款明细账。并询问该清单是否完整并考虑该清单是否应包括预期负债等附加项目。

（1）向债权人发送询证函。

注册会计师应根据审计准则的规定对询证函保持控制，包括确定需要确认或填列的信息、选择适当的被询证者、设计询证函，包括正确填列被询证者的姓名和地址，以及被询证者直接向注册会计师回函的地址等信息，必要时再次向被询证者寄发询证函等。

（2）将询证函余额与已记录金额相比较，如存在差异，检查支持性文件。评价已记录金额是否适当。

（3）对于未作回复的函证实施替代程序：如检查至付款文件（如现金支出、电汇凭证和支票复印件）、相关的采购文件（如采购订单、验收单、发票和合同）或其他适当文件。

（4）如果认为回函不可靠，评价对评估的重大错报风险以及其他审计程序的性质、时间安排和范围的影响。

【小贴士】函证应付账款程序与函证应收账款程序的运用在技术上一致的，但是，由于应付账款与应收账款性质不同，审计目标也存在一定的差别，所以，在函证决策运用中自然存在一定的差别，应收账款函证属于约束性的审计程序，而应付账款函证则不是约束性的。

【经典模拟题】

【多选题】注册会计师运用函证程序对被审计单位的应付账款实施决策时，以下做法中正确的有（　　）。

A. 注册会计师应当对应付账款实施函证，若不函证需说明理由，并记录在工作底稿中

B. 如果认为回函不可靠，评价对评估的重大错报风险以及其他审计程序的性质、时间安排和范围的影响

C. 对于账户在资产负债表日账户余额较小或为零，但为被审计单位重要供应商，注册会计师决定不对其函证

D. 如果存在被询证者最终未作回复的重大项目，注册会计师应采用替代审计程序

【答案】BD

【解析】选项 A 不正确，应付账款函证不是约束性程序，所以不函证不需要说明理由；选项 C 不正确，对于账户在资产负债表日账户余额较小或为零，但为被审计单位重要供应商，注册会计师应当对其函证。

（二）检查应付账款是否计入了正确的会计期间，是否存在未入账的应付账款

（1）对本期发生的应付账款增减变动，检查至相关支持性文件，确认会计处理是否正确。

（2）检查资产负债报表日后应付账款明细账贷方发生额的相应凭证，关注其购货发票的日期，确认其入账时间是否合理。

（3）获取并检查被审计单位与其供应商之间的对账单以及被审计单位编制的差异调节

表，确定应付账款金额的准确性。

（4）针对资产负债表日后付款项目，检查银行对账单及有关付款凭证（如银行汇款通知、供应商收据等），询问被审计单位内部或外部的知情人员，查找有无未及时入账的应付账款。

（5）结合存货监盘程序，检查被审计单位在财务报表日前后的存货入库资料（验收报告或入库单），检查是否有大额货到单未到的情况，确认相关负债是否计入了正确的会计期间。

（三）寻找未入账负债的测试

获取期后收取、记录或支付的发票明细，包括获取支票登记簿/电汇报告/银行对账单以及入账的发票和未入账的发票。从中选取项目（尽量接近审计报告日）进行测试并实施以下程序：

（1）检查支持性文件，如相关的发票、采购合同/申请、收货文件以及接受劳务明细，以确定收到商品/接受劳务的日期及应在期末之前入账的日期。

（2）追踪已选取项目至应付账款明细账、货到票未到的暂估入账和/或预提费用明细表，并关注费用所计入的会计期间。调查并跟进所有已识别的差异。

（3）评价费用是否被记录于正确的会计期间，并相应确定是否存在期末未入账负债。

【经典模拟题】

【多选题】在以下审计程序中，有助于发现被审计单位年末未入账应付账款的有（　　）。

A. 检查资产负债表日后应付账款明细账贷方发生额的相应凭证，关注其验收单、购货发票的日期，确认其入账时间是否合理

B. 在期中实施有关控制测试，并对剩余期间获取补充证据

C. 针对资产负债表日后付款项目，检查银行对账单及有关付款凭证（如银行汇款通知、供应商收据等），询问被审计单位内部或外部的知情人员，查找有无未及时入账的应付账款

D. 结合存货监盘程序，检查被审计单位在资产负债表日前后的存货入库资料（验收报告或入库单），检查相关负债是否计入了正确的会计期间

【答案】ACD

【解析】检查应付账款是否计入了正确的会计期间，是否存在未入账的应付账款：（1）对本期发生的应付账款增减变动，检查至相关支持性文件，确认会计处理是否正确；（2）检查资产负债表日后应付账款明细账贷方发生额的相应凭证，关注其验收单、购货发票的日期，确认其入账时间是否合理（选项 A）；（3）获取并检查被审计单位与其供应商之间的对账单以及被审计单位编制的差异调节表，确定应付账款金额的准确性；（4）针对资产负债表日后付款项目，检查银行对账单及有关付款凭证（如银行汇款通知、供应商收据等），询问被审计单位内部或外部的知情人员，查找有无未及时入账的应付账款（选项 C）；（5）结合存货监盘程序，检查被审计单位在资产负债表日前后的存货入库资料（验收报告或入库单），检查相关负债是否计入了正确的会计期间（选项 D）。而选项 B，在期中实施有关控制测试，并对剩余期间获取补充证据的审计程序获取证据的相关性和可靠性较差。

（四）检查应付账款长期挂账的原因

【小贴士】注意确实无法支付的应付账款的会计处理。

【经典真题】

【简答题（部分）·2016】ABC 会计师事务所的 A 注册会计师负责审计甲公司 2015 年度财务报表，审计工作底稿中与负债审计相关的部分内容摘录如下：

甲公司有一笔账龄三年以上金额重大的其他应付款，因 2015 年未发生变动，A 注册会计师未实施进一步审计程序；

【要求】指出 A 注册会计师做法是否恰当。如不恰当，简要说明理由。

【答案】不恰当。注册会计师没有对应当对重大账户余额实施实质性程序。

【解析】注册会计师应当对重大账户余额实施实质性程序。

（五）检查应付关联方款项的真实性、完整性

（1）了解交易的商业理由。

（2）检查证实交易的支持性文件（例如，发票、合同、协议及入库和运输单据等相关文件）。

（3）检查被审计单位与关联方的对账记录或向关联方函证。

重难点 8：除折旧/摊销、人工费用以外的一般费用的实质性程序★★

【小贴士】之所以用“折旧/摊销、人工费用以外的一般费用”这样的提法，是因为“折旧/摊销”费用的审计在固定资产或者无形资产中阐述，“人工费用”会在人力资源与薪酬审计中阐述。该部分内容既具有费用审计的一般属性，又具有特殊的一面，例如电话费、广告费等审计就具有其特殊性。

【经典真题】

【综合题（部分）·2018】上市公司甲公司是 ABC 会计师事务所的常年审计客户，主要从事药品的研发、生产和销售。A 注册会计师负责审计甲公司 2017 年度财务报表，确定财务报表整体的重要性为 300 万元，明显微小错报的临界值为 15 万元。

资料四：A 注册会计师在审计工作底稿中记录了针对市场推广费实施的进一步审计程序，部分内容摘录如下。

（4）乙公司于 2017 年 3 月设立，主要从事市场推广服务。2017 年度，甲公司向乙公司购买市场推广服务 5 000 万元。A 注册会计师检查了合同、采购审批记录以及支付单据，并就推广费用向乙公司实施了函证程序，结果满意。

【要求】针对资料四第（4）项，假定不考虑其他条件，指出 A 注册会计师的做法是否恰当。如不恰当，简要说明理由。

【答案】不恰当。应当获取足以证明服务已实际提供的证据（如广告播出情况和与推广相关的活动记录等），以确定所支付的费用的性质。

【解析】注册会计师运用检查程序检查了合同、采购审批记录以及支付单据，以及就推广费用向乙公司实施了函证程序，获得证据是不适当的，推广费用采购与存货等采购是存在差别的，须搜集有关推广费用实际使用的证据。

四、进阶练习

（一）单选题

1. 如下各项审计程序中，有助于实现应付账款完整性审计目标的是（　　）。

A. 检查被审计单位资产负债表日后应付账款明细账借方发生额的相应凭证，确认其入账时间是否正确

B. 抽取大额的被审计单位本期应付账款明细账贷方发生额，核对相应的购货发票和验收单据，确认其入账时间是否正确

C. 询问复核人复核采购计划的过程，检查采购计划是否经复核人恰当复核

D. 结合存货监盘程序，检查被审计单位在资产负债表日是否存在有材料入库，但发票等凭证未收到的业务

2. 下列各项中，注册会计师在选择对除折旧、摊销、人工费用以外的一般费用执行分析程序时，无需考虑的事项是（　　）。

A. 可获取信息的来源、可比性

B. 根据关键因素和相互关系设定预期值，评价预期值是否足够精确以识别重大错报

C. 将期末应付账款余额与期初余额进行比较，分析波动原因

D. 将已记录金额与期望值进行比较

3. 下列有关采购业务相关控制活动说法中，不恰当的是（　　）。

A. 采购部门只能向通过审核的供应商进行采购

B. 将已验收商品的保管与采购的其他职责相分离，可减少未经授权的采购和盗用商品的风险

C. 采购部门在收到请购单后，只能对经过恰当批准的请购单发出订购单

D. 编制的请购单，与采购交易“完整性”认定相关

4. 在下列选项中，与记录银行存款支出活动不相关的控制是（　　）。

A. 记录现金支出的人员不得经手现金、有价证券和其他资产

B. 通过定期比较银行存款日记账记录的日期与支票副本的日期，独立检查入账的及时性

C. 独立编制银行存款余额调节表

D. 会计主管应独立检查记入银行存款日记账和应付账款明细账的金额的一致性

5. 企业通过“三单核对”控制，以应对存货及应付账款的存在性风险，如下项目属于“三单”的是（　　）。

A. 请购单、订购单和卖方发票　　　　B. 订购单、验收单和卖方发票

C. 订购单、合同、验收单　　　　D. 验收单、卖方发票和付款凭单

6. 如下材料采购业务的控制措施，属于内部控制设计缺陷的是（　　）。

A. 请购单既可以由仓库人员填制的，也可以由车间、管理部门人员填制

B. 请购单一式多联，但具体一式几联未作严格限定

C. 验收人员出差期间，验收工作由采购部门人员代为执行

D. 如未收到卖方发票，平时不错会计处理，月末按暂估价入账

7. 注册会计师从验收单追查至采购明细账，能查明存货的（　　）认定。

A. 存在　　B. 准确性、计价和分摊

C. 完整性　　D. 权利和义务

8. 下列项目，与寻找未入账负债的测试程序不相关的是（　　）。

A. 检查发票、采购合同/申请、收货文件等，确定收到商品的日期及应在期末之前入账的日期

B. 追踪已选取项目至应付账款明细账、货到票未到的暂估入账和/或预提费用明细表，并关注费用所计入的会计期间

C. 评价费用是否被记录于正确的会计期间，并相应确定是否存在期末未入账负债

D. 复核应付账款明细表是否正确，并与报表数、总账数和明细账合计数核对是否相符

9. 注册会计师拟执行针对应付关联方款项的实质性程序，下列选项中错误的是（　　）。

A. 检查证实交易的支持性文件（例如，发票、合同、协议等相关文件）

B. 了解交易的商业理由

C. 检查被审计单位与关联方的对账记录或向关联方函证

D. 检查应付账款长期挂账的原因，确定是否是为关联方

10. 对于函证未回函的应付账款重大项目，注册会计师应采用替代审计程序。下列各项中，不适合采用的是（　　）。

A. 检查决算日后应付账款明细账及库存现金和银行存款日记账，核实其是否已支付

B. 检查该笔债务的相关凭证资料，如合同、发票、验收单，核实应付账款的真实性

C. 检查现金支出、电汇凭证和支票复印件等付款文件，核实付款的真实性

D. 针对已偿付的应付账款，追查至银行对账单、银行付款单据和其他原始凭证，检查其是否在资产负债表日前真实偿付

（二）多选题

1. 经过风险评估，注册会计师将是否存在未入账的应付账款认为重大错报风险较高，下列实施的审计程序中，能够实现上述审计目标的有（　　）。

A. 对本期发生的应付账款增减变动，检查至相关支持性文件，确认会计处理是否正确

B. 检查接近资产负债表日应付账款明细账贷方发生额的相应凭证，关注其验收单、购货发票的日期，确认其入账时间是否合理

C. 获取并检查被审计单位与其供应商之间的对账单以及被审计单位编制的差异调节表，确定应付账款金额的准确性

D. 针对资产负债表日后付款项目，检查银行对账单及有关付款凭证（如银行汇款通知、供应商收据等），询问被审计单位内部或外部的知情人员，查找有无未及时入账的应付账款

2. 下列有关采购业务涉及的主要单据和会计记录的说法中，恰当的有（　　）。

A. 请购单是由生产、仓库等相关部门的有关人员填写，然后送交财务部门，作为入账的原始凭证

B. 订购单是由采购部门填写，经适当的管理层审核后发送供应商，是向供应商购买订购单上所指定的商品和劳务的书面凭据

C. 验收单可以由采购部门填制，作为收到商品时的原始凭证

D. 采购部门在收到请购单后，只能对经过恰当批准的请购单发出订购单

3. 下列有关被审计单位针对采购与付款交易内部控制的说法中，恰当的有（　　）。

A. 付款需要由经授权的人员审批，审批人员在审批前需检查相关支持文件，并对其发现的例外事项进行跟进处理

B. 通过对入库单的预先编号以及对例外情况的汇总处理，被审计单位可以应对存货和负债记录方面的完整性风险

C. 仓储人员可以登记材料明细账和总账

D. 材料采购付款审批与付款执行的职责应该分离

4. 被审计单位可能存在采购订单未被录入系统或在系统中重复录入错报，如下测试程序中，恰当的有（　　）。

A. 询问收货人员的收货过程

B. 询问复核人对例外报告的检查过程

C. 确认发现的问题是否及时得到了跟进处理

D. 抽样检查采购订单是否有对应的请购单及复核人签署确认

5. 如下项目，属于用于应对采购计划未经适当审批的重大错报风险的控制测试程序的有（　　）。

A. 询问复核人复核采购计划的过程　　B. 检查采购计划是否经复核人恰当复核

C. 重新计算订单的金额　　D. 采用分析性程序

6. 如下各项实质性程序中，与存货准确性、计价和分摊认定相关性较弱的有（　　）。

A. 依据采购业务的卖方发票，比较会计科目表上的分类

B. 复算包括折扣和运费在内的卖方发票填写金额的准确性

C. 检查采购业务的验收单、订购单和请购单的合理性和真实性

D. 从采购业务的卖方发票追查至采购明细账

7. 注册会计师实施的如下审计程序中，与证实已记录应付账款完整性认定相关的有（　　）。

A. 向供应商函证零余额的应付账款

B. 检查采购文件以确定是否使用预先编号的采购单

C. 抽取购货合同、购货发票和入库单等凭证，追查至应付账款明细账

D. 从应付账款明细账追查至购货合同、购货发票和入库单等凭证

8. 函证被审计单位的应付账款时，注册会计师的以下做法中不恰当的有（　　）。

A. 某账户在资产负债表日账户余额较小，但为被审计单位重要供应商，注册会计师决定不对其函证

B. 如果存在被询证者最终未作回复的重大项目，注册会计师应采用替代审计程序

C. 如果认为回函不可靠，评价对评估的重大错报风险以及其他审计程序的，性质、时间安排和范围的影响

D. 某账户在资产负债表日账户余额为零，但为被审计单位重要供应商，注册会计师决定不对其函证

9. 在手工系统下，与银行存款支出的有关控制中，下列各项中健全的有（　　）。

A. 会计主管应独立检查记入银行存款日记账和应付账款明细账的金额的一致性，以及与支票汇总记录的一致性

B. 通过定期比较银行存款日记账记录的日期与支票副本的日期，独立检查入账的及时性

C. 出纳员独立编制银行存款余额调节表

D. 确定供应商发票计算的正确性

10. 下列项目中属于管理层错报负债费用支出的偏好和动因有（　　）。

A. 平滑利润

B. 利用特别目的实体把负债从资产负债表中剥离

C. 利用关联方间的费用定价优势制造虚假的收益增长趋势

D. 被审计单位管理层把私人费用计入企业费用，把企业资金当作私人资金运作

（三）简答题

W 注册会计师依照审计计划了解甲公司采购与付款循环的内部控制，审计工作底稿的部分内容摘录如下：

1. 采购部门可以根据有关市场信息和企业实际自主确定供应商，进行相关采购；

2. 由于甲企业内各个部门都可以填列请购单，这样订购单就无法连续编号，故请购单事先不编号；

3. 采购部门首先应比较所收商品与订购单上的要求是否相符，如商品的品名、摘要、数量、到货时间等，然后再盘点商品并检查商品有无损坏；

4. 甲公司在手工系统方式下，将未付款凭单送达会计部门，据以编制有关记账凭证和登记有关账簿；

5. 甲公司记录采购交易之前，应付凭单部门核对验收单和卖方发票的一致性并编制付款凭单。

【要求】针对上述第 1 ~ 5 项，假定不考虑其他条件，逐项指出所列控制的设计是否恰当。如不恰当，简要说明理由。

五、进阶练习答案

（一）单选题

1. 【答案】D

【解析】选项 A 不恰当，检查资产负债表日后应付账款明细账贷方发生额的相应凭证，确认其入账时间是否应在资产负债表日前，是查找未入账的应付账款程序；选项 B 不恰当，从应付账款明细账贷方发生额追查至购货发票和验收单据是验证已记录在账上的“应付账款”的真实性；选项 C 不恰当，检查采购计划是否经复核人恰当复核与应付账款存在认定有关。

2. 【答案】C

【解析】选项 C 错误，通过分析期末应付账款余额与期初余额波动的原因不能获取对除

折旧/摊销、人工费用以外的一般费用进行的审计证据。

3.【答案】D

【解析】选项D不恰当，请购单是证明有关采购交易的"发生"认定的凭据之一，也是采购交易轨迹的起点。

4.【答案】A

【解析】选项A属于与现金有关的控制，选项B、C、D都属于记录银行存款支出的相关控制。

5.【答案】B

【解析】选项B正确，请购单的审批与存货及应付账款的存在性认定相关，但如果企业存在将订购单、验收单和卖方发票的一致性进行核对的"三单核对"控制，该控制足以应对存货及应付账款的存在性风险，则可以直接选择"三单核对"控制作为关键控制进行测试更能提高审计效率。

6.【答案】C

【解析】选项C，将验收工作交由采购部门人员执行，不符合不相容职务分离要求，属于内部控制设计上的缺陷。

7.【答案】C

【解析】选项C恰当，从验收单追查至采购明细账，属于顺查，能够证实存货的完整性认定。

8.【答案】D

【解析】注册会计师应该获取期后收取、记录或支付的发票明细，从中选取项目进行测试并实施以下程序：（1）检查支持性文件，如相关的发票、采购合同/申请、收货文件以及接受劳务明细，以确定收到商品/接受劳务的日期及应在期末之前入账的日期（选项A）；（2）追踪已选取项目至应付账款明细账、货到票未到的暂估入账和/或预提费用明细表，并关注费用所计入的会计期间（选项B）；（3）评价费用是否被记录于正确的会计期间，并相应确定是否存在期末未入账负债（选项C）。而选项D，属于获取应付账款明细表应执行的程序，与寻找未入账负债关系太弱。

9.【答案】D

【解析】针对应付账款中存在应付关联方款项的实质性程序：（1）了解交易的商业理由（选项B）；（2）检查证实交易的支持性文件（例如，发票、合同、协议及入库和运输单据等相关文件）（选项A）；（3）检查被审计单位与关联方的对账记录或向关联方函证（选项C）；而选项D程序与查找关联方相关性太弱。

10.【答案】D

【解析】对于未作回复的函证实施替代程序，如检查至付款文件（选项C）；相关的采购文件（选项B）；或其他适当文件（选项A）；而选项D，既然针对的是资产负债表日前已偿付的应付账款，该类项目不在函证总体范围内，所以该程序不能作为替代程序。

（二）多选题

1.【答案】ACD

【解析】选项B错误，应该检查资产负债表日后应付账款明细账贷方发生额的相应凭证，关注其验收单、购货发票的日期，确认其入账时间是否合理，而不是接近。

2.【答案】BD

【解析】选项A不恰当，编制采购计划后，经部门负责人等适当的管理人员审批，再提交给采购部门；选项C不恰当，应该由验收部门应对已收货的每张订购单编制一式多联、预先按顺序编号的验收单，作为验收和检验商品的依据。

3.【答案】ABD

【解析】选项C不恰当，仓储人员可以登记部分明细账业务（登记数量），但不能登记材料总账。

4.【答案】BC

【解析】选项A不恰当，是针对“接收了缺乏有效采购订单或未经验收的商品”的测试程序；选项D不恰当，与题干所述错报环节无关，是针对“采购订单与有效的请购单不符”的测试程序。

5.【答案】AB

【解析】选项C、D属于用于实质性的程序。

6.【答案】ACD

【解析】选项A和采购交易的分类认定最相关；选项C和存货的存在认定最相关；选项D和存货的完整性认定最相关。

7.【答案】ABC

【解析】选项D，从账簿追查至原始凭证，主要目的是查证其真实性，即存在认定。

8.【答案】AD

【解析】函证应付账款中应执行的程序中包括：（1）对于未作回复的函证实施替代程序（选项B）：如检查至付款文件（如现金支出、电汇凭证和支票复印件）、相关的采购文件（如采购订单、验收单、发票和合同）或其他适当文件。（2）如果认为回函不可靠（选项C），评价对评估的重大错报风险以及其他审计程序的，性质、时间安排和范围的影响。函证的对象应当包括被审计单位重要供应商，选项A、D均属于注册会计师应当函证的情形。

9.【答案】AB

【解析】选项C，出纳员独立编制银行存款余额调节表不妥，应该由出纳员之外的财务人员独立编制；选项D，确定供应商发票计算的正确性与银行存款支付业务无关。

10.【答案】ABCD

（三）简答题

【答案】

1. 不恰当。企业通常对于合作的供应商事先进行资质等审核，将通过审核的供应商信息录入系统，形成完整的供应商清单，并及时对其信息变更进行更新。采购部门只能向通过审核的供应商进行采购。

2. 不恰当。尽管企业内各个部门都可以填列请购单，可以分别部门设置请购单的连续编号，每张请购单必须经过对这类支出预算负责的主管人员签字批准。

3. 不恰当。有效的订购单代表企业已授权验收部门接受供应商发运来的商品。验收部门首先应比较所收商品与订购单上的要求是否相符，如商品的品名、摘要、数量、到货时间等，然后再盘点商品并检查商品有无损坏。

4. 不恰当。在手工系统下，应将已批准的未付款凭单送达会计部门，据以编制有关记账凭证和登记有关账簿。

5. 不恰当。记录采购交易之前，应付凭单部门应核对订购单、验收单和卖方发票的一致性并编制付款凭单。

第十一章 生产与存货循环的审计

一、2020 年新教材内容主要变化

本章主要变化知识点如下：

（一）存货在财务报表中的认定

（二）生产与存货循环涉及的财务报表项目

（三）产成品入库和存储这项业务活动的有些单位内部控制要求

（四）生产与存货循环的原材料非常可能未授权的存在内部控制（人工）和内部控制测试程序

（五）存货的一般审计程序

【小贴士】具体详见有关重难点。

二、本章近 5 年考情统计分析

本章考题主要以主观题（简答题）为主，但是针对个别的知识点（如监盘等），也可以结合审计基本原理（教材第一编内容），以主观题（综合题）的形式考查。

本章属于一般重要的考试章节之一，最近 5 年平均考试分值一般在 3 分左右。

（一）近 5 年考试分值分布

题型	2015 年	2016 年	2017 年	2018 年	2019 年
单选题	—	—	—	—	—
多选题	—	—	—	—	—
简答题	—	5	2	4	—
综合题	1	—	—	—	1
合计	1	5	2	4	1

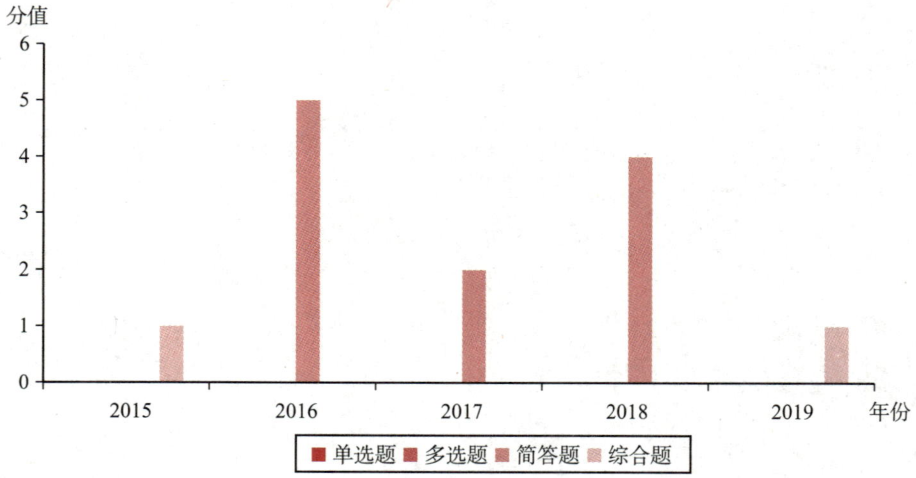

（二）近 5 年考试考点分布

高频考点内容	年度及题型分布
存货监盘	2019 年综合、2018 年简答、2017 年简答、2016 年简答
存货计价	2017 年简答、2016 年简答、2015 年综合

三、重难点解析

本章内容为企业生产与存货（制造业）相关内容，主要包括生产与存货循环的特点、主要的业务活动和相关内部控制、重大错报风险及注册会计师需要执行的控制测试和实质性程序等内容。

重难点 1：生产与存货循环的特点★★

（一）不同行业类型的存货性质

不同行业类型的存货性质和注册会计师审计目标，如下表所示。

【小贴士】2020 年调整了两项内容：注册会计师应当确认在财务报表中列示的存货金额是否正确（存在、完整性、计价和分摊认定），是否归被审计单位所有（权利和义务认定）。

行业类型	存货性质	注册会计师审计目标
一般制造业	采购的原材料、 低值易耗品和配件等、 生产的半成品和产成品	确认在财务报表中列示的存货金额是否正确（存在、完整性、计价和分摊认定）； 是否归被审计单位所有（权利和义务认定）； 期末计价是否准确（计价和分摊认定）； 存货的购入和发出交易是否计入正确的会计期间（截止认定）

【经典模拟题】

【多选题】生产与存货循环中注册会计师审计目标与管理当局认定之间关系表述正确的是（　　）。

A. 注册会计师应当确认在财务报表中列示的存货金额是否正确（准确性认定）

B. 注册会计师应当确认在财务报表中列示的存货是否归被审计单位所有（存在、完整性认定）

C. 注册会计师应当确认在财务报表中列示的存货期末计价是否准确（计价和分摊认定）

D. 注册会计师应当确认在财务报表中列示的存货的购入和发出交易是否计入正确的会计期间（截止认定）

【答案】CD

【解析】注册会计师应当确认在财务报表中列示的存货金额是否正确（存在、完整、计价和分摊认定），因此不选择选项 A。注册会计师应当确认在财务报表中列示的存货是否归被审计单位所有（权利和义务认定），因此不选择选项 B。

（二）涉及的主要凭证与会计记录

生产与存货循环涉及的主要凭证与会计记录，如下表所示。

交易类型	涉及的财务报表项目	常见的主要凭证和会计记录
生产	存货	原始凭证：生产指令、领发料凭证、产量和工时记录、工薪汇总表及工薪费用分配表、材料费用分配表、制造费用分配汇总表、成本计算单
		记账凭证：转账凭证、付款凭证
		账簿：存货明细账
存货管理	存货营业成本	原始凭证：产成品入库单和出库单、存货盘点指令、盘点表及盘点标签、存货账龄分析表
		记账凭证：记账凭证
		账簿：存货明细账、营业成本明细账

重难点2：审计计划阶段需要了解涉及的业务活动及相关的内部控制★★

审计计划阶段需要了解的业务活动及相关内部控制，如下表所示。

审计程序	内容
询问	参与生产和存货循环各业务活动的被审计单位人员，一般包括生产部门、仓储部门、人事部门和财务部门的员工和管理人员
审阅	获取并阅读企业的相关业务流程图或内部控制手册等资料
观察	生产和存货循环中特定控制的运用，例如观察生产部门如何将完工产品移送入库并办理手续
检查	文件资料，例如检查原材料领料单、成本计算表、产成品出入库单等
穿行测试	即追踪一笔交易在财务报告信息系统中的处理过程，例如，选取某种产成品，追踪该产品制定生产计划、领料生产、成本核算、完工入库的整个过程

【经典模拟题】

【多选题】注册会计师了解生产和存货循环的业务活动和相关内部控制时通常实施哪些程序（　　）。

A. 观察　　B. 穿行测试　　C. 检查　　D. 监盘

【答案】ABC

【解析】监盘是针对存货实质性程序，因此不选择选项D。

重难点3：常见的业务活动及内部控制要求★★★

以一般制造型企业为例，针对生产与存货循环中的两个主要方面，即生产及成本核算和存货管理两个方面，分别简要列示了它们通常涉及的财务报表项目、主要业务活动及常见的主要凭证和会计记录。

（一）常见的业务活动及内部控制要求

【小贴士】2020年调整了三项内容，在交易类别所涉及的财务报表项目中增加了资产减值损失、管理费用、营业外支出三项。

交易类别	涉及的财务报表项目	主要业务活动	常见会计凭证和会计记录	内容
生产	存货	计划和安排生产	生产通知单	生产计划部门的职责是根据客户订购单或者销售部门对销售预测和产品需求的分析来决定生产授权。如决定授权生产，即签发预先顺序编号的生产通知单。该部门通常应将发出的所有生产通知单顺序编号并加以记录控制。此外，该部门还需编制一份材料需求报告，列示所需要的材料和零件及其库存
		发出原材料	领料单	仓储部门的责任是根据从生产部门收到的领料单发出原材料。领料单上必须列示所需的材料数量和种类，以及领料部门的名称。领料单可以一料一单，也可以多料一单，通常需一式三联。仓库管理人员发料并签署后，将其中一联连同材料交给领料部门（生产部门存根联），一联留在仓库登记材料明细账（仓库联），一联交会计部门进行材料收发核算和成本核算（财务联）
		生产产品	产量统计记录表、生产统计报告、工时统计记录表	生产部门在收到生产通知单及领取原材料后，便将生产任务分解到每一个生产工人，并将所领取的原材料交给生产工人，据以执行生产任务。生产工人在完成生产任务后，将完成的产品交生产部门统计人员查点，然后转交检验员验收并办理入库手续或是将所完成的半成品移交下一个部门，作进一步加工
		核算产品成本	生产通知单、领料单、计工单、产量统计记录表、生产统计报告、入库单 材料费用分配表、人工费用分配汇总表、制造费用分配汇总表、成本计算单	一方面，生产过程中的各种记录、文件资料都要汇集到会计部门，由会计部门对其进行检查和核对，了解和控制生产过程中存货的实物流转；另一方面，会计部门要设置相应的会计账户，会同有关部门对生产过程中的成本进行核算和控制。完善的成本会计制度应该提供原材料转为在产品，在产品转为产成品，以及按成本中心、分批次生产任务通知单或生产周期所消耗的材料、人工和间接费用的分配与归集的详细资料
存货管理	存货 营业成本 资产减值损失 管理费用/ 营业外支出	产成品入库和存货保管	验收单、入库单、存货台账	产成品入库，需由仓储部门先行点验和检查，然后签收。签收后，将实际入库数量通知会计部门。仓储部门还应根据产成品的品质特征分类存放，并填制标签
		发出产成品	出库单、存货台账 营业成本明细账	产成品的发出需由独立的发运部门进行。装运产成品时必须持有经有关部门核准的发运通知单，并据此编制出库单。出库单一般为一式四联，一联交仓储部门；一联由发运部门留存；一联送交客户；一联作为开具发票的依据
		存货盘点	盘点计划、盘点表单、盘点明细表	管理人员编制盘点指令，安排适当人员对存货实物（包括原材料、在产品和产成品等所有存货类别）进行定期盘点，将盘点结果与存货账面数量进行核对，调查差异并进行适当调整
		计提存货跌价准备	存货账龄分析表、可变现净值计算表	财务部门根据存货货龄分析表信息及相关部门提供的有关存货状况的信息，结合存货盘点过程中对存货状况的检查结果，对出现损毁、滞销、跌价等降低存货价值的清况进行分析计算，计提存货跌价准备

【经典模拟题】

【多选题】生产与存货循环的业务活动涉及的财务报表项目包括（　　）。

A. 存货　　B. 财务费用

C. 资产减值准备　　D. 销售费用

【答案】AC

【解析】涉及的报表项目主要包括存货、营业成本、资产减值准备、管理费用、营业外支出等，因此选择选项A和选项C。

（二）生产与存货循环常见的业务活动及内部控制示例

生产与存货循环常见的业务活动及内部控制示例，如下表所示。

业务活动	内部控制示例
计划和安排生产	根据经审批的月度生产计划书，由生产计划经理签发预先按顺序编号的生产通知单
发出原材料	（1）领料单应当经生产主管批准，仓库管理员凭经批准的领料单发料；领料单一式三联，分别作为生产部门存根联、仓库联和财务联。 （2）仓库管理员应把领料单编号、领用数量、规格等信息输入计算机系统，经仓储经理复核并以电子签名方式确认后，系统自动更新材料明细台账
生产产品	（1）生产成本记账员应根据原材料领料单财务联，编制原材料领用日报表，与计算机系统自动生成的生产记录日报表核对材料耗用和流转信息；由会计主管审核无误后，生成记账凭证并过账至生产成本及原材料明细账和总分类账。 （2）生产部门记录生产各环节所耗用工时数，包括人工工时数和机器工时数，并将工时信息输入生产记录日报表。 （3）每月末，由生产车间与仓库核对原材料和产成品的转出和转入记录，如有差异，仓库管理员应编制差异分析报告，经仓储经理和生产经理签字确认后交会计部门进行调整。 （4）每月末，由计算机系统对生产成本中各项组成部分进行归集，按照预设的分摊公式和方法，自动将当月发生的生产成本在完工产品和在产品之间按比例分配；同时，将完工产品成本在各不同产品类别之间分配，由此生成产品成本计算表和生产成本分配表；由生产成本记账员编制成生产成本结转凭证，经会计主管审核批准后进行账务处理
产成品入库和存货保管	（1）产成品入库时，质量检验员应检查并签发预先按顺序编号的产成品验收单，由生产小组将产成品送交仓库，仓库管理员应检查产成品验收单并清点产成品数量，填写预先顺序编号的产成品入库单经质检经理、生产经理和仓储经理签字确认后，由仓库管理员将产成品入库单信息输入计算机系统，计算机系统自动更新产成品明细台账。 （2）存货存放在安全的环境（如上锁、使用监控设备）中，只有经过授权的工作人员可以接触及处理存货
发出产成品	（1）产成品出库时，由仓库管理员填写预先顺序编号的出库单，并将产成品出库单信息输入计算机系统，经仓储经理复核并以电子签名方式确认后，计算机系统自动更新产成品明细台账并与发运通知单编号核对。 （2）产成品装运发出前，由运输经理独立检查出库单、销售订购单和发运通知单，确定从仓库提取的商品附有经批准的销售订购单，并且，所提取商品的内容与销售订购单一致。 （3）每月末，生产成本记账员根据计算机系统内状态为“已处理”的订购单数量，编制销售成本结转凭证，结转相应的销售成本，经会计主管审核批准后进行账务处理

续表

业务活动	内部控制示例
存货盘点	(1) 生产部门和仓储部门在盘点日前对所有存货进行清理和归整，便于盘点顺利进行。 (2) 每一组盘点人员中应包括仓储部门以外的其他部门人员，即不能由负责保管存货的人员单独负责盘点存货；安排不同的工作人员分别负责初盘和复盘。 (3) 盘点表和盘点标签事先连续编号，发放给盘点人员时登记领用人员；盘点结束后回收并清点所有已使用和未使用的盘点表和盘点标签。 (4) 为防止存货被遗漏或重复盘点，所有盘点过的存货贴盘点标签，注明存货品名、数量和盘点人员，完成盘点前检查现场确认所有存货均已贴上盘点标签。 (5) 将不属于本单位的代其他方保管的存货单独堆放并作标识；将盘点期间需要领用的原材料或出库的产成品分开堆放并作标识。 (6) 汇总盘点结果，与存货账面数量进行比较，调查分析差异原因，并对认定的盘盈和盘亏提出账务调整，经仓储经理、生产经理、财务经理和总经理复核批准后入账
计提存货跌价准备	(1) 定期编制存货货龄分析表，管理人员复核该分析表，确定是否有必要对滞销存货计提存货跌价准备，并计算存货可变现净值，据此计提存货跌价准备。 (2) 生产部门和仓储部门每月上报残冷背次存货明细，采购部门和销售部门每月上报原材料和产成品最新价格信息，财务部门据此分析存货跌价风险并计提跌价准备，由财务经理和总经理复核批准并入账

重难点4：生产与存货循环存在的重大错报风险★★★

（一）影响因素

1. 交易的数量和复杂性
2. 成本核算的复杂性
3. 产品的多元化
4. 某些存货项目的可变现净值难以确定
5. 将存货存放在很多地点
6. 寄存的存货

（二）一般制造企业的存货的重大错报风险

一般制造企业存货的重大错报风险和认定，如下表所示。

重大错报风险	认定
存货实物可能不存在	存在
属于被审计单位的存货可能未在账面反映	完整性
存货的所有权可能不属于被审计单位	权利和义务
存货的单位成本可能存在计算错误	计价和分摊/准确性
存货的账面价值可能无法实现，即跌价损失准备的计提可能不充分	计价和分摊

【经典模拟题】

【多选题】生产与存货循环重大错报风险可能涉及的财务报表相关认定有（　　）。

A. 存在　　B. 准确性　　C. 完整性　　D. 计价和分摊

【答案】ABCD

【解析】以上认定均有可能涉及，视重大错报风险情形而定。

重难点5：根据重大错报风险评估结果设计进一步审计程序★★★

注册会计师基于生产与存货循环的重大错报风险评估结果，制定实施进一步审计程序的总体方案（包括综合性方案和实质性方案），继而实施控制测试和实质性程序，以应对识别出的认定层次的重大错报风险。注册会计师通过控制测试和实质性程序获取的审计证据综合起来应足以应对识别出的认定层次的重大错报风险，如下表所示。

【小贴士】注册会计师根据重大错报风险的评估结果初步确定实施进一步审计程序的具体审计计划，因为风险评估和审计计划都是贯穿审计全过程的动态的活动，而且控制测试的结果可能导致注册会计师改变对内部控制的信赖程度，因此，具体审计计划并非一成不变，可能需要在审计过程中进行调整。

重大错报风险描述	相关财务报表项目及认定	风险程度	是否信赖控制	进一步审计程序的总体方案	拟从控制测试中获取的保证程度	拟从实质性测试中获取的保证程度
存货实物可能不存在	存货：存在	特别	是	综合性	中	高
存货的单位成本可能存在计算错误	存货：计价和分摊 营业成本：准确性	一般	是	综合性	中	低
已销售产品的成本可能没有准确结转至营业成本	存货：计价和分摊 营业成本：准确性	一般	是	综合性	中	低
存货的账面价值可能无法实现	存货：计价和分摊	特别	否	实质性	无	高

【小贴士】无论是采用综合性方案还是实质性方案，获取的审计证据都应当能够从认定层次应对所识别的重大错报风险，直至针对该风险所涉及的全部相关认定均已获取了足够的保证程度。

重难点6：以识别的重大错报风险为起点的生产与存货循环控制测试★★★

总体上看，生产与存货循环的内部控制主要包括存货数量的内部控制和存货单价的内部控制两方面。由于生产与存货循环与其他业务循环的紧密联系，生产与存货循环中某些审计程序，特别是对存货余额的审计程序，与其他相关业务循环的审计程序同时进行将更为有效。

【小贴士】风险评估和风险应对是整个审计过程的核心，因此，注册会计师通常以识别的重大错报风险为起点，选取拟测试的控制并实施控制测试。教材表11－4列示了通常情况下注册会计师对生产和存货循环实施的控制测试的内容。（学习过程中可将其拆分为8个关键点掌握）

1. 发出原材料

【小贴士】2020年补充完善了两项内容：在“存在的内部控制（人工）环节”补充“审核”两个字，即“所有领料单由生产主管审核签字批注，仓库保管员凭经批准的领料单发出原材料”。在“内部控制测试程序”补充了“了解生产主管如何执行相关审核”，即“选取领料单，了解生产主管如何执行相关审核，检查是否有生产主管的签字授权”。

对发出原材料实施的控制测试，如下表所示。

可能发生错报的环节	相关财务报表项目及认定	存在的内部控制（自动）	存在的内部控制（人工）	内部控制测试程序
原材料的发出可能未经授权	生产成本：存在		所有领料单由生产主管审核签字批注，仓库保管员凭经批准的领料单发出原材料	选取领料单，了解生产主管如何执行相关审核，检查是否有生产主管的签字授权
发出的原材料可能未正确计入相应产品的生产成本	生产成本：计价和分摊	领料单信息输入系统时需输入对应的生产任务单编号和所生产的产品代码，每月末系统自动归集生成材料成本明细表	生产主管每月末将其生成任务单及相关领料单存根联与材料成本明细表进行核对，调查差异并处理	检查生产主管核对材料成本明细表的记录，并询问其核对过程及结果

2. 记录人工成本

对记录人工成本实施的控制测试，如下表所示。

可能发生错报的环节	相关财务报表项目及认定	存在的内部控制（自动）	存在的内部控制（人工）	内部控制测试程序
生产工人的人工成本可能为得到准确反映	生产成本：准确性	所有员工有专属员工代码和部门代码，员工的考勤记录记入相应员工代码	人事部每月编制工薪费用分配表，按员工所属部门将工薪费用分配至生产成本、制造费用、管理费用和销售费用，经财务经理复核后入账	检查系统中员工的部门代码设置是否与其实际职责相符。 询问并检查财务经理复核工资费用分配表的过程和记录

3. 记录制造费用

对记录制造费用实施的控制测试，如下表所示。

可能发生错报的环节	相关财务报表项目及认定	存在的内部控制（自动）	存在的内部控制（人工）	内部控制测试程序
发生的制造费用可能没有得到完整归集	制造费用：完整性	系统根据输入的成本和费用代码自动识别制造费用并进行归集	成本会计每月复核系统生成的制造费用明细表并调查异常波动。必要时由财务经理批准进行调整	检查系统的自动归集设置是否符合有关成本和费用的性质，是否合理。 询问并检查成本会计复核制造费用明细表的过程和记录，检查财务经理对调整制造费用的分录的批准记录

4. 计算产品成本

对计算产品成本实施的控制测试，如下表所示。

可能发生错报的环节	相关财务报表项目及认定	存在的内部控制（自动）	存在的内部控制（人工）	内部控制测试程序
生产成本和制造费用在不同产品之间、在产品和产成品之间的分配可能不正确	存货：计价和分摊 营业成本：准确性		成本会计执行产品成本核算日常成本核算，财务经理每月末审核产品成本计算表及相关资料（原材料成本核算表、工薪费用分配表、制造费用分配表等），并调查异常项目	询问财务经理如何执行复核及调查。选取产品成本计算表及相关资料，检查财务经理的复核记录

5. 产成品入库

对产成品入库的控制测试，如下表所示。

可能发生错报的环节	相关财务报表项目及认定	存在的内部控制（自动）	存在的内部控制（人工）	内部控制测试程序
已完工产品的生产成本可能没有转移到产成品中	存货：计价和分摊	系统根据当月输入的产成品入库单和出库单信息自动生成产成品收（入库）发（出库）存（余额）报表	成本会计将产成品收发存报表中的产品入库数量与当月成本计算表中结转的产成品成本对应的数量进行核对	询问和检查成本会计将产成品收发存报表与成本计算表进行核对的过程和记录

6. 发出产成品

对发出产成品实施的控制测试，如下表所示。

可能发生错报的环节	相关财务报表项目及认定	存在的内部控制（自动）	存在的内部控制（人工）	内部控制测试程序
销售发出的产成品的成本可能没有准确转入营业成本	存货：计价和分摊 营业成本：准确性	系统根据确认的营业收入所对应的售出产品自动结转营业成本	财务经理和总经理每月对毛利率进行比较分析，对异常波动进行调查和处理	检查系统设置的自动结转功能十分正常运行，成本结转方式是否符合公司成本核算政策。 询问和检查财务经理和总经理进行毛利率分析的过程和记录，并对异常波动的调查和处理结果进行核实

7. 盘点存货

对盘点存货实施的控制测试，如下表所示。

可能发生错报的环节	相关财务报表项目及认定	存在的内部控制（自动）	存在的内部控制（人工）	内部控制测试程序
存货可能被盗或因材料领用/产品销售未入账而出现账实不符	存货：存在		仓库保管员每月末盘点存货并与仓库台账核对并调节一致；成本会计监督其盘点与核对，并抽查部分存货进行复盘。 每年末盘点所有存货，并根据盘点结果分析盘盈盘亏并进行账目调整	

8. 计提存货跌价准备

对计提存货跌价准备实施的控制测试，如下表所示。

可能发生错报的环节	相关财务报表项目及认定	存在的内部控制（自动）	存在的内部控制（人工）	内部控制测试程序
可能存在残冷背次的存货，影响存货的价值	存货：计价和分摊 资产减值损失：完整性	系统根据存货入库日期自动统计货龄，每月末生成存货货龄分析表	财务部根据系统生成的存货货龄分析表，结合生产和仓储部门上报的存货毁损情况及存货盘点中对存货状况的检查结果，计提存货跌价准备，报总经理审核批准后入账	询问财务经理识别减值风险并确定减值准备的过程，检查总经理的复核批准记录

【小贴士】如果人工控制在执行时依赖于信息系统生成的报告，注册会计师还应当针对系统生成报告的准确性执行测试。

重难点7：存货的审计目标及一般程序★★★

（一）存货审计复杂成因

存货审计，尤其是对年末存货余额的测试，通常是审计中最复杂也最费时的部分。对存货存在和存货价值的评估常常十分困难。导致存货审计复杂的主要原因包括：

（1）存货通常是资产负债表中的一个主要项目，而且通常是构成营运资本的最大项目。

（2）存货存放于不同的地点，这使得对它的实物控制和盘点都很困难。

（3）存货项目的多样性也给审计带来了困难。

（4）存货本身的陈旧以及存货成本的分配也使得存货的估价存在困难。

（5）不同企业采用的存货计价方法存在多样性。

（二）存货审计关注重点

（1）存货审计涉及数量和单价两个方面。

①针对存货数量的实质性程序主要是存货监盘。此外，还包括对第三方保管的存货实施函证等程序，对在途存货检查相关凭证和期后入库记录等。

②针对存货单价的实质性程序包括对购买和生产成本的审计程序和对存货可变现净值的审计程序。

（2）审计存货要考虑与采购、销售收入及销售成本间的相互关系，因为就存货认定取得的证据也同时为其对应项目的认定提供了证据。

（三）存货的审计目标

存货的审计目标一般包括实施审计程序以证实：

（1）账面存货余额对应的实物是否真实存在（存在认定）；

（2）属于被审计单位的存货是否均已入账（完整性认定）；

（3）存货是否属于被审计单位（权利和义务认定）；

（4）存货单位成本的计量是否准确（计价和分摊认定）；

（5）存货的账面价值是否可以实现（计价和分摊认定）。

（四）存货的一般审计程序

获取年末存货余额明细表，并执行以下工作：

（1）复核单项存货金额的计算（单位成本×数量）和明细表的加总计算是否准确。

（2）将本年末存货余额与上年末存货余额进行比较，总体分析变动原因。

【小贴士】2020 年删除了“实施实质性分析程序”。

重难点 8：存货监盘总体要求★★★

（一）存货监盘取证要求

如果存货对财务报表是重要的，注册会计师应当实施下列审计程序，对存货的存在和状况获取充分、适当的审计证据：

（1）在存货盘点现场实施监盘（除非不可行）；

（2）对期末存货记录实施审计程序，以确定其是否准确反映实际的存货盘点结果。

（二）存货监盘执行程序要求

在存货盘点现场实施监盘时，注册会计师应当实施下列审计程序：

（1）评价管理层用以记录和控制存货盘点结果的指令和程序；

（2）观察管理层制定的盘点程序的执行情况；

（3）检查存货；

（4）执行抽盘。

【小贴士】注册会计师监盘存货的目的在于获取有关存货数量和状况的审计证据。

重难点 9：存货监盘计划★★★

存货监盘计划包括的内容，如下表所示。

存货监盘计划	具体内容
制定存货监盘计划的基本要求	注册会计师应当根据被审计单位存货的特点、盘存制度和存货内部控制的有效性等情况，在评价被审计单位管理层制定的存货盘点程序的基础上，编制存货监盘计划，对存货监盘作出合理安排

续表

存货监盘计划	具体内容
制定存货监盘计划应考虑的相关事项	【小贴士】与存货相关的重大错报风险。 影响重大错报风险的因素具体包括：存货的数量和种类、成本归集的难易程度、陈旧过时的速度或易损坏程度、遭受失窃的难易程度。 【小贴士】与存货相关的内部控制的性质。 与存货实地盘点相关的内部控制通常包括：制定合理的存货盘点计划，确定合理的存货盘点程序，配备相应的监督人员，对存货进行独立的内部验证，将盘点结果与永续存货记录进行独立的调节，对盘点表和盘点标签进行充分控制。 对存货盘点是否制定了适当的程序，并下达了正确的指令。 【小贴士】注册会计师一般需要复核或与管理层讨论其存货盘点程序。 【小贴士】存货盘点的时间安排。 存货盘点在财务报表日以外的其他日期进行，注册会计师除实施存货监盘相关审计程序外，还应当实施其他审计程序，以获取审计证据，确定存货盘点日与财务报表日之间的存货变动是否已得到恰当的记录。 【小贴士】被审计单位是否一贯采用永续盘存制。 如果被审计单位通过实地盘存制确定存货数量，则注册会计师要参加此种盘点。如果被审计单位采用永续盘存制，注册会计师应在年度中一次或多次参加盘点。 【小贴士】存货的存放地点。 如果被审计单位的存货存放在多个地点，注册会计师可以要求被审计单位提供一份完整的存货存放地点清单（包括期末库存量为零的仓库、租赁的仓库，以及第三方代被审计单位保管存货的仓库等），并考虑其完整性。 【审计程序】 ——询问被审计单位除管理层和财务部门以外的其他人员，如营销人员、仓库人员等，以了解有关存货存放地点的情况； ——比较被审计单位不同时期的存货存放地点清单，关注仓库变动情况，以确定是否存在因仓库变动而未将存货纳入盘点范围的情况发生； ——检查被审计单位存货的出、入库单，关注是否存在被审计单位尚未告知注册会计师的仓库（如期末库存量为零的仓库）； ——检查费用支出明细账和租赁合同，关注被审计单位是否租赁仓库并支付租金，如果有，该仓库是否已包括在被审计单位提供的仓库清单中； ——检查被审计单位“固定资产——房屋建筑物”明细清单，了解被审计单位可用于存放存货的房屋建筑物
存货监盘计划的主要内容	存货监盘的目标、范围及时间安排 ——目标包括获取被审计单位资产负债表日有关存货数量和状况以及有关管理层存货盘点程序可靠性的审计证据，检查存货的数量是否真实完整，是否归属被审计单位，存货有无毁损、陈旧、过时、残次和短缺等状况。 ——存货监盘范围的大小取决于存货的内容、性质以及与存货相关的内部控制的完善程度和重大错报风险的评估结果。 ——存货监盘的时间，包括实地察看盘点现场的时间、观察存货盘点的时间和对已盘点存货实施检查的时间等，应当与被审计单位实施存货盘点的时间相协调。 存货监盘的要点及关注事项 ——存货监盘的要点主要包括注册会计师实施存货监盘程序的方法、步骤，各个环节应注意的问题以及所要解决的问题。 ——注册会计师需要重点关注的事项包括盘点期间的存货移动、存货的状况、存货的截止确认、存货的各个存放地点及金额等。 参加存货监盘人员的分工 ——注册会计师应当根据被审计单位参加存货盘点人员分工、分组情况、存货监盘工作量的大小和人员素质情况，确定参加存货监盘的人员组成以及各组成人员的职责和具体的分工情况，并加强督导。 抽盘存货的范围 ——注册会计师应当根据对被审计单位存货盘点和对被审计单位内部控制的评价结果确定抽盘存货的范围。在实施观察程序后，如果认为被审计单位内部控制设计良好且得到有效实施，存货盘点组织良好，可以相应缩小实施抽盘的范围

重难点10：存货监盘程序★★★

在存货盘点现场实施监盘时，注册会计师应当实施的审计程序，如下表所示。

审计程序	具体内容及要求
评价管理层用以记录和控制存货盘点结果的指令和程序	注册会计师需要考虑这些指令和程序是否包括下列方面： （1）适当控制活动的运用； （2）准确认定在产品的完工程度，流动缓慢（呆滞）、过时或毁损的存货项目，以及第三方拥有的存货（如寄存货物）； （3）适用的情况下用于估计存货数量的方法； （4）对存货在不同存放地点之间的移动以及截止日前后出入库的控制。 【示例】如果被审计单位在盘点过程中无法停止生产，可以考虑在仓库内划分出独立的过渡区域，将预计在盘点期间领用的存货移至过渡区域、对盘点期间办理入库手续的存货暂时存放在过渡区域，以此确保相关存货只被盘点一次。 【小贴士】注册会计师需要观察被审计单位有关存货移动的控制程序是否得到执行。 注册会计师可以向管理层索取盘点期间存货移动相关的书面记录以及出、入库资料作为执行截止测试的资料，以为监盘结束的后续工作提供证据
观察管理层制定的盘点程序的执行情况	（1）存货移动的控制。 如果在盘点过程中被审计单位的生产经营仍将持续进行，注册会计师应通过实施必要的检查程序，确定被审计单位是否已经对此设置了相应的控制程序，确保在适当的期间内对存货作出了准确记录。 （2）获取存货截止信息。 ——注册会计师一般应当获取盘点日前后存货收发及移动的凭证，检查库存记录与会计记录期末截止是否正确。 ——需要关注，所有在盘点日以前入库的存货项目是否均已包括在盘点范围内，所有已确认为销售但尚未装运出库的商品是否均未包括在盘点范围内。 ——在途存货和被审计单位直接向顾客发运的存货是否均已得到了适当的会计处理。 ——注册会计师通常可观察存货的验收入库地点和装运出库地点以执行截止测试
检查存货	在存货监盘过程中检查存货，有助于确定存货的存在，以及识别过时、毁损或陈旧的存货。能为测试被审计单位存货跌价准备计提的准确性提供证据。
执行抽盘	（1）方式方法。 注册会计师可以从存货盘点记录中选取项目追查至存货实物——获取盘点记录准确性。 从存货实物中选取项目追查至盘点记录——获取盘点记录完整性的审计证据。 【小贴士】注册会计师应尽可能避免让被审计单位事先了解将抽盘的存货项目。 （2）实施抽盘程序时发现差异的处理。 ——注册会计师应当查明原因，并及时提请被审计单位更正。 ——注册会计师应当考虑错误的潜在范围和重大程度，在可能的情况下，扩大检查范围以减少错误的发生。 ——注册会计师还可要求被审计单位重新盘点
需要特别关注的情况	（1）存货盘点范围。 ——防止遗漏或重复盘点。 ——防止所有权不属于被审计单位的存货被纳入盘点范围。 （2）对特殊类型存货的监盘。 【小贴士】关注教材中的表11－5特殊类型存货的监盘程序。

续表

审计程序	具体内容及要求
存货监盘结束时的工作	（1）再次观察盘点现场，以确定所有应纳入盘点范围的存货是否均已盘点。 （2）取得并检查已填用、作废及未使用盘点表单的号码记录，确定其是否连续编号，查明已发放的表单是否均已收回，并与存货盘点的汇总记录进行核对。 【小贴士】如果存货盘点日不是资产负债表日，注册会计师应当实施适当的审计程序，确定盘点日与资产负债表日之间存货的变动是否已得到恰当的记录。 实质性程序： （1）比较盘点日和财务报表日之间的存货信息以识别异常项目，并对其执行适当的审计程序（例如实地查看等）； （2）对存货周转率或存货销售周转天数等实施实质性分析程序； （3）对盘点日至财务报表日之间的存货采购和存货销售分别实施双向检查； （4）测试存货销售和采购在盘点日和财务报表日的截止是否正确

重难点 11：特殊情况的处理★★★

存货监盘中特殊情况的处理，如下表所示。

特殊情况	审计程序
在存货盘点现场实施存货监盘不可行	实施替代程序——存货盘点现场实施存货监盘不可行，注册会计师应当实施替代审计程序（如检查盘点日后出售盘点日之前取得或购买的特定存货的文件记录），以获取有关存货的存在和状况的充分、适当的审计证据。 ——不能实施替代审计程序，或者实施替代审计程序可能无法获取有关存货的存在和状况的充分、适当的审计证据，注册会计师需要按照《中国注册会计师审计准则第 1502 号——在审计报告中发表非无保留意见》的规定发表非无保留意见。 【小贴士】审计中的困难、时间或成本等事项本身，不能作为注册会计师省略不可替代的审计程序或满足于说服力不足的审计证据的正当理由。
不可预见的情况导致无法在存货盘点现场实施监盘	典型的情况： 一是注册会计师无法亲临现场，即由于不可抗力导致其无法到达存货存放地实施存货监盘； 二是气候因素，即由于恶劣的天气导致注册会计师无法实施存货监盘程序，或由于恶劣的天气无法观察存货如木材被积雪覆盖。 注册会计师审计程序： ——应当另择日期实施监盘，并对间隔期内发生的交易实施审计程序
由第三方保管或控制的存货（存货对财务报表是重要的）	注册会计师应当实施下列一项或两项审计程序： ——向持有被审计单位存货的第三方函证存货的数量和状况； ——实施检查或其他适合具体情况的审计程序
	其他审计程序： ——实施或安排其他注册会计师实施对第三方的存货监盘（如可行）； ——获取其他注册会计师或服务机构注册会计师针对用以保证存货得到恰当盘点和保管的内部控制的适当性而出具的报告； ——检查与第三方持有的存货相关的文件记录，如仓储单； ——当存货被作为抵押品时，要求其他机构或人员进行确认

【经典真题】

【综合题（部分）·2019】 甲公司是 ABC 会计师事务所的常年审计客户，主要从事轨道交通车辆配套产品的生产和销售。A 注册会计师负责审计甲公司 2018 年度财务报表，确定财务报表整体的重要性为 1 000 万元，实际执行的重要性为 500 万元。

资料四：

A 注册会计师在审计工作底稿中记录了实施进一步审计程序的情况，部分内容摘录如下：

（3）甲公司年末存放在客户仓库的产品余额为 2 000 万元。由于无法实施监盘，且认为函证很可能无效，A 注册会计师检查了甲公司相关产品的发出和客户签收记录、与客户的对账记录以及期后结算单据，查询了客户网站上开放给供应商的库存信息，据此认可了该项存货的数量。

【要求】针对资料四第（3）项，假定不考虑其他条件，指出 A 注册会计师的做法是否恰当。如不恰当，简要说明理由。将答案直接填入答题区的相应表格内。

【答案】

事项序号	是否恰当（是/否）	理　由
（3）	是	

【单选题·2015】下列有关存货监盘的说法中，正确的是（　　）。

A. 注册会计师主要采用观察程序实施存货监盘

B. 注册会计师在实施存货监盘过程中不应协助被审计单位的盘点工作

C. 注册会计师实施存货监盘通常可以确定存货的所有权

D. 由于不可预见的情况而导致无法在预定日期实施存货监盘，注册会计师可以实施替代审计程序

【答案】B

【解析】注册会计师的职责是对存货进行监盘，不能代替管理层盘点存货，因此选择选项 B。存货监盘过程中除了观察程序外，还有检查被审计单位的相关记录等检查程序，因此不选择选项 A。存货监盘针对的是存货的存在认定，对存货的完整性及计价和分摊也能提供部分审计证据，还可能获取所有权的部分审计证据，因此不选择选项 C。如果是不可预见的情况导致无法在预定日期实施现场监盘，注册会计师应当另择日期实施监盘，并对间隔期间发生的交易实施审计程序，因此不选择选项 D。

【简答题·2018】ABC 会计师事务所的 A 注册会计师负责审计多家被审计单位 2017 年度财务报表。与存货审计相关的部分事项如下：

（1）甲公司为制造型企业，采用信息系统进行成本核算。A 注册会计师对信息系统一般控制和相关的自动化应用控制进行测试后结果满意，不再对成本核算实施实质性程序。

（2）因乙公司存货不存在特别风险，且以前年度与存货相关的控制运行有效，A 注册会计师因此减少了本年度存货细节测试的样本量。

（3）丙公司采用连续编号的盘点标签记录盘点结果，并逐项录入盘点结果汇总表。A 注册会计师将抽盘样本的数量与盘点标签记录的数量进行了核对，未发现差异，据此认可了盘点结果汇总表记录的存货数量。

（4）丁公司从事进口贸易，年末存货均于 2017 年 12 月购入，金额重大。A 注册会计师通过获取并检查采购合同、发票、进口报关单、验收入库单等支持性文件，认为获取了有关

存货存在和状况的充分、适当的审计证据。

（5）戊公司的存货存放在多个地点。A注册会计师取得了存货存放地点清单并检查了其完整性，根据各个地点存货余额的重要性及重大错报风险的评估结果，选取其中几个地点实施了监盘。

（6）A注册会计师在巳公司盘点结束后，存货未开始流动前抵达盘点现场，对存货进行检查并实施了抽盘，与巳公司盘点数量核对无误，据此认可了盘点结果。

【要求】针对上述第（1）~（6）项，逐项指出A注册会计师的做法是否恰当。如不恰当，简要说明理由。

【答案】

（1）不恰当。制造业的成本核算涉及重大类别交易或账户余额，应当实施实质性程序。

（2）不恰当。以前年度与存货相关的控制运行有效不构成减少本年度细节测试样本规模的充分理由/注册会计师还应当了解相关控制在本期是否发生变化。

（3）不恰当。A注册会计师应当对盘点结果汇总表进行复核/应当将抽盘数量与盘点结果汇总表核对/应当将盘点标签数量与盘点结果汇总表核对。

（4）不恰当。存货对财务报表是重要的，注册会计师应当实施监盘。

（5）恰当。

（6）不恰当。注册会计师没有/应当观察巳公司管理层制定的盘点程序的执行情况。

重难点12：存货计价测试★★★

存货计价测试包括两个方面，一是被审计单位所使用的存货单位成本是否正确，二是是否恰当计提了存货跌价损失准备。

（一）存货单位成本测试

针对原材料的单位成本，注册会计师通常基于企业的原材料计价方法，结合原材料的历史购买成本，测试其账面成本是否准确，测试程序包括核对原材料采购的相关凭证以及验证原材料计价方法的运用是否正确。

针对产成品和在产品的单位成本，注册会计师需要对成本核算过程实施测试，包括直接材料成本测试、直接人工成本测试、制造费用测试和生产成本在当期完工产品与在产品之间分配的测试四项内容。

（二）存货跌价损失准备的测试

注册会计师在测试存货跌价损失准备时，需要从以下两个方面进行测试：

1. 识别需要计提跌价损失准备的存货项目

（1）注册会计师可以通过询问管理层和相关部门（生产、仓储、财务、销售等）员工，了解被审计单位如何收集有关滞销、过时、陈旧、毁损、残次存货的信息并为之计提必要的跌价损失准备。

（2）被审计单位编制存货货龄分析表，则可以通过审阅分析表识别滞销或陈旧的存货。

（3）注册会计师还要结合存货监盘过程中检查存货状况而获取的信息，以判断被审计单位的存货跌价损失准备计算表是否有遗漏。

2. 检查可变现净值的计量是否合理

在存货计价审计中，由于被审计单位对期末存货采用成本与可变现净值孰低的方法计价，所以注册会计师应充分关注其对存货可变现净值的确定及存货跌价准备的计提。

【经典真题】

【简答题·2016】ABC 会计师事务所的 A 注册会计师负责审计甲公司等多家被审计单位 2015 年度财务报表。与存货审计相关的事项如下：

（1）在对甲公司存货实施监盘时，A 注册会计师在存货盘点现场评价了管理层用以记录和控制存货盘点结果的程序，认为其设计有效。A 注册会计师在检查存货并执行抽盘后结束了现场工作。

（2）因乙公司存货品种和数量均较少，A 注册会计师仅将监盘程序用作实质性程序。

（3）丙公司 2015 年末已入库未收到发票而暂估的存货金额占存货总额的 30%。A 注册会计师对存货实施了监盘，测试了采购和销售交易的截止，均未发现差错，据此认为暂估的存货记录准确。

（4）丁公司管理层未将以前年度已全额计提跌价准备的存货纳入本年末盘点范围。A 注册会计师检查了以前年度的审计工作底稿，认可了管理层的做法。

（5）己公司管理层规定，由生产部门人员对全部存货进行盘点，再由财务部门人员抽取 50% 进行复盘。A 注册会计师对复盘项目执行抽盘，未发现差异，据此认可了管理层的盘点结果。

【要求】针对上述第（1）~（5）项，逐项指出 A 注册会计师的做法是否恰当。如不恰当，简要说明理由。

【答案】

（1）不恰当。A 注册会计师没有/应当观察管理层制定的盘点程序的执行情况。

（2）恰当。

（3）不恰当。A 注册会计师没有/应当检查暂估存货的单价。

（4）不恰当。存货监盘是检查存货的存在，已全额计提跌价的存货价值虽然为零，但数量仍存在/仍需对存货是否存在实施监盘。

（5）不恰当。抽盘的总体不完整。

四、进阶练习

（一）单选题

1. 不属于生产与存货循环的主要业务活动的是（　　）。

A. 生产产品　　B. 核算产品成本

C. 存货监盘　　D. 计提存货跌价准备

2. 不属于针对存货数量的实质性程序是（　　）。

A. 针对第三方保管的存货实施函证

B. 存货监盘

C. 对在途存货检查相关凭证和期后入库记录

D. 生产成本的审计

3. 下列审计程序中不属于注册会计师在存货盘点现场实施监盘时应当实施的程序是（　　）。

A. 评价管理层用以记录和控制存货盘点结果的指令和程序

B. 观察管理层制定的盘点程序

C. 检查存货

D. 执行抽盘

4. 下列各项中不属于注册会计师在编制存货监盘计划时需要考虑的事项是（　　）。

A. 存货相关的重大错报风险　　B. 存货相关的内部控制的性质

C. 存货盘点的程序　　D. 存货盘点的时间安排

5. 如果识别出由于舞弊导致的影响存货数量的重大错报风险，注册会计师不应采取的对策是（　　）。

A. 检查被审计单位存货记录

B. 不预先通知的情况下对被特定存放地点分存货实施监盘

C. 在同一天对所有存放地点的存货实施监盘

D. 要求被审计单位提供一份完整的存货存放地点清单

6. 不属于存货监盘计划中内容的是（　　）。

A. 存货监盘的目标、范围及时间安排　　B. 存货监盘的要点及关注事项

C. 存货监盘人员　　D. 抽盘存货的范围

7. 下列关于注册会计执行抽盘的说法中正确的是（　　）。

A. 可以从存货盘点记录中选取项目追查至存货实物

B. 从存货实物中选取项目追查至存货明细账

C. 注册会计师在抽盘前与被审计单位协商一致，以提高工作效率

D. 抽盘发现差异，意味着被审计单位存货存在错报，注册会计师要根据错报性质和金额考虑对审计意见类型的影响

8. 注册会计师在存货监盘结束前的工作是（　　）。

A. 清点盘点记录表，以免盘点记录缺失

B. 销毁未使用盘点表单，避免出现空白盘点表单进入审计工作底稿

C. 检查已填用盘点表单，确保盘点项目均已记载

D. 再次观察盘点现场，以确定所有应纳入盘点范围的存货是否均已盘点

9. 在存货盘点现场实施存货监盘不可行，注册会计师应当（　　）。

A. 考虑发表非无保留意见

B. 实施替代审计程序，以获取有关存货的存在和状况的充分、适当的审计证据

C. 根据审计时间要求，考虑采取替代审计程序还是延期进行存货监盘

D. 寻求专家帮助

10. 针对第三方保管或控制的存货，注册会计师考虑执行的审计程序有（　　）。

A. 注册会计师向持有被审计单位存货的第三方函证存货的数量和状况

B. 注册会计师要求被审计单位提供一份完整的存货存放地点清单

C. 考虑第三方保管存货的商业理由的合理性

D. 进行存货风险评估，计划和实施适当的审计程序

（二）多选题

1. 存货重大错报风险与财务报表其他项目的重大错报风险共存的有（　　）。

A. 收入确认的错报风险　　B. 采购交易的错报风险

C. 营业成本的错报风险　　D. 银行存款的错报风险

2. 下列所述注册会计师执行控制测试时的测试内容，测试内容不完整的有（　　）。

A. 计提存货跌价准备使用了系统生成的存货货龄分析表，注册会计师需要测试存货货龄分析表的准确性

B. 系统根据当月输入的产成品入库单和出库单自动生成产成品收发存报表，注册会计师核对报表产生的过程

C. 系统根据输入的成本和费用代码自动识别制造费用并进行归集，注册会计师检查自动归集设置是否合理

D. 系统根据确认的营业收入所对应的售出产品自动结转营业成本，注册会计师检查系统设置的自动转账功能是否正常运行

3. 注册会计师监盘存货的目的在于获取有关存货数量和状况的审计证据，下列审计证据通过存货监盘可以获取的有（　　）。

A. 存货的存在认定　　B. 存货的完整性认定

C. 存货的计价和分摊认定　　D. 存货的所有权认定

4. 在复核或与管理层讨论其存货盘点程序时，注册会计师应当考虑的因素有（　　）。

A. 存货盘点范围和场所　　B. 对毁损、陈旧、过时、残次的存货的区分

C. 在产品完工程度的确定方法　　D. 盘点结果的汇总

5. 如果被审计单位的存货存放在多个地点，注册会计师可以考虑执行的审计程序有（　　）。

A. 询问被审计单位管理层和财务部门及其他部门的人员，以了解有关存货存放地点的情况

B. 检查被审计单位“固定资产——房屋建筑物”明细清单

C. 检查费用支出明细账和租赁合同

D. 检查被审计单位存货的出、入库单

6. 存货监盘的时间包括（　　）。

A. 实地查看盘点现场的时间　　B. 观察存货盘点的时间

C. 对已盘点存货实施检查的时间　　D. 存货盘点实施结束的时间

7. 关于存货监盘程序是说法中，错误的有（　　）。

A. 注册会计师应当在被审计单位盘点存货时，观察盘点现场

B. 注册会计师抽盘时应和被审计单位进行沟通

C. 存货监盘过程中检查存货，可以确定存货的所有权

D. 注册会计师需要关注已确认为销售但尚未装运出库的商品是否均未包括在盘点范

围内

8. 如果存货盘点日不是资产负债表日，注册会计师可以实施的实质性程序包括（　　）。

A. 测试存货销售和采购在盘点日和财务报表日的截止是否正确

B. 对存货周转率实施实质性分析程序

C. 对盘点日至财务报表日之间的存货采购和存货销售实施检查

D. 对盘点日至财务报表日之间的存货变动记录重新计算

9. 注册会计师针对存货盘点中存在特殊问题的处理方式中，错误的有（　　）。

A. 被审计单位提供资料证明，某类存货存放在严格限定非专业人员进入区域，注册会计师认为审计工作受限，考虑发表非无保留意见

B. 因天气原因，原定监盘计划无法按时开展，注册会计师实施替代审计程序，确认有关存货的存在和价值

C. 因车辆故障，注册会计师在被审计单位盘点开始 15 分钟后到达监盘现场，认真观察盘点现场，执行了抽盘，确认有关存货的存在和状况

D. 因突降大雨，注册会计师无法观察存货，决定雨停后再进行存货监盘，两天后按照原定计划执行存货监盘，核对各类数据信息，取得有关存货的存在和状况的证据

10. 注册会计师在测试存货跌价损失准备时，需要（　　）。

A. 编制存货账龄分析表

B. 识别需要计提跌价准备损失的存货项目

C. 检查可变现净值的计量是否合理

D. 收集有关滞销、过时、陈旧、毁损、残次存货的信息

（三）简答题

1. ABC 会计师事务所的 A 注册会计师负责审计甲公司 2019 年度财务报表。与存货审计相关的部分事项如下：

（1）甲公司为制造型企业，采用信息系统进行成本核算。A 注册会计师对信息系统一般控制和相关的自动化应用控制进行测试后结果满意，再询问财务经理如何执行复核和调查后，确认产成品核算复核控制要求，确认成本核算结果。

（2）因公司存货管理系统在 7 月 1 日由 3.0 版本升级为 4.0 版本，以前年度审计时发现与存货相关的控制运行有效，A 注册会计师因此减少了本年度存货细节测试的样本量。

（3）2019 年 12 月 29 日，A 注册会计师对存货实施监盘，结果满意。因年末存货余额与盘点日余额差异较小，A 注册会计师根据监盘结果认可了年末存货数量。

（4）在执行抽盘时，A 注册会计师从存货实物中选取项目追查至盘点记录，以获取有关盘点记录准确性和完整性的审计证据。

（5）A 注册会计师向货运公司函证由其暂存尚未发货的甲公司存货的数量和状况，收到对方电话回复，答复内容与函证显示信息一致。A 注册会计师据此认可了回函结果。

（6）A 注册会计师获取了甲公司的存货货龄分析表，考虑到信息系统中生产和仓储部门上报的存货损毁情况及存货监盘中对存货状况的检查情况，认为甲公司财务人员编制的存货可变现净值计算表中计提跌价准备的项目不存在遗漏。

【要求】针对上述第（1）~（6）项，逐项指出 A 注册会计师的做法是否恰当。如不恰

当，简要说明理由。

2. ABC会计师事务所的A注册会计师负责审计甲公司等多家被审计单位2019年度财务报表。与存货审计相关的事项如下：

（1）为提高工作效率，A注册会计师于2019年12月27日审阅甲公司管理层设计的用以记录和控制存货盘点结果的程序，认为其设计有效。2019年12月28日，A注册会计师到达存货盘点现场，观察到管理层按制定的盘点程序组织存货的盘点工作，A注册会计师在检查存货并执行抽盘后结束了现场工作。

（2）因乙公司存货品种和数量均较少，A注册会计师决定不实施控制测试，直接选择存货监盘用作实质性程序。

（3）丙公司每年年末未收到发票但已入库的存货比例较高，常年保持在30%～50%，经测算2019年末，存货以暂估价入账金额占存货总额的40%。A注册会计师对存货实施了监盘，测试了采购和销售交易的截止，均未发现差错，据此认为暂估的存货记录准确。

（4）丁公司管理层未将2019年已收到全款订金尚未完工的定制产品纳入本年末盘点范围。A注册会计师检查了本年度销售及相关账目，认可了管理层的做法。

（5）戊公司管理层规定，由仓储部门人员对全部存货进行盘点，再由生产部门、销售和财务部门人员对生产环节、销售环节和其他领域的存货进行复盘。A注册会计师对复盘项目执行抽盘，未发现差异，据此认可了管理层的盘点结果。

【要求】针对上述第（1）～（5）项，逐项指出A注册会计师的做法是否恰当。如不恰当，简要说明理由。

3. ABC会计师事务所负责审计甲公司2019年度财务报表。审计项目组在审计工作底稿中记录了与存货监盘相关的情况，部分内容摘录如下：

（1）审计项目组拟信赖与存货相关的内部控制运行的有效性，故在监盘时不再观察管理层制定的盘点程序的执行情况。

（2）甲集团公司的存货存放在多个地点。A注册会计师基于管理层提供的存货存放地点清单，并根据不同地点所存放存货的重要性及评估的重大错报风险确定了监盘地点。

（3）由于甲公司人手不足，审计项目组受管理层委托，于2019年12月31日代为盘点甲公司异地专卖店的存货，并将盘点记录作为甲公司的盘点记录和审计项目组的监盘工作底稿。

（4）根据管理层提供信息，审计项目组了解到C材料分别存放在4个仓库和1个厂区专用货场中，进一步询问后得知现有1个仓库已经闲置待维修后存放产成品。考虑到监盘人员安排困难，审计项目组对其中3个仓库的C材料执行抽盘，未发现差异，对该样本项目的抽盘结果满意。

（5）在甲公司存货盘点结束前，审计项目组取得并检查了已填用、作废及未使用盘点表单的号码记录，确定其是否连续编号以及已发放的表单是否均已收回，并与货盘点汇总表中记录的盘点表单使用情况核对一致。

【要求】针对上述第（1）～（5）项，逐项指出审计项目组的做法是否恰当。如不恰当，简要说明理由。

五、进阶练习答案

（一）单选题

1.【答案】C

【解析】存货监盘是注册会计师执行的审计程序，不是企业生产与存货循环的业务活动，因此选择选项 C。

2.【答案】D

【解析】生产成本的审计属于针对存货单价的实质性程序，因此选择选项 D。

3.【答案】B

【解析】观察管理层制定的盘点程序的执行情况属于注册会计师在存货盘点现场实施监盘时应当实施的程序，因此选择选项 B。

4.【答案】C

【解析】应考虑的是对存货盘点是否制定了适当的程序，并下达了正确的指令，因此选择选项 C。

5.【答案】D

【解析】如果识别出由于舞弊导致的影响存货数量的重大错报风险，注册会计师在检查被审计单位存货记录的基础时，可能决定在不预先通知的情况下对被特定存放地点分存货实施监盘，或在同一天对所有存放地点的存货实施监盘，因此选择选项 D。

6.【答案】C

【解析】参加存货监盘人员的分工是存货监盘计划的主要内容，因此选择选项 C。

7.【答案】A

【解析】从存货实物中选取项目追查至存货盘点记录，因此选项 B 错误。注册会计师应尽可能避免让被审计单位事先了解将抽盘的存货项目，因此选项 C 不正确。抽盘发现差异，一方面注册会计师应当查明原因，并及时提请被审计单位更正，另一方面，注册会计师应当考虑错误的潜在范围和重大程度，在可能的情况下，扩大检查范围以减少错误的发生，因此选项 D 错误。

8.【答案】D

【解析】注册会计师应当取得并检查已填用、作废及未使用盘点表单的号码记录，确定其是否连续编号，查明已发放的表单适当均已收回，并与存货盘点的汇总记录进行核对，因此不选择选项 A、B、C。

9.【答案】B

【解析】如果不能实施替代审计程序，或者实施替代审计程序可能无法获取有关存货的存在和状况的充分、适当的审计证据，注册会计师需要按照《中国注册会计师审计准则 1502 号——在审计报告中发表非无保留意见》的规定，发表非无保留意见，因此不选择选项 A。审计中的困难、时间或成本等事项问题，不能作为注册会计师省略不可替代的审计程序或满足于说服力不足的审计证据的正当理由，因此不选择选项 C。实施存货监盘可能是不可行的，这可能是由存货性质或存放地点等因素造成，此时不属于利用专家工作的范畴，因此不选择选项 D。

10. 【答案】A

【解析】要求被审计单位提供一份完整的存货存放地点清单是盘点计划的工作，不是审计程序，因此不选择选项 B。考虑第三保管存货的商业理由的合理性是风险评估考虑，为进一步审计程序的实施做准备，因此不选择选项 C、D。

（二）多选题

1. 【答案】ABC

【解析】存货与企业采购、销售收入及销售成本之间紧密联系，因此选择选项 A、B、C。

2. 【答案】BCD

【解析】选项 B 应询问和检查成本会计将产成品收发存报表与成本计算表进行核对的过程和记录；选项 C 应检查系统的自动归集设置是否符合有关成本和费用的性质，是否合理。询问并检查成本会计复核制造费用明细表的过程和记录，检查财务经理对调整制造费用的分录的批准记录。选项 D 应检查系统设置的自动结转功能十分正常运行，成本结转方式是否符合公司成本核算政策。询问和检查财务经理和总经理进行毛利率分析的过程和记录，并对异常波动的调查和处理结果进行核实。

3. 【答案】ABC

【解析】存货监盘针对的主要是存货的存在认定，对存货的完整性认定及计价和分摊认定，也能提供部分审计证据。注册会计师还可能在存货监盘中获取有关存货所有权的部分审计证据，存货监盘本身并不足以提供注册会计师确定存货的所有权，注册会计师可能需要执行其他实质性审计程序以应对所有权认定的相关风险。因此不选择选项 D。

4. 【答案】ABCD

5. 【答案】BCD

【解析】询问被审计单位除管理层和财务部门以外的其他人员，以了解有关存货存放地点的情况，因此不选择选项 A。检查被审计单位“固定资产——房屋建筑物”明细清单，了解被审计单位可用于存放存货的房屋建筑物，因此选择选项 B。检查费用支出明细账和租赁合同，关注被审计单位是否租赁仓库并支付租金，如果有，该仓库是否已包括在被审计单位提供的仓库清单中，因此选择选项 C。检查被审计单位存货的出、入库单，关注是否存在被审计单位尚未告知注册会计师的仓库，因此选择选项 D。

6. 【答案】ABC

【解析】存货盘点结束的时间不在存货监盘的时间考虑范围之内，因此不选择选项 D。

7. 【答案】ABC

【解析】注册会计师应当在被审计单位盘点存货前，观察盘点现场，因此选择选项 A。注册会计师应尽可能避免让被审计单位事先了解将抽盘的存货项目，因此选择选项 B。在存货监盘过程中检查存货，虽然不一定能够确定存货所有权，但有助于确定存货的存在，以及识别过时、毁损或陈旧的存货，因此选择选项 C。

8. 【答案】AB

【解析】对盘点日至财务报表日之间的存货采购和存货销售分别实施双向检查，因此不选择选项 C。对盘点日至财务报表日之间的存货变动记录重新计算仅能获得数据的勾稽关系，但需要结合相关内部控制的有效性等因素进行风险评估，因此不选择选项 D。

9. 【答案】ABCD

【解析】被审计单位提供证明，如果是真实有效的，注册会计师应当实施替代审计程序，以获取有关存货的存在和状况的充分、适当的审计证据，因此选择选项 A。因天气原因，原定监盘计划无法开展，注册会计师应当另择日期实施监盘，而不是采取替代审计程序，因此选择选项 B。车辆故障，导致注册会计师无法在被审计单位盘点前到达监盘现场进行观察，无法保证监盘的全过程有效控制，也无法确认存货的状况，因此选择选项 C。因大雨导致监盘延期，注册会计师应对间隔期内发生的交易实施审计程序，因此选择选项 D。

10. 【答案】BC

【解析】编制存货账龄分析表是被审计单位的工作，因此不选择选项 A。注册会计师了解被审计单位如何收集有关滞销、过时、陈旧、毁损、残次存货的信息并为之计提必要的跌价损失准备，因此不选择选项 D。

（三）简答题

1. 【答案】

（1）不恰当。制造业的成本核算涉及重大类别交易或账户余额，应当实施实质性程序。

（2）不恰当。如果某项控制被用于实现相同控制目标的另一控制所取代，注册会计师需要就确定是否测试这两个控制的运行有效性，或只测试新控制，这与存货相关的控制运行有效不构成减少本年度细节测试样本规模的充分理由。

（3）不恰当。注册会计师应当测试盘点日与资产负债表日之间存货的变动是否已得到恰当记录。

（4）不恰当。注册会计师可以从存货盘点记录中选取项目追查至存货实物，以及从存货实物中选取项目追查至盘点记录，以获取有关盘点记录准确性和完整性的审计证据。

（5）不恰当。只对询证函进行口头回复不是注册会计师的直接书面回复，不符合函证要求，因此，不能作为可靠的审计函证。在收到对询证函口头回复的情况下，注册会计师可以要求被询证者提供直接书面回复。如果仍未收到书面回函，注册会计师需要通过实施替代程序，询证其他审计证据以支持口头回复中的信息。

（6）不恰当。注册会计师还需测试存货货龄分析表的准确性。

2. 【答案】

（1）不恰当。A 注册会计师在存货盘点现场实施监盘，没有/应当评价管理层用以记录和控制存货盘点结果的指令和程序。

（2）恰当。

（3）不恰当。A 注册会计师没有/应当检查暂估存货的单价。

（4）恰当。

（5）不恰当。抽盘的总体无法保持完整。

3. 【答案】

（1）不恰当。无论是否信赖内部控制，注册会计师在监盘中均应当观察管理层制定的盘点程序的执行情况。

（2）不恰当。注册会计师应当考虑存货存放地点清单的完整性。

（3）不恰当。审计项目组代管理层执行盘点工作，将会影响其独立性。盘点存货是甲公司管理层的责任。

（4）不恰当。应当对所有 C 材料执行抽盘，检查要关注存货的出入库单，关注是否存在被审计单位尚未告知注册会计师的仓库（期末库存量为零的仓库）。

（5）恰当。

第十二章 货币资金的审计

一、2020年新教材内容主要变化

2020年本章无实质变化。

二、本章近5年考情统计分析

本章考题主要以客观题和主观题（简答题）为主，但是针对个别的知识点（如银行存款等），也可以结合审计实务（教材第三编各类交易和账户余额的审计），以主观题（简答题）的形式考查。

本章属于一般重要的考试章节之一，最近5年平均考试分值一般在2分左右。

（一）近5年考试分值分布

题型	2015年	2016年	2017年	2018年	2019年
单选题	—	1	—	—	—
多选题	—	—	—	—	—
简答题	—	—	6	—	—
综合题	—	—	—	—	—
合计	—	1	6	—	—

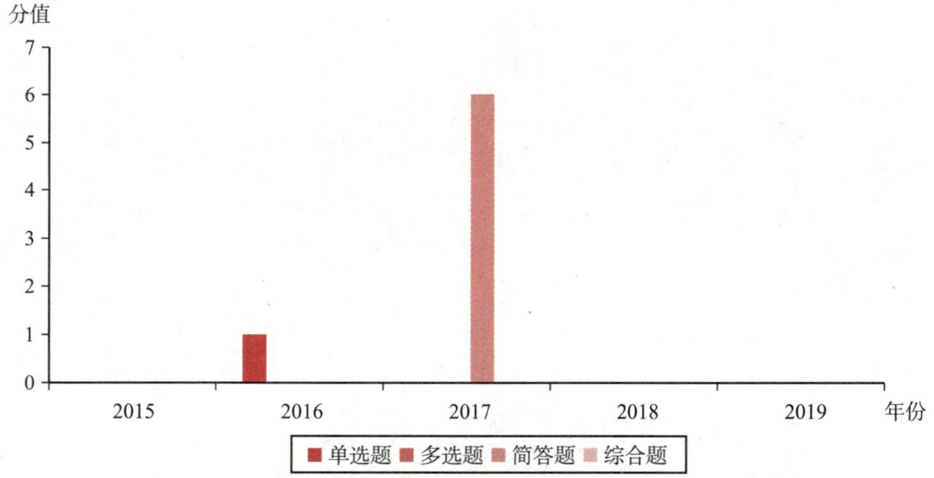

（二）近5年考试考点分布

高频考点内容	年度及题型分布
库存现金实质性程序	2017年简答
银行存款实质性程序	2017年简答
定期存款实质性程序	2017年简答、2016年单选

三、重难点解析

本章内容为货币资金审计的相关内容，属于审计的实务章节，主要包括货币资金循环涉及的主要业务活动、存在的重大错报风险及注册会计师对货币资金实施的控制测试和实质性程序。

【小贴士】本章内容的学习，需要结合前面有关章节内容。例如，银行存款实质性程序与第一编（审计基本原理）第三章审计证据相结合。

重难点1：涉及的主要业务活动★★

（一）涉及的主要业务活动

货币资金的增减变动与企业的日常经营活动密切相关，且涉及多个业务循环。注册会计师通常实施以下程序，以了解与货币资金相关的内部控制：

（1）询问参与货币资金业务活动的被审计单位人员，如销售部门、采购部门和财务部门的员工和管理人员。

（2）观察货币资金业务流程中特定控制的执行，例如观察被审计单位的出纳人员如何进行现金盘点。

（3）检查相关文件和报告，例如检查银行余额调节表是否恰当编制以及其中的调节项是否经会计主管恰当复核等。

（4）实施穿行测试，即追踪货币资金业务在财务报告信息系统中的处理过程。穿行测试通常综合了询问、观察、检查、重新执行等多种程序。

（二）一般制造型企业货币资金业务活动要点示例

1. 现金管理

出纳员每日对库存现金自行盘点，编制现金报表，计算当日现金收入、支出及结余额，并将结余额与实际库存额进行核对，如有差异及时查明原因。会计主管不定期检查现金日报表。

每月末，会计主管指定出纳员以外的人员对现金进行盘点，编制库存现金盘点表，将盘点金额与现金日记账余额进行核对。对冲抵库存现金的借条、未提现支票、未做报销的原始票证，在库存现金盘点报告表中予以注明。会计主管复核库存现金盘点表，如果盘点金额与现金日记账余额存在差异，需查明原因并报经财务经理批准后进行财务处理。

2. 银行存款管理

（1）银行账户管理：企业银行账户的开立、变更或注销须经财务经理审核，报总经理审批。

（2）编制银行存款余额调节表：每月末，会计主管指定出纳员以外的人员核对银行存款日记账和银行对账单，编制银行存款余额调节表，使银行存款账面余额与银行对账单调节相符。如调节不符，查明原因。会计主管复核银行存款余额调节表，对需要调整的调节项目及时进行处理。

（3）票据管理：财务部门设置银行票据登记簿，防止票据遗失或被盗用。出纳员登记银行票据的购买、领用、背书转让及注销等事项。空白票据存放在保险柜中。每月末，会计主管指定出纳员以外的人员对空白票据、未办理收款和承兑的票据进行盘点，编制银行票据盘点表，并与银行票据登记簿进行核对。会计主管复核库存银行票据盘点表，如果存在差异，需查明原因。

（4）印章管理：企业的财务专用章由财务经理保管，办理相关业务中使用的个人名章由出纳员保管。

重难点2：货币资金内部控制★★

（一）良好的货币资金内部控制要求

（1）货币资金收支与记账的岗位分离。

（2）货币资金收支要有合理、合法的凭据。

（3）全部收支及时准确入账，并且资金支付应严格履行审批、复核制度。

（4）控制现金坐支，当日收入现金应及时送存银行。

（5）按月盘点现金，编制银行存款余额调节表，以做到账实相符。

（6）对货币资金进行内部审计。

（二）共同遵循的货币资金内部控制

要求	具体内容
岗位分工及授权批准	（1）企业应当建立货币资金业务的岗位责任制，明确相关部门和岗位的职责权限，确保办理货币资金业务的不相容岗位相互分离、制约和监督。 【小贴士】出纳人员不得兼任稽核、会计档案保管和收入、支出、费用、债权债务账目的登记工作。企业不得由一人办理货币资金业务的全过程。 （2）企业应当对货币资金业务建立严格的授权审批制度，明确审批人对货币资金业务的授权批准方式、权限、程序、责任和相关控制措施，规定经办人办理货币资金业的职责范围和工作要求。 ①审批人应当根据货币资金授权批准制度的规定，在授权范围内进行审批，不得超越审批权限。 ②经办人应当在职责范围内，按照审批人的批准意见办理货币资金业务。 ③对于审批人超越授权范围审批的货币资金业务，经办人员有权拒绝办理，并及时向审批人的上级授权部门报告。 （3）企业应当按照规定的程序办理货币资金支付业务。 ①支付申请。 ②支付审批。 ③支付复核。 ④办理支付。 （4）企业对于重要货币资金支付业务，应当实行集体决策和审批，并建立责任追究制度，防范贪污、侵占、挪用货币资金等行为。 （5）严禁未经授权的机构或人员办理货币资金业务或直接接触货币资金

续表

要求	具体内容
现金和银行存款的管理	(1) 企业应当加强现金库存限额的管理，超过库存限额的现金应及时存入银行。 (2) 企业必须根据《现金管理暂行条例》的规定，结合本企业的实际情况，确定本企业现金的开支范围。 (3) 企业现金收入应当及时存入银行，不得从企业的现金收入中直接支付（即坐支）。因特殊情况需坐支现金的，应事先报经开户银行审查批准，由开户银行核定坐支范围和限额。企业借出款项必须执行严格的授权批准程序，严禁擅自挪用、借出货币资金。 (4) 企业取得的货币资金收入必须及时入账，不得私设“小金库”，不得账外设账，严禁收款不入账。 (5) 企业应当严格按照《支付结算办法》等国家有关规定，加强银行账户的管理，严格按照规定开立账户，办理存款、取款和结算。 (6) 企业应当严格遵守银行结算纪律，不准套取银行信用、套取银行和他人资金；不准违反规定开立和使用银行账户。 (7) 企业应当指定专人定期核对银行账户（每月至少核对一次），编制银行存款余额调节表，使银行存款账面余额与银行对账单调节相符。如调节不符，应查明原因，及时处理。 (8) 企业应当定期和不定期地进行现金盘点，确保现金账面余额与实际库存相符。发现不符，及时查明原因并作出处理
票据及有关印章的管理	(1) 企业应当加强与货币资金相关的票据的管理，明确各种票据的购买、保管、领用、背书转让、注销等环节的职责权限和程序，并专设登记簿进行记录，防止空白票据的遗失和被盗用。 (2) 企业应当加强银行预留印鉴的管理。财务专用章应由专人保管，个人名章必须由本人或其授权人员保管。严禁一人保管支付款项所需的全部印章
监督检查	(1) 企业应当建立对货币资金业务的监督检查制度，明确监督检查机构或人员的职责权限，定期和不定期地进行检查。 (2) 货币资金监督检查的内容主要包括： ①货币资金业务相关岗位及人员的设置情况。重点检查是否存在货币资金业务不相容岗位职责未分离的现象。 ②货币资金授权批准制度的执行情况。重点检查货币资金支出的授权批准手续是否健全，是否存在越权审批行为。 ③支付款项印章的保管情况。重点检查是否存在办理付款业务所需的全部印章交由一人保管的现象。 ④票据的保管情况。重点检查票据的购买、领用、保管手续是否健全，票据保管是否存在漏洞。 (3) 对监督检查过程中发现的货币资金内部控制中的薄弱环节，应当及时采取措施，加以纠正和完善

【经典模拟题】

【多选题】注册会计师对甲公司执行货币资金审计工作，其中摘录出来的部分信息，不符合货币资金内部控制要求的是（　　）。

A. 公司为减少人员开支，由出纳员兼任会计档案保管工作

B. 为强化控制，财务经理保管公司财务专用章和相关业务办理需要的名章

C. 为强化控制，财务实施财务“一支笔”签字制度

D. 为强化支票使用管理与监督，每当有人领用支票时，均由出纳员在笔记本中进行记录

【答案】ABCD

【解析】出纳人员不得兼任稽核、会计档案保管和收入、支出、费用、债权债务账目的

登记工作，因此选择选项A。企业财务专用章由财务经理保管，办理相关业务中使用的个人名章由出纳员保管，因此选择选项B。企业对于重要货币资金支付业务，应当实行集体决策和审批，因此选择选项C。企业应当加强与货币资金相关的票据的管理，明确各种票据的购买、保管、领用、背书转让、注销等环节的职责权限和程序，并专设登记簿进行记录，防止空白票据的遗失和被盗用，因此选择选项D。

重难点3：货币资金的可能发生错报环节★★

可能发生错报环节	认定
1. 被审计单位资产负债表的货币资金项目中的库存现金和银行存款在资产负债表日不存在	存在
2. 被审计单位所有应当记录的现金收支业务和银行存款收支业务未得到完整记录，存在遗漏	完整性
3. 被审计单位的现金收款通过舞弊手段被侵占	完整性
4. 记录的库存现金和银行存款不是为被审计单位所拥有或控制	权利和义务
5. 库存现金和银行存款的金额未被恰当地包括在财务报表的货币资金项目中，与之相关的计价调整未得到恰当记录	计价和分摊
6. 库存现金和银行存款未按照企业会计准则的规定在财务报表中作出恰当列报	列报

【经典模拟题】

【多选题】货币资金业务可能发生的错报环节与财务报表认定之间的关系不匹配的是（　　）。

A. 被审计单位的现金收款通过舞弊手段被侵占导致资产负债表中列示的库存现金在资产负债表日不存在，违反了财务报表认定的真实性

B. 被审计单位的银行存款收支业务未得到完整记录，存在遗漏，导致资产负债表列示的银行存款在资产负债表日列示的内容不完整，违反了财务报表认定的完整性

C. 被审计单位从境外收到投资收益，直接以收到当日的外汇牌价中间价在资产负债表中进行列示，违反了财务报表真实性认定

D. 注册会计师对被审计单位开户银行进行函证，回函表明资产负债表的货币资金项目中的银行存款在资产负债表日不存在，这一情况违反了财务报表真实性认定

【答案】ACD

【解析】被审计单位的现金收款通过舞弊手段被侵占导致资产负债表中列示的库存现金在资产负债表日不存在，违反了财务报表认定的完整性，因此选择选项A。被审计单位从境外收到投资收益，直接以收到当日的外汇牌价中间价在资产负债表中进行列示，属于未按照企业会计准则规定在财务报表中作出恰当列报，违反了财务报表列报认定，因此选择选项C。回函表明资产负债表的货币资金项目中的银行存款在资产负债表日不存在，这一情况违反了财务报表存在认定，因此选择选项D。

重难点4：货币资金业务交易、账户余额和列报的认定层次的重大错报风险★★

（一）可能存在的情形

（1）被审计单位存在虚假的货币资金余额或交易，因而导致银行存款余额的存在性或交

易的发生存在重大错报风险。

（2）被审计单位存在大额的外币交易和余额，可能存在外币交易或余额未被准确记录的风险。

【示例】对于有外币现金或外币银行存款的被审计单位，企业有关外币交易的增减变动或年底余额可能因未采用正确的折算汇率而导致计价错误（计价和分摊/准确性）。

（3）银行存款的期末收支存在大额的截止性错误（截止）。

【示例】被审计单位期末存在金额重大且异常的银付企未付，企收银未收事项。

（4）被审计单位可能存在未能按照企业会计准则的规定对货币资金作出恰当披露的风险。

【示例】被审计单位期末持有使用受限制的大额银行存款，但在编制财务报表时未在财务报表附注中对其进行披露。

（二）注册会计师需要保持警觉的事项

（1）被审计单位的现金交易比例较高，并与其所在的行业常用的结算模式不同。

（2）库存现金规模明显超过业务周转所需资金。

（3）银行账户开立数量与企业实际的业务规模不匹配。

（4）在没有经营业务的地区开立银行账户。

（5）企业资金存放于管理层或员工个人账户。

（6）货币资金收支金额与现金流量表不匹配。

（7）不能提供银行对账单或银行存款余额调节表。

（8）存在长期或大最银行未达账项。

（9）银行存款明细账存在非正常转账的“一借一贷”。

（10）违反货币资金存放和使用规定（如上市公司未经批准开立账户转移募集资金、未经许可将募集资金转作其他用途等）。

（11）存在大额外币收付记录，而被审计单位并不涉足外贸业务。

（12）被审计单位以各种理由不配合注册会计师实施银行函证。

（三）注册会计师在审计其他财务报表项目时，需保持警觉的事项或情形

（1）存在没有具体业务支持或与交易不相匹配的大额资金往来。

（2）长期挂账的大额预付款项。

（3）存在大额自有资金的同时，向银行高额举债。

（4）付款方账户名称与销售客户名称不一致、收款方账户名称与供应商名称不一致。

（5）开具的银行承兑汇票没有银行承兑协议支持。

（6）银行承兑票据保证金余额与应付票据余额比例不合理。

当被审计单位存在以上事项或情形时，可能表明存在舞弊风险。

（四）注册会计师拟实施的进一步审计程序的总体方案

注册会计师基于以上识别的重大错报风险评估结果，制定实施进一步审计程序的总体方案（包括综合性方案和实质性方案），继而实施控制测试和实质性审计程序，以应对识别出的重大错报风险。注册会计师通过综合性方案或实质性方案获取的审计证据应足以应对识别出的认定层次的重大错报风险。

重难点5：库存现金的控制测试★★★

（一）现金付款的审批和复核

1. 被审计单位的内控要求

（1）部门经理审批本部门的付款申请，审核付款业务是否真实发生、付款金额是否准确，及后附票据是否齐备，并在复核无误后签字认可。

（2）财务部门在安排付款前，财务经理再次复核经审批的付款申请及后附相关凭据或证明，如核对一致，进行签字认可并安排付款。

2. 注册会计师选取适当样本基础上实施以下控制测试程序

（1）询问相关业务部门的部门经理和财务经理其在日常现金付款业务中执行的内部控制，以确定其是否与被审计单位内部控制政策要求保持一致。

（2）观察财务经理复核付款申请的过程，是否核对了付款申请的用途、金额及后附相关凭据，以及在核对无误后是否进行了签字确认。

（3）重新核对经审批及复核的付款申请及其相关凭据，并检查是否经签字确认。

（二）现金盘点

注册会计师针对被审计单位现金盘点实施的现金监盘

（1）检查现金以确定其是否存在，并检查现金盘点结果。

（2）观察执行现金盘点的人员对盘点计划的遵循情况，以及用于记录和控制现金盘点结果的程序的实情施况。

（3）获取有关被审计单位现金盘点程序可靠性的审计证据。

【小贴士】现金监盘程序是用作控制测试还是实质性程序，取决于注册会计师对风险评估结果、审计方案和实施的特定程序的判断。注册会计师可以将现金监盘同时用作控制测试和实质性程序。

【示例】

被审计单位内部控制要求	注册会计师实施控制测试程序
（1）会计主管指定应付账款会计在每月末的最后一天对库存现金进行盘点，根据盘点结果编制库存现金盘点表，将盘点余额与现金日记账余额进行核对，并对差异调节项进行说明。 （2）会计主管复核库存现金盘点如盘点金额与现金日记账余额存在差异且差异金额超过2万元，需查明原因并报财务经理批准后进行财务处理	（1）在月末最后一天参与被审计单位的现金盘点，检查是否由应付账款会计进行现金盘点。 （2）观察现金盘点程序是否按照盘点计划的指令和程序执行，是否编制了现金盘点表并根据内控要求经财务部相关人员签字复核。 （3）检查现金盘点表中记录的现金盘点余额是否与实际盘点金额保持一致、现金盘点表中记录的现金日记账余额是否与被审计单位现金日记账中余额保持一致。 （4）针对调节差异金额超过2万元的调节项，检查是否经财务经理批准后进行财务处理

重难点6：银行存款的控制测试★★★

内部控制	被审计单位内部控制要求	注册会计师实施控制测试程序
银行账户的开立、变更和注销	会计主管根据被审计单位的实际业务需要就银行账户的开立、变更和注销提出申请，经财务经理审核后报总经理审批	(1) 询问会计主管被审计单位本年开户、变更、撤销的整体情况。 (2) 取得本年度账户开立、变更、撤销申请项目清单，检查清单的完整性，并在选取适当样本的基础上检查账户的开立、变更、撤销项目是否已经财务经理和总经理审批
银行付款的审批和复核	部门经理审批本部门的付款申请，审核付款业务是否真实发生、付款金额是否准确，以及后附票据是否齐备，并在复核无误后签字认可。 财务部门在安排付款前，财务经理再次复核经审批的付款申请后附相关凭据或证明，如核对一致，进行签字认可并安排付款	(1) 询问相关业务部门的部门经理和财务经理在日常银行付款业务中执行的内部控制，以确定其是否与被审计单位内部控制政策要求保持一致。 (2) 观察财务经理复核付款申请的过程，是否核对了付款申请的用途、金额及后附相关凭据，以及在核对无误后是否进行了签字确认。 (3) 重新核对经审批及复核的付款申请及其相关凭据，并检查是否经签字确认
编制银行存款余额调节表	每月末，会计主管指定应收账款会计核对银行存款日记账和银行对账单，编制银行存款余额调节表，使银行存款账面余额与银行对账单调节相符。如存在差异项，查明原因并进行差异调节说明。 会计主管复核银行存款余额调节表，对需要进行调整的调节项目及时进行处理，并签字确认	(1) 询问应收账款会计和会计主管，以确定其执行的内部控制是否与被审计单位内部控制政策要求保持一致，特别是针对未达账项的编制及审批流程。 (2) 针对选取的样本，检查银行存款余额调节表，查看调节表中记录的企业银行存款日记账余额是否与银行存款日记账余额保持一致、调节表中记录的银行对账单余额是否与被审计单位提供的银行对账单中的余额保持一致。 (3) 针对调节项目，检查是否经会计主管的签字复核。 (4) 针对大额未达账项进行期后收付款的检查

重难点7：库存现金的实质性程序★★★

注册会计师就库存现金实施的实质性程序可能包括：核对库存现金日记账与总账的金额是否相符，检查非记账本位币库存现金的折算汇率及折算金额是否正确。注册会计师测试现金余额的起点是，核对库存现金日记账与总账的金额是否相符。如果不相符，应查明原因，必要时应建议作出适当调整。

（一）监盘库存现金

监盘库存现金	内容
监盘时间	最好选择在上午上班前或下午下班时
监盘范围	一般包括被审计单位各部门经管的所有现金
监盘参加人员	现金出纳员和被审计单位会计主管人员必须参加，注册会计师
监盘方式	对库存现金的监盘最好实施突击性的检查

续表

监盘库存现金	内容
监盘步骤与方法	(1) 查看被审计单位制定的盘点计划，以确定监盘时间。 (2) 查阅库存现金日记账并同时与现金收付凭证相核对。 一方面检查库存现金：日记账的记录与凭证的内容和金额是否相符；另一方面了解凭证日期与库存现金日记账日期是否相符或接近。 (3) 检查被审计单位现金实存数，并将该监盘金额与库存现金日记账余额进行如有差异，应要求被审计单位查明原因，必要时应提请被审计单位作出调整；如无法明原因，应要求被审计单位按管理权限批准后作出调整。若有冲抵库存现金的借条、未提现支票、未作报销的原始凭证，应在“库存现金监盘表”中注明，必要时应提请被审计单位作出调整。 (4) 在非资产负债表日进行监盘时，应将监盘金额调整至资产负债表日的金额，并对变动情况实施程序
【小贴士】对被审计单位现金盘点实施的监盘程序是用作控制测试还是实质性程序，取决于注册会计师对风险评估结果、审计方案和实施的特定程序的判断。 注册会计师可能基于风险评估的结果判断无需对现金盘点实施控制测试，仅实施实质性程序	

（二）抽查大额库存现金收支

查看大额现金收支，并检查原始凭证是否齐全、原始凭证内容是否完整、有无授权批准、记账凭证与原始凭证是否相符、账务处理是否正确、是否记录于恰当的会计期间等项内容。

（三）检查库存现金列报

是否在财务报表中作出恰当列报。

【经典模拟题】

【单选题】存货监盘的说法中，正确的是（　　）。

A. 注册会计师应查阅库存现金日记账并同时与现金收付凭证相核对

B. 检查被审计单位现金实存数，并将该监盘金额与库存现金日记账余额进行如有差异，应提请被审计单位作出调整

C. 若有冲抵库存现金的借条、未提现支票、未作报销的原始凭证，应在“库存现金监盘表”中注明，提请被审计单位作出调整

D. 若在 2020 年 3 月 2 日进行监盘，注册会计师应将监盘金额调整至 2019 年 12 月 31 日金额

【答案】A

【解析】监盘库存现金的步骤与方法包括：查阅库存现金日记账并同时与现金收付凭证相核对（选项 A）。检查被审计单位现金实存数，并将该监盘金额与库存现金日记账余额进行核对，如有差异，应要求被审计单位查明原因，必要时应提请被审计单位作出调整，因此不选择选项 B。若有冲抵库存现金的借条、未提现支票、未作报销的原始凭证，应在“库存现金监盘表”中注明，必要时应提请被审计单位作出调整，因此不选择选项 C。在非资产负债表日进行监盘时，应将监盘金额调整至资产负债表日的金额，并对变动情况实施程序，因此不选择选项 D。

重难点8：银行存款的实质性程序★★★

注册会计师就银行存款实施的实质性程序可能包括：

（一）基本程序

1. 获取银行存款余额明细表

复核加计是否正确，并与总账数和日记账合计数核对是否相符；检查非记账本位币银行存款的折算汇率及折算金额是否正确。

2. 可以考虑额外实施的实质性程序

如果对被审计单位银行账户的完整性存有疑虑，例如，当被审计单位可能存在外账或资金体外循环时，注册会计师可以考虑额外实施以下实质性程序：

（1）注册会计师亲自到中国人民银行或基本存款账户开户行查询并打印《已开立银行结算账户清单》，以确认被审计单位账面记录的银行人民币结算账户是否完整。

（2）结合其他相关细节测试，关注原始单据中被审计单位的收（付款）银行户是否包含在注册会计师已获取的开立银行账户清单内。

（二）实施实质性分析程序

（1）计算银行存款累计余额应收利息收入，分析比较被审计单位银行存款应收利息收入与实际利息收入的差异是否恰当，评估利息收入的合理性。

（2）检查是否存在高息资金拆借，确认银行存款余额是否存在，利息收入是否已经完整记录。

（三）检查银行存款账户发生额。注册会计师还可以考虑对银行存款账户的发生额实施以下程序

（1）分析不同账户发生银行日记账漏记银行交易的可能性，获取相关账户相同期间的全部银行对账单。

（2）如果对被审计单位银行对账单的真实性存有疑虑，注册会计师可以在被审计单位的协助下亲自到银行获取银行对账单。在获取银行对账单时，注册会计师要全程关注银行对账单的打印过程。

（3）从银行对账单中选取交易的样本与被审计单位银行日记账记录进行核对；从被审计单位银行存款日记账上选取样本，核对至银行对账单。

（4）浏览银行对账单，选取大额异常交易，如银行对账单上有一收一付相同金额，或分次转出相同金额等，检查被审计单位银行存款日记账上有无该项收付金额记录。

（四）取得并检查银行对账单和银行存款余额调节表（在下面重难点9中展开）

（五）函证银行存款余额，编制银行函证结果汇总表，检查银行回函（在下面重难点10中展开）

（六）检查银行存款账户存款人是否为被审计单位，若存款人非被审计单位，应获取该账户户主和被审计单位的书面声明，确认资产负债表日是否需要提请被审计单位进行调整

（七）关注是否存在质押、冻结等对变现有限制或存在境外的款项。如果存在，是否已提请被审计单位作必要的调整和披露

（八）对不符合现金及现金等价物条件的银行存款在审计工作底稿中予以列明，以考虑

对现金流量表的影响

（九）抽查大额银行存款收支的原始凭证，检查原始凭证是否齐全、记账凭证与原始凭证是否相符、账务处理是否正确、是否记录于恰当的会计期间等项内容

（十）检查银行存款收支的截止是否正确

（十一）检查银行存款是否在财务报表中作出恰当列报

【小贴士】如果企业的银行存款存在抵押、冻结等使用限制情况或者潜在回收风险，注册会计师应关注企业是否已经恰当披露有关情况。

重难点9：检查银行对账单和银行存款余额调节表★★★

具体测试程序：

1. 取得并检查银行对账单

（1）取得被审计单位加盖银行印章的银行对账单，注册会计师应对银行对账单的真实性保持警觉，必要时，亲自到银行获取对账单，并对获取过程保持控制。

（2）将获取的银行对账单余额与银行日记账余额进行核对，如存在差异，获取银行存款余额调节表。

（3）将被审计单位资产负债表日的银行对账单与银行询证函回函核对，确认是否一致。

2. 取得并检查银行存款余额调节表

（1）检查调节表中加计数是否正确，调节后银行存款日记账余额与银行对账单余额是否一致。

（2）检查调节事项。

①对于企业已收付、银行尚未入账的事项，检查相关收付款凭证，并取得期后银行对账单，确认未达账项是否存在，银行是否已于期后入账。

②对于银行已收付、企业尚未入账的事项，检查期后企业入账的收付款凭证，确认未达账项是否存在。

【小贴士】如果企业的银行存款余额调节表存在大额或较长时间的未达账项，注册会计师应查明原因并确定是否需要提请被审计单位进行调整。

（3）关注长期未达账项，查看是否存在挪用资金等事项。

（4）特别关注银付企未付、企付银未付中支付异常的领款事项，包括没有载明收款人、签字不全等支付事项，确认是否存在舞弊。

【经典真题】

【多选题·2014】被审计单位2013年12月31日的银行存款余额调节表包括一笔“企业已付、银行未付”调节项，其内容为以支票支付赊购材料款。下列审计程序中，能为该调节项提供审计证据的有（　　）。

A. 检查付款申请单是否经适当批准

B. 就2013年12月31日相关供应商的应付账款余额实施函证

C. 检查支票开具日期

D. 检查2014年1月的银行对账单

【答案】BCD

【解析】检查付款申请单是否经适当批准没有时间界定范围，与12月31日以支票支付赊购材料款的对应关系不明确，因此不选择选项A。就2013年12月31日就相关供应商的应付账款余额实施函证是属于对截止至资产负债表日期间的银行存款的实质性程序，与赊购材料款相关，因此选择选项B。检查支票开具日期与赊购材料款支付期间是相对应的，可以提供审计证据，因此选择选项C。检查2014年1月的银行对账单，对赊购材料款支票是否兑付可以起到证明的作用，可以提供审计证据，因此选择选项D。

重难点10：函证银行存款余额★★★

【小贴士】结合第一编（审计基本原理）与第三章第三节函证相关内容学习。

函证银行存款余额，编制银行函证结果汇总表，检查银行回函。应注意：

（1）银行函证程序是证实资产负债表所列银行存款是否存在的重要程序。通过向往来银行函证，注册会计师不仅可了解企业资产的存在，还可了解企业账面反映所欠银行债务的情况，并有助于发现企业未入账的银行借款和未披露的或有负债。

（2）注册会计师应当对银行存款（包括零余额账户和在本期内注销的账户）、借款及与金融机构往来的其他重要信息实施函证程序，除非有充分证据表明某一银行存款、借款及与金融机构往来的其他重要信息对财务报表不重要且与之相关的重大错报风险很低。如果不对这些项目实施函证程序，注册会计师应当在审计工作底稿中说明理由。

（3）当实施函证程序时，注册会计师应当对询证函保持控制，当函证信息与银行回函结果不符时，注册会计师应当调查不符事项，以确定是否表明存在错报。

（4）在实施银行函证时，注册会计师需要以被审计单位名义向银行发函询证，以验证被审计单位的银行存款是否真实、合法、完整。

【文件规定】根据《关于进一步规范银行函证及回函工作的通知》（财会〔2016〕13号）（以下简称《通知》），各银行应对询证函列示的全部项目作出回应，并在收到询证函之日起10个工作日内，将回函直接寄往会计师事务所。

重难点11：其他货币资金的实质性程序★★★

（一）定期存款的实质性程序

如果被审计单位有定期存款，注册会计师可以考虑实施以下审计程序：

（1）向管理层询问定期存款存在的商业理由并评估其合理性。

（2）获取定期存款明细表，检查是否与账面记录金额一致，存款人是否为被审计单位，定期存款是否被质押或限制使用。

（3）在监盘库存现金的同时，监盘定期存款凭据。

【小贴士】如果被审计单位在资产负债表日有大额定期存款，基于对风险的判断考虑选择在资产负债表日实施监盘。

（4）对未质押的定期存款，检查开户证实书原件，以防止被审计单位提供的复印件是未质押（或未提现）前原件的复印件。

【小贴士】在检查时，还要认真核对相关信息，包括存款人、金额、期限等，如有异常，需实施进一步审计程序。

（5）对已质押的定期存款，检查定期存单复印件，并与相应的质押合同核对。

①对于质押借款的定期存单，关注定期存单对应的质押借款有无入账。

②对于超过借款期限但仍处于质押状态的定期存款，还应关注相关借款的偿还情况，了解相关质权是否已被行使。

③对于为他人担保的定期存单，关注担保是否逾期及相关质权是否已被行使。

（6）函证定期存款相关信息。

（7）结合财务费用审计测算利息收入的合理性，判断是否存在体外资金循环的情形。

（8）在资产负债表日后已提取的定期存款，核对相应的兑付凭证等。

（9）关注被审计单位是否在财务报表附注中对定期存款给予充分披露。

（二）除定期存款外，注册会计师特别关注事项

注册会计师对其他货币资金实施审计程序时，通常可能特别关注以下事项：

（1）保证金存款的检查，检查开立银行承兑汇票的协议或银行授信审批文件。

（2）对于存出投资款，跟踪资金流向，并获取董事会决议等批准文件、开户资料、授权操作资料等。

【经典真题】

【单选题·2016】下列审计程序中，通常不能为定期存款的存在认定提供可靠的审计证据的是（　　）。

A. 函证定期存款的相关信息

B. 对于未质押的定期存款，检查开户证实书原件

C. 对于已质押的定期存款，检查定期存单复印件

D. 对于在资产负债表日后已到期的定期存款，核对兑付凭证

【答案】C

【解析】对于已质押的定期存款，检查定期存款复印件，并与相应的质押合同核对，因此选择选项 C。

【简答题·2017】ABC 会计师事务所的 A 注册会计师负责审计甲公司 2016 年度财务报表，与货币资金审计相关的部分事项如下：

（1）A 注册会计师认为库存现金重大错报风险很低，因此，未测试甲公司财务主管每月末盘点库存现金的控制，于 2016 年 12 月 31 日实施了现金监盘，结果满意。

（2）对于账面余额与银行对账单余额存在差异的银行账户，A 注册会计师获取了银行存款余额调节表，检查了调节表中的加计数是否正确，并检查了调节后的银行存日记账余额与银行对账单余额是否一致，据此认可了银行存款余额调节表。

（3）因对甲公司管理层提供的银行对账单的真实性存有疑虑，A 注册会计师在出纳陪同下前往银行获取银行对账单。在银行柜台人员打印对账单时 A 注册会计师前往该银行其他部门实施了银行函证。

（4）甲公司有一笔 2015 年 10 月存入的期限两年的大额定期存款。A 注册计师在 2015 年度财务报表审计中检查了开户证实书原件并实施了函证，结果满意，因此，未在 2016 年

度审计中实施审计程序。

(5) 为测试银行账户交易入账的真实性，A 注册会计师在验证银行对账单的真实性时从银行存款日记账中选取样本与银行对账单进行核对，并检查了支持性文件，结果满意。

(6) 乙银行在银行询证函回函中注明："接收人不能依赖函证中的信息。" A 注册会计师认为该条款不影响回函的可靠性，认可了回函结果。

【要求】针对上述第 (1) ~ (6) 项，逐项指出 A 注册会计师的做法是否恰当。如不恰当，简要说明理由。

【答案】

(1) 恰当。

(2) 不恰当。还应检查调节事项/关注长期未达账项/关注未达账中异常的支付款项。

(3) 不恰当。应全程关注银行对账单的打印过程/未对银行对账单获取过程保持控制。

(4) 不恰当。应当对重大账户余额实施实质性程序。

(5) 恰当。

(6) 不恰当。该条款影响回函可靠性。

四、进阶练习

(一) 单选题

1. 出纳员的主要工作是（　　）。

A. 每日对库存现金进行盘点　　B. 检查现金日报表

C. 每月对现金进行盘点　　D. 核对银行存款日记账和银行对账单

2. 关于出纳人员岗位职责的说法中不正确的是（　　）。

A. 出纳人员不得兼任会计档案保管工作

B. 出纳人员不得由一人办理货币资金业务的全过程

C. 出纳人员应当根据支付申请，按规定办理货币资金支付手续

D. 登记库存现金日记账和银行存款日记账

3. 关于库存现金监盘的说法中，正确的是（　　）。

A. 对被审计单位库存现金盘点实施的监盘程序是控制测试程序

B. 对被审计单位库存现金盘点实施的监盘程序是实质性程序

C. 如果注册会计师基于风险评估的结果判断无须对现金盘点实施控制测试，仅实施实质性程序

D. 如果注册会计师基于风险评估的结果判断无须对现金盘点实施实质性程序，仅实施控制测试

4. 下列事项中，不属于注册会计师对银行存款账户发生额实施的审计程序是（　　）。

A. 分析不同账户发生银行日记账漏记银行交易的可能性

B. 注册会计师在被审计单位的协助下获取银行对账单

C. 从银行对账单中选取交易的样本与被审计单位银行日记账记录进行核对

D. 从被审计单位银行存款日记账上选择样本，核对至银行对账单

5. 关于注册会计师取得并检查银行对账单和银行存款余额调节表的测试程序的说法中，正确的是（　　）。

A. 取得并检查银行对账单和银行存款余额调节表

B. 将获取的银行对账单余额与银行询证函回函核对，确认是否一致

C. 调节银行存款余额调节表调节事项

D. 取得被审计单位的银行对账单

6. 注册会计师通过向往来银行函证的说法中，不正确的是（　　）。

A. 可以了解被审计单位资产的存在

B. 可以了解被审计单位未披露的或有负债

C. 零余额账户和年内注销的账户不应列入函证范围

D. 实施银行函证时，注册会计师需要以被审计单位名义向银行发询证函，要求将回函直接寄给会计师事务所

（二）多选题

1. 属于财务主管的工作内容有（　　）。

A. 不定期检查现金日记账

B. 复核银行存款余额调节表

C. 对空白票据、未办理收款和承兑的票据进行盘点

D. 个人名章的保管

2. 按照货币资金的管理制度，下列情况中，不恰当的有（　　）。

A. 审批人应该根据货币资金授权批准制度的规定进行审批

B. 指定出纳人员定期核对银行账户，编制银行存款余额调节表

C. 出纳人员应定期或不定期进行现金盘点

D. 企业加强货币资金管控，由财务经理保管财务专用章、法人名章、财务经办人员名章

3. 关于监盘库存现金的步骤与方法的说法中，正确的有（　　）。

A. 对库存现金的监盘最好实施突击性的检查

B. 查阅库存现金日记账并同时与库存现金监盘表相核对

C. 在资产负债表日前进行现金监盘时，应将监盘金额调整至资产负债表日的金额，并对变动情况实施程序

D. 在资产负债表日后进行现金监盘时，应将监盘金额调整至资产负债表日的金额，并对变动情况实施程序

4. 针对被审计单位银行存款余额调节表的调节事项，注册会计师的测试程序包括（　　）。

A. 企业已经收款、银行尚未入账的事项，检查相关收付款凭证，并取得银行对账单，确认未达账项是否存在，银行是否已于期后入账

B. 银行已收付、企业尚未入账的事项，检查企业入账的收付款凭证，确认未达账项是否存在

C. 检查调节表中加计数是否正确

D. 调节后银行日记账余额与银行对账单余额是否一致

5. 关于注册会计师向被审计单位往来银行函证的说法中，不正确的有（　　）。

A. 注册会计师应当对银行存款、借款的金融机构实施函证

B. 实施银行函证时，注册会计师需要以被审计单位名义向银行发询证函

C. 实施函证程序时，注册会计师应当对询证函保持控制，当询证信息与银行回函结果不一致时，注册会计师应采取替代程序

D. 注册会计师评估认定被审计单位货币资金控制的重大错报风险很低，决定不对银行存款实施函证，并在审计工作底稿中说明理由

6. 注册会计师考虑实施哪些程序，可以为被审计单位定期存款的存在认定提供可靠的审计证据（　　）。

A. 监盘定期存款凭据

B. 对已质押的定期存款，检查定期存单复印件

C. 函证定期存款相关信息

D. 结合财务费用审计测算利息收入的合理性，判断是否存在体外资金循环的情形

（三）简答题

1. ABC 会计师事务所的 A 注册会计师负责审计甲公司 2019 年度财务报表，与货币资金审计相关的部分事项如下：

（1）A 注册会计师认为库存现金重大错报风险很低，因此于 2020 年 1 月 3 日实施了现金监盘，结果满意。

（2）对于银行存款日记账余额与银行对账单余额存在差异的银行账户，A 注册会计师获取了银行存款余额调节表，检查了调节事项，被审计单位调节后的银行存日记账余额与银行对账单余额一致，据此认可了银行存款余额调节表。

（3）因对甲公司管理层提供的银行对账单的真实性存有疑虑，A 注册会计师在出纳与开户银行客户经理联系后独自前往银行，在约定的时间获取了银行对账单。

（4）甲公司有一笔 2018 年 10 月存入的期限两年的大额定期存款，在 2019 年 10 月办理质押手续。A 注册计师在 2019 年度财务报表审计中检查了定期存单复印件，并与相应的质押合同核对相符，注册会计师对此结果满意。

（5）A 注册会计师在验证银行对账单时发现 2019 年 12 月 30 日有 3 000 000 元转出记录，但企业银行存款日记账找不到此项交易，询问被审计单位财务人员答复是 S 公司委托银行收取的销售款，A 注册会计师与银行对账单进行核对，并检查了支持性文件，结果满意。

（6）乙银行在银行询证函回函中注明："本信息是从电子数据库中取得，可能不包括被询证方所拥有的全部信息。"A 注册会计师认为询证的信息均已查证，该条款不影响回函的可靠性，认可了回函结果。

【要求】针对上述第（1）~（6）项，逐项指出 A 注册会计师的做法是否恰当。如不恰当，简要说明理由。

2. 甲集团公司在公司总部和下属 4 个分公司均设有出纳部门，A 注册会计师负责甲集团公司 2019 年度财务报表审计业务，计划于 2020 年 1 月 3 日进行现金监盘，与库存现金监盘相关审计要点如下：

（1）为提高工作效率，A 注册会计师在 2020 年 1 月 2 日下班前告知甲公司出纳员做好 1 月 3 日上班前监盘准备工作。

（2）由于甲公司库存现金多处存放，A 注册会计师决定在 1 月 3 日上午上班前对总部和乙、丙两家分公司进行现金监盘，丁、戊两家分公司在 1 月 3 日下班前进行现金监盘。

（3）监盘库存现金时，A 注册会计师以及甲公司总部和各分公司的出纳员均要在现场。

（4）A 注册会计师对甲公司总部和乙、丙两家分公司直接进行现金盘点，盘点结束核对库存现金日记账余额相符，丁、戊两家分公司出纳员先将现金盘点后放入保险柜，并将当日已办妥收付款手续的交易登记现金日记账，结出现金日记账余额，A 注册会计师对出纳员放入保险柜的现金当场进行盘点。

（5）A 注册会计师将监盘金额与现金日记账余额进行核对后填写“库存现金监盘表”，签字后形成审计工作底稿。

【要求】

（1）针对上述第（1）~（5）项，逐项指出 A 注册会计师的做法是否恰当。如不恰当，简要说明理由。

（2）A 注册会计师的现金监盘是否存在遗漏，如有，请指出。

五、进阶练习答案

（一）单选题

1. 【答案】A

【解析】会计主管不定期检查现金日报表，因此不选择选项 B。每月末，会计主管指定出纳员以外的人员对现金进行盘点，编制库存现金盘点表，因此不选择选项 C。每月末，会计主管指定出纳员以外的人员核对银行存款日记账和银行对账单，编制银行存款余额调节表，因此不选择选项 D。

2. 【答案】C

【解析】出纳人员应当根据复核无误的支付申请，按规定办理货币资金支付手续，因此选择选项 C。

3. 【答案】C

【解析】对被审计单位库存现金盘点实施的监盘程序是用作控制测试程序还是实质性程序，取决于注册会计师对风险评估结果、审计方案和实施的特定程序的判断，因此不选择选项 A 和选项 B。如果注册会计师基于风险评估的结果判断无须对现金盘点实施控制测试，仅实施实质性程序，因此不选择选项 D。

4. 【答案】B

【解析】注册会计师在不登记单位的协助下亲自到银行获取银行对账单，在获取银行对账单时，注册会计师要全程关注银行对账单的打印过程，因此选择选项 B。

5. 【答案】A

【解析】将获取的银行对账单余额与银行日记账余额核对，将被审计单位的资产负债表日的银行对账单与银行询证回函函核，因此不选择选项 B。注册会计师检查银行存款余额调节表调节事项，因此不选择选项 C。注册会计师取得被审计单位加盖银行印章的银行对账单，因此不选择选项 D。

6. 【答案】C

【解析】注册会计师应当对银行存款（包括零余额账户和在本期内注销的账户）实施函证程序，因此选择选项 C。

（二）多选题

1. 【答案】AB

【解析】会计主管制定出纳员以外的人员对空白票据、未办理收款和承兑的票据进行盘点，会计主管复核库存银行票据盘点表，因此不选择选项 C。办理相关业务中使用的个人名章由出纳员保管，因此不选择选项 D。

2. 【答案】ABCD

【解析】审批人应该根据货币资金授权批准制度的规定，在授权范围内进行审批，不得超越审批范围，因此选项 A 不恰当。企业应指定专人定期核对银行账户，编制银行存款余额调节表，出纳人员一般不得同时从事银行对账单的获取，银行存款余额调节表的编制工作，因此选项 B 不恰当。出纳人员每日对库存现金自行盘点，每月末，会计主管指定出纳员以外的人员对现金进行盘点，编制库存现金盘点表，因此选项 C 不恰当。财务专用章应由专人保管，个人名章必须由本人或其授权人员保管，严禁一人保管支付款项所需的全部印章，因此选项 D 不恰当。

3. 【答案】ACD

【解析】对库存现金监盘最好采取突击性检查，是为了防止出纳员在监盘前采取措施掩盖弊端，因此选择选项 A。查阅库存现金日记账并同时与现金收付凭证相核对，因此不选择选项 B。在非资产负债表日进行现金监盘时，应将监盘金额调整至资产负债表日的金额，并对变动情况实施程序，因此选择选项 C 和选项 D。

4. 【答案】CD

【解析】企业已经收款、银行尚未入账的事项，检查相关收付款凭证，并取得期后银行对账单，确认未达账项是否存在，银行是否已于期后入账，因此不选择选项 A。银行已收付、企业尚未入账的事项，检查期后企业入账的收付款凭证，确认未达账项是否存在，因此不选择选项 B。

5. 【答案】ACD

【解析】注册会计师应当对银行存款（包括零余额账户和在本期内注销的账户）、借款及与金融机构往来的其他重要信息实施函证程序，因此选择选项 A。实施函证程序时，注册会计师应当对询证函保持控制，当询证信息与银行回函结果不一致时，注册会计师应当调查不符事项，以确定是否表明存在错报，因此选择选项 C。除非有充分证据表明某一银行存款、借款及与金融机构往来的其他重要信息对财务报表不重要且与之相关的重大错报风险很低，如果不对这些项目实施函证程序，注册会计师应当在审计工作底稿中说明理由，因此选择选项 D。

6. 【答案】ACD

【解析】对已质押的定期存款，检查定期存单复印件，并与相应的质押合同核对，因此不选择选项 B。

（三）简答题

1.【答案】

（1）不恰当。应将监盘金额调整至资产负债表日的金额，并对变动情况实施程序。

（2）不恰当。还应检查调节表中加计数是否正确/关注长期未达账项/关注未达账中异常的支付款项。

（3）不恰当。应全程关注银行对账单的打印过程/未对银行对账单获取过程保持控制。

（4）不恰当。应当关注定期存单对应的质押借款有无入账/为他人担保的定期存单，关注担保是否逾期及相关质权是否已被行使。

（5）恰当。

（6）不恰当。该条款影响回函可靠性。

2.【答案】

（1）

①不恰当。对库存现金的监盘最好实施突击性检查，提前通知被审计单位的做法不当。

②不恰当。甲公司总部和 4 个分公司都存有库存现金，应同时盘点，如果不能同时盘点，应对后监盘的库存现金实施封存。

③不恰当。除了 A 注册会计师和出纳员之外，被审计单位的会计主管人员必须参加。

④不恰当。库存现金的盘点工作应有被审计单位出纳员负责，注册会计师进行监盘。

⑤不恰当。"库存现金监盘表"的审计工作底稿中的签字人员除了注册会计师，还应包括被审计单位的出纳员、会计主管人员。

（2）有遗漏，在非资产负债表日进行监盘时，应将监盘金额调整至资产负债表日的金额，并对变动情况实施程序。

第十三章 对舞弊和法律法规的考虑

一、2020年新教材内容主要变化

2020 年本章主要变化知识点如下：

项目组内部讨论。

【小贴士】具体详见有关重难点。

二、本章近 5 年考情统计分析

本章考题客观题和主观题均可涉及，本章属于重要的考试章节之一，最近 5 年平均考试分值一般在 6 分左右。

（一）近 5 年考试分值分布

题型	2015 年	2016 年	2017 年	2018 年	2019 年
单选题	6	1	2	1	1
多选题	4	2	—	—	4
简答题	—	—	—	—	—
综合题	2	2	1	1	2
合计	12	5	3	2	7

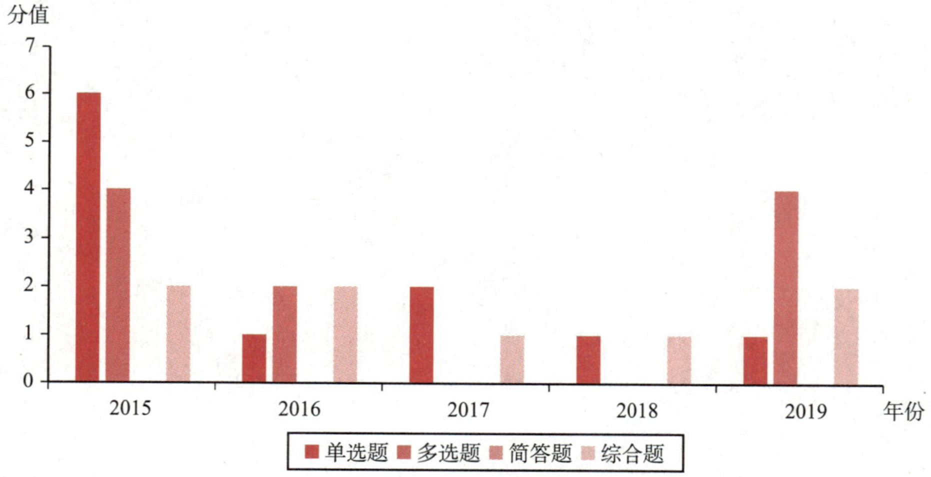

（二）近 5 年考试考点分布

高频考点内容	年度及题型分布
识别舞弊风险因素	2017 年单选、2015 年多选、2015 年单选
假定收入确认存在舞弊风险	2016 年综合
应对管理层凌驾控制	2017 年单选
会计分录测试	2018 年综合、2016 年综合、2016 年多选

续表

高频考点内容	年度及题型分布
发现舞弊的处理	2019 年多选、2015 年单选、2015 年综合
违反法规行为	2019 年综合、2019 年多选、2018 年单选、2017 年综合、2016 年单选、2015 年多选、2015 年单选
风险评估程序	2019 年单选、2015 年单选

三、重难点解析

本章内容属于财务报表审计对特殊事项考虑的重要章节之一，主要阐述舞弊的含义和种类；治理层、管理层的责任和注册会计师的责任；风险评估程序和相关活动；识别和评估舞弊导致的重大错报风险；应对舞弊导致的重大错报风险；会计分录测试；评价审计证据；无法继续执行审计业务；书面声明；与管理层、治理层和监管机构的沟通；违反法律法规行为的含义和类别；注册会计师对被审计单位违反法律法规的审计责任；对被审计单位遵守法律法规的考虑、识别出或怀疑存在违反法律法规行为时实施的审计程序；对识别出的或怀疑存在的违反法律法规行为的报告等。

【小贴士】本章尽管属于财务报表审计对特殊事项考虑内容，但是面对着舞弊高发的审计环境，为了缩小注册会计师与社会公众期望差距，合理控制审计风险，对于舞弊和违反法律法规的考虑已经成为财务报表审计的重要审计领域，学习时需要把握风险识别和评估以及风险应对的主线，充分理解有关程序的运用。

重难点1：舞弊的含义和种类★★

（一）舞弊的含义

舞弊是指被审计单位的管理层、治理层、员工或第三方使用欺骗手段获取不当或非法利益的故意行为。

（二）舞弊的种类

在财务报表审计中，注册会计师关注的是导致财务报表发生重大错报的舞弊。

【小贴士】与财务报表审计相关的故意错报，包括编制虚假财务报告导致的错报和侵占资产导致的错报，需要区分两类错报。

1. 编制虚假财务报告导致的错报

（1）对编制财务报表所依据的会计记录或支持性文件进行操纵、弄虚作假（包括伪造）或篡改。

（2）在财务报表中错误表达或故意漏记事项、交易或其他重要信息。

（3）故意错误使用与金额、分类、列报或披露相关的会计原则。

2. 侵占资产导致的错报

（1）贪污收到的款项。例如，侵占收到的应收账款或将与已注销账户相关的收款转移至个人银行账户。

（2）盗窃实物资产或无形资产。例如，盗窃存货以自用或出售、盗窃废料以再销售、通过向被审计单位竞争者泄露技术资料与其串通以获取回报。

（3）使被审计单位对未收到的商品或未接受的劳务付款。例如，向虚构的供应商支付款项、供应商向采购人员提供回扣以作为其提高采购价格的回报、向虚构的员工支付工资。

（4）将被审计单位资产挪为私用。例如，将被审计单位的资产作为个人或关联方贷款的抵押。侵占资产通常伴随着虚假或误导性的记录或文件，其目的是隐瞒资产丢失或未经适当授权而被抵押的事实。

【经典真题】

【多选题·2015】下列舞弊风险因素中，与编制虚假财务报告相关的有（　　）。

A. 在非所有者管理的主体中，管理层由一人或少数人控制，且缺乏补偿性控制

B. 对高级管理人员支出的监督不足

C. 会计系统和信息系统无效

D. 利用商业中介进行交易，但缺乏明显的商业理由

【答案】ACD

【解析】选项B，对高级管理人员支出的监督不足，属于与侵占资产导致错报相关的舞弊风险因素。

重难点2：治理层、管理层的责任和注册会计师的责任★★★

（一）治理层、管理层对舞弊的责任

1. 治理层和管理层对防止或发现舞弊负有主要责任

2. 治理层、管理层防范和遏制舞弊的措施

（1）营造和保持讲诚信、讲道德的文化。

（2）评估舞弊风险并实施方案以控制、化解风险。

（3）建立适当的舞弊监督程序，如由审计委员会监督内部控制和财务报告。

（二）注册会计师对舞弊的责任

1. 注册会计师对财务报表整体是否不存在由于舞弊或错误导致的重大错报获取合理保证

（1）对能够导致财务报告产生重大错报的舞弊，注册会计师应当合理保证能够予以发现，这是实现财务报表审计目标的内在要求，也是财务报表审计的价值所在。

（2）在获取合理保证时，注册会计师有责任在整个审计过程中保持职业怀疑，考虑管理层凌驾于控制之上的可能性，并认识到对发现错误有效的审计程序未必对发现舞弊有效。

2. 注册会计师不能对财务报表整体不存在重大错报获取绝对保证

（1）舞弊导致的重大错报未被发现的风险，大于错误导致的重大错报未被发现的风险。

（2）如果涉及串通舞弊，注册会计师可能更加难以发现蓄意隐瞒的企图。

【小贴士】如果在完成审计工作后发现舞弊导致的财务报表重大错报，特别是串通舞弊或伪造文件记录导致的重大错报，并不一定表明注册会计师没有遵守审计准则。

【小贴士】注册会计师是否按照审计准则的规定实施了审计工作，取决于其是否根据具体情况实施了审计程序，是否获取了充分、适当的审计证据，以及是否根据证据评价结果出

具了恰当的审计报告。

【经典真题】

【单选题·2015】在判断注册会计师是否按照审计准则的规定执行工作以应对舞弊风险时，下列各项中，不需要考虑的是（　　）。

A. 注册会计师在审计过程中是否保持了职业怀疑

B. 注册会计师是否识别出舞弊导致的财务报表重大错报

C. 注册会计师是否根据审计证据评价结果出具了恰当的审计报告

D. 注册会计师是否根据具体情况实施了审计程序，并获取了充分、适当的审计证据

【答案】B

【解析】如果在完成审计工作后发现舞弊导致的财务报表重大错报，并不必然表明注册会计师没有遵守审计准则，注册会计师是否按照审计准则的规定实施了审计工作，取决于其是否根据具体情况实施了审计程序，是否获取了充分、适当的审计证据，以及是否根据证据评价结果出具了恰当的审计报告。故选择选项B。

重难点3：风险评估程序和相关活动★★★

（一）询问

1. 询问管理层

（1）管理层对财务报表可能存在由于舞弊导致的重大错报风险的评估，包括评估的性质、范围和频率等。

（2）管理层对舞弊风险的识别和应对过程，包括管理层识别出的或注意到的特定舞弊风险，或可能存在舞弊风险的各类交易、账户余额或披露。

（3）管理层就其对舞弊风险的识别和应对过程向治理层的通报。

（4）管理层就其经营理念和道德观念向员工的通报。

（5）是否知悉任何舞弊事实、舞弊嫌疑或舞弊指控。

2. 询问治理层

（1）除非治理层全部成员参与管理被审计单位，注册会计师应当了解治理层如何监督管理层对舞弊风险的识别和应对过程，以及为降低舞弊风险而建立的内部控制。

（2）除非治理层全部成员参与管理被审计单位，否则注册会计师对治理层的询问内容应包括治理层是否知悉任何舞弊事实、舞弊嫌疑或舞弊指控。

3. 询问内部审计人员

（1）是否知悉舞弊事实、舞弊嫌疑或舞弊指控。

（2）对舞弊风险的看法。

（3）特定内部审计活动，比如：内部审计人员在本期实施的旨在发现舞弊的程序以及管理层是否对实施内部审计程序的结果采取了令人满意的应对措施。

4. 询问内部其他相关人员

（1）内部其他人员可能包括：不直接参与财务报告过程的业务人员；拥有不同级别权限的人员；参与生成、处理或记录复杂或异常交易的人员及对其进行监督的人员；内部法律顾

问；负责道德事务的主管人员或承担类似职责的人员；负责处理舞弊指控的人员。

（2）询问内容。对内部其他人员的询问内容包括：是否知悉任何舞弊事实、舞弊嫌疑或舞弊指控。

（二）评价舞弊风险因素

根据舞弊存在时通常伴随着的三种情况，这些风险因素可以分为：

1. 实施舞弊的动机或压力

【小贴士】舞弊者具有舞弊的动机是舞弊发生的首要条件。

2. 实施舞弊的机会

舞弊的机会一般源于内部控制在设计和运行上的缺陷，如公司对资产管理松懈，公司管理层能够凌驾于内部控制之上而可以随意操纵会计记录等。

3. 为舞弊行为寻找借口的能力

【小贴士】该内容基于舞弊三角理论，需要区分舞弊风险的三个因素，掌握教材表 13－1 和表 13－2 的具体示例。

【经典真题】

【单选题·2017】下列各项中，属于舞弊发生的首要条件的是（　　）。

A. 实施舞弊的动机或压力　　B. 治理层和管理层对舞弊行为的态度

C. 实施舞弊的机会　　D. 为舞弊行为寻找借口的能力

【答案】A

【解析】选项 A，尽管舞弊的发生需要三个要件，但是具有舞弊的动机或压力是首要条件。

【经典模拟题】

【多选题】下列情形中，注册会计师认为可能为管理层提供实施舞弊机会的有（　　）。

A. 甲公司从事科技含量高、研发周期长的经营业务

B. 甲公司大量采用分销渠道销售产品

C. 甲公司高级管理人员变更频繁

D. 管理层拥有甲公司 10% 的股份

【答案】ABC

【解析】选项 D，管理层拥有甲公司 10% 的股份是动机，而不是机会。

（三）实施分析程序

在实施分析程序以了解被审计单位及其环境时，注册会计师应当评价识别出的异常或偏离预期的关系（包括与收入账户有关的关系），是否表明存在由于舞弊导致的重大错报风险。

【小贴士】在识别舞弊时要充分运用分析程序，但是，要注意风险应对时谨慎运用实质性分析程序。

【经典真题】

【单选题·2015】下列程序中，通常不用于评估舞弊风险的是（　　）。

A. 考虑在客户接受或保持过程中获取的信息

B. 实施实质性分析程序

C. 组织项目组内部讨论

D. 询问治理层、管理层和内部审计人员

【答案】B

【解析】实质性分析程序，属于风险应对的程序，即属于进一步审计程序，故选择选项 B。

【综合题（部分）·2017】ABC 会计师事务所首次接受委托，审计上市公司甲公司 2016 年度财务报表，委派 A 注册会计师担任项目合伙人。A 注册会计师确定财务报表整体的重要性为 1 200 万元。甲公司主要提供快递物流服务。

资料一：A 注册会计师在审计工作底稿中记录了所了解的甲公司情况及其环境，部分内容摘录如下。

（1）2016 年 3 月，甲公司股东大会批准一项利润分享计划。如 2016 年度实现净利润较上年度增长 20% 以上，按净利润增长部分的 10% 给予管理层奖励。

资料二：A 注册会计师在审计工作底稿中记录了甲公司的财务数据，部分内容摘录如下：

金额单位：万元

项目	2016 年（未审数）	2015 年（已审数）
应付职工薪酬——管理层利润分享	350	0
净利润	19 500	16 000

【要求】针对资料一第（1）项，结合资料二，假定不考虑其他条件，指出资料一所列事项是否可能表明存在重大错报风险，如果认定可能表明存在重大错报风险，简要说明理由。如果认为该风险为认定层次重大错报风险，说明该风险主要与哪些财务报表项目（仅限于应收账款、预付款项、预收款项、应付职工薪酬、长期应付款、营业收入、营业成本、销售费用、投资收益）的哪些认定相关（不考虑税务影响）。

【答案】

事项序号	是否可能表明存在重大错报风险（是/否）	理由	财务报表项目名称及认定
（1）	是	甲公司管理层为获得利润增长奖励，具有实施舞弊的动机和压力/2016 年度的净利润勉强达到利润分享条件，可能表明财务报表存在舞弊导致的重大错报风险	（财务报表层次）

【解析】管理层为获得利润增长奖励，具有实施舞弊的动机和压力，并且年度的净利润勉强达到利润分享条件，故可能表明财务报表存在舞弊导致的重大错报风险。

（四）考虑其他信息

应考虑获取的其他信息是否表明存在舞弊导致的重大错报风险。其他信息可能来源于项目组内部的讨论、客户承接或续约过程以及向被审计单位提供其他服务所获得的经验。

（五）组织项目组讨论

项目负责人应当在讨论时强调在整个审计过程中对舞弊导致的重大错报风险保持警惕的重要性。

1. 项目组讨论可以达到的目的

（1）具有较多经验的项目组成员有机会与其他成员分享关于财务报表易于发生由于舞弊导致的重大错报的方式和领域的见解。

（2）针对财务报表易于发生由于舞弊导致的重大错报的方式和领域考虑适当的应对措施，并确定分派哪些项目组成员实施特定的审计程序。

（3）确定如何在项目组成员中共享实施审计程序的结果，以及如何处理可能引起注册会计师注意的舞弊指控。

2. 项目组内部讨论的内容

【小贴士】该知识点2020年增加一个要点。

（1）项目组成员认为财务报表易于发生由于舞弊导致的重大错报的方式和领域、管理层可能编制和隐瞒虚假财务报告的方式以及侵占资产的方式等。

（2）可能表明管理层操纵利润的迹象，以及管理层可能采取的导致虚假财务报告的利润操纵手段。

（3）管理层企图通过晦涩难懂的披露使披露事项无法得到正确理解的风险（例如，包含太多不重要的信息或使用不明晰或模糊的语言）（该知识点2020年新增）。

（4）已知悉的对被审计单位产生影响的外部和内部因素，这些因素可能产生动机或压力使管理层或其他人员实施舞弊，可能提供实施舞弊的机会、可能存在为舞弊行为寻找借口的文化或环境。

（5）对接触现金或其他易被侵占资产的员工，管理层对其实施监督的情况。

（6）注意到的管理层或员工在行为或生活方式上出现的异常或无法解释的变化。

（7）强调在整个审计过程中对由于舞弊导致重大错报的可能性保持适当关注的重要性。

（8）遇到的哪些情形可能表明存在舞弊。

（9）如何在拟实施审计程序的性质、时间安排和范围中增加不可预见性。

（10）为应对由于舞弊导致财务报表发生重大错报的可能性而选择实施的审计程序，以及特定类型的审计程序是否比其他审计程序更为有效。

（11）注册会计师注意到的舞弊指控。

（12）管理层凌驾于控制之上的风险。

重难点4：识别和评估舞弊导致的重大错报风险★★★

（一）评估要求

（1）舞弊导致的重大错报风险属于需要注册会计师特别考虑的重大错报风险，即特别风险。

（2）在识别和评估财务报表层次以及各类交易、账户余额、披露的认定层次的重大错报风险时，注册会计师应当识别和评估舞弊导致的重大错报风险。

（二）基于收入确认存在舞弊风险的假定

（1）在识别和评估由于舞弊导致的重大错报风险时，注册会计师应当基于收入确认存在舞弊风险的假定，评价哪些类型的收入、收入交易或认定导致舞弊风险。

（2）如果认为收入确认存在舞弊风险的假定不适用于业务的具体情况，从而未将收入确认作为由于舞弊导致的重大错报风险领域，注册会计师应当在审计工作底稿中记录得出该结论的理由。

【小贴士】该知识点与第九章（销售与收款循环审计）相关内容有交叉。

【经典模拟题】

【多选题】下列有关舞弊导致的重大错报风险的说法中，正确的有（　　）。

A. 编制虚假财务报告导致的重大错报风险，大于侵占资产导致的重大错报风险

B. 舞弊导致的重大错报未被发现的风险，大于错误导致的重大错报未被发现的风险

C. 所有被审计单位都存在管理层凌驾于控制之上的风险

D. 收入确认存在舞弊风险的假定可能不适用于所有审计项目

【答案】BCD

【解析】选项 A，编制虚假财务报告导致的重大错报风险，大于侵占资产导致的重大错报风险，这一观点是不谨慎的，需要结合具体情形判断。

重难点 5：应对舞弊导致的重大错报风险★★★

（一）确定总体应对措施

（1）在分派和督导项目组成员时，考虑承担重要业务职责的项目组成员所具备的知识、技能和能力，并考虑由于舞弊导致的重大错报风险的评估结果。

（2）评价被审计单位对会计政策（特别是涉及主观计量或复杂交易的会计政策）的选择和运用，是否可能表明管理层通过操纵利润对财务信息作出虚假报告。

（3）选择审计程序的性质、时间安排和范围时，增加审计程序的不可预见性。

【小贴士】总体应对措施主要针对报表层面重大错报风险。

（二）针对舞弊导致的认定层次重大错报风险实施的审计程序

（1）改变拟实施审计程序的性质，以获取更为可靠、相关的审计证据，或获取其他佐证性信息。

（2）改变实质性程序的时间，包括在期末或接近期末实施实质性程序、针对本期较早时间发生的交易事项或贯穿于本会计期间的交易事项实施测试。

（3）改变审计程序的范围，包括扩大样本规模，采用更详细的数据实施分析程序等。

【小贴士】掌握教材表 13－3、表 13－4 的应对程序和举例或解释。

【经典真题】

【单选题·2015】如果注册会计师认为存货数量存在舞弊导致的重大错报风险，下列做法中，通常不能应对该风险的是（　　）。

A. 扩大与存货相关的内部控制测试的样本规模

B. 要求被审计单位在报告期末或临近期末的时点实施存货盘点

C. 在不预先通知被审计单位的情况下对特定存放地点的存货实施监盘

D. 利用专家的工作对特殊类型的存货实施更严格的检查

【答案】A

【解析】如果注册会计师评估认为存货存在舞弊导致的重大错报风险，因此，相关的内部控制很可能无效，这样就应该减少对内控的信赖，主要依赖实质性程序，不能通过扩大控制测试的样本规模应对存货数量存在舞弊导致的重大错报风险，故选择选项 A。

【经典模拟题】

【单选题】注册会计师应当针对评估的由于舞弊导致的财务报表层次重大错报风险确定总体应对措施。下列各项措施中，错误的是（　　）。

A. 评价被审计单位对会计政策的选择和运用

B. 改变拟实施审计程序的性质

C. 指派更有经验、知识、技能和能力的项目组成员

D. 在确定审计程序的性质、时间安排和范围时，增加审计程序的不可预见性

【答案】B

【解析】选项 B 错误，改变拟实施审计程序的性质主要针对认定层重大错报风险。

（三）管理层凌驾于控制之上实施舞弊的手段

（1）编制虚假的会计分录，特别是在临近会计期末时。

（2）滥用或随意变更会计政策。

（3）不恰当地调整会计估计所依据的假设及改变原先作出的判断。

（4）故意漏记、提前确认或推迟确认报告期内发生的交易或事项。

（5）隐瞒可能影响财务报表金额的事实。

（6）构造复杂或虚假的交易以歪曲财务状况或经营成果。

（7）篡改与重大或异常交易相关的会计记录和交易条款。

【经典真题】

【多选题·2015】下列各项中，属于管理层通过凌驾于控制之上实施舞弊的手段的有（　　）。

A. 不恰当地调整会计估计所依据的假设

B. 随意变更会计政策

C. 篡改与重大交易相关的会计记录和交易条款

D. 构造复杂的交易以歪曲财务状况或经营成果

【答案】ABCD

（四）针对管理层凌驾于控制之上的风险实施的审计程序

1. 测试日常会计核算过程中作出的会计分录以及编制财务报表过程中作出的其他调整是否适当

（1）向参与财务报告过程的人员询问与处理会计分录和其他调整相关的不恰当或异常的活动。

（2）选择在报告期末作出的会计分录和其他调整。

（3）考虑是否有必要测试整个会计期间的会计分录和其他调整。

2. 复核会计估计是否存在偏向，并评价产生这种偏向的环境是否表明存在由于舞弊导致的重大错报风险

（1）评价管理层在作出会计估计时所作出的判断和决策是否反映出管理层的某种偏向（即使判断和决策单独看起来是合理的），从而可能表明存在由于舞弊导致的重大错报风险。如果存在偏向，注册会计师应当从整体上重新评价会计估计。

（2）追溯复核与以前年度财务报表反映的重大会计估计相关的管理层判断和假设。

3. 对于超出被审计单位正常经营过程的重大交易，或基于对被审计单位及其环境的了解以及在审计过程中获取的其他信息而显得异常的重大交易，评价其商业理由（或缺乏商业理由）是否表明被审计单位从事交易的目的是为了对财务信息作出虚假报告或掩盖侵占资产的行为。

以下迹象可能表明被审计单位从事超出其正常经营过程的重大交易或虽然未超出其正常经营过程，但显得异常的重大交易：

（1）交易的形式显得过于复杂（例如涉及集团内部多个实体或涉及多个非关联的第三方）。

（2）管理层未与治理层就此类交易的性质和会计处理进行过讨论，且缺乏充分的记录。

（3）管理层更强调采用某种特定的会计处理的需要，而不是交易的经济实质。

（4）对于涉及不纳入合并范围的关联方的交易，治理层未进行适当的审核与批准。

（5）交易涉及以往未识别出的关联方，或涉及在没有被审计单位帮助的情况下不具备物质基础或财务能力完成交易的第三方。

【经典真题】

【多选题·2018】为应对管理层凌驾于控制之上的风险，下列审计程序中，注册会计师应当在所有审计业务中实施的有（　　）。

A. 复核会计估计是否存在偏向

B. 对报告期末作出的会计分录和其他调整实施测试

C. 对关联方交易及余额实施函证程序

D. 对营业收入实施实质性分析程序

【答案】AB

【解析】应对管理层凌驾于控制之上的风险，“可以”考虑实施对关联方交易及余额实施函证程序和对营业收入实施实质性分析程序，但不是约束性程序，即不属于“应当”范畴，故选项 C、选项 D 不恰当。

【经典模拟题】

【单选题】下列审计程序中通常不能应对管理层凌驾于控制之上的风险的是（　　）。

A. 测试会计分录和其他调整

B. 复核会计估计是否存在偏向

C. 评价重大非常规交易的商业理由

D. 获取有关重大关联方交易的管理层书面声明

【答案】D

【解析】选项 D，获取有关重大关联方交易的管理层书面声明不能应对管理层凌驾于控制之上的风险。

重难点 6：会计分录测试★★★

（一）会计分录和其他调整的类型

【小贴士】会计分录测试的对象是与被审计财务报表相关的所有会计分录和其他调整，包括编制合并报表时作出的调整分录和抵销分录。

会计分录和其他调整的类型不同，其固有风险和受被审计单位内部控制影响的程度不同，因而具有不同程度的重大错报风险。

1. 标准会计分录

此类会计分录用于记录被审计单位的日常经营活动或经常性的会计估计，通常是由会计人员作出或会计系统自动生成的。

【小贴士】此类分录受信息系统一般控制和其他系统性控制的影响。

2. 非标准会计分录

此类会计分录用于记录被审计单位日常经营活动之外的事项或异常交易，可能包括特殊资产减值准备的计提、期末调整分录等。

【小贴士】非标准会计分录可能具有较高的重大错报风险，因为此类分录通常容易被管理层用来操纵利润，并且可能涉及任何报表项目。

3. 其他调整

包括为编制合并财务报表而作出的调整分录和抵销分录、通常不作为正式的会计分录反映的重分类调整等。

【小贴士】此类分录可能不受被审计单位内部控制的影响。

（二）会计分录测试的步骤

（1）了解被审计单位的财务报告流程，以及针对会计分录和其他调整已实施的控制，必要时，测试相关控制的运行有效性。

（2）确定待测试会计分录和其他调整的总体，并测试总体的完整性。

（3）从总体中选取待测试的会计分录及其他调整。

（4）测试选取的会计分录及其他调整，并记录测试结果。

（三）被审计单位内部控制系统中针对会计分录和其他调整的控制

（1）针对会计分录和其他调整的授权、过账、审核、核对等方面设置职责分离。

（2）在会计系统中设置系统访问权限，用以控制会计分录的记录权和审批权。

（3）用以防止并发现虚假会计分录或未经授权的更改的控制措施。

（4）由管理层、治理层或其他适当人员对会计分录记录和过入总账以及在编制财务报表过程中作出其他调整的过程进行监督。

（5）由被审计单位的内部审计人员（如有）定期测试控制运行的有效性。

（四）确定待测试会计分录和其他调整的总体并测试总体的完整性

1. 确定待测试会计分录和其他调整的总体

（1）某些会计分录和其他调整可能并不过入被审计单位的总账，因此，注册会计师需要全面了解各总账账户，以及各明细账户与被审计单位财务报表项目之间的对应关系。

（2）注册会计师可以结合对被审计单位财务报告流程以及被审计单位针对会计分录和其他调整实施的控制的了解，来确定待测试会计分录和其他调整的总体。在这一过程中，注册会计师可以了解会计分录和其他调整的来源和特征。

（3）以手工方式生成的会计分录或其他调整通常于月末、季末或年末作出，主要用于记录会计调整或会计估计，或者用于编制合并财务报表。

（4）对于以手工方式生成的会计分录或其他调整，特别是在期末用于记录会计调整或会计估计，或者用于编制合并财务报表的调整分录，注册会计师可以了解这些分录的编制者、所需要的审批，以及这些分录以何种方式得以记录（例如，这些分录是以电子形式记录的，没有实物证据，还是以纸质形式记录的）。

2. 针对待测试会计分录和其他调整总体的审计程序

一套完整性测试的例子（假设注册会计师选择测试整个会计期间的会计分录和其他调整）如下：

（1）从被审计单位会计信息系统中导出所有待测试会计分录和其他调整。

（2）加计从会计信息系统中导出的所有会计分录和其他调整中的本期发生额，与科目余额表（包括期初余额、本期借方累计发生额、本期贷方累计发生额、期末余额）中的各科目本期发生额核对相符。

（3）将系统生成的重要账户余额与明细账和总账及科目余额表中的余额核对，测试计算准确性。

（4）检查所有结账后作出的与本期财务报表有关的会计分录和其他调整，测试其完整性。

（5）将总账与财务报表核对，以检查是否存在其他调整。

【经典真题】

【综合题（部分）·2016】上市公司甲公司是ABC会计师事务所的常年审计客户，主要从事电子商务业务。A注册会计师负责审计甲公司2015年度财务报表，确定财务报表整体的重要性为600万元，实际执行重要性为360万元，明显微小错报临界值为30万元。

资料四：A注册会计师在审计工作底稿中记录了实施实质性程序的情况，部分内容摘录如下：

（1）A注册会计师将甲公司2015年度所有的非标准会计分录和其他调整作为会计分录

测试的总体，在测试总体的完整性后，选取具有异常特征的项目实施了细节测试，结果满意。

【要求】指出A注册会计师的做法是否恰当。如不恰当，提出改进建议。

【答案】不恰当。总体不完整/不应仅以异常项目作为细节测试的对象。

【解析】抽样时以异常项目作为细节测试的总体是不完整的，也要考虑非异常项目。

（五）选取并测试会计分录和其他调整时考虑的因素

（1）对由于舞弊导致的重大错报风险的评估。

（2）对会计分录和其他调整已实施的控制。

（3）被审计单位的财务报告过程以及所能获取的证据的性质。

（4）虚假会计分录或其他调整的特征。

（5）账户的性质和复杂程度。

（6）在日常经营活动之外处理的会计分录或其他调整。

【经典真题】

【多选题·2016】下列有关会计分录测试的说法中，正确的有（　　）。

A. 在所有财务报表审计业务中，注册会计师均应当实施会计分录测试

B. 注册会计师应当对待测试会计分录总体实施完整性测试

C. 即使被审计单位对会计分录和其他调整实施的控制有效，注册会计师也不可以缩小会计分录的测试范围

D. 会计分录测试的对象包括被审计单位编制合并财务报表时作出的抵销分录

【答案】ABD

【解析】选项C错误，依据进一步审计程序方案，被审计单位对会计分录和其他调整实施的控制有效，注册会计师可以缩小会计分录的测试范围。

【综合题（部分）·2018】上市公司甲公司是ABC会计师事务所的常年审计客户，主要从事汽车的生产和销售。A注册会计师负责审计甲公司2017年度财务报表，确定财务报表整体的重要性为1 000万元，明显微小错报的临界值为30万元。

资料三：A注册会计师在审计工作底稿中记录了审计计划，部分内容摘录如下。

（1）因评估的舞弊风险较高，A注册会计师拟将甲公司全年的会计分录和其他调整作为会计分录测试的总体。针对该总体实施完整性测试，并选取所有金额超过30万元的异常项目进行测试。

【要求】针对资料三第（1）项，假定不考虑其他条件，指出审计计划的内容是否恰当。如不恰当，简要说明理由。

【答案】

事项序号	是否恰当（是/否）	理　由
（1）	否	金额大小不是选取测试异常项目的考虑因素/应测试所有异常项目

【解析】判断项目是否异常不仅仅考虑金额因素，还有性质等因素。

重难点7：评价审计证据★★★

【小贴士】从一般性角度出发，对于审计证据的评价，主要从其充分性和适当性的维度考虑，该知识点也遵循这样一个思路。

（1）如果发现某项错报，注册会计师应当考虑该项错报是否表明存在舞弊。注册会计师不应将审计中发现的舞弊视为孤立发生的事项。注册会计师还应当考虑发现的错报是否表明，在某一特定领域存在舞弊导致的更高的重大错报风险。

（2）如果认为错报是舞弊或可能是舞弊导致的，且涉及管理层，尤其是高层，无论错报是否重大，注册会计师都应当重新评价对由于舞弊导致的重大错报风险的评估结果，以及该结果旨在应对评估的风险的审计程序的性质、时间安排和范围的影响。

（3）在重新考虑此前获取的审计证据的可靠性时，注册会计师还应当考虑相关的情形是否表明可能存在涉及员工、管理层或第三方的串通舞弊。

【小贴士】如果确认财务报表存在由于舞弊导致的重大错报，或无法确定财务报表是否存在由于舞弊导致的重大错报，注册会计师应当评价这两种情况对审计（例如，维系审计关系或审计意见等）的影响。

【经典真题】

【综合题（部分）·2015】甲集团公司是ABC会计师事务所的常年审计客户，主要从事化妆品的生产、批发和零售。A注册会计师负责审计甲集团公司2014年度财务报表，确定集团财务报表整体的重要性为600万元。

资料五：

A注册会计师在审计工作底稿中记录了处理错报的相关情况，部分内容摘录如下：

（2）A注册会计师发现甲集团公司销售副总经理挪用客户回款50万元，就该事项与总经理和治理层进行了沟通，因管理层已同意调整该错报并对相关内部控制缺陷进行整改，A注册会计师未再执行其他审计工作。

【要求】针对资料五第（2）项，假定不考虑其他条件，指出A注册会计师的做法是否恰当。如不恰当，简要说明理由并提出改进建议。

【答案】

事项序号	是否恰当（是/否）	理由及改进建议
（2）	否	理由：该错报涉及较高层级的管理层舞弊 改进建议：注册会计师应当采取下列措施： （1）重新评估舞弊导致的重大错报风险。 （2）考虑重新评估的结果对审计程序的性质、时间安排和范围的影响。 （3）重新考虑此前获取的审计证据的可靠性

【解析】该错报涉及副总经理舞弊，属于较高层级的管理层舞弊，注册会计师应该执行其他审计工作。

【综合题（部分）·2018】上市公司甲公司是ABC会计师事务所的常年审计客户，主要从事药品的研发、生产和销售。A注册会计师负责审计甲公司2017年度财务报表，确定财务报表整体的重要性为300万元，明显微小错报的临界值为15万元。

资料五：A注册会计师的审计工作底稿中记录了重大事项的处理情况，部分内容摘录如下。

（2）A注册会计师发现某业务员虚报业务费10万元，向甲公司管理层进行了通报。管理层追回了已支付的报销款，按内部规定对该业务员进行处罚，并作了相应的会计处理。A注册会计师对甲公司的处理实施了相关审计程序，结果满意。

【要求】针对资料五第（2）项，假定不考虑其他条件，指出A注册会计师的做法是否恰当。如不恰当，简要说明理由。

【答案】不恰当。所述事项表明存在舞弊，注册会计师应当实施追加程序，确定该业务员是否存在其他类似错报。

【解析】不能因为业务员虚报业务费10万元，低于明显微小错报的临界值为15万元，而将其定为明显微小错报，因为在性质上是重大的。

重难点8：无法继续执行审计业务★★

（一）对继续执行审计业务的能力产生怀疑

（1）被审计单位没有针对舞弊采取适当的、必要的措施，即使该舞弊对财务报表并不重大；

（2）注册会计师对由于舞弊导致的重大错报风险的考虑以及实施审计测试的结果，表明存在重大且广泛的舞弊风险；

（3）注册会计师对管理层或治理层的胜任能力或诚信产生重大疑虑。

（二）解除业务约定

由于可能出现的情形各不相同，因而难以确切地说明在何时解除业务约定是适当的。影响注册会计师得出结论的因素包括管理层或治理层成员参与舞弊可能产生的影响（可能会影响到管理层声明的可靠性），以及与被审计单位之间保持客户关系对注册会计师的影响。如果决定解除业务约定，注册会计师应当采取以下措施：

（1）与适当层级的管理层和治理层讨论解除业务约定的决定和理由。

（2）考虑是否存在职业责任或法律责任，需要向审计业务委托人或监管机构报告解除业务约定的决定和理由。

重难点9：书面声明★

注册会计师应当就下列事项向管理层和治理层（如适用）获取书面声明：

（1）管理层和治理层认可其设计、执行和维护内部控制以防止和发现舞弊的责任。

（2）管理层和治理层已向注册会计师披露了管理层对由于舞弊导致的财务报表重大错报风险的评估结果。

（3）管理层和治理层已向注册会计师披露了已知的涉及管理层、在内部控制中承担重要职责的员工以及其他人员（在舞弊行为导致财务报表出现重大错报的情况下）的舞弊或舞弊嫌疑。

（4）管理层和治理层已向注册会计师披露了从现任和前任员工、分析师、监管机构等方面获知的、影响财务报表的舞弊指控或舞弊嫌疑。

重难点 10：与管理层、治理层和监管机构的沟通★★★

（一）与管理层沟通

当证据表明存在或可能存在舞弊时，尽快提请适当层级的管理层关注这一事项是很重要的。

【小贴士】通常情况下，适当层级的管理层至少要比涉嫌舞弊人员高出一个级别。即使该事项可能被认为不重要（如被审计单位组织结构中处于较低职位的员工挪用小额公款），注册会计师也应当这样做。

【经典真题】

【综合题（部分）·2016】甲公司是 ABC 会计师事务所的常年审计客户，主要从事肉制品的加工和销售。A 注册会计师负责审计甲公司 2015 年度财务报表，确定财务报表整体的重要性为 100 万元。审计报告日为 2016 年 4 月 30 日。

资料四：甲公司部分原材料系向农户采购。财务人员办理结算时应当查验农户身份证，并将身份证复印件及农户签字的收据作为付款凭证附件。2 000 元以上的付款应当通过银行转账。A 注册会计师在审计工作底稿中记录了与采购与付款交易相关的审计工作，部分内容摘录如下：

（1）2015 年 10 月，A 注册会计师在观察原材料验收流程时发现某农户向验收员支付回扣，以提高核定的品质等级。A 注册会计师认为该事项不重大，在审计完成阶段向管理层通报了该事项。

【要求】针对资料四第（1）项，假定不考虑其他条件，指出 A 注册会计师的做法是否恰当。如不恰当，简要说明理由。

【答案】

事项序号	是否恰当（是/否）	理　由
（1）	否	应当尽快与管理层进行沟通

【解析】农户向验收员支付 2 000 元回扣，尽管金额不大，但是性质重大。

（二）与治理层的沟通

【小贴士】如果确定或怀疑舞弊涉及管理层、在内部控制中承担重要职责的员工以及其舞弊行为可能导致财务报表重大错报的其他人员，应当尽早就此类事项与治理层沟通。如果怀疑舞弊涉及管理层，注册会计师应当将此怀疑向治理层通报，并与其讨论为完成审计工作所必需的审计程序的性质、时间安排和范围。

如果根据判断认为还存在与治理层职责相关的、涉及舞弊的其他事项，注册会计师应当就此与治理层沟通。这些事项可能包括：

（1）对管理层评估的性质、范围和频率的疑虑。

（2）管理层未能恰当应对识别出的值得关注的内部控制缺陷或舞弊。

（3）注册会计师对被审计单位控制环境的评价，包括对管理层胜任能力和诚信的疑虑；

（4）可能表明存在编制虚假财务报告的管理层行为。

（5）对超出正常经营过程的交易的授权的适当性和完整性的疑虑。

（三）与监管机构沟通

如果识别出舞弊或怀疑存在舞弊，注册会计师应当确定是否有责任向被审计单位以外的机构报告。

【小贴士】尽管注册会计师对客户信息负有的保密义务可能妨碍这种报告，但如果法律法规要求注册会计师履行报告责任，注册会计师应当遵守法律法规的规定。

重难点 11：违反法律法规行为的含义和类别★★

（一）违反法律法规的含义

违反法律法规是指被审计单位有意或无意违背除适用的财务报告编制基础以外的现行法律法规的行为。

【小贴士】违反法律法规不包括由治理层、管理层或员工实施的与被审计单位经营活动无关的不当个人行为。

（二）“两类”法律法规

1. “第一类”法律法规

该类法规对决定财务报表中的重大金额和披露有直接影响的法律法规。

2. “第二类”法律法规

该类法规对决定财务报表中的金额和披露没有直接影响的其他法律法规，但遵守这些法律法规对被审计单位的经营活动、持续经营能力或避免大额罚款至关重要；违反这些法律法规，可能对财务报表产生重大影响。

（三）注册会计师关注违反法律法规行为的理由

（1）被审计单位的违反法律法规行为可能与财务报表相关，有些违反法律法规行为还可能产生重大财务后果，进而影响财务报表的合法性和公允性。

（2）如果不实施必要的审计程序，则可能导致注册会计师出具不恰当的审计报告。

（3）在设计和实施审计程序以及评价和报告审计结果时，注册会计师应当充分关注被审计单位违反法律法规行为可能对财务报表产生的重大影响。

【经典真题】

【多选题·2019】下列有关注册会计师执行财务报表审计时对法律法规的考虑的说法中，正确的有（　　）。

A. 注册会计师没有责任防止被审计单位违反法律法规

B. 对于不直接影响财务报表金额和披露的法律法规，注册会计师应就被审计单位遵守了这些法律法规获取管理层的书面声明

C. 如果识别出被审计单位的违反法律法规行为，注册会计师应当考虑是否有责任向被审计单位以外的监管机构报告

D. 对于直接影响财务报表金额和披露的法律法规，注册会计师应就被审计单位遵守了这些法律法规获取充分、适当的审计证据

【答案】ACD

【解析】选项B不正确，对于不直接影响财务报表金额和披露的法律法规，注册会计师的责任仅限于实施特定的审计程序，以有助于识别可能对财务报表产生重大影响的违反这些法律法规的行为。

重难点12：注册会计师对被审计单位违反法律法规的审计责任★★★

（一）总体要求

【小贴士】注册会计师有责任对财务报表整体不存在由于舞弊或错误导致的重大错报获取合理保证。注册会计师没有责任防止被审计单位违反法律法规行为，也不能期望其发现所有的违反法律法规行为。

（1）许多法律法规主要与被审计单位经营活动相关，通常不影响财务报表，且不能被与财务报告相关的信息系统所获取。

（2）违反法律法规可能涉及故意隐瞒的行为，如共谋、伪造、故意漏记交易、管理层凌驾于控制之上或故意向注册会计师提供虚假陈述。

（3）某行为是否构成违反法律法规，最终只能由法院认定。

（二）注册会计师对"两类"法律法规的审计责任

（1）针对被审计单位需要遵守的第一类法律法规，注册会计师的责任是，就被审计单位遵守这些法律法规的规定获取充分、适当的审计证据。

（2）针对被审计单位需要遵守的第二类法律法规，注册会计师的责任仅限于实施下列特定的审计程序，有助于识别可能对财务报表产生重大影响的违反这些法律法规的行为。

【经典真题】

【单选题·2016】下列有关财务报表审计中对法律法规的考虑的说法中，错误的是（　　）。

A. 注册会计师没有责任防止被审计单位违反法律法规

B. 注册会计师有责任实施特定的审计程序，以识别和应对可能对财务报表产生重大影响的违反法律法规行为

C. 注册会计师通常采用书面形式与被审计单位治理层沟通审计过程中注意到的有关违反法律法规的事项

D. 如果被审计单位存在对财务报表有重大影响的违反法律法规行为，且未能在财务报表中得到充分反映，注册会计师应当发表保留意见或否定意见

【答案】B

【解析】选项B错误，针对被审计单位遵守的第二类违反法律法规行为，注册会计师并不需要实施特定程序去应对可能对财务报表产生重大影响的违反法律法规行为。

重难点13：对被审计单位遵守法律法规的考虑★★

（一）对法律法规框架的了解

在了解被审计单位及其环境时，注册会计师应当总体了解下列事项：

（1）适用于被审计单位及其所处行业或领域的法律法规框架。

（2）被审计单位如何遵守这些法律法规框架。

（二）对决定财务报表中的重大金额和披露有直接影响的法律法规

通常对决定财务报表中的重大金额和披露有直接影响的法律法规的规定，注册会计师应当获取被审计单位遵守这些规定的充分、适当的审计证据。

（三）识别违反其他法律法规的行为的程序

其他法律法规可能因其对被审计单位的经营活动具有至关重要的影响，需要注册会计师予以特别关注。

注册会计师应当实施下列审计程序，有助于识别可能对财务报表产生重大影响的违反其他法律法规的行为：

（1）向管理层和治理层（如适用）询问被审计单位是否遵守了这些法律法规。

（2）检查被审计单位与许可证颁发机构或监管机构的往来函件。

（四）实施其他审计程序使注册会计师注意到违反法律法规行为

为形成审计意见所实施的审计程序，可能使注册会计师注意到识别出的或怀疑存在的违反法律法规行为。这些审计程序可能包括：

（1）阅读会议纪要。

（2）向被审计单位管理层、内部或外部法律顾问询问诉讼、索赔及评估情况。

（3）对某类交易、账户余额和披露实施细节测试。

（五）书面声明

由于法律法规对财务报表的影响差异很大，对于管理层识别出的或怀疑存在的、可能对财务报表产生重大影响的违反法律法规行为，书面声明可以提供必要的审计证据。然而，书面声明本身并不提供充分、适当的审计证据，因此，不影响注册会计师拟获取的其他审计证据的性质和范围。

【经典真题】

【单选题·2015】下列审计程序中，通常不能识别被审计单位违反法律法规行为的是（　　）。

A. 向管理层、内部或外部法律顾问询问诉讼、索赔及评估情况

B. 获取管理层关于被审计单位不存在违反法律法规行为的书面声明

C. 对营业外支出中的罚款及滞纳金支出实施细节测试

D. 阅读董事会和管理层的会议纪要

【答案】B

【解析】选项B错误，书面声明可以提供必要的审计证据，但书面声明本身并不提供充分、适当的审计证据，对于管理层识别出的或怀疑存在的可能对财务报表产生重大影响的违

反法律法规行为。

重难点14：识别出或怀疑存在违反法律法规行为时实施的审计程序★★★

（一）注意到与识别出的或怀疑存在的与违反法律法规行为相关的信息时的审计程序

1. 了解违反法律法规行为的性质有其发生的环境

2. 获取进一步的信息以评价对财务报表可能产生的影响

（1）违反法律法规行为对财务报表产生的潜在财务后果，如受到罚款、处分、赔偿、封存财产、强制停业和诉讼等。

（2）潜在财务后果是否需要列报。

（3）潜在财务后果是否严重，以致对财务报表的公允反映产生怀疑或导致财务报表产生误导。

（二）怀疑被审计单位存在违反法律法规行为时的审计程序

（1）如果治理层能够提供额外的审计证据，注册会计师可以与治理层讨论其发现。例如，对于可能导致违反法律法规的交易或事项相关的事实和情况，注册会计师可以证实治理层是否对此具有相同的理解。

（2）如果管理层或治理层不能向注册会计师提供充分的信息，证明被审计单位遵守了法律法规，注册会计师可以考虑向被审计单位内部或外部的法律顾问咨询有关法律法规在具体情况下的运用，包括舞弊的可能性以及对财务报表的影响。

（3）如果认为向被审计单位法律顾问咨询是适当的或不满意其提供的意见，注册会计师可以考虑向所在会计师事务所的法律顾问咨询，以确定被审计单位是否存在违反法律法规行为、可能导致的法律后果（包括舞弊的可能性），以及可能采取的进一步行动。

【经典真题】

【综合题（部分）·2017】ABC会计师事务所首次接受委托，审计上市公司甲公司2016年度财务报表，委派A注册会计师担任项目合伙人。A注册会计师确定财务报表整体的重要性为1 200万元。甲公司主要提供快递物流服务。

资料四：A注册会计师在审计工作底稿中记录了实施的进一步审计程序，部分内容摘录如下：

（5）A注册会计师发现甲公司未与部分快递员签订劳动合同且未缴纳社保金，管理层解释系快递员流动频繁所致。A注册会计师检查了甲公司人事部门的员工入职和离职记录，认为解释合理，未再实施其他审计程序。

【要求】针对资料四第（5）项，假定不考虑其他条件，指出A注册会计师的做法是否恰当。如不恰当，简要说明理由。

【答案】不恰当。注册会计师应当评价违法违规行为对财务报表可能产生的影响/与治理层进行沟通。

【解析】甲公司未与部分快递员签订劳动合同且未缴纳社保金，属于违反劳动法行为，应该实施其他程序。

（三）评价违反法律法规行为的影响

注册会计师应当评价违反法律法规行为对审计的其他方面可能产生的影响，包括对注册会计师风险评估和被审计单位书面声明可靠性的影响。

注册会计师识别出的违反法律法规行为的影响，取决于该行为的实施和隐瞒与具体控制活动之间的关系，以及牵涉的管理人员或员工的级别，尤其是最高权力机构参与违反法律法规行为所产生的影响。

【小贴士】如果管理层或治理层没有采取注册会计师认为适合具体情况的补救措施，即使违反法律法规行为对财务报表不重要，如果法律法规允许，注册会计师也可能考虑是否有必要解除业务约定。

【经典真题】

【多选题·2015】如果识别出被审计单位违反法律法规的行为，下列各项程序中，注册会计师应当实施的有（　　）。

A. 评价识别出的违反法律法规行为对注册会计师风险评估的影响

B. 评价被审计单位书面声明的可靠性

C. 就识别出的所有违反法律法规行为与治理层进行沟通

D. 了解违反法律法规行为的性质及其发生的环境

【答案】ABD

【解析】选项C错误，就识别出的所有违反法律法规行为与治理层进行沟通，对于识别出的明显不重要的违反法律法规行为，可以不与治理层进行沟通。

重难点15：对识别出的或怀疑存在的违反法律法规行为的报告★★★

（一）与治理层沟通

1. 与治理层沟通的总体要求

（1）除非治理层全部成员参与管理被审计单位，否则注册会计师应当与治理层沟通识别出的或怀疑存在的违反法律法规行为的事项。

（2）不必沟通明显不重要的事项。

（3）通常采用书面形式，也可以采取口头方式。如果采用口头沟通方式，应形成沟通记录，并提请沟通对象签字确认。

2. 违反法律法规行为情节严重时的沟通要求

（1）对故意和重大的违反法律法规行为的沟通要求。如果根据判断认为需要沟通的违反法律法规行为是故意和重大的，注册会计师应当就此尽快向治理层通报。

（2）怀疑违反法律法规行为涉及管理层或治理层时的沟通要求。如果怀疑违反法律法规行为涉及管理层或治理层，注册会计师应当向被审计单位审计委员会或监事会等更高层级的机构通报。如果不存在更高层级的机构，或者注册会计师认为被审计单位可能不会对通报作出反应，或者注册会计师不能确定向谁报告，注册会计师应当考虑是否需要征询法律意见。

（二）出具审计报告

【小贴士】该知识点与第五编有关内容有交叉。

1. 考虑违反法律法规行为的影响

（1）如果认为违反法律法规行为对财务报表具有重大影响，注册会计师应当要求被审计单位在财务报表中予以恰当反映。

（2）如果被审计单位在财务报表中对该违反法律法规行为作出恰当反映，注册会计师应当出具无保留意见的审计报告。

（3）如果认为违反法律法规行为对财务报表有重大影响，且未能在财务报表中得到恰当反映，注册会计师应当出具保留意见或否定意见的审计报告。

2. 考虑审计范围受到限制的影响

（1）来自被审计单位的限制。如果因管理层或治理层阻挠而无法获取充分、适当的审计证据以评价是否存在或可能存在对财务报表产生重大影响的违反法律法规行为，注册会计师应当根据审计范围受到限制的程度，发表保留意见或无法表示意见。

（2）其他条件的限制。如果由于审计范围受到管理层或治理层以外的其他方面的限制而无法确定被审计单位是否存在违反法律法规行为，注册会计师应当评价这一情况对审计意见的影响。

（三）向监管机构和执法机构报告违反法律法规行为

如果识别出或怀疑存在违反法律法规行为，注册会计师应当考虑是否有责任向被审计单位以外的监管机构和执法机构等相关机构或人员报告。

【小贴士】要求向监管机构报告的是经注册会计师发现和确定的严重违反法规行为。所谓“严重”主要是指有重大法律后果或涉及社会公众利益。

四、进阶练习

（一）单选题

1. 下列舞弊风险因素中，与实施舞弊的态度或借口相关的是（　　）。

A. 存在异常的法律实体或管理层级

B. 非财务管理人员过度参与会计政策的选择或重大会计估计的确定

C. 管理层在被审计单位中拥有重大直接经济利益

D. 部门职责分离不合理

2. 下列舞弊风险因素中，与侵占资产导致的错报相关的是（　　）。

A. 利用商业中介进行复杂的交易，但缺乏明显的商业理由

B. 管理层由一人或少数人控制，且缺乏有效的补偿性控制

C. 会计系统信息系统存在重大缺陷

D. 对高级管理人员差旅费支出的监督不足

3. 下列有关会计分录测试的说法中，不正确的是（　　）。

A. 在所有财务报表审计业务中，注册会计师都需要专门针对管理层凌驾于控制之上的风险设计和实施会计分录测试

B. 注册会计师应当对待测试会计分录总体实施完整性测试

C. 被审计单位对会计分录和其他调整实施的控制有效，注册会计师可以缩小会计分录

的测试范围

D. 会计分录测试的对象不包括被审计单位编制合并财务报表时作出的抵销分录

4. 下列有关管理层凌驾于控制之上的风险的说法中，不恰当的是（　　）。

A. 管理层凌驾于控制之上的风险属于特别风险

B. 自动化控制能够合理控制管理层凌驾于控制之上的风险

C. 管理层凌驾于控制之上的行为发生方式不可预见

D. 如果对管理层凌驾于控制之上的风险的评估结果满意，可以不实施进一步审计程序

5. 注册会计师识别出或怀疑被审计单位存在违反法律法规的行为，下列拟实施程序中不恰当的是（　　）。

A. 了解违反法律法规行为的性质及其发生的环境

B. 评价识别出的违反法律法规行为对注册会计师风险评估的影响

C. 就识别出的所有违反法律法规行为与治理层进行沟通

D. 注册会计师应当评价违反法律法规行为对审计的其他方面可能产生的影响，包括评价被审计单位书面声明的可靠性

6. 下列各项审计程序中，不属于针对舞弊导致的认定层次重大错报风险实施的是（　　）。

A. 在不预先通知的情况下对特定存放地点的存货实施监盘

B. 将询问范围延伸至管理层和会计部门以外的人员，以印证管理层完成与作出会计估计相关的计划的能力和意图

C. 向第三方函证合同的具体条款

D. 评价被审计单位对会计政策的选择和运用，是否可能表明管理层通过操纵利润对财务信息作出虚假报告

7. 下列审计程序中，不能增加审计程序不可预见性的是（　　）。

A. 改变实质性分析程序的对象

B. 运用与以往不同的抽样方法选择需要检查的存货

C. 多选几个月的银行存款余额调节表进行测试

D. 在审计项目中，对零余额的银行账户进行函证

8. 如下做法中，通常不能应对库存商品期末数量存在舞弊导致的重大错报风险的是（　　）。

A. 扩大与存货相关的内部控制测试的样本规模

B. 要求被审计单位在报告期末或邻近期末的时点实施存货盘点

C. 在不预先通知的情况下对特定存放地点的存货实施监盘

D. 利用专家的工作对特殊类型的存货实施更严格的检查

9. 关于识别和评估舞弊导致的重大错报风险相关内容，下列说法中错误的是（　　）。

A. 关联方交易、当年超额完成但预期下年难以达到、完工百分比法确认收入但进度具有高度不确定性等，存在舞弊风险

B. 编制虚假财务报告导致的重大错报风险小于侵占资产导致的重大错报风险

C. 舞弊导致的重大错报未被发现的风险，大于错误导致的重大错报未被发现风险

D. 注册会计师应当基于收入确认存在舞弊风险的假定，评价哪些类型的收入、收入交易或认定导致舞弊风险

10. 被审计单位进行会计处理时存在下列情形，其中不属于舞弊行为的是（　　）。

A. 随意变更会计政策

B. 由于疏忽和误解有关事实而作出不恰当的会计估计

C. 故意推迟确认报告期内发生的交易

D. 人为不恰当地调整会计估计所依据的假设

（二）多选题

1. 下列各项中，属于形成舞弊的风险因素有（　　）。

A. 实施舞弊的动机或压力　　B. 公司对资产管理松懈

C. 为舞弊行为寻找借口的能力　　D. 高级管理人员的报酬与财务业绩挂钩

2. 下列审计程序中，能够应对管理层凌驾于控制之上的风险的有（　　）。

A. 测试日常会计核算过程中作出的会计分录以及编制财务报表过程中作出的其他调整是否适当

B. 复核会计估计是否存在偏向，并评价产生这种偏向的环境是否表明存在由于舞弊导致的重大错报风险

C. 是否表明被审计单位从事交易的目的是为了对财务信息作出虚假报告或掩盖侵占资产的行为

D. 获取有关重大关联方交易的管理层书面声明

3. 当怀疑被审计单位存在违反法律法规行为时，如果管理层或治理层不能向注册会计师提供充分的信息，证明被审计单位遵守了法律法规，下列各项审计程序中，能够为注册会计师提供额外审计证据的有（　　）。

A. 获取被审计单位管理层的书面声明　　B. 与被审计单位治理层讨论

C. 向被审计单位内部法律顾问咨询　　D. 向会计师事务所的法律顾问咨询

4. 下列有关财务报表审计中对法律法规的考虑的观点中，正确的有（　　）。

A. 违反法律法规，是指被审计单位、治理层、管理层或者为被审计单位工作或受其指导的其他人，有意或无意违背现行法律法规的行为

B. 注册会计师没有责任防止被审计单位违反法律法规

C. 如果被审计单位存在对财务报表有重大影响的违反法律法规行为，且未能在财务报表中得到充分反映，注册会计师应发表非无保留意见

D. 注册会计师通常采用书面形式与被审计单位治理层沟通审计过程中注意到的有关违反法律法规的重大事项

5. 在判断注册会计师是否按照审计准则的规定执行工作以应对舞弊风险时，下列各项中，需要考虑的有（　　）。

A. 注册会计师是否根据具体情况实施了审计程序，并获取了充分、适当的审计证据

B. 注册会计师是否识别出舞弊导致的财务报表重大错报

C. 注册会计师在审计过程中是否保持了职业怀疑

D. 注册会计师是否根据审计证据评价结果出具了恰当的审计报告

6. 下列关于注册会计师针对发现的舞弊事项与管理层和治理层沟通的说法中，不正确的有（　　）。

A. 如果怀疑舞弊涉及管理层，注册会计师应当将此怀疑向治理层通报，但不应该与其讨论完成审计工作所必须的审计程序的性质、时间安排和范围

B. 注册会计师针对发现的舞弊事项与治理层的沟通应该采用书面形式

C. 注册会计师应当与治理层沟通审计过程中注意到的有关违反法律法规的事项，但不必沟通明显不重要的事项

D. 如果根据判断认为需要沟通的违反法律法规行为是故意和重大的，注册会计师应当就此尽快向管理层通报

7. 在审计工作完成后，媒体曝出被审计单位存在由总经理参与的串通舞弊重大事件，则以下说法正确的有（　　）。

A. 存在串通舞弊的重大错报未被发现，一定表明注册会计师没有遵守审计准则

B. 虽然存在串通舞弊的重大错报，并不一定表明注册会计师没有遵守审计准则

C. 如果在审计过程中，注册会计师根据具体情况实施了审计程序，获取了充分适当的审计证据，则表明遵守了审计准则的规定

D. 如果注册会计师根据审计证据评价结果出具了恰当的审计报告，说明遵守了审计准则的规定

8. 下列各项中，关于治理层、管理层与注册会计师对舞弊的责任的说法中，恰当的有（　　）。

A. 被审计单位治理层和管理层对防止或发现舞弊负有主要责任

B. 治理层的监督包括考虑管理层凌驾于控制之上或对财务报告过程施加其他不当影响的可能性

C. 注册会计师有责任对财务报表整体是否不存在由于舞弊或错误导致的重大错报获取合理保证

D. 注册会计师对防止或发现舞弊负有次要责任

9. 形成注册会计师没有责任防止被审计单位违反法律法规行为，也不能期望其发现所有的违反法律法规行为的原因有（　　）。

A. 许多法律法规主要与被审计单位经营活动相关，通常不影响财务报表，且不能被与财务报告相关的信息系统所获取

B. 违反法律法规可能涉及故意隐瞒的行为，如共谋、伪造、故意漏记交易、管理层凌驾于控制之上或故意向注册会计师提供虚假陈述

C. 某行为是否构成违反法律法规，最终只能由法院认定

D. 受到审计成本的制约，致使审计证据不充分

10. 下列关于被审计单位违反法律法规的说法中，正确的有（　　）。

A. 被审计单位无意违背除适用的财务报告编制基础以外的现行法律法规的行为属于违反法律法规行为

B. 在考虑被审计单位的一项行为是否违反法律法规时，注册会计师应当征询法律意见

C. 审计准则中的违反法律法规，包括由治理层、管理层或员工实施的与被审计单位经

营活动无关的不当个人行为

D. 被审计单位需要遵守的所有法律法规，构成注册会计师在财务报表审计中需要考虑的法律法规框架

五、进阶练习答案

（一）单选题

1. 【答案】B

【解析】选项A、选项D与实施舞弊的机会相关，选项C与实施舞弊的动机或压力有关。

2. 【答案】D

【解析】选项A、选项B、选项C属于与编制虚假财务报告相关的舞弊风险因素。

3. 【答案】D

【解析】选项D错误，会计分录测试的对象包括被审计单位编制合并财务报表时作出的抵销分录。

4. 【答案】D

【解析】选项D错误，无论对管理层凌驾于控制之上的风险的评估结果如何，注册会计师都应当设计和实施审计程序。

5. 【答案】C

【解析】选项C，不需要将识别出的所有违反法律法规的行为都与治理层进行沟通。

6. 【答案】D

【解析】选项D属于针对评估的由于舞弊导致的财务报表层次重大错报风险的总体应对措施。

7. 【答案】D

【解析】选项D属于常用审计程序。

8. 【答案】A

【解析】选项A，控制测试目标是测试控制的运行有效性，难以应对由于舞弊导致的存货数量存在的重大错报风险。

9. 【答案】B

【解析】选项B，编制虚假财务报告导致的重大错报风险，与侵占资产导致的重大错报风险，没有必然的高低关系。

10. 【答案】B

【解析】选项B，舞弊是指使用欺骗的手段获取不当或非法利益的故意行为，疏忽和误解并不属于是故意行为，所以不属于舞弊。

（二）多选题

1. 【答案】ABCD

【解析】根据舞弊存在时通常伴随着的三种情况，这些风险因素可以分为以下三类：（1）实施舞弊的动机或压力（选项A、选项D）；（2）实施舞弊的机会（选项B）；（3）为舞弊行为寻找借口的能力（选项C）。

2. 【答案】ABC

【解析】管理层凌驾于控制之上的风险属于特别风险，无论对管理层凌驾于控制之上的风险的评估结果如何，注册会计师都应当设计和实施审计程序，用以：(1) 测试日常会计核算过程中作出的会计分录以及编制财务报表过程中作出的其他调整是否适当（选项 A）；(2) 复核会计估计是否存在偏向，并评价产生这种偏向的环境是否表明存在由于舞弊导致的重大错报风险（选项 B）；(3) 对于超出被审计单位正常经营过程的重大交易，或基于对被审计单位及其环境的了解以及在审计过程中获取的其他信息而显得异常的重大交易，评价其商业理由（或缺乏商业理由）是否表明被审计单位从事交易的目的是为了对财务信息作出虚假报告或掩盖侵占资产的行为（选项 C）。而选项 D 不能应对管理层凌驾于控制之上的风险。

3. 【答案】BCD

【解析】选项 A，已经说明管理层或治理层不能向注册会计师提供充分的信息，则书面声明可靠性也较差。

4. 【答案】BCD

【解析】选项 A 错误，违反法律法规，是指被审计单位、治理层、管理层或者为被审计单位工作或受其指导的其他人，有意或无意违背除适用的财务报告编制基础以外的现行法律法规的行为。

5. 【答案】ACD

【解析】选项 B 错误，由于审计的固有限制，即使注册会计师按照审计准则的规定恰当计划和执行了审计工作，也不可避免地存在财务报表中的某些重大错报未被发现的风险。

6. 【答案】ABD

【解析】选项 A 不正确，如果怀疑舞弊涉及管理层，注册会计师应当将此怀疑向治理层通报，并与其讨论完成审计工作所必需的审计程序的性质、时间安排和范围；选项 B 不正确，注册会计师针对发现的舞弊事项与治理层的沟通可以采用口头形式，也可以采用书面形式；选项 D 不正确，应当与治理层沟通，而不是与管理层沟通。

7. 【答案】BCD

【解析】选项 A 错误，如果在完成审计工作后发现舞弊事件，特别是串通舞弊事件，并不一定表明注册会计师没有遵守审计准则。

8. 【答案】ABC

【解析】选项 D 不恰当，被审计单位治理层和管理层对防止或发现舞弊负有主要责任，但就得出注册会计师对防止或发现舞弊负有次要责任也是不合理的，注册会计师有责任对财务报表整体是否不存在由于舞弊或错误导致的重大错报获取合理保证。

9. 【答案】ABC

【解析】选项 D 不恰当，审计成本的制约，不能成为审计证据不充分的理由。

10. 【答案】ABD

【解析】选项 C 不正确，违反法律法规不包括由治理层、管理层或员工实施的与被审计单位经营活动无关的不当个人行为。

第十四章　审计沟通

一、2020 年新教材内容主要变化

2020 年本章无实质变化。

二、本章近 5 年考情统计分析

本章考题主要以主观题（综合题、简答题）为主，但客观题也可涉及，本章属于重要的考试章节之一，最近 5 年平均考试分值一般在 4 分左右。

（一）近 5 年考试分值分布

题型	2015 年	2016 年	2017 年	2018 年	2019 年
单选题	1	1	2	—	—
多选题	2	2	—	—	—
简答题	1	—	—	—	4
综合题	—	—	1	—	1
合计	4	3	3	—	5

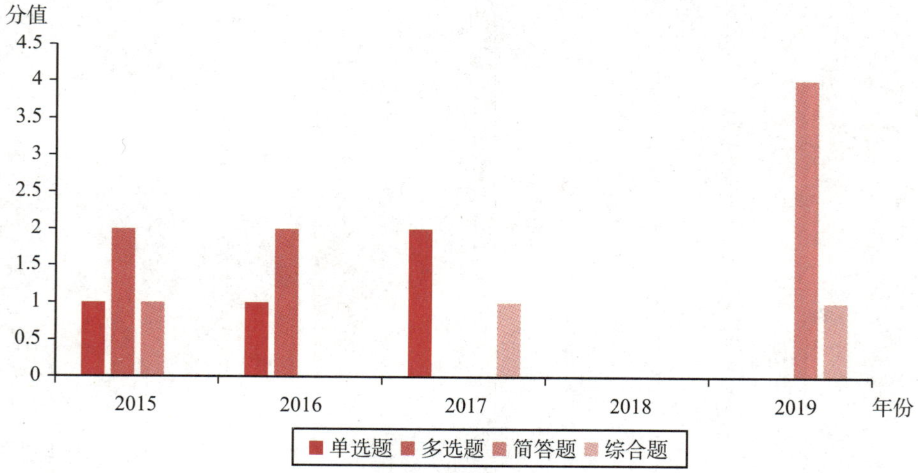

（二）近 5 年考试考点分布

高频考点内容	年度及题型分布
与治理层沟通的事项	2019 年简答、2019 年综合、2017 年综合、2015 年多选
与治理层沟通的形式	2017 年单选、2016 年单选
与前任沟通的前提	2017 年单选
签约前后与前后任的沟通	2019 年简答、2016 年多选、2015 年单选、2015 年简答

三、重难点解析

本章内容属于财务报表审计对特殊事项考虑的重要章节之一，主要阐述与治理层的双向沟通动因与目的、沟通的对象、沟通的事项、沟通的过程、审计工作底稿、前后任注册会计师的含义、接受委托前的沟通、接受委托后的沟通、发现前任注册会计师已审计财务报表可能存在重大错报时的处理等。

【小贴士】注册会计师与治理层的沟通以及前后任注册会计师沟通，已成为注册会计师良好作风和规范执业的有机组成部分，本章学习时需要把握沟通的框架下不同节点的审计准则规范要求。

重难点1：与治理层的双向沟通动因与目的★★

（一）双向沟通的动因

被审计单位的治理层与注册会计师在财务报告编制过程中监督和财务报表审计职责方面存在着共同的关注点，在履行职责方面存在着很强的互补性，这也正是注册会计师需要与治理层保持有效双向沟通的根本原因。

（1）注册会计师和治理层了解与审计相关的背景事项，并建立建设性的工作关系，在建立这种关系时，注册会计师需要保持独立性和客观性。

（2）注册会计师向治理层获取与审计相关的信息，例如，治理层可以帮助注册会计师了解被审计单位及其环境，确定审计证据的适当来源，以及提供有关具体交易或事项的信息。

（3）治理层履行其对财务报告过程的监督责任，从而降低财务报表重大错报风险。

（二）双向沟通的主要目的

（1）就审计范围和时间以及注册会计师、治理层、管理层各方在财务报表审计和沟通中的责任，取得相互了解。

（2）及时向治理层告知审计中发现的与治理层监督财务报告过程的责任相关的重大事项。

（3）共享有助于注册会计师获取审计证据和治理层履行责任的其他信息。

重难点2：沟通的对象★★

（一）总体要求

1. 确定沟通对象的一般要求

（1）确定适当的沟通人员。注册会计师应当确定与被审计单位治理结构中的哪些适当人员沟通，适当人员可能因沟通事项的不同而不同。

不同的被审计单位，适当的沟通对象可能不同。即使是同一家被审计单位，由于组织形式的变化、章程的修改或其他方面的变动，也可能使适当的沟通对象发生变动。

由于沟通事项的不同，适当的沟通对象也会有所不同。尽管一般情况下适当的沟通对象可能是相对固定的，但是针对一些特殊事项，注册会计师应当运用职业判断考虑是否应当与被审计单位治理结构中的其他适当对象进行沟通。

【小贴士】例如，在上市公司审计中，有关注册会计师独立性问题的沟通，其沟通对象最好是被审计单位治理结构中有权决定聘任、解聘注册会计师的组织或人员。再如，有关管理层胜任能力和诚信问题方面的事项，就不宜与兼任高级管理职务的治理层成员沟通。

（2）确定适当的沟通人员时应当利用的信息。在确定与哪些适当人员沟通特定事项时，注册会计师应当利用在了解被审计单位及其环境时获取的有关治理结构和治理过程的信息。通常，了解被审计单位的法律结构、组织形式，查阅被审计单位的章程、组织结构图，询问被审计单位的相关人员等，都有助于获取有关被审计单位治理结构和治理过程的信息，能够帮助注册会计师清楚地识别出适当的沟通对象。

2. 需要商定沟通对象的特殊情形

一般而言，注册会计师通过上述了解，并运用职业判断，可以确定适当的沟通对象。通常，被审计单位也会指定其治理结构中相对固定的人员或组织（如审计委员会）负责与注册会计师进行沟通。如果由于被审计单位的治理结构没有被清楚界定，导致注册会计师无法清楚地识别适当的沟通对象，被审计单位也没有指定适当的沟通对象，注册会计师就应当尽早与审计委托人商定沟通对象，并就商定的结果形成备忘录或其他形式的书面记录。

（二）与治理层的下设组织或个人沟通

1. 决定与治理层的下设组织或个人沟通时应当考虑的主要因素

通常，注册会计师没有必要（实际上也不可能）就全部沟通事项与治理层整体进行沟通。

【小贴士】适当的沟通对象往往是治理层的下设组织和人员，如董事会下设的审计委员会、独立董事、监事会或者被审计单位特别指定的组织和人员等。

2. 被审计单位设有审计委员会的情形

尽管审计委员会的具体权力和职责可能不同，但与其沟通已成为注册会计师与治理层沟通的一个关键要素。良好的公司治理原则建议：

（1）邀请注册会计师定期参加审计委员会会议。

（2）审计委员会主席和其他相关成员定期与注册会计师联系。

（3）审计委员会每年至少一次在管理层不在场的情况下会见注册会计师。

重难点3：沟通的事项★★★

（一）注册会计师与财务报表审计相关的责任

（1）注册会计师负责对管理层在治理层监督下编制的财务报表形成和发表意见。

（2）财务报表审计并不减轻管理层或治理层的责任。注册会计师与财务报表审计相关的责任通常包含在审计业务约定书或记录审计业务约定条款的其他适当形式的书面协议中。

（二）计划的审计范围和时间安排

【小贴士】沟通计划的审计范围和时间安排时，需保持职业谨慎，避免损害审计的有效性。例如，沟通具体审计程序的性质和时间安排、沟通审计的重要性水平，都可能降低审计的有效性。

可能沟通的内容：

（1）注册会计师拟如何应对舞弊或错误导致的特别风险。

（2）注册会计师对与审计相关内部控制采取的方案。

（3）在审计中对重要性概念的运用。

【小贴士】重要性概念的运用不能具体到重要性水平，否则会降低审计的有效性。

（4）实施计划的审计程序或评价审计结果需要的专门技术或知识的性质和程度，包括利用专家的工作。

（5）当在审计报告中沟通关键审计事项适用时，注册会计师对哪些事项可能需要重点关注因而可能构成关键审计事项所做的初步判断。

（三）审计中发现的重大问题

1. 对被审计单位会计实务重大方面的质量的看法

（1）会计政策。

①会计政策对于被审计单位具体情况的适当性。

②重要会计政策的初始选择和变更，包括对新会计准则的应用。

③有争议的或新兴领域的重要会计政策的影响。

④与记录交易的期间相关的交易时间安排的影响。

（2）会计估计。

①管理层对会计估计的识别。

②管理层作出会计估计的过程。

③会计估计的重大错报风险。

④可能表明存在管理层偏向的迹象。

⑤财务报表中对估计不确定性的披露。

2. 审计工作中遇到的重大困难

（1）管理层在提供审计所需信息时出现严重拖延。

（2）不合理地要求缩短完成审计工作的时间。

（3）为获取充分、适当的审计证据需要付出的努力远超预期。

（4）无法获取预期的信息。

（5）管理层对注册会计师施加限制。

（6）管理层不愿意按要求对持续经营能力进行评估，或不愿意延长评估期间。

3. 已与管理层讨论或需要书面沟通的重大事项

（1）影响被审计单位的业务环境，以及可能影响重大错报风险的经营计划和战略。

（2）对管理层就会计或审计问题向其他专业人士进行咨询的关注。

（3）管理层在首次或连续委托注册会计师时，就会计实务、审计准则应用、审计或其他服务费用与注册会计师进行的讨论或书面沟通。

4. 影响审计报告形式和内容的情形

注册会计师可能认为有必要向治理层提供审计报告的草稿，以便于讨论如何在审计报告中处理这些事项。

5. 其他事项

这类事项可能包括已更正的含有已审计财务报表的文件中的其他信息存在的对事实的重大错报或重大不一致。

（四）值得关注的内部控制缺陷

1. 内部控制缺陷和值得关注的内部控制缺陷

（1）内部控制缺陷含义。内部控制缺陷是指在下列任一情况下内部控制存在的缺陷：

①某项控制的设计、执行或运行不能及时防止或发现并纠正财务报表错报。

②缺少用以及时防止或发现并纠正财务报表错报的必要控制。

（2）值得关注的内部控制缺陷。值得关注的内部控制缺陷是指注册会计师根据职业判断，认为足够重要从而值得治理层关注的内部控制的一个缺陷或多个缺陷的组合。

2. 向治理层和管理层通报内部控制缺陷

（1）注册会计师应当以书面形式及时向治理层通报审计过程中识别出的值得关注的内部控制缺陷。

（2）注册会计师还应当及时向相应层级的管理层通报下列内部控制缺陷。

①已向或拟向治理层通报的值得关注的内部控制缺陷，除非在具体情况下不适合直接向管理层通报。

②在审计过程中识别出的、其他方尚未向管理层通报而注册会计师根据职业判断认为足够重要从而值得管理层关注的内部控制其他缺陷。

【小贴士】在向治理层和管理层提供信息时，注册会计师应当特别说明的事项：

（1）注册会计师执行审计工作的目的是对财务报表发表审计意见。

（2）审计工作包括考虑与财务报表编制相关的内部控制，其目的是设计适合具体情况的审计程序，并非对内部控制的有效性发表意见（如果结合财务报表审计对内部控制的有效性发表意见，应当删除“并非对内部控制的有效性发表意见”的措辞）。

（3）报告的事项仅限于注册会计师在审计过程中识别出的、认为足够重要从而值得向治理层报告的缺陷。

【经典真题】

【综合题（部分）·2018】上市公司甲公司是ABC会计师事务所的常年审计客户，主要从事药品的研发、生产和销售。A注册会计师负责审计甲公司2017年度财务报表，确定财务报表整体的重要性为300万元，明显微小错报的临界值为15万元。

资料五：A注册会计师的审计工作底稿中记录了重大事项的处理情况，部分内容摘录如下：

（3）因甲公司2017年发生召回事件，A注册会计师认为甲公司对产品质量的控制存在重大缺陷，与治理层进行了书面沟通。

【要求】针对资料五第（3）项，假定不考虑其他条件，指出A注册会计师的做法是否恰当。如不恰当，简要说明理由。

【答案】

事项序号	是否恰当（是/否）	理　由
（3）	是	—

【解析】发生召回事件属于甲公司对产品质量的控制存在重大缺陷，与治理层进行了书面沟通，是合理的，如果不沟通或者口头形式是不合理的。

（五）注册会计师的独立性

（1）对独立性的不利影响。

（2）法律法规和职业规范规定的防范措施、被审计单位采取的防范措施，以及会计师事务所内部自身的防范措施。

重难点4：沟通的过程★★★

（一）确立沟通的过程

1. 基本要求

清楚地沟通注册会计师的责任、计划的审计范围和时间安排以及期望沟通的大致内容，有助于为有效的双向沟通确立基础。

2. 与管理层的沟通

在与治理层沟通某些事项前，注册会计师可能就这些事项与管理层讨论，除非这种做法并不适当。

【小贴士】不适合与管理层讨论的事项包括管理层的胜任能力或诚信问题等。

3. 与第三方的沟通

在向第三方提供为治理层编制的书面沟通文件时，在书面沟通文件中声明以下内容，告知第三方这些书面沟通文件不是为他们编制，可能是非常重要的：

（1）书面沟通文件仅为治理层的使用而编制，在适当的情况下也可供集团管理层和集团注册会计师使用，但不应被第三方依赖。

（2）注册会计师对第三方不承担责任。

（3）书面沟通文件向第三方披露或分发的任何限制。

【小贴士】除非法律法规要求向第三方提供注册会计师与治理层的书面沟通文件的副本，否则注册会计师在向第三方提供前可能需要事先征得治理层同意。

（二）沟通形式

1. 沟通形式

沟通形式分为书面形式和口头形式。

2. 采用书面形式情形

（1）对于审计中发现的重大问题，如果根据职业判断认为采用口头形式沟通不适当，注册会计师应当以书面形式与治理层沟通，当然，书面沟通不必包括审计过程中的所有事项。

（2）对于审计准则要求的注册会计师的独立性，注册会计师也应当以书面形式与治理层沟通。

（3）注册会计师还应当以书面形式向治理层通报值得关注的内部控制缺陷。

（4）书面沟通可能包括向治理层提供审计业务约定书。

【经典真题】

【单选题·2017】下列各项中，注册会计师应当以书面形式与治理层沟通的是（　　）。

A. 注册会计师识别出的舞弊风险

B. 未更正错报

C. 注册会计师确定的关键审计事项

D. 注册会计师识别出的值得关注的内部控制缺陷

【答案】D

【解析】选项D恰当，注册会计师识别出的值得关注的内部控制缺陷属于审计准则明确要求应当以书面形式与治理层沟通的事项；而选项A、B、C，应该在考虑有关因素的基础上，决定采取的形式。

（三）沟通的时间安排

注册会计师应当及时与治理层沟通。怎样才算及时并非一成不变的，适当的沟通时间安排，因业务环境的不同而不同。相关的环境包括事项的重要程度和性质，以及期望治理层采取的行动。

【小贴士】对于计划事项的沟通，通常在审计业务的早期进行，如系首次接受委托，沟通可以随同就审计业务条款达成一致意见一并进行；对于审计中遇到的重大困难，如果治理层能够协助克服这些困难，或者这些困难可能导致发表非无保留意见，可能需要尽快沟通。如识别出值得关注的内部控制缺陷，进行书面沟通前，尽快向治理层口头沟通。

【小贴士】当同时审计通用目的和特殊目的财务报表时，注册会计师协调沟通的时间安排可能是适当的。

（四）沟通不充分的应对措施

注册会计师应当评价其与治理层之间的双向沟通对实现审计目的是否充分。

如果认为双向沟通不充分，注册会计师应当评价其对重大错报风险评估以及获取充分、适当的审计证据的能力的影响，并采取适当的措施。

如果注册会计师与治理层之间的双向沟通不充分，并且这种情况得不到解决，注册会计师可以采取下列措施：

（1）根据范围受到的限制发表非无保留意见。

（2）就采取不同措施的后果征询法律意见。

（3）与第三方（如监管机构）、被审计单位外部的在治理结构中拥有更高权力的组织或人员（如企业的业主、股东大会中的股东）或对公共部门负责的政府部门进行沟通。

（4）在法律法规允许的情况下解除业务约定。

【经典真题】

【多选题·2015】如果注册会计师与治理层之间的双向沟通不充分，并且这种情况得不到解决，下列措施中，注册会计师可以采取的有（　　）。

A. 与监管机构、被审计单位外部的在治理结构中拥有更高权力的组织或人员进行沟通

B. 在法律法规允许的情况下解除业务约定

C. 就采取不同措施的后果征询法律意见

D. 根据范围受到的限制发表非无保留意见

【答案】ABCD

重难点5：审计工作底稿★

注册会计师应当记录与治理层沟通的重大事项，包括记录那些对于表明形成审计报告的合理基础、证明审计工作的执行遵循了审计准则和其他法律法规要求而言很重要的事项。

【小贴士】如果审计准则要求沟通的事项是以口头形式沟通的，注册会计师应当将其包括在审计工作底稿中，并记录沟通的时间和对象；如果审计准则要求沟通的事项是以书面形式沟通的，注册会计师应当保存一份沟通文件的副本作为审计工作底稿的一部分。

【小贴士】如果被审计单位编制的会议纪要是沟通的适当记录，注册会计师可以将其副本作为对口头沟通的记录，并作为审计工作底稿的一部分；如果发现这些会议纪要的记录不能恰当反映沟通的内容，且有差别的事项比较重大，注册会计师一般会另行编制能恰当记录沟通内容的纪要，并将其副本连同被审计单位编制的纪要一起致送治理层，提示两者的差别，以免引起不必要的误解。

重难点6：前后任注册会计师的含义★★

sj201401

（一）前任注册会计师的含义

前任注册会计师是指已对被审计单位上期财务报表进行审计，但被现任注册会计师接替的其他会计师事务所的注册会计师。

【小贴士】接受委托但未完成审计工作，已经或可能与委托人解除业务约定的注册会计师，也视为前任注册会计师。

当会计师事务所发生变更时，前任注册会计师通常包含两种情况：

（1）已对最近一期财务报表发表了审计意见的某会计师事务所的注册会计师。

（2）接受委托但未完成审计工作的某会计师事务所的注册会计师。

（二）后任注册会计师的含义

后任注册会计师是指正在考虑接受委托或已经接受委托，接替前任注册会计师对被审计单位本期财务报表进行审计的注册会计师。

【小贴士】如果被审计单位委托注册会计师对已审计财务报表进行重新审计，正在考虑接受委托或已经接受委托的注册会计师也视为后任注册会计师。

当会计师事务所发生变更时，后任注册会计师通常包括两种情况：

（1）在签订业务约定书之前，正在考虑接受委托的注册会计师。此时，后任注册会计师对于是否接受委托尚未作出最后决定，正准备与前任注册会计师沟通，待了解有关情况之后再做决定。

（2）已接受委托并签订业务约定书，接替前任注册会计师执行财务报表审计业务的注册会计师。

【经典模拟题】

【多选题】下列有关后任注册会计师的说法中，正确的有（　　）。

A. 当会计师事务所发生变更时，正在考虑接受委托的会计师事务所是后任注册会计师

B. 当会计师事务所发生变更时，已经接受委托的会计师事务所是后任注册会计师

C. 被审计单位的财务报表已经审计但需要重新审计时，接受委托执行重新审计的会计师事务所为后任注册会计师

D. 某一会计师事务所中 B 注册会计师接替 A 注册会计师担任 ABC 公司的项目合伙人，则 B 注册会计师属于后任注册会计师

【答案】ABC

【解析】选项 D 错误，在未发生会计师事务所变更的情况下，同处于某一会计师事务所中的不同的注册会计师不属于前后任注册会计师的范畴。

（三）前后任注册会计师沟通的总体原则

1. 沟通的发起方

在前任注册会计师与后任注册会计师的沟通过程中，后任注册会计师负有主动沟通的义务。

2. 沟通的前提

尽管后任注册会计师负有主动沟通的义务，但前提是需要征得被审计单位的同意。

3. 沟通的方式

前任注册会计师与后任注册会计师的沟通可以采用书面或口头的方式。

【经典模拟题】

【多选题】ABC 会计师事务所的 A 注册会计师负责审计上市公司甲公司 2019 年度财务报表。下列各项中，A 注册会计师不能以口头形式与甲公司治理层沟通的有（　　）。

A. 涉及甲公司管理层的舞弊嫌疑

B. 值得关注的内部控制缺陷

C. ABC 会计师事务所和甲公司审计项目组成员按照相关职业道德要求与甲公司保持了独立性

D. ABC 会计师事务所在 2019 年度为甲公司提供审计和非审计服务收费总额

【答案】BCD

【解析】选项 A，涉及甲公司管理层的舞弊嫌疑可以以口头形式与甲公司治理层沟通，不是准则规定须书面沟通的事项。

4. 对沟通情况的记录

尽管沟通可以采用书面或口头的方式进行，但无论是前任注册会计师还是后任注册会计师，都应当将沟通的情况记录于各自的审计工作底稿，以便完整反映审计工作的轨迹。

5. 前后任注册会计师应当对沟通过程中获知的信息保密

【小贴士】即使未接受委托，“后任”仍应履行保密义务。

【经典真题】

【多选题·2016】下列有关前后任注册会计师沟通的说法中，错误的有（　　）。

A. 后任注册会计师在接受委托前与前任注册会计师沟通，应当征得被审计单位同意

B. 在接受委托前，后任注册会计师应当采用书面形式与前任注册会计师进行沟通

C. 如果需要查阅前任注册会计师的审计工作底稿，后任注册会计师不必征得被审计单

位同意

D. 在接受委托前和接受委托后，后任注册会计师均应与前任注册会计师沟通

【答案】BCD

【解析】选项 B，在接受委托前，后任注册会计师可以采用书面形式或口头形式与前任注册会计师进行沟通；选项 C，如果需要查阅前任注册会计师的审计工作底稿，后任注册会计师必须征得被审计单位同意；选项 D，在接受委托前，后任注册会计师应当与前任注册会计师沟通，而接受委托后，与前任注册会计师的沟通非必要程序。

重难点 7：接受委托前的沟通★★★

（一）接受委托前的必要沟通

在接受委托前，后任注册会计师应当与前任注册会计师进行必要沟通，并对沟通结果进行评价，以确定是否接受委托，它包括以下三层含义：

1. 沟通的目的

在接受委托前，后任注册会计师与前任注册会计师进行沟通的目的是为了确定是否接受委托。

2. 沟通是必要的审计程序

与前任注册会计师进行沟通，是后任注册会计师在接受委托前应当执行的必要审计程序。

3. 评价沟通结果

在进行必要沟通后，后任注册会计师应当对沟通结果进行评价，以确定是否接受委托。

（二）必要沟通的核心内容

接受委托前，向前任注册会计师进行询问是一项必要的沟通程序。但后任注册会计师向前任注册会计师询问的内容应当合理、具体。必要沟通过程中通常值得关注和询问的事项包括：

（1）是否发现被审计单位管理层存在诚信方面的问题。

（2）前任注册会计师与管理层在重大会计、审计等问题上存在的意见分歧。

（3）前任注册会计师向被审计单位治理层通报的管理层舞弊、违反法律法规行为以及值得关注的内部控制缺陷。

（4）前任注册会计师认为导致被审计单位变更会计师事务所的原因。

（三）前任注册会计师的答复

（1）在被审计单位允许前任注册会计师对后任注册会计师的询问作出充分答复的情况下，前任注册会计师应当根据所了解的事实，对后任注册会计师的合理询问及时作出充分的答复。

（2）如果受到被审计单位的限制或存在法律诉讼的顾虑，决定不向后任注册会计师作出充分答复，前任注册会计师应当向后任注册会计师表明其答复是有限的，并说明原因。此时，后任注册会计师应当考虑对接受委托的影响。

【小贴士】如果未得到答复，且没有理由认为变更会计师事务所的原因异常，后任注册会计师需要设法以其他方式与前任注册会计师再次进行沟通。如果仍得不到答复，后任注册

会计师可以致函前任注册会计师，说明如果在适当的时间内得不到答复，将假设不存在专业方面的原因使其拒绝接受委托，并表明拟接受委托。

（四）被审计单位不同意沟通的处理

后任注册会计师进行主动沟通的前提是征得被审计单位的同意。后任注册会计师应当提请被审计单位以书面方式允许前任注册会计师对其询问作出充分答复。

【小贴士】如果被审计单位不同意前任注册会计师作出答复，或限制答复的范围，后任注册会计师应当向被审计单位询问原因，并考虑是否接受委托。实际上，这种情况本身就向后任注册会计师传递出一种信号，即被审计单位可能与前任注册会计师在重大的会计、审计问题上存在意见分歧，或被审计单位管理层存在诚信方面的问题，后任注册会计师应当对此提高警惕，慎重评估潜在的审计风险，并考虑是否接受委托。

当这种情况出现时，后任注册会计师一般应当拒绝接受委托，除非可以通过其他方式获知必要的事实，或有充分的证据表明被审计单位财务报表的审计风险水平非常低。

【经典真题】

【单选题·2015】下列有关前后任注册会计师沟通的说法中，错误的是（　　）。

A. 如果被审计单位不同意前任注册会计师对后任注册会计师的询问作出答复，后任注册会计师应当拒绝接受委托

B. 当会计师事务所通过投标方式承接审计业务时，前任注册会计师无须对所有参与投标的会计师事务所的询问进行答复

C. 接受委托后，如果需要查阅前任注册会计师的审计工作底稿，后任注册会计师应当征得被审计单位的同意

D. 接受委托前的沟通是必要的审计程序，接受委托后的沟通不是必要的审计程序

【答案】A

【解析】选项A错误，如果被审计单位不同意前任注册会计师对后任注册会计师的询问作出答复，后任注册会计师一般应当拒绝接受委托，除非可以通过其他方式获知必要的事实，或有充分的证据表明被审计单位财务报表的审计风险水平非常低。

【简答题（部分）·2016】ABC会计师事务所首次接受委托，审计上市公司甲公司2015年度财务报表，委派A注册会计师担任项目合伙人。相关事项如下：

（1）A注册会计师与前任注册会计师在征得甲公司管理层口头同意后，通过电话进行了接受委托前的沟通，未发现影响其接受委托的事项，并将沟通情况记入审计工作底稿。

【要求】指出A注册会计师的做法是否恰当。如不恰当，简要说明理由。

【答案】不恰当。后任注册会计师应当提请被审计单位以书面方式允许前任注册会计师对其询问作出充分答复，非口头同意。

【解析】注册会计师与前任注册会计师须征得管理层同意，但是不能以口头回复意见。

重难点8：接受委托后的沟通★★★

【小贴士】接受委托后的沟通与接受委托前有所不同，它不是必要程序，而是由后任注册会计师根据审计工作需要自行决定的。

（一）查阅前任注册会计师工作底稿的前提

接受委托后，如果需要查阅前任注册会计师的工作底稿，后任注册会计师应当征得被审计单位同意，并与前任注册会计师进行沟通。

（二）查阅相关工作底稿及其内容

前任注册会计师所在的会计师事务所可自主决定是否允许后任注册会计师获取工作底稿部分内容，或摘录部分工作底稿。

如果前任注册会计师决定向后任注册会计师提供工作底稿，一般可考虑进一步从被审计单位（前审计客户）处获取一份确认函，以便降低在与后任注册会计师进行沟通时发生误解的可能性。

（三）前后任注册会计师就使用工作底稿达成一致意见

在允许查阅工作底稿之前，前任注册会计师应当向后任注册会计师获取确认函，就工作底稿的使用目的、范围和责任等与其达成一致意见。

（四）利用工作底稿的责任

查阅前任注册会计师工作底稿获取的信息可能影响后任注册会计师实施审计程序的性质、时间安排和范围，但后任注册会计师应当对自身实施的审计程序和得出的审计结论负责。

【小贴士】后任注册会计师不应在审计报告中表明，其审计意见全部或部分地依赖前任注册会计师的审计报告或工作。

【经典真题】

【单选题·2017】下列有关前任注册会计师与后任注册会计师的沟通的说法中，正确的是（　　）。

A. 后任注册会计师应当在接受委托前和接受委托后与前任注册会计师进行沟通

B. 前任注册会计师与后任注册会计师应当将沟通的情况记录于审计工作底稿

C. 后任注册会计师与前任注册会计师的沟通应当采用书面方式

D. 后任注册会计师应当在取得被审计单位的书面同意后，与前任注册会计师进行沟通

【答案】D

【解析】选项 A 错误，接受委托后，后任注册会计师根据审计工作需要自行决定是否与前任注册会计师沟通；选项 B 错误，后任注册会计师应当将沟通的情况记录于审计工作底稿，以便完整反映审计工作的轨迹，而不是前任注册会计师；选项 C 错误，后任注册会计师与前任注册会计师的沟通可以采用书面或口头的方式。

重难点 9：发现前任注册会计师已审计财务报表可能存在重大错报时的处理★★

（一）安排三方会谈

如果发现前任注册会计师审计的财务报表可能存在重大错报，后任注册会计师应当提请被审计单位告知前任注册会计师。必要时，后任注册会计师应当要求被审计单位安排三方会谈。

【小贴士】必要时，后任注册会计师应当要求被审计单位安排三方会谈，并不是所有的

都安排，需要专业判断。

（二）无法参加三方会谈的处理

如果被审计单位拒绝告知前任注册会计师，或前任注册会计师拒绝参加三方会谈，或后任注册会计师对解决问题的方案不满意，后任注册会计师应当考虑对审计意见的影响或解除业务约定。在这种情况下，后任注册会计师应当考虑：

（1）这种情况对当前审计业务的潜在影响，并根据具体情况出具恰当的审计报告。

（2）是否退出当前审计业务。

（3）后任注册会计师可考虑向其法律顾问咨询，以便决定如何采取进一步措施。

【经典真题】

【简答题·2019】 ABC会计师事务所首次接受委托审计甲公司2018年度财务报表，委派A注册会计师担任项目合伙人。与首次承接审计业务相关的部分事项如下：

（1）DEF会计师事务所审计了甲公司2017年度财务报表。XYZ会计师事务所接受委托审计甲公司2018年度财务报表，但未完成审计工作。A注册会计师将DEF会计师事务所确定为前任注册会计师，与其进行了沟通。

（2）A注册会计师在与甲公司签署审计业务约定书并征得管理层同意后，与前任注册会计师进行了口头沟通，沟通内容包括：是否发现甲公司管理层存在诚信方面的问题，前任注册会计师与甲公司管理层存在重大会计、审计等问题上存在的意见分歧；向甲公司治理层通报的管理层舞弊、违反法律法规行为以及值得关注的内部控制缺陷；甲公司变更会计师事务所的原因。

（3）对于长期股权投资的期初余额，A注册会计师检查了形成期初余额的会计记录，以及包括投资协议和被投资单位工商登记信息在内的相关支持性文件，结果满意。

（4）A注册会计师对2018年末的存货实施了监盘，将年末存货数量调节至期初存货数量，并抽样检查了2018年度存货数量的变动情况，据此认可了存货的期初余额。

（5）在征得甲公司管理层同意，并向前任注册会计师承诺不对任何人作出关于其是否遵循审计准则的任何评论后，A注册会计师通过查阅前任注册会计师的审计工作底稿，获取了有关甲公司固定资产期初余额的审计证据，并在审计报告的其他事项段中提及部分依赖了前任注册会计师的工作。

【要求】 对上述第（1）~（5）项，逐项指出A注册会计师的做法是否恰当。如不恰当，简要说明理由。

【答案】

（1）不恰当。

理由：应当将DEF会计师事务以及XYZ会计师事务所均确定为前任注册会计师。

（2）不恰当。

理由：注册会计师应当在接受委托前与前任注册会计师沟通此部分内容。

（3）恰当。

（4）不恰当。

理由：应当对期初存货项目的计价实施审计程序。

（5）不恰当。

理由：后任注册会计师不应在审计报告中表明，其审计意见全部或部分依赖前任注册会计师的审计报告或工作。

四、进阶练习

（一）单选题

1. 下列关于注册会计师与被审计单位治理层沟通的说法中，不恰当的是（　　）。

A. 注册会计师沟通在审计过程中注意到的所有有关违反法律法规的事项

B. 注册会计师沟通对与审计相关的内部控制采取的方案

C. 注册会计师沟通在审计中对重要性概念的运用

D. 注册会计师沟通实施计划的审计程序或评价审计结果需要的专门技术或知识的性质和程度

2. 下列关于前后任注册会计师沟通的观点中，正确的是（　　）。

A. 后任注册会计师在接受委托前与前任注册会计师沟通，应当征得被审计单位同意

B. 在接受委托前，后任注册会计师应当采用书面形式与前任注册会计师进行沟通，不能采取口头形式

C. 如果需要查阅前任注册会计师的审计工作底稿，后任注册会计师不必征得被审计单位同意，这样会有助于审计目标的实现

D. 在接受委托前和接受委托后，后任注册会计师均应当采取书面或口头的形式与前任注册会计师沟通

3. 下列关于与治理层沟通注册会计师的责任说法中，错误的是（　　）。

A. 注册会计师负责对在治理层监督下管理层编制的财务报表形成和发表意见

B. 注册会计师承担对财务报表审计的责任，在一定程度上可以减轻治理层的责任

C. 注册会计师与财务报表审计相关的责任应当包含在审计业务约定书或记录审计业务约定条款的其他适当形式的书面协议

D. 注册会计师通常不专门为识别与治理层沟通的补充事项设计程序

4. 在确定与治理层沟通的时间时，注册会计师下列做法中不恰当的是（　　）。

A. 怎样才算及时并非一成不变的，适当的沟通时间安排因业务环境的不同而不同

B. 对于计划事项的沟通，通常在审计业务的早期阶段进行

C. 对于审计中遇到的重大困难，如果这些困难可能导致发表非无保留意见，可能需要尽快沟通

D. 对于注册会计师的独立性，应当在初步业务活动阶段沟通

5. 在与治理层就计划的审计范围和时间安排进行沟通时，沟通的事项不包括（　　）。

A. 在审计中对重要性概念的运用

B. 可能构成关键审计事项的事项所作的初步判断

C. 注册会计师拟对存货监盘具体采取的不可预见的审计程序

D. 注册会计师拟如何应对舞弊或错误导致的特别风险

6. 在向治理层和管理层通报值得关注的内部控制缺陷的信息时，注册会计师应当特别说明相关事项，下列说法中正确的是（　　）。

A. 注册会计师执行财务报表审计工作的目的是对财务报表发表审计意见和对内部控制发表审计意见

B. 报表审计工作包括对财务报告内部控制的有效性发表意见

C. 报告的事项不仅限于注册会计师在审计过程中识别出的、认为足够重要从而值得向治理层报告的缺陷

D. 审计工作包括考虑与财务报表编制相关的内部控制，其目的是设计适合具体情况的审计程序，如控制测试等

7. 如下关于前任注册会计师的说法中，不恰当的是（　　）。

A. 已对被审计单位上期财务报表进行审计，但被现任注册会计师接替的其他会计师事务所的注册会计师

B. 正在对本期财务报表进行审计但可能与委托人解除业务约定

C. 接受委托但未完成审计工作，已经或可能与委托人解除业务约定的注册会计师

D. 正在与客户接触但尚未签订本期财务报表的审计业务约定注册会计师

8. 下列关于注册会计师接受委托前的沟通的说法中，错误的是（　　）。

A. 在接受委托前，与前任注册会计师沟通不是必要的审计程序，具体视情形判断

B. 在接受委托前，后任注册会计师与前任注册会计师进行沟通的目的，是了解被审计单位更换会计师事务所的原因以及是否存在不应接受委托的情况，以确定是否接受委托

C. 沟通之前要征得被审计单位的同意

D. 如果被审计单位不同意前任注册会计师作出答复，后任注册会计师应当向被审计单位询问原因，并考虑是否接受委托

9. 后任注册会计师在接受委托后与前任注册会计师进行沟通的说法中，不正确的是（　　）。

A. 接受委托后的沟通只能采取查阅审计工作底稿的形式

B. 接受委托后的沟通与接受委托前有所不同，它不是必要程序，而是由后任注册会计师根据审计工作需要自行决定的

C. 接受委托后，如果需要查阅前任注册会计师的工作底稿，后任注册会计师应当征得被审计单位同意，并与前任注册会计师进行沟通

D. 查阅前任注册会计师工作底稿获取的信息可能影响后任注册会计师实施审计程序的性质、时间安排和范围，但后任注册会计师应当对自身实施的审计程序和得出的审计结论负责

10. 如果注册会计师与治理层之间的双向沟通不充分，并且这种情况得不到解决，下列措施中不恰当的是（　　）。

A. 根据范围受到的限制发表非无保留意见

B. 与如监管机构、被审计单位外部的在治理结构中拥有更高权力的组织或人员或对公共部门负责的政府部门进行沟通

C. 就采取不同措施的后果征询法律意见

D. 直接解除业务约定

（二）多选题

1. 被审计单位设有审计委员会的情形下，良好的治理原则建议包括（　　）。

A. 邀请注册会计师定期参加审计委员会会议

B. 吸纳注册会计师成为审计委员会的临时成员

C. 审计委员会主席和其他相关成员定期与注册会计师联系

D. 审计委员会每年至少一次在管理层不在场的情况下会见注册会计师

2. 下列有关前后任注册会计师沟通的说法中，恰当的有（　　）。

A. 接受委托前的沟通是必要的审计程序，接受委托后的沟通不是必要的审计程序

B. 在接受委托前，后任注册会计师与前任注册会计师进行沟通的目的，是了解被审计单位更换会计师事务所的原因以及是否存在不应接受委托的情况，以确定是否接受委托

C. 如果前任注册会计师受到被审计单位的限制或存在法律诉讼的顾虑，决定不向后任注册会计师作出充分答复，承接业务的风险很大，后任注册会计师应当拒绝接受委托

D. 当会计师事务所通过投标方式承接审计业务时，前任注册会计师无须对所有参与投标的会计师事务所的询问进行答复

3. 下列关于与治理层沟通的说法中，恰当的有（　　）。

A. 在某些情形下，注册会计师的保密义务与沟通义务之间的潜在冲突可能十分复杂，此时注册会计师可以考虑获取法律咨询意见

B. 注册会计师通常没有必要就全部沟通事项与治理层整体进行沟通

C. 书面沟通可能包括向治理层提供审计业务约定书

D. 注册会计师应当与治理层沟通计划的审计范围和时间安排的总体情况，不包括识别的特别风险

4. 注册会计师应该在审计工作底稿中记录与治理层沟通的重大事项，以下说法恰当的有（　　）。

A. 如果审计准则要求沟通的事项是以书面形式沟通的，注册会计师应当保存一份沟通文件的副本，作为审计工作底稿的一部分

B. 如果被审计单位编制的会议纪要是沟通的适当记录，注册会计师可以将其副本作为对口头沟通的记录，并作为审计工作底稿的一部分

C. 如果治理层全部参与管理，注册会计师还应当记录对沟通的充分性进行考虑的过程，即考虑与负有管理责任人员的沟通能否向所有负有治理责任的人员充分传递应予沟通内容的过程

D. 如果不容易识别出适当的沟通人员，注册会计师还应当记录识别治理结构中的适当沟通人员的过程

5. 注册会计师在决定与治理层某下设组织或个人沟通时，需要考虑下列事项有（　　）。

A. 治理层的下设组织与治理层各自的责任

B. 拟沟通事项的性质

C. 相关法律法规的要求

D. 下设组织是否有权就沟通的信息采取行动，以及是否能够提供注册会计师可能需要

的进一步信息和解释

6. 下列事项中，注册会计师通常与治理层沟通的内容有（　　）。

A. 计划的审计范围和时间安排

B. 注册会计师与财务报表审计相关的责任

C. 审计中发现的重大问题

D. 注册会计师采用的整体重要性

7. 在向第三方提供为治理层编制的书面沟通文件时，在书面沟通文件中声明以下内容包括（　　）。

A. 书面沟通文件仅为治理层的使用而编制，在适当的情况下也可供集团管理层和集团注册会计师使用，但不应被第三方依赖

B. 注册会计师对第三方不承担责任

C. 书面沟通文件向第三方披露或分发的任何限制

D. 获取有关保密的书面声明

8. 下列关于注册会计师与被审计单位沟通形式的说法中，恰当的有（　　）。

A. 有效的沟通可能包括结构化的陈述、书面报告以及不太正式的沟通

B. 书面沟通需包括审计过程中的所有需要沟通的事项

C. 对于审计中发现的重大问题，如果根据职业判断认为采用口头形式沟通不适当，注册会计师应当以书面形式与治理层沟通

D. 注册会计师可能认为有必要就确定为关键审计事项的事项进行沟通

9. 下列关于前后任注册会计师沟通的说法中，错误的有（　　）。

A. 沟通的形式应当采取书面形式，也可采用口头形式

B. 后任注册会计师负有主动沟通的义务并享有决定权，不需要征得被审计单位的同意

C. 前任注册会计师应主动将其知悉的事项告知后任注册会计师

D. 后任注册会计师需要将沟通的情况记录于审计工作底稿

10. 接受委托前，向前任注册会计师进行询问是一项必要的沟通程序。必要沟通过程中通常值得关注和询问的事项包括（　　）。

A. 是否发现被审计单位管理层存在诚信方面的问题

B. 是否发现被审计单位内部控制存在缺陷

C. 前任注册会计师与管理层在重大会计、审计等问题上存在的意见分歧

D. 前任注册会计师向被审计单位治理层通报的管理层舞弊、违反法律法规行为

（三）简答题

W注册会计师担任甲公司2019年度财务报表审计业务项目合伙人。甲公司2018年度财务报表由XYZ会计师事务所审计，出具的是否定意见审计报告。W注册会计师承接审计业务后，部分事项的工作底稿摘录如下：

（1）W注册会计师与前任注册会计师沟通，询问前任注册会计师是否发现被审计单位管理层存在诚信方面的问题；

（2）W注册会计师首先采用电话询问的方式与前任注册会计师取得联系，与其进行沟通，W注册会计师认为采用电话询问的方式与前任注册会计师取得联系较为灵活，事先未征

得被审计单位意见，事后告知了被审计单位；

（3）因电话沟通认为效果不理想，于是打算采用查阅前任工作底稿。为此，W注册会计师在征得被审计单位同意前提下，与前任注册会计师进行沟通；

（4）在允许查阅工作底稿之前，W注册会计师向前任注册会计师提交有关确认函，就工作底稿的使用目的、范围和责任等与其达成一致意见；

（5）W注册会计师在审计报告中表明，其审计意见全部或部分地依赖前任注册会计师的工作。

【要求】针对上述第（1）~（5）项，不考虑其他因素，逐项判断各事项是否恰当，如不恰当，请简要说明理由。

五、进阶练习答案

（一）单选题

1. 【答案】A

【解析】选项A不恰当，注册会计师应当与治理层沟通审计过程中注意到的有关违反法律法规的事项，但不必沟通明显不重要的事项。

2. 【答案】A

【解析】选项B错误，接受委托前的沟通可以是书面形式也可以是口头形式；选项C错误，查阅前任注册会计师的审计工作底稿是必须要经过被审计单位同意的；选项D错误，在接受委托后，前任与后任注册会计师的沟通不是必须的，视具体情况而定。

3. 【答案】B

【解析】选项B错误，注册会计师承担对财务报表审计的责任并不能减轻管理层和治理层的责任。

4. 【答案】D

【解析】选项D不恰当，注册会计师的独立性，根据业务的具体情形，无论何时沟通都可能是适当的。

5. 【答案】C

【解析】沟通的事项可能包括：（1）注册会计师拟如何应对由于舞弊或错误导致的特别风险（选项D）；（2）注册会计师对与审计相关的内部控制采取的方案；（3）在审计中对重要性概念的运用（选项A）；（4）实施计划的审计程序或评价审计证据结果需要的专门技术或知识的性质和程度，包括利用专家的工作；（5）当《中国注册会计师审计准则第1504号——在审计报告中沟通关键审计事项》适用时，注册会计师对哪些事项可能需要重点关注因而可能构成关键审计事项所作的初步判断（选项B）。而选项C错误，注册会计师可以沟通拟对存货监盘采取不可预见的审计程序，但是不能太具体。

6. 【答案】D

【解析】在向治理层和管理层通报值得关注的内部控制缺陷时，注册会计师应当特别说明下列事项：（1）注册会计师执行审计工作的目的是对财务报表发表审计意见，故选项A错误；（2）审计工作包括考虑与财务报表编制相关的内部控制，其目的是设计适合具体情况的审计程序，并非对内部控制的有效性发表意见，自然不存在对非财务报告内部控制发表意见的说法（选项 B 错误、选项 D 正确）；（3）报告的事项仅限于注册会计师在审计过程中识别出的、认为足够重要从而值得向治理层报告的缺陷，故选项 C 错误。

7. 【答案】D

【解析】选项 D 不恰当，正在考虑接受委托的是后任注册会计师。

8. 【答案】A

【解析】选项 A 错误，接受委托前与前任注册会计师的沟通是必要的审计程序。

9. 【答案】A

【解析】选项 A 不正确，接受委托后的沟通可以采用电话询问、举行会谈、致送审计问卷等方式，其中最有效、最常用的方式是查阅前任注册会计师的工作底稿。

10. 【答案】D

【解析】选项 D 不恰当，需要在法律法规允许的情况下解除业务约定。

（二）多选题

1. 【答案】ACD

【解析】选项 B，吸纳注册会计师成为审计委员会的临时成员是不可行的，此种做法属于代行管理层职责。

2. 【答案】ABD

【解析】选项 C 不恰当，应当考虑是否接受委托，而不是一定拒绝接受委托。

3. 【答案】ABC

【解析】选项 D 不恰当，注册会计师应当与治理层沟通计划的审计范围和时间安排的总体情况，包括特别风险的审计范围和时间安排。

4. 【答案】ABCD

5. 【答案】ABCD

6. 【答案】ABC

【解析】选项 D，注册会计师采用的整体重要性不能沟通，否则，使得审计程序治理层具有了预见性。

7. 【答案】ABC

【解析】选项 D 不恰当，准则中没有该条款。

8. 【答案】ACD

【解析】选项 B 不恰当，书面沟通不必包括审计中的所有需要沟通的事项，有的可以采用口头形式。

9. 【答案】BC

【解析】选项 A 正确，沟通可以采取书面形式，也可以采取口头形式；选项 B 错误，后任注册会计师负有主动沟通的义务，但需要征得被审计单位的同意；选项 C 错误，后任注册会计师负有主动沟通的义务；选项 D 正确，后任注册会计师需要将沟通的情况记录于审计工作底稿。

10. 【答案】ACD

【解析】选项 B 不恰当，值得关注和询问的事项应该是值得关注的内部控制重大缺陷。

（三）简答题

【答案】

（1）不恰当。

理由：向前任注册会计师询问诚信方面的问题，属于接受委托前的沟通。

（2）不恰当。

理由：采用电话询问的方式同样须事先征得被审计单位同意。

（3）恰当。

（4）恰当。

（5）不恰当。

理由：后任注册会计师应当对自身实施的审计程序和得出的审计结论负责，不应在审计报告中表明，其审计意见全部或部分地依赖前任注册会计师的审计报告或工作。

第十五章 注册会计师利用他人的工作

一、2020年新教材内容主要变化

2020年本章主要变化知识点如下：

内部审计目标。

【小贴士】具体详见有关重难点。

二、本章近5年考情统计分析

本章考题主要以客观题为主，但在主观题也可涉及，本章属于一般重要的考试章节之一，最近5年平均考试分值一般在3分左右。

（一）近5年考试分值分布

题型	2015年	2016年	2017年	2018年	2019年
单选题	1	1	—	3	—
多选题	—	—	—	—	2
简答题	—	—	—	—	—
综合题	1.2	1.2	1	—	—
合计	2.2	2.2	1	3	2

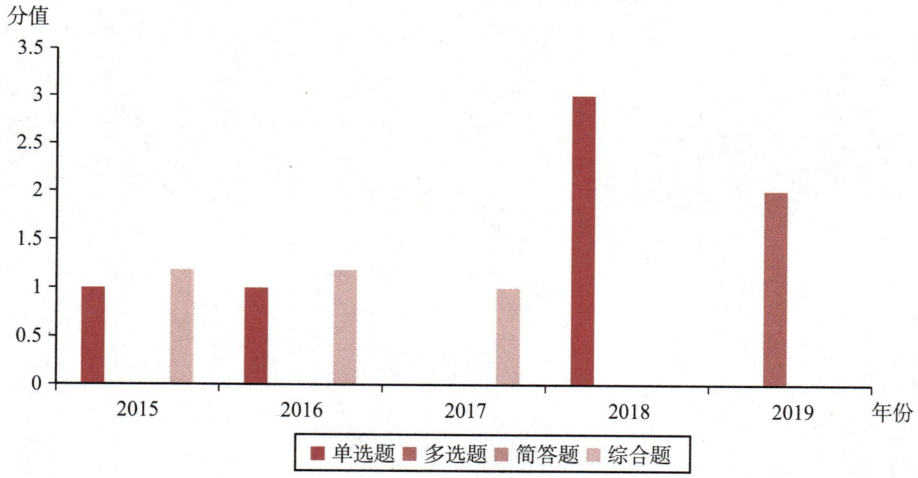

（二）近5年考试考点分布

高频考点内容	年度及题型分布
利用内部审计工作的内容	2018年单选
对利用专家	2019年多选、2018年单选、2017年综合、2016年单选、2016年综合、2015年单选、2015年综合
内部审计和注册会计师的关系	2018年单选

三、重难点解析

本章内容属于财务报表审计对特殊事项考虑的重要章节之一，主要阐述内部审计目标、内部审计与注册会计师审计的关系、确定是否利用、在哪些领域利用以及多大程度上利用内部审计的工作、利用内部审计工作、确定是否能够利用、在哪些领域利用以及在多大程度上利用内部审计人员提供直接协助、利用内部审计人员提供直接协助、专家的含义、利用专家的工作的决策框架等。

【小贴士】注册会计师合理利用内部审计可以有效提高审计效率和充分利用专家的工作可以降低审计风险，本章学习时需要把握利用内部审计和专家的决策框架下，不同节点的审计准则规范要求。

重难点1：内部审计目标★★

【小贴士】本知识点2020年大范围修订。

被审计单位的规模、组织结构以及管理层和治理层（如适用）的要求不同，内部审计的目标和范围、职责及其在被审计单位中的地位（包括权威性和问责机制）可能有较大差别。内部审计可能包括下列一项或多项活动：

1. 与公司治理有关的活动

内部审计可能评估被审计单位的治理流程是否能够实现下列方面的目标：道德和价值观，绩效管理和问责机制，向组织内的适当范围传达风险和控制信息，以及治理层、注册会计师、内部审计人员和管理层之间的有效沟通。

2. 与风险管理有关的活动

（1）内部审计可能有助于被审计单位识别和评价面临的重大风险，改善风险管理和内部控制（包括财务报告过程的有效性）。

（2）内部审计可能有助于被审计单位发现舞弊情形。

3. 与内部控制有关的活动

（1）评价内部控制。

（2）检查财务和经营信息。

（3）复核经营活动。

（4）复核遵守法律法规的情况。

【经典模拟题】

【多选题】下列各项活动，有助于内部审计为实现其目标的有（　　）。

A. 与公司治理有关的活动（如道德和价值观的沟通等）

B. 与风险管理有关的活动（如实施程序发现舞弊等）

C. 与内部控制有关的活动（如评价内部控制等）

D. 与编制报表有关的活动（如履行编制财务报表职责等）

【答案】ABC

【解析】选项D不恰当，内部审计不能参与编制报表有关的活动，如履行编制财务报表职责等。

重难点2：内部审计与注册会计师审计的关系★★

（一）内部审计与注册会计师审计联系

1. 技术方法一致

尽管内部审计与注册会计师审计之间存在诸多差异，但两者用以实现各自目标的某些方式却通常是相似的。例如，为支持所得出的结论，审计人员都需要获取充分、适当的审计证据，都可以运用观察、询问、函证和分析程序等审计方法。

2. 审计对象密切相关

内部审计对象与注册会计师审计对象也密切相关，甚至存在部分重叠。

【小贴士】如果内部审计的工作结果表明被审计单位的财务报表在某些领域存在重大错报风险，注册会计师就应当对这些领域给予特别关注。注册会计师在审计中利用内部审计人员的工作包括：

（1）在获取审计证据的过程中利用内部审计部门、岗位或人员的工作。

（2）在注册会计师的指导、监督和复核下利用内部审计人员提供直接协助。

（二）利用内部审计工作不能减轻注册会计师的责任

（1）内部审计的自主程度和客观性是有限的，无法达到注册会计师审计所要求的水平。

（2）审计过程中涉及的职业判断，如重大错报风险的评估、重要性水平的确定、样本规模的确定、对会计政策和会计估计的评估等，均应当由注册会计师负责执行。

【小贴士】注册会计师对发表的审计意见独立承担责任，这种责任并不因利用内部审计人员的工作而减轻。

【经典真题】

【单选题·2018】在确定内部审计人员的工作是否可能足以实现审计目的时，下列有关注册会计师执行的评价的说法中，错误的是（　　）。

A. 注册会计师应当评价内部审计人员是否能够符合注册会计师职业道德守则有关客观性的要求

B. 注册会计师应当评价内部审计人员的专业胜任能力

C. 注册会计师应当评价内部审计人员在执行工作时是否可能保持应有的职业关注

D. 注册会计师应当评价内部审计人员和注册会计师之间是否可能进行有效的沟通

【答案】A

【解析】选项A错误，内部审计的自主程度和客观性毕竟是有限的，无法达到注册会计师审计所要求的水平，不能按照注册会计师职业道德的要求进行评价，此外，两者的主体性质不同，职业道德要求自然会存在差别。

重难点3：确定是否利用、在哪些领域利用以及多大程度上利用内部审计的工作★★

（一）确定是否能够利用内部审计工作

注册会计师应当通过评价下列事项，确定是否能够利用内部审计的工作以实现审计目的：

（1）内部审计在被审计单位中的地位，以及相关政策和程序支持内部审计人员客观性的程度。

（2）内部审计人员的胜任能力。

（3）内部审计是否采用系统、规范化的方法（包括质量控制）。

【小贴士】如果存在下列情形之一，注册会计师不得利用内部审计的工作：

（1）内部审计在被审计单位的地位以及相关政策和程序不足以支持内部审计人员的客观性。

（2）内部审计人员缺乏足够的胜任能力。

（3）内部审计没有采用系统、规范化的方法（包括质量控制）。

（二）确定在哪些领域利用以及在多大程度上利用内部审计的工作

当存在下列情况之一时，注册会计师应当计划较少地利用内部审计工作，而更多地直接执行审计工作：

（1）当计划和实施相关的审计程序或评价收集的审计证据涉及较多判断时。

（2）当评估的认定层次重大错报风险较高，需要对识别出的特别风险予以特殊考虑时。

（3）当内部审计在被审计单位中的地位以及相关政策和程序对内部审计人员客观性的支持程度较弱时。

（4）当内部审计人员的胜任能力较低时。

重难点4：利用内部审计工作★★

（一）一般性要求

1. 与内部审计人员讨论

注册会计师应当与内部审计人员讨论利用其工作的计划，以作为协调各自工作的基础。

2. 阅读内部审计报告

注册会计师应当阅读与拟利用的内部审计工作相关的内部审计报告，以了解其实施的审计程序的性质和范围以及相关发现。

（二）实施充分的审计程序，确定实现审计目的的适当性

（1）内部审计工作是否经过恰当的计划、实施、监督、复核和记录。

（2）内部审计是否获取了充分、适当的证据，以使其能够得出合理的结论。

（3）内部审计得出的结论在具体环境下是否适当，编制的报告与执行工作的结果是否一致。

【小贴士】注册会计师实施审计程序的性质和范围应当与其对以下事项的评价相适应，并应当包括重新执行内部审计的部分工作：

（1）涉及判断的数量或金额。

（2）评估的重大错报风险。

（3）内部审计在被审计单位中的地位以及相关政策和程序支持内部审计人员客观性的程度。

（4）内部审计人员的胜任能力。

重难点5：确定是否能够利用、在哪些领域利用以及在多大程度上利用内部审计人员提供直接协助★★

（一）一般性要求

如果法律法规不禁止利用内部审计人员提供直接协助，并且注册会计师计划利用内部审计人员在审计中提供直接协助，注册会计师应当评价是否存在对内部审计人员客观性的不利影响及其严重程度，以及提供直接协助的内部审计人员的胜任能力。

注册会计师在评价是否存在对内部审计人员客观性的不利影响及其严重程度时，应当包括询问内部审计人员可能对其客观性产生不利影响的利益和关系。

（二）不得利用内部审计人员提供直接协助的情形

当存在下列情形之一时，注册会计师不得利用内部审计人员提供直接协助：

（1）存在对内部审计人员客观性的重大不利影响。

（2）内部审计人员对拟执行的工作缺乏足够的胜任能力。

【小贴士】注册会计师不得利用内部审计人员提供直接协助以实施具有下列特征的程序：

（1）在审计中涉及作出重大判断。

（2）涉及较高的重大错报风险，在实施相关审计程序或评价收集的审计证据时需要作出较多的判断。

（3）涉及内部审计人员已经参与并且已经或将要由内部审计向管理层或治理层报告的工作。

（4）涉及注册会计师按照规定就内部审计职能，以及利用内部审计工作或利用内部审计人员提供直接协助作出的决策。

【经典模拟题】

【单选题】下列各项审计工作中，注册会计师可以考虑利用内部审计人员提供直接协助的是（　　）。

A. 协助注册会计师获取内控手册　　B. 确定重要性水平

C. 确定控制测试的样本规模　　D. 评估会计政策和会计估计

【答案】A

【解析】注册会计师不得利用内部审计人员提供直接协助以实施具有下列特征的程序：（1）在审计中涉及作出重大判断；（2）涉及较高的重大错报风险，在实施相关审计程序或评价收集的审计证据时需要作出较多的判断；（3）涉及内部审计人员已经参与并且已经或将要由内部审计向管理层或治理层报告的工作；（4）涉及注册会计师按照规定就内部审计职能，以及利用内部审计工作或利用内部审计人员提供直接协助作出的决策。故选项B、选项

C、选项 D 不得利用内部审计人员提供直接协助。

（三）对内部审计人员进行指导、监督和复核

在确定可能分配给内部审计人员的工作的性质和范围，以及根据具体情况对内部审计人员进行指导、监督和复核的性质、时间安排和范围时，注册会计师应当考虑下列方面：

（1）在计划和实施相关审计程序以及评价收集的审计证据时，涉及判断的数量或金额。

（2）评估的重大错报风险。

（3）针对拟提供直接协助的内部审计人员，是否存在对其客观性的不利影响及其严重程度的评价结果，以及关于其胜任能力的评价结果。

【经典真题】

【多选题·2018】下列情况中，注册会计师不得利用内部审计工作的有（　　）。

A. 内部审计没有采用系统、规范化的方法

B. 评估的认定层次的重大错报风险较高

C. 内部审计的地位不足以支持内部审计人员的客观性

D. 计划和实施相关的审计程序涉及较多判断

【答案】AC

【解析】选项 B、选项 D，可以较少的利用内部审计工作，并非不得利用。

重难点 6：利用内部审计人员提供直接协助★★

（一）获取书面协议

（1）从拥有相关权限的被审计单位代表人员处获取书面协议，允许内部审计人员遵循注册会计师的指令，并且被审计单位不干涉内部审计人员为注册会计师执行的工作。

（2）从内部审计人员处获取书面协议，表明其将按照注册会计师的指令对特定事项保密，并将对其客观性受到的任何不利影响告知注册会计师。

（二）指导、监督和复核

（1）注册会计师在确定指导、监督和复核的性质、时间安排和范围时应当认识到内部审计人员并不独立于被审计单位，并且指导、监督和复核的性质、时间安排和范围应当恰当应对涉及判断的数量或金额、评估的重大错报风险、拟提供直接协助的内部审计人员客观性和胜任能力的评价结果。

（2）复核程序应当包括由注册会计师检查内部审计人员执行的部分工作所获取的审计证据。

重难点 7：专家的含义★★★

（一）专家的定义

专家，即注册会计师的专家，是指在会计或审计以外的某一领域具有专长的个人或组织，并且其工作被注册会计师利用，以协助注册会计师获取充分、适当的审计证据。

【小贴士】“专家”定于具有相对性。

（二）专家的来源

专家既可能是会计师事务所内部专家（如会计师事务所或其网络事务所的合伙人或员工，包括临时员工），也可能是会计师事务所外部专家。

【小贴士】会计师事务所外部专家，不受会计师事务所质量控制政策和程序的约束，例如，外部专家形成的业务底稿，所有权不归事务所所有。

（三）专家的专业身份及领域

专家通常可以是工程师、律师、资产评估师、精算师、环境专家、地质专家、IT 专家以及税务专家，也可以是这些个人所从属的组织，如律师事务所、资产评估公司以及各种咨询公司等。

【经典真题】

【多选题·2019】下列选项中，可以作为注册会计师专家的有（　　）。

A. 网络所的合伙人或员工

B. 会计审计领域有专长的个人或者组织

C. 被审计单位的管理层的专家

D. 会计师事务所的临时员工

【答案】ACD

【解析】专家，即注册会计师的专家，是指在会计或审计以外的某一领域具有专长的个人或组织，并且其工作被注册会计师利用，以协助注册会计师获取充分、适当的审计证据。专家既可能是会计师事务所内部专家（如会计师事务所或其网络事务所的合伙人或员工，包括临时员工），也可能是会计师事务所外部专家。而选项 B 是针对管理层来说的，故不恰当。

【单选题·2018】下列有关注册会计师的外部专家的说法中，错误的是（　　）。

A. 外部专家无需遵守注册会计师职业道德守则的要求

B. 外部专家不是审计项目组成员

C. 外部专家不受会计师事务所质量控制政策和程序的约束

D. 外部专家的工作底稿通常不构成审计工作底稿

【答案】A

【解析】选项 A 错误，外部专家需要遵守注册会计师职业道德守则中的保密要求。

【经典模拟题】

【多选题】下列参与审计业务的人员中，属于注册会计师的专家的有（　　）。

A. 对保险合同进行精算的会计师事务所精算部门人员

B. 受聘于会计师事务所对投资性房地产进行评估的资产评估师

C. 就复杂会计问题提供建议的会计师事务所技术部门人员

D. 对与企业重组相关的复杂税务问题进行分析的会计师事务所税务部门人员

【答案】ABD

【解析】选项 C 错误，就复杂会计问题提供建议的会计师事务所技术部门人员，不能称为注册会计师的专家。

（四）利用专家工作的目标

（1）确定是否利用专家的工作。

（2）如果利用专家的工作，专家的工作是否足以实现审计目的。

【小贴士】注册会计师对发表的审计意见独立承担责任，这种责任并不因利用专家的工作而减轻。

重难点8：利用专家的工作的决策框架★★★

（一）确定是否利用专家工作

1. 可能需要利用专家工作的审计程序范围

（1）了解被审计单位及其环境。

（2）识别和评估重大错报风险。

（3）针对评估的财务报表层次风险，确定并实施总体应对措施。

（4）针对评估的认定层次风险，设计和实施进一步审计程序，包括控制测试和实质性程序。

（5）在对财务报表形成审计意见时，评价已获取的审计证据的充分性和适当性。

2. 编制财务报表需要利用会计以外某一领域的专长时的考虑

如果编制财务报表需要利用会计以外某一领域的专长，尽管注册会计师拥有会计和审计技能，但可能不具备审计这些财务报表的必要专长。

项目合伙人需要确信项目组和不属于项目组的专家整体上具备适当的胜任能力和专业素质以执行审计任务。并且，注册会计师需要确定完成审计项目所需资源的性质、时间安排和范围。注册会计师需要确定是否利用专家的工作，如果需要利用，确定何时利用以及在多大程度上利用，以满足上述要求。

在确定是否利用专家的工作，以协助获取充分、适当的审计证据时，注册会计师可能考虑的因素包括：

（1）管理层在编制财务报表时是否利用了管理层的专家的工作。

【小贴士】管理层的专家，是指在会计、审计以外的某一领域具有专长的个人或组织，其工作被管理层利用以协助编制财务报表。

决策是否利用管理层专家的工作的决策可能受到下列因素的影响：

①管理层的专家的工作的性质、范围和目标。

②管理层的专家是否受雇于被审计单位，或者为被审计单位所聘请。

③管理层能够对其专家的工作实施控制或施加影响的程度。

④管理层的专家的胜任能力和专业素质。

⑤管理层的专家是否受到技术标准、其他职业准则或行业要求的约束。

⑥被审计单位对管理层的专家的工作实施的各种控制。

（2）事项的性质和重要性，包括复杂程度。

（3）事项存在的重大错报风险。

（4）应对识别出的风险的预期程序的性质，包括注册会计师对与这些事项相关的专家工作的了解和具有的经验，以及是否可以获得替代性的审计证据。

（二）评价专家的胜任能力、专业素质和客观性

专家的胜任能力、专业素质和客观性，对评价专家的工作是否适合审计目的具有重大影响。注册会计师应当评价专家是否具有实现审计目的所必需的胜任能力、专业素质和客观性。

在评价外部专家的客观性时，注册会计师应当询问可能对外部专家客观性产生不利影响的利益和关系。

【经典模拟题】

【简答题（部分）】A注册会计师负责审计甲公司2019年度财务报表审计工作底稿中与会计估计审计相关的部分事项摘录如下：

（3）2019年甲公司聘请XYZ咨询公司提供精算服务，并根据精算结果进行了会计处理，A注册会计师评价了XYZ咨询公司的胜任能力和专业素质，了解和评价了其工作，认为可以将其工作结果作为审计证据。

【要求】指出A注册会计师做法是否恰当。如不恰当，简要说明理由。

【答案】不恰当。还应当对XYZ公司的客观性进行评价。

【解析】对于专家的评价，应该包含胜任能力、专业素质和客观性三个方面。

（三）了解专家的专长领域

1. 总体要求

注册会计师应当充分了解专家的专长领域，为了实现审计目的，确定专家工作的性质、范围和目标；评价专家的工作是否足以实现审计目的。

【小贴士】*注册会计师可以凭借审计工作经验或通过与专家及其他有关人士进行讨论的方式，了解专家的专长领域。*

2. 对专家的专长领域的了解事项

（1）与审计相关的、管理层的专家专长领域的进一步细分信息。

（2）职业准则或其他准则以及法律法规是否适用。

（3）专家使用哪些假设和方法（包括专家使用的模型，如适用），及其在专家的专长领域是否得到普遍认可，对实现财务报告目的是否适当。

（4）专家使用的内外部数据或信息的性质。

（四）与专家达成一致意见

1. 总体要求

专家工作的性质、范围和目标可能会随着情况的变化而发生较大变化，相应地，注册会计师和专家各自的角色与责任、注册会计师和专家沟通的性质、时间安排和范围等也可能因情况的变化而发生较大变化。因此，无论是对外部专家还是内部专家，注册会计师都有必要就这些事项与其达成一致意见，并根据需要形成书面协议。

2. 专家工作的性质、范围和目标

当就专家工作的性质、范围和目标达成一致意见时，注册会计师通常需要与专家讨论需要遵守的相关技术标准、其他职业准则或行业要求。

3. 注册会计师和专家各自的角色和责任

（1）由注册会计师还是专家对原始数据实施细节测试。

（2）同意注册会计师与被审计单位或其他人员讨论专家的工作结果或结论，必要时，包括同意注册会计师将专家的工作结果或结论的细节作为注册会计师在审计报告中发表非无保留意见的基础。

（3）将注册会计师对专家工作形成的结论告知专家。

【小贴士】除非协议另作安排，外部专家的工作底稿属于外部专家，不是审计工作底稿的一部分。

【经典真题】

【多选题·2019】下列各项中，注册会计师在利用外部专家工作时应当与专家达成一致意见的有（　　）。

A. 注册会计师和专家各自的责任

B. 注册会计师和专家之间沟通的时间安排

C. 注册会计师对专家遵守事务所质量控制政策和程序的要求

D. 专家工作的性质、范围和目标

【答案】ABD

【解析】选项 C 不恰当，外部专家不是项目组成员，不受会计师事务所质量控制政策和程序的约束。

【综合题（部分）·2015】A 注册会计师负责审计甲公司 2014 年度财务报表。

资料五：审计工作底稿中记录了重大事项的处理情况，部分内容摘录如下。

（2）A 注册会计师在存货监盘过程中利用了专家的工作，专家工作的结果与甲公司管理层的盘点结果差异较大，A 注册会计师实施了追加的审计程序并与管理层沟通后仍无法解决，因该项差异对财务报表的影响重大但不广泛，A 注册会计师拟出具保留意见审计报告，并提及专家的工作，同时指明这种提及不减轻注册会计师对审计意见承担的责任。

【要求】指出 A 注册会计师的做法是否恰当，如不恰当，简要说明理由。

【答案】恰当。

【解析】注册会计师在存货监盘过程中利用了专家的工作，专家工作的结果与甲公司管理层的盘点结果差异较大，注册会计师实施了追加的审计程序（符合职业谨慎）并与管理层沟通后仍无法解决，因该项差异对财务报表的影响重大但不广泛，注册会计师拟出具保留意见审计报告（形成意见恰当），并提及专家的工作，同时指明这种提及不减轻注册会计师对审计意见承担的责任（符合报告准则）。

4. 注册会计师和专家沟通的性质、时间安排和范围

有效的双向沟通有利于将专家工作的性质、时间安排和范围与审计的其他工作整合在一起，也有利于在审计过程中对专家工作的目标进行适当的调整。

例如，如果专家的工作与注册会计师针对某项特别风险形成的结论相关，专家不仅要在工作结束时提交一份正式的书面报告，而且要随着工作的推进随时作出口头报告。

明确与专家保持联络的合伙人或员工，以及专家和被审计单位的沟通程序，有助于及时、有效地沟通，特别是在较大的业务项目中。

5. 专家保密要求

适用于注册会计师相关职业道德要求中的保密条款同样也适用于专家。法律法规可能对

保密作出额外规定，被审计单位也可能要求外部专家同意遵守特定的保密条款。

【经典模拟题】

【多选题】下列有关注册会计师的专家的说法中，错误的有（　　）。

A. 无论是内部专家还是外部专家，注册会计师都应当就专家工作的性质、范围和目标等事项与专家达成一致意见并形成书面协议

B. 无论是内部专家还是外部专家，都是项目组成员，受会计师事务所质量控制政策和程序的约束

C. 无论是内部专家还是外部专家，注册会计师都应当询问对专家客观性产生不利影响的利益和关系

D. 无论是内部专家还是外部专家，都不包括会计、审计领域的专家

【答案】ABC

【解析】无论是外部专家还是内部专家，注册会计师都有必要就这些事项与其达成一致意见，并非必须签署书面协议，故选项A错误；外部专家不属于项目组成员，也不受会计师事务所质量控制政策和程序的约束，故选项B错误；在评价外部专家的客观性时，注册会计师应当询问对外部专家客观性产生不利影响的利益和关系，故选项C错误。

（五）评价专家工作的恰当性

1. 总体要求

注册会计师应当评价专家的工作是否足以实现审计目的，包括：

（1）专家的工作结果或结论的相关性和合理性，以及与其他审计证据的一致性。

（2）如果专家的工作涉及使用重要的假设和方法，这些假设和方法在具体情况下的相关性和合理性。

（3）如果专家的工作涉及使用重要的原始数据，这些原始数据的相关性、完整性和准确性。

【经典真题】

【综合题（部分）·2017】甲公司是ABC会计师事务所的常年审计客户，主要从事电气设备的生产和销售。A注册会计师负责审计甲公司2016年度财务报表，确定财务报表整体的重要性为300万元，实际执行的重要性为210万元。

资料三：

A注册会计师在审计工作底稿中记录了审计计划，部分摘录如下：

（4）A注册会计师拟利用评估专家对甲公司的商誉减值测试进行评估。由专家负责评价其使用的重要原始数据的相关性、准确性和完整性。A注册会计师负责评价：①专家工作涉及使用的重要假设和方法的相关性和合理性；②专家工作结果的相关性和合理性，以及与其他审计证据的一致性。

【要求】针对资料三第（4）项，假定不考虑其他条件，指出审计计划的内容是否恰当。如不恰当，简要说明理由。

【答案】不恰当。应当由注册会计师评价专家的工作涉及使用的重要原始数据的相关性、

准确性和完整性。

【解析】按准则的规定，注册会计师应当评价专家的工作涉及使用的重要原始数据的相关性、准确性和完整性。

2. 评价专家工作是否足以实现审计目的所实施的特定程序

评价专家工作是否足以实现审计目的所实施的特定程序可能包括：

（1）询问专家。

（2）复核专家的工作底稿和报告。

（3）实施用于证实的程序。

（4）必要时（如当专家的工作结果或结论与其他审计证据不一致时）与具有相关专长的其他专家讨论。

（5）与管理层讨论专家的报告。

3. 评价专家的工作结果或结论的相关性和合理性

（1）专家提交其工作结果或结论的方式是否符合专家所在的职业或行业标准。

（2）专家的工作结果或结论是否得到清楚表述，包括提及与注册会计师达成一致的目标，执行工作的范围和运用的标准。

（3）专家的工作结果或结论是否基于适当的期间，并考虑期后事项（如相关）。

（4）专家的工作结果或结论在使用方面是否有任何保留、限制或约束，如果有，是否对注册会计师的工作产生影响。

（5）专家的工作结果或结论是否适当考虑了专家遇到的错误或偏差情况。

4. 评价专家工作涉及使用重要的假设和方法的相关性和合理性

虽然注册会计师不具备与专家同等的专业技能，对专家选择的假设和方法提出异议存在一定的困难，但是，注册会计师应当了解专家选择的假设和方法，并根据专家工作的具体情况，评价专家工作涉及使用重要的假设和方法的相关性和合理性。此外，还要考虑专家选择的假设和方法与以前期间采用的假设和方法是否一致。

（1）如果专家的工作是评价管理层作出会计估计时使用的基础假设和方法（包括模型，如适用），注册会计师实施的程序可能主要是评价专家是否已经充分复核了这些假设和方法。

（2）如果专家的工作是形成注册会计师的点估计，或是形成注册会计师用来与管理层的点估计进行比较的范围，注册会计师实施的程序可能主要是评价专家使用的假设和方法（包括专家使用的模型，如适用）。

（3）当专家的工作涉及使用重要的假设和方法时，注册会计师评价这些假设和方法需要考虑：

①假设和方法在专家的专长领域是否得到普遍认可。

②假设和方法是否与适用的财务报告编制基础的要求相一致。

③假设和方法是否依赖某些专用模型的应用。

④假设和方法是否与管理层的假设、方法相一致，如果不一致，差异的原因及影响。

5. 评价专家工作涉及使用重要的原始数据的相关性、完整性和准确性

注册会计师应当实施相应的审计程序，评价专家工作涉及使用重要的原始数据的相关性、完整性和准确性。注册会计师可以实施下列程序测试这些数据：

（1）核实数据的来源，包括了解和测试（适用时）针对数据的内部控制以及向专家传送数据的方式（如相关）。

（2）复核数据的完整性和内在一致性。在许多情况下，注册会计师可能测试原始数据。然而，在另外一些情况下，如果专家使用的是其领域中高度专业化的原始数据，该专家可能测试这些原始数据。如果专家已测试，注册会计师可以通过询问专家、监督或复核专家的测试来评价数据的相关性、完整性和准确性。

6. 评价结果为不恰当时应当采取的措施

（1）就专家拟执行的进一步工作的性质和范围，与专家达成一致意见。

（2）根据具体情况，实施追加的审计程序。如果注册会计师认为专家的工作不足以实现审计目的，且通过实施追加的审计程序，或者通过雇用、聘请其他专家仍不能解决问题，有必要发表非无保留意见。

【小贴士】如果注册会计师认为专家的工作不足以实现审计目的，且注册会计师通过实施追加的审计程序（如专家和注册会计师执行进一步工作），或者通过雇用、聘请其他专家仍不能解决问题，则意味着没有获取充分、适当的审计证据，注册会计师有必要按照《中国注册会计师审计准则第1502号——在审计报告中发表非无保留意见》的规定发表非无保留意见。

四、进阶练习

（一）单选题

1. 在确定利用内部审计人员的工作是否足以实现审计目的时，下列说法中不恰当的是（　　）。

A. 应当评价内部审计人员配合审计工作的积极性

B. 应当评价内部审计人员的专业胜任能力

C. 内部审计在被审计单位中的地位，以及相关政策和程序支持内部审计人员客观性的程度

D. 应当评价内部审计是否采用系统、规范化的方法

2. 下列有关注册会计师在利用专家工作的表述中，正确的是（　　）。

A. 专家的工作底稿属于审计工作底稿的一部分

B. 专家不是审计组成员，所以不需要遵守注册会计师职业道德要求中的保密条款

C. 注册会计师应当在无保留意见的审计报告中提及专家的工作

D. 如果确定专家的工作不足以实现审计目的，注册会计师应当就专家拟执行的进一步工作的性质和范围，与专家达成一致意见，或者根据具体情况，实施追加的审计程序

3. 关于注册会计师利用内部审计工作，下列说法中不恰当的是（　　）。

A. 注册会计师应当对发表的审计意见独立承担责任

B. 内部审计的独立性和客观性水平不足以对注册会计师发表的审计意见承担责任

C. 审计过程中涉及的职业判断均应当由注册会计师负责

D. 注册会计师可以利用内部审计工作对财务报表审计中的某些重大事项作出职业判断

4. 下列各项中，注册会计师可以利用内部审计人员提供直接协助的是（　　）。

A. 在审计中涉及作出重大判断

B. 涉及较高的重大错报风险，在实施相关审计程序或评价收集的审计证据时需要作出较多的判断

C. 实施风险较低业务的控制测试

D. 涉及内部审计人员已经参与并且已经或将要由内部审计向管理层或治理层报告的工作

5. 注册会计师应当在利用内部审计人员提供直接协助之前实施相关程序，下列说法中恰当的是（　　）。

A. 从拥有相关权限的被审计单位代表人员处获取书面协议，允许内部审计人员遵循注册会计师的指令，并且被审计单位不干涉内部审计人员为注册会计师执行的工作

B. 从董事会处获取书面协议，表明其对管理层负有监督职责

C. 从内部审计人员处获取口头承诺，表明其将按照注册会计师的指令对特定事项保密，并将对其客观性受到的任何不利影响告知注册会计师

D. 向管理层获取关于内部审计客观公正的书面声明

6. 下列关于外部专家的说法中，不恰当的是（　　）。

A. 注册会计师有必要就专家工作的性质、范围和目标等与外部专家达成一致意见

B. 外部专家要遵守保密规定

C. 当注册会计师发表无保留意见时，可以在审计报告中注明依据了外部专家工作的部分

D. 必要时，注册会计师可以将专家的工作结果作为其在审计报告中发表非无保留意见的基础

7. 下列各项业务中，不属于注册会计师利用专家工作的范围的是（　　）。

A. 土地及建筑物的评估

B. 对异常或复杂的纳税问题进行分析

C. 对递延所得税进行相关的会计处理

D. 对合同、法律和法规进行解释

8. 下列人员中，无需遵守会计师事务所质量控制政策和程序的是（　　）。

A. 网络事务所的合伙人　　B. 聘请的外部法律顾问

C. 会计师事务所的项目经理　　D. 会计师事务所的临时员工

9. 如果利用内部审计人员为审计提供直接协助，不属于注册会计师应当在审计工作底稿中记录的是（　　）。

A. 关于是否存在对内部审计人员客观性的不利影响其严重程度的评价，以及关于提供直接协助的内部审计人员的胜任能力的评价

B. 就内部审计人员执行工作的性质和范围作出决策的基础

C. 所执行工作的复核人员及复核的日期和范围

D. 内部审计是否采用系统、规范化的方法（包括质量控制）

10. 有关注册会计师与专家就各自角色和责任达成的一致意见，下列说法不恰当的是（　　）。

A. 由注册会计师还是专家对原始数据实施细节测试

B. 同意注册会计师与被审计单位或其他人员讨论专家的工作结果或结论

C. 将注册会计师对专家工作形成的结论告知专家

D. 明确与专家保持联络的合伙人或员工

（二）多选题

1. 下列有关注册会计师的外部专家的说法中，恰当的有（　　）。

A. 外部专家不是审计项目组成员

B. 适用于注册会计师的相关职业道德要求中的保密条款不适用于外部专家

C. 外部专家的工作底稿通常不构成审计工作底稿

D. 外部专家需遵守会计师事务所的质量控制政策和程序

2. 下列有关注册会计师的专家的说法中，正确的有（　　）。

A. 专家均属于项目组成员，受会计师事务所的质量控制政策和程序的约束

B. 无论是内部专家还是外部专家，都不包括会计、审计领域的专家

C. 无论是内部专家还是外部专家，注册会计师都有必要就专家的性质、范围和目标与其达成一致意见，并根据需要形成书面协议

D. 无论是内部专家还是外部专家，注册会计师都应当询问对专家客观性产生不利影响的利益和关系

3. 下列有关利用内部审计工作的说法中，正确的有（　　）。

A. 如果被审计单位的内部审计没有采用系统、规范化的方法，注册会计师不得利用其工作

B. 内部审计人员缺乏足够的胜任能力，注册会计师应当计划较少地利用内部审计工作，而更多地直接执行审计工作

C. 注册会计师应当作出审计业务中的所有重大判断，并防止不当利用内部审计工作

D. 当内部审计在被审计单位中的地位以及相关政策和程序对内部审计人员客观性的支持程度较弱时，注册会计师应当计划较少地利用内部审计工作，而更多地直接执行审计工作

4. 注册会计师在评价专家的工作是否足以实现审计目的时，应当包括（　　）。

A. 专家工作涉及使用重要的假设和方法在具体情况下的相关性和合理性

B. 专家工作结果或结论的合理性和相关性

C. 专家工作结果或结论与其他审计证据的一致性

D. 专家工作涉及使用的重要原始数据的相关性、完整性和准确性

5. 注册会计师应当作出审计业务中的所有重大判断，并防止不当利用内部审计工作。下列选项中，注册会计师应当计划较少地利用内部审计工作，而更多地直接执行审计工作的有（　　）。

A. 计划和实施相关的审计程序涉及较多判断

B. 当评估的认定层次重大错报风险较高，需要对识别出的特别风险予以特殊考虑时

C. 当内部审计在被审计单位中的地位以及相关政策和程序对内部审计人员客观性的支持程度较弱时

D. 当内部审计人员的胜任能力较低时

6. 在评价专家工作是否足以实现审计目的时，下列实施的特定程序中合理的有（　　）。

A. 复核专家的工作底稿和报告

B. 必要时与具有相关专长的其他专家讨论

C. 执行详细的分析程序

D. 与管理层讨论专家的报告

7. 如果确定专家的工作不足以实现审计目的，则注册会计师应该采取的措施有（　　）。

A. 就专家拟执行的进一步工作的性质和范围，与专家达成一致意见

B. 直接对财务报表出具无法表示意见

C. 根据具体情况，实施追加的审计程序

D. 与被审计单位的管理层进一步讨论

8. 在确定可能分配给内部审计人员的工作的性质和范围，以及根据具体情况对内部审计人员进行指导、监督和复核的性质、时间安排和范围时，注册会计师应当考虑的有（　　）。

A. 在计划和实施相关审计程序以及评价收集的审计证据时，涉及判断的数量或金额

B. 评估的重大错报风险

C. 针对拟提供直接协助的内部审计人员，注册会计师关于其胜任能力的评价结果

D. 被审计单位治理层和管理层是否诚信

9. 下列工作中，可能需要利用专家的有（　　）。

A. 针对评估的认定层次风险，设计和实施进一步审计程序

B. 识别和评估重大错报风险

C. 针对评估的财务报表层次风险，确定并实施总体应对措施

D. 在对财务报表形成审计意见时，评价已获取的审计证据的充分性和适当性

10. 如果管理层在编制财务报表时利用了管理层的专家的工作，注册会计师作出是否利用专家的工作的决策，可能需要考虑的因素有（　　）。

A. 管理层的专家的工作的性质、范围和目标

B. 管理层的专家是否受雇于被审计单位，或者为被审计单位所聘请

C. 管理层能够对其专家的工作实施控制或施加影响的程度

D. 注册会计师对管理层的专家的工作实施的各种控制

五、进阶练习答案

（一）单选题

1. 【答案】A

【解析】选项A不恰当，评价的内部审计人员配合审计的积极性的，不是按照审计准则的要求。

2. 【答案】D

【解析】当专家是项目组的成员时，专家的工作底稿是审计工作底稿的一部分，除非协议另作安排，外部专家的工作底稿属于外部专家，不是审计工作底稿的一部分，故选项 A 错误；专家应遵守注册会计师职业道德要求中的保密条款，故选项 B 错误；除非法律法规另有规定，注册会计师不应在无保留意见的审计报告中提及专家的工作，故选项 C 错误。

3. 【答案】D

【解析】选项 D 不恰当，注册会计师即使利用内部审计工作结果但仍应当对财务报表审计有关的所有重大事项独立作出职业判断。

4. 【答案】C

【解析】注册会计师不得利用内部审计人员提供直接协助以实施具有下列特征的程序：(1) 在审计中涉及作出重大判断（选项 A）；(2) 涉及较高的重大错报风险，在实施相关审计程序或评价收集的审计证据时需要作出较多的判断（选项 B）；(3) 涉及内部审计人员已经参与并且已经或将要由内部审计向管理层或治理层报告的工作（选项 D）。

5. 【答案】A

【解析】在利用内部审计人员为审计提供直接协助之前，注册会计师应当：(1) 从拥有相关权限的被审计单位代表人员处获取书面协议，允许内部审计人员遵循注册会计师的指令，并且被审计单位不干涉内部审计人员为注册会计师执行的工作（选项 A）；(2) 从内部审计人员处获取书面协议，表明其将按照注册会计师的指令对特定事项保密，并将对其客观性受到的任何不利影响告知注册会计师。选项 B、选项 C、选项 D 不恰当。

6. 【答案】C

【解析】选项 C 不恰当，注册会计师对发表的审计意见独立承担责任，这种责任并不因利用专家的工作而减轻。所以当注册会计师发表无保留意见时，不可以在审计报告中注明依据了外部专家工作的部分。

7. 【答案】C

【解析】选项 C 属于会计问题，不属于注册会计师利用专家工作的范围，专家，即注册会计师的专家，是指在会计或审计以外的某一领域具有专长的个人或组织。

8. 【答案】B

【解析】选项 D，会计师事务所聘请的外部专家，不受会计师事务所质量控制政策和程序的约束。

9. 【答案】D

【解析】如果利用内部审计人员为审计提供直接协助，注册会计师应当在审计工作底稿中记录：(1) 关于是否存在对内部审计人员客观性的不利影响其严重程度的评价，以及关于提供直接协助的内部审计人员的胜任能力的评价（选项 A）；(2) 就内部审计人员执行工作的性质和范围作出决策的基础（选项 B）；(3) 根据《中国注册会计师审计准则第 1131 号——审计工作底稿》的规定，所执行工作的复核人员及复核的日期和范围（选项 C）。

10. 【答案】D

【解析】注册会计师与专家就各自角色和责任达成的一致意见可能包括下列内容：(1) 由注册会计师还是专家对原始数据实施细节测试（选项 A）；(2) 同意注册会计师与被审计单位或其他人员讨论专家的工作结果或结论，必要时，包括同意注册会计师将专家的工作结果或结论的细节作为注册会计师在审计报告中发表非无保留意见的基础（选项 B）；（3）将注册会计师对专家工作形成的结论告知专家（选项 C）。而选项 D 属于就注册会计师和专家之间沟通的性质、时间安排和范围达成的一致意见。

（二）多选题

1. 【答案】AC

【解析】选项 B 错误，外部专家需要遵守注册会计师的职业道德守则，比如保密原则等；选项 D 错误，外部专家不受会计师事务所质量控制政策和程序的约束。

2. 【答案】BC

【解析】选项 A 错误，外部专家不属于审计项目组成员，不受会计师事务所的质量控制政策和程序约束；选项 D 错误，在评价外部专家的客观性时，注册会计师应当询问可能对外部专家客观性产生不利影响的利益和关系。

3. 【答案】ACD

【解析】选项 B 错误，内部审计人员缺乏足够的胜任能力，注册会计师不得利用其工作而不是计划较少地利用内部审计工作，而更多地直接执行审计工作。

4. 【答案】ABCD

【解析】注册会计师应当评价专家的工作是否足以实现审计目的，包括：（1）专家的工作结果或结论的相关性和合理性，以及与其他审计证据的一致性（选项 B、选项 C）；（2）如果专家的工作涉及使用重要的假设和方法，这些假设和方法在具体情况下的相关性和合理性（选项 A）；（3）如果专家的工作涉及使用重要的原始数据，这些原始数据的相关性、完整性和准确性（选项 D）。

5. 【答案】ABCD

【解析】当存在下列情况之一时，注册会计师应当计划较少地利用内部审计工作，而更多地直接执行审计工作：（1）当在下列方面涉及较多判断时：一是计划和实施相关的审计程序，二是评价收集的审计证据（选项 A）；（2）当评估的认定层次重大错报风险较高，需要对识别出的特别风险予以特殊考虑时（选项 B）；（3）当内部审计在被审计单位中的地位以及相关政策和程序对内部审计人员客观性的支持程度较弱时（选项 C）；（4）当内部审计人员的胜任能力较低时（选项 D）。

6. 【答案】ABCD

7. 【答案】AC

【解析】如果确定专家的工作不足以实现审计目的，注册会计师应当采取下列措施之一：（1）就专家拟执行的进一步工作的性质和范围，与专家达成一致意见（选项 A）；（2）根据具体情况，实施追加的审计程序（选项 C）。故选项 B、选项 D 不恰当。

8. 【答案】ABC

【解析】在确定可能分配给内部审计人员的工作的性质和范围，以及根据具体情况对内部审计人员进行指导、监督和复核的性质、时间安排和范围时，注册会计师应当考虑下列方面：（1）在计划和实施相关审计程序以及评价收集的审计证据时，涉及判断的数量或金额（选项 A）；（2）评估的重大错报风险（选项 B）；（3）针对拟提供直接协助的内部审计人员，注册会计师关于是否存在对其客观性的不利影响及其严重程度的评价结果，以及关于其胜任能力的评价结果（选项 C）。

9.【答案】ABCD

10.【答案】ABC

【解析】选项 D，不是注册会计师对管理层的专家的工作实施的各种控制，而是被审计单位对管理层的专家的工作实施的各种控制。

第十六章 对集团财务报表审计的特殊考虑

一、2020 年新教材内容主要变化

2020 年本章主要知识点无实质变化。

二、本章近 5 年考情统计分析

本章考题主要以客观题和主观题（简答题）为主，但是针对个别的知识点（如重要组成部分、组成部分重要性），也可以结合审计实务（教材第三编内容），以主观题（综合题）的形式考查。

本章属于比较重要的考试章节之一，最近 5 年平均考试分值一般在 5 分左右。

（一）近 5 年考试分值分布

题型	2015 年	2016 年	2017 年	2018 年	2019 年
单选题	1	—	1	2	—
多选题	—	—	2	—	—
简答题	—	5	—	2	6
综合题	4	—	—	—	—
合计	5	5	3	4	6

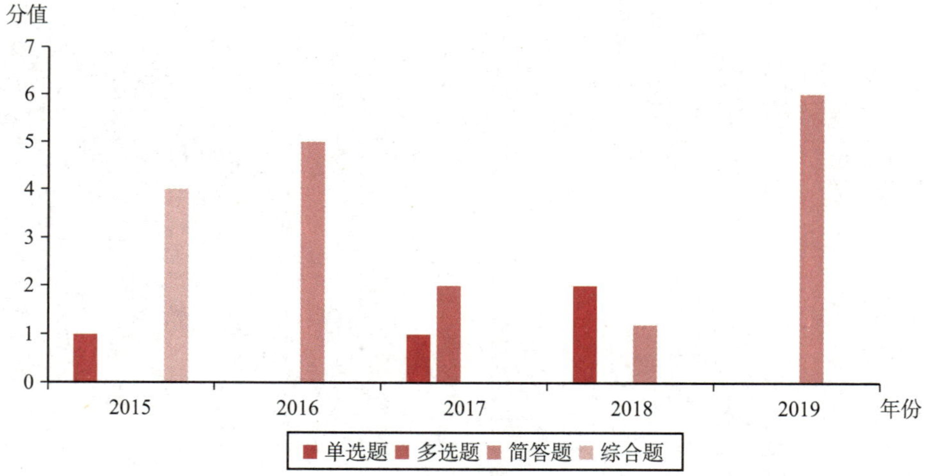

（二）近 5 年考试考点分布

高频考点内容	年度及题型分布
组成部分的识别	2015 年综合
了解组成部分注册会计师	2017 年单选、2016 年简答、2015 年单选
组成部分重要性	2018 年单选、2017 年多选、2015 年综合

续表

高频考点内容	年度及题型分布
对不同组成部分执行的工作	2016 年简答
了解集团财务报表及其环境	2019 年简答、2018 年单选、2018 年简答

三、重难点解析

本章内容为注册会计师执行审计工作中涉及集团财务报表审计的相关内容，属于审计中的重要章节，主要包括集团财务报表审计中涉及的范围、责任、注册会计师执行集团财务报表审计过程中需要了解的集团相关内容及组成部分注册会计师，审计过程中对重要性的使用与评价，及注册会计师工作中与组成部分注册会计师、评价获取的审计证据的充分性和适当性、集团管理层和集团治理层的沟通等内容。

【小贴士】本章内容的学习，需要结合前面有关章节内容。例如，重要性与第一编（审计基本原理）第二章审计计划相结合；针对评估的风险采取的应对措施与第二编（审计测试流程）第八章风险应对相结合；与治理层沟通和第四编（对特殊事项的考虑）第十四章审计沟通相结合。

重难点 1：重要组成部分★★★

（一）识别特征

重要组成部分，是指集团项目组识别出来的具有下列特征之一的组成部分：

（1）单个组成部分对集团具有财务重大性。

（2）由于单个组成部分的特定性质或情况，可能存在导致集团财务报表发生重大错报的特别风险。

【小贴士】在集团财务报表审计时集团项目组应当将集团所有组成部分划分为重要组成部分和不重要的组成部分，并对重要的组成部分和不重要的组成部分执行相应的工作（详见重难点 9）。

（二）财务重大性

随着单个组成部分对集团具有的财务重大性的增加，集团财务报表的重大错报风险通常也会增加。

1. 判断方法

集团项目组可以将选定的基准乘以某一百分比，以协助识别对集团具有财务重大性的单个组成部分。

2. 基准选择

确定基准和应用于该基准的百分比属于职业判断。根据集团的性质和具体情况，适当的基准可能包括集团资产、负债、现金流量、利润总额或营业收入。

【示例】集团项目组可能认为超过选定基准 15% 的组成部分是重要组成部分。然而，较高或较低的百分比也可能是适合具体情况的。

（三）性质重大

某些组成部分由于其特定性质或情况，可能存在导致集团财务报表发生重大错报的特别风险，集团项目组可能将其识别为重要组成部分。

【示例】某组成部分进行外汇交易，虽然其对集团并不具有财务重大性，但仍使集团面临导致重大错报的特别风险。

重难点2：集团财务报表审计中的责任设定★★

（一）集团财务报表审计中的责任设定模式

（1）集团项目组对整个集团财务报表审计工作及审计意见负全部责任，这一责任不因利用组成部分注册会计师的工作而减轻。（我国采用的模式）。

（2）集团项目组和组成部分注册会计师就各自执行的审计工作分别负责，集团项目组在执行集团财务报表审计时完全基于组成部分注册会计师的工作。

（二）我国集团财务报表审计中责任设定

为保证审计质量，《中国注册会计师审计准则第1401号——对集团财务报表审计的特殊考虑》采用了第一种模式。在这种模式下，尽管组成部分注册会计师基于集团审计目的对组成部分财务信息执行相关工作，并对所有发现的问题、得出的结论或形成的意见负责，集团项目合伙人及其所在的会计师事务所仍对集团审计意见负全部责任。

【小贴士】集团项目合伙人及其所在的会计师事务所仍对集团审计意见负全部责任。

重难点3：集团财务报表审计中注册会计师的目标★★

在集团财务报表审计中，担任集团审计的注册会计师的目标是：

（1）就组成部分注册会计师对组成部分财务信息执行工作的范围、时间安排和发现的问题，与组成部分注册会计师进行清晰的沟通。

（2）针对组成部分财务信息和合并过程，获取充分、适当的审计证据，以对集团财务报表是否在所有重大方面按照适用的财务报告编制基础发表审计意见。

重难点4：注册会计师在承接与保持阶段了解事项★

（一）目的及要求

（1）集团项目合伙人应当确定是否能够合理预期获取与合并过程和组成部分财务信息相关的充分、适当的审计证据，以作为形成集团审计意见的基础。

（2）集团项目组应当了解集团及其环境、集团组成部分及其环境，以足以识别可能的重要组成部分。

（3）如果组成部分注册会计师对重要组成部分财务信息执行相关工作，集团项目合伙人应当评价集团项目组参与组成部分注册会计师工作的程度是否足以获取充分、适当的审计证据。

（二）新业务的了解事项

1. 了解途径

如果是新业务，集团项目组可以通过下列途径了解集团及其环境、集团组成部分及其环境：

（1）集团管理层提供的信息。

（2）与集团管理层的沟通。

（3）如适用，与前任集团项目组、组成部分管理层或组成部分注册会计师的沟通。

2. 集团项目组可能需要对下列事项进行了解：

（1）集团结构，包括法律意义上的结构和组织结构（即集团财务报告系统是如何组织的）。

（2）组成部分中对集团重要的业务活动，包括业务活动在何种行业状况、监管环境以及经济和政治环境下发生。

（3）对服务机构的利用，包括共享服务中心。

（4）对集团层面控制的描述。

（5）合并过程的复杂程度。

（6）是集团项目合伙人所在的会计师事务所还是网络以外的组成部分注册会计师对组成部分财务信息执行相关工作，以及集团管理层委托多家会计师事务所的理由。

（7）集团项目组是否可以不受限制地接触集团治理层和管理层、组成部分治理层和管理层、组成部分信息和组成部分注册会计师（包括集团项目组需要获取的相关审计工作底稿），以及是否可以对组成部分财务信息执行必要的工作。

（三）连续审计时可能受到的影响

如果是连续审计业务，集团项目组获取充分、适当的审计证据的能力可能受某些方面重大变化的影响。

（1）集团组织结构的变化（如发生收购、处置或重组，或集团财务报告系统的组织方式发生变化）。

（2）对集团具有重要影响的组成部分业务活动的变化。

（3）集团治理层、管理层或重要组成部分的关键管理人员在构成上的变化。

（4）对集团或组成部分管理层诚信和胜任能力的疑虑。

（5）集团层面控制的变化。

（6）适用的财务报告编制基础的变化。

重难点5：审计范围受到限制★★★

（一）集团项目合伙人认为管理层施加限制

1. 发表无法表示意见

如果集团项目合伙人认为由于集团管理层施加的限制使集团项目组不能获取充分、适当的审计证据，由此产生的影响可能导致对集团财务报表发表无法表示意见。

2. 采取的措施

集团项目合伙人应当视具体情况采取下列措施：

（1）如果是新业务，拒绝接受业务委托；如果是连续审计业务，在法律法规允许的情况下，解除业务约定。

（2）如果法律法规禁止注册会计师拒绝接受业务委托，或者注册会计师不能解除业务约定，在可能的范围内对集团财务报表实施审计，并对集团财务报表发表无法表示意见。

（二）集团项目组接触信息受到限制

1. 集团项目组接触信息可能受到集团管理层无法克服的情况的限制

受到保密性或数据隐私有关的法律法规的限制，或组成部分注册会计师拒绝集团项目组接触相关审计工作底稿的要求，某些限制也可能来自于集团管理层。

2. 对集团项目组获取充分、适当的审计证据的影响

（1）即使接触信息受到限制，集团项目组仍有可能获取充分、适当的审计证据，然而这种可能性随着组成部分对集团重要程度的增加而降低。

【示例】对于按权益法核算的组成部分，集团项目组无法接触组成部分的治理层、管理层或注册会计师（包括集团项目组需要获取的相关审计工作底稿）。

①在这种情况下，如果该组成部分不是重要组成部分，且集团项目组拥有其整套财务报表和审计报告，并能够接触集团管理层拥有的与该组成部分相关的信息，则集团项目组可能认为这些信息已构成与该组成部分相关的充分、适当的审计证据。

②如果该组成部分是重要组成部分，集团项目组就无法遵守审计准则中与集团审计相关的要求。

集团项目组无法按照准则的要求参与组成部分注册会计师的工作。因此，集团项目组无法获取与该组成部分相关的充分、适当的审计证据。集团项目组需要按照《中国注册会计师审计准则第 1502 号——在审计报告中发表非无保留意见》的规定考虑无法获取充分、适当的审计证据对其形成审计意见的影响。

（2）如果集团管理层限制集团项目组或组成部分注册会计师接触重要组成部分的信息，则集团项目组将无法获取充分、适当的审计证据。

（3）如果这类限制与不重要的组成部分有关，集团项目组仍有可能获取充分、适当的审计证据，但是受到限制的原因可能影响集团审计意见。

【示例】可能影响集团管理层对集团项目组的询问所作回复的可靠性，以及集团管理层对集团项目组所作的声明的可靠性。

重难点6：了解集团及其环境、集团组成部分及其环境的程序★

（一）集团项目组应当对集团及其环境、集团组成部分及其环境获取充分的了解

1. 确认或修正最初识别的重要组成部分

2. 评估由于舞弊或错误导致集团财务报表发生重大错报的风险

（二）集团项目组可以基于下列信息，在集团层面评估集团财务报表重大错报风险

（1）在了解集团及其环境、集团组成部分及其环境和合并过程时获取的信息，包括在评价集团层面控制以及与合并过程相关的控制的设计和执行时获取的审计证据；

（2）从组成部分注册会计师获取的信息。在了解集团及其环境、集团组成部分及其环境的基础上，集团项目组制定集团总体审计策略和具体审计计划。集团项目合伙人应当复核集团总体审计策略和具体审计计划。集团项目合伙人对集团总体审计策略和具体审计计划的复核，是其履行集团审计业务指导责任的重要内容。

重难点7：了解组成部分注册会计师★★★

（一）了解的目的

只有当基于集团审计目的，计划要求由组成部分注册会计师执行组成部分财务信息的相关工作时，集团项目组才需要了解组成部分注册会计师。

（二）与集团审计相关的职业道德要求

【小贴士】当基于集团审计目的对组成部分财务信息执行相关工作时，组成部分注册会计师需要遵守与集团审计相关的职业道德要求。

集团项目组需要了解组成部分注册会计师是否了解并将遵守与集团审计相关的职业道德要求，组成部分注册会计师了解和遵守的程度是否足以使其履行其在集团审计中承担的责任。

（三）组成部分注册会计师的专业胜任能力

集团项目组对组成部分注册会计师的专业胜任能力的了解可能包括下列方面：

（1）组成部分注册会计师是否对适用于集团审计的审计准则和其他职业准则有充分的了解，以足以履行其在集团审计中的责任。

（2）组成部分注册会计师是否拥有对特定组成部分财务信息执行相关工作所必需的专门技能（如行业专门知识）。

（3）如果相关，组成部分注册会计师是否对适用的财务报告编制基础（集团管理层向组成部分下达的指令，通常说明适用的财务报告编制基础的特征）有充分的了解，以足以履行其在集团审计中的责任。

（四）组成部分注册会计师独立性

（1）如果组成部分注册会计师不符合与集团审计相关的独立性要求，或集团项目组对组成部分注册会计师职业道德、专业胜任能力和所处的监管环境存有重大疑虑，集团项目组应当就组成部分财务信息亲自获取充分、适当的审计证据，而不应要求组成部分注册会计师对组成部分财务信息执行相关工作。

（2）如果组成部分注册会计师不符合与集团审计相关的独立性要求，集团项目组不能通过参与组成部分注册会计师的工作、实施追加的风险评估程序或对组成部分财务信息实施进一步审计程序，消除组成部分注册会计师不具有独立性的影响。

【小贴士】组成部分注册会计师独立性有重大疑虑时，不应要求组成部分注册会计师对组成部分财务信息执行相关工作。

组成部分注册会计师不符合与集团审计相关的独立性要求，集团项目组不能消除组成部分注册会计师不具有独立性的影响。

【经典真题】

【单选题·2018】在审计集团财务报表时，下列情形中，导致集团项目组无法利用组成部分注册会计师工作的是（　　）。

A. 组成部分注册会计师不符合与集团审计相关的独立性要求

B. 组成部分注册会计师未处于积极有效的监管环境中

C. 集团项目组对组成部分注册会计师的专业胜任能力存有并非重大的疑虑

D. 组成部分注册会计师无法向集团项目组提供所有审计工作底稿

【答案】A

【解析】组成部分注册会计师不符合与集团审计相关的独立性要求，集团项目组不能通过参与组成部分注册会计师的工作、实施追加的风险评估程序或对组成部分财务信息实施进一步审计程序，消除组成部分注册会计师不具有独立性的影响。因此选择选项 A。

（五）消除组成部分注册会计师不利影响

集团项目组可以通过参与组成部分注册会计师的工作、实施追加的风险评估程序或对组成部分财务信息实施进一步审计程序，消除对组成部分注册会计师专业胜任能力的并非重大的疑虑（如认为其缺乏行业专门知识），或消除组成部分注册会计师未处于积极有效的监管环境中的影响。

【小贴士】集团项目组可以采取措施消除组成部分注册会计师非独立性的影响。

【经典真题】

【单选题·2015】在了解组成部分注册会计师后，下列情形中，集团项目组可以采取措施消除其疑虑或影响的是（　　）。

A. 组成部分注册会计师不符合与集团审计相关的独立性要求

B. 集团项目组对组成部分注册会计师的专业胜任能力存有重大疑虑

C. 集团项目组对组成部分注册会计师的职业道德存有重大疑虑

D. 组成部分注册会计师未处于积极有效的监管环境中

【答案】D

【解析】如果组成部分注册会计师不符合与集团审计相关的独立性要求，或集团项目组对组成部分注册会计师职业道德、专业胜任能力或所处的监管环境存在重大疑虑，集团项目组应当就组成部分财务信息亲自获取充分、适当的审计证据，而不应要求组成部分注册会计师对组成部分财务信息执行相关工作。故选项 A、选项 B、选项 C 错误。组成部分注册会计师未处于积极有效的监管环境中，可以通过集团项目组参加组成部分注册会计师的工作，实施追加的风险评估程序或对组成部分财务信息实施进一步审计程序消除组成部分注册会计师未处于积极有效的监管环境中规定影响，因此选择选项 D。

重难点 8：重要性★★★

（一）集团财务报表整体的重要性

在制定集团总体审计策略时，集团项目组确定集团财务报表整体的重要性。

（二）适用于特定类别的交易、账户余额或披露的一个或多个重要性水平

根据集团的特定情况，如果集团财务报表中存在特定类别的交易、账户余额或其发生的错报金额低于集团财务报表整体的重要性，但合理预期将影响财务报表使用者据集团财务报表作出的经济决策，则确定适用于这些交易、账户余额或披露的一个或多个重要性水平。

（三）组成部分重要性

1. 组成部分重要性的确定

（1）如果组成部分注册会计师对组成部分财务信息实施审计或审阅，集团项目组应当基于集团审计目的，为这些组成部分确定组成部分重要性。

（2）为将未更正和未发现错报的汇总数超过集团财务报表整体的重要性的可能性降至适当的低水平，集团项目组应当将组成部分重要性设定为低于集团财务报表整体的重要性。针对不同的组成部分确定的重要性可能有所不同。

（3）在确定组成部分重要性时，无需采用将集团财务报表整体重要性按比例分配的方式，因此，对不同组成部分确定的重要性的汇总数，有可能高于集团财务报表整体重要性。在制定组成部分总体审计策略时，需要使用组成部分的重要性。

2. 组成部分重要性的使用

（1）组成部分注册会计师需要使用组成部分重要性，评价识别出的未更正错报单独或汇总起来是否重大。

（2）在审计组成部分财务信息时，组成部分注册会计师（或集团项目组）需要确定组成部分层面实际执行的重要性。这对于将组成部分财务信息中未更正和未发现错报的汇总数超过组成部分重要性的可能性降至适当的低水平是必要的。

实务中，集团项目组可能按这一较低的水平确定组成部分重要性。在这种情况下，组成部分注册会计师需要使用组成部分重要性，评估组成部分财务信息的重大错报风险，针对评估的风险设计进一步审计程序，以及评价识别出的错报单独或汇总起来是否重大。

（3）如果基于集团审计目的，由组成部分注册会计师对组成部分财务信息执行审计工作，集团项目组应当评价在组成部分层面确定的实际执行的重要性的适当性。

【经典真题】

【单选题·2018】对于集团财务报表审计，下列有关组成部分重要性的说法中，错误的是（　　）。

A. 组成部分重要性应当小于集团财务报表整体的重要性

B. 组成部分重要性应当由集团项目组确定

C. 不重要的组成部分无需确定组成部分重要性

D. 不同组成部分的组成部分重要性可能不同

【答案】C

【解析】如果对不重要的组成部分实施审计或审阅，需要为不重要的组成部分确定重要性，因此选择选项C。

【多选题·2017】在审计集团财务报表时，下列有关组成部分重要性的说法中，正确的有（　　）。

A. 组成部分重要性的汇总数不能高于集团财务报表整体的重要性

B. 组成部分重要性应当由集团项目组确定

C. 集团项目组应当为所有组成部分确定组成部分重要性

D. 集团项目组应当将组成部分重要性设定为低于集团财务报表整体的重要性

【答案】BD

【解析】对不同组成部分重要性的汇总数也可能高于集团财务报表整体的重要性，因此不选择选项 A。如果组成部分注册会计师对组成部分财务信息实施审计或审阅，集团项目组应当基于集团审计目的，为这些组成部分确定组成部分重要性，因此选择选项 B。对于不重要的组成部分，集团项目组应当在集团层面实施分析程序，因此不选择选项 C。集团项目组应当将组成部分重要性设定为低于集团财务报表整体的重要性，因此选择选项 D。

3. 明显微小错报的临界值

（1）注册会计师需要设定临界值，不能将超过该临界值的错报视为对集团财务报表明显微小的错报。

（2）组成部分注册会计师需要将在组成部分财务信息中识别出的超过临界值的错报通报给集团项目组。

重难点9：针对评估的风险采取的应对措施★★★

sj201601

（一）对重要组成部分需执行的工作

1. 财务重大的单个组成部分

就集团而言，对于具有财务重大性的单个组成部分，集团项目组或代表集团项目组的组成部分注册会计师应当运用该组成部分的重要性，对组成部分财务信息实施审计。

2. 特定性质或情况的组成部分

对由于其特定性质或情况，可能存在导致集团财务报表发生重大错报的特别风险的重要组成部分，集团项目组或代表集团项目组的组成部分注册会计师应当执行下列一项或多项工作：

（1）使用组成部分重要性对组成部分财务信息实施审计。

（2）针对与可能导致集团财务报表发生重大错报的特别风险相关的一个或多个账户余额、一类或多类交易或披露事项实施审计。

（3）针对可能导致集团财务报表发生重大错报的特别风险实施特定的审计程序。

（二）对不重要的组成部分所需执行的工作

（1）对于不重要的组成部分，集团项目组应当在集团层面实施分析程序。

（2）根据业务的具体情况，集团项目组可以将组成部分财务信息在不同层面进行汇总，用以实施分析程序。

（3）实施分析程序的结果，可以佐证集团项目组得出的结论，即汇总的不重要的组成部分的财务信息不存在特别风险。

（三）已执行的工作仍不能提供充分、适当审计证据时的处理

1. 集团项目组执行的工作

如果集团项目组认为对重要组成部分财务信息执行的工作、对集团层面控制和合并过程执行的工作以及在集团层面实施的分析程序还不能获取形成集团审计意见所依据的充分、适当的审计证据，集团项目组应当选择某些不重要的组成部分，并对已选择的组成部分财务信息亲自执行或由代表集团项目组的组成部分注册会计师执行下列一项或多项工作：

（1）使用组成部分重要性对组成部分财务信息实施审计。

（2）对一个或多个账户余额、一类或多类交易或披露实施审计。

（3）使用组成部分重要性对组成部分财务信息实施审阅。

（4）实施特定程序。

2. 集团项目组执行工作的影响因素

集团项目组确定选择多少组成部分、选择哪些组成部分以及对所选择的每个组成部分财务信息执行工作的类型，可能受到下列因素的影响：

（1）预期就重要组成部分财务信息获取审计证据的程度。

（2）组成部分是新设立的还是收购的。

（3）组成部分是否发生重大变化。

（4）内部审计是否对组成部分执行了工作，以及内部审计工作对集团审计的影响。

（5）组成部分是否应用相同的系统和程序。

（6）集团层面控制运行的有效性。

（7）通过在集团层面实施分析程序识别出的异常波动。

（8）与同类其他组成部分相比，某组成部分是否对集团具有财务重大性或可能导致风险。

（9）是否因法律法规要求或其他原因需要对组成部分执行审计。

3. 集团项目组对组成部分财务信息实施审阅

集团项目组可以按照《中国注册会计师审阅准则第 2101 号——财务报表审阅》的相关要求，根据具体情况对组成部分财务信息实施审阅。集团项目组还可以实施追加的程序，作为对审阅程序的补充。

4. 集团项目组应当在一段时间之后更换所选择的组成部分

集团项目组应当在一段时间之后更换所选择的组成部分。选择不会被审计单位预见的同类其他组成部分，可以增加识别组成部分财务信息重大错报的可能性。

【小贴士】对组成部分的选择通常实行定期轮换。

【经典真题】

【单选题·2017】在审计集团财务报表时，下列工作类型中，不适用于重要组成部分的是（　　）。

A. 特定项目审计　　B. 财务信息审阅

C. 财务信息审计　　D. 实施特定审计程序

【答案】B

【解析】就集团而言，对于具有财务重大性的单个组成部分，集团项目组或代表集团项目组的组成部分注册会计师应当运用该组成部分的重要性，对组成部分财务信息实施审计（选项 C）。对由于其特定性质或情况，可能存在导致集团财务报表发生重大错报的特别风险的重要组成部分，集团项目组或代表集团项目组的组成部分注册会计师应当执行下列一项或多项工作：（1）使用组成部分重要性对组成部分财务信息实施审计（选项 A）；（2）针对与可能导致集团财务报表发生重大错报的特别风险相关的一个或多个账户余额、一类或多类交易或披露事项实施审计；（3）针对可能导致集团财务报表发生重大错报的特别风险实施特定的审计程序（选项 D）。如果集团项目组认为对重要组成部分财务信息执行的工作、对集团层面控制和合并过程执行的工作以及在集团层面实施的分析程序还不能获取形成集团审计意见所依据的充分、适当的审计证据，集团项目组应当选择某些不重要的组成部分，并对已选择的组成部分财务信息亲自执行或由代表集团项目组的组成部分注册会计师执行下列一项或多项工作：(1) 使用组成部分重要性对组成部分财务信息实施审计；(2) 对一个或多个账户余额、一类或多类交易或披露实施审计；(3) 使用组成部分重要性对组成部分财务信息实施审阅（选项 B)；(4) 实施特定程序。因此选择选项 B。

（四）参与组成部分注册会计师的工作

1. 重要组成部分财务信息审计

如果组成部分注册会计师对重要组成部分财务信息执行审计，集团项目组应当参与组成部分注册会计师实施的风险评估程序，以识别导致集团财务报表发生重大错报的特别风险。集团项目组参与的性质、时间安排和范围受其对组成部分注册会计师所了解情况的影响，但至少应当包括：

(1) 与组成部分注册会计师或组成部分管理层讨论对集团言重要的组成部分业务活动。

(2) 与组成部分注册会计师讨论由于舞弊或错误导致组成部分财务信息发生重大错报的可能性。

(3) 复核组成部分注册会计师对识别出的导致集团财务报表发生重大错报的特别风险形成的审计工作底稿。审计工作底稿可以采用备忘录的形式，反映组成部分注册会计师针对识别出的特别风险得出的结论。

2. 评价拟实施的进一步审计程序的恰当性

如果在由组成部分注册会计师执行相关工作的组成部分内，识别出导致集团财报表发生重大错报的特别风险，集团项目组应当评价针对识别出的特别风险拟实施的进一步审计程序的恰当性。根据对组成部分注册会计师的了解，集团项目组应当确定是否有必要参与进一步审计程序。可能影响集团项目组参与组成部分注册会计师工作的因素包括：

(1) 组成部分的重要程度。

(2) 识别出的导致集团财务报表发生重大错报的特别风险。

(3) 集团项目组对组成部分注册会计师的了解。

3. 组成部分是不重要的组成部分的考虑

集团项目组参与组成部分注册会计师工作的性质、时间安排和范围，将根据集团项目组对组成部分注册会计师的了解不同而不同。而该组成部分不是重要组成部分这一事实，成为次要考虑的因素。

【示例】即使某一组成部分未被视为重要组成部分，集团项目组仍可能决定参与组成部分注册会计师的风险评估，因为集团项目组对组成部分注册会计师专业胜任能力并非存在重大疑虑（如认为其缺乏行业专门知识），或者组成部分注册会计师未处于积极有效的监管环境中。

4. 集团项目组参与组成部分注册会计师工作的方式

取决于集团项目组对组成部分注册会计师的了解。这些方式可能还包括：

(1) 与组成部分管理层或组成部分注册会计师会谈，获取对组成部分及其环境的了解。

(2) 复核组成部分注册会计师的总体审计策略和具体审计计划。

(3) 实施风险评估程序，识别和评估组成部分层面的重大错报风险。集团项目组可以单独或与组成部分注册会计师共同实施这类程序。

（4）设计和实施进一步审计程序。集团项目组可以单独或与组成部分注册会计师共同设计和实施这类程序。

（5）参加组成部分注册会计师与组成部分管理层的总结会议和其他重要会议。

（6）复核组成部分注册会计师的审计工作底稿的其他相关部分。

【经典真题】

【综合题（部分）·2015】

甲集团公司是ABC会计师事务所的常年审计客户，主要从事化妆品的生产、批发和零售。A注册会计师负责审计甲集团公司2014年度财务报表，确定集团财务报表整体的重要性为600万元。

资料一：

A注册会计师在审计工作底稿中记录了审计计划，部分内容摘录如下：

（1）子公司乙公司从事新产品研发。2014年度新增无形资产1 000万元，为自行研发的产品专利。A注册会计师拟仅针对乙公司的研发支出实施审计程序。

（2）子公司丙公司负责生产，产品全部在集团内销售。A注册会计师认为丙公司的成本核算存在可能导致集团财务报表发生重大错报的特别风险，拟仅针对与成本核算相关的财务报表项目实施审计。

（3）甲集团公司的零售收入来自40家子公司，每家子公司的主要财务报表项目金额占集团的比例均低于1%。A注册会计师认为这些子公司均不重要，拟实施集团层面分析程序。

（4）DEF会计师事务所作为组成部分注册会计师负责审计联营企业丁公司的财务信息，其审计项目组按丁公司利润总额的3%确定组成部分重要性为300万元，实际执行的重要性为150万元。

（5）子公司戊公司负责甲集团公司主要原材料的进口业务，通过外汇掉期交易管理外汇风险。A注册会计师拟使用50万元的组成部分重要性对戊公司财务信息实施审阅。

资料二：

A注册会计师在审计工作底稿中记录了甲集团公司的财务数据，部分内容摘录如下：

集团/组成部分	2014年（未审数）		
	资产总额	营业收入	利润总额
甲集团公司	80 000	60 000 其中：批发收入 38 000 零售收入 20 000 其他 2 000	12 000
乙公司	1 900	200	（300）
丙公司	60 000	40 000	8 000
丁公司	20 000	50 000	10 000
戊公司	2 000	200	50

第十六章 对集团财务报表审计的特殊考虑

【要求】针对资料一第（1）~（5）项，结合资料二，假定不考虑其他条件，逐项指出资料一所列审计计划是否恰当。如不恰当，简要说明理由。将答案直接填入答题区的相应表格内。

事项序号	是否恰当（是/否）	理　　由
（1）		
（2）		
（3）		
（4）		
（5）		

【答案】

事项序号	是否恰当（是/否）	理　　由
（1）	是	
（2）	否	丙公司是具有财务重大性的重要组成部分，应当对丙公司的财务信息实施审计
（3）	否	零售收入占集团营业收入的1/3，金额重大，对这40家子公司仅在集团层面实施分析程序不足够
（4）	否	组成部分重要性应当由集团项目组确定
（5）	否	戊公司的业务涉及外汇掉期交易，属于可能存在导致集团财务报表发生重大错报的特别风险的重要组成部分，应当实施审计程序

重难点10：合并过程★

（一）集团层面控制测试

如果对合并过程执行工作的性质、时间安排和范围基于预期集团层面控制有效运行，或者仅实施实质性程序不能提供认定层次充分、适当的审计证据，集团项目组应当亲自测试或要求组成部分注册会计师代为测试集团层面控制运行的有效性。

（二）合并过程进一步审计程序

集团项目组应当针对合并过程设计和实施进一步审计程序，以应对评估的、由合并过程导致的集团财务报表发生重大错报的风险。设计和实施的进一步审计程序应当包括评价所有组成部分是否均已体现在集团财务报表中。

（三）集团项目组对调整的评价

集团项目组应当评价合并调整和重分类事项的适当性、完整性和准确性，并评价是否存在舞弊风险因素或可能存在管理层偏向的迹象。合并过程可能需要对集团财务报表中列报的金额作出调整，这类调整不经过常规交易处理系统，可能不会受到针对其他财务信息的控制的约束。集团项目组对这类调整的适当性、完整性和准确性的评价可能包括：

（1）评价重大调整是否恰当反映了相关事项和交易。

（2）确定重大调整是否得到集团管理层和组成部分管理层（如适用）的正确计算、处理和授权。

（3）确定重大调整是否有适当的证据支持并得到充分记录。

（4）检查集团内部交易、未实现内部交易损益以及集团内部往来余额是否核对一致并抵销。

（四）集团项目组对组成部分财务信息的评价

如果组成部分财务信息没有按照集团财务报表采用的会计政策编制，集团项目组应当评价组成部分财务信息是否已得到适当调整，以满足编制和列报集团财务报表的要求。

【小贴士】集团项目组应当确定，组成部分注册会计师上报的财务信息是否就是包括在集团财务报表中的财务信息。

（五）集团财务报表的调整

如果集团财务报表包括的组成部分财务报表的报告期末不同于集团财务报表，集团项目组应当评价是否已按照适用的财务报告编制基础对这些财务报表作出恰当调整。

重难点11：与组成部分注册会计师的沟通★★★

如果集团项目组与组成部分注册会计师之间未能建立有效的双向沟通关系，则存在集团项目组可能无法获取形成集团审计意见所依据的充分、适当的审计证据的风险。集团项目组清晰、及时地通报工作要求，是集团项目组和组成部分注册会计师之间形成有效双向沟通关系的基础。

（一）集团项目组向组成部分注册会计师的通报

1. 通报的要求

集团项目组应当及时向组成部分注册会计师通报工作要求。通报的内容应当明确组成部分注册会计师应执行的工作和集团项目组对其工作的利用，以及组成部分注册会计师与集团项目组沟通的形式和内容。

2. 通报的内容

（1）在组成部分注册会计师知悉集团项目组将利用其工作的前提下，要求组成部分注册会计师确认其将配合集团项目组的工作。

（2）与集团审计相关的职业道德要求，特别是独立性要求。

（3）在对组成部分财务信息实施审计或审阅的情况下，组成部分的重要性和针对特定类别的交易、账户余额或披露采用的一个或多个重要性水平（如适用）以及临界值，超过临界值的错报不能视为对集团财务报表明显微小的错报。

（4）识别出的与组成部分注册会计师工作相关的、由于舞弊或错误导致集团财务报表发生重大错报的特别风险。集团项目组应当要求组成部分注册会计师及时沟通所有识别出的、在组成部分内的其他由于舞弊或错误可能导致集团财务报表发生重大错报的特别风险，以及组成部分注册会计师针对这些特别风险采取的应对措施。

（5）集团管理层编制的关联方清单和集团项目组知悉的任何其他关联方。集团项目组应当要求组成部分注册会计师及时沟通集团管理层或集团项目组以前未识别出的关联方。集团项目组应当确定是否需要将新识别的关联方告知其他组成部分注册会计师。

（二）组成部分注册会计师向集团项目组沟通的事项

集团项目组应当要求组成部分注册会计师沟通与得出集团审计结论相关的事项。沟通的内容应当包括：

（1）组成部分注册会计师是否已遵守与集团审计相关的职业道德要求，包括对独立性和专业胜任能力的要求。

（2）组成部分注册会计师是否已遵守集团项目组的要求。

（3）指出作为组成部分注册会计师出具报告对象的组成部分财务信息。

（4）因违反法律法规而可能导致集团财务报表发生重大错报的信息。

（5）组成部分财务信息中未更正错报的清单（清单不必包括低于集团项目组通报的临界值且明显微小的错报）。

（6）表明可能存在管理层偏向的迹象。

（7）描述识别出的组成部分层面值得关注的内部控制缺陷。

（8）组成部分注册会计师向组成部分治理层已通报或拟通报的其他重大事项，包括涉及组成部分管理层、在组成部分层面内部控制中承担重要职责的员工以及其他人员（在舞弊行为导致组成部分财务信息出现重大错报的情况下）的舞弊或舞弊嫌疑。

（9）可能与集团审计相关或者组成部分注册会计师期望集团项目组加以关注的其他事项，包括在组成部分注册会计师要求组成部分管理层提供的书面声明中指出的例外事项。

（10）组成部分注册会计师的总体发现、得出的结论和形成的意见。

【小贴士】在配合集团项目组时，如果法律法规未予禁止，组成部分注册会计师可以允许集团项目组接触相关审计工作底稿。

（三）评价与组成部分注册会计师的沟通

1. 集团项目组与组成部分沟通的内容

集团项目组应当评价与组成部分注册会计师的沟通。集团项目组应当：

（1）与组成部分注册会计师、组成部分管理层或集团管理层（如适用）讨论在评价过程中发现的重大事项。

（2）确定是否有必要复核组成部分注册会计师审计工作底稿的相关部分。

2. 组成部分审计工作底稿的复核

组成部分注册会计师的审计工作底稿中哪些部分与集团审计相关，可能因具体情况的不同而不同。集团项目组在复核时，通常关注的是与导致集团财务报表发生重大错报的特别风险相关的审计工作底稿。组成部分注册会计师的审计工作底稿按照组成部分注册会计师所在会计师事务所的复核程序进行复核这一事实，可能将影响集团项目组的复核范围。

3. 集团项目组实施追加程序决策

如果认为组成部分注册会计师的工作不充分，集团项目组应当确定需要实施哪些追加的程序，以及这些程序是由组成部分注册会计师还是由集团项目组实施。

重难点12：评价审计证据的充分性和适当性★★★

注册会计师应当获取充分、适当的审计证据，将审计风险降至可接受的低水平，从而得出合理的结论以作为形成审计意见的基础。

（1）集团项目组应当评价，通过对合并过程实施的审计程序以及由集团项目组和组成部分注册会计师对组成部分财务信息执行的工作，是否已获取充分、适当的审计证据，作为形成集团审计意见的基础。

（2）如果认为未能获取充分、适当的审计证据作为形成集团审计意见的基础，集团项目组可以要求组成部分注册会计师对组成部分财务信息实施追加的程序。如果不可行，集团项目组可以直接对组成部分财务信息实施程序。

（3）集团项目合伙人应当评价未更正错报（无论该错报是由集团项目组识别出的还是由组成部分注册会计师告知的）和未能获取充分、适当的审计证据的情况下对集团审计意见的影响。

（4）集团项目合伙人对错报（无论该错报是由集团项目组识别还是由组成部分注册会计师告知）汇总影响的评价，能够使其确定集团财务报表整体是否存在重大错报。

【经典真题】

【简答题·2016】ABC会计师事务所的A注册会计师负责审计甲集团公司2015年度财务报表。与集团审计相关的部分事项如下：

（1）乙公司为不重要的组成部分。A注册会计师对组成部分注册会计师的专业胜任能力存在重大疑虑，因此，对其审计工作底稿实施了详细复核，不再实施其他审计程序。

（2）丙公司为甲集团公司2015年新收购的子公司，存在导致集团财务报表产生重大错报的特别风险。A注册会计师要求组成部分注册会计师使用组成部分重要性对丙公司财务信息实施审阅。

（3）丁公司为海外子公司。A注册会计师要求担任丁公司组成部分注册会计师的境外会计师事务所确认其是否了解并遵守中国注册会计师职业道德守则的规定。

（4）联营公司戊公司为重要组成部分。因无法接触戊公司的管理层和注册会计师，A注册会计师取得了戊公司2015年度财务报表和审计报告、甲集团公司管理层拥有的戊公司财务信息及其作出的与戊公司财务信息有关的书面声明，认为这些信息已构成与戊公司相关的充分、适当的审计证据。

（5）2016年2月15日，组成部分注册会计师对巳公司2015年度财务信息出具了审计报告。A注册会计师对巳公司2016年2月15日至集团审计报告日期间实施了期后事项审计程序，未发现需要调整或披露的事项。

【要求】针对上述第（1）~（5）项，逐项指出A注册会计师的做法是否恰当。如不恰当，简要说明理由。

【答案】

（1）不恰当。对组成部分注册会计师的专业胜任能力存有重大疑虑，不应由组成部分注册会计师执行工作/应当由集团项目组亲自获取审计证据。

（2）不恰当。丙公司为重要组成部分，不应执行审阅/应当对丙公司执行财务信息审计/特定账户余额、披露或交易审计/实施特定审计程序。

（3）恰当。

（4）不恰当。戊公司是重要组成部分，A注册会计师取得的这些信息不能构成与戊公司相关的充分、适当的审计证据。

（5）恰当。

重难点13：与集团管理层和集团治理层的沟通★★★

（一）与集团管理层的沟通

1. 集团项目组通报内容要求

集团项目组应当确定哪些识别出的内部控制缺陷需要向集团治理层和集团管理层通报。在确定通报的内容时，集团项目组应当考虑：

（1）集团项目组识别出的集团层面内部控制缺陷。

（2）集团项目组识别出的组成部分层面内部控制缺陷。

（3）组成部分注册会计师提请集团项目组关注的内部控制缺陷。

2. 集团项目组通报舞弊事项的规定

如果集团项目组识别出舞弊或组成部分注册会计师提请集团项目组关注舞弊，或者有关信息表明可能存在舞弊，集团项目组应当及时向适当层级的集团管理层通报，以便管理层告知主要负责防止和发现舞弊事项的人员。

3. 法律法规或其他原因的要求

因法律法规要求或其他原因，组成部分注册会计师可能需要对组成部分财务报表发表审计意见。在这种情况下，集团项目组应当要求集团管理层告知组成部分管理层其尚未知悉的、集团项目组注意到的可能对组成部分财务报表产生重要影响的事项。如果集团管理层拒绝向组成部分管理层通报该事项，集团项目组应当与集团治理层进行讨论。如果该事项仍未得到解决，集团项目组在遵守法律法规和职业准则有关保密要求的前提下，应当考虑是否建议组成部分注册会计师在该事项得到解决之前，不对组成部分财务报表出具审计报告。

（二）与集团治理层的沟通

集团项目组向集团治理层通报的事项，可能包括组成部分注册会计师提请集团项目组关注，并且集团项目组根据职业判断认为与集团治理层责任相关的重大事项。除《中国注册会计师审计准则第1151号——与治理层的沟通》和其他审计准则要求沟通的事项外，集团项目组还应当与集团治理层沟通下列事项：

（1）对组成部分财务信息拟执行工作的类型的概述。

（2）在组成部分注册会计师对重要组成部分财务信息拟执行的工作中，集团项目组计划参与其工作的性质的概述。

（3）对组成部分注册会计师的工作作出的评价，引起集团项目组对其工作质量产生疑虑的情形。

（4）集团审计受到的限制，如集团项目组接触某些信息受到的限制。

（5）涉及集团管理层、组成部分管理层、在集团层面控制中承担重要职责的员工以及其他人员（在舞弊行为导致集团财务报表出现重大错报的情况下）的舞弊或舞弊嫌疑。

【小贴士】与集团治理层的沟通可以在集团审计过程中的不同时点进行。

【经典真题】

【简答题·2019】ABC会计师事务所的A注册会计师负责审计甲集团公司2018年度财务报表。与集团审计相关的部分事项如下：

（1）A注册会计师将资产总额、营业收入或利润总额超过设定金额的组成部分识别为重要组成部分，其余作为不重要的组成部分。

（2）乙公司为重要组成部分，各项主要财务指标均占集团财务报表相关财务指标的50%以上。A注册会计师亲自担任组成部分注册会计师，选取乙公司财务报表中所有金额超过组成部分重要性的项目执行了审计工作，结果满意。

（3）A注册会计师对不重要组成部分的财务报表执行了集团层面分析程序，并对这些组成部分的年末银行存款、借款和与金融机构往来的其他信息实施了函证程序，结果满意。

（4）A注册会计师评估认为重要组成部分丙公司的组成部分注册会计师具备专业胜任能力，复核后认可了其确定的组成部分重要性和组成部分实际执行的重要性。

（5）A注册会计师要求所有组成部分注册会计师汇报组成部分的控制缺陷和超过组成部分实际执行重要性的未更正错报，将其与集团层面的控制缺陷和未更正错报汇总评估后认为：甲集团公司不存在值得关注的内部控制缺陷；集团财务报表不存在重大错报。

【要求】针对上述第（1）~（5）项，逐项指出A注册会计师的做法是否恰当。如不恰当，简要说明理由。

【答案】

（1）不恰当。在识别重要组成部分时还要考虑可能存在导致集团财务报表发生重大错报的特别风险的组成部分。

（2）不恰当。乙公司是具有财务重大性的重要组成部分，应当对乙公司财务信息执行审计。

（3）恰当。

（4）不恰当。应当由集团项目组确定组成部分重要性。

（5）不恰当。应当要求组成部分注册会计师汇报超过集团层面明显微小错报临界值的错报。

四、进阶练习

（一）单选题

1. 关于重要组成部分的说法中不恰当的是（　　）。

A. 随着单个组成部分对集团具有的财务重大性的增加，集团财务报表的重大错报风险通常也会增加

B. 单个组成部分的特定性质或情况，可能存在导致集团财务报表发生重大错报的特别风险

C. 集团项目组可将选定的基准乘以某一百分比，以协助识别对集团财务重大错报的单个组成部分

D. 集团项目组确定重大性的基准的百分比属于职业判断

2. 集团项目组连续审计业务，集团项目组获取充分适当的审计证据的能力可能受到哪些方面的重大变化的影响（　　）。

A. 组成部分中对集团重要的业务活动

B. 对集团具有重要影响的组成部分业务活动的变化

C. 集团层面控制的描述

D. 集团组织结构

3. 关于了解组成部分注册会计师的说法中，正确的是（　　）。

A. 基于集团审计目的，要求组成部分注册会计师执行相关工作时，集团项目组需要了解组成部分注册会计师

B. 集团层面对组成部分实施分析程序时，需要了解组成部分注册会计师

C. 了解组成部分注册会计师的是否具备专业胜任能力

D. 了解组成部分注册会计师是否积极工作

4. 不属于集团项目组对组成部分注册会计师专任胜任能力的了解内容是（　　）。

A. 组成部分注册会计师是否对适用于集团审计的审计准则和其他职业准则有充分了解，以足以履行其在集团审计中的责任

B. 组成部分注册会计师是否拥有对特定组成部分财务信息执行相关工作所必修的专业技能

C. 组成部分注册会计师是否对适用的财务报告编制基础有充分的了解，以足以履行其在集团审计中的责任

D. 组成部分注册会计师工作的程度是否足以获取充分、适当的审计证据

5. 在审计集团财务报表时，下列有关组成部分重要性的说法中，错误的是（　　）。

A. 集团项目组确定集团财务报表整体重要性和组成部分重要性

B. 组成部分注册会计师需要使用组成部分重要性，评价识别出的未更正错报单独或汇总起来是否重大

C. 在审计组成部分财务信息时，组成部分注册会计师（或集团项目组）需要确定组成部分层面实际执行的重要性

D. 组成部分注册会计师无需将在组成部分财务信息中识别出的超过临界值的错报通报给集团项目组

6. 集团项目组确定对组成部分信息拟执行工作的类型以及参与组成部分注册会计师工作的程序的影响因素是什么（　　）。

A. 组成部分的重要程度　　B. 特别风险

C. 集团层面控制的设计和评价　　D. 组成部分注册会计师的专业胜任能力

7. 如果集团项目组认为对重要组成部分财务信息执行的工作、对集团层面控制和合并过程执行的工作以及在集团层面实施的分析程序还不能获取形成集团审计意见所依据的充分、适当的审计证据，集团项目组可以采取的工作方式是（　　）。

A. 使用组成部分重要性对某些不重要的组成部分财务信息实施审计

B. 使用组成部分重要性对重要组成部分财务信息实施审阅

C. 集团项目组实施分析程序

D. 对重要组成部分实施特定程序

8. 关于可能影响集团项目组参与组成部分注册会计师工作的因素的说法中，错误的是（　　）。

A. 组成部分的重要性

B. 组成部分的重要程度

C. 识别出的导致集团财务报表发生重大错报的特别风险

D. 集团项目组对组成部分注册会计师的了解

9. 集团合并过程中，集团项目组应当评价的内容不包括（　　）。

A. 合并调整和重分类事项的适当性、完整性和准确性

B. 是否存在舞弊因素或可能存在管理层偏向的迹象

C. 组成部分财务信息采用的会计政策

D. 组成部分财务信息是否已经得到适当调整

10. 集团项目组向组成部分注册会计师通报的内容不包括（　　）。

A. 要求组成部分注册会计师应执行的工作和集团项目组对其工作的利用

B. 组成部分注册会计师与集团项目组沟通的形式和内容

C. 管理层编制的关联方清单和集团项目组知悉的任何其他关联方

D. 表明可能存在管理层偏向的迹象

11. 关于集团项目组与组成部分注册会计师沟通的说法中，正确的是（　　）。

A. 集团项目组可以复核组成部分注册会计师审计工作底稿

B. 集团项目组应当与组成部分注册会计师讨论在评价过程中发现的重大事项

C. 如果认为组成部分注册会计师工作不充分，集团项目组应当确定是否需要实施追加程序

D. 如果认为组成部分注册会计师工作不充分，集团项目组应当确定追加程序有集团项目组实施

12. 评价具体审计证据的充分性和适当性的说法中正确的是（　　）。

A. 如果集团项目组和组成部分注册会计师对组成部分财务信息执行的工作获取充分、适当的审计证据，则可形成集团审计意见

B. 如果认为未能获得充分、适当的审计证据，集团项目组可以直接对组成部分财务信息实施程序

C. 集团项目合伙人应当评价未更正错报和未能获得充分、适当的审计证据的情况下对集团审计意见的影响

D. 集团项目合伙人对错报的汇总影响的评价，能够确定集团财务报表整体存在重大错报分析

（二）多选题

1. 集团财务报表审计的责任设定的说法中，符合我国标准的是（　　）。

A. 集团项目组对整个集团财务报表审计工作及审计意见负全部责任，这一责任不因利用组成部分注册会计师的工作而减轻

B. 集团项目组和组成部分注册会计师就各自执行的审计工作分别负责，集团项目组在执行集团财务报表审计时完全基于组成部分注册会计师的工作

C. 组成部分注册会计师基于集团审计目的对组成部分财务信息执行相关工作，并对所有发现的问题、得出的结论或形成的意见负责，集团项目合伙人及其所在的会计师事务所仍

对集团审计意见负全部责任

D. 注册会计师对集团财务报表审计出具的审计报告不应提及组成部分注册会计师，除非法律法规另有规定

2. 集团项目合伙人认为由于集团管理层施加的限制，使集团项目组不能获取充分、适当的审计证据，集团项目合伙人应采取哪些措施（　　）。

A. 如果是新业务，拒绝接受业务委托

B. 如果是连续审计，修改审计业务约定书

C. 如果是新业务且法律法规禁止注册会计师拒绝接受业务委托，在可能的范围内对具体财务报表实施审计，并对集团财务报表发表无法表示意见

D. 如果是连续审计，注册会计师不能解除业务约定，在可能的范围内对具体财务报表实施审计，并对集团财务报表发表无法表示意见

3. 集团审计时，参加对集团财务报表重大错报风险的讨论组成人员包括（　　）。

A. 项目组全部成员

B. 项目组关键成员

C. 组成部分注册会计师

D. 集团项目合伙人

4. 在集团财务报表审计中，集团项目组对组成部分注册会计师在职业道德、专任胜任能力和所处的监管环境存在重大疑虑，可以采取消除影响的方式有（　　）。

A. 参加组成部分注册会计师的工作

B. 实施追加的风险评估程序

C. 对组成部分财务信息实施进一步审计程序

D. 亲自获取充分、适当的审计证据

5. 对于集团财务报表审计，下列有关组成部分重要性的说法中，正确的有（　　）。

A. 不同组成部分确定的重要性的汇总数应当小于集团财务报表整体的重要性

B. 集团项目组确定组成部分重要性

C. 集团项目组应当将组成部分重要性设定为低于集团财务报表整体的重要性

D. 集团项目组可以为组成部分设定一个或多个重要性水平

6. 对组成部分需执行的工作的说法中正确的有（　　）。

A. 使用组成部分重要性对组成部分财务信息实施审计

B. 可能导致集团财务报表发生重大错报风险的特别风险实施特定的审计程序

C. 不重要的组成部分，由组成部分注册会计师实施审计

D. 具有财务重大性的单个组成部分，集团项目组对组成部分财务信息实施审计

7. 集团项目组参与组成部分注册会计师的工作的说法中错误的有（　　）。

A. 如果组成部分注册会计师对重要组成部分财务信息执行审计，集团项目组应当参加组成部分注册会计师实施的风险评估程序

B. 与组成部分注册会计师讨论对集团而言重要的组成部分活动

C. 与组成部分注册会计师讨论财务信息发生重大错报风险的可能性

D. 复核组成部分注册会计师形成的审计工作底稿

8. 关于识别出导致集团财务报表发生重大错报的特别风险的说法中，正确的有（　　）。

A. 集团项目组应与组成部分注册会计师或组成部分管理层讨论对集团言重要的组成部

分业务活动

B. 复核组成部分注册会计师对识别出的导致集团财务报表发生重大错报的特别风险形成的审计工作底稿

C. 集团项目组应当评价针对识别出的特别风险拟实施的进一步审计程序的恰当性

D. 集团项目组应当确定是否有必要参与进一步审计程序

9. 集团项目组参与组成部分注册会计师的工作方式包括（　　）。

A. 与组成部分注册会计师会谈

B. 设计和实施进一步审计程序

C. 参与组成部分注册会计师的会议

D. 复核组成部分注册会计师的总体审计策略和具体审计计划

10. 集团项目组对合并过程中不经过常规交易系统对集团财务报表列报金额作出调整的适当性、完整性和准确性的评价可能包括（　　）。

A. 评价重大调整是否恰当反映了相关事项和交易

B. 确定重大调整是否得到集团管理层和组成部分管理层（如适用）的正确计算、处理和授权

C. 确定重大调整是否有适当的证据支持并得到充分的记录

D. 检查集团内部交易、未实现内部交易损益以及集团内部往来余额是否核对一致

11. 组成部分注册会计师向集团项目组沟通的事项包括（　　）。

A. 组成部分注册会计师是否已遵守集团项目组的要求

B. 组成部分财务信息中未更正错报的清单

C. 描述识别出的组成部分层面值得关注的内部控制缺陷

D. 因违反法律法规而可能导致组成部分财务信息发生重大错报的风险

12. 下列哪些事项是集团项目组与集团治理层沟通而不予管理层沟通的事项（　　）。

A. 集团项目组识别出集团管理层面内部控制缺陷

B. 集团项目组识别出来的组成部分层面内部控制缺陷

C. 集团审计受到的限制

D. 涉及集团管理层、组成部分管理层、在集团层面控制中承担重要职责的员工以及其他人员（在舞弊行为导致集团财务报表出现重大错报的情况下）的舞弊或舞弊嫌疑

（三）简答题

1. ABC 会计师事务所承接甲集团公司 2019 年度财务报表，A 注册会计师为集团项目合伙人，审计过程中发现以下事项：

（1）XYZ 会计师事务所担任甲公司海外重要子公司的组成部分注册会计师。A 注册会计师认为该事项在财务报表中可能存在导致集团财务报表发生重大错报的特别风险，拟在对甲公司 2019 年度财务报表出具的审计报告中增加其他事项段，说明该子公司的审计工作由组成部分注册会计师 XYZ 会计师事务所审计。

（2）乙公司为不重要的组成部分。A 注册会计师你在集团层面实施分析程序。

（3）丙公司为甲集团公司 2019 年新收购的子公司，A 注册会计师认为甲公司合并丙公司过程中的重大调整没有得到充分记录，要求组成部分注册会计师使用组成部分重要性对丙

公司财务信息实施审阅。

（4）丁公司为重要组成部分，组成部分注册会计师重新确定了组成部分重要性并实施了审计程序。

（5）组成部分注册会计师在对戊公司审计过程中发现存在错报，超过明显微小错报临界值，但没有达到组成部分重要性水平，因此没有想集团项目组进行通报。

【要求】针对上述第（1）~（5）项，逐项指出A注册会计师的做法是否恰当。如不恰当，简要说明理由。

2. ABC会计师事务所承接甲集团公司2019年度财务报表，A注册会计师为集团项目合伙人，审计过程中发现以下事项：

（1）乙公司为重要组成部分，组成部分注册会计师与发现乙公司管理层可能存在的舞弊行为。A注册会计师评估后认为该事项对集团财务报表影响不重大，未再与集团治理层沟通。

（2）丙公司为海外子公司。A注册会计师要求担任丙公司组成部分注册会计师的境外会计师事务所确认其是否了解并遵守中国注册会计师职业道德守则的规定。

（3）丁公司为甲集团公司2019年并购的公司，为重要组成部分，组成部分注册会计师没有发现丁公司财务报表有重大会计调整事项，A注册会计师发现后，拟与集团管理层进行沟通。

（4）戊公司为重要组成部分，A注册会计师发现组成部分注册会计师D的爱人于2020年1月1日入职戊公司，担任财务经理一职。认为组成部分注册会计师不符合集团审计相关的独立性要求，决定参加组成部分注册会计师的工作，以消除组成部分注册会计师独立性的影响。

（5）巳公司为重要组成部分，A注册会计师决定由组成部分注册会计师对巳公司环境进行了解并制定对巳公司的总体审计策略和具体审计计划。

【要求】针对上述第（1）~（5）项，逐项指出A注册会计师的做法是否恰当。如不恰当，简要说明理由。

五、进阶练习答案

（一）单选题

1.【答案】C

【解析】集团项目组可以将选定的基准乘以某一百分比，以协助识别对集团具有财务重大性的单个组成部分，因此选择选项C。

2.【答案】B

【解析】组成部分中对集团重要的业务活动、集团层面控制的描述和集团组织结构是集团项目组承接新业务需要了解的，因此选择选项B。

3.【答案】C

【解析】只有当基于集团审计目的，计划要求由组成部分注册会计师执行组成部分财务信息的相关工作时，集团项目组才需要了解组成部分注册会计师，因此不选择选项A。如果集团项目组计划仅在集团层面对某些组成部分实施分析程序，就无需了解这些组成部分注册会计师，因此不选择选项 B。集团项目组需要了解组成部分注册会计师是否处于积极的监管环境中，因此不选择选项 D。

4. 【答案】D

【解析】组成部分注册会计师工作的程度是否足以获取充分、适当的审计证据属于集团项目组应当了解组成部分注册会计师的事项，但不属于专业胜任能力，因此选择选项 D。

5. 【答案】D

【解析】组成部分注册会计师需要将在组成部分财务信息中识别出的超过临界值的错报通报给集团项目组，因此选择选项 D。

6. 【答案】A

【解析】识别出导致集团财务报表发生重大错报风险的特别风险，因此不选择选项 B。对集团层面控制的设计和评价，以及其是否得到执行的判断，因此不选择选项 C。集团项目组对组成部分注册会计师的了解，了解的内容不仅限于专任胜任能力，还有独立性，是否处于积极有效的监管环境等，因此不选择选项 D。

7. 【答案】A

【解析】集团项目组应当使用组成部分重要性对某些不重要组成部分财务信息实施审阅，因此不选择选项 B。对于不重要组成部分，集团项目组应当在集团层面实施分析程序，因此不选择选项 C。集团项目组应当对某些不重要的组成部分实施特定程序，因此不选择选项 D。

8. 【答案】A

【解析】可能影响集团项目组参与组成部分注册会计师工作的因素不包括组成部分的重要性，因此选择选项 A。

9. 【答案】C

【解析】如果组成部分财务信息没有按照集团财务报表采用的会计政策编制，集团项目组应当评价组成部分财务信息是否已得到适当调整，以满足编制和列报集团财务报表的要求。因此选择选项 C。

10. 【答案】D

【解析】表明可能存在管理层偏向的迹象是组成部分注册会计师想集团项目组沟通的事项，因此选择选项 D。

11. 【答案】B

【解析】在配合集团项目组时，如果法律法规未予禁止，组成部分注册会计师可以允许集团项目组接触相关审计工作底稿，因此不选择选项 A。如果认为组成部分注册会计师的工作不充分，集团项目组应当确定需要实施哪些追加的程序，因此不选择选项 C。由组成部分注册会计师或是由集团项目组实施，因此不选择选项 D。

12. 【答案】C

【解析】集团项目组应当评价，通过对合并过程实施的审计程序以及由集团项目组和组成部分注册会计师对组成部分财务信息执行的工作，是否已获取充分、适当的审计证据，作为形成集团审计意见的基础，因此不选择选项 A。如果认为未能获取充分、适当的审计证据作为形成集团审计意见的基础，集团项目组可以要求组成部分注册会计师对组成部分财务信息实施追加的程序。如果不可行，集团项目组可以直接对组成部分财务信息实施程序，因此不选择选项 B。集团项目合伙人对错报的汇总影响的评价，能够使其确定集团财务报表整体是否存在重大错报，因此不选择选项 D。

（二）多选题

1.【答案】ACD

【解析】集团项目组和组成部分注册会计师就各自执行的审计工作分别负责，集团项目组在执行集团财务报表审计时完全基于组成部分注册会计师的工作。这一种责任设定模式不是我国采用的，因此不选择选项 B。

2.【答案】ACD

【解析】如果是连续审计，在法律规范允许的情况下，解除业务约定，如果法律法规禁止注册会计师拒绝接受业务委托，或者注册会计师不能解除业务约定，在可能的范围内对具体财务报表实施审计，并对集团财务报表发表无法表示意见，因此不选择选项 B。

3.【答案】BCD

【解析】集团财务报表重大错报风险的讨论不需要全员参与，因此不选择选项 A。

4.【答案】ABC

【解析】亲自获取充分、适当的审计证据是在组成部分注册会计师不符合集团审计相关的独立性要求时采取的方式，因此不选择选项 D。

5.【答案】BCD

【解析】不同组成部分确定的重要性的汇总数，也可能高于集团财务报表整体的重要性，因此不选择选项 A。

6.【答案】ABD

【解析】对由于其特定性质或情况，可能存在导致集团财务报表发生重大错报的特别风险的重要组成部分，集团项目组或代表集团项目组的组成部分注册会计师应当执行下列一项或多项工作：（1）使用组成部分重要性对组成部分财务信息实施审计，因此选择选项 A。（2）针对与可能导致集团财务报表发生重大错报的特别风险相关的一个或多个账户余额、一类或多类交易或披露事项实施审计。（3）针对可能导致集团财务报表发生重大错报的特别风险实施特定的审计程序，因此选择选项 B。不重要的组成部分，集团项目组应当在集团层面实施分析程序，因此不选择选项 C。就集团而言，对于具有财务重大性的单个组成部分，集团项目组或代表集团项目组的组成部分注册会计师应当运用该组成部分的重要性，对组成部分财务信息实施审计，因此选择选项 D。

7.【答案】CD

【解析】与组成部分注册会计师讨论由于舞弊或错误导致组成部分财务信息发生重大错报的可能性，因此选择选项 C。复核组成部分注册会计师对识别出的导致集团财务报表发生重大错报的特别风险形成的审计工作底稿，因此选择选项 D。

8.【答案】BCD

【解析】集团项目组应与组成部分注册会计师或组成部分管理层讨论对集团而言重要的组成部分业务活动是集团项目组参与组成部分注册会计师实施的风险评估程序的内容，因此不选择选项 A。

9. 【答案】ABD

【解析】参与组成部分注册会计师与组成部分管理层的总结会议和其他会议，因此不选择选项 C。

10. 【答案】ABC

【解析】检查集团内部交易、未实现内部交易损益以及集团内部往来余额是否核对一致并抵销，因此不选择选项 D。

11. 【答案】ABC

【解析】因违反法律法规而可能导致集团财务报表发生重大错报的信息，因此不选择选项 D。

12. 【答案】CD

【解析】集团项目组识别出集团管理层面内部控制缺陷和集团项目组识别出来的组成部分层面内部控制缺陷是集团项目组和集团管理层提供时应当考虑的事项，因此不选择选项 A 和选项 B。

（三）简答题

1. 【答案】

（1）不恰当。注册会计师对集团财务报表出具的审计报告不应提及组成部分注册会计师，除非法律法规另有规定。

（2）恰当。

（3）丙公司为重要组成部分，不应执行审阅/应当对丙公司执行财务信息审计/特定账户余额、披露或交易审计/实施特定审计程序。

（4）不恰当。集团项目组为组成部分确定组成部分重要性。

（5）不恰当。组成部分注册会计师需要将组成部分财务信息中识别出来的超过微小错报临界值的错报通报给集团项目组。

2. 【答案】

（1）不恰当。涉及组成部分管理层的舞弊或舞弊嫌疑，应当与治理层沟通。

（2）恰当。

（3）不恰当。集团项目组应当要求集团管理层告知组成部分管理层其尚未知悉的、集团项目组注意到的可能对组成部分财务报表产生重要影响的事项。

（4）不恰当。组成部分注册会计师不符合集团审计相关的独立性要求，集团项目组不能提供参加组成部分注册会计师的工作/实施追加的风险评估程序/对组成部分财务信息实施进一步审计程序，消除组成部分注册会计师不具有独立性的影响。

（5）不恰当。集团项目组应当对集团及其环境、集团组成部分及其环境获取充分了解/复核组成部分注册会计师的总体审计策略和具体审计计划。

第十七章 其他特殊项目的审计

一、2020 年新教材内容主要变化

2020 年本章主要知识点无实质变化。

二、本章近 5 年考情统计分析

本章考题主要以客观题和主观题（简答题）为主，但是针对个别的知识点（如会计估计、持续经营假设、首次接受委托等），也可以结合审计实务（教材第三编内容）、审计报告（教材第五编），以主观题（综合题）的形式考查，看持续经营、期初余额等可结合审计报告（教材第五编完成审计工作与出具审计报告），以主观题（简答题）的形式考查。

本章属于重要的考试章节之一，最近 5 年平均考试分值一般在 7 分左右。

（一）近 5 年考试分值分布

题型	2015 年	2016 年	2017 年	2018 年	2019 年
单选题	2	2	2	1	4
多选题	8	—	2	2	—
简答题	2	4	—	6	3
综合题	2	—	3	—	—
合计	14	6	7	9	7

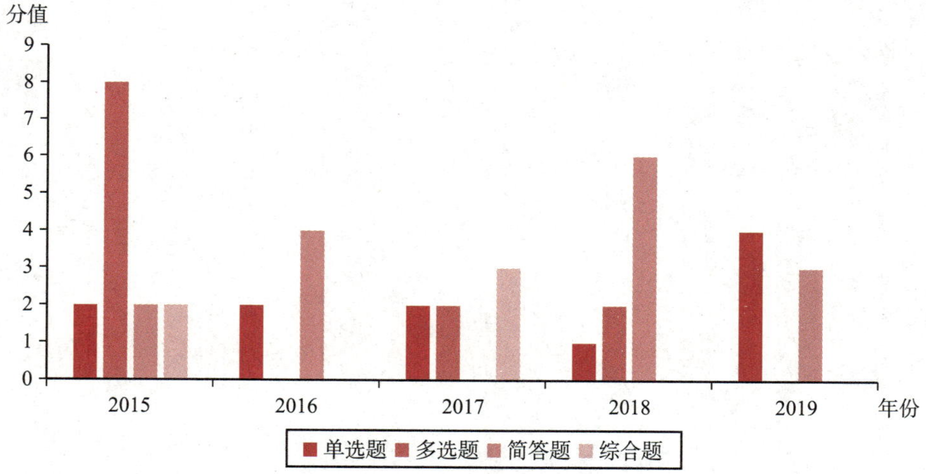

（二）近 5 年考试考点分布

高频考点内容	年度及题型分布
期初余额审计	2019 年简答、2018 年单选、2016 年单选、2015 年多选
持续经营假设	2019 年单选、2015 年简答、2015 年综合
超常重大交易	2017 年单选、2016 年单选、2015 年单选、2015 年多选、2015 年简答

续表

高频考点内容	年度及题型分布
高度不确定性估计	2018 年简答、2016 年简答
会计估计	2018 年多选、2018 年简答、2017 年单选、2016 年简答、2015 年单选、2015 年多选
区间估计	2019 年单选、2018 年简答、2017 年多选
其他特殊项目的审计	2019 年单选、2019 年简答、2018 年简答、2017 年综合、2016 年简答、2015 年多选

三、重难点解析

本章内容为注册会计师执业过程中遇到的特殊事项，属于审计中的重要章节，主要内容包括审计会计估计、关联方的审计、考虑持续经营假设和首次接受委托时对期初余额的审计。

【小贴士】本章内容的学习，需要结合前后有关章节内容。例如，会计估计、期初余额的内容与第三编（各类交易和账户余额的审计）相结合；关联方交易结合第二编（审计测试流程）；可持续经营、期初余额等内容与第五编（完成审计工作与出具审计报告）相结合。

重难点1：会计估计的性质★★

（一）责任划分

被审计单位管理层应当对其作出的包括在财务报表中的会计估计负责。而按照中国注册会计师审计准则的规定，获取充分、适当的审计证据，评价被审计单位作出的会计估计是否合理、披露是否充分，则是注册会计师的责任。

（二）风险判断

会计估计通常是被审计单位在不确定情况下作出的，其准确程度取决于管理层对不确定的交易或事项的结果作出的主观判断。由于会计估计的主观性、复杂性和不确定性，管理层作出的会计估计发生重大错报的可能性较大，注册会计师应当按照规定，确定会计估计的重大错报风险是否属于特别风险。

（三）差异不等于财务报表错报

需要提醒的是，会计估计的结果与财务报表中原来已确认或披露的金额存在差异，并不必然表明财务报表存在错报。这对于公允价值会计估计而言尤其如此，因为任何已观察到的结果都不可避免受到作出会计估计的时点后所发生的事项或情况的影响。

重难点2：风险评估程序和相关活动★★★

（一）了解适用的财务报告编制基础的要求

1. 有助于注册会计师确定该编制基础

（1）是否规定了会计估计的确认条件或计量方法。

（2）明确了某些允许或要求采用公允价值计量的条件（如与管理层执行与某项资产或负债相关的特定措施的意图挂钩）。

（3）明确了要求作出或允许作出的披露。

2. 为注册会计师就下列方面与管理层进行讨论提供了基础

（1）管理层如何运用与会计估计相关的要求。

（2）注册会计师对这些要求是否得到恰当运用的判断。

【小贴士】管理层的点估计，是指管理层在财务报表中确认或披露一项会计估计而选择的金额。当存在可供选择的点估计时，财务报告编制基础可能为管理层确定点估计提供指引。

（二）了解管理层如何识别是否需要作出会计估计

编制财务报表要求管理层确定是否有必要对某项交易、事项和情况作出会计估计，以及确定是否已按照适用的财务报告编制基础确认、计量和披露所有必要的会计估计。

注册会计师主要通过询问管理层，就可以了解管理层如何识别需要作出会计估计的情形。询问的内容可以包括：

（1）被审计单位是否已从事可能需要作出会计估计的新型交易。

（2）需要作出会计估计的交易的条款是否已改变。

（3）由于适用的财务报告编制基础的要求或其他规定的变化，与会计估计相关的会计政策是否已经相应变化。

（4）可能要求管理层修改或作出新会计估计的外部监管变化或其他不受管理层控制的变化是否已经发生。

（5）是否已经发生可能需要作出新估计或修改现有估计的新情况或事项。

【小贴士】当管理层作出会计估计的流程更为结构化时（如管理层设有正式的风险管理职责），注册会计师可以针对管理层定期复核导致会计估计的情况及在必要时重新估计会计估计的方法及惯常做法实施风险评估程序。会计估计（特别是与负债相关的会计估计）的完整性，通常是注册会计师考虑的重要因素。

（三）了解管理层如何作出会计估计

1. 编制财务报表要求管理层建立针对会计估计的财务报告过程（包括适当的内部控制）

这些过程通常包括：

（1）选择适当的会计政策，并规定作出会计估计的流程，包括适当的估计或估值的方法或模型（如适用）。

（2）形成或识别影响会计估计的相关数据和假设。

（3）定期复核需要作出会计估计和在必要时重新作出会计估计的情形。

2. 管理层作出会计估计的方法和依据

（1）用以作出会计估计的方法，包括模型（如适用），如下表所示。

情形	注册会计师的应对
适用的财务报告编制基础可能规定会计估计的计量方法	【示例】计量公允价值会计估计的特定模型 考虑被审计单位管理层是否按照规定方法作出会计估计
适用的财务报告编制基础没有规定计量方法，或可能规定了多种可供选择的计量方法	当适用的财务报告编制基础没有规定具体环境下采用的特定计量方法时，注册会计师在了解管理层作出会计估计所采用的方法或模型（如适用）时可能考虑的事项包括： ①在选择特定方法时，管理层如何考虑需要作出估计的资产或负债的性质； ②被审计单位是否在某些业务领域、行业或环境中从事经营活动，而这些业务领域、行业或环境存在用于作出特定类型会计估计的通用方法

【小贴士】如果管理层作出会计估计时采用了内部开发的模型或偏离了某一特定行业或环境中所采用的通用方法，则可能存在更大的重大错报风险。

（2）相关控制。

注册会计师可能考虑的事项包括作出会计估计的人员的经验与胜任能力，以及与下列情况相关的控制：

①管理层如何确定作出会计估计所使用的数据的完整性、相关性和准确性。

②由适当层级的管理层和治理层（如适用）对会计估计（包括使用的假设或输入数据）进行复核和批准。

③将批准交易的人员和负责作出会计估计的人员进行职责分离，包括职责分配是否恰当考虑了被审计单位的性质以及产品或服务的性质。

④其他与作出会计估计相关的控制取决于具体情况。

【示例】如果被审计单位使用特定模型作出会计估计，管理层可能针对该模型建立专门的政策和程序。相关控制可能包括对下列事项的控制：①为特定目的而设计和开发或选择特定模型。②该模型的使用。③该模型可靠性的维护和定期验证。

（3）管理层是否利用专家的工作，如下表所示。

是否利用专家工作	需要考虑的具体情况
管理层自身有能力可以不聘请专家	管理层可能拥有作出点估计必要的经验和胜任能力，或者被审计单位可能雇用那些具备作出点估计必要的经验和胜任能力的人员
管理层可能需要聘请专家作出或者帮助其作出会计估计	①需要作出会计估计的事项（如在采掘行业对矿产或油气储量的测量）具有特殊性质。 ②满足适用的财务报告编制基础相关要求的模型（如对某些公允价值计量采用的模型）具有一定的技术含量。 ③需要作出会计估计的情况、交易或事项具有异常性或偶发性

（4）会计估计所依据的假设，如下表所示。

注册会计师了解 会计估计基础假设考虑事项	公允价值会计估计特别提醒注意事项及示例
①假设（包括重大假设）的性质。 ②管理层如何评价假设是否相关和完整（即考虑了所有相关变量）。 ③管理层如何确定所采用假设的内在一致性（如适用）。 ④假设是否与管理层所能控制的事项相关（如对可能影响资产使用年限的维修计划的假设），以及这些假设是否与被审计单位的经营计划和外部环境相符，或者假设与管理层控制之外的事项相关（如对利率、死亡率、潜在的司法或监管行为或未来现金流量的变动和时间安排的假设）。 ⑤支持假设的文件记录（如存在）的性质和范围	①假设反映熟悉情况且自愿的公平交易参与方（有时称为市场参与方或类似称谓）在交换资产或清偿债务时用以确定公允价值可能使用的信息，或者假设与熟悉情况且自愿的公平交易参与方使用的信息一致。特定假设也可能因被估值资产或负债的特征、估值方法（如市场法或收益法）和适用的财务报告编制基础的要求的不同而不同。 ②假设或输入数据因其来源和基础的不同而不同。 【示例】 ①依据从独立于报告主体以外的渠道获得的市场数据（有时称为“可观察到的输入数据”或类似称谓）得出的假设或输入数据，反映了市场参与方在确定资产或负债价格时使用的信息。 ②依据具体情况下可获得的最佳信息（有时称为“不可观察到的输入数据”或类似称谓）得出的假设或输入数据，反映了被审计单位自身对市场参与方在确定资产或负债价格时使用何种假设作出的判断。 在实务中，上面两者之间的差别并不总是明显的，管理层可能有必要从不同市场参与方使用的假设中作出选择。 假设或输入数据的主观程度（如是否可观察到）影响估计不确定性的程度，并由此影响注册会计师对会计估计的重大错报风险的评估

【小贴士】管理层可能使用来源于内部和外部不同类型的信息来支持假设，这些信息的相关性和可靠性各不相同。

（5）用以作出会计估计的方法是否已经发生或应当发生不同于上期的变化，以及变化的原因。

①是否发生变化或应当发生变化。在评价管理层如何作出会计估计时，注册会计师需要了解用以作出会计估计的方法与前期相比是否已经发生变化或应当发生变化。当影响被审计单位的环境或情况或者适用的财务报告编制基础的要求发生变化时，需要改变估计方法加以应对。

②新方法更恰当或是对变化的应对。如果管理层改变了用于作出会计估计的方法，则注册会计师需要确定管理层能够证明新方法更加恰当，或者新方法本身就是对变化的应对。

（6）管理层是否评估以及如何评估估计不确定性的影响。在了解管理层是否以及如何评估估计不确定性的影响时，注册会计师可能考虑的事项包括：

①管理层是否已经考虑以及如何考虑各种可供选择的假设或结果，如通过敏感性分析确定假设变化对会计估计的影响。

②当敏感性分析表明存在多种可能结果时，管理层如何作出会计估计。

③管理层是否监控上期作出会计估计的结果，以及管理层是否已恰当应对实施监控程序的结果。

（四）需要特别关注会计估计与上期财务报表有关的事项

1. 注册会计师复核上期财务报表中的会计估计的目的

注册会计师应当复核上期财务报表中会计估计的结果，或者复核管理层在本期财务报表中对上期会计估计作出的后续重新估计（如适用）。在确定复核的性质和范围时，注册会计师应当考虑会计估计的性质，以及复核时获取的信息是否可能与识别和评估本期财务报表中会计估计的重大错报风险相关。但是，注册会计师复核的目的不是质疑上期依据当时可获得的信息而作出的判断。

2. 合理评价会计估计的结果与上期财务报表中已经确认金额的差异

（1）有差异不必然表明上期财务报表存在错报。会计估计的结果与上期财务报表中已确认金额之间的差异，并不必然表明上期财务报表存在错报。

（2）由于没有运用或错误运用下列两类信息而产生的差异可能表明上期财务报表存在错报：

①在上期财务报表编制完成阶段管理层可以获得的信息。

②合理预期管理层已经获得并在编制和列报财务报表时已予以考虑的信息。

【经典真题】

【单选题·2015】下列与会计估计审计相关的程序中，注册会计师应当在风险评估阶段实施的是（　　）。

A. 确定管理层是否恰当运用与会计估计相关的财务报告编制基础

B. 复核上期财务报表中会计估计的结果

C. 确定管理层作出会计估计的方法是否恰当

D. 评估会计估计的合理性

【答案】B

【解析】复核上期财务报表中会计估计的结果是为了了解管理层如何作出会计估计，属于风险评估阶段实施的程序，因此选择选项 B。确定管理层是否恰当运用与会计估计相关的财务报告编制基础、确定管理层作出会计估计的方法是否恰当和评估会计估计的合理性都属于注册会计师应当评估的会计估计重大错报风险的措施，而非实施的程序，因此不选择选项 A、选项 C 和选项 D。

重难点3：识别和评估重大错报风险★★★

在识别和评估重大错报风险时，注册会计师应当评价与会计估计相关的估计不确定性的程度，并根据职业判断确定识别出的具有高度估计不确定性的会计估计是否会导致特别风险。

【经典真题】

【单选题·2019】下列有关注册会计师评估特别风险的说法中，正确的是（　　）。

A. 注册会计师应当将具有高度估计不确定性的会计估计评估为存在特别风险

B. 注册会计师应当将管理层凌驾于控制之上的风险作为特别风险

C. 注册会计师应当将涉及重大管理层判断和重大审计判断的事项评估为存在特别风险

D. 注册会计师应当将重大非常规交易评估为存在特别风险

【答案】B

【解析】注册会计师应当评价与会计估计相关的估计不确定性的程度，并根据职业判断确定识别出的具有高度估计不确定性的会计估计是否会导致特别风险，因此不选择选项 A。管理层凌驾于控制之上的风险属于特别风险，因此选择选项 B。特别风险与重大非常规交易和判断事项有关，因此不选择选项 C 和选项 D。

（一）估计不确定性

1. 影响会计估计相关的估计不确定性的程度的因素

（1）会计估计对判断的依赖程度。

（2）会计估计对假设变化的敏感性。

（3）是否存在可以降低估计不确定性的经认可的计量技术（作为输入数据的假设，其主观程度仍可导致估计不确定性）。

（4）预测期的长度和从过去事项得出的数据对预测未来事项的相关性。

（5）是否能够从外部来源获得可靠数据。

（6）会计估计依据可观察到的或不可观察到的输入数据的程度。

与会计估计相关的估计不确定性程度，可能影响会计估计对管理层偏向的敏感性。

2. 评估重大错报风险时，注册会计师考虑的事项

（1）会计估计的实际的或预期的重要程度。

（2）会计估计的记录金额（即管理层的点估计）与注册会计师预期应记录金额的差异。

（3）管理层在作出会计估计时是否利用专家工作。

（4）对上期会计估计进行复核的结果。

（二）具有高度估计不确定性的会计估计

可能存在高度估计不确定性的会计估计的例子很多，比如：

（1）高度依赖判断的会计估计，如对未决诉讼的结果或未来现金流量的金额和时间安排的判断，而未决诉讼的结果或未来现金流量的金额和时间安排取决于多年后才能确定结果的不确定事项。

（2）未采用经认可的计量技术计算的会计估计。

（3）注册会计师对上期财务报表中类似会计估计进行复核的结果表明最初会计估计与实际结果之间存在很大差异，在这种情况下管理层作出的会计估计。

（4）采用高度专业化的、由被审计单位自主开发的模型，或在缺乏可观察到的输入数据的情况下作出的公允价值会计估计。

【小贴士】在某些情况下，估计不确定性非常高，以致难以作出合理的会计估计。

因此，适用的财务报告编制基础可能禁止在财务报表中对此进行确认或以公允价值计量。在这种情况下特别风险不仅与会计估计是否应予确认或以公允价值计量相关，而且与披露的充分性相关。针对这种会计估计，适用的财务报告编制基础可能要求披露会计估计和与之相关的高度估计不确定性。如果认为会计估计导致特别风险，注册会计师需要了解与会计估计相关的控制，包括控制活动。

【经典真题】

【多选题·2018】下列各项中，影响会计估计的估计不确定性程度的有（　　）。

A. 会计估计涉及的预测期的长度

B. 会计估计对假设变化的敏感性

C. 会计估计对判断的依赖程度

D. 会计估计依据不可观察到的输入数据的程度

【答案】ABCD

【解析】以上选项均为与会计估计相关的估计不确定性程度的影响因素。

重难点4：应对评估的重大错报风险★★★

（一）注册会计师应当确定的内容

基于评估的重大错报风险，注册会计师应当确定的事项，如下表所示。

注册会计师应确定的内容	出现的情形	注册会计师应对
管理层是否恰当运用与会计估计相关的适用的财务报告编制基础的规定	许多财务报告编制基础规定会计估计的确认条件，并详细说明作出会计估计的方法和需要作出的披露。这些规定可能较为复杂，并要求运用判断	（1）根据实施风险评估程序时了解的情况，注册会计师需要重点关注适用的财务报告编制基础中容易被误用或产生不同解释的相关要求。 （2）注册会计师确定管理层是否恰当地遵守适用的财务报告编制基础的要求，在某种程度上依据其对被审计单位及其环境的了解。 【示例】对某些项目（如在企业并购中获得的无形资产）的公允价值进行计量需要特别考虑被审计单位的性质及其经营活动的影响。 （3）在某些情况下，为了确定管理层是否恰当地遵守适用的财务报告编制基础的要求，注册会计师有必要实施追加的审计程序，如检查资产当前实物状况
作出会计估计的方法是否恰当，并得到一贯运用，以及会计估计或作出会计估计的方法不同于上期的变化是否适合于具体情况	在情况没有发生变化或没有出现新的信息时，对会计估计或估计方法作出改变是武断的。武断的变化导致各期财务报表不一致，并可能产生财务报表重大错报，或显示存在管理层偏向	注册会计师考虑会计估计或其估计方法自上期以来发生的变化是非常重要的
	管理层通常能够为不同期间基于环境的变化对会计估计或其估计方法的改变提供很好的理由	注册会计师需要根据判断确定该理由支持管理层观点（即环境已经发生变化，需要对会计估计或其估计方法作出改变）的充分性

（二）注册会计师实施的程序

在应对评估的重大错报风险时，注册会计师应当考虑会计估计的性质，并实施下列一项或多项程序：

（1）确定截至审计报告日发生的事项是否提供有关会计估计的审计证据，如下表所示。

能否提供充分、适当的审计证据	示例	注册会计师应对
有时可能提供有关会计估计的充分、适当的审计证据	期后不久出售某被替代的产品的全部存货，可能提供有关其可变现净值估计的审计证据。如果截至审计报告日可能发生的事项预期发生并提供用以证实或否定会计估计的审计证据，确定这些事项是否提供有关会计估计的审计证据可能是恰当的应对措施	在这种情况下，可能没有必要对会计估计实施追加的审计程序
某些会计估计，截至审计报告日发生的事项不可能提供审计证据	与某些会计估计相关的情况或事项需要较长时间才有进展；同样，由于公允价值会计估计的计量目标，期后信息可能不反映财务报表日存在的事项或情况，因而可能与公允价值会计估计的计量无关	注册会计师仍需要遵守《中国注册会计师审计准则第1332号——期后事项》及其应用指南的相关规定。注册会计师需要实施审计程序，获取充分、适当的审计证据，以确定财务报表日至审计报告日之间发生的、需要在财务报表中调整或披露的事项是否已经按照适用的财务报告编制基础在财务报表中得到恰当反映

【小贴士】由于除公允价值会计估计外的许多会计估计的计量通常取决于未来情况、交易或事项的结果，《中国注册会计师审计准则第1332号——期后事项》规定的审计工作对于这些会计估计尤为相关。

（2）测试管理层如何作出会计估计以及会计估计所依据的数据，如下表所示。

测试范围	可能是恰当的应对措施
测试所依据的数据	（1）会计估计是依据模型（使用可观察到的或不可观察到的输入数据）作出的公允价值会计估计。 （2）会计估计源于被审计单位会计系统对数据的常规处理。 （3）注册会计师对上期财务报表中类似的会计估计的复核表明管理层本期的会计估计流程可能是有效的。 （4）会计估计建立在性质相似、单项不重要但数量众多的项目的基础上
注册会计师应当评价采用的计量方法在具体情况下是否恰当，以及根据适用的财务报告编制基础确定的计量目标，管理层使用的假设是否合理。测试管理层如何作出会计估计	（1）测试会计估计所依据的数据的准确性、完整性和相关性，以及管理层是否使用这些数据和假设恰当地作出会计估计。 （2）考虑外部数据或信息的来源、相关性和可靠性，包括从管理层聘请的、用以协助其作出会计估计的外部专家那里获取的数据或信息。 （3）重新计算会计估计，并复核有关会计估计信息的内在一致性。 （4）考虑管理层的复核和批准流程

着重就评价计量方法、评价模型的使用和评价管理层使用的假设三个方面进行讨论，如下表所示。

内容	界定	注册会计师考虑事项
计价计量方法	当适用的财务报告编制基础没有规定计量方法时，评价计量方法（包括适用的模型）是否适用于具体情况属于职业判断	(1) 管理层选择计量方法的理由是否合理。 (2) 管理层是否充分评价和恰当运用适用的财务报告编制基础提供的、用以支持所选择的计量方法的标准（如存在）。 (3) 根据被估计的资产或负债的性质和适用的财务报告编制基础的要求，评价计量方法是否适用于具体情况。 (4) 计量方法相对于被审计单位开展的业务、所处行业和环境是否恰当。 【小贴士】在某些情况下，管理层可能已确定采用不同的估计方法会导致一系列显著不同的会计估计。 在这种情况下，了解被审计单位如何调查导致这些差异的原因可能有助于注册会计师评价管理层所选择方法的恰当性
评价模型的使用	在某些情况下，特别是作出公允价值会计估计时，管理层可能使用模型。使用的模型是否适用于具体情况，可能取决于多种因素，如被审计单位的性质及其环境，包括被审计单位所处的行业和需要计量的特定资产或负债	根据所处的不同环境，在测试模型时，注册会计师可能需要考虑一些事项，这些事项的相关程度取决于具体情况，包括模型是否公开出售供特定部门或行业使用，或是专有的模型。在某些情况下，被审计单位可能利用专家来开发和测试模型。这些事项包括： (1) 在使用前是否验证模型，并定期复核以确保其能持续满足预定用途。被审计单位的验证流程可能是指：①评价模型理论上的合理性和数学上的可靠性，包括模型参数的恰当性；②评价模型输入数据相对于市场惯例的一致性和完整性；③与实际交易相比，评价模型的输出数据。 (2) 是否存在针对模型变更的恰当控制政策和程序。 (3) 是否定期校准和测试模型的有效性，特别是当输入数据具有主观性时。 (4) 是否对模型输出数据作出调整，包括作出公允价值会计估计时，这些调整是否反映市场参与方在类似环境中所使用的假设。 (5) 模型是否得到恰当记录，包括模型的预定用途、局限性和关键参数、要求的输入数据和实施验证分析的结果
评价管理层使用的假设	首先应当明确的是，注册会计师对管理层使用的假设的评价，仅以其在审计时可获得的信息为基础。针对管理层假设而实施审计程序是为了财务报表审计的目的，而不是为了针对假设本身发表意见	在评价管理层使用的假设的合理性时，注册会计师可能需要考虑： (1) 单项假设是否显得合理。 (2) 假设是否相互依赖且具有内在一致性。 (3) 当将这些假设汇总起来考虑或结合其他假设考虑时，无论是对于特定会计估计还是其他会计估计，这些假设是否显得合理。 (4) 对于公允价值会计估计，假设是否恰当反映可观察到的市场假设。 在评价管理层使用的构成公允价值会计估计基础的假设的合理性时，注册会计师除了考虑上述事项，在适用时还可能考虑下列事项： (1) 管理层是否以及如何在作出假设时加入特定市场输入数据（如相关）。 (2) 假设是否与可观察到的市场情况和以公允价值计量的资产或负债的特征一致。 (3) 市场参与方假设的来源是否相关和可靠，以及当存在多种市场参与方假设时管理层如何选择假设。 (4) 管理层是否以及如何考虑在可比较的交易、资产或负债中使用的假设或有关信息（如适用）

进一步讲，公允价值会计估计可能依据可观察到和不可观察到的输入数据。当公允价值会计估计依据不可观察到的输入数据时，注册会计师可能考虑的事项包括管理层是如何为下列方面提供合理支持的：识别与会计估计相关的市场参与方的特征；修改自有假设以反映市场参与方可能使用的假设；是否包括在具体情形下可获得的最佳信息；管理层的假设是如何考虑可比较的交易、资产或负债的（如适用）。

当存在不可观察到的输入数据时，注册会计师需要在评价假设时结合审计准则提出的其他应对措施，以获取充分、适当的审计证据。在这种情况下，注册会计师有必要实施其他审计程序，如检查适当层级的管理层和治理层（如适用）复核和批准会计估计的文件。

【小贴士】在评价支持会计估计的假设的合理性时，注册会计师可能识别出一个或多个重大假设，这可能表明会计估计存在高度估计不确定性并由此可能产生特别风险。

（三）测试与管理层如何作出会计估计相关的控制的运行有效性，并实施恰当的实质性程序

审计准则规定，当存在下列情形之一时，注册会计师需要测试控制运行的有效性：

（1）在评估认定层次重大错报风险时，预期针对会计估计流程的控制的运行是有效的。

（2）仅实施实质性程序不能提供认定层次充分、适当的审计证据。如果管理层作出会计估计的流程的设计、执行和维护良好，测试与管理层如何作出会计估计相关的控制运行的有效性可能是适当的。这样的例子比如：存在适当层级的管理层和治理层（如适用）对会计估计进行复核和批准的控制；会计估计源于被审计单位会计系统对数据的常规处理。

（四）作出注册会计师的点估计或区间估计，以评价管理层的点估计

（1）界定。注册会计师的点估计或区间估计，是指从审计证据中得出的、用于评价管理层点估计的金额或金额区间。

（2）注册会计师的应对。注册会计师应当针对下列两种情况分别予以处理：

①如果使用有别于管理层的假设或方法，注册会计师应当充分了解管理层的假设或方法，以确定注册会计师在作出点估计或区间估计时已考虑了相关变量，并评价与管理层的点估计存在的任何重大差异。

这种了解可能向注册会计师提供与其作出恰当点估计或区间估计相关的信息，并有助于了解和评价任何有别于管理层点估计的重大差异。

【示例】差异可能源于注册会计师与管理层使用不同但同样有效的假设。这可能显示出会计估计对某些假设高度敏感，因此受高度估计不确定性的影响，这意味着会计估计可能存在特别风险。此外，差异也可能是由于管理层造成的事实错误所导致。根据具体情况，注册会计师在得出结论时，与管理层就使用的假设的基础及其有效性以及作出会计估计的方法差异（如存在）进行讨论可能是有帮助的。

②如果认为使用区间估计是恰当的，注册会计师应当基于可获得的审计证据来缩小区间估计，直至该区间估计范围内的所有结果均可被视为合理。

当注册会计师认为运用区间估计（注册会计师的区间估计）来评价管理层点估计的合理性恰当时，作出的区间估计需要包括所有“合理”的结果而不是所有可能的结果。

这是因为包括所有可能结果的区间估计太宽泛，以至于不能有效确定会计估计是否存在错报。如果注册会计师的区间估计范围足够小，以至于能够确定会计估计是否存在错报，它就是有用和有效的。

通常情况下，当区间估计的区间已缩小至等于或低于实际执行的重要性时，该区间估计对于评价管理层的点估计是适当的。而对于某些特定行业，可能难以将区间缩小至低于某一金额。这并不必然否定管理层对会计估计的确认，但是可能意味着与会计估计相关的估计不确定性可能导致特别风险。

（3）缩小区间估计的方法。下列方法可以将区间估计的区间缩小至某一区域，使得在该区域内的所有结果视为是合理的：

①从区间估计中剔除注册会计师认为不可能发生的极端结果。

②根据可获得的审计证据，继续缩小区间估计直至注册会计师认为该区间估计内的所有结果均视为是合理的。在极其特殊的情况下，注册会计师可能缩小区间估计直至审计证据指向点估计。

【经典真题】

【单选题·2019】下列有关注册会计师作出区间估计以评价管理层的点估计的说法中，错误的是（　　）。

A. 注册会计师作出区间估计时可以使用与管理层不同的假设

B. 在极其特殊的情况下，注册会计师可能缩小区间估计直至审计证据指向点估计

C. 注册会计师作出的区间估计需要包括所有可能的结果

D. 如果注册会计师难以将区间估计的区间缩小至低于实际执行的重要性，可能意味着与会计估计相关的估计不确定性可能导致特别风险

【答案】C

【解析】在应对评估的重大错报风险时，当注册会计师认为运用区间估计（注册会计师的区间估计）来评价管理层点估计的合理性是恰当的时，作出的区间估计需要包括所有“合理”的结果而不是所有可能的结果。因此选择选项 C。

【多选题·2017】下列有关注册会计师作出的区间估计的说法中，正确的有（　　）。

A. 注册会计师作出的区间估计需要包括所有可能的结果

B. 当区间估计的区间缩小至等于或低于财务报表整体的重要性时，该区间估计对于评价管理层的点估计是适当的

C. 如果使用有别于管理层的假设或方法作出区间估计，注册会计师应当充分了解管理层的假设或方法

D. 注册会计师有可能缩小区间估计直至审计证据指向点估计

【答案】CD

【解析】注册会计师作出的区间估计需要包括所有“合理”的结果而不是所有可能的结果，因此不选择选项 A。当区间估计的区间已缩小至等于或低于实际执行的重要性时，该区间估计对于评价管理的点估计是适当的，因此不选择选项 B。

【多选题·2015】下列各项审计工作中，可以应对与会计估计相关的重大错报风险的有（　　）。

A. 测试管理层如何作出会计估计以及会计估计所依据的数据

B. 测试与管理层作出会计估计相关的控制的运行有效性

C. 作出注册会计师的点估计或区间估计，以评价管理层的点估计

D. 确定截至审计报告日发生的事项是否提供有关会计估计的审计证据

【答案】ABCD

【解析】以上选项均是在应对评估的重大错报风险时，注册会计师应当考虑会计估计的性质，并实施的一项或多项程序。

重难点5：实施进一步实质性程序以应对特别风险★★★

（一）重点评价内容

在审计导致特别风险的会计估计时，注册会计师在实施进一步实质性程序时需要重点评价：

（1）管理层是如何评估估计不确定性对会计估计的影响，以及这种不确定性对财务报表中会计估计的确认的恰当性可能产生的影响。

（2）相关披露的充分性。

（二）估计不确定性

对导致特别风险的会计估计，除实施《中国注册会计师审计准则第1231号——针对评估的重大错报风险采取的应对措施》和应用指南规定的其他实质性程序外，注册会计师还应当实施以下审计程序：

1. 评价管理层如何考虑替代性的假设或结果，以及拒绝采纳的原因，或者在管理层没有考虑替代性的假设或结果的情况下，评价管理层在作出会计估计时如何处理估计不确定性

（1）管理层可能根据具体情况采用多种方法评价会计估计的可供选择的假设或结果。

（2）重要的是管理层是否已评估了估计不确定性影响会计估计的方式，而不是所采用的具体评估方法。

（3）当管理层没有考虑可供选择的假设或结果时，注册会计师有必要与管理层讨论其如何处理估计不确定性对会计估计的影响，并要求管理层提供支持性证据。

2. 评价管理层使用的重大假设是否合理

（1）如果在作出会计估计时运用的某些假设的合理变化可能对会计估计的计量产生重大影响，则这些假设被视为重大假设。

（2）注册会计师从管理层建立的持续战略分析和风险管理流程中可能获得相关信息，以支持管理层根据其了解的情况作出的重大假设。

（3）即使没有建立正式的流程（如在小型被审计单位），注册会计师可以通过询问管理层或与其讨论评价假设，并结合其他审计程序，获取充分、适当的审计证据。

3. 当管理层实施特定措施的意图和能力与其使用的重大假设的合理性或对适用的财务报告编制基础的恰当应用相关时，评价这些意图和能力

（三）作出区间估计

如果根据职业判断认为管理层没有适当处理估计不确定性对导致特别风险的会计估计的影响，注册会计师应当在必要时作出用于评价会计估计合理性的区间估计。

在某些情况下，注册会计师可能认为管理层的工作是不够的，例如，注册会计师可能作出以下判断：

（1）通过评价管理层如何处理估计不确定性的影响不能获取充分、适当的审计证据。

（2）有必要进一步分析与会计估计相关的估计不确定性的程度，例如，注册会计师注意到类似环境下类似会计估计的结果存在较大差别。

（3）不大可能通过如复核截至审计报告日发生的事项等审计程序获得其他审计证据。

（4）可能有迹象表明管理层在作出会计估计时存在管理层偏向。

（四）确认和计量的标准

对导致特别风险的会计估计，注册会计师应当获取充分、适当的审计证据，以确定下列方面是否符合适用的财务报告编制基础的规定：

1. 管理层对会计估计在财务报表中予以确认或不予确认的决策

（1）如果管理层在财务报表中确认一项会计估计，注册会计师评价的重点是会计估计的计量是否足够可靠，能否满足适用的财务报告编制基础规定的确认标准。

（2）对于没有在财务报表中确认的会计估计，注册会计师评价的重点是会计估计是否在实质上已满足适用的财务报告编制基础规定的确认标准。

【小贴士】即使某一项会计估计没有得到确认，且注册会计师认为这种处理是恰当的，可能仍然有必要在财务报表附注中披露具体情况。注册会计师也可能认为有必要在审计报告中增加强调事项段，以提醒财务报表使用者关注重大不确定性的存在。

2. 作出会计估计所选择的计量基础

（1）对于公允价值会计估计，某些适用的财务报告编制基础在要求或者允许进行公允价值计量和披露时，是以公允价值可以可靠计量这一假定作为前提条件的。

（2）在某些情况下，如不存在恰当的计量方法或基础，这种假定可能不成立。

（3）在这种情况下，注册会计师评价的重点是管理层用以推翻适用的财务报告编制基础所规定的与采用公允价值相关的假定的依据是否恰当。

【经典真题】

【简答题·2014】ABC 会计师事务所负责审计甲公司 2013 年度财务报表，审计项目组在审计工作底稿中记录了与公允价值和会计估计审计相关的情况，部分内容摘录如下：

（1）为确定甲公司管理层在 2012 年度财务报表中作出的会计估计是否恰当，审计项目组复核了甲公司 2012 年度财务报表中的会计估计在 2013 年度的结果。

（2）甲公司年末持有上市公司乙公司的流通股股票 100 万股，账面价值为 500 万元，以公允价值计量。审计项目组核对了该股票于 2013 年 12 月 31 日的收盘价，结果满意。

（3）甲公司持有以公允价值计量的投资性房地产。审计项目组认为该项公允价值计量不存在特别风险，无需了解相关控制，聘请 DEF 资产评估公司对该投资性房地产的公允价值进行了评估。

（4）2013 年末，甲公司针对一项未决诉讼确认了 500 万元预计负债。审计项目组作出的区间估计为 550 万元至 650 万元，据此认为预计负债存在少计 50 万元的事实错报。

（5）为减少利润总额和应纳税所得额之间的差异，甲公司自 2013 年 1 月 1 日起将固定资产折旧年限调整为税法规定的最低年限。审计项目组根据变更后的折旧年限检查了甲公司 2013 年度计提的折旧额，结果满意。

（6）审计项目组向管理层获取了有关会计估计的书面声明，内容包括在财务报表中确认或披露的会计估计和未在财务报表中确认或披露的会计估计。

【要求】针对上述第（1）~（6）项，逐项指出审计项目组的做法是否恰当。如不恰当，简要说明理由。

【答案】

（1）不恰当。注册会计师复核上期财务报表中会计估计的结果，是为了识别和评估本期会计估计重大错报风险而执行的风险评估程序，目的不是质疑上期依据当时可获得的信息而作出的判断。

（2）恰当。

（3）不恰当。即使不存在特别风险，注册会计师也应了解相关控制。

（4）不恰当。根据审计项目组的区间估计，只能得出错报不小于50万元的结论，并不能确定就是50万元。该错报是判断错报，不是事实错报。

（5）不恰当。管理层变更折旧年限的理由不合理。

（6）恰当。

重难点6：评估会计估计的合理性并确定错报★★★

（一）评估会计估计

注册会计师应当根据获取的审计证据，评价财务报表中的会计估计在适用的财务报告编制基础下是合理的还是存在错报。

（二）确定错报

（1）根据获取的审计证据，注册会计师可能认为这些证据指向与管理层的点估计不同的会计估计。当审计证据支持点估计时，注册会计师的点估计与管理层的点估计之间的差异构成错报。

（2）当注册会计师认为使用其区间估计能够获取充分、适当的审计证据时，则在注册会计师区间估计之外的管理层的点估计得不到审计证据的支持。在这种情况下，错报不小于管理层的点估计与注册会计师区间估计之间的最小差异。

（3）当管理层根据其对环境变化的主观判断而改变某项会计估计，或者改变上期作出会计估计的方法时，基于获取的审计证据，注册会计师可能认为会计估计被管理层随意改变而产生错报，或者将其视为可能存在管理层偏向的迹象。

（三）错报的成因

一项错报，无论是由于舞弊还是错误导致，当与会计估计相关时，可能是由于下列因素导致的：

（1）毋庸置疑存在错报（事实错报）；

（2）由注册会计师认为管理层对会计估计作出的判断不合理，或认为管理层对会计政策的选择或运用不恰当而产生的差异（判断错报）；

（3）注册会计师对总体中错报的最佳估计，包括由审计样本中识别出的错报推断出总体中的错报（推断错报）。

在某些涉及会计估计的情形中，错报可能由上述因素共同导致，因此难以或不可能区分出由哪一具体因素导致。

评价在财务报表附注中的会计估计和相关披露（无论是由适用的财务报告编制基础要求的还是属于自愿披露的）的合理性时考虑的事项，与在审计财务报表中确认的会计估计时考虑的事项在实质上是相同的。

【经典真题】

【简答题·2018】ABC会计师事务所的A注册会计师负责审计甲公司2017年度财务报表。与会计估计审计相关的部分事项如下：

（1）A注册会计师就管理层确认的某项预计负债作出了区间估计，该区间包括了甲公司所有可能承担的赔偿金额。管理层确认的预计负债处于该区间内，A注册会计师据此认可了管理层确认的金额。

（2）2016年末，管理层对某项应收款项全额计提了坏账准备。因2017年全额收回该款项，管理层转回了相应的坏账准备。A注册会计师据此认为2016年度财务报表存在重大错报，要求管理层更正2017年度财务报表的对应数据。

（3）管理层编制盈利预测以评价递延所得税资产的可回收性。A注册会计师向管理层询问了盈利预测中使用的假设的依据，并对盈利预测实施了重新计算，结果满意，据此认可了管理层的评价。

（4）2017年末，甲公司确认与产品保修义务相关的预计负债400万元。A注册会计师作出的点估计为600万元。管理层将预计负债调增至550万元。A注册会计师将未调整的50万元作为错报累积。

（5）A注册会计师认为应收账款坏账准备的计提存在特别风险，在了解相关内部控制后，对应收账款坏账准备实施了实质性分析程序，结果满意，据此认可了管理层计提的金额。

【要求】针对上述第（1）~（5）项，逐项指出A注册会计师的做法是否恰当。如不恰当，简要说明理由。

【答案】

（1）不恰当。作出的区间估计需要包括所有合理的结果而不是所有可能的结果。

（2）不恰当。2016年度财务报表中的会计估计与实际结果存在差异，并不必然表明2016年度财务报表存在错报。

（3）不恰当。还应当执行程序评价盈利预测中假设的合理性/仅执行询问和重新计算无法获取有关假设合理性的充分、适当的审计证据。

（4）恰当。

（5）不恰当。对特别风险的应对程序仅为实质性程序时，应当包括细节测试。

【单选题·2017】下列有关会计估计错报的说法中，正确的是（　　）。

A. 当审计证据支持注册会计师的点估计时，该点估计与管理层的点估计之间的差异构成错报

B. 如果会计估计的结果与上期财务报表中已确认的金额存在重大差异，表明上期财务报表存在错报

C. 如果管理层的点估计在注册会计师的区间估计内，表明管理层的点估计不存在错报

D. 由于会计估计具有主观性，与会计估计相关的错报是判断错报

【答案】A

【解析】会计估计的结果与上期财务报表中已确认金额之间的差异，并不必然表明上期

财务报表存在错报，因此不选择选项 B。当注册会计师认为使用区间估计能够获得充分、适当的审计证据时，则注册会计师区间估计之外的管理层的点估计得不到审计证据的支持，但这并不意味着点估计落在区间估计之内就一定不存在错报，因此不选择选项 C。与会计估计相关的错报包括事实错报、判断错报和推断错报，因此不选择选项 D。

重难点 7：会计估计的其他相关审计程序★★★

（一）关注与会计估计相关的披露

注册会计师应当获取充分、适当的审计证据，以确定与会计估计相关的财务报披露是否符合适用的财务报告编制基础的规定。对导致特别风险的会计估计，注册会计师应当评价在适用的财务报告编制基础下，财务报表对估计不确定性的披露的充分性。

1. 按照适用财务报告编制基础作出的披露

按照适用财务报告编制基础作出的披露，如下表所示。

披露规定	披露内容及应对
按照适用的财务报告编制基础作出的披露。按照适用的财务报告编制基础列报财务报表，包括对重大事项的充分披露。适用的财务报告编制基础可能允许或规定与会计估计相关的披露，并且某些实体可能在财务报表附注中自愿披露额外信息	（1）使用的假设。 （2）使用的估计方法，包括适用的模型。 （3）选择估计方法的基础。 （4）改变上期估计方法产生的影响。 （5）估计不确定性的原因和影响。 这些披露与财务报表使用者理解在财务报表中确认或披露的会计估计相关，注册会计师需要就其披露是否符合适用的财务报告编制基础的规定获取充分、适当的审计证据
某些情况下，适用的财务报告编制基础可能对披露估计不确定性作出特别规定	（1）披露关键假设以及产生估计不确定性的其他原因，该估计不确定性具有导致对资产和负债账面价值作出重大调整的特别风险。这些要求可能用“估计不确定性的关键原因”或“关键会计估计”等术语表述。 （2）对于区间估计，披露可能出现的结果的区间和用以确定该区间的假设。 （3）披露关于公允价值会计估计相对被审计单位财务状况和经营成果的重要程度的信息。 （4）披露定性信息（如受风险影响的情况、被审计单位管理风险的目标、政策和程序以及计量风险的方法），以及自上期以来这些定性信息的任何变化。 （5）披露定量信息，如受风险影响的程度（以内部提供给关键管理人员的信息为基础），包括信用风险、流动性风险和市场风险

2. 披露导致特别风险的会计估计的估计不确定性

（1）对具有特别风险的会计估计，即使已按照适用的财务报告编制基础的要求进行了披露，注册会计师仍可能根据所涉及的情况和事实认为对估计不确定性的披露是不充分的。

（2）会计估计可能结果的区间估计相对于重要性越大，注册会计师对估计不确定性的披露充分性的评价越重要。

（3）在某些情况下，注册会计师可能认为鼓励管理层在财务报表附注中描述与估计不确定性相关的情况是适当的。当注册会计师认为管理层在财务报表中对估计不确定性的披露不充分或存在误导时，应当考虑其对审计报告的影响。

（二）识别可能存在管理层偏向的迹象

1. 注册会计师应当复核管理层在作出会计估计时的判断和决策，以识别是否可能存在管理层偏向的迹象

2. 在审计过程中，注册会计师可能注意到管理层作出的、可能导致出现管理层偏向迹象的判断和决策

（1）这些迹象可能影响注册会计师对有关风险评估结果和相关应对措施是否仍然恰当的判断，并且注册会计师可能有必要考虑对审计其他方面的影响。

（2）进一步讲，这些迹象可能影响注册会计师对财务报表整体是否不存在重大错报的评估。

3. 与会计估计相关的、可能存在管理层偏向迹象的例子

（1）管理层主观地认为环境已经发生变化，并相应地改变会计估计或估计方法。

（2）针对公允价值会计估计，被审计单位的自有假设与可观察到的市场假设不一致，但仍使用被审计单位的自有假设。

（3）管理层选择或作出重大假设以产生有利于管理层目标的点估计。

（4）选择带有乐观或悲观倾向的点估计。

（三）获取书面声明

1. 目的

注册会计师应当向管理层和治理层（如适用）获取书面声明，以确定其是否认为在作出会计估计时使用的重大假设是合理的。

2. 在财务报表中确认或披露会计估计的书面声明的可能内容

根据估计不确定性的性质、重要性和程度，有关财务报表中确认或披露的会计估计的书面声明可能包括下列内容：

（1）计量流程（包括管理层在根据适用的财务报告编制基础作出会计估计时使用的相关假设和模型）的恰当性，以及流程的一贯运用。

（2）假设恰当地反映了管理层代表被审计单位执行特定措施的意图和能力（当这些意图和能力与会计估计和披露相关时）。

（3）在适用的财务报告编制基础下与会计估计相关的披露的完整性和适当性。

（4）不存在需要对财务报表中会计估计和披露作出调整的期后事项。

3. 针对未在财务报表中确认或披露的会计估计，书面声明也可能包括的内容

（1）管理层用于确定不满足适用的财务报告编制基础规定的确认或披露标准的依据的恰当性。

（2）针对未在财务报表中以公允价值计量或披露的会计估计，管理层用于推翻适用的财务报告编制基础规定的与使用公允价值相关的假定的依据的恰当性。

【小贴士】在审计过程中，注册会计师应当将识别出的可能存在管理层偏向的迹象形成审计工作底稿，这有助于注册会计师确定风险评估结果和相关应对措施是否仍然恰当，以及评价财务报表整体是否不存在重大错报。

【经典真题】

【简答题·2016】甲公司是ABC会计师事务所的常年审计客户。A注册会计师负责审计甲公司2015年度财务报表，确定财务报表整体的重要性为200万元。审计工作底稿中与会计估计审计相关的部分事项摘录如下：

（1）因甲公司2015年度经营情况较上年度没有发生重大变化，A注册会计师通过实施分析程序对上年会计估计在本年的结果进行了复核，以评估与会计估计相关的重大错报风险。

（2）甲公司管理层实施固定资产减值测试时采用的重大假设具有高度估计不确性定，导致特别风险。A注册会计师评价了管理层采用的计量方法，测试了基础数据，并将重大假设与相关历史数据进行了比较，未发现重大差异，据此认为管理层的减值测试结果合理。

（3）2015年甲公司聘请XYZ咨询公司提供精算服务，并根据精算结果进行了会计处理。A注册会计师评价了XYZ咨询公司的胜任能力和专业素质，了解和评价了其工作，认为可以将其工作结果作为审计证据。

（4）2015年12月，甲公司厂房发生重大火灾，管理层根据保险合同和损失，情况估计和确认了应收理赔款1 000万元。A注册会计师检查了保险合同和甲公司管理层编制的损失情况说明，据此认为管理层的会计估计合理。

（5）因2014年年末少计无形资产减值准备300万元，A注册会计师对甲公司2014年度财务报表发表了保留意见。甲公司于2015年处置了相关无形资产，并在2015年度财务报表中确认了处置损益。A注册会计师认为导致对上期财务报表发表保留意见的事项已经解决，不影响2015年度审计报告。

【要求】针对上述第（1）~（5）项，逐项指出A注册会计师的做法是否恰当。如不恰当，简要说明理由。

【答案】

（1）不恰当。对具有高度估计不确定性的会计估计仅实施分析程序不够。

（2）不恰当。对存在特别风险的会计估计，未评价管理层如何考虑替代性的假设/未评价管理层在作出会计估计时如何处理估计不确定性。

（3）不恰当。注册会计师未/应评价管理层的专家的客观性。

（4）不恰当。应当考虑从保险公司获取相关证据/应当考虑利用专家工作对财产损失情况进行评估。

（5）不恰当。该事项对本期财务报表影响重大，A注册会计师应当考虑该事项对2015年审计意见的影响。

重难点8：关联方审计风险评估程序和相关工作★★★

注册会计师在审计过程中应当实施风险评估程序和相关工作，以获取与识别关联方关系及其交易相关的重大错报风险的信息，如下表所示。

关联方审计风险评估程序和相关工作	了解关联方关系及其交易	项目组内部讨论 询问管理层 与关联方关系及其交易相关的控制
	在检查记录或文件时对关联方信息保持警觉	检查记录或文件 询问管理层

（一）了解关联方关系及其交易

1. 项目组内部的讨论

（1）要求。项目组按照《中国注册会计师审计准则第 1211 号——通过了解被审计单位及其环境识别和评估重大错报风险》和《中国注册会计师审计准则第 1141 号——财务报表审计中与舞弊相关的责任》的规定进行内部讨论时，应当特别考虑由于关联方关系及其交易导致的舞弊或错误使得财务报表存在重大错报的可能性。

（2）项目组内部讨论的内容可能包括：

①关联方关系及其交易的性质和范围（如利用在每次审计后更新的有关识别出的关联方的记录进行讨论）。

②强调在整个审计过程中对关联方关系及其交易导致的潜在重大错报风险保持职业怀疑的重要性。

③可能显示管理层以前未识别或未向注册会计师披露的关联方关系或关联方交易的情形或状况（如被审计单位组织结构复杂，利用特殊目的实体从事表外交易，或信息系统不够完善）。

④可能显示存在关联方关系或关联方交易的记录或文件。

⑤管理层和治理层对关联方关系及其交易（如果适用的财务报告编制基础对关联方作出规定）进行识别、恰当会计处理和披露的重视程度，以及管理层凌驾于相关控制之上的风险。

（3）针对舞弊进行的讨论。在对舞弊进行讨论时，项目组内部讨论的内容还可能包括对关联方可能如何参与舞弊的特殊考虑。

①如何利用管理层控制的特殊目的实体进行利润操纵。

②如何安排被审计单位与已知关键管理人员的商业伙伴之间进行交易，以达到侵占资产的目的。

2. 询问管理层

（1）注册会计师应当向管理层询问下列事项：

①关联方的名称和特征，包括关联方自上期以来发生的变化。

②被审计单位和关联方之间关系的性质。

③被审计单位在本期是否与关联方发生交易，如发生，交易的类型、定价政策和目的。

（2）具体情形及注册会计师应对如下表所示。

具体情形	对注册会计师的影响
如果适用的财务报告编制基础对关联方作出了规定，管理层可能容易获得有关关联方名称和特征的信息，因为被审计单位的信息系统需要记录、处理和汇总关联方关系及其交易，以满足适用的财务报告编制基础对关联方关系及其交易的会计处理和披露的要求。因此，管理层可能拥有关联方的详细清单以及自上期以来关联方发生变化情况的详细清单	在连续审计的情况下，向管理层进行询问，可以为注册会计师提供将其在以前审计中形成的有关关联方的工作记录与管理层提供的信息进行比较的基础。
如果适用的财务报告编制基础没有对关联方作出规定，被审计单位可能就没有上述信息系统。在这种情况下，管理层可能无法知悉所有关联方。尽管如此，管理层仍可能注意到存在关联方	在这种情况下，注册会计师对被审计单位关联方名称和特征的询问，可能构成其根据《中国注册会计师审计准则第1211号——通过了解被审计单位及其环境识别和评估重大错报风险》的规定所实施风险评估程序和相关活动的一部分。 注册会计师实施这些程序和活动旨在获得下列信息： （1）被审计单位的所有权和治理结构。 （2）被审计单位正在实施和计划实施的投资的类型。 （3）被审计单位的组织结构和筹资方式
如果被审计单位与另一实体受同一方控制，且这种关系对被审计单位具有重大经济影响，则管理层更可能注意到这种关系	如果注册会计师重点询问与被审计单位从事重大交易或共享众多资源的另一实体是否为关联方，则询问可能更有效
对于集团审计业务，审计准则要求集团项目组向组成部分注册会计师提供集团管理层编制的关联方清单，以及集团项目组知悉的任何其他关联方	如果被审计单位是集团的一个组成部分，这些信息有助于注册会计师就关联方的名称和特征向管理层进行询问

【小贴士】通过在业务接受或保持过程中对管理层的询问，注册会计师也可以获取有关关联方名称和特征的某些信息。

3. 与关联方关系及其交易相关的控制

（1）了解关联方关系及其交易的控制。如果管理层建立了下列与关联方关系及其交易相关的控制，注册会计师应当询问管理层和被审计单位内部其他人员，实施其他适当的风险评估程序，以获取对相关控制的了解：

①按照适用的财务报告编制基础，对关联方关系及其交易进行识别、会计处理和披露。

②授权和批准重大关联方交易和安排。

③授权和批准超出正常经营过程的重大交易和安排。

（2）除管理层外的可能知悉关联方关系及其交易以及相关控制的人员。被审计单位内部的其他人员在某种程度上并不构成管理层，但也可能知悉关联方关系及其交易以及相关控制。这些人员可能包括：

①治理层成员。

②负责生成、处理或记录超出正常经营过程的重大交易的人员，以及对其进行监督或监控的人员。

③内部审计人员。

④内部法律顾问。

⑤负责道德事务的人员。

（3）可能不存在与关联方关系及其交易相关的控制或控制存在缺陷：

①管理层对识别和披露关联方关系及其交易的重视程度较低。

②缺乏治理层的适当监督。

③由于披露关联方可能会泄露管理层认为敏感的某些信息（如关联方交易涉及管理层家庭成员），管理层有意忽视相关控制。

④管理层未能充分了解适用的财务报告编制基础对关联方的有关规定。

⑤适用的财务报告编制基础没有对关联方披露作出规定。

【小贴士】如果这些控制无效或者不存在，注册会计师可能无法就关联方关系及其交易获取充分、适当的审计证据。在这种情况下，注册会计师需要考虑对审计工作（包括审计意见）的影响。

（4）管理层凌驾于控制之上的方式。虚假财务报告通常与管理层凌驾于控制之上有关，而此时控制可能看似有效运行。如果管理层和参与交易的另一方之间具有控制或重大影响的关系，管理层凌驾于控制之上的风险就会增高，其原因是这些关系可能表明管理层有更大的动机和机会实施舞弊。管理层在特定关联方中的财务利益可能驱使其通过下列方式凌驾于控制之上：

①指示被审计单位从事损害自身利益但能够使关联方获益的交易。

②与关联方串通或控制其行动。

（5）实施舞弊示例。

①虚构关联方交易条款，以对交易的商业理由作出不实表述。

②采用欺诈方式，安排与管理层或其他人员之间按照显著高于或低于市价的金额进行资产转让交易。

③与关联方（如特殊目的实体）从事复杂的交易，以使被审计单位财务状况或经营成果存在不实表述。

（二）在检查记录或文件时对关联方信息保持警觉

1. 注册会计师应关注某些安排

（1）某些安排或其他信息可能显示管理层以前未识别或未向注册会计师披露的关联方关系或关联方交易，在审计过程中检查记录或文件时，注册会计师应当对这些安排或其他信息保持警觉。

（2）这里的安排是指被审计单位和一方或多方基于下列目的签订的正式或非正式协议：

①通过适当的方式（如投资工具）或组织架构建立商业关系。

②根据特定条款和条件从事某种类型的交易。

③提供指定的服务或财务支持。某些安排可能显示存在管理层以前未识别或未向注册会计师披露的关联方关系或交易。

【示例】与其他机构或人员组成不具有法人资格的合伙企业；按照超出正常经营过程的交易条款和条件，向特定机构或人员提供服务的安排；担保和被担保关系。

2. 检查记录或文件

为确定是否存在管理层以前未识别或未向注册会计师披露的关联方关系或关联方交易，注册会计师应当检查下列记录或文件：

（1）注册会计师实施审计程序时获取的银行和律师的询证函回函。

（2）股东会和治理层会议的纪要。

（3）注册会计师认为必要的其他记录和文件。

3. 注册会计师还可以检查某些记录或文件

除此以外，注册会计师还可以检查某些可能提供有关关联方关系及其交易信息的记录或文件，例如：

（1）除了向银行和律师获取的询证函回函外，注册会计师自其他第三方取得的询证函回函。

（2）被审计单位的所得税纳税申报表。

（3）被审计单位提供给监管机构的信息。

（4）被审计单位的股东登记名册（用以识别主要股东）。

（5）管理层和治理层的利益冲突声明。

（6）被审计单位有关投资和养老金计划的记录。

（7）与关键管理层或治理层成员签订的合同和协议。

（8）超出被审计单位正常经营过程的重要合同和协议。

（9）被审计单位与专业顾问的往来函件和发票。

（10）被审计单位购买的人寿保险单。

（11）被审计单位在报告期内重新商定的重要合同。

（12）内部审计人员的报告。

（13）被审计单位向证券监管机构报送的文件（如招股说明书）。

【经典模拟题】

【多选题】在确定是否存在管理层以前未识别或未向注册会计师披露的关联方关系或关联方交易时，注册会计师应当检查的记录或文件有（　　）。

A. 向银行和律师获取的询证函回函

B. 被审计单位内部审计人员的报告

C. 管理层和治理层的利益冲突声明

D. 被审计单位正常经营过程的重要合同和协议

【答案】ABC

【解析】超过被审计单位正常经营过程的重要合同和协议才是应检查的记录或文件，因此不选择选项 D。选项 A、B、C 均是正常应该检查的结论或文件。

4. 询问管理层

在实施上述审计程序时，如果识别出被审计单位超出正常经营过程的重大交易，注册会计师应当向管理层询问这些交易的性质以及是否涉及关联方。

超出正常经营过程的交易的例子可能包括：

（1）复杂的股权交易，如公司重组或收购。

（2）与处于公司法制不健全的国家或地区的境外实体之间的交易。

（3）对外提供厂房租赁或管理服务，而没有收取对价。

（4）具有异常大额折扣或退货的销售业务。

（5）循环交易，如售后回购交易。

（6）在合同期限届满之前变更条款的交易。

【小贴士】就超出正常经营过程的重大交易获取进一步的信息，有助于注册会计师评价是否存在舞弊风险因素，并能够在适用的财务报告编制基础对关联方作出规定的情况下识别重大错报风险。

注册会计师针对超出正常经营过程的重大交易的性质所进行的询问，通常涉及了解交易的商业理由、交易的条款和条件。如果交易涉及关联方，由于关联方参与超出正常经营过程的重大交易，可以通过成为交易的一方直接影响该交易，或是通过中间机构间接影响该交易，这些影响可能表明存在舞弊风险因素。

重难点9：关联方审计中识别和评估重大错报风险★★★

（一）要求

（1）根据《中国注册会计师审计准则第1211号——通过了解被审计单位及其环境识别和评估重大错报风险》的规定，注册会计师应当识别和评估关联方关系及其交易导致的重大错报风险，并确定这些风险是否为特别风险。

（2）注册会计师应当将识别出的、超出被审计单位正常经营过程的重大关联方交易导致的风险确定为特别风险。

（二）应当在识别和评估由于舞弊导致的重大错报风险时考虑的信息

（1）如果在实施与关联方有关的风险评估程序和相关工作中识别出舞弊风险因素，包括与能够对被审计单位或管理层施加支配性影响的关联方有关的情形，注册会计师应当在识别和评估由于舞弊导致的重大错报风险时考虑这些信息。

（2）关联方施加的支配性影响可能表现在下列方面：

①关联方否决管理层或治理层作出的重大经营决策。

②重大交易需经关联方的最终批准。

③对关联方提出的业务建议，管理层和治理层未曾或很少进行讨论。

④对涉及关联方（或与关联方关系密切的家庭成员）的交易，极少进行独立复核和批准。

【小贴士】如果关联方在被审计单位的设立和日后管理中均发挥主导作用，也可能表明存在支配性影响。

（3）具有支配性影响的关联方，可能表明存在由于舞弊导致的特别风险。在出现其他风险因素的情况下，存在具有支配性影响的关联方，可能表明存在由于舞弊导致的特别风险。例如：

①异常频繁变更高级管理人员或专业顾问，可能表明被审计单位为关联方谋取利益而从事不道德或虚假的交易；

②利用中间机构从事难以判断是否具有正当商业理由的重大交易，可能表明关联方出于欺诈目的，通过控制这些中间机构从交易中获利；

③有证据显示关联方过度干涉或关注会计政策的选择或重大会计估计的作出，可能表明存在虚假财务报告。

【经典真题】

【单选题·2016】下列情形中，注册会计师应当将其评估为存在特别风险的是（　　）。

A. 被审计单位将重要子公司转让给实际控制人控制的企业并取得大额转让收益

B. 被审计单位对母公司的销量占总销量的50%

C. 被审计单位与收购交易的对方签订了对赌协议

D. 被审计单位销售产品给子公司的价格低于销售给第三方的价格

【答案】A

【解析】注册会计师应当将识别出的、超出被审计单位正常经营过程的重大关联方交易导致的风险确定为特别风险。选项A中将重要子公司转让给实际控制人控制的企业属于超过正常经营范围的交易，因此选择选项A。

重难点10：关联方审计中针对重大错报风险的应对措施★★★

针对评估的与关联方关系及其交易相关的重大错报风险，注册会计师应当设计和实施进一步审计程序，以获取充分、适当的审计证据。

（一）识别出可能表明存在管理层以前未识别出或未披露的关联方关系或交易的安排或信息

如果识别出可能表明存在管理层以前未识别出或未向注册会计师披露的关联方关系或交易的安排或信息，注册会计师应当确定相关情况是否能够证实关联方关系或关联方交易的存在。

（二）识别出管理层以前未识别出或未披露的关联方关系或重大关联方交易

如果识别出管理层以前未识别出或未向注册会计师披露的关联方关系或重大关联方交易，注册会计师应当：

（1）立即将相关信息向项目组其他成员通报。

（2）在适用的财务报告编制基础对关联方作出规定的情况下，要求管理层识别与新识别出的关联方之间发生的所有交易，以便注册会计师作出进一步评价，并询问与关联方关系及其交易相关的控制为何未能识别或披露该关联方关系或交易。

（3）对新识别出的关联方或重大关联方交易实施恰当的实质性程序。

【示例】注册会计师可能实施的实质性程序的例子包括：

（1）询问被审计单位与新识别出的关联方之间的关系的性质，包括向对被审计单位及其业务非常了解的外部人士询问（如适用，并且法律法规或注册会计师职业道德守则未予禁止）。这些外部人士包括法律顾问、主要代理商、主要业务代表、咨询专家、担保人或其他关系密切的商业伙伴等。

（2）分析与新识别出的关联方进行的交易的会计记录，可以采用计算机辅助审计技术进行分析。

（3）核实新识别出的关联方交易的条款和条件，评价是否已经按照适用的财务报告编制基础的规定对关联方交易进行恰当会计处理和披露。

（4）重新考虑可能存在管理层以前未识别出或未向注册会计师披露的其他关联方或重大

关联方交易的风险，如有必要，实施追加的审计程序。

（5）如果管理层不披露关联方关系或交易看似是有意的，因而显示可能存在由于舞弊导致的重大错报风险，评价这一情况对审计的影响。注册会计师因此还可能考虑是否有必要重新评价管理层对询问的答复以及管理层声明的可靠性。

【经典真题】

【多选题·2015】如果识别出管理层未向注册会计师披露的重大关联方交易，下列各项措施中，注册会计师应当采取的有（　　）。

A. 立即将相关信息向项目组其他成员通报

B. 将与新识别的重大关联方交易相关的风险评估为特别风险

C. 重新考虑可能存在管理层以前未向注册会计师披露的其他关联方或重大关联方交易的风险

D. 对新识别的重大关联方交易实施恰当的实质性程序

【答案】ACD

【解析】如果识别出管理层以前未识别出或未向注册会计师披露的关联方关系或重大关联方交易，注册会计师应当：（1）立即将相关信息向项目组其他成员通报（选项 A）。（2）在适用的财务报告编制基础对关联方作出规定的情况下，要求管理层识别与新识别出的关联方之间发生的所有交易，以便注册会计师作出进一步评价，并询问与关联方关系及其交易相关的控制为何未能识别或披露该关联方关系或交易。（3）对新识别出的关联方或重大关联方交易实施恰当的实质性程序（选项 D）。（4）重新考虑可能存在管理层以前未识别出或未向注册会计师披露的其他关联方或重大关联方交易的风险，如有必要，实施追加的审计程序（选项 C）。（5）如果管理层不披露关联方关系或交易看似是有意的，因而显示可能存在由于舞弊导致的重大错报风险，评价这一情况对审计的影响。选项 B 是针对关联方重大错报风险分析的识别和评估，不是风险应对措施，因此不选择选项 B。

【经典模拟题】

【多选题】如果识别出管理层未识别出或未披露的关联方关系或重大关联方交易，下列各项程序中，注册会计师应当实施的有（　　）。

A. 实施追加审计程序

B. 要求管理层识别与新识别出的关联方之间发生的所有交易

C. 立即将相关信息向项目组其他成员通报

D. 对新识别的关联方或重大关联方交易实施实质性程序

【答案】BCD

【解析】如果识别出管理层以前未识别出或未向注册会计师披露的关联方关系或重大关联方交易，注册会计师应当（1）立即将相关信息向项目组其他成员通报（选项 C）。（2）在适用的财务报告编制基础对关联方作出规定的情况下，要求管理层识别与新识别出的关联方之间发生的所有交易，以便注册会计师作出进一步评价，并询问与关联方关系及其交易相关的控制为何未能识别或披露该关联方关系或交易（选项 B）。（3）对新识别出的关联方或重大关联方交易实施恰当的实质性程序（选项 D）。(4) 重新考虑可能存在管理层以前未识别出或未向注册会计师披露的其他关联方或重大关联方交易的风险，如有必要，实施追加的审计程序（因此不选择选项 A）。(5) 如果管理层不披露关联方关系或交易看似是有意的，因而显示可能存在由于舞弊导致的重大错报风险，评价这一情况对审计的影响。

（三）识别出超出正常经营过程的重大关联方交易

对于识别出的超出正常经营过程的重大关联方交易，注册会计师应当：

1. 检查相关合同或协议（如有）

如果检查相关合同或协议，注册会计师应当评价：

（1）交易的商业理由（或缺乏商业理由）是否表明被审计单位从事交易的目的可能是为了对财务信息作出虚假报告或为了隐瞒侵占资产的行为。

（2）交易条款是否与管理层的解释一致。

（3）关联方交易是否已按照适用的财务报告编制基础得到恰当会计处理和披露。

2. 获取交易已经恰当授权和批准的审计证据

（1）如果超出正常经营过程的重大关联方交易经管理层、治理层或股东（如适用）授权和批准，可以为注册会计师提供审计证据，表明该项交易已在被审计单位内部的适当层面进行了考虑，并在财务报表中恰当披露了交易的条款和条件。

（2）授权和批准本身不足以就是否不存在由于舞弊或错误导致的重大错报风险得出结论，原因在于如果被审计单位与关联方串通舞弊或关联方对被审计单位具有支配性影响，被审计单位与授权和批准相关的控制可能是无效的。

【经典真题】

【单选题·2017】下列有关超出被审计单位正常经营过程的重大关联方交易的说法中，错误的是（　　）。

A. 此类交易导致的风险可能不是特别风险

B. 注册会计师应当检查与此类交易相关的合同或协议，以评价交易的商业理由

C. 此类交易经过恰当授权和批准，不足以就其不存在由于舞弊或错误导致的重大错报风险得出结论

D. 注册会计师应当评价此类交易是否已按照适用的财务报告编制基础得到恰当会计处理和披露

【答案】A

【解析】注册会计师应当将识别出的、超出被审计单位正常经营过程的重大关联方交易导致的风险确定为特别风险，因此选择选项 A。

【单选题·2015】如果注册会计师识别出超出正常经营过程的重大关联方交易导致的舞弊风险，下列程序中，通常能够有效应对该风险的是（　　）。

A. 检查交易是否经适当的管理层审批

B. 评价交易是否具有合理的商业理由

C. 检查交易是否按照适用的财务报告编制基础进行会计处理和披露

D. 就交易事项向关联方函证

【答案】B

【解析】对于识别出的超过正常经营过程的重大关联方交易，注册会计师应当检查相关合同或协议（如有）。如果检查相关合同或协议，注册会计师应当评价：（1）交易的商业理由（或缺乏商业理由）是否表明被审计单位从事交易的目的可能是为了对财务信息作出虚假报告或为了隐瞒侵占资产的行为；（2）交易条款是否与管理层的解释一致；（3）关联方交易是否已按照适用的财务报告编制基础得到恰当会计处理和披露，因此选择选项 B。

【多选题·2014】对于识别出的超出正常经营过程的重大关联方交易，如有相关合同或协议，注册会计师应当予以检查。下列各项中，注册会计师在检查时应当评估的有（　　）。

A. 交易的商业理由

B. 交易条款是否与管理层的解释一致

C. 关联方交易是否已按照适用的财务报告编制基础得到恰当会计处理

D. 关联方交易是否已按照适用的财务报告编制基础得到恰当披露

【答案】ABCD

【解析】如果检查相关合同或协议，注册会计师应当评价：（1）交易的商业理由（或缺乏商业理由）是否表明被审计单位从事交易的目的可能是为了对财务信息作出虚假报告或为了隐瞒侵占资产的行为；（2）交易条款是否与管理层的解释一致；（3）关联方交易是否已按照适用的财务报告编制基础得到恰当会计处理和披露，因此选择选项 A、B、C、D。

【综合题（部分）·2014】甲公司是 ABC 会计师事务所的常年审计客户。A 注册会计师负责审计甲公司 2013 年度财务报表，确定财务报表整体的重要性为 240 万元。

资料三：

A 注册会计师在审计工作底稿中记录了审计计划，部分内容摘录如下：

（1）A 注册会计师认为，如果发生与关联方及其交易相关的财务报表项目和披露错报，即使其金额低于财务报表整体重要性，仍可能影响财务报表使用者依据财务报表作出的经济决策，因此，确定与关联方及其交易相关的财务报表项目和披露的重要性水平为 150 万元。

（2）2013 年，甲公司以 8 000 万元的价格向关联方购买一条生产线 A。注册会计师认为该交易超出甲公司正常经营过程，很可能不存在相关的内部控制，拟直接实施实质性程序。

【要求】针对资料三第（1）~（2）项，假定不考虑其他条件，逐项指出资料三所列审计计划是否恰当。如不恰当，简要说明理由。

【答案】

事项序号	审计计划是否恰当（是/否）	理　由
（1）	是	
（2）	否	超出正常经营过程的重大关联方交易应确定为特别风险，应了解相关的内部控制

（四）管理层在财务报表中作出认定

（1）要求。如果管理层在财务报表中作出认定，声明关联方交易是按照等同于公平交易中通行的条款执行的，注册会计师应当就该项认定获取充分、适当的审计证据。

（2）针对关联方交易与类似公平交易的价格比较情况，注册会计师可以比较容易地获取审计证据。但实务中存在的困难，限制了注册会计师获取关联方交易与公平交易在所有其他方面都等同的审计证据。

【示例】注册会计师可能能够确定关联方交易是按照市场价格执行的，却不能确定该项交易的其他条款和条件（如信用条款、或有事项以及特定收费等）是否与独立各方之间通常达成的交易条款相同。因此，如果管理层认定关联方交易是按照等同于公平交易中通行的条款执行的，则可能存在重大错报风险，如下表所示。

规定	管理层支持认定的措施	注册会计师评价内容
据《企业会计准则第 36 号——关联方披露》的规定，被审计单位管理层只有在提供确凿证据的情况下，才能披露关联方交易是公平交易。如果管理层认定关联方交易按照等同于公平交易中通行的条款执行的，则管理层在编制财务报表时需要证实这项认定	①将关联方交易条款与相同或类似的非关联方交易的条款进行比较。 ②聘请外部专家确定交易的市场价格，并确认交易的条款和条件。 ③将关联方交易条款与公开市场进行的类似交易的条款进行比较	注册会计师应当检查关联方交易披露的充分性，同时就关联方交易为公平交易的披露进行评价。评价管理层如何支持这项认定，可能涉及以下一个或多个方面： ①考虑管理层用于支持其认定的程序是否恰当。 ②验证支持管理层认定的内部或外部数据来源，对这些数据进行测试，以判断其准确性、完整性和相关性。 ③评价管理层认定所依据的重大假设的合理性

【小贴士】如果无法获取充分、适当的审计证据，合理确信管理层关于关联方交易是公平交易的披露，注册会计师可以要求管理层撤销此披露。如果管理层不同意撤销，注册会计师应当考虑其对审计报告的影响。

需要提醒注意的是，有些财务报告编制基础要求披露未按照等同于公平交易中通行的条款执行的关联方交易。

在这种情况下，如果管理层未在财务报表中披露关联方交易，则可能隐含着一项认定，即关联方交易是按照等同于公平交易中通行的条款执行的。

重难点 11：关联方审计中评价会计处理和披露★★★

（一）形成审计意见是应当评价的内容

当按照《中国注册会计师审计准则第 1501 号——对财务报表形成审计意见和出具审计报告》的规定对财务报表形成审计意见时，注册会计师应当评价：

（1）识别出的关联方关系及其交易是否已按照适用的财务报告编制基础得到恰当会计处理和披露。

（2）关联方关系及其交易是否导致财务报表未实现公允反映。

（二）评价审计过程中识别出的错报

（1）《中国注册会计师审计准则第 1251 号——评价审计过程中识别出的错报》要求注册会计师在评价错报是否重大时，考虑错报的金额和性质以及错报发生的特定情况。

（2）对财务报表使用者而言，某项交易的重要程度，可能不仅取决于所记录的交易金额，还取决于其他特定的相关因素，如关联方关系的性质。

（三）评价关联方关系及其交易的披露

（1）注册会计师按照适用的财务报告编制基础的规定评价被审计单位对关联方关系及其交易的披露，需要考虑被审计单位是否已对关联方关系及其交易进行了恰当汇总和列报，以使披露具有可理解性。

（2）当存在下列情形之一时，表明管理层对关联方交易的披露可能不具有可理解性：

①关联方交易的商业理由以及交易对财务报表的影响披露不清楚，或存在错报。

②未适当披露为理解关联方交易所必需的关键条款、条件或其他要素。

重难点12：关联方审计中的其他相关审计程序★★★

（一）获取书面声明

如果适用的财务报告编制基础对关联方作出规定，注册会计师应当向管理层和治理层（如适用）获取下列书面声明：

（1）已经向注册会计师披露了全部已知的关联方名称和特征、关联方关系及其交易。

（2）已经按照适用的财务报告编制基础的规定对关联方关系及其交易进行了恰当的会计处理和披露。

在下列情况下，注册会计师向治理层获取书面声明可能是适当的：

（1）治理层批准某项特定关联方交易，该项交易可能对财务报表产生重大影响或涉及管理层。

（2）治理层就某些关联方交易的细节向注册会计师作出口头声明。

（3）治理层在关联方或关联方交易中享有财务或者其他利益。

注册会计师还可能决定就管理层作出的某项特殊认定获取书面声明，如管理层对特殊关联方交易不涉及某些未予披露的“背后协议”的声明。

（二）与治理层沟通

除非治理层全部成员参与管理被审计单位，注册会计师应当与治理层沟通审计工作中发现的与关联方相关的重大事项。

注册会计师与治理层沟通审计工作中发现的与关联方相关的重大事项，有助于双方就这些事项的性质和解决方法达成共识。与关联方相关的重大事项的例子包括：

（1）管理层有意或无意未向注册会计师披露关联方关系或重大关联方交易。沟通这一情况可以提醒治理层关注以前未识别的重要关联方和关联方交易。

（2）识别出的未经适当授权和批准的、可能产生舞弊嫌疑的重大关联方交易。

（3）注册会计师与管理层在按照适用的财务报告编制基础的规定披露重大关联方交易方面存在分歧。

（4）违反适用的法律法规有关禁止或限制特定类型关联方交易的规定。

（5）在识别被审计单位最终控制方时遇到的困难。

【经典模拟题】

【多选题】为应对管理层凌驾于控制之上的风险，下列各项审计程序中，注册会计师应当实施的有（　　）。

A. 确认重大关联方交易是否得到适当授权

B. 测试编制财务报表过程中作出的会计分录和其他调整是否适当

C. 评价作出被审计单位正常经营过程的重大交易的商业理由

D. 复核会计估计是否存在偏向

【答案】BCD

【解析】管理层凌驾于控制之上的风险属于特别风险。无论对管理层凌驾于控制之上的风险的评估结果如何，注册会计师都应当设计和实施审计程序。

重难点 13：考虑持续经营假设时管理层的责任和注册会计师的责任★★★

（一）管理层的责任

（1）某些适用的财务报告编制基础明确要求管理层对持续经营能力作出评估，并规定了与此相关的需要考虑的事项和作出的披露。相关法律法规还可能对管理层评估持续经营能力的责任和相关财务报表披露作出具体规定。

（2）其他财务报告编制基础可能没有明确要求管理层对持续经营能力作出评估。但由于持续经营假设是编制财务报表的基本原则，即使其他财务报告编制基础没有对此作出明确规定，管理层也需要在编制财务报表时评估持续经营能力。

（3）与管理层判断相关的因素。管理层对持续经营能力的评估涉及在特定时点对事项或情况的未来结果作出判断，这些事项或情况的未来结果具有固有不确定性。下列因素与管理层的判断相关：

①某一事项或情况或其结果出现的时点距离管理层作出评估的时点越远，与事项或情况的结果相关的不确定性程度将显著增加。因此，明确要求管理层对持续经营能力作出评估的大多数财务报告编制基础可能规定了管理层应当考虑所有可获得信息的期间。

②被审计单位的规模和复杂程度、经营活动的性质和状况以及被审计单位受外部因素影响的程度，将影响对事项或情况的结果作出的判断。

③对未来的所有判断都以作出判断时可获得的信息为基础。管理层作出的判断在当时情况下可能是合理的，但之后发生的事项可能导致事项或情况的结果与作出的判断不一致。

（二）注册会计师的责任

（1）在执行财务报表审计业务时，注册会计师的责任是就管理层在编制和列报财务报表时运用持续经营假设的适当性获取充分、适当的审计证据，并就持续经营能力是否存在重大不确定性得出结论。

【小贴士】即使编制财务报表时采用的财务报告编制基础没有明确要求管理层对持续经营能力作出专门评估，注册会计师的这种责任仍然存在。

（2）如果存在可能导致被审计单位不再持续经营的未来事项或情况，审计的固有限制对注册会计师发现重大错报能力的潜在影响会加大。注册会计师不能对这些未来事项或情况作出预测。

【小贴士】相应地，注册会计师未在审计报告中提及持续经营的不确定性，不能被视为对被审计单位持续经营能力的保证。

【经典真题】

【单选题·2014】下列有关注册会计师对持续经营假设的审计责任的说法中，错误的是（　　）。

A. 注册会计师有责任就管理层在编制和列报财务报表时运用持续经营假设的适当性获取充分、适当的审计证据

B. 如果适用的财务报告编制基础不要求管理层对持续经营能力作出专门评估，注册会计师没有责任对被审计单位的持续经营能力是否存在重大不确定性作出评估

C. 除询问管理层外，注册会计师没有责任实施其他审计程序，以识别超出管理层评估期间并可能导致对被审计单位持续经营能力产生重大疑虑的事项或情况

D. 注册会计师未在审计报告中提及持续经营能力的不确定性，不能被视为对被审计单位持续经营能力的保证

【答案】B

【解析】即使编制财务报表时采用的财务报告编制基础没有明确要求管理层对持续经营能力作出专门评估，注册会计师的这种责任仍然存在。因此选择选项 B。

重难点 14：考虑持续经营假设时的风险评估程序和相关活动★★★

（一）要求

（1）在按照《中国注册会计师审计准则第 1211 号——通过了解被审计单位及其环境识别和评估重大错报风险》的规定实施风险评估程序时，注册会计师应当考虑是否存在可能导致对被审计单位持续经营能力产生重大疑虑的事项或情况，并确定管理层是否已对被审计单位持续经营能力作出初步评估。

（2）如果管理层已对持续经营能力作出初步评估，注册会计师应当与管理层进行讨论，并确定管理层是否已识别出单独或汇总起来可能导致对被审计单位持续经营能力产生重大疑虑的事项或情况；如果管理层已识别出这些事项或情况，注册会计师应当与其讨论应对计划；如果管理层未对持续经营能力作出初步评估，注册会计师应当与管理层讨论其拟运用持续经营假设的基础，询问管理层是否存在单独或汇总起来可能导致对被审计单位持续经营能力产生重大疑虑的事项或情况。

（3）在计划审计工作和实施风险评估程序时，注册会计师应当考虑是否存在可能导致对持续经营能力产生重大疑虑的事项或情况及相关的经营风险，评价管理层对持续经营能力作出的评估，并考虑已识别的事项或情况对重大错报风险评估的影响。

（二）持续经营假设产生重大疑虑的事项

被审计单位在财务、经营以及其他方面存在的某些事项或情况可能导致经营风险，这些事项或情况单独或连同其他事项或情况可能导致对持续经营假设产生重大疑虑。

1. 财务方面

被审计单位在财务方面存在的可能导致对持续经营假设产生重大疑虑的事项或情况主要包括：

（1）净资产为负或营运资金出现负数。资不抵债有可能使被审计单位在近期内无法偿还

到期债务，从而引发债务危机。

（2）定期借款即将到期，但预期不能展期或偿还，或过度依赖短期借款为长期资产筹资。

（3）存在债权人撤销财务支持的迹象。

（4）历史财务报表或预测性财务报表表明经营活动产生的现金流量净额为负数。

（5）关键财务比率不佳。

（6）发生重大经营亏损或用以产生现金流量的资产的价值出现大幅下跌。

（7）拖欠或停止发放股利。

（8）在到期日无法偿还债务。

（9）无法履行借款合同的条款。

（10）与供应商由赊购变为货到付款。

（11）无法获得开发必要的新产品或进行其他必要的投资所需的资金。

2. 经营方面

被审计单位在经营方面存在的可能导致对持续经营假设产生重大疑虑的事项或情况主要包括：

（1）管理层计划清算被审计单位或终止经营。

（2）关键管理人员离职且无人替代。

（3）失去主要市场、关键客户、特许权、执照或主要供应商。

（4）出现用工困难问题。

（5）重要供应短缺。

（6）出现非常成功的竞争者。

3. 其他方面

被审计单位在其他方面存在的可能导致对持续经营假设产生重大疑虑的事项或情况主要包括：

（1）违反有关资本或其他法定要求。

（2）未决诉讼或监管程序，可能导致其无法支付索赔金额。

（3）法律法规或政府政策的变化预期会产生不利影响。

（4）对发生的灾害未购买保险或保额不足。

以上是单独或汇总起来可能导致对持续经营假设产生重大疑虑的事项或情况的示例。这些示例并不能涵盖所有事项或情况，也不意味着存在其中一个或多个项目就一定存在重大不确定性，就必然导致被审计单位无法持续经营。某些措施通常可以减轻这些事项或情况的严重性，注册会计师对此应作出职业判断。

【小贴士】针对有关可能导致对被审计单位持续经营能力产生重大疑虑的事项或情况的审计证据，注册会计师应当在整个审计过程中保持警觉。

重难点15：评价管理层对持续经营能力作出的评估★★★

（一）管理层评估涵盖的期间

（1）在评价管理层对被审计单位持续经营能力作出的评估时，注册会计师的评价期间应当与管理层按照适用的财务报告编制基础或法律法规（如果法律法规要求的期间更长）的规定作出评估的涵盖期间相同。

（2）财务报告编制基础规定了管理层需要在多长期间考虑所有可获得的持续经营信息。

（3）持续经营假设是指被审计单位在编制财务报表时，假定其经营活动在可预见的将来会继续下去，而可预见的将来通常是指财务报表日后 12 个月。

（4）管理层对持续经营能力的合理评估期间应是自财务报表日起的下一个会计期间。

（5）如果管理层评估持续经营能力涵盖的期间短于自财务报表日起的 12 个月，注册会计师应当提请管理层将其至少延长至自财务报表日起的 12 个月。

【经典真题】

【单选题·2012】注册会计师对被审计单位 2011 年 1 月至 6 月财务报表进行审计，并于 2011 年 8 月 31 日出具审计报告。下列各项中，管理层在编制 2011 年 1 月至 6 月财务报表时，评估其持续经营能力应当涵盖的最短期间是（　　）。

A. 2011 年 7 月 1 日至 2012 年 6 月 30 日止期间

B. 2011 年 9 月 1 日至 2012 年 8 月 31 日止期间

C. 2011 年 7 月 1 日至 2011 年 12 月 31 日止期间

D. 2011 年 7 月 1 日至 2012 年 12 月 31 日止期间

【答案】A

【解析】注册会计师对被审计单位 2011 年 1 月至 6 月财务报表进行审计，要求管理层对持续经营能力的合理评估期间应是自财务报表日起的下一个会计期间（至少 12 个月），即 2011 年 7 月 1 日至 2012 年 6 月 30 日止期间。

（二）管理层的评估、支持性分析和注册会计师的评价

（1）纠正管理层缺乏分析的错误不是注册会计师的责任

①在某些情况下，管理层缺乏详细分析以支持其评估，可能不妨碍注册会计师确定管理层运用持续经营假设是否适合具体情况。

【示例】如果被审计单位具有盈利经营的记录并很容易获得财务支持，管理层可能不需要进行详细分析就能作出评估。在这种情况下，如果其他审计程序足以使注册会计师认为管理层在编制财务报表时运用的持续经营假设适合具体情况，注册会计师可能无须实施详细的评价程序，就可以对管理层评估的适当性得出结论。

②在其他情况下，注册会计师评价管理层对被审计单位持续经营能力所作的评估，可能包括评价管理层作出评估时遵循的程序、评估依据的假设、管理层的未来应对计划以及管理层的计划在当前情况下是否可行。

（2）注册会计师应当考虑管理层作出的评估是否已考虑所有相关信息，其中包括注册会计师实施审计程序获取的信息。

（3）在考虑管理层作出的评估所依据的假设时，注册会计师需要考虑管理层对相关事项或情况结果的预测所依据的假设是否合理，并特别关注具有以下几类特征的假设：

①对预测性信息具有重大影响的假设。

②特别敏感的或容易发生变动的假设。

③与历史趋势不一致的假设。

【小贴士】注册会计师应当基于对被审计单位的了解，比较以前年度的预测与实际结果、本期的预测和截至目前的实际结果。

如果发现某些因素的影响尚未反映在相关预测中，注册会计师需要与管理层讨论这些因素，必要时，要求管理层对相关预测所依据的假设作出修正。

【经典模拟题】

【单选题】注册会计师评价管理层对持续经营能力作出的评估。下列说法中错误的是（　　）。

A. 注册会计师应当评价管理层对持续经营能力作出的评估，并对其错误进行纠正

B. 在考虑管理层作出的评估所依据的假设时，注册会计师需要考虑管理层对相关事项或情况结果的预测所依据的假设是否合理，并特别关注特别敏感的或容易发生变动的假设

C. 注册会计师应当基于对被审计单位的了解，比较以前年度的预测与实际结果、本期的预测和截至目前的实际结果。如果发现某些因素的影响尚未反映在相关预测中，注册会计师需要与管理层讨论这些因素

D. 注册会计师应当考虑管理层作出的评估是否已考虑所有相关信息，其中包括注册会计师实施审计程序获取的信息

【答案】A

【解析】注册会计师应当评价管理层对持续经营能力作出的评估，注册会计师的责任是就管理层在编制和列报财务报表时运用持续经营假设的适当性获得充分、适当的审计证据，并就持续经营能力是否存在重大不确定性得出结论，没有对其错误进行纠正的责任，因此选择选项 A。

重难点 16：超出管理层评估期间的事项或情况★★★

（1）注册会计师应当询问管理层是否知悉超出评估期间的、可能导致对持续经营能力产生重大疑虑的事项或情况。

①可能存在着已知的事项（预定的或非预定的）或情况，是超出管理层评估期间发生的，可能导致注册会计师对管理层编制财务报表时运用持续经营假设的适当性产生怀疑。

②注册会计师需要对存在这些事项或情况的可能性保持警觉。

A. 由于事项或情况发生的时点距离作出评估的时点越远，与事项或情况的结果相关的不确定性的程度也相应增加，因此在考虑更远期间发生的事项或情况时，只有持续经营事项的迹象达到重大时，注册会计师才需要考虑采取进一步措施。

B. 如果识别出这些事项或情况，注册会计师可能需要提请管理层评价这些事项或情况对于其评估被审计单位持续经营能力的潜在重要性。在这种情况下，注册会计师应当通过实施追加的审计程序（包括考虑缓解因素），获取充分、适当的审计证据，以确定是否存在重大不确定性。

（2）除询问管理层外，注册会计师没有责任实施其他任何审计程序，以识别超出管理层评估期间并可能导致对被审计单位持续经营能力产生重大疑虑的事项或情况。

重难点17：考虑持续经营假设过程中识别出事项或情况时实施追加的审计程序★★★

（一）要求

如果识别出可能导致对持续经营能力产生重大疑虑的事项或情况，注册会计师应当通过实施追加的审计程序（包括考虑缓解因素），获取充分、适当的审计证据，以确定是否存在重大不确定性。

（二）实施追加的审计程序

这些程序应当包括：

（1）如果管理层尚未对被审计单位持续经营能力作出评估，提请其进行评估。

（2）评价管理层与持续经营能力评估相关的未来应对计划，这些计划的结果是否可能改善目前的状况，以及管理层的计划对于具体情况是否可行。

（3）如果被审计单位已编制现金流量预测，且对预测的分析是评价管理层未来应对计划时所考虑事项或情况的未来结果的重要因素，评价用于编制预测的基础数据的可靠性，并确定预测所基于的假设是否具有充分的支持。

此外，注册会计师还可能：

①将最近若干期间的预测性财务信息与实际结果相比较。

②将本期预测性财务信息与截至目前的实际结果相比较。

【示例】如果管理层的假设包括第三方通过放弃贷款优先求偿权、承诺保持或提供补充资金或担保等方式向被审计单位提供持续的支持，且这种支持对于被审计单位的持续经营能力很重要，注册会计师可能需要考虑要求该第三方提供书面确认（包括条款和条件），并获得有关该第三方有能力提供这种支持的证据。

（4）考虑自管理层作出评估后是否存在其他可获得的事实或信息。

（5）要求管理层和治理层（如适用）提供有关未来应对计划及其可行性的书面声明。

①如果合理预期不存在其他充分、适当的审计证据，注册会计师应当就对财务报表有重大影响的事项向管理层和治理层（如适用）获取书面声明。

②由于管理层就持续经营能力而提出的应对计划和其他缓解措施通常基于假设基础之上，注册会计师在进行评价时，取得的审计证据多为说服性而非结论性的，因此，注册会计师应当向管理层获取有关应对计划的书面声明。

③尽管被审计单位当前可能是盈利的，但一些特殊的事项或情况可能导致被审计单位发生重大损失。为避免诸如诉讼事项可能发生的巨额赔偿支出，管理层可能会考虑主动寻求破产保护。在这种情况下，获取管理层和治理层（如适用）声明是非常有必要的。注册会计师可以要求管理层和治理层（如适用）作出如下声明："在财务报表日起的12个月内，管理层和治理层（如适用）没有申请破产保护的计划。"

【经典真题】

【综合题（部分）·2015】甲集团公司是ABC会计师事务所的常年审计客户，主要从事化妆品的生产、批发和零售。A注册会计师负责审计甲集团公司2014年度财务报表，确定集团财务报表整体的重要性为600万元。

资料四：

A注册会计师在审计工作底稿中记录了重大事项的处理情况，部分内容摘录如下：

（2）化妆品行业将于2016年执行更严格的化学成分限量标准，甲集团公司的主要产品可能因此被淘汰。管理层提供了其对该事项的评估及相关书面声明，A注册会计师据此认为该事项不影响甲集团公司的持续经营能力。

（4）A注册会计师认为甲集团公司2014年某新增主要客户很可能是甲集团公司的关联方，在询问管理层和实施追加的进一步审计程序后仍无法确定，拟因此发表保留意见。

【要求】针对资料四第（2）和（4）项，假定不考虑其他条件，A注册会计师的做法是否恰当。如不恰当，简要说明理由。将答案直接填入答题区的相应表格内。

【答案】

事项序号	是否恰当（是/否）	理　　由
（2）	否	如果识别出可能导致对持续经营能力产生重大疑虑的事项，注册会计师应当通过实施追加的审计程序，获取充分、适当的审计证据，以确定是否存在重大不确定性/未对管理层的评估实施进一步审计程序/书面声明本身并不为所涉及的任何事项提供充分、适当的审计证据
（4）	否	注册会计师应当考虑将该事项作为审计中的重大困难与治理层进行沟通，要求治理层提供进一步的信息

【经典模拟题】

【多选题】注册会计师识别出可能导致对持续经营能力产生重大疑虑的事项或情况时，应当实施追加的审计程序有（　　）。

A. 考虑自管理层作出评估后是否存在其他可获得的事实或信息

B. 要求管理层和治理层（如适用）提供有关未来应对计划及其可行性的书面声明

C. 评价管理层与持续经营能力评估相关的未来应对计划，这些计划的结果是否可能改善目前的状况，以及管理层的计划对于具体情况是否可行

D. 注册会计师应当询问管理层是否知悉超出评估期间的、可能导致对持续经营能力产生重大疑虑的事项或情况

【答案】ABC

【解析】注册会计师应当询问管理层是否知悉超出评估期间的、可能导致对持续经营能力产生重大疑虑的事项或情况，是可持续经营假设超过管理层评估期间时注册会计师应对策略，不是实施追加的审计程序，因此不选择选项D。

重难点18：注册会计师考虑持续经营假设形成的审计结论★★

（一）要求

注册会计师应当评价是否就管理层编制财务报表时运用持续经营假设的适当性获取了充分、适当的审计证据，并就运用持续经营假设的适当性得出结论。

（二）注册会计师运用职业判断时的考虑

（1）注册会计师应当根据获取的审计证据，运用职业判断，确定是否存在与事项或情况相关的重大不确定性（且这些事项或情况单独或汇总起来可能导致对被审计单位持续经营能力产生重大疑虑）并考虑对审计意见的影响。

（2）如果注册会计师根据职业判断认为，鉴于不确定性潜在影响的重要程度和发生的可能性，为了使财务报表实现公允反映，有必要适当披露该不确定性的性质和影响，表明存在重大不确定性。

（三）持续经营假设存在重大不确定性时的应对

如果认为运用持续经营假设适合具体情况，但存在重大不确定性，注册会计师应当确定：

（1）财务报表是否已充分描述可能导致对持续经营能力产生重大疑虑的主要事项或情况以及管理层针对这些事项或情况的应对计划。

（2）财务报表是否已清楚披露可能导致对持续经营能力产生重大疑虑的事项或情况存在重大不确定性，并由此导致被审计单位可能无法在正常的经营过程中变现资产和清偿债务。

（四）持续经营假设不存在重大不确定性时的应对

如果已识别出可能导致对被审计单位持续经营能力产生重大疑虑的事项或情况，但根据获取的审计证据，注册会计师认为不存在重大不确定性，则注册会计师应当根据适用的财务报告编制基础的规定，评价财务报表是否对这些事项或情况作出充分披露。

重难点 19：考虑持续经营假设对审计报告的影响★★★

（一）被审计单位运用持续经营假设适当但存在重大不确定性

1. 出具无保留意见类型审计报告的情形

如果运用持续经营假设是适当的，但存在重大不确定性，且财务报表对重大不确定性已作出充分披露，注册会计师应当发表无保留意见，并在审计报告中增加以“与持续经营相关的重大不确定性”为标题的单独部分。

（1）提醒财务报表使用者关注财务报表附注中对所述事项的披露。

（2）说明这些事项或情况表明存在可能导致对被审计单位持续经营能力产生重大疑虑的重大不确定性，并说明该事项并不影响发表的审计意见。

2. 出具无法表示意见类型审计报告的情形

在极少数情况下，当存在多项对财务报表整体具有重要影响的重大不确定性时，注册会计师可能认为发表无法表示意见而非增加以“与持续经营相关的重大不确定性”为标题的单独部分是适当的。

《中国注册会计师审计准则第 1502 号——在审计报告中发表非无保留意见》规定，在极其特殊的情况下，可能存在多个不确定事项。尽管注册会计师对每个单独的不确定事项获取了充分、适当的审计证据，但由于不确定事项之间可能存在相互影响，以及可能对财务报表产生累积影响，注册会计师不可能对财务报表形成审计意见。在这种情况下，注册会计师应当发表无法表示意见。

3. 出具保留意见或否定意见类型审计报告的情形

如果财务报表未作出充分披露，注册会计师应当发表保留意见或否定意见。注册会计师应当在审计报告中说明，存在可能导致对被审计单位持续经营能力产生重大疑虑的重大不确定性。

（二）运用持续经营假设不适当

1. 出具否定意见类型审计报告的情形

如果财务报表按照持续经营基础编制，而注册会计师运用职业判断认为管理层在编制财务报表时运用持续经营假设是不适当的，则无论财务报表中对管理层运用持续经营假设的不适当性是否作出披露，注册会计师均应发表否定意见。

2. 采用替代基础编制财务报表的情形

（1）如果在具体情况下运用持续经营假设是不适当的，但管理层被要求或自愿选择编制财务报表，则可以采用替代基础（如清算基础）编制财务报表。

（2）注册会计师可以对财务报表进行审计，前提是注册会计师确定替代基础在具体情况下是可接受的编制基础。

（3）如果财务报表对此作出了充分披露，注册会计师可以发表无保留意见，但也可能认为在审计报告中增加强调事项段是适当或必要的，以提醒财务报表使用者注意替代基础及其使用理由。

（三）严重拖延对财务报表的批准

（1）如果管理层或治理层在财务报表日后严重拖延对财务报表的批准，注册会计师应当询问拖延的原因。

（2）如果认为拖延可能涉及与持续经营评估相关的事项或情况，注册会计师有必要实施前述识别出可能导致对持续经营能力产生重大疑虑的事项或情况时追加的审计程序，并就存在的重大不确定性考虑对审计结论的影响。

重难点20：考虑持续经营假设时与治理层的沟通★★★

注册会计师应当与治理层就识别出的可能导致对被审计单位持续经营能力产生重大疑虑的事项或情况进行沟通，除非治理层全部成员参与管理被审计单位。

与治理层的沟通应当包括下列方面：

（1）这些事项或情况是否构成重大不确定性。

（2）管理层在编制财务报表时运用持续经营假设是否适当。

（3）财务报表中的相关披露是否充分。

（4）对审计报告的影响（如适用）。

【经典真题】

【单选题·2019】如果注册会计师识别出可能导致对被审计单位持续经营能力产生重大疑虑的事项或情况，下列说法中错误的是（　　）。

A. 注册会计师应当通过实施追加的审计程序，以确定这些事项或情况是否存在重大不确定性

B. 注册会计师应当评价管理层与持续经营能力评估相关的未来应对计划对于具体情况是否可行

C. 注册会计师应当考虑自管理层对持续经营能力作出评估后是否存在其他可获得的事实或信息

D. 注册会计师应当根据对这些事项或情况是否存在重大不确定性的评估结果，确定是否与治理层沟通

【答案】D

【解析】选项 D 错误。注册会计师应当与治理层就识别出的可能导致对被审计单位持续经营能力产生重大疑虑的事项或情况进行沟通，除非治理层全部成员参与管理被审计单位。

【简答题（部分）·2017】ABC 会计师事务所的 A 注册会计师负责审计多家上市公司 2016 年度财务报表，遇到下列与审计报告相关的事项：

（4）丁公司 2016 年发生重大经营亏损。A 注册会计师实施审计程序并与治理层沟通后，认为可能导致对持续经营能力产生重大疑虑的事项或情况不存在重大不确定性。因在审计工作中对该事项进行过重点关注，A 注册会计师拟将其作为关键审计事项在审计报告中沟通。

【要求】针对第（4）项，指出 A 注册会计师的做法是否恰当。如不恰当，简要说明理由。

【答案】

（4）恰当。

【综合题（部分）·2016】甲公司是 ABC 会计师事务所的常年审计客户，主要从事肉制品的加工和销售。A 注册会计师负责审计甲公司 2015 年度财务报表，确定财务报表整体的重要性为 100 万元。审计报告日为 2016 年 4 月 30 日。

资料五：

A 注册会计师在审计工作底稿中记录了重大事项的处理情况，部分内容摘录如下：

（3）甲公司 2015 年末营运资金为负数，大额银行借款将于 2016 年到期，存在导致对持续经营能力产生重大疑虑的事项。A 注册会计师评估后认为管理层的应对计划可行，甲公司持续经营能力不存在重大不确定性，无需与治理层沟通。

【要求】针对资料五第（3）项，假定不考虑其他条件，指出 A 注册会计师的做法是否恰当。如不恰当，简要说明理由。

【答案】

事项序号	是否恰当（是/否）	理　由
（3）	否	存在导致对持续经营能力产生重大疑虑的事项，应当与治理层进行沟通

重难点 21：期初余额的含义★★★

（一）定义

期初余额是指期初存在的账户余额。期初余额以上期期末余额为基础，反映了以前期间的交易和事项以及上期采用的会计政策的结果。

（二）正确理解期初余额的含义

1. 期初余额是期初已存在的账户余额

（1）期初已存在的账户余额是由上期结转至本期的金额。

（2）或是上期期末余额调整后的金额。

2. 期初余额反映了以前期间的交易和事项以及上期采用的会计政策的结果

3. 期初余额与注册会计师首次审计业务相联系

（1）所谓首次审计业务，是指在上期财务报表未经审计。

（2）或上期财务报表由前任注册会计师审计的情况下承接的审计业务。

（三）判断期初余额对本期财务报表的影响程度

应着眼于以下三方面：

1. 上期结转至本期的金额

2. 上期所采用的会计政策

3. 上期期末已存在的或有事项及承诺

【小贴士】注册会计师应以这三方面的内容为重点，确定期初余额对本期财务报表的影响。

重难点22：期初余额的审计目标★★★

（一）确定期初余额是否含有对本期财务报表产生重大影响的错报

（1）要确定期初余额是否存在对本期财务报表产生重大影响的错报，主要是判断期初余额的错报对本期财务报表使用者进行决策的影响程度，是否足以改变或影响其判断。

（2）如果期初余额存在对本期财务报表产生重大影响的错报，则注册会计师在审计中必须对此提出恰当的审计调整或披露建议。

（3）如果期初余额不存在对本期财务报表产生重大影响的错报，注册会计师无须对此予以特别关注和处理。

【示例】上期财务报表中对某项新增固定资产的初始计量存在重大差错，这一差错不仅会影响本期期末资产负债表中固定资产项目和资产总额项目的正确列报，同时还会因此影响本期损益核算的正确性，进而可能使得本期财务报表使用者在决策时作出错误判断。

（二）确定期初余额反映的恰当的会计政策是否在本期财务报表中得到一贯运用，或会计政策的变更是否已按照适用的财务报告编制基础作出恰当的会计处理和充分的列报与披露

（1）可以变更会计政策的情形。

在满足下列条件之一的情形下，可以变更会计政策：

①法律、行政法规或者国家统一的会计制度等要求变更会计政策。

②会计政策变更能够提供更可靠、更相关的会计信息。

（2）会计政策变更后的追溯调整。

会计政策变更能够提供更可靠、更相关的会计信息，应当采用追溯调整法处理，即将会计政策变更累积影响数调整列报前期最早期初留存收益，其他相关项目的期初余额和列报前期披露的其他比较数据也应当一并调整，但确定该项会计政策变更累积影响数不切实可行的情况除外。

（3）在审计期初余额时，注册会计师应当按照《企业会计准则第 28 号——会计政策、会计估计变更和差错更正》的有关要求，评价被审计单位是否一贯运用恰当的会计政策，或是否对会计政策的变更作出了正确的会计处理和恰当的列报。

【经典真题】

【单选题 · 2018】首次接受委托时，下列审计工作中，注册会计师应当执行的是（　　）。

A. 评价期初余额是否含有对上期财务报表产生重大影响的错报

B. 为期初余额确定财务报表整体的重要性和实际执行的重要性

C. 查阅前任注册会计师的审计工作底稿

D. 确定期初余额反映的恰当的会计政策是否在本期财务报表中得到一贯应用

【答案】D

【解析】在执行首次审计业务时，注册会计师针对期初余额的目标是，获取充分、适当的审计证据以确定：（1）期初余额是否含有对本期财务报表产生重大影响的错报；（2）期初余额反映的恰当的会计政策是否在本期财务报表中得到一贯运用，或会计政策的变更是否已按照适用的财务报告编制基础作出恰当的会计处理和充分的列报与披露。因此选择选项 D。

重难点 23：期初余额的审计程序★★★

（一）要求

为达到上述期初余额的审计目标，注册会计师应当阅读被审计单位最近期间的财务报表和相关披露，以及前任注册会计师出具的审计报告（如有），获取与期初余额相关的信息。

（二）注册会计师对期初余额需要实施的审计程序的性质和范围取决于下列事项

（1）被审计单位运用的会计政策。

（2）账户余额、各类交易和披露的性质以及本期财务报表存在的重大错报风险。

（3）期初余额相对于本期财务报表的重要程度。

（4）上期财务报表是否经过审计，如果经过审计，前任注册会计师的意见是否为非无保留意见。

（三）注册会计师对期初余额实施的审计程序

1. 确定上期期末余额是否已正确结转至本期，或在适当的情况下已作出重新表述

上期期末余额已正确结转至本期，主要是指：

（1）上期账户余额计算正确。

（2）上期总账余额与各明细账余额合计数或日记账余额合计数相等。

（3）上期各总账余额和相应的明细账余额或日记账余额已经分别恰当地过入本期的总账和相应的明细账或日记账。

【小贴士】上期期末余额通常应直接结转至本期。但在出现某些情形时，上期期末余额不应直接结转至本期，而应当作出重新表述。

【示例】企业会计准则和相关会计制度的要求发生变化；或者上期期末余额存在重大的

前期差错，如果前期差错累积影响数能够确定，按规定应当采用追溯重述法进行更正。

2. 确定期初余额是否反映对恰当会计政策的运用

（1）注册会计师首先应了解、分析被审计单位所选用的会计政策是否恰当，是否符合适用的财务报告编制基础的要求，按照所选用会计政策对被审计单位发生的交易或事项进行处理，是否能够提供可靠、相关的会计信息。

（2）如果认定被审计单位所选用的会计政策恰当，应确认该会计政策是否在每一会计期间和前后各期得到一贯执行，有无变更。

（3）如果发现会计政策发生变更，应确定其变更理由是否充分，是否按规定予以变更，或者由于具体情况发生变化，会计政策变更能够提供更可靠、更相关的会计信息，并关注被审计单位是否已经按照适用的财务报告编制基础的要求，对会计政策变更作出适当的会计处理和充分披露。

（4）如果被审计单位上期适用的会计政策不恰当或与本期不一致，注册会计师在实施期初余额审计时应提请被审计单位进行调整或予以披露。

3. 实施一项或多项审计程序

（1）上期财务报表已经审计注册会计师实施的一项或多项审计程序如下表所示。

情形	实施的审计程序
如果上期财务报表已经审计，查阅前任注册会计师的审计工作底稿，以获取有关期初余额的审计证据	查阅前任注册会计师的工作底稿。查阅的重点通常限于对本期审计产生重大影响的事项，如前任注册会计师对上期财务报表发表的审计意见的类型和主要内容，针对上期财务报表的审计计划和审计总结等，具体来讲： ①查阅前任注册会计师工作底稿中的所有重要审计领域。 ②考虑前任注册会计师是否已实施审计程序，收集充分、适当的审计证据，以支持资产负债表重要账户期初余额。 ③复核前任注册会计师建议的调整分录和未更正错报汇总表，并评价其对当期审计的影响
考虑前任注册会计师的独立性和专业胜任能力	注册会计师可能通过复核前任注册会计师的审计工作底稿获取有关期初余额的充分、适当的审计证据，这种复核是否能够获取充分、适当的审计证据，受前任注册会计师的独立性和专业胜任能力的影响。 如果认为前任注册会计师不具有独立性，或者不具有应有的专业胜任能力，则无法通过查阅其审计工作底稿获取有关期初余额的充分、适当的审计证据
与前任注册会计师沟通时的考虑	在与前任注册会计师沟通时，注册会计师应当遵守职业道德守则和《中国注册会计师审计准则第1153号——前任注册会计师和后任注册会计师的沟通》的规定。该准则要求，注册会计师无论在接受委托前、接受委托后，还是在发现前任注册会计师审计的财务报表可能存在重大错报时，均应当采取相应的措施。这些同样是注册会计师在与前任注册会计师沟通时所必须遵守的

（2）评价本期实施的审计程序是否提供了有关期初余额的审计证据。

（3）实施其他专门的审计程序，以获取有关期初余额的审计证据。

注册会计师应当根据期初余额有关账户的不同性质实施相应的审计程序。账户的性质主要按照账户属于资产类还是负债类、属于流动性还是非流动性等标准加以区分。

①对流动资产和流动负债的审计程序。对流动资产和流动负债，注册会计师可以通过本期实施的审计程序获取部分审计证据，如下表所示。

示例	应收账款	应收账款本期应收账款的收回（或应付账款的支付）为其在期初的存在、权利和义务、完整性和计价提供了部分审计证据
	存货	就存货而言，如果因为委托时间滞后，注册会计师可能未能对上期期末存货实施监盘，本期对存货的期末余额实施的审计程序，几乎无法提供有关期初持有存货的审计证据。注册会计师有必要实施追加的审计程序。 ①监盘当前的存货数最并调节至期初存货数量； ②对期初存货项目的计价实施审计程序； ③对毛利和存货截止实施审计程序

②对非流动资产和非流动负债的审计程序，如下表所示。

非流动资产和非流动负债的审计程序	对非流动资产和非流动负债，如长期股权投资、固定资产和长期借款，注册会计师可以通过检查形成期初余额的会计记录和其他信息获取审计证据
	在某些情况下，注册会计师还可以通过向第三方函证获取有关期初余额（如长期借款和长期股权投资的期初余额）的部分审计证据
	而在另外一些情况下，注册会计师还可能需要实施追加的审计程序

（4）对本期财务报表产生重大影响的错报的处理。

①如果获取的审计证据表明期初余额存在可能对本期财务报表产生重大影响的错报，注册会计师应当实施适合具体情况的追加的审计程序，以确定对本期财务报表的影响。

②如果认为本期财务报表中存在这类错报，注册会计师应当按照《中国注册会计师审计准则第 1251 号——评价审计过程中识别出的错报》的规定，就这类错报与适当层级的管理层和治理层进行沟通。

（5）如果上期财务报表已由前任注册会计师审计，并发表了非无保留意见，注册会计师应当按照《中国注册会计师审计准则第 1211 号——通过了解被审计单位及其环境识别和评估重大错报风险》的规定，在评估本期财务报表重大错报风险时，评价导致对上期财务报表发表非无保留意见的事项的影响。

【经典真题】

【简答题·2019】ABC 会计师事务所首次接受委托审计甲公司 2018 年度财务报表，委派 A 注册会计师担任项目合伙人。与首次承接审计业务相关的部分事项如下：

（1）DEF 会计师事务所审计了甲公司 2017 年度财务报表。XYZ 会计师事务所接受委托审计甲公司 2018 年度财务报表，但未完成审计工作。A 注册会计师将 DEF 会计师事务所确定为前任注册会计师，与其进行了沟通。

（2）A 注册会计师在与甲公司签署审计业务约定书并征得管理层同意后，与前任注册会计师进行了口头沟通，沟通内容包括：是否发现甲公司管理层存在诚信方面的问题；前任注册会计师与甲公司管理层在重大会计、审计等问题上存在的意见分歧；向甲公司治理层通报的管理层舞弊、违反法律法规行为以及值得关注的内部控制缺陷；甲公司变更会计师事务所的原因。

（3）对于长期股权投资的期初余额，A 注册会计师检查了形成期初余额的会计记录，以及包括投资协议和被投资单位工商登记信息在内的相关支持性文件，结果满意。

（4）A 注册会计师对 2018 年末的存货实施了监盘，将年末存货数量调节至期初存货数量，并抽样检查了 2018 年度存货数量的变动情况，据此认可了存货的期初余额。

（5）在征得甲公司管理层同意，并向前任注册会计师承诺不对任何人作出关于其是否遵循审计准则的任何评论后，A 注册会计师通过查阅前任注册会计师的审计工作底稿，获取了有关甲公司固定资产期初余额的审计证据，并在审计报告的其他事项段中提及部分依赖了前任注册会计师的工作。

【要求】针对上述第（1）~（5）项，逐项指出 A 注册会计师的做法是否恰当。如不恰当，简要说明理由。

【答案】

（1）不恰当。前任注册会计师还包括 XYZ 会计师事务所/在后任注册会计师之前接受委托对当期财务报表进行审计但未完成审计工作的会计师事务所。

（2）不恰当。应在接受委托前/签署业务约定书前与前任注册会计师进行沟通。

（3）恰当。

（4）不恰当。还应对期初存货的计价实施审计程序。

（5）不恰当。后任注册会计师应当对自身实施的审计程序/得出的审计结论负责。

【多选题 · 2015】下列有关注册会计师首次接受委托时就期初余额获取审计证据的说法中，正确的有（　　）。

A. 对非流动资产和非流动负债，注册会计师可以通过检查形成期初余额的会计记录和其他信息获取有关期初余额的审计证据

B. 对流动资产和流动负债，注册会计师可以通过本期实施的审计程序获有关期初余额的审计证据

C. 注册会计师可以通过向第三方函证获取有关期初余额的审计证据

D. 如果上期财务报表已经审计，注册会计师可以通过查阅前任注册会计师的审计工作底稿获取有关期初余额的审计证据

【答案】ABCD

【解析】对非流动资产和非流动负债，注册会计师可以通过检查形成期初余额的会计记录和其他信息获取有关期初余额的审计证据，因此选择选项 A。对流动资产和流动负债，注册会计师可以通过本期实施的审计程序获有关期初余额的审计证据，因此选择选项 B。某些情况下，注册会计师可以通过向第三方函证获取有关期初余额的审计证据，因此选择选项 C。如果上期财务报表已经审计，注册会计师可以通过查阅前任注册会计师的审计工作底稿获取有关期初余额的审计证据，因此选择选项 D。

【单选题 · 2014】甲公司 2012 年度财务报表已经 XYZ 会计师事务所的 X 注册会计师审计。ABC 会计师事务所的 A 注册会计师负责审计甲公司 2013 年度财务报表。下列有关期初余额审计的说法中，错误的是（　　）。

A. 注册会计师应当阅读甲公司 2012 年度财务报表和相关披露，以及 X 注册会计师出具的审计报告

B. 为确定期初余额是否含有对本期财务报表产生重大影响的错报，A 注册会计师需要确

定适用于期初余额的重要性水平

C. A注册会计师评估认为X注册会计师具备审计甲公司需要的独立性和专业胜任能力，因此，可能通过查阅2012年度审计工作底稿，获取关于非流动资产期初余额的充分、适当的审计证据

D. A注册会计师未能对2012年12月31日的存货实施监盘，因此，除对存货的期末余额实施审计程序，有必要对存货期初余额实施追加的审计程序

【答案】B

【解析】注册会计师无须专门对期初余额发表审计意见，无须确定期初余额的重要性水平。因此选择选项B。

重难点24：期初余额的审计结论和审计报告★★★

（一）要求

在对期初余额实施审计程序后，注册会计师应当分析已获取的审计证据，区分不同情况形成对被审计单位期初余额的审计结论，在此基础上确定其对本期财务报表出具审计报告的影响。

（二）审计后不能获取有关期初余额的充分、适当的审计证据

如果不能针对期初余额获取充分、适当的审计证据，注册会计师应当在审计报告中发表下列类型之一的非无保留意见：

（1）发表适合具体情况的保留意见或无法表示意见。

（2）除非法律法规禁止，对经营成果和现金流量（如相关）发表保留意见或无法表示意见，而对财务状况发表无保留意见。

（三）期初余额存在对本期财务报表产生重大影响的错报

（1）如果期初余额存在对本期财务报表产生重大影响的错报，注册会计师应当告知管理层。

（2）如果上期财务报表由前任注册会计师审计，注册会计师还应当考虑提请管理层告知前任注册会计师。

（3）如果错报的影响未能得到正确的会计处理和恰当的列报，注册会计师应当对财务报表发表保留意见或否定意见。

（四）会计政策变更对审计报告的影响

（1）如果认为按照适用的财务报告编制基础与期初余额相关的会计政策未能在本期得到一贯运用。

（2）会计政策的变更未能得到恰当的会计处理或适当的列报与披露。

（3）注册会计师应当对财务报表发表保留意见或否定意见。

（五）前任注册会计师对上期财务报表发表了非无保留意见

（1）如果前任注册会计师对上期财务报表发表了非无保留意见，注册会计师应当考虑该审计报告对本期财务报表的影响。

（2）如果导致出具非标准审计报告的事项对本期财务报表仍然相关和重大，注册会计师应当对本期财务报表发表非无保留意见。

（3）前任注册会计师对上期财务报表出具了非标准审计报告，对本期财务报表可能产生影响，也可能不再产生影响，注册会计师在审计中应当对具体问题做具体分析，不能一概而论。

①无需发表非无保留意见。在某些情况下，导致前任注册会计师发表非无保留意见的事项可能与对本期财务报表发表的意见既不相关也不重大。例如，上期存在范围限制，但在本期导致范围限制的事项已得到解决，那么注册会计师在本期审计时就无须因此而发表非无保留意见。

②发表非无保留意见。如果该重大事项在本期仍然存在并且对本期财务报表的影响仍然重大，而被审计单位继续坚持不在本期财务报表附注中予以披露，那么注册会计师在本期审计时仍需因此而发表非无保留意见。

【经典真题】

【单选题·2016】下列有关期初余额审计的说法中，正确的是（　　）。

A. 如果上期财务报表已经前任注册会计师审计，或未经审计，注册会计师可以在审计报告中增加其他事项段说明相关情况

B. 如果不能针对期初余额获取充分、适当的审计证据，注册会计师应当发表保留意见

C. 如果按照适用的财务报告编制基础确定的与期初余额相关的会计政策未能在本期得到一贯运用，注册会计师应当发表保留意见或否定意见

D. 如果期初余额存在对本期财务报表产生重大影响的错报，且错报的影响未能得到正确的会计处理和恰当的列报，注册会计师应当发表保留意见

【答案】C

【解析】如果上期财务报表已经前任注册会计师审计，当决定提及时，应当在审计报告中增加其他事项段说明相关情况，或未经审计，注册会计师应当在审计报告中增加其他事项段说明相关情况，因此不选择选项 A。如果不能针对期初余额获取充分、适当的审计证据，注册会计师应当发表非无保留意见，发表适合具体情况的保留意见或无法表示意见，因此不选择选项 B。如果认为按照适用的财务报告编制基础与期初余额相关的会计政策未能在本期得到一贯运用，或者会计政策的变更未能得到恰当的会计处理或适当的列报与披露，注册会计师应当对财务报表发表保留意见或否定意见。因此选择选项 C。如果期初余额存在对本期财务报表产生重大影响的错报，且错报的影响未能得到正确的会计处理和恰当的列报，注册会计师应当发表保留意或否定意见，因此不选择选项 D。

四、进阶练习

（一）单选题

1. 关于会计估计的表述中，错误的是（　　）。

A. 被审计单位管理层应当对其作出的包括在财务报表中的会计估计负责

B. 注册会计师的责任是获取充分、适当的审计证据，评价被审计单位作出是会计估计是否合理、披露是否充分

C. 管理层作出的会计估计发生重大错报的可能性较大

D. 会计估计的结果与财务报表中原来已确认或披露的金额存在差异，表明财务报表存在错报

2. 关于注册会计师询问管理层，了解管理层如何识别需要作出会计估计的情形说法中错误的是（　　）。

A. 作出会计估计的交易条款是否已经改变

B. 是否已经发生可能需要从新估计的新情况或事项

C. 是否已经发生可能需要修改现有估计的新情况或事项

D. 会计估计的完整性

3. 下列不属于注册会计师在了解管理层作出会计估计所采用的方法或模型（如适用）时可能考虑的事项是（　　）。

A. 在选择特定方法时，管理层如何考虑需要作出估计的资产的性质

B. 被审计单位是否在某些业务领域、行业或环境中从事经营活动，而这些业务领域、行业或环境存在用于作出特定类型会计估计的通用方法

C. 形成或识别影响会计估计的相关数据和假设

D. 在选择特定方法时，管理层如何考虑需要作出估计的负债的性质

4. 下列不属于管理层需要聘请专家作出或帮助其作出会计估计的情况的是（　　）。

A. 需要作出会计估计的事项具有特殊性质

B. 满足适用的财务报告编制基础相关要求的模型具有一定的技术含量

C. 需要作出会计估计的事项具有重大错报风险

D. 需要作出会计估计的情况、交易或事项具有异常性或偶发性

5. 在了解管理层是否以及如何评估估计不确定性的影响时，不属于注册会计师考虑的事项是（　　）。

A. 管理层是否已经考虑以及如何考虑各种可供选择的假设或结果

B. 敏感性分析的存在的多种可能结果

C. 当敏感性分析表明存在多种可能结果时，管理层如何作出会计估计

D. 管理层是否监控上期作出会计估计的结果，以及管理层是否已恰当应对实施监控程序的结果

6. 应对评估的重大错报风险，不属于注册会计师应当确定的事项是（　　）。

A. 管理层是否恰当运用于会计估计相关的适用的财务报告编制基础的规定

B. 作出会计估计的方法是否恰当，并得到一贯运用

C. 会计估计或作出会计估计的方法不同于上期的变化是否适合于具体情况

D. 注册会计师实施追加的审计程序

7. 在应对评估的重大错报风险时，注册会计师实施的程序不包括（　　）。

A. 确定截至审计报告日发生的事项是否提供有关会计估计的审计证据

B. 测试管理层如何作出会计估计以及会计估计所依据的数据

C. 与管理层讨论其如何处理估计不确定性对会计估计的影响，并要求管理层提供支持性证据

D. 作出注册会计师的点估计或区间估计，以评价管理层的点估计

8. 注册会计师测试管理层如何作出会计估计以及会计估计所依据的数据时，应当评价的内容是（　　）。

A. 重新计算会计估计，并复核有关会计估计信息的内在一致性

B. 管理层使用的假设是否合理

C. 采用的计量方法在具体情况下是否恰当

D. 管理层的复核和批准流程

9. 注册会计师评价计量方法是否适用于具体情况，需要考虑的事项不包括（　　）。

A. 管理层选择计量方法的理由是否合理

B. 管理层是否充分评价和恰当运用适用的财务报告编制基础提供的、用以支持所选择的计量方法的标准

C. 根据被估计的资产或负债的性质和适用的财务报告编制基础的要求，评价计量方法是否适用于具体情况

D. 管理层作出会计估计所选择的计量基础

10. 下列有关注册会计师作出的区间估计的说法中，错误的是（　　）。

A. 注册会计师作出的区间估计需要包括所有“合理”的结果而不是所有可能的结果

B. 当区间估计的区间缩小至等于或低于财务报表整体的重要性时，该区间估计对于评价管理层的点估计是适当的

C. 如果使用有别于管理层的假设或方法作出区间估计，注册会计师应当充分了解管理层的假设或方法

D. 如果注册会计师的区间估计范围足够小，以至于能够确定会计估计是否存在错报，它就是有用和有效的

11. 注册会计师以应对特别风险实施的进一步实质性程序不包括（　　）。

A. 评价管理层如何评估估计不确定性对会计估计的影响

B. 评价管理层如何考虑替代性的假设或结果以及拒绝采纳的原因

C. 评价管理层使用的重大假设是否合理

D. 当管理层实施特定措施的意图和能力与其使用的重大假设的合理性或对适用的财务报告编制基础的恰当应用相关时，评价这些意图和能力

12. 有关会计估计错报的说法中，正确的是（　　）。

A. 当审计证据支持点估计时，注册会计师的点估计与管理层的点估计之间的差异构成错报

B. 当注册会计师认为使用其区间估计能够获取充分、适当的审计证据时，则在注册会计师区间估计之外的管理层的点估计得不到审计证据的支持，此种情况下，错报不大于管理层的点估计与注册会计师区间估计之间的最小差异

C. 注册会计师认为管理层对会计估计作出的判断不合理是推断错报

D. 注册会计师对总体中错报的最佳估计，包括由审计样本中识别出的错报推断出总体中的错报是判断错报

13. 针对会计估计的其他审计程序不包括（　　）。

A. 关注与会计估计相关的披露　　B. 识别可能存在管理层偏向的迹象

C. 评价会计估计模型的使用　　D. 获取书面声明

14. 管理层在作出会计估计时的判断和决策时可能存在管理层偏向的迹象的影响不包括（　　）。

A. 可能影响注册会计师对财务报表整体是否不存在重大错报的评估

B. 管理层主观地认为环境已经发生变化，并相应地改变会计估计或估计方法

C. 可能影响注册会计师对有关风险评估结果和相关应对措施是否仍然恰当地判断

D. 注册会计师可能有必要考虑对审计其他方面的影响

15. 在了解关联方关系及其交易过程中，注册会计师组织项目组讨论，项目组内部讨论的内容不包括（　　）。

A. 关联方关系及其交易的性质和范围

B. 关联方的名称和特征，包括关联方自上期以来发生的变化

C. 可能显示管理层以前未识别或未向注册会计师披露的关联方关系或关联方交易的情形或状况

D. 如何利用管理层控制的特殊目的实体进行利润操纵

16. 注册会计师为了获取关联方关系及其交易采取的询问程序，询问的对象不包括（　　）。

A. 治理层成员　　B. 内部审计人员

C. 内部法律顾问　　D. 被审计单位开户银行客户经理

17. 关联方及其交易审计过程中，注册会计师认为可能表明存在舞弊导致的特别风险的事项是（　　）。

A. 关联方否决管理层或治理层作出的重大经营决策

B. 重大交易需经关联方的最终批准

C. 利用中间机构从事难以判断是否具有正当商业理由的重大交易

D. 对关联方提出的业务建议，管理层和治理层未曾或很少进行讨论

18. 注册会计师在评价关联方及其交易的基础上形成审计意见，评价内容包括（　　）。

A. 识别出的关联方关系及其交易已按照适用的财务报告编制基础得到恰当会计处理和披露

B. 关联方关系及其交易是否导致财务报表未实现公允反映

C. 关联方交易的商业理由以及交易对财务报表的影响披露不清楚，或存在错报

D. 未适当披露为理解关联方交易所必需的关键条款、条件或其他要素

19. 有关管理层和注册会计师对持续经营假设责任的说法中，正确的是（　　）。

A. 财务报告编制基础没有明确要求管理层对持续经营能力作出评估，管理层不需要在编制财务报表时评估持续经营能力

B. 编制财务报表时采用的财务报告编制基础没有明确要求管理层对持续经营能力作出专门评估，注册会计师仍需就管理层在编制和列报财务报表时运用持续经营假设的适当性获取充分、适当的审计证据，并就持续经营能力是否存在重大不确定性得出结论

C. 某些适用的财务报告编制基础明确要求管理层对持续经营能力作出评估，并规定了

与此相关的需要考虑的事项和作出的披露

D. 注册会计师未在审计报告中提及持续经营的不确定性，应被视为对被审计单位持续经营能力的保证

20. 注册会计师对被审计单位2018年度财务报表进行审计，并于2019年3月15日出具审计报告。下列各项中，管理层编制2018年财务报表时，评估其持续经营能力应当涵盖的最短期间是（　　）。

A. 2019年3月16日至2020年3月15日

B. 2019年3月15日至2020年3月14日

C. 2019年1月1日至2020年1月1日

D. 2019年1月1日至2019年12月31日

21. 关于期初余额的表述中，错误的是（　　）。

A. 期初余额与注册会计师首次审计业务相联系

B. 注册会计师无须专门对期初余额发表审计意见

C. 注册会计师应当根据期初余额对财务报表的影响程度，合理运用职业判断，以确定期初余额是否真实

D. 注册会计师应确定期初余额对本期财务报表的影响

22. 注册会计师对期初余额实施审计程序的说法中正确的是（　　）。

A. 确定上期期末余额是否已正确结转至本期，或在适当的情况下已作出重新表述

B. 如果被审计单位上期适用的会计政策不恰当或与本期不一致，注册会计师在实施期初余额审计时进行调整

C. 如果上期财务报表已经审计，注册会计师可以查阅前任注册会计师的审计工作底稿，以获取有关期初余额的已审数

D. 如果获取的审计证据表明期初余额存在可能对本期财务报表产生重大影响的错报，注册会计师应当考虑对审计报告的影响

（二）多选题

1. 为识别和评估会计估计重大错报风险，注册会计师在风险评估阶段应实施哪些程序（　　）。

A. 了解适用的财务报告编制基础的要求

B. 了解管理层如何识别是否需要作出会计估计

C. 了解管理层如何作出会计估计

D. 了解管理层如何记录会计估计的结果

2. 注册会计师需要了解管理层作出会计估计的方法和依据有（　　）。

A. 相关控制

B. 管理层是否利用专家的工作

C. 会计估计所依据的假设

D. 会计估计不确定性的程度

3. 在了解相关控制时，注册会计师可能考虑的事项包括（　　）。

A. 作出会计估计的人员的经验与胜任能力

B. 管理层如何确定作出会计估计所使用的数据的完整性、相关性和准确性

C. 管理层和治理层对会计估计进行复核和批准

D. 被审计单位作出会计估计而使用的特定模型可靠性的维护和定期验证

4. 在了解构成会计估计基础的假设时，注册会计师可能考虑的事项包括（　　）。

A. 假设（包括重大假设）的性质

B. 管理层如何评价假设是否相关和完整

C. 管理层如何确定所采用假设的内在一致性

D. 支持假设的文件记录的完整性

5. 对公允价值会计估计的说法中正确的有（　　）。

A. 公允价值会计估计所依据的假设反映熟悉情况且自愿交易参与方和适用财务报告编制基础的要求的不同而不同

B. 公允价值会计估计所依据的假设或输入数据因其来源和基础的不同而不同

C. 如果市场参与方假设发生的变化影响上期公允价值会计估计的结果，注册会计师在复核公允价值会计估计时，可将重点放在获取与识别和评估重大错报风险相关的信息上

D. 对公允价值会计估计和其他以计量日情况为基础的会计估计，注册会计师可能着重了解会计估计流程的有效性，并据此判断本期估计流程可能的有效性

6. 注册会计师在评估重大错报风险时，考虑的事项可能包括（　　）。

A. 会计估计对判断的依赖程度

B. 会计估计的记录金额与注册会计师预期应记录金额的差异

C. 满足适用的财务报告编制基础相关要求的模型

D. 对上期会计估计进行复核的结果

7. 注册会计师恰当应对测试管理层如何作出会计估计和会计估计所依据的数据的措施包括（　　）。

A. 会计估计是依据模型作出的公允价值会计估计

B. 会计估计源于被审计单位会计系统对数据的常规处理

C. 注册会计师对上期财务报表中类似的会计估计的复核表明管理层本期的会计估计流程可能是有效的

D. 会计估计建立在性质相似、单项重要的项目的基础上

8. 注册会计师在评价管理层使用的构成公允价值会计估计基础的假设合理性时应考虑的事项有（　　）。

A. 假设是否相互依赖且具有内在一致性

B. 当将这些假设汇总起来考虑或结合其他假设考虑时，无论是对于特定会计估计还是其他会计估计，这些假设是否显得合理

C. 对于公允价值会计估计，假设是否恰当地反映可观察到的市场假设

D. 假设是否与可观察到的市场情况和以公允价值计量的资产或负债的特征一致

9. 注册会计师需要测试控制运行的有效性，并实施恰当的实质性程序的情形有（　　）。

A. 在评估认定层次重大错报风险时，预期针对会计估计流程的控制的运行是有效的

B. 仅实施实质性程序不能提供认定层次充分、适当的审计证据

C. 存在不可观察到的输入数据

D. 管理层的复核和批准流程

10. 可能导致会计估计错报的因素有（　　）。

A. 毋庸置疑地存在错报（事实错报）

B. 由注册会计师认为管理层对会计估计作出的判断不合理（判断错报）

C. 由注册会计师认为管理层对计政策的选择或运用不恰当而产生的差异（判断错报）

D. 注册会计师对总体中错报的最佳估计，包括由审计样本中识别出的错报推断出总体中的错报（推断错报）

11. 注册会计师向管理层和治理层（如适用）获取书面声明的内容可能包括（　　）。

A. 计量流程的恰当性，以及流程的一贯运用

B. 在适用的财务报告编制基础下与会计估计相关的披露的完整性和适当性

C. 不存在需要对财务报表中会计估计和披露作出调整的期后事项

D. 管理层用于确定不满足适用的财务报告编制基础规定的确认或披露标准的依据的恰当性

12. 下列会计估计审计中涉及特别风险的说法中，正确的有（　　）。

A. 对具有特别风险的会计估计，即使已按照适用的财务报告编制基础的要求进行了披露，注册会计师仍可能根据所涉及的情况和事实认为对估计不确定性的披露是不充分的

B. 如果认为会计估计导致特别风险，注册会计师需要了解与会计估计相关的控制，包括控制活动

C. 由于会计估计的主观性、复杂性和不确定性，管理层作出的会计估计发生重大错报的可能性较大，注册会计师应当确定会计估计的重大错报风险属于特别风险

D. 在评价支持会计估计的假设的合理性时，注册会计师可能识别出一个或多个重大假设，这可能表明会计估计存在高度估计不确定性并由此可能产生特别风险

13. 在关联方关系及其交易的审计过程中，注册会计师应当检查哪些记录或文件（　　）。

A. 注册会计师实施审计程序时获取的银行和律师的询证函回函

B. 具有异常大额折扣或退货的销售业务

C. 注册会计师自其他第三方取得的询证函回函

D. 超出被审计单位正常经营过程的重要合同和协议

14. 识别和评估关联方及其交易重大错报风险风险时有关特别风险的说法正确的有（　　）。

A. 注册会计师应当识别和评估关联方关系及其交易导致的重大错报风险，并确定这些风险是否为特别风险

B. 注册会计师应当将识别出的、超出被审计单位正常经营过程的重大关联方交易导致的风险确定为特别风险

C. 在出现其他风险因素的情况下，存在具有支配性影响的关联方，可能表明存在由于舞弊导致的特别风险

D. 就超出正常经营过程的重大交易获取进一步的信息，有助于注册会计师评价是否存在舞弊风险因素，并能够在适用的财务报告编制基础对关联方作出规定的情况下识别重大错报风险

15. 注册会计师针对关联方及其交易重大错报风险采取的应对措施有（　　）。

A. 识别出可能表明存在管理层以前未识别出或未披露的关联方关系或交易的安排或信息

B. 识别出管理层以前未识别出或未披露的关联方关系或重大关联方交易

C. 识别出超出正常经营过程的重大关联方交易

D. 管理层在财务报表中作出认定

16. 如果识别出管理层以前未识别出或未向注册会计师披露的关联方关系或重大关联方交易，注册会计师应当采取的措施有（　　）。

A. 询问被审计单位与新识别出的关联方之间的关系的性质，包括向对被审计单位及其业务非常了解的外部人士询问

B. 分析与新识别出的关联方进行的交易的会计记录，可以采用计算机辅助审计技术进行分析

C. 核实新识别出的关联方交易的条款和条件，评价是否已经按照适用的财务报告编制基础的规定对关联方交易进行恰当会计处理和披露

D. 重新考虑可能存在管理层以前未识别出或未向注册会计师披露的其他关联方或重大关联方交易的风险，如有必要，实施追加的审计程序

17. 注册会计师识别出的超出正常经营过程的重大关联方交易时采取如下措施（　　）。

A. 检查相关合同或协议，评价交易的商业理由（或缺乏商业理由）是否表明被审计单位从事交易的目的可能是为了对财务信息作出虚假报告或为了隐瞒侵占资产的行为

B. 评价关联方交易是否已按照适用的财务报告编制基础得到恰当会计处理和披露

C. 考虑管理层用于支持其认定的程序是否恰当

D. 获取交易已经恰当授权和批准的审计证据

18. 注册会计师在关联方及其交易审计中的执行的其他相关审计程序包括获取书面声明和与治理层沟通，下列说法正确的有（　　）。

A. 如果适用的财务报告编制基础对关联方作出规定，注册会计师应当向管理层和治理层（如适用）获取书面声明

B. 治理层批准某项特定关联方交易，该项交易可能对财务报表产生重大影响或涉及管理层时注册会计师向治理层获取书面声明可能是适当的

C. 注册会计师还可能决定就管理层作出的某项特殊认定获取书面声明

D. 除非治理层全部成员参与管理被审计单位，注册会计师应当与治理层沟通审计工作中发现的与关联方相关的重大事项

19. 可能导致注册会计师对持续经营能力测试中的疑虑的事项有（　　）。

A. 关键财务比率不佳　　B. 出现用工困难

C. 重要供应短缺　　D. 违反有关资本法定要求

20. 有关注册会计师考虑管理层对持续经营能力作出的评估的说法中，正确的有（　　）。

A. 注册会计师应当考虑管理层作出的评估是否已考虑所有相关信息，但不包括注册会计师实施审计程序获取的信息

B. 在考虑管理层的评估程序时，注册会计师需要关注管理层是如何识别可能导致对其

持续经营能力产生重大疑虑的事项或情况的，所识别的事项或情况是否完整

C. 在考虑管理层的评估程序时，注册会计师需要关注管理层是否已经了解了注册会计师在实施审计程序过程中发现的所有相关信息

D. 注册会计师需要考虑管理层对相关事项或情况结果的预测所依据的假设是否合理，并特别关注对预测性信息具有重大影响的假设

21. 如果识别出可能导致对持续经营能力产生重大疑虑的事项或情况，注册会计师能够实施的最佳审计程序有（　　）。

A. 如果管理层尚未对被审计单位持续经营能力作出评估，提请其进行评估

B. 考虑自管理层作出评估后是否存在其他可获得的事实或信息

C. 除询问管理层外，注册会计师没有责任实施其他任何审计程序

D. 要求管理层和治理层（如适用）提供有关未来应对计划及其可行性的书面声明

22. 注册会计师认为被审计单位运用持续经营假设存在重大不确定性时，应采取的对策有（　　）。

A. 注册会计师应当确定财务报表是否已充分描述可能导致对持续经营能力产生重大疑虑的主要事项或情况以及管理层针对这些事项或情况的应对计划

B. 注册会计师应当确定财务报表是否已清楚披露可能导致对持续经营能力产生重大疑虑的事项或情况存在重大不确定性，并由此导致被审计单位可能无法在正常的经营过程中变现资产和清偿债务

C. 注册会计师应当根据适用的财务报告编制基础的规定，评价财务报表是否对这些事项或情况作出充分披露

D. 注册会计师应当发表无保留意见类型的审计报告

23. 由于被审计单位运用持续经营假设不当，导致注册会计师发表否定意见类型审计报告的说法中正确的有（　　）。

A. 当存在多项对财务报表整体具有重要影响的重大不确定性时，注册会计师可能认为发表否定意见是适当的

B. 如果运用持续经营假设是适当的，但存在重大不确定性，且财务报表对重大不确定性已作出充分披露，注册会计师应当发表否定意见

C. 如果财务报表按照持续经营基础编制，而注册会计师运用职业判断认为管理层在编制财务报表时运用持续经营假设是不适当的，则无论财务报表中对管理层运用持续经营假设的不适当性是否作出披露，注册会计师均应发表否定意见

D. 如果在具体情况下运用持续经营假设是不适当的，注册会计师可以发表否定意见

24. 注册会计师注册会计师识别出的可能导致对被审计单位持续经营能力产生重大疑虑的事项或情况需要与被审计单位进行沟通，下列说法正确的是（　　）。

A. 注册会计师应当与治理层就识别出的可能导致对被审计单位持续经营能力产生重大疑虑的事项或情况进行沟通，除非治理层全部成员参与管理

B. 注册会计师与治理层的沟通应当包括这些事项或情况是否构成重大不确定性

C. 注册会计师应当评价管理层在编制财务报表时运用持续经营假设是否适当

D. 注册会计师应当评估财务报表中的相关披露是否充分

25. 关于期初余额审计目标的说法中，正确的有（　　）。

A. 如果期初余额不存在对本期财务报表产生重大影响的错报，注册会计师无须对此予以特别关注和处理

B. 在执行首次审计业务时，注册会计师针对期初余额的目标是，获取充分、适当的审计证据以确定期初余额是否含有对本期财务报表产生重大影响的错报

C. 期初余额反映的恰当的会计政策是否在本期财务报表中得到一贯运用

D. 会计政策的变更是否已按照适用的财务报告编制基础作出恰当的会计处理和充分的列报与披露

26. 对期初余额实施审计后，注册会计师确定发表保留意见或否定意见的情况有（　　）。

A. 不能针对期初余额获取充分、适当的审计证据

B. 如果认为按照适用的财务报告编制基础与期初余额相关的会计政策未能在本期得到一贯运用

C. 如果错报的影响未能得到正确的会计处理和恰当的列报

D. 或者会计政策的变更未能得到恰当的会计处理或适当的列报与披露

（三）简答题

1. ABC 会计师事务所首次接受委托审计甲公司等多家被审计单位 2019 年度财务报表，委派 A 注册会计师担任项目合伙人。与首次承接审计业务相关的部分事项如下：

（1）对于甲公司长期股权投资的期初余额，A 注册会计师检查了形成期初余额的会计记录，以及包括投资协议和被投资单位工商登记信息在内的相关支持性文件，结果满意。

（2）注册会计师对甲公司 2019 年末的存货实施了监盘，将年末存货数量调节至期初存货数量，并抽样检查了 2019 年度存货数量的变动情况，据此认可了存货的期初余额。

（3）甲公司一项工期两年的在建工程于 2019 年 12 月完工结转固定资产。A 注册会计师测试了该项在建工程的本期增加额，检查了与结转固定资产相关的批准文件、资产明细清单和验收报告等，据此认可了该项在建工程的期初余额。

（4）公司 2018 年度财务报表未经审计。A 注册会计师发现 2019 年末资产负债表的期初余额存在一项重大的分类错报，要求管理层进行更正，并检查了更正后的资产负债表，认可了管理层对该项差错的处理。

【要求】针对上述第（1）~（4）项，逐项指出 A 注册会计师的做法是否恰当。如不恰当，简要说明理由。

2. ABC 会计师事务所首次接受委托审计甲公司等多家被审计单位 2019 年度财务报表，委派 A 注册会计师担任项目合伙人。审计业务相关的部分事项如下：

（1）甲公司因原董事长以公司名义违规对外提供多项担保导致 2019 年发生多起重大诉讼，多个银行账户被冻结，业务停止，主要客户和员工流失。管理层在 2019 年度财务报表中确认了大额预计负债，并披露了持续经营存在的重大不确定性。A 注册会计师认为存在多项对财务报表整体具有重要影响的重大不确定性，拟对戊公司财务报表发表无法表示意见。

（2）乙公司的某重要子公司 2019 年末处于停产状态，其核心技术人员已离职成立新公司，与乙公司竞争并占据主要市场份额。管理层拟在三年内自主研发替代性技术，基于该假

设编制的预计未来现金流量现值显示，收购该子公司形成的大额商誉不存在减值。A 注册会计师认为技术研发成功的可能性存在重大不确定性，在无保留意见的审计报告中增加了强调事项段提醒报表使用者关注。

（3）丙公司生产化妆品，但由于化妆品行业将于 2020 年执行更严格的化学成分限量标准，公司的主要产品可能因此被淘汰。管理层提供了其对该事项的评估及相关书面声明，A 注册会计师据此认为该事项不影响甲集团公司的持续经营能力。

【要求】针对上述第（1）~（3）项，逐项指出 A 注册会计师的做法是否恰当。如不恰当，简要说明理由。

3. ABC 会计师事务所的 A 注册会计师负责审计甲公司 2019 年度财务报表。与会计估计审计相关的部分事项如下：

（1）A 注册会计师就管理层确认的某项预计负债作出了区间估计，该区间包括了甲公司所有可能承担的赔偿金额。管理层确认的预计负债处于该区间内，A 注册会计师据此认可了管理层确认的金额。

（2）2018 年末，管理层对某项应收款项全额计提了坏账准备。因 2019 年全额收回该款项，管理层转回了相应的坏账准备。A 注册会计师据此认为 2018 年度财务报表存在重大错报，要求管理层更正 2019 年度财务报表的对应数据。

（3）管理层编制盈利预测以评价递延所得税资产的可回收性。A 注册会计师向管理层询问了盈利预测中使用的假设的依据，并对盈利预测实施了重新计算，结果满意，据此认可了管理层的评价。

（4）2019 年末，甲公司确认与产品保修义务相关的预计负债 600 万元。A 注册会计师作出的点估计为 800 万元。管理层将预计负债调增至 700 万元。A 注册会计师将未调整的 100 万元作为错报累积。

（5）由于 2019 年人员工资和维修材料价格持续上涨，甲公司实际发生的产品质量保证支出与以前年度的预计数相差较大。A 注册会计师要求管理层就该差异进行追溯调整。

【要求】针对上述第（1）~（5）项，逐项指出 A 注册会计师的做法是否恰当。如不恰当，简要说明理由。

五、进阶练习答案

（一）单选题

1. 【答案】D

【解析】会计估计的结果与财务报表中原来已确认或披露的金额存在差异，并不必然表明财务报表存在错报，因此选择选项 D。

2. 【答案】D

【解析】会计估计的完整性通常是注册会计师考虑的重要因素，因此选择选项 D。

3. 【答案】C

【解析】形成或识别影响会计估计的相关数据和假设是管理层建立针对会计估计的财务报告过程，因此选择选项 C。

4. 【答案】C

【解析】管理层可能拥有作出点估计必要的经验和胜任能力，或者被审计单位可能雇用那些具备作出点估计必要经验和胜任能力的人员。但在某些情况下，管理层可能需要聘请专家作出或者帮助其作出会计估计。这些情况可能包括：①需要作出会计估计的事项（如在采掘行业对矿产或油气储量的测量）具有特殊性质；②满足适用的财务报告编制基础相关要求的模型（如对某些公允价值计量采用的模型）具有一定的技术含量；③需要作出会计估计的情况、交易或事项具有异常性或偶发性。因此选择选项C。

5. 【答案】B

【解析】当敏感性分析的存在的多种可能结果时，注册会计师需要考虑的是管理层如何作出会计估计，因此选择选项B。

6. 【答案】D

【解析】在某些情况下，为了确定管理层是否恰当地遵守适用的财务报告编制基础的要求，注册会计师有必要实施追加的审计程序，因此选择选项D。

7. 【答案】C

【解析】选项A、选项B、选项D是在应对评估的重大错报风险时，注册会计师考虑会计估计的性质，实施的一项或多项程序。与管理层讨论其如何处理估计不确定性对会计估计的影响，并要求管理层提供支持性证据是注册会计师实施进一步实质性程序以应对特别风险的程序，因此选择选项C。

8. 【答案】C

【解析】重新计算会计估计，并复核有关会计估计信息的内在一致性是测试管理层如何作出会计估计涉及的内容，因此不选择选项A。根据适用的财务报告编制基础确定的计量目标，管理层使用的假设是否合理，选项B缺失前提条件，因此不选择选项B。考虑管理层的复核和批准流程也是注册会计师测试管理层如何作出会计估计所涉及的内容，因此不选择选项D。

9. 【答案】D

【解析】管理层作出会计估计所选择的计量基础是注册会计师对导致特别风险的会计估计确定作出会计估计所选择的计量基础是否符合适用的财务报告编制基础的获取审计证据的内容之一，因此选择选项D。

10. 【答案】B

【解析】当区间估计的区间已缩小至等于或低于实际执行的重要性时，该区间估计对于评价管理的点估计是适当的，因此选择选项B。

11. 【答案】A

【解析】评价管理层如何评估估计不确定性对会计估计的影响，以及这种不确定性对财务报表中会计估计的确认的恰当性可能产生的影响是注册会计师在审计导致特别风险的会计估计时实施进一步实质性程序时需要重点评价的内容，因此选择选项A。

12. 【答案】A

【解析】当注册会计师认为使用其区间估计能够获取充分、适当的审计证据时，则在注册会计师区间估计之外的管理层的点估计得不到审计证据的支持，此种情况下，错报不小于管理层的点估计与注册会计师区间估计之间的最小差异，因此不选择选项 B。由注册会计师认为管理层对会计估计作出的判断不合理，或认为管理层对计政策的选择或运用不恰当而产生的差异是判断错报，因此不选择选项 C。注册会计师对总体中错报的最佳估计，包括由审计样本中识别出的错报推断出总体中的错报是推断错报，因此不选择选项 D。

13.【答案】C

【解析】评价会计估计模型的使用是注册会计师应对评估的重大错报风险采取的措施，不属于其他程序之列，因此选择选项 C。

14.【答案】B

【解析】管理层主观地认为环境已经发生变化，并相应地改变会计估计或估计方法是可能存在管理层偏向迹象的例子，不是影响，因此选择选项 B。

15.【答案】B

【解析】项目组内部讨论的内容可能包括：(1) 关联方关系及其交易的性质和范围（如利用在每次审计后更新的有关识别出的关联方的记录进行讨论）（选项 A）；(2) 强调在整个审计过程中对关联方关系及其交易导致的潜在重大错报风险保持职业怀疑的重要性；(3) 可能显示管理层以前未识别或未向注册会计师披露的关联方关系或关联方交易的情形或状况（如被审计单位组织结构复杂，利用特殊目的实体从事表外交易，或信息系统不够完善）（选项 C）；(4) 可能显示存在关联方关系或关联方交易的记录或文件；(5) 管理层和治理层对关联方关系及其交易（如果适用的财务报告编制基础对关联方作出规定）进行识别、恰当会计处理和披露的重视程度，以及管理层凌驾于相关控制之上的风险。在对舞弊进行讨论时，项目组内部讨论的内容还可能包括对关联方可能如何参与舞弊的特殊考虑。例如：(1) 如何利用管理层控制的特殊目的实体进行利润操纵（选项 D）；(2) 如何安排被审计单位与已知关键管理人员的商业伙伴之间进行交易，以达到侵占资产的目的。因此不选择选项 A、C、D。关联方的名称和特征，包括关联方自上期以来发生的变化是注册会计师向被审计单位管理层询问的事项，因此选择选项 B。

16.【答案】D

【解析】注册会计师应当询问管理层和被审计单位内部其他人员，被审计单位内部的其他人员在某种程度上并不构成管理层，但也可能知悉关联方关系及其交易以及相关控制。这些人员可能包括：(1) 治理层成员（选项 A）；(2) 负责生成、处理或记录超出正常经营过程的重大交易的人员，以及对其进行监督或监控的人员；(3) 内部审计人员（选项 B）；(4) 内部法律顾问（选项 C）；(5) 负责道德事务的人员。因此选择选项 D。

17.【答案】C

【解析】选项 A、B、D 分别属于关联方施加的支配性影响，关联方施加的支配性影响可能表现在下列方面：(1) 关联方否决管理层或治理层作出的重大经营决策（选项 A）；(2) 重大交易需经关联方的最终批准（选项 B）；(3) 对关联方提出的业务建议，管理层和治理层未曾或很少进行讨论（选项 D）；(4) 对涉及关联方（或与关联方关系密切的家庭成员）的交易，极少进行独立复核和批准。

在出现其他风险因素的情况下，存在具有支配性影响的关联方，可能表明存在由于舞弊导致的特别风险。例如：(1) 异常频繁变更高级管理人员或专业顾问，可能表明被审计单位为关联方谋取利益而从事不道德或虚假的交易；（2）利用中间机构从事难以判断是否具有正当商业理由的重大交易，可能表明关联方出于欺诈目的，通过控制这些中间机构从交易中获利（选项 C）；（3）有证据显示关联方过度干涉或关注会计政策的选择或重大会计估计的作出，可能表明存在虚假财务报告。

18.【答案】B

【解析】注册会计师应当评价：（1）识别出的关联方关系及其交易是否已按照适用的财务报告编制基础得到恰当会计处理和披露（选项 A 不正确）。（2）关联方关系及其交易是否导致财务报表未实现公允反映（选项 B）。当存在下列情形之一时，表明管理层对关联方交易的披露可能不具有可理解性：（1）关联方交易的商业理由以及交易对财务报表的影响披露不清楚，或存在错报（选项 C）；（2）未适当披露为理解关联方交易所必需的关键条款、条件或其他要素（选项 D）。因此选择选项 B。

19.【答案】B

【解析】其他财务报告编制基础可能没有明确要求管理层对持续经营能力作出评估，但由于持续经营假设是编制财务报表的基本原则，即使其他财务报告编制基础没有对此作出明确规定，管理层也需要在编制财务报表时评估持续经营能力，因此不选择选项 A。某些适用的财务报告编制基础明确要求管理层对持续经营能力作出评估，并规定了与此相关的需要考虑的事项和作出的披露，这是对财务报告编制的要求，不能视为管理层的责任，应不选择选项 C。注册会计师未在审计报告中提及持续经营的不确定性，不能被视为对被审计单位持续经营能力的保证，因此不选择选项 D。

20.【答案】D

【解析】可预见的将来通常是指财务报表日后 12 个月，2018 年度财务报表的报表日是 2018 年 12 月 31 日，因此选择选项 D。

21.【答案】C

【解析】注册会计师应当根据期初余额对财务报表的影响程度，合理运用职业判断，以确定期初余额的审计范围，因此选择选项 C。

22.【答案】A

【解析】如果被审计单位上期适用的会计政策不恰当或与本期不一致，注册会计师在实施期初余额审计时应提请被审计单位进行调整或予以披露，因此不选择选项 B。如果上期财务报表已经审计，查阅前任注册会计师的审计工作底稿，以获取有关期初余额的审计证据，因此不选择选项 C。如果获取的审计证据表明期初余额存在可能对本期财务报表产生重大影响的错报，注册会计师应当实施适合具体情况的追加的审计程序，因此不选择选项 D。

（二）多选题

1.【答案】ABC

【解析】在实施风险评估程序和相关活动，以了解被审计单位及其环境时，注册会计师应当了解适用的财务报告编制基础的要求、管理层如何识别是否需要作出会计估计和管理层如何作出会计估计，作为识别和评估会计估计重大错报风险的基础，因此选择选项 A、B、C。

2.【答案】ABC

【解析】识别和评估重大错报风险时，注册会计师应当评价与会计估计相关的估计不确定性的程度，因此不选择选项 D。

3. 【答案】ABD

【解析】由适当层级的管理层和治理层（如适用）对会计估计（包括使用的假设或输入数据）进行复核和批准，因此不选择选项 C。选项 A 和选项 B 是原文，选项 D 是其他与作出会计估计相关的控制取决于具体情况的类型之一。

4. 【答案】ABC

【解析】在了解构成会计估计基础的假设时，注册会计师可能考虑的事项包括：①假设（包括重大假设）的性质；②管理层如何评价假设是否相关和完整（即考虑了所有相关变量）；③管理层如何确定所采用假设的内在一致性（如适用）；④假设是否与管理层所能控制的事项相关（如对可能影响资产使用年限的维修计划的假设），以及这些假设是否与被审计单位的经营计划和外部环境相符，或者假设与管理层控制之外的事项相关（如对利率、死亡率、潜在的司法或监管行为或未来现金流量的变动和时间安排的假设）；⑤支持假设的文件记录（如存在）的性质和范围，因此不选择选项 D。

5. 【答案】AB

【解析】对公允价值会计估计和其他以计量日情况为基础的会计估计，上期财务报表中确认的公允价值金额与本期结果或为实现本期目的而重新作出估计的金额之间的差异可能更大。注册会计师在复核时，可将重点放在获取与识别和评估重大错报风险相关的信息上。因此不选择选项 C。如果市场参与方假设发生的变化影响上期公允价值会计估计的结果，则了解该变化可能难以提供与本期审计目的相关的信息。在这种情况下，注册会计师在对上期公允价值会计估计结果进行考虑时，可能着重了解管理层上期会计估计流程（即管理层的历史记录）的有效性，并据此判断管理层本期估计流程可能的有效性，因此不选择选项 D。

6. 【答案】BD

【解析】会计估计对判断的依赖程度是与会计估计相关的估计不确定性的程序影响因素之一，因此不选择选项 A。满足适用的财务报告编制基础相关要求的模型具有一定的技术含量是管理层可能需要聘请专家作出或帮助其作出会计估计的情况之一，因此不选择选项 C。

7. 【答案】ABC

【解析】会计估计建立在性质相似、单项不重要但数量众多的项目的基础上，因此不选择选项 D。

8. 【答案】ABCD

【解析】在评价管理层使用的假设的合理性时，注册会计师可能需要考虑：(1) 单项假设是否显得合理；(2) 假设是否相互依赖且具有内在一致性；(3) 当将这些假设汇总起来考虑或结合其他假设考虑时，无论是对于特定会计估计还是其他会计估计，这些假设是否显得合理；(4) 对于公允价值会计估计，假设是否恰当地反映可观察到的市场假设。在评价管理层使用的构成公允价值会计估计基础的假设的合理性时，注册会计师除了考虑上述事项，在适用时还可能考虑下列事项：管理层是否以及如何在作出假设时加入特定市场输入数据（如相关）；假设是否与可观察到的市场情况和以公允价值计量的资产或负债的特征一致；市场参与方假设的来源是否相关和可靠，以及当存在多种市场参与方假设时管理层如何选择假设；管理层是否以及如何考虑在可比较的交易、资产或负债中使用假设或有关信息（如适用）。因此选择选项 A、B、C、D。

9.【答案】AB

【解析】当存在不可观察到的输入数据时，注册会计师需要在评价假设时结合审计准则提出的其他应对措施，以获取充分、适当的审计证据。在这种情况下，注册会计师有必要实施其他审计程序，因此不选择选项 C。考虑管理层的复核和批准流程是应对评估重大错报风险时注册会计师采取的措施，因此不选择选项 D。

10.【答案】ABCD

【解析】一项错报，无论是由于舞弊还是错误导致，当与会计估计相关时，可能是由于下列因素导致的：（1）毋庸置疑地存在错报（事实错报）；（2）由注册会计师认为管理层对会计估计作出的判断不合理，或认为管理层对计政策的选择或运用不恰当而产生的差异（判断错报）；（3）注册会计师对总体中错报的最佳估计，包括由审计样本中识别出的错报推断出总体中的错报（推断错报）。因此选择选项 A、B、C、D。

11.【答案】ABCD

【解析】根据估计不确定性的性质、重要性和程度，有关财务报表中确认或披露的会计估计的书面声明可能包括下列内容：（1）计量流程（包括管理层在根据适用的财务报告编制基础作出会计估计时使用的相关假设和模型）的恰当性，以及流程的一贯运用；（2）假设恰当地反映了管理层代表被审计单位执行特定措施的意图和能力（当这些意图和能力与会计估计和披露相关时）；（3）在适用的财务报告编制基础下与会计估计相关披露的完整性和适当性；（4）不存在需要对财务报表中会计估计和披露作出调整的期后事项。针对未在财务报表中确认或披露的会计估计，书面声明也可能包括下列内容：（1）管理层用于确定不满足适用的财务报告编制基础规定的确认或披露标准的依据的恰当性；（2）针对未在财务报表中以公允价值计量或披露的会计估计，管理层用于推翻适用的财务报告编制基础规定的与使用公允价值相关的假定的依据的恰当性。因此选择选项 A、B、C、D。

12.【答案】ABD

【解析】由于会计估计的主观性、复杂性和不确定性，管理层作出的会计估计发生重大错报的可能性较大，注册会计师应当按照《中国注册会计师审计准则第 1211 号——通过了解被审计单位及其环境识别和评估重大错报风险》的规定，确定会计估计的重大错报风险是否属于特别风险，因此不选择选项 C。

13.【答案】ACD

【解析】为确定是否存在管理层以前未识别或未向注册会计师披露的关联方关系或关联方交易，注册会计师应当检查下列记录或文件：注册会计师实施审计程序时获取的银行和律师的询证函回函（选项 A）；除此以外，注册会计师还可以检查某些可能提供有关关联方关系及其交易信息的记录或文件，例如：（1）除了向银行和律师获取的询证函回函外，注册会计师自其他第三方取得的询证函回函（选项 C）；（2）超出被审计单位正常经营过程的重要合同和协议（选项 D）。而具有异常大额折扣或退货的销售业务则是注册会计师询问管理层的内容，因此不选择选项 B。

14.【答案】ABC

【解析】就超出正常经营过程的重大交易获取进一步的信息，有助于注册会计师评价是否存在舞弊风险因素，并能够在适用的财务报告编制基础对关联方作出规定的情况下识别重大错报风险是注册会计师在风险评估阶段针对关联方及其交易的工作，因此不选择选项 D。

15.【答案】ABCD

【解析】选项 A、B、C、D 属于注册会计师针对评估的与关联方关系及其交易相关的重大错报风险，应当设计和实施进一步审计程序，以获取充分、适当的审计证据。

16.【答案】ABCD

【解析】如果识别出管理层以前未识别出或未向注册会计师披露的关联方关系或重大关联方交易，注册会计师应当：(1) 询问被审计单位与新识别出的关联方之间的关系的性质，包括向对被审计单位及其业务非常了解的外部人士询问（如适用，并且法律法规或注册会计师职业道德守则未予禁止）(选项 A)。(2) 分析与新识别出的关联方进行的交易的会计记录，可以采用计算机辅助审计技术进行分析（选项 B)。(3) 核实新识别出的关联方交易的条款和条件，评价是否已经按照适用的财务报告编制基础的规定对关联方交易进行恰当会计处理和披露。(选项 C)。(4) 重新考虑可能存在管理层以前未识别出或未向注册会计师披露的其他关联方或重大关联方交易的风险，如有必要，实施追加的审计程序（选项 D)。

17.【答案】ABD

【解析】考虑管理层用于支持其认定的程序是否恰当，是管理层在财务报表中作出认定的是，注册会计师评价管理层如何支持这项认定可能涉及的内容，因此不选择选项 C。

18.【答案】ABCD

【解析】如果适用的财务报告编制基础对关联方作出规定，注册会计师应当向管理层和治理层（如适用）获取书面声明（选项 A)；在下列情况下，注册会计师向治理层获取书面声明可能是适当的：治理层批准某项特定关联方交易，该项交易可能对财务报表产生重大影响或涉及管理层（选项 B)；注册会计师还可能决定就管理层作出的某项特殊认定获取书面声明（选项 C)；除非治理层全部成员参与管理被审计单位，注册会计师应当与治理层沟通审计工作中发现的与关联方相关的重大事项（选项 D)。

19.【答案】ABCD

【解析】上述内容都是可能导致对持续经营假设产生重大疑虑的事项，分布于财务方面（选项 A)；经营方面（选项 B 和 C）和其他方面（选项 D)。

20.【答案】BD

【解析】注册会计师应当考虑管理层作出的评估是否已考虑所有相关信息，其中包括注册会计师实施审计程序获取的信息，因此不选择选项 A。在考虑管理层的评估程序时，注册会计师需要关注管理层是如何识别可能导致对其持续经营能力产生重大疑虑的事项或情况的，所识别的事项或情况是否完整（选项 B)，是否已经对注册会计师在实施审计程序过程中发现的所有相关信息进行了充分考虑，因此不选择选项 C。考虑管理层作出的评估所依据的假设时，注册会计师需要考虑管理层对相关事项或情况结果的预测所依据的假设是否合理，并特别关注具有以下几类特征的假设：(1) 对预测性信息具有重大影响的假设；(2) 特别敏感的或容易发生变动的假设；(3) 与历史趋势不一致的假设。因此选择选项 D。

21.【答案】ABD

【解析】除询问管理层外，注册会计师没有责任实施其他任何审计程序是注册会计师应对超出管理层评估期间的事项或情况所采取的应对措施，因此不选择选项 C。

22.【答案】AB

【解析】如果认为运用持续经营假设适合具体情况，但存在重大不确定性，注册会计师应当确定：(1) 财务报表是否已充分描述可能导致对持续经营能力产生重大疑虑的主要事项或情况以及管理层针对这些事项或情况的应对计划（选项 A）；(2) 财务报表是否已清楚披露可能导致对持续经营能力产生重大疑虑的事项或情况存在重大不确定性，并由此导致被审计单位可能无法在正常的经营过程中变现资产和清偿债务（选项 B）。如果已识别出可能导致对被审计单位持续经营能力产生重大疑虑的事项或情况，但根据获取的审计证据，注册会计师认为不存在重大不确定性，则注册会计师应当根据适用的财务报告编制基础的规定，评价财务报表是否对这些事项或情况作出充分披露（因此不选择选项 C）。注册会计师应当发表无保留意见类型的审计报告被审计单位运用持续经营假设适当但存在重大不确定性是注册会计师形成的审计意见，因此不选择选项 D。

23.【答案】CD

【解析】当存在多项对财务报表整体具有重要影响的重大不确定性时，注册会计师可能认为发表无法表示意见而非增加以“与持续经营相关的重大不确定性”为标题的单独部分是适当的，因此不选择选项 A。如果运用持续经营假设是适当的，但存在重大不确定性，且财务报表对重大不确定性已作出充分披露，注册会计师应当发表无保留意见，因此不选择选项 B。如果财务报表按照持续经营基础编制，而注册会计师运用职业判断认为管理层在编制财务报表时运用持续经营假设是不适当的，则无论财务报表中对管理层运用持续经营假设的不适当性是否作出披露，注册会计师均应发表否定意见，因此选择选项 C 和选项 D。

24.【答案】ABCD

【解析】注册会计师应当与治理层就识别出的可能导致对被审计单位持续经营能力产生重大疑虑的事项或情况进行沟通，除非治理层全部成员参与管理被审计单位。与治理层的沟通应当包括下列方面：(1) 这些事项或情况是否构成重大不确定性；(2) 管理层在编制财务报表时运用持续经营假设是否适当；(3) 财务报表中的相关披露是否充分；(4) 对审计报告的影响（如适用）。

25.【答案】ABCD

【解析】在执行首次审计业务时，注册会计师针对期初余额的目标是，获取充分、适当的审计证据以确定：(1) 期初余额是否含有对本期财务报表产生重大影响的错报（选项 B）；(2) 期初余额反映的恰当的会计政策是否在本期财务报表中得到一贯运用（选项 C），或会计政策的变更是否已按照适用的财务报告编制基础作出恰当的会计处理和充分的列报与披露（选项 D）。如果期初余额存在对本期财务报表产生重大影响的错报，则注册会计师在审计中必须对此提出恰当的审计调整或披露建议；反之，注册会计师无须对此予以特别关注和处理（选项 A）。

26.【答案】AC

【解析】如果不能针对期初余额获取充分、适当的审计证据，注册会计师应当发表适合具体情况的保留意见或无法表示意见，因此选择选项 A。如果错报的影响未能得到正确的会计处理和恰当的列报，注册会计师应当对财务报表发表保留意见或否定意见，因此选择选项

C。如果认为按照适用的财务报告编制基础与期初余额相关的会计政策未能在本期得到一贯运用（选项 B），或者会计政策的变更未能得到恰当的会计处理或适当的列报与披露（选项 D），注册会计师应当对财务报表发表保留意见或否定意见。

（三）简答题

1.【答案】

（1）恰当。

（2）不恰当。应当对期初存货项目的计价实施审计程序。

（3）恰当。

（4）不恰当。应当对本期期初余额实施恰当的审计程序以确定期初余额不存在重大错报。

2.【答案】

（1）恰当。

（2）不恰当。乙公司的持续经营假设适当，但是存在重大不确定性，A 注册会计师应当在无保留意见的审计报告中增加“与持续经营相关的重大不确定性”的单独部分，而不是增加强调事项段。

（3）不恰当。如果识别出可能导致对持续经营能力产生重大疑虑的事项，注册会计师应当通过实施追加的审计程序，获取充分、适当的审计证据，以确定是否存在重大不确定性/未对管理层的评估实施进一步审计程序/书面声明本身并不为所涉及的任何事项提供充分、适当的审计证据。

3.【答案】

（1）不恰当。作出的区间估计需要包括所有合理的结果而不是所有可能的结果。

（2）不恰当。2018 年度财务报表中的会计估计与实际结果存在差异，并不必然表明 2018 年度财务报表存在错报。

（3）不恰当。还应当执行程序评价盈利预测中假设的合理性/仅执行询问和重新计算无法获取有关假设合理性的充分、适当的审计证据。

（4）恰当。

（5）不恰当。资产负债表日后价格的变化并不表明前期会计估计存在差错。

第十八章 完成审计工作

一、2020 年新教材内容主要变化

2020 年本章无实质变化。

二、本章近 5 年考情统计分析

本章考题主观题客观题均可涉及，本章属于重要的考试章节之一，常常结合第十九章内容考查，最近 5 年平均考试分值一般在 5 分左右。

（一）近 5 年考试分值分布

题型	2015 年	2016 年	2017 年	2018 年	2019 年
单选题	1	2	1	1	1
多选题	—	—	—	—	—
简答题	—	—	—	—	—
综合题	—	1.2	1	3.2	4.75
合计	1	3.2	2	4.2	5.75

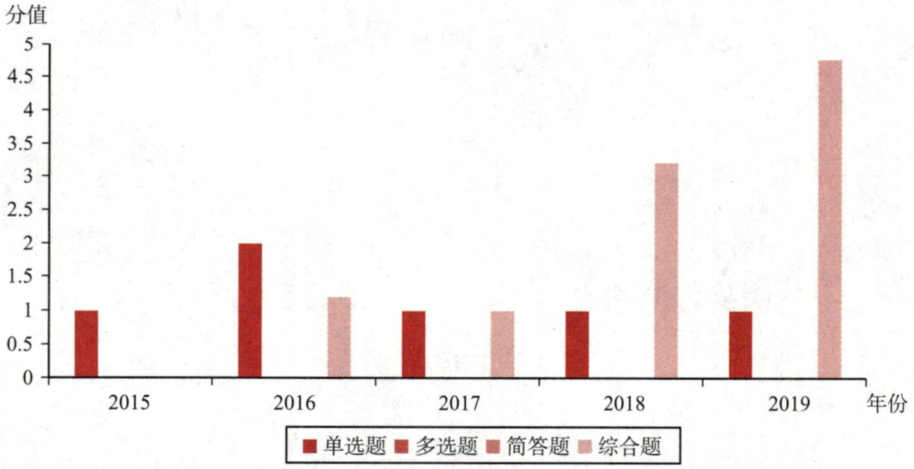

（二）近 5 年考试考点分布

高频考点内容	年度及题型分布
书面声明	2018 年单选、2018 年综合、2017 年单选、2016 年单选、2015 年单选
复核工作底稿	2019 年单选、2016 年单选
期后事项	2019 年综合、2018 年综合、2016 年综合
评价审计过程中发现的错报	2016 年综合、2017 年综合

三、重难点解析

本章内容属于第五编的重要章节之一，主要阐述评价审计过程中发现的错报、复核审计工作底稿、期后事项的种类、财务表报表日至审计报告日发生的事项、审计报告日后至财务报表报出日前知悉的事实、财务报表报出后知悉的事实、书面声明的含义与特征、针对管理层责任的书面声明、其他书面声明、书面声明的日期和涵盖的期间、对书面声明可靠性的疑虑以及管理层不提供要求的书面声明等。

【小贴士】完成审计阶段既是审计最后一个阶段也是审计工作的重要阶段，它是审计质量控制的关键阶段。本章学习需要结合第十九章（审计报告）、链接第二十一章（会计师事务所业务质量控制）等章节内容。

重难点1：评价审计过程中发现的错报★★★

（一）错报的沟通与更正

在评价错报的基础上，注册会计师应及时与适当层级的管理层沟通错报事项，并提请管理层更正错报。

1. 法律法规可能限制注册会计师向管理层或其他人员通报某些错报

例如，法律法规可能专门规定禁止通报某事项或采取其他行动，这些通报或行动可能不利于有关权力机构对实际存在的或怀疑存在的违法行为展开调查。

2. 注册会计师的保密义务与通报义务之间存在的潜在冲突可能很复杂

例如，组成部分注册会计师能否将组成部分财务报表中存在的重大错报通报给集团管理层或治理层。对于沟通中受到的限制，注册会计师可以考虑征询法律意见。管理层更正所有错报（包括注册会计师通报的错报），能够保持会计账簿和记录的准确性，降低由于与本期相关的、非重大的且尚未更正错报的累积影响而导致未来期间财务报表出现重大错报的风险。

【小贴士】如果管理层拒绝更正沟通的部分或全部错报，注册会计师应当了解管理层不更正错报的理由，并在评价财务报表整体是否不存在重大错报时考虑该理由。注册会计师对管理层不更正错报的理由理解，可能影响其对被审计单位会计实务质量的考虑。

（二）评价未更正错报的影响

【小贴士】未更正错报，是指注册会计师在审计过程中累积的且被审计单位未予更正的错报。

1. 重新评估计划重要性的适当性

（1）计划重要性时，依据估计的全年财务成果。注册会计师在确定重要性时，通常依据对被审计单位财务结果的估计，因为此时可能尚不知道实际的财务结果。因此，在评价未更正错报的影响之前，注册会计师可能有必要依据实际的财务结果对重要性作出修改。

（2）在审计过程中获知了某项信息，可能导致需要对重要性进行修改。如果在审计过程中获知了某项信息，而该信息可能导致注册会计师确定与原来不同的财务报表整体重要性或者特定类别交易、账户余额或披露的一个或多个重要性水平（如适用），注册会计师应当予以修改。

【小贴士】如果注册会计师对重要性或重要性水平进行的重新评价导致需要确定较低的金额，则应重新考虑实际执行的重要性和进一步审计程序的性质、时间安排及范围的适当性，以获取充分、适当的审计证据，作为发表审计意见的基础。

【经典真题】

【综合题（部分）·2016】甲公司是ABC会计师事务所的常年审计客户，主要从事肉制品的加工和销售。A注册会计师负责审计甲公司2015年度财务报表，确定财务报表整体的重要性为100万元。审计报告日为2016年4月30日。

资料五：A注册会计师在审计工作底稿中记录了重大事项的处理情况，部分内容摘录如下：

（1）2016年2月，甲公司因2015年的食品安全事件向主管部门缴纳罚款300万元，管理层在2015年度财务报表中将其确认为营业外支出。A注册会计师检查了处罚文件和付款单据，认可了管理层的处理。

（2）审计过程中累积的错报合计数为200万元。因管理层已全部更正，A注册会计师认为错报对审计工作和审计报告均无影响。

【要求】针对资料五第（1）~（2）项，假定不考虑其他条件，指出A注册会计师的做法是否恰当。如不恰当，简要说明理由。

【答案】

事项序号	是否恰当（是/否）	理　由
（1）	是	—
（2）	否	累积的错报合计数200万元超过财务报表整体的重要性，没有考虑对审计工作的影响/应当确定是否需要考虑修改审计计划

【解析】审计过程中累积的错报合计数为200万元，管理层已全部更正，对审计报告无影响，但是对审计工作还是有影响的。

2. 评价未更正错报

（1）定量评价错报。注册会计师需要考虑每一单项错报，以评价其对相关类别的交易、账户余额或披露的影响，包括评价该项错报是否超过特定类别的交易、账户余额或披露的重要性水平（如适用）。

如果注册会计师认为某一单项错报是重大的，则该项错报不太可能被其他错报抵销。例如，如果收入存在重大高估，即使这项错报对收益的影响完全可被相同金额的费用高估所抵销，注册会计师仍认为财务报表整体存在重大错报。

【小贴士】对于同一账户余额或同一类别交易内部的错报，这种抵销可能是适当的。然而，在得出抵销非重大错报是适当的这一结论之前，需要考虑可能存在其他未被发现错报的风险。

（2）定性评价错报。确定一项分类错报是否重大，需要进行定性评估。例如，分类错报对负债或其他合同条款的影响，对单个财务报表项目或小计数的影响，以及对关键比率的影响。

【小贴士】即使分类错报超过了在评价其他错报时运用的重要性水平，注册会计师可能仍然认为该分类错报对财务报表整体不产生重大影响。

在某些情况下，即使某些错报低于财务报表整体的重要性，但因与这些错报相关的某些情况，在将其单独或连同在审计过程中累积的其他错报一并考虑时，注册会计师也可能将这些错报评价为重大错报。

例如，某项错报的金额虽然低于财务报表整体的重要性，但对被审计单位的盈亏状况有决定性的影响，注册会计师应认为该项错报是重大错报。

【经典真题】

【综合题（部分）·2017】甲公司是ABC会计师事务所的常年审计客户，主要从事电气设备的生产和销售。A注册会计师负责审计甲公司2016年度财务报表，确定财务报表整体的重要性为300万元，实际执行的重要性为210万元。

资料五：A注册会计师在审计工作底稿中记录了审计完成阶段的工作，部分内容摘录如下：

（1）甲公司与乙公司既有采购业务也有销售业务，2016年末，甲公司多计应收乙公司款项400万元，多计应付乙公司款项360万元，A注册会计师认为两项错报相抵后的金额不重大，同意管理层不予调整。

【要求】指出A注册会计师的做法是否恰当，如不恰当，简要说明理由。

【答案】不恰当。两项错报的金额都超过了财务报表整体的重要性水平，单独来看都构成重大错报，影响不能相抵。A注册会计师不应同意管理层不予调整。

【解析】两项错报的金额都超过了财务报表整体的重要性水平，单独来看都构成重大错报，影响不能相抵。而对于同一账户余额或同一类别的交易内部错报，这种抵销可能是适当的。

（三）管理层提供有关未更正错报的书面声明

注册会计师应当要求管理层和治理层（如适用）提供书面声明，说明其是否认为未更正错报单独或汇总起来对财务报表整体的影响不重大。这些错报项目的概要应当包含在书面声明中或附在其后。

重难点2：复核审计工作底稿★★★

（一）项目组内部复核

1. 复核人员

（1）会计师事务所在安排复核工作时，应当由项目组内经验较多的人员复核经验较少人员的工作。

【小贴士】项目组需要在制定审计计划时确定复核人员的指派，以确保所有工作底稿均得到适当层级人员的复核。

（2）对一些较为复杂、审计风险较高的领域。例如，舞弊风险的评估与应对、重大会计估计及其他复杂的会计问题、审核会议记录和重大合同、关联方关系和交易、持续经营存在的问题等，需要指派经验丰富的项目组成员执行复核，必要时可以由项目合伙人执行复核。

2. 复核范围

复核人员需要考虑的事项包括：

（1）审计工作是否已按照职业准则和适用的法律法规的规定执行。

（2）重大事项是否已提请进一步考虑。

（3）相关事项是否已进行适当咨询，由此形成的结论是否已得到记录和执行。

（4）是否需要修改已执行审计工作的性质、时间安排和范围。

（5）已执行的审计工作是否支持形成的结论，并已得到适当记录。

（6）已获取的审计证据是否充分、适当。

（7）审计程序的目标是否已实现。

3. 复核时间

审计项目复核贯穿审计全过程，随着审计工作的开展，复核人员在审计计划阶段、执行阶段和完成阶段及时复核相应的工作底稿。

例如，在审计计划阶段复核记录审计策略和审计计划的工作底稿，在审计执行阶段复核记录控制测试和实质性程序的工作底稿，在审计完成阶段复核记录重大事项、审计调整及未更正错报的工作底稿等。

【经典真题】

【单选题·2019】确定项目组内部的复核的性质、时间安排和范围时，注册会计师不应当考虑的是（　　）。

A. 被审计单位的规模

B. 评估的重大错报风险

C. 项目质量控制复核人员的经验和能力

D. 项目组成员的专业素质和胜任能力

【答案】C

【解析】选项 C 不恰当，项目质量控制复核人员的经验和能力是事务所层面的不是项目组内部的。

4. 项目合伙人复核

（1）对关键领域所做的判断，尤其是执行业务过程中识别出的疑难问题或争议事项。

（2）特别风险。

（3）项目合伙人认为重要的其他领域。项目合伙人无需复核所有审计工作底稿。

【小贴士】项目合伙人无需复核所有审计工作底稿；在审计报告日或审计报告日之前，项目合伙人应当通过复核审计工作底稿和与项目组讨论，确信已获取充分、适当的审计证据，支持得出的结论和拟出具的审计报告。

【经典真题】

【单选题·2016】下列有关项目合伙人复核的说法中，错误的是（　　）。

A. 项目合伙人无须复核所有审计工作底稿

B. 项目合伙人通常需要复核项目组对关键领域所作的判断

C. 项目合伙人应当复核与重大错报风险相关的所有审计工作底稿

D. 项目合伙人应当在审计工作底稿中记录复核的范围和时间

【答案】C

【解析】选项C错误，项目合伙人复核与重大错报风险相关的所有审计工作底稿，显然不符合重要性原则。

（二）项目质量控制复核

【小贴士】项目质量控制复核是事务所层面的复核，根据《质量控制准则第5101号》的规定，会计师事务所应当制定政策和程序，要求对特定业务（包括所有上市实体财务报表审计）实施项目质量控制复核，以客观评价项目组作出的重大判断以及在编制报告时得出的结论。

1. 项目质量控制复核人员

会计师事务所应当制定政策和程序，解决项目质量控制复核人员的委派问题，明确项目质量控制复核人员的资格要求，包括：

（1）履行职责需要的技术资格，包括必要的经验和权限。

（2）在不损害其客观性的前提下，项目质量控制复核人员能够提供业务咨询的程度。

2. 项目质量控制复核范围

（1）与项目合伙人讨论重大事项。

（2）复核财务报表和拟出具的审计报告。

（3）复核选取的与项目组作出的重大判断和得出的结论相关的审计工作底稿。

（4）评价在编制审计报告时得出的结论，并考虑拟出具审计报告的恰当性。

【小贴士】对于上市实体财务报表审计，项目质量控制复核人员在实施项目质量控制复核时，还应当考虑：

①项目组就具体审计业务对会计师事务所独立性作出的评价。

②项目组是否已就涉及意见分歧的事项，或者其他疑难问题或争议事项进行适当咨询，以及咨询得出的结论。

③选取的用于复核的审计工作底稿，是否反映了项目组针对重大判断执行的工作，以及是否支持得出的结论。

3. 项目质量控制复核时间

（1）只有完成了项目质量控制复核，才能签署审计报告。

（2）审计报告的日期不得早于注册会计师获取充分、适当的审计证据，并在此基础上对财务报表形成审计意见的日期。对于上市实体财务报表审计业务或符合标准需要实施项目质量控制复核的其他业务，这种复核有助于注册会计师确定是否已获取充分、适当的审计证据。

（3）项目质量控制复核人员在业务过程中的适当阶段及时实施项目质量控制复核，有助于重大事项在审计报告日之前得到迅速、满意的解决。

【经典真题】

【多选题 · 2016】下列各项中，上市实体的项目质量控制复核人应当执行的有（　　）。

A. 与项目合伙人讨论重大事项

B. 复核与重大错报风险相关的所有审计工作底稿

C. 复核财务报表和拟出具的审计报告

D. 考虑项目组就具体审计业务对会计事务所独立性作出的评价

【答案】ACD

【解析】选项 B 错误，不需要复核与重大错报风险相关的所有审计工作底稿。

重难点 3：期后事项的种类★★★

期后事项是指财务报表日至审计报告日之间发生的事项，以及注册会计师在审计报告日后知悉的事实。期后事项分为三个时段，具体如下图所示：

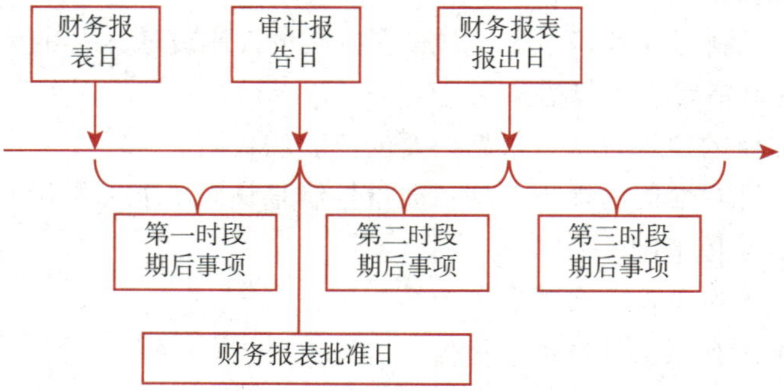

【小贴士】财务报表日是指财务报表涵盖的最近期间的截止日期；财务报表批准日是指构成整套财务报表的所有报表（包括相关附注）已编制完成，并且被审计单位的董事会、管理层或类似机构已经认可其对财务报表负责的日期；

审计报告日不应早于注册会计师获取充分、适当的审计证据（包括管理层认可对财务报表的责任且已批准财务报表的证据），并在此基础上对财务报表形成审计意见的日期。

【小贴士】在实务中审计报告日与财务报表批准日通常是相同的日期。

【经典真题】

【单选题 · 2016】下列有关审计报告日的说法中，错误的是（　　）。

A. 审计报告日可以晚于管理层签署已审计财务报表的日期

B. 审计报告日不应早于管理层书面声明的日期

C. 在特殊情况下，注册会计师可以出具双重日期的审计报告

D. 审计报告日应当是注册会计师获取充分、适当的审计证据，并在此基础上对财务报表形成审计意见的日期

【答案】D

【解析】选项D错误，审计报告日不应早于注册会计师获取充分、适当的审计证据，并在此基础上对财务报表形成审计意见的日期，而不是“应当是”。

（一）财务报表日后调整事项

（1）财务报表日后诉讼案件结案，法院判决证实了企业在资产负债表日已经存在现时义务，需要调整原先确认的与该诉讼案件相关的预计负债，或确认一项新负债。

（2）财务报表日后取得确凿证据，表明某项资产在资产负债表日发生了减值或者需要调整该项资产原先确认的减值金额。

（3）财务报表日后进一步确定了资产负债表日前购入资产的成本或售出资产的收入。

（4）财务报表日后发现了财务报表舞弊或差错。

【经典真题】

【综合题（部分）·2017】ABC会计师事务所首次接受委托，审计上市公司甲公司2016年度财务报表，委派A注册会计师担任项目合伙人。

资料五：A注册会计师在审计工作底稿中记录了审计完成阶段的工作，部分内容摘录如下：

（1）甲公司2016年末的一项重大未决诉讼在审计报告日前终审结案，管理层根据判决结果调整了2016年度财务报表。A注册会计师检查了法院判决书以及甲公司的账务处理和披露，结果满意，未再实施其他审计程序。

【要求】指出A注册会计师的做法是否恰当。如不恰当，简要说明理由。

【答案】恰当。

【解析】2016年末的一项重大未决诉讼在审计报告日前终审结案，财务报表日后调整事项，管理层根据判决结果调整了2016年度财务报表（管理层处理合理）。注册会计师检查了法院判决书以及甲公司的账务处理和披露，结果满意，未再实施其他审计程序（注册会计师处理合理）。

（二）财务报表日后非调整事项

1. 财务报表日后发生重大诉讼、仲裁、承诺
2. 财务报表日后资产价格、税收政策、外汇汇率发生重大变化
3. 财务报表日后因自然灾害导致资产发生重大损失
4. 财务报表日后发行股票和债券以及其他巨额举债
5. 财务报表日后资本公积转增资本
6. 财务报表日后发生巨额亏损
7. 财务报表日后发生企业合并或处置子公司
8. 财务报表日后企业利润分配方案中拟分配的以及经审议批准宣告发放的股利或利润

【经典真题】

【综合题（部分）·2016】上市公司甲公司是ABC会计师事务所的常年审计客户，主要从事电子商务业务。A注册会计师负责审计甲公司2015年度财务报表，确定财务报表整体

的重要性为 600 万元，实际执行重要性为 360 万元，明显微小错报临界值为 30 万元。

资料五：A 注册会计师在审计工作底稿中记录了错报及重大事项的处理情况，部分内容摘录如下：

（3）2016 年 1 月，甲公司的客户丁公司因火灾导致重大损失，经营困难。甲公司管理层因此在 2015 年度财务报表中补提了 200 万元的应收账款坏账准备。A 注册会计师在对该事项实施细节测试并获取书面声明后，认可了管理层的处理。

【要求】指出 A 注册会计师的做法是否恰当。如不恰当，简要说明理由。

【答案】不恰当。2016 年 1 月，甲公司的客户丁公司因火灾导致重大损失，该事项属于资产负债表日后非调整事项，不能调整 2015 年报表。

【解析】2016 年 1 月，甲公司的客户丁公司因火灾导致重大损失，经营困难，财务报表日后非调整事项。甲公司管理层因此在 2015 年度财务报表中补提了 200 万元的应收账款坏账准备（管理层处理合理）。A 注册会计师在对该事项实施细节测试并获取书面声明后，认可了管理层的处理（注册会计师处理不合理）。

重难点 4：财务表报表日至审计报告日发生的事项★★★

（一）主动识别第一时段期后事项（主动责任）

注册会计师应当设计和实施审计程序，获取充分、适当的审计证据，以确定所有在财务报表日至审计报告日之间发生的、需要在财务报表中调整或披露的事项均已得到识别。

【小贴士】注册会计师并不需要对之前已实施审计程序并已得出满意结论的事项执行追加的审计程序。

（二）知悉对财务报表有重大影响的期后事项时的考虑

（1）如果注册会计师识别出对财务报表有重大影响的第一时段期后事项，应当确定这些事项是否按照适用的财务报告编制基础的规定在财务报表中得到恰当反映。

（2）根据期后事项的类别，如果所知悉的期后事项属于调整事项，注册会计师应当考虑被审计单位是否已对财务报表作出适当的调整；如果属于非调整事项，注册会计师应当考虑被审计单位是否在财务报表附注中予以充分披露。

【经典真题】

【综合题（部分）·2018】上市公司甲公司是 ABC 会计师事务所的常年审计客户，主要从事汽车的生产和销售。A 注册会计师负责审计甲公司 2017 年度财务报表，确定财务报表整体的重要性为 1 000 万元，明显微小错报的临界值为 30 万元。

资料五：A 注册会计师在审计工作底稿中记录了重大事项的处理情况，部分内容摘录如下：

（1）2018 年 1 月初，甲公司对某型号汽车实施召回，免费更换安全气囊，预计将发生更换费用 4 000 万元。管理层在 2017 年度财务报表中确认了该项费用并进行了披露。A 注册会计师在对更换费用及相关披露实施审计程序后，认可了管理层的处理。

【要求】针对资料五第（1）项，假定不考虑其他条件，指出 A 注册会计师的做法是否恰当。如不恰当，简要说明理由。

【答案】

事项序号	是否恰当（是/否）	理　由
(1)	是	—

【解析】本题该事项属于第一时段期后事项，注册会计师采取了主动识别的程序，且认为管理层处理合理。

重难点5：审计报告日后至财务报表报出日前知悉的事实★★

（一）被动识别第二时段期后事项（被动责任）

在审计报告日后，注册会计师没有责任针对财务报表实施审计程序或进行专门查询。审计报告日后至财务报表报出日前发现的事实属于“第二时段期后事项”，注册会计师针对被审计单位的审计业务已经结束，要识别可能存在的期后事项比较困难，因而无法承担主动识别第二时段期后事项的审计责任。

【小贴士】注册会计师还可能从媒体报道、举报信或者证券监管部门告知等途径获悉影响财务报表的期后事项。

（二）知悉第二时段期后事项时的考虑

1. 总体要求

如果注册会计师在审计报告日后至财务报表报出日前知悉了某事实，且若在审计报告日知悉可能导致修改审计报告，注册会计师应当采取以下措施：

（1）与管理层和治理层（如适用）讨论该事项。

（2）确定财务报表是否需要修改。

（3）如果需要修改，询问管理层将如何在财务报表中处理该事项。

2. 管理层修改财务报表时的处理

（1）管理层整体修改。如果管理层修改财务报表，注册会计师应当根据具体情况对有关修改实施必要的审计程序；同时，除非下述特殊情况适用，注册会计师应当将用以识别期后事项的上述审计程序延伸至新的审计报告日，并针对修改后的财务报表出具新的审计报告。新的审计报告日不应早于修改后的财务报表被批准的日期。

（2）管理层局部修改。特定情形是，在有关法律法规或适用的财务报告编制基础未禁止的情况下，如果管理层对财务报表的修改仅限于反映导致修改的期后事项的影响，被审计单位的董事会、管理层或类似机构也仅对有关修改进行批准，注册会计师可以仅针对有关修改将用以识别期后事项的上述审计程序延伸至新的审计报告日。在这种情况下，注册会计师应当选用下列处理方式之一：

①修改审计报告，针对财务报表修改部分增加补充报告日期，从而表明注册会计师对期后事项实施的审计程序仅限于财务报表相关附注所述的修改。

②出具新的或修改的审计报告，在强调事项段或其他事项段中说明注册会计师对期后事项实施的审计程序仅限于财务报表相关附注所述的修改。

3. 管理层不修改财务报表且审计报告未提交时的处理

如果认为管理层应当修改财务报表而没有修改，并且审计报告尚未提交给被审计单位，注册会计师应当按照《中国注册会计师审计准则第1502号——在审计报告中发表非无保留意见》的规定发表非无保留意见，然后再提交审计报告。

4. 管理层不修改财务报表且审计报告已提交时的处理

（1）如果认为管理层应当修改财务报表而没有修改，并且审计报告已经提交给被审计单位，注册会计师应当通知管理层和治理层（除非治理层全部成员参与管理被审计单位）在财务报表作出必要修改前不要向第三方报出。

（2）如果财务报表在未经必要修改的情况下仍被报出，注册会计师应当采取适当措施，以设法防止财务报表使用者信赖该审计报告。

例如，针对上市公司，注册会计师可以利用证券传媒，刊登必要的声明，防止使用者信赖审计报告。注册会计师采取的措施取决于自身的权利和义务以及所征询的法律意见。

重难点6：财务报表报出后知悉的事实★★

（一）没有义务识别第三时段的期后事项（被动责任）

财务报表报出日后知悉的事实属于第三时段期后事项，注册会计师没有义务针对财务报表实施任何审计程序。但是，并不排除注册会计师通过媒体等其他途径获悉可能对财务报表产生重大影响的期后事项的可能性。

（二）知悉第三时段期后事项时的考虑

1. 总体要求

在财务报表报出后，如果知悉了某事实，且若在审计报告日知悉可能导致修改审计报告，注册会计师应当采取以下措施：

①与管理层和治理层（如适用）讨论该事项。

②确定财务报表是否需要修改。

③如果需要修改，询问管理层将如何在财务报表中处理该事项。

【小贴士】需要注册会计师在知悉后采取行动的第三时段期后事项是有严格限制的：一是这类期后事项应当是在审计报告日已经存在的事实；二是该事实如果被注册会计师在审计报告日前获知，可能影响审计报告。只有同时满足这两个条件，注册会计师才需要采取行动。

2. 管理层修改财务报表时的处理

（1）实施必要的审计程序。例如，查阅法院判决文件、复核会计处理或披露事项，确定管理层对财务报表的修改是否恰当。

（2）复核管理层采取的措施能否确保所有收到原财务报表和审计报告的人士了解这一情况。

（3）延伸实施审计程序，并针对修改后的财务报表出具新的审计报告。

（4）在特殊情况下，修改审计报告或提供新的审计报告。

【小贴士】注册会计师应当在新的或经修改的审计报告中增加强调事项段或其他事项段，提醒财务报表使用者关注财务报表附注中有关修改原财务报表的详细原因和注册会计师提供的原审计报告。

3. 管理层未采取任何行动时的处理

（1）如果管理层没有采取必要措施确保所有收到原财务报表的人士了解这一情况，也没有在注册会计师认为需要修改的情况下修改财务报表，注册会计师应当通知管理层和治理层（除非治理层全部成员参与管理被审计单位），注册会计师将设法防止财务报表使用者信赖该审计报告。

（2）如果注册会计师已经通知管理层或治理层，而管理层或治理层没有采取必要措施，注册会计师应当采取适当措施，以设法防止财务报表使用者信赖该审计报告。

【经典真题】

【综合题（部分）·2016】上市公司甲公司是 ABC 会计师事务所的常年审计客户，主要从事电子商务业务。A 注册会计师负责审计甲公司 2015 年度财务报表，确定财务报表整体的重要性为 600 万元，实际执行重要性为 360 万元，明显微小错报临界值为 30 万元。

资料五：审计工作底稿中记录了错报及重大事项的处理情况，部分内容摘录如下：

（4）在财务报表报出后，甲公司管理层发现一项需修改 2015 年度财务报表的重大错报，因此修改了 2015 年度财务报表，并在财务报表附注中披露了修改原因。A 注册会计师就修改事项实施了必要的审计程序，重新出具了无保留意见审计报告。

【要求】指出 A 注册会计师的做法是否恰当。如不恰当，简要说明理由。

【答案】不恰当。针对第三时段期后事项，注册会计师应当在新的或经修改的审计报告中增加强调事项段或其他事项段，提醒财务报表使用者关注财务报表附注中有关修改原财务报表的详细原因和注册会计师提供的原审计报告。

【解析】在财务报表报出后，管理层发现一项需修改财务报表的重大错报（属于第三时段的期后事项），按规定予以修改，并在财务报表附注中披露了修改原因（管理层处理合理）。注册会计师就修改事项实施了必要的审计程序，重新出具了无保留意见审计报告（注册会计师处理不合理）。

重难点 7：书面声明的含义与特征★

（一）书面声明的含义

书面声明是指管理层向注册会计师提供的书面陈述，用以确认某些事项或支持其他审计证据。

【小贴士】书面声明不包括财务报表及其认定，以及支持性账簿和相关记录。

（二）书面声明的特征

（1）书面声明是注册会计师在财务报表审计中需要获取的必要信息，是审计证据的重要来源。在很多情况下，要求管理层提供书面声明而非口头声明，可以促使管理层更加认真地考虑声明所涉及的事项，从而提高声明的质量。

（2）尽管书面声明提供必要的审计证据，但其本身并不为所涉及的任何事项提供充分、适当的审计证据。

（3）管理层已提供可靠书面声明的事实，并不影响注册会计师就管理层责任履行情况或具体认定获取的其他审计证据的性质和范围。

【经典真题】

【单选题·2018】当怀疑被审计单位存在违反法律法规行为时，下列各项审计程序中，通常不能为注册会计师提供额外审计证据的是（　　）。

A. 获取被审计单位管理层的书面声明

B. 与被审计单位治理层讨论

C. 向被审计单位内部法律顾问咨询

D. 向会计师事务所的法律顾问咨询

【答案】A

【解析】书面声明本身并不为所涉及的任何事项提供充分、适当的审计证据，故选项 A 正确。

重难点8：针对管理层责任的书面声明★★

（一）总体要求

针对财务报表的编制，注册会计师应当要求管理层提供书面声明，确认其根据审计业务约定条款，履行了按照适用的财务报告编制基础编制财务报表并使其实现公允反映（如适用）的责任。

（二）针对完整性的书面声明

针对提供的信息和交易的完整性，注册会计师应当要求管理层就下列事项提供书面声明：

（1）按照审计业务约定条款，已向注册会计师提供所有相关信息，并允许注册会计师不受限制地接触所有相关信息以及被审计单位内部人员和其他相关人员。

（2）所有交易均已记录并反映在财务报表中。

（三）书面声明与管理层责任

（1）如果未从管理层获取其确认已履行责任的书面声明，注册会计师在审计过程中获取的有关管理层已履行这些责任的其他审计证据是不充分的。

（2）基于管理层认可并理解在审计业务约定条款中提及的管理层的责任，注册会计师要求管理层通过声明确认其已履行这些责任。

【小贴士】基于管理层认可并理解在审计业务约定条款中提及的管理层的责任，注册会计师可能还要求管理层在书面声明中再次确认其对自身责任的认可与理解。当存在下列情况时，这种确认尤为适当：

（1）代表被审计单位签订审计业务约定条款的人员不再承担相关责任。

（2）审计业务约定条款是在以前年度签订的。

（3）有迹象表明管理层误解了其责任。

（4）情况的改变需要管理层再次确认其责任。

重难点9：其他书面声明★★

注册会计师应当要求管理层提供除基本书面声明以确认其履行了责任外，注册会计师可能认为有必要获取有关财务报表的其他书面声明。

【小贴士】其他书面声明可能是对基本书面声明的补充，但不构成其组成部分。

（一）关于财务报表的额外书面声明

（1）会计政策的选择和运用是否适当。

（2）是否按照适用的财务报告编制基础对下列事项（如相关）进行了确认、计量、列报或披露：

①可能影响资产和负债账面价值或分类的计划或意图。

②负债（包括实际负债和或有负债）。

③资产的所有权或控制权，资产的留置权或其他物权，用于担保的抵押资产。

④可能影响财务报表的法律法规及合同（包括违反法律法规及合同的行为）。

（二）与向注册会计师提供信息有关的额外书面声明

注册会计师可能认为有必要要求管理层提供书面声明，确认其已将注意到的所有内部控制缺陷向注册会计师通报。

（三）关于特定认定的书面声明

在获取有关管理层的判断和意图的证据时，或在对判断和意图进行评价时，注册会计师可能认为有必要要求管理层提供有关财务报表特定认定的书面声明，尤其是支持注册会计师就管理层的判断和意图或者完整性认定从其他审计证据中获取的了解。

【小贴士】尽管这些书面声明能够提供必要的审计证据，但其本身并不能为财务报表特定认定提供充分、适当的审计证据。

【经典真题】

【单选题·2017】下列有关管理层书面声明的作用的说法中，错误的是（　　）。

A. 书面声明为财务报表审计提供了必要的审计证据

B. 管理层已提供可靠书面声明的事实，可能影响注册会计师就具体认定获取的审计证据的性质和范围

C. 书面声明可以促使管理层更加认真地考虑声明所涉及的事项

D. 书面声明本身不为所涉及的任何事项提供充分、适当的审计证据

【答案】B

【解析】选项 B 错误，管理层已提供可靠书面声明的事实，并不影响注册会计师就具体认定获取的审计证据的性质和范围。

重难点 10：书面声明的日期和涵盖的期间★★

（一）书面声明的日期

书面声明的日期应当尽量接近对财务报表出具审计报告的日期，但不得在审计报告日后。书面声明应当涵盖审计报告针对的所有财务报表和期间。

【小贴士】由于书面声明是必要的审计证据，在管理层签署书面声明前，注册会计师不能发表审计意见，也不能签署审计报告。

【经典真题】

【单选题·2018】下列有关书面声明日期的说法中，错误的是（　　）。

A. 书面声明的日期不得早于财务报表报出日

B. 书面声明的日期不得晚于审计报告日

C. 书面声明的日期可以和审计报告日是同一天

D. 书面声明的日期可以早于审计报告日

【答案】A

【解析】选项A错误，书面声明的日期应当尽量接近对财务报表出具审计报告的日期，但不得在审计报告日后。

（二）书面声明涵盖的期间

在某些情况下，管理层需要再次确认以前期间作出的书面声明是否依然适当，可能需要更新以前期间所作的书面声明。更新后的书面声明需要表明，以前期间所作的声明是否发生了变化，以及发生了什么变化（如有）。

【小贴士】在审计实务中，可能会出现在审计报告中提及的所有期间内，现任管理层均尚未就任的情形，现任管理层可能由此声称无法就审计报告中提及的所有期间提供部分或全部书面声明。然而，这一事实并不能减轻现任管理层对财务报表整体的责任。相应地，注册会计师仍然需要向现任管理层获取涵盖整个相关期间的书面声明。

重难点11：对书面声明可靠性的疑虑以及管理层不提供要求的书面声明★★

（一）对书面声明可靠性的疑虑

1. 对管理层的胜任能力、诚信、道德价值观或勤勉尽责存在疑虑

（1）如果对管理层的胜任能力、诚信、道德价值观或勤勉尽责存在疑虑，或者对管理层在这些方面的承诺或贯彻执行存在疑虑，注册会计师应当确定这些疑虑对书面或口头声明和审计证据总体的可靠性可能产生的影响。

（2）注册会计师可能认为，管理层在财务报表中作出不实陈述的风险很大，以至于审计工作无法进行。

【小贴士】在这种情况下，除非治理层采取适当的纠正措施，否则注册会计师可能需要考虑解除业务约定（如果法律法规允许）。

【小贴士】很多时候，治理层采取的纠正措施可能并不足以使注册会计师发表无保留意见。

2. 书面声明与其他审计证据不一致

（1）如果书面声明与其他审计证据不一致，注册会计师应当实施审计程序以设法解决这些问题。

【小贴士】注册会计师可能需要考虑风险评估结果是否仍然适当。如果认为不适当，注册会计师需要修正风险评估结果，并确定进一步审计程序的性质、时间安排和范围，以应对评估的风险。

（2）如果问题仍未解决，注册会计师应当重新考虑对管理层的胜任能力、诚信、道德价

值观或勤勉尽责的评估，或者重新考虑对管理层在这些方面的承诺或贯彻执行的评估，并确定书面声明与其他审计证据的不一致对书面或口头声明和审计证据总体可靠性可能产生的影响。

【小贴士】如果认为书面声明不可靠，注册会计师应当采取适当措施，包括确定其对审计意见可能产生的影响。

（二）管理层不提供要求的书面声明

1. 一般性要求

（1）与管理层讨论该事项。

（2）重新评价管理层的诚信，并评价该事项对书面或口头声明和审计证据总体可靠性可能产生的影响。

（3）采取适当措施，包括确定该事项对审计意见可能产生的影响。

2. 发表无法表示意见（具体措施）

如果存在下列情形之一，注册会计师应当对财务报表发表无法表示意见：

（1）注册会计师对管理层的诚信产生重大疑虑，以至于认为其作出的书面声明不可靠。

（2）管理层不提供下列书面声明。

①针对财务报表的编制，确认其根据审计业务约定条款，履行了按照适用的财务报告编制基础编制财务报表并使其实现公允反映（如适用）的责任（针对管理层责任的声明）。

②针对提供的信息和交易的完整性，按照审计业务约定条款，已向注册会计师提供所有相关信息，并允许注册会计师不受限制地接触所有相关信息以及被审计单位内部人员和其他人员；所有交易均已记录并反映在财务报表中。（针对信息完整性的声明）

【经典真题】

【单选题·2016】下列有关书面声明的说法中，错误的是（　　）。

A. 即使管理层已提供可靠的书面声明，也不影响注册会计师就管理层责任履行情况或具体认定获取的其他审计证据的性质和范围

B. 为支持与财务报表或某项具体认定相关的其他审计证据，注册会计师可以要求管理层提供关于财务报表或特定认定的书面声明

C. 如果管理层不向注册会计师提供所有交易均已记录并反映在财务报表中的书面声明，注册会计师应当对财务报表发表保留意见或无法表示意见

D. 如果在审计报告中提及的所有期间内，现任管理层均尚未就任，注册会计师也需要向现任管理层获取涵盖整个相关期间的书面声明

【答案】C

【解析】选项 C 错误，如果管理层不向注册会计师提供所有交易均已记录并反映在财务报表中的书面声明，注册会计师应当对财务报表发表无法表示意见，不存在发表保留意见。

四、进阶练习

（一）单选题

1. 下列有关期后事项审计的说法中，不恰当的是（　　）。

A. 注册会计师应当设计和实施审计程序，获取充分、适当的审计证据，以确定所有在财务报表日至审计报告日之间发生的、需要在财务报表中调整或披露的事项均已得到识别

B. 注册会计师应当恰当应对在审计报告日后知悉的、且如果在审计报告日知悉可能导致注册会计师修改审计报告的事实

C. 注册会计师应当设计和实施审计程序，获取充分、适当的审计证据，以确定所有在财务报表日至财务报表报出日之间发生的，需要在财务报表中调整或披露的事项均已得到识别

D. 在财务报表报出以后，注册会计师没有义务针对财务报表实施任何审计程序

2. 如下关于书面声明的说法中，恰当的是（　　）。

A. 在很多情况下，要求管理层提供书面声明而非口头声明，从而可以提高声明的质量

B. 如果注册会计师不能获取充分、适当的审计证据，可获取书面声明作为审计意见的基础

C. 被审计单位管理层就某事项提供的书面声明可以在一定程度上减轻注册会计师的责任

D. 书面声明包括财务报表及其认定

3. 对于审计过程发现的错报，注册会计师下列做法中恰当的是（　　）。

A. 如果错报单独或汇总起来未超过实际执行的重要性，注册会计师可以不要求管理层更正

B. 如果错报率未超过判断重要性的比例，注册会计师可以不要求管理层更正

C. 如果错报单独或汇总起来未超过财务报表整体的重要性，注册会计师可以不要求管理层更正

D. 注册会计师应当要求管理层更正审计过程中累积的所有错报

4. 下列关于未更正错报的说法中，错误的是（　　）。

A. 被审计单位财务报表中大于明显微小错报临界值但尚未更正的错报构成未更正错报

B. 未更正错报，是指注册会计师在审计过程中累积的且被审计单位未予更正的错报

C. 注册会计师应当要求管理层和治理层（如适用）提供书面声明，说明其是否认为未更正错报单独或汇总起来对财务报表整体的影响不重大

D. 如果营业收入的高估错报和营业成本的高估错报，两者抵消对损益的影响金额低于明显微小错报临界值，此时收入和费用的错报可以不调整

5. 对于第一时段的期后事项注册会计师的责任说法中，不恰当的是（　　）。

A. 设计专门的审计程序识别这些期后事项

B. 尽量在接近资产负债表日时实施针对期后事项的专门审计程序

C. 尽量在接近审计报告日时实施针对期后事项的专门审计程序

D. 对于这一时段的期后事项，注册会计师负有主动识别的义务

6. 在被审计单位年度财务报表公布后，对于知悉的事实，需要注册会计师采取适当措施的情况是（　　）。

A. 被审计单位年度财务报表存在重大错报

B. 被审计单位年度财务报表中披露的或有事项在财务报表公布后得到解决

C. 被审计单位年度财务报表公布后，在本年度采用了不符合企业具体情况的会计政策

D. 被审计单位年度财务报表公布后，在本年度出售了一家重要子公司

7. 下列选项中，属于基本书面声明的是（　　）。

A. 针对管理层责任的书面声明

B. 关于会计政策的选择和运用是否适当的书面声明

C. 从管理层获取有关该项投资意图的书面声明

D. 与向注册会计师提供信息有关的额外书面声明

8. 下列关于书面声明日期和涵盖的期间的说法中，不恰当的是（　　）。

A. 书面声明的日期应当尽量接近对财务报表出具审计报告的日期

B. 书面声明的日期不得在审计报告日后

C. 书面声明的日期为资产负债表日

D. 书面声明应当涵盖审计报告针对的所有财务报表和期间

9. 下列说法中，属于项目质量控制复核需要复核的内容的是（　　）。

A. 已执行的审计工作是否支持形成的结论，并已得到适当记录

B. 审计工作是否已按照职业准则和适用的法律法规的规定执行

C. 审计程序的目标是否已实现

D. 复核与项目组作出的重大判断和得出的结论相关的审计工作底稿

10. 下列关于评价未更正错报的影响说法中，不恰当的是（　　）。

A. 某些错报低于财务报表整体的重要性，在将其单独或连同在审计过程中累积的其他错报一并考虑时，注册会计师也可能将这些错报评价为重大错报

B. 分类错报超过了在评价其他错报时运用的重要性水平，注册会计师也可能认为该分类错报对财务报表整体不产生重大影响

C. 未更正错报，是指注册会计师在审计过程中发现的且被审计单位未予更正的错报

D. 沟通时，注册会计师应当逐项指明重大的未更正错报

（二）多选题

1. 下列有关项目合伙人复核的说法中，恰当的有（　　）。

A. 项目合伙人应当对会计师事务所分派的每项审计业务的总体质量负责

B. 项目合伙人应当对项目组按照会计师事务所复核政策和程序实施的复核负责

C. 项目合伙人无需复核所有审计工作底稿

D. 项目合伙人应当复核特别风险

2. 下列有关书面声明的说法中，错误的有（　　）。

A. 为支持与财务报表或某项具体认定相关的其他审计证据，注册会计师可以要求管理层提供关于财务报表或特定认定的书面声明

B. 管理层提供的可靠书面声明的事实，可能会影响注册会计师就管理层责任履行情况或具体认定获取的其他审计证据的性质和范围

C. 如果在审计报告中提及的所有期间内，现任管理层均尚未就任，注册会计师也需向现任管理层获取涵盖整个相关期间的书面证明

D. 如果管理层不向注册会计师提供所有交易均已记录并反映在财务报表中的书面声明，注册会计师应当对财务报表发表非保留意见

3. 下列有关注册会计师对错报进行沟通的说法中，不恰当的有（　　）。

A. 除非法律法规禁止，注册会计师应当及时将审计过程中发现的所有错报与适当层级的管理层进行沟通

B. 如果管理层拒绝更正沟通的部分或全部错报，应该出具非无保留意见

C. 注册会计师应当与治理层沟通与以前期间相关的未更正错报对相关类别的交易、账户余额或披露以及财务报表整体的影响

D. 注册会计师的保密义务与通报义务之间存在的潜在冲突可能很复杂，注册会计师可以考虑征询法律意见

4. 如下对审计过程识别出的错报的考虑中，正确的有（　　）。

A. 评价错报时，注册会计师要将每项错报单独或连同在审计过程中累积的其他错报一并考虑

B. 如果法律法规限制注册会计师向被审计单位管理层或被审计单位的其他人员通报某些错报，注册会计师直接出具无保留意见的审计报告

C. 确定一项分类错报是否重大时，注册会计师需要进行定性评估

D. 注册会计师在审计过程中，要及时与被审计单位管理层沟通所有的错报

5. 对于项目组内部复核，下列做法中恰当的有（　　）。

A. 应当由项目组内经验较多的人员复核经验较少的人员的工作

B. 项目组需要在制订审计计划时确定复核人员的指派，以确保所有工作底稿均得到适当层级人员的复核

C. 所有的审计工作底稿至少要经过一级复核

D. 复核人员应该在执行阶段和完成阶段及时复核相应的工作底稿

6. 下列关于项目质量控制复核的说法中，错误的有（　　）。

A. 项目质量控制复核是对项目组所有工作的详细复核

B. 项目质量控制复核是在出具报告前，对项目组作出的重大判断和在准备报告时形成的结论作出客观评价的过程

C. 项目质量控制复核是对审计工作结果实施的最后的质量控制

D. 项目质量控制复核的时间可以在审计报告日后进行

7. 下列属于财务报表日后调整事项的有（　　）。

A. 被审计单位由于某种原因在财务报表日前被起诉，法院于财务报表日后判决被审计单位应赔偿对方损失

B. 财务报表日被审计单位认为可以收回的大额应收款项，因财务报表日后债务人突然破产而无法收回

C. 财务报表日后发现了财务报表舞弊或差错

D. 财务报表日后资本公积转增资本

8. 下列属于注册会计师主动识别第一时段期后事项审计程序的有（　　）。

A. 了解管理层为确保识别期后事项而建立的程序

B. 询问管理层和治理层，确定是否已发生可能影响财务报表的期后事项

C. 查阅被审计单位上期财务报表

D. 查阅被审计单位的所有者、管理层和治理层在财务报表日后举行会议的纪要，在不能获取会议纪要的情况下，询问此类会议讨论的事项

9. 下列关于注册会计师知悉第二时段期后事项时的考虑正确的有（　　）。

A. 如果知悉了某事实，且若在审计报告日知悉可能导致修改审计报告，注册会计师应当与管理层和治理层讨论该事项

B. 确定财务报表是否需要修改，如果需要修改，询问管理层将如何在财务报表中处理该事项

C. 如果认为管理层应当修改财务报表而没有修改，并且审计报告尚未提交给被审计单位，发表非无保留意见，然后再提交审计报告

D. 如果认为管理层应当修改财务报表而没有修改，直接解除业务约定

10. 注册会计师知悉第三时段期后事项时，如果管理层修改了财务报表，注册会计师应当采取的措施有（　　）。

A. 根据具体情况对有关修改实施必要的审计程序

B. 复核管理层采取的措施能否确保所有收到原财务报表和审计报告的人士了解这一情况

C. 延伸实施审计程序，并针对修改后的财务报表出具新的审计报告

D. 在特殊情况下，修改审计报告或提供新的审计报告

五、进阶练习答案

（一）单选题

1. 【答案】C

【解析】选项 C 不恰当，财务报表日至财务报表报出日之间分为两个时段，第一时段财务报表日至审计报告日之间发生的事项，注册会计师有主动识别的义务；第二时段审计报告日至财务报表报出日前知悉的事实，注册会计师负有被动识别的义务。

2. 【答案】A

【解析】书面声明本身并不为所涉及的任何事项提供充分、适当的审计证据，而且，管理层已提供可靠书面声明的事实，并不影响注册会计师就管理层责任履行情况或具体认定获取的其他审计证据的性质和范围，故选项 B、选项 C 不恰当；书面声明不包括财务报表及其认定，以及支持性账簿和相关记录，故选项 D 不恰当。

3. 【答案】D

【解析】只要错报不低于明显微小错报的临界值，则注册会计师应当提请管理层更正这

些错报，故选项 D 恰当；选项 A、选项 B、选项 C 做法不恰当。

4. 【答案】D

【解析】选项 D 错误，营业收入的高估错报不能被营业成本的高估错报抵销。

5. 【答案】B

【解析】对于第一时段的期后事项，注册会计师负有主动识别的义务（选项 D）；应当设计专门的审计程序来识别这些期后事项（选项 A）；通常情况下，针对期后事项的专门审计程序，其实施时间越接近审计报告日越好，故选项 C 正确、选项 B 错误。

6. 【答案】A

【解析】选项 A 正确，对于财务报表公布后的第三时期期后事项是有严格限制的：（1）这类期后事项应当是在审计报告日已经存在的事实；（2）该事实如果被注册会计师在审计报告日前获知，可能影响审计报告。只有同时满足这两个条件，注册会计师才需要采取行动。

7. 【答案】A

【解析】针对管理层责任的书面声明属于基本书面声明，故选项 A 正确；选项 B、选项 C、选项 D 属于其他书面声明。

8. 【答案】C

【解析】选项 C 错误，书面声明的日期没有确定的日期，需要根据具体情形判断。

9. 【答案】D

【解析】选项 A、选项 B、选项 C 属于项目组内部复核需要考虑的事项。

10. 【答案】C

【解析】选项 C 错误，未更正错报，是指注册会计师在审计过程中累计的且被审计单位未予更正的错报。

（二）多选题

1. 【答案】ABCD

2. 【答案】BD

【解析】选项 B 错误，即使管理层已提供可靠的书面声明，也不影响注册会计师就管理层责任履行情况或具体认定获取的其他审计证据的性质和范围；选项 D 错误，针对所有交易均记录并反映在财务报表属于准则规定的基本书面声明，被审计单位是必须要提供的。如果管理层拒绝签署审计准则规定的书面声明，则出具无法表示意见的审计报告，不能出具非保留意见审计报告。

3. 【答案】AB

【解析】选项 A 错误，注册会计师应当及时将审计过程中累积（明显微小错报以上）的所有错报与适当层级的管理层进行沟通，并不是发现的所有错报都沟通；选项 B 错误，如果管理层拒绝更正沟通的部分或全部错报，也可能无保留意见（未更正错报不属于重大错报）。

4. 【答案】AC

【解析】选项 B 错误，如果法律法规限制注册会计师向被审计单位管理层或被审计单位的其他人员通报某些错报，注册会计师可以考虑征询法律意见，而不是直接出具无法表示意见的审计报告；选项 D 错误，及时与适当层级的管理层沟通错报事项，并不是所有的错报都要与被审计单位管理层沟通，法律法规可能限制注册会计师向管理层或被审计单位内部的其他人员通报某些错报。

5. 【答案】ABC

【解析】选项 D 错误，复核人员应该在计划阶段、执行阶段和完成阶段及时复核相应的工作底稿。

6. 【答案】AD

【解析】选项 A 错误，项目质量控制复核是指在出具报告前，对项目组作出的重大判断和在准备报告时形成的结论作出客观评价的过程；选项 D 错误，未完成项目质量控制复核不能出具审计报告。

7. 【答案】ABC

【解析】选项 D 错误，财务报表日后资本公积转增资本属于财务报表日后非整事项。

8. 【答案】ABD

【解析】选项 C 不恰当，应该查阅被审计单位最近中期的财务报表。

9. 【答案】ABC

【解析】选项 D 错误，直接解除业务约定是一种极端做法。

10. 【答案】ABCD

第十九章　审计报告

一、2020 年新教材内容主要变化

2020 年本章主要变化知识点如下：

非无保留意见的形成条件。

【小贴士】具体详见有关重难点。

二、本章近 5 年考情统计分析

本章考题主要以主观题为主，但个别知识点也可以以客观题考查，本章属于最重要的考试章节之一，最近 5 年平均考试分值一般在 7 分左右。

（一）近 5 年考试分值分布

题型	2015 年	2016 年	2017 年	2018 年	2019 年
单选题	—	1	—	—	—
多选题	—	—	—	—	—
简答题	2.4	1.2	6	3.6	6
综合题	—	1.2	3.2	2	—
合计	2.4	3.4	9.2	5.6	6

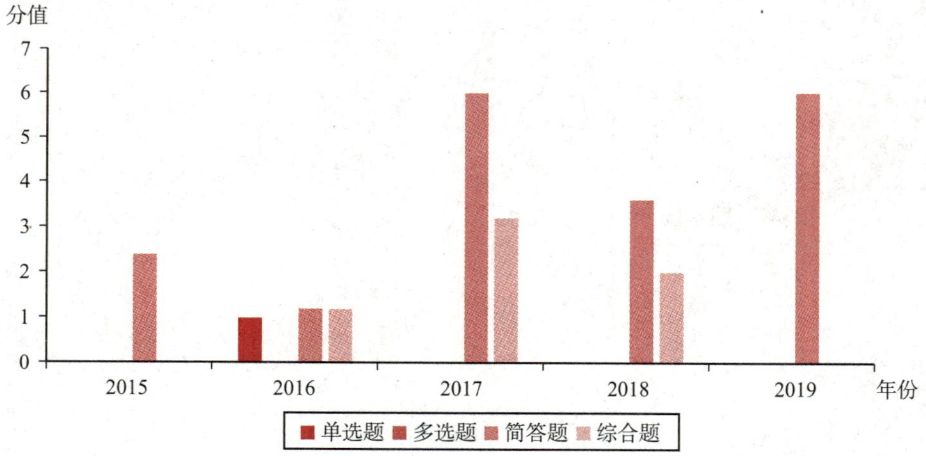

（二）近 5 年考试考点分布

高频考点内容	年度及题型分布
关键审计事项	2019 年简答、2018 年简答、2017 年简答
非无保留审计意见	2019 年简答、2016 年简答
审计报告的强调事项段和其他事项段	2017 年简答、2016 年综合

续表

高频考点内容	年度及题型分布
对应数据	2015 年简答
审计报告	2018 年综合、2017 年简答、2017 年综合、2016 年单选
其他信息部分	2018 年简答

三、重难点解析

本章内容属于第五编的重要章节之一，主要阐述得出审计结论时考虑的领域、审计意见的类型、报告日期、确定关键审计事项应当遵循的决策框架、在审计报告中沟通关键审计事项的情形、不在审计报告中沟通关键审计事项的情形、非无保留意见的形成条件、确定非无保留意见的类型、非无保留意见的审计报告的格式与内容、强调事项段、其他事项段、比较信息的含义、比较信息的审计程序、对应数据、比较财务报表、获取并阅读其他信息、当似乎存在重大不一致或其他信息似乎存在重大错报时的应对、当注册会计师认为其他信息存在重大错报时的应对、其他信息的审计报告等。

【小贴士】审计报告时审计意见的主要载体，是衡量审计意见的重要书面文件，本章学习时需要把握不同类型审计意见的出具条件以及不同类型审计报告重要部分的撰写。

重难点 1：得出审计结论时考虑的领域★★

注册会计师应当就财务报表是否在所有重大方面按照适用的财务报告编制基础编制并实现公允反映形成审计意见。为了形成审计意见，针对财务报表整体是否不存在由于舞弊或错误导致的重大错报，注册会计师应当得出结论，确定是否已就此获取合理保证。

1. 审计证据的充分性和适当性
2. 未更正错报单独或汇总起来是否构成重大错报
3. 评价财务报表是否在所有重大方面按照适用的财务报告编制基础编制
4. 评价财务报表是否实现公允反映
5. 评价财务报表是否恰当提及或说明适用的财务报告编制基础
6. 评价财务报表是否在所有重大方面按照适用的财务报告编制基础编制

重难点 2：审计意见的类型★★

（一）无保留意见

无保留意见，是指当注册会计师认为财务报表在所有重大方面按照适用的财务报告编制基础编制并实现公允反映时发表的审计意见。

（二）非无保留意见

非无保留意见，是指对财务报表发表的保留意见、否定意见或无法表示意见。

当存在下列情形之一时，注册会计师应当按照《中国注册会计师审计准则第 1502 号——在审计报告中发表非无保留意见》的规定，在审计报告中发表非无保留意见：

（1）根据获取的审计证据，得出财务报表整体存在重大错报的结论。

（2）无法获取充分、适当的审计证据，不能得出财务报表整体不存在重大错报的结论。

【小贴士】具体意见类型见教材表 19－1。

重难点 3：审计报告的要素★

1. 标题
2. 收件人
3. 审计意见
4. 形成审计意见的基础
5. 管理层对财务报表的责任
6. 注册会计师对财务报表审计的责任
7. 按照相关法律法规的要求报告的事项（如适用）
8. 注册会计师的签名和盖章
9. 会计师事务所的名称、地址和盖章
10. 报告日期

【小贴士】本知识点是对审计报告的要素一般性阐述，具体报告的意见类型为无保留意见，未列示其他段落，是后续审计报告结构的基础框架。

重难点 4：报告日期★★★

（一）确定审计报告日的基本要求

审计报告日不应早于注册会计师获取充分、适当的审计证据（包括管理层认可对财务报表的责任且已批准财务报表的证据），并在此基础上对财务报表形成审计意见的日期。

【小贴士】确定审计报告日时，注册会计师确信已获取下列两方面的证据：

1. 构成整套财务报表的所有报表（包括相关附注）已编制完成。
2. 被审计单位的董事会、管理层或类似机构已经认可其对财务报表负责。

（二）审计报告日的确定（实务流程）

注册会计师在正式签署审计报告前，通常把审计报告草稿随附管理层已按审计调整建议修改后的财务报表提交给管理层。如果管理层批准并签署已按审计调整建议修改后的财务报表，注册会计师即可签署审计报告。

【小贴士】注册会计师签署审计报告的日期通常与管理层签署已审计财务报表的日期为同一天，或晚于管理层签署已审计财务报表的日期。

【经典真题】

【单选题·2016】下列有关审计报告日的说法中，错误的是（　　）。

A. 审计报告日可以晚于管理层签署已审计财务报表的日期

B. 审计报告日不应早于管理层书面声明的日期

C. 在特殊情况下，注册会计师可以出具双重日期的审计报告

D. 审计报告日应当是注册会计师获取充分、适当的审计证据，并在此基础上对财务报

表形成审计意见的日期

【答案】D

【解析】选项D错误，审计报告日不应早于（而不是"应当是"）注册会计师获取充分、适当的审计证据，并在此基础上对财务报表形成审计意见的日期。

重难点5：确定关键审计事项应当遵循的决策框架★★

（一）以"与治理层沟通的事项"为起点选择关键审计事项（第一步）

【小贴士】财务报表和审计报告使用者对与治理层沟通事项感兴趣，并且呼吁增加这些沟通的透明度。因此，应从与治理层沟通事项中选取关键审计事项。

审计准则要求注册会计师与治理层沟通审计过程中的重大发现，主要包括对被审计单位的重要会计政策、会计估计和财务报表披露等会计实务的看法，审计过程中遇到的重大困难，已与治理层讨论或需要书面沟通的重大事项等。

（二）从"与治理层沟通的事项"中选出"在执行审计工作时重点关注过的事项"（第二步）

注册会计师重点关注过的领域通常与财务报表中复杂、重大的管理层判断领域相关，因而通常涉及困难或复杂的注册会计师职业判断。在确定哪些事项属于重点关注过的事项时，应当特别考虑下列方面：

1. 评估的重大错报风险较高的领域或识别出的特别风险

2. 与财务报表中涉及重大管理层判断领域相关的重大审计判断

3. 当期重大交易或事项对审计的影响

（三）从"在执行审计工作时重点关注过的事项"中选出"最为重要的事项"，从而构成关键审计事项（第三步）

注册会计师可能已就需要重点关注的事项与治理层进行了较多的互动，通常能够表明哪些事项对审计而言最为重要。在确定某一与治理层沟通过的事项的相对重要程度以及该事项是否构成关键审计事项时，下列考虑也可能是相关的：

（1）该事项对预期使用者理解财务报表整体的重要程度，尤其是对财务报表的重要性。

（2）与该事项相关的会计政策的性质或者与同行业其他实体相比，管理层在选择适当的会计政策时涉及的复杂程度或主观程度。

（3）从定性和定量方面考虑，与该事项相关的由于舞弊或错误导致的已更正错报和累积未更正错报（如有）的性质和重要程度。

（4）为应对该事项所需要付出的审计努力的性质和程度，包括：

①为应对该事项而实施审计程序或评价这些审计程序的结果（如有）在多大程度上需要特殊的知识或技能。

②就该事项在项目组之外进行咨询的性质。

（5）在实施审计程序、评价实施审计程序的结果、获取相关和可靠的审计证据以作为发表审计意见的基础时，注册会计师遇到的困难的性质和严重程度，尤其是当注册会计师的判断变得更加主观时。

（6）识别出的与该事项相关的控制缺陷的严重程度。

（7）该事项是否涉及数项可区分但又相互关联的审计考虑。例如，长期合同的收入确认、诉讼或其他或有事项等方面，可能需要重点关注，并且可能影响其他会计估计。

【小贴士】确定哪些事项以及多少事项对本期财务报表审计最为重要属于职业判断问题。“最为重要的事项”并不意味着只有一项，但对关键审计事项做冗长的列举可能与这些事项是审计中最为重要的事项这一概念相抵触。

重难点6：在审计报告中沟通关键审计事项★★★

（一）单设关键审计事项部分

为达到突出关键审计事项的目的，注册会计师应当在审计报告中单设一部分，以“关键审计事项”为标题，并在该部分使用恰当的子标题逐项描述关键审计事项。关键审计事项部分的引言应当同时说明下列事项：

（1）关键审计事项是注册会计师根据职业判断，认为对本期财务报表审计最为重要的事项。

（2）关键审计事项的应对以对财务报表整体进行审计并形成审计意见为背景，注册会计师对财务报表整体形成审计意见，而不对关键审计事项单独发表意见。

【小贴士】导致非无保留意见的事项、可能导致对被审计单位持续经营能力产生重大疑虑的事项或情况存在重大不确定性等，虽然符合关键审计事项的定义，但这些事项在审计报告中专门的部分披露，不在关键审计事项部分披露。

在关键审计事项部分披露的关键审计事项必须是已经得到满意解决的事项，既不存在审计范围受到限制，也不存在注册会计师与被审计单位管理层意见分歧的情况。

（二）逐项描述每一关键审计事项

1. 描述内容的基本要求

为帮助财务报表使用者了解注册会计师确定的关键审计事项，注册会计师应当在审计报告中逐项描述每一关键审计事项，并同时说明下列方面：

（1）该事项被认定为审计中最为重要的事项之一，因而被确定为关键审计事项的原因。

（2）该事项在审计中是如何应对的。

①审计应对措施或审计方法中，与该事项最为相关或对评估的重大错报风险最有针对性的方面。

②对已实施审计程序的简要概述。

③实施审计程序的结果。

④对该事项作出的主要看法。

2. 描述语言的基本要求

注册会计师以一种简明且可理解的形式提供有用的信息，可能需要注意用于描述关键审计事项的语言，使之：

（1）不暗示注册会计师在对财务报表形成审计意见时尚未恰当解决该事项。

（2）将该事项与被审计单位的具体情形紧密相扣，避免使用通用或标准化的语言。

（3）考虑该事项在相关财务报表披露（如有）中是如何处理的。

（4）不包含或暗示对财务报表单一要素单独发表的意见。

【小贴士】对某项关键审计事项的描述是否充分属于职业判断问题。对关键审计事项进行描述的目的在于提供一种简明、不偏颇的解释，以使预期使用者能够了解为何该事项是对审计最为重要的事项之一，以及这些事项是如何在审计中加以应对的。同时，限制使用高度技术化的审计学术语。

注册会计师要避免不恰当地提供与被审计单位相关的原始信息。对关键审计事项的描述通常不构成有关被审计单位的原始信息，这是由于关键审计事项是在审计的背景下描述的。然而，注册会计师仍可能认为提供进一步信息是有必要的。

如果确定这些信息是必要的，注册会计师可以鼓励管理层或治理层披露进一步的信息，而不是在审计报告中提供原始信息。

【经典真题】

【简答题（部分）·2018】ABC 会计师事务所的 A 注册会计师负责审计多家上市公司 2017 年度财务报表，遇到下列与审计报告相关的事项：

（5）己公司的某重要子公司因环保问题被监管部门调查并停业整顿。A 注册会计师将该事项识别为关键审计事项。因己公司管理层未在财务报表附注中披露该子公司停业整顿的具体原因，A 注册会计师拟在审计报告的关键审计事项部分进行补充说明。

【要求】针对上述第（5）项，指出 A 注册会计师的做法是否恰当，如不恰当，简要说明理由。

【答案】不恰当。注册会计师不应在关键审计事项部分描述被审计单位的原始信息/关键审计事项不能替代管理层的披露/应要求管理层作出补充披露。

【解析】管理层未在财务报表附注中披露该子公司停业整顿的具体原因，注册会计师应要求管理层作出补充披露，不应该在审计报告的关键审计事项部分进行补充说明。

重难点 7：不在审计报告中沟通关键审计事项的情形★

（1）在极其罕见的情况下，关键审计事项可能涉及某些“敏感信息”。

沟通这些信息可能为被审计单位带来较为严重的负面影响。

（2）在某些情况下，法律法规也可能禁止公开披露某事项。

例如，公开披露某事项可能妨碍相关机构对某项违法行为或疑似违法行为的调查。

重难点 8：非无保留意见的形成条件★★

（一）根据审计证据，得出财务报表整体存在重大错报的结论

【小贴士】该知识点 2020 年增加一个要点。

1. 选择的会计政策的恰当性

（1）选择的会计政策与适用的财务报告编制基础不一致。

（2）财务报表没有正确描述与资产负债表、利润表、所有者权益变动表或现金流量表中的重大项目相关的会计政策。

（3）财务报表（包括相关附注）没有按照公允列报的方式反映交易和事项。

2. 对选择的会计政策的运用

（1）管理层没有按照适用的财务报告编制基础的要求一贯运用所选择的会计政策，包括管理层未在不同会计期间或对相似的交易和事项一贯运用所选择的会计政策（运用的一致性）。

（2）不当运用所选择的会计政策（如运用中的无意错误）。

3. 财务报表披露的恰当性和充分性

（1）财务报表没有包括适用的财务报告编制基础要求的所有披露。

（2）财务报表的披露没有按照适用的财务报告编制基础列报。

（3）财务报表没有作出必要的披露以实现公允反映。

（二）无法获取充分适当的审计证据，不能得出财务报表整体不存在重大错报的结论

1. 超出被审计单位控制的情形

（1）被审计单位的会计记录已被毁坏。

（2）重要组成部分的会计记录已被政府有关机构无限期地查封。

2. 与注册会计师工作的性质或时间安排相关的情形

（1）被审计单位需要使用权益法对联营企业进行核算，注册会计师无法获取有关联营企业财务信息的充分、适当的审计证据以评价是否恰当运用了权益法。

（2）注册会计师接受审计委托的时间安排，使注册会计师无法实施存货监盘。

（3）注册会计师确定仅实施实质性程序是不充分的，但被审计单位的控制是无效的。

3. 管理层施加限制的情形

（1）管理层阻止注册会计师实施存货监盘。

（2）管理层阻止注册会计师对特定账户余额实施函证。

重难点9：确定非无保留意见的类型★★★

（一）导致非无保留意见的事项

（1）导致非无保留意见的事项的性质，是财务报表存在重大错报；还是在无法获取充分、适当的审计证据的情况下，财务报表可能存在重大错报。

（2）注册会计师就导致非无保留意见的事项对财务报表产生或可能产生影响的广泛性作出的判断。

【小贴士】广泛性是描述错报影响的术语，用以说明错报对财务报表的影响，或者由于无法获取充分、适当的审计证据而未发现的错报（如存在）对财务报表可能产生的影响。根据注册会计师的判断，对财务报表的影响具有广泛性的情形包括：

（1）不限于对财务报表的特定要素、账户或项目产生影响。

（2）虽然仅对财务报表的特定要素、账户或项目产生影响，但这些要素、账户或项目是或可能是财务报表的主要组成部分。

（3）当与披露相关时，产生的影响对财务报表使用者理解财务报表至关重要。

【经典模拟题】

【多选题】下列各项错报中，通常对财务报表不具有广泛影响的有（　　）。

A. 被审计单位没有披露关键管理人员薪酬

B. 信息系统缺陷导致的应收账款、存货等多个财务报表项目的错报

C. 被审计单位没有将年内收购的一家重要子公司纳入合并范围

D. 被审计单位没有按照成本与可变现净值孰低原则对存货进行计量

【答案】AD

【解析】根据注册会计师的判断，对财务报表的影响具有广泛性的情形包括：（1）不限于对财务报表的特定要素、账户或项目产生影响；（2）虽然仅对财务报表的特定要素、账户或项目产生影响，但这些要素、账户或项目是或可能是财务报表的主要组成部分；（3）当与披露相关时，产生的影响对财务报表使用者理解财务报表至关重要。故选择选项 A、D。

（二）非无保留意见类型

意见类型	意见形成的依据
保留意见	（1）在获取充分、适当的审计证据后，注册会计师认为错报单独或汇总起来对财务报表影响重大，但不具有广泛性。 （2）注册会计师无法获取充分、适当的审计证据以作为形成审计意见的基础，但认为未发现的错报（如存在）对财务报表可能产生的影响重大，但不具有广泛性
否定意见	在获取充分、适当的审计证据后，注册会计师认为错报单独或汇总起来对财务报表的影响重大且具有广泛性
无法表示意见	无法获取充分、适当的审计证据以作为形成审计意见的基础，但认为未发现的错报（如存在）对财务报表可能产生的影响重大且具有广泛性

【经典真题】

【简答题（部分）·2016】A 注册会计师负责审计己公司 2015 年度财务报表，遇到下列审计报告相关的事项：

（5）A 注册会计师认为己公司的商誉年末存在重大减值，但管理层未计提减值准备，因缺少相关信息，A 注册会计师无法对减值金额作出估计，拟在审计报告中增加强调事项段，提请财务报表使用者关注财务报表附注中与商誉相关的披露。

【要求】指出 A 注册会计师拟出具的审计报告类型是否恰当，如不恰当，简要说明理由，并指出应当出具何种类型的审计报告。

【答案】不恰当。未对商誉计提减值准备，注册会计师无法对减值金额作出会计估计，应当出具保留意见审计报告。

【解析】商誉年末存在重大减值，但管理层未计提减值准备，因缺少相关信息，无法对减值金额作出估计，属于审计范围受到限制。

【简答题（部分）·2017】ABC 会计师事务所的 A 注册会计师负责审计多家上市公司 2016 年度财务报表，遇到下列与审计报告相关的事项：

（5）因戊公司财务部多位关键人员离职，A 注册会计师无法实施必要的审计程序就营业收入、营业成本、存货等多个重要财务报表项目获取充分、适当的审计证据，拟对 2016 年度财务报表发表保留意见。

【要求】指出 A 注册会计师的做法是否恰当。如不恰当，简要说明理由。

【答案】不恰当。A 注册会计师无法就营业收入、营业成本、存货等多个重要财务报表项目获取充分、适当的审计证据，属于审计范围受限重大且广泛，应出具无法表示意见的审计报告。

【解析】因财务部多位关键人员离职，致使无法实施必要的审计程序就营业收入、营业成本、存货等多个重要财务报表项目获取充分、适当的审计证据，属于范围受限，重大且广泛。

【简答题（部分）·2018】ABC 会计师事务所的 A 注册会计师负责审计多家上市公司 2017 年度财务报表，遇到下列与审计报告相关的事项：

（4）因原董事长以公司名义违规对外提供多项担保，导致戊公司 2017 年发生多起重大诉讼，多个银行账户被冻结，业务停止，主要客户和员工流失。管理层在 2017 年度财务报表中确认了大额预计负债，并披露了持续经营存在的重大不确定性。A 注册会计师认为存在多项对财务报表整体具有重要影响的重大不确定性，拟对戊公司财务报表发表无法表示意见。

【要求】针对上述第（4）项，指出 A 注册会计师的做法是否恰当，如不恰当，简要说明理由。

【答案】恰当。

【解析】因原董事长以公司名义违规对外提供多项担保，导致公司发生多起重大诉讼，多个银行账户被冻结，业务停止，主要客户和员工流失。尽管管理层在财务报表中确认了大额预计负债，并披露了持续经营存在的重大不确定性，但是，属于重大且广泛。

（三）在确定非无保留意见的类型的特殊考虑

1. 管理层对审计范围施加了限制的考虑

在承接审计业务后，如果注意到管理层对审计范围施加了限制，且认为这些限制可能导致对财务报表发表保留意见或无法表示意见，注册会计师应当要求管理层消除这些限制。如果管理层拒绝消除限制，除非治理层全部成员参与管理被审计单位，注册会计师应当就此事项与治理层沟通，并确定能否实施替代程序以获取充分、适当的审计证据。

如果无法获取充分、适当的审计证据，注册会计师应当通过下列方式确定其影响：

（1）如果未发现的错报（如存在）可能对财务报表产生的影响重大，但不具有广泛性，应当发表保留意见。

（2）如果未发现的错报（如存在）可能对财务报表产生的影响重大且具有广泛性，以至于发表保留意见不足以反映情况的严重性，应当在可行时解除业务约定（除非法律法规禁止）。当然，注册会计师应当在解除业务约定前，与治理层沟通在审计过程中发现的、将会导致发表非无保留意见的所有错报事项。

如果在出具审计报告之前解除业务约定被禁止或不可行，应当发表无法表示意见。

【小贴士】在某些情况下，如果法律法规要求注册会计师继续执行审计业务，则注册会计师可能无法解除审计业务约定。这种情况可能包括：（1）注册会计师接受委托审计公共部门实体的财务报表。（2）注册会计师接受委托审计涵盖特定期间的财务报表，或者接受一定期间的委托，在完成财务报表审计前或在受托期间结束前，不允许解除审计业务约定。在这些情况下，注册会计师可能认为需要在审计报告中增加其他事项段。

2. 发表审计意见的特殊考虑

如果认为有必要对财务报表整体发表否定意见或无法表示意见，注册会计师不应在同一审计报告中对按照相同财务报告编制基础编制的单一财务报表或者财务报表特定要素、账户或项目发表无保留意见。在同一审计报告中包含无保留意见，将会与对财务报表整体发表的否定意见或无法表示意见相矛盾。

重难点10：非无保留意见的审计报告的格式与内容★★★

【小贴士】非无保留意见的审计报告的格式与内容与无保留意见审计报告，主要差别在意见段和形成审计意见基础段落。

（一）导致非无保留意见的事项段（形成审计意见基础）

1. 审计报告格式和内容的一致性

如果对财务报表发表非无保留意见，注册会计师还应当直接在审计意见段之后增加一个部分，并使用恰当的标题，如“形成保留意见的基础”“形成否定意见的基础”或“形成无法表示意见的基础”，说明导致发表非无保留意见的事项。

2. 量化财务影响

如果财务报表中存在与具体金额（包括定量披露）相关的重大错报，注册会计师应当在导致非无保留意见的事项段中说明并量化该错报的财务影响。

如果无法量化财务影响，注册会计师应当在形成非无保留意见的基础部分说明这一情况。

3. 存在与叙述性披露相关的重大错报

如果财务报表中存在与叙述性披露相关的重大错报，注册会计师应当在形成非无保留意见的基础部分解释该错报错在何处。

4. 存在与应披露而未披露信息相关的重大错报

（1）与治理层讨论未披露信息的情况。

（2）在形成非无保留意见的基础部分描述未披露信息的性质。

（3）如果可行并且已针对未披露信息获取了充分、适当的审计证据，在形成非无保留意见的基础部分包含对未披露信息的披露，除非法律法规禁止。

【小贴士】如果存在下列情形之一，则在形成非无保留意见的基础部分披露遗漏信息是不可行的：①管理层还没有作出这些披露，或管理层已作出但注册会计师不易获取这些披露。②根据注册会计师的判断，在审计报告中披露该事项过于庞杂。

5. 无法获取充分、适当的审计证据

如果因无法获取充分、适当的审计证据而导致发表非无保留意见，注册会计师应当在形成非无保留意见的基础部分说明无法获取审计证据的原因。

6. 披露其他事项

即使发表了否定意见或无法表示意见，注册会计师也应当在形成非无保留意见的基础部分说明注意到的、将导致发表非无保留意见的所有其他事项及其影响。这是因为，对注册会计师注意到的其他事项的披露可能与财务报表使用者的信息需求相关。

（二）审计意见段

1. 标题

在发表非无保留意见时，注册会计师应当对审计意见段使用恰当的标题，如“保留意见”“否定意见”或“无法表示意见”。

2. 发表保留意见

当由于财务报表存在重大错报而发表保留意见时，注册会计师应当根据适用的财务报告编制基础在审计意见段中说明：

注册会计师认为，除了形成保留意见的基础部分所述事项产生的影响外，财务报表在所有重大方面按照适用的财务报告编制基础编制，并实现公允反映。

当无法获取充分、适当的审计证据而导致发表保留意见时，注册会计师应当在审计意见段中使用“除……可能产生的影响外”等措辞。

当注册会计师发表保留意见时，在审计意见段中使用“由于上述解释”或“受……影响”等措辞是不恰当的，因为这些措辞不够清晰或没有足够的说服力。

3. 发表否定意见

当发表否定意见时，注册会计师应当根据适用的财务报告编制基础在审计意见段中说明：

注册会计师认为，由于形成否定意见的基础部分所述事项的重要性，财务报表没有在所有重大方面按照适用的财务报告编制基础编制，未能实现公允反映。

4. 发表无法表示意见

当由于无法获取充分、适当的审计证据而发表无法表示意见时，注册会计师应当在审计意见段中说明：

由于形成无法表示意见的基础部分所述事项的重要性，注册会计师无法获取充分、适当的审计证据以为发表审计意见提供基础，因此，注册会计师不对这些财务报表发表审计意见。

（三）非无保留意见对审计报告要素内容的修改

（1）当发表保留意见或否定意见时，注册会计师应当修改形成无保留意见的基础部分的描述，以说明：

注册会计师相信，注册会计师已获取的审计证据是充分、适当的，为发表非无保留意见提供了基础。

（2）当由于无法获取充分、适当的审计证据而发表无法表示意见时，注册会计师应当修改审计报告的意见段，说明：

①注册会计师接受委托审计财务报表。

②注册会计师不对后附的财务报表发表审计意见。

③由于形成无法表示意见的基础部分所述事项的重要性，注册会计师无法获取充分、适当的审计证据以作为对财务报表发表审计意见的基础。

（3）当注册会计师对财务报表发表无法表示意见时，注册会计师应当修改无保留意见审计报告中形成审计意见的基础部分，不应提及审计报告中用于描述注册会计师责任的部分，也不应说明注册会计师是否已获取充分、适当的审计证据以作为形成审计意见的基础。

（4）当注册会计师对财务报表发表无法表示意见时，注册会计师应当修改无保留意见审计报告中注册会计师对财务报表审计的责任部分，使之仅包含下列内容：

①注册会计师的责任是按照中国注册会计师审计准则的规定，对被审计单位财务报表执行审计工作，以出具审计报告。

②但由于形成无法表示意见的基础部分所述的事项，注册会计师无法获取充分、适当的审计证据以作为发表审计意见的基础。

③声明注册会计师在独立性和职业道德方面的其他责任。

【经典真题】

【简答题（部分）·2017】ABC 会计师事务所的 A 注册会计师负责审计多家上市公司 2016 年度财务报表，遇到下列与审计报告相关的事项：

（1）A 注册会计师对甲公司关联方关系及交易实施审计程序并与治理层沟通后，对是否存在未在财务报表中披露的关联方关系及交易仍存有疑虑，拟将其作为关键审计事项在审计报告中沟通。

（6）A 注册会计师认为，己公司财务报表附注中未披露其对外提供的多项担保，构成重大错报，因拟就己公司持续经营问题对财务报表发表无法表示意见，不再在审计报告中说明披露错报。

【要求】针对上述事项，逐项指出 A 注册会计师的做法是否恰当。如不恰当，简要说明理由。

【答案】

（1）不恰当。关键审计事项必须是已经得到满意解决的事项/关键审计事项不能替代非无保留意见/应当发表非无保留意见。

（6）不恰当。应当在形成无法表示意见的基础部分说明存在的披露错报。

【解析】

（1）注册会计师对甲公司关联方关系及交易实施审计程序并与治理层沟通后，对是否存在未在财务报表中披露的关联方关系及交易仍存有疑虑，属于沟通事项未满意解决，故不能作为关键审计事项。

（6）己公司财务报表附注中未披露其对外提供的多项担保，构成重大错报，即使拟就己公司持续经营问题对财务报表发表无法表示意见，也应该在审计报告中说明披露错报。

重难点 11：强调事项段★★★

sj201903

（一）强调事项段的含义

审计报告的强调事项段是指审计报告中含有的一个段落，该段落提及已在财务报表中恰当列报或披露的事项，根据注册会计师的职业判断，该事项对财务报表使用者理解财务报表至关重要。

（二）增加强调事项段的条件

在同时满足下列条件时，注册会计师应当在审计报告中增加强调事项段。

1. 该事项不会导致注册会计师发表非无保留意见

2. 该事项未被确定为在审计报告中沟通的关键审计事项

（三）增加强调事项段的情形

1. 审计准则的要求

【小贴士】该类情形属于强制要求。

（1）法律法规规定的财务报告编制基础不可接受，但其是由法律或法规作出的规定。

（2）提醒财务报表使用者注意财务报表按照特殊目的编制基础编制。

（3）注册会计师在审计报告日后知悉了某些事实（即期后事项），并且出具了新的审计报告或修改了审计报告。

2. 注册会计师的专业判断

【小贴士】该类情形属于非强制要求。

（1）异常诉讼或监管行动的未来结果存在不确定性。

（2）提前应用（在允许的情况下）对财务报表有广泛影响的新会计准则。

（3）存在已经或持续对被审计单位财务状况产生重大影响的特大灾难。

（四）在审计报告中增加强调事项段时注册会计师采取的措施

（1）将强调事项段作为单独的一部分置于审计报告中，并使用包含“强调事项”这一术语的适当标题。

（2）明确提及被强调事项以及相关披露的位置，以便能够在财务报表中找到对该事项的详细描述。强调事项段应当仅提及已在财务报表中列报或披露的信息。

（3）指出审计意见没有因该强调事项而改变。

【经典真题】

【简答题（部分）·2018】 ABC 会计师事务所的 A 注册会计师负责审计多家上市公司 2017 年度财务报表，遇到下列与审计报告相关的事项：

（1）甲公司管理层在 2017 年度财务报表中确认和披露了年内收购乙公司的交易。A 注册会计师将其作为审计中最为重要的事项与治理层进行了沟通，拟在审计报告的关键审计事项部分沟通该事项。同时，因该事项对财务报表使用者理解财务报表至关重要，A 注册会计师拟在审计报告中增加强调事项段予以说明。

【要求】 针对上述事项，指出 A 注册会计师的做法是否恰当。如不恰当，简要说明理由。

【答案】

（1）不恰当。注册会计师已经在关键审计事项部分沟通该事项，不应增加强调事项段/该事项同时符合关键审计事项和强调事项的标准，应仅作为关键审计事项。

【解析】 甲公司管理层在财务报表中确认和披露了年内收购乙公司的交易。注册会计师将其作为审计中最为重要的事项与治理层进行了沟通，就不能在强调事项段中重复列示。

重难点 12：其他事项段★★★

（一）其他事项段的含义

其他事项段是指审计报告中含有的一个段落，该段落提及未在财务报表中列报或披露的事项，根据注册会计师的职业判断，该事项与财务报表使用者理解审计工作、注册会计师的责任或审计报告相关。

（二）增加其他事项段的条件

同时满足下列条件时，注册会计师应当在审计报告中增加其他事项段。

1. 未被法律法规禁止
2. 该事项未被确定为在审计报告中沟通的关键审计事项

（三）需要增加其他事项段的情形

1. 与使用者理解审计工作相关的情形
2. 与使用者理解注册会计师的责任或审计报告相关的情形
3. 对两套以上财务报表出具审计报告的情形
4. 限制审计报告分发和使用的情形

【小贴士】其他事项段的内容明确反映了未被要求在财务报表中列报或披露的其他事项。其他事项段不包括法律法规或其他职业准则（如中国注册会计师职业道德守则中与信息保密相关的规定）禁止注册会计师提供的信息。其他事项段也不包括要求管理层提供的信息。

【经典真题】

【简答题（部分）·2017】ABC会计师事务所的A注册会计师负责审计多家上市公司2016年度财务报表，遇到下列与审计报告相关的事项：

（3）ABC会计师事务所首次接受委托，审计丙公司2016年度财务报表。A注册会计师拟在审计报告中增加其他事项段，说明上期财务报表由前任注册会计师审计及其出具的审计报告的日期。

（5）戊公司管理层在2016年度财务报表附注中披露了2017年1月发生的一项重大收购。A注册会计师认为该事项对财务报表使用者理解财务报表至关重要，拟在审计报告中增加其他事项段予以说明。

【要求】针对上述事项，分别指出A注册会计师的做法是否恰当。如不恰当，简要说明理由。

【答案】

（3）不恰当。应当说明前任注册会计师发表的审计意见类型。

（5）不恰当。应当增加强调事项段/其他事项段用于提及未在财务报表附注中列报或披露的事项/其他事项段与财务报表使用者理解审计工作、注册会计师的责任或审计报告相关。

【解析】

（3）会计师事务所首次接受委托，审计丙公司2016年度财务报表，涉及期初余额的审计，注册会计师在审计报告中增加其他事项段，说明上期财务报表由前任注册会计师审计及其出具的审计报告的日期以及前任注册会计师发表的审计意见类型。

（5）管理层在2016年度财务报表附注中披露了2017年1月发生的一项重大收购，属于在财务报表列报或披露的事项，这样就不能作为其他事项段予以说明。

重难点 13：比较信息的含义★★

比较信息是指包含于财务报表中的、符合适用的财务报告编制基础的、与一个或多个以前期间相关的金额和披露。

【小贴士】财务报表使用者需要了解涉及一个或多个以前会计期间的比较信息。为此，企业会计准则明确规定，当期财务报表的列报，至少应当提供所有列报项目上一可比会计期间的比较数据；注册会计师审计准则明确规定，注册会计师在对财务报表发表审计意见时，应当考虑比较信息对审计意见的影响。

1. 对应数据

对应数据属于比较信息，是指作为本期财务报表组成部分的上期金额和相关披露，这些金额和披露只能和与本期相关的金额和披露联系起来阅读。对应数据列报的详细程度主要取决于其与本期数据的相关程度。

2. 比较财务报表

比较财务报表属于比较信息，是指为了与本期财务报表相比较而包含的上期金额和相关披露。比较财务报表包含信息的详细程度与本期财务报表包含信息的详细程度相似。

【小贴士】如果上期金额和相关披露已经审计，则将在审计意见中提及。

重难点 14：审计程序★★★

（一）一般审计程序

（1）比较信息是否与上期财务报表列报的金额和披露一致，如果必要，比较信息是否已经重述。

（2）在比较信息中反映的会计政策是否与本期采用的会计政策一致，如果会计政策已经变更，这些变更是否恰当地处理并得到充分的列报与披露。

（二）注意比较信息可能重大错报的审计要求

1. 本期财务报表中的比较信息出现重大错报的情形

（1）上期财务报表存在重大错报，该财务报表虽经审计，但注册会计师因未发现而未在针对上期财务报表出具的审计报告中对该事项发表非无保留意见，本期财务报表中的比较信息未作更正。

（2）上期财务报表存在重大错报，该财务报表未经注册会计师审计，比较信息未作更正。

（3）上期财务报表不存在重大错报，但比较信息与上期财务报表存在重大不一致，由此导致重大错报。

（4）上期财务报表不存在重大错报，但在某些特殊情形下，比较信息未按照会计准则和相关会计制度的要求恰当重述。

2. 如果上期财务报表已经审计，注意到影响上期财务报表的重大错报的情形

（1）如果上期财务报表未经更正，也未重新出具审计报告，且比较数据未经恰当重述和充分披露，注册会计师应当对本期财务报表出具非无保留意见的审计报告，说明比较数据对本期财务报表的影响。

（2）如果上期财务报表已经更正，并已重新出具审计报告，注册会计师应当获取充分、适当的审计证据，以确定比较信息与更正的财务报表是否一致。

（三）获取书面声明

注册会计师应当按照《书面声明》的规定，获取与审计意见中提及的所有期间的书面声明。

对于管理层作出的、更正上期财务报表中影响比较信息的重大错报的任何重述，注册会计师还应当获取特定书面声明。

重难点15：审计报告：对应数据★★★

（一）总体要求

由于审计意见是针对包括对应数据在内的本期财务报表整体发表的，注册会计师通常无需在审计报告中特别提及比较数据。只有在特定情形下，注册会计师才应当在审计报告中提及比较数据。

（二）上期导致非无保留意见的事项仍未解决的处理

（1）如果未解决事项对本期数据的影响或可能的影响是重大的，注册会计师应当在导致非无保留意见事项段中同时提及本期数据和对应数据。（见教材参考格式19－7）

（2）如果未解决事项对本期数据的影响或可能的影响不重大，注册会计师应当说明，由于未解决事项对本期数据和对应数据之间的可比性的影响或可能的影响，因此，发表了非无保留意见。（见教材参考格式19－8）

【经典真题】

【简答题（部分）·2016】甲公司是ABC会计师事务所的常年审计客户。A注册会计师负责审计甲公司2015年度财务报表，确定财务报表整体的重要性为200万元，审计工作底稿中与会计估计审计相关的部分事项摘录如下：

（5）因2014年末少计无形资产减值准备300万元，A注册会计师对甲公司2014年度财务报表发表了保留意见，甲公司于2015年处置了相关无形资产并在2015年度财务报表中确认了处置损益，A注册会计师认为导致对上期财务报表发表保留意见的事项已经解决，不影响2015年度审计报告。

【要求】指出A注册会计师做法是否恰当。如不恰当，简要说明理由。

【答案】不恰当。该事项对本期财务报表影响重大。A注册会计师应当考虑该事项对2015年审计意见的影响。

【解析】尽管导致对上期财务报表发表保留意见的事项已经解决，但是影响2015年度审计报告。

（三）上期财务报表存在重大错报的报告要求

如果存在错报上期财务报表尚未更正，也没有出具新的审计报告，但对应数据已经重述或恰当披露。注册会计师可以在审计报告中增加强调事项段，描述这一情况，并指出其位置。

【经典真题】

【简答题（部分）·2016】ABC会计师事务所首次接受委托，审计上市公司甲公司2015年度财务报表，委派A注册会计师担任项目合伙人。相关事项如下：

（6）A注册会计师发现甲公司2014年度财务报表存在某项重大错报。管理层对2015年度财务报表的对应数据进行了适当重述，并在财务报表附注中作出了充分披露。A注册会计师在2015年度审计报告中增加其他事项段说明了这一情况，并提及了前任注册会计师对对应数据出具的审计报告。

【要求】指出A注册会计师的做法是否恰当。如不恰当，简要说明理由。

【答案】不恰当。针对该事项，注册会计师可以增加强调事项段以描述这一情况，并提及详细描述该事项的相关披露在财务报表中的位置。

【解析】注册会计师在2015年度审计报告中增加其他事项段说明了这一情况，并提及了前任注册会计师对对应数据出具的审计报告，但没有指出其位置。

（四）上期财务报表已由前任注册会计师审计时的报告要求（参考格式19－9）

注册会计师在审计报告可以提及前任注册会计师对对应数据出具的审计报告。当注册会计师决定提及时，应该在审计报告的其他事项段说明：

（1）上期财务报表已由前任注册会计师审计；

（2）前任注册会计师发表的审计意见类型；

（3）前任注册会计师出具审计报告的日期。

（五）上期财务报表未经审计时的报告要求

如果上期财务报表未经审计，注册会计师应当在审计报告的其他事项段中予以说明对应数据未经审计。但这种说明并不减轻注册会计师针对本期期初余额实施恰当审计程序的责任。

重难点16：审计报告：比较财务报表★★

（一）总体要求

当列报比较财务报表时，审计意见应当提及列报财务报表所属的各期，以及发表的审计意见涵盖的各期。

由于对比较财务报表出具的审计报告涵盖所列报的每期财务报表，注册会计师可以对一期或多期财务报表发表保留意见、否定意见或无法表示意见，或者在审计报告中增加强调事项段，而对其他期间的财务报表发表不同的审计意见。

（二）对上期财务报表发表的意见与以前发表的意见不同

当因本期审计而对上期财务报表发表审计意见时，如果对上期财务报表发表的意见与以前发表的意见不同，注册会计师应当在其他事项段中披露导致不同意见的实质性原因。

【小贴士】当结合本期审计对上期财务报表出具审计报告时，如果注册会计师在本期审计过程中注意到严重影响上期财务报表的情形或事项，对上期财务报表发表的意见可能与以前发表的意见不同。在某些国家或地区，注册会计师可能负有额外的报告责任。因此，要求注册会计师在审计报告的其他事项段中披露导致不同意见的实质性原因，以防止信赖注册会计师以前对上期财务报表出具的报告。

（三）上期财务报表已由前任注册会计师审计

如果上期财务报表已由前任注册会计师审计，除非前任注册会计师对上期财务报表出具的审计报告与财务报表一同对外提供，注册会计师除对本期财务报表发表意见外，还应当在其他事项段中说明：

（1）上期财务报表已由前任注册会计师审计。

（2）前任注册会计师发表的意见的类型（如果是非无保留意见，还应当说明发表非无保留意见的理由）。

（3）前任注册会计师出具的审计报告的日期。

（四）认为存在影响上期财务报表的重大错报

如果认为存在影响上期财务报表的重大错报，而前任注册会计师以前出具了无保留意见的审计报告，注册会计师应当就此与适当层级的管理层沟通，并要求其告知前任注册会计师。注册会计师还应当与治理层进行沟通，除非治理层全部成员参与管理被审计单位。

如果上期财务报表已经更正，且前任注册会计师同意对更正后的上期财务报表出具新的审计报告，注册会计师应当仅对本期财务报表出具审计报告。

前任注册会计师可能无法或不愿对上期财务报表重新出具审计报告。注册会计师可以在审计报告中增加其他事项段，指出前任注册会计师对更正前的上期财务报表出具了报告。

（五）上期财务报表未经审计

如果上期财务报表未经审计，注册会计师应当在其他事项段中说明比较财务报表未经审计。但这种说明并不减轻注册会计师获取充分、适当的审计证据，以确定期初余额不含有对本期财务报表产生重大影响的错报的责任。

重难点17：获取并阅读其他信息★★

（一）其他信息的含义

其他信息，是指在被审计单位年度报告中包含的除财务报表和审计报告以外的财务信息和非财务信息。

在被审计单位年度报告中，除包含财务报表和审计报告外，还通常包括实体的发展，未来前景、风险和不确定事项，治理层声明，以及包含治理事项的报告等信息，这些财务信息和非财务信息称为其他信息。

【小贴士】如果其他信息与财务报表或者与注册会计师在审计中了解到的情况存在重大不一致，可能表明财务报表或其他信息存在重大错报，两者均会损害财务报表和审计报告的可信性，也可能不恰当地影响审计报告使用者的经济决策。

（二）获取其他信息

注册会计师应当通过与管理层讨论，确定哪些文件组成年度报告，以及被审计单位计划公布这些文件的方式和时间安排。注册会计师应当就及时获取组成年度报告文件的最终版本与管理层作出适当安排。

如果可能，在审计报告日之前获取。如果组成年度报告的部分或全部文件在审计报告日后才能取得，要求管理层提供书面声明，声明上述文件的最终版本将在可获取时并且在被审计单位公布前提供给注册会计师，以使注册会计师可以完成准则要求的程序。

（三）阅读其他信息

在阅读时，注册会计师应当考虑这些其他信息和财务报表之间是否存在重大不一致。作为考虑的基础，注册会计师应当将这类其他信息中选取的金额或其他项目与财务报表中的相应金额或其他项目进行比较，以评价其一致性。

【小贴士】重大不一致可能会导致注册会计师对根据以前获取的审计证据得出的审计结论产生怀疑，甚至对形成审计意见的基础产生怀疑。

【经典真题】

【简答题（部分）·2017】ABC会计师事务所首次接受委托，审计上市公司甲公司2016年度财务报表，委派A注册会计师担任项目合伙人。A注册会计师确定财务报表整体的重要性为1 200万元。甲公司主要提供快递物流服务。

资料五：A注册会计师在审计工作底稿中记录了审计完成阶段的工作，部分内容摘录如下：

（3）A注册会计师未能在审计报告日前获取甲公司2016年年度报告的最终版本，因此，未要求管理层提供有关其他信息的书面声明。

【要求】指出A注册会计师的做法是否恰当。如不恰当，简要说明理由。

【答案】不恰当。未能在审计报告日前获取年度报告的最终版本，应当要求管理层提供书面声明。

【解析】注册会计师未能在审计报告日前获取年度报告的最终版本，应当要求管理层提供有关其他信息的书面声明。

重难点18：当似乎存在重大不一致或其他信息似乎存在重大错报的应对★★

如果注册会计师识别出似乎存在重大不一致，或者知悉其他信息似乎存在重大错报，注册会计师应当与管理层讨论该事项，必要时，实施其他程序以确定。

1. 其他信息是否存在重大错报
2. 财务报表是否存在重大错报
3. 注册会计师对被审计单位及其环境的了解是否需要更新

重难点19：当注册会计师认为其他信息存在重大错报时的应对★★★

（一）要求管理层更正其他信息

（1）如果管理层同意作出更正，注册会计师应当确定更正已经完成。

（2）如果管理层拒绝作出更正，注册会计师应当就该事项与治理层进行沟通，并要求作出更正。

（二）审计报告日前获取的其他信息存在重大错报，且在与治理层沟通后其他信息仍未得到更正

（1）考虑对审计报告的影响，并就注册会计师计划如何在审计报告中处理重大错报与治理层进行沟通。注册会计师可在审计报告中指明其他信息存在重大错报。

【小贴士】在少数情况下，当拒绝更正其他信息的重大错报导致对管理层和治理层的诚信产生怀疑，进而质疑审计证据总体上的可靠性时，对财务报表发表无法表示意见可能是恰当的。

（2）在相关法律法规允许的情况下，解除业务约定。当拒绝更正其他信息的重大错报导致对管理层和治理层的诚信产生怀疑，进而质疑审计过程中从其获取声明的可靠性时，解除业务约定可能是适当的。

（三）注册会计师认为审计报告日后获取的其他信息存在重大错报

（1）如果其他信息得以更正，注册会计师应当根据具体情形实施必要的程序，包括确定更正已经完成，也可能包括复核管理层为与收到其他信息（如果之前已经公告）的人士沟通并告知其修改而采取的步骤。

（2）如果与治理层沟通后其他信息未得到更正，注册会计师应当考虑其法律权利和义务，并采取恰当的措施，以提醒审计报告使用者恰当关注未更正的重大错报。

①向管理层提供一份新的或修改后的审计报告，其中指出其他信息的重大错报。同时要求管理层将新的或修改后的审计报告提供给审计报告使用者。在此过程中，注册会计师可能需要基于审计准则和适用的法律法规要求，考虑对新的或修改后的审计报告的日期产生的影响。注册会计师也可以复核管理层采取的、向这些使用者提供新的或修改后的审计报告的步骤。

②提醒审计报告使用者关注其他信息的重大错报，例如，在股东大会上通报该事项。

③与监管机构或相关职业团体沟通未更正的重大错报。

④考虑对持续承接业务的影响。

【经典真题】

【简答题（部分）·2017】ABC 会计师事务所的 A 注册会计师负责审计多家上市公司 2016 年度财务报表，遇到下列与审计报告相关的事项：

（2）A 注册会计师在乙公司审计报告日后获取并阅读了乙公司 2016 年年度报告的最终版本，发现其他信息存在重大错报，与管理层和治理层沟通后，该错报未得到更正。A 注册会计师拟重新出具审计报告，指出其他信息存在的重大错报。

【要求】指出 A 注册会计师的做法是否恰当，如不恰当，简要说明理由。

【答案】恰当。

【解析】注册会计师审计报告日后获取并阅读了年度报告的最终版本，发现其他信息存在重大错报，与管理层和治理层沟通后，该错报未得到更正。注册会计师拟重新出具审计报告，指出其他信息存在的重大错报，符合准则的要求。

重难点 20：审计报告★★

（一）需要单独披露的情形

如果在审计报告日存在下列两种情况之一，审计报告应当包括一个单独部分，以“其他信息”为标题：

（1）对于上市实体财务报表审计，注册会计师已获取或预期将获取其他信息。

（2）对于上市实体以外其他被审计单位的财务报表审计，注册会计师已获取部分或全部其他信息。

（二）审计报告包含的其他信息部分的描述内容

1. 管理层对其他信息负责的说明

2. 指明：

（1）注册会计师于审计报告日前已获取的其他信息（如有）。

（2）对于上市实体财务报表审计，预期将于审计报告日后获取的其他信息（如有）。

（3）说明注册会计师的审计意见未涵盖其他信息，因此，注册会计师对其他信息不发表（或不会发表）审计意见或任何形式的鉴证结论。

（4）描述注册会计师根据审计准则的要求，对其他信息进行阅读、考虑和报告的责任。

（5）如果审计报告日前已经获取其他信息，则选择下列两种做法之一进行说明：

①说明注册会计师无任何需要报告的事项。

②如果注册会计师认为其他信息存在未更正的重大错报，说明其他信息中的未更正重大错报。

【经典真题】

【简答题（部分）·2018】 ABC 会计师事务所的 A 注册会计师负责审计多家上市公司 2017 年度财务报表，遇到下列与审计报告相关的事项：

（2）A 注册会计师无法就丙公司年末与重大诉讼相关的预计负债获取充分、适当的审计证据，拟对财务报表发表保留意见。A 注册会计师在审计报告日前取得并阅读了丙公司 2017 年年度报告，未发现其他信息与财务报表有重大不一致或存在重大错报，拟在保留意见审计报告的其他信息部分说明无任何需要报告的事项。

【要求】 针对上述第（2）项，指出 A 注册会计师的做法是否恰当，如不恰当，简要说明理由。

【答案】 不恰当。注册会计师需要考虑导致保留意见的事项对其他信息的影响/注册会计师需要在其他信息部分说明无法判断与导致保留意见的事项相关的其他信息是否存在重大错报。

【解析】 注册会计师无法就与重大诉讼相关的预计负债获取充分、适当的审计证据，拟对财务报表发表保留意见（处理合理）。注册会计师即使在审计报告日前取得并阅读了年度报告，未发现其他信息与财务报表有重大不一致或存在重大错报，也需要在其他信息部分说明无法判断与导致保留意见的事项相关的其他信息是否存在重大错报。

【简答题（部分）·2019】 ABC 会计师事务所的 A 注册会计师负责审计多家上市公司 2018 年度财务报表，遇到下列与审计报告相关的事项：

（1）A 注册会计师无法就乙公司 2018 年末存放在第三方的存货获取充分、适当的审计证据，对财务报表发表了保留意见。A 注册会计师认为除这一事项外，不存在其他关键审计事项，因此，未在审计报告中包含关键审计事项部分。

（2）丙公司某子公司于 2019 年 1 月 1 日起停止营业并开始清算，债权人申报的债权金额比该子公司 2018 年末相应的账面余额多 5 亿元，占丙公司 2018 年末合并财务报表净资产的 15%。丙公司管理层解释系该子公司与债权人就工程款存在争议，最终需要支付的金额尚不确定，故未在财务报表中予以确认。A 注册会计师认为该事项对财务报表使用者理解财务报表至关重要，在无保留意见的审计报告中增加了强调事项段提醒报表使用者关注。

（3）丁公司的某重要子公司 2018 年末处于停产状态，其核心技术人员已离职成立新公司，与丁公司竞争并占据主要市场份额。管理层拟在三年内自主研发替代性技术，基于该假设编制的预计未来现金流量现值显示，收购该子公司形成的大额商誉不存在减值。A 注册会计师认为技术研发成功的可能性存在重大不确定性，在无保留意见的审计报告中增加了强调事项段提醒报表使用者关注。

（4）戊公司 2016 年度和 2017 年度连续亏损，2018 年度实现净利润 1.4 亿元，其中包括控股股东债务豁免收益 2 亿元。A 注册会计师认为该交易不具有商业实质，对 2018 年度财务报表发表了保留意见。

【要求】针对上述第（1）~（4）项，逐项指出 A 注册会计师的做法是否恰当。如不恰当，简要说明理由。

【答案】

（1）不恰当。A 注册会计师应当在关键审计事项部分提及形成保留意见的基础部分。

（2）不恰当。未在财务报表中确认应确认的金额，A 注册会计师应当发表非无保留意见，而不是增加强调事项段。

（3）不恰当。丁公司的持续经营假设适当，但是存在重大不确定性，A 注册会计师应当在无保留意见的审计报告中增加“与持续经营相关的重大不确定性”的单独部分，而不是增加强调事项段。

（4）不恰当。应出具否定意见的审计报告。

四、进阶练习

（一）单选题

1. 下列有关审计报告要素的相关说法中，不恰当的是（　　）。

A. 审计报告应当按照审计业务的约定载明收件人的全称

B. 审计报告应包含标题为“形成审计意见的基础”部分

C. 应当在出具的审计报告中注明会计师事务所详细通讯地址

D. 审计报告应当由项目合伙人和另一名负责该项目的注册会计师签名和盖章

2. 从“在执行审计工作时重点关注过的事项”中选出“最为重要的事项”时，下列选项中无需考虑的是（　　）。

A. 该事项对预期使用者理解财务报表整体的重要程度，尤其是对财务报表的重要性

B. 与该事项相关的会计政策的性质或者与同行业其他实体相比，管理层在选择适当的会计政策时涉及的复杂程度或主观程度

C. 从定性和定量方面考虑，与该事项相关的由于舞弊或错误导致的已更正错报和累积未更正错报（如有）的性质和重要程度

D. 评估的重大错报风险较高的领域或识别出的特别风险

3. 下列情况中，不属于审计范围受到限制的是（　　）。

A. 管理层阻止注册会计师对应收账款余额实施函证

B. 被审计单位的会计记录已在火灾中烧毁

C. 重要组成部分的会计记录已被政府有关机构无限期地查封

D. 注册会计师无法实施原定程序，只能通过替代程序获取证据

4. 下列选项中，属于在审计报告中增加强调事项段的情形的是（　　）。

A. 提醒财务报表使用者注意财务报表按照特殊目的的编制基础编制

B. 发表非无保留意见的事项

C. 当注册会计师对财务报表发表无法表示意见时，修改无保留意见审计报告中注册会计师对财务报表审计的责任部分

D. 对持续经营能力存在重大不确定性时作出的报告

5. 以下有关比较信息的说法中，不恰当的是（　　）。

A. 比较信息，是指包含于财务报表中的、符合适用的财务报告编制基础的、与一个或多个以前期间相关的金额和披露

B. 对应数据列报的详细程度主要取决于其与本期数据的相关程度

C. 比较财务报表包含信息的详细程度与本期财务报表包含信息的详细程度相似

D. 注册会计师发表的审计意见应包括对比较信息的意见

6. 如果注册会计师在审计报告日后获知其他信息存在重大错报，且与管理层沟通后其他信息仍未更正，下列不属于注册会计师采取的措施的是（　　）。

A. 向管理层提供一份新的或修改后的审计报告，其中指出其他信息的重大错报

B. 与监管机构或相关职业团体沟通未更正的重大错报

C. 提醒审计报告使用者关注其他信息的重大错报

D. 注册会计师应当确定沟通未更正原因

7. 当财务报表存在重大错报或注册会计师对被审计单位及其环境的了解需要更新时，如下应对措施中不恰当的是（　　）。

A. 修改注册会计师对风险的评估　　B. 修改注册会计师评估的错报

C. 考虑注册会计师关于期后事项的责任　　D. 在后续审计予以关注

8. 下列关于注册会计师在得出审计结论时考虑的领域的说法中，不恰当的是（　　）。

A. 在得出总体结论之前，注册会计师应当根据实施的审计程序和获取的审计证据，评价对认定层次重大错报风险的评估是否仍然适当

B. 如果对重大的财务报表认定没有获取充分、适当的审计证据，注册会计师应当尽可能获取进一步的审计证据

C. 评价财务报表是否在所有重大方面按照适用的财务报告编制基础编制

D. 应当考虑发现的错报单独或汇总起来是否构成重大错报

9. 下列关于注册会计师就关键审计事项与治理层沟通的说法，不恰当的是（　　）。

A. 关键审计事项与治理层沟通，进一步明确各自责任

B. 关键审计事项与治理层沟通，能够使治理层了解关键审计事项将如何在审计报告中作出描述

C. 关键审计事项与治理层沟通，能够使治理层考虑鉴于关键审计事项将在审计报告中沟通，作出新的披露或提高披露质量是否有用

D. 关键审计事项与治理层沟通，能够使治理层了解注册会计师就关键审计事项作出的审计决策的基础

10. 注册会计师在上年度审计工作中，因应付账款审计范围受到重大限制而发表了保留意见。在执行本年度审计业务时，获取证据表明上年所有应付账款均已偿还。编制本年度财务报表的审计报告时，注册会计师正确的做法是（　　）。

A. 在意见段中指明应付账款期初余额可能存在错报

B. 应付账款的对应数据审计范围受到限制而发表保留意见

C. 不在审计报告中提及之前发表的保留意见

D. 在强调事项段中说明对应数据审计范围已不受限

（二）多选题

1. 在评价财务报表是否实现公允反映时，注册会计师应当考虑内容的有（　　）。

A. 财务报表的整体列报、结构和内容是否合理

B. 财务报表（包括相关附注）是否公允地反映了相关交易和事项

C. 财务报表使用的术语（包括每一财务报表的标题）是否适当

D. 管理层作出的会计估计是否合理

2. 下列有关财务报表审计报告特征的说法中，恰当的有（　　）。

A. 注册会计师应当按照审计准则的规定执行审计工作

B. 只有在实施审计工作的基础上才能出具审计报告

C. 履行业务约定书约定的责任是通过对财务报表发表意见实现的

D. 财务报表审计报告中可以考虑对财务报告内部控制发表意见

3. 下列关于审计报告日期的说法中，正确的有（　　）。

A. 注册会计师签署审计报告的日期可以晚于财务报表报出日

B. 注册会计师签署审计报告的日期通常与财务报表报出日为同一天

C. 注册会计师签署审计报告的日期可以晚于管理层签署已审计财务报表的日期

D. 注册会计师签署审计报告的日期通常与管理层签署已审计财务报表的日期为同一天

4. 关于在审计报告中沟通关键审计事项的说法中，正确的有（　　）。

A. 关键审计事项是注册会计师根据职业判断认为对当期财务报表审计最为重要的事项

B. 在关键审计事项部分披露的关键审计事项必须是已经得到满意解决的事项

C. 形成保留或否定意见的基础部分可能需要在关键审计事项部分提及

D. 预期在审计报告中沟通某事项造成的负面后果超过产生公众利益方面的益处的事项，需要在关键审计事项部分披露

5. 下列各项中，可能导致注册会计师无法获取充分、适当的审计证据的情形有（　　）。

A. 非重要组成部分的会计记录已被政府有关机构无限期地查封

B. 注册会计师接受审计委托的时间安排，使注册会计师无法实施存货监盘

C. 注册会计师确定仅实施实质性程序是不充分的，但被审计单位的控制是无效的

D. 管理层阻止注册会计师对特定账户余额实施函证

6. 在下列情况中，导致注册会计师发表保留意见的有（　　）。

A. 在获取充分、适当的审计证据后，注册会计师认为错报单独或汇总起来对财务报表影响重大，但不具有广泛性

B. 注册会计师无法获取充分、适当的审计证据以作为形成审计意见的基础，但认为未发现的错报对财务报表可能产生的影响重大，但不具有广泛性

C. 在获取充分、适当的审计证据后，如果认为错报单独或汇总起来对财务报表的影响远低于报表整体重要性

D. 如果无法获取充分、适当的审计证据以作为形成审计意见的基础，但认为未发现的错报对财务报表可能产生的影响重大且具有广泛性

7. 下列关于强调事项的理解中，正确的有（　　）。

A. 强调事项是对已在财务报表中恰当列报或披露，并且根据注册会计师的职业判断对财务报表使用者理解财务报表至关重要的事项的强调

B. 强调事项是对已在财务报表列报或披露但是列报或披露的内容不恰当，并且根据注册会计师的职业判断对财务报表使用者理解财务报表至关重要的事项的强调

C. 强调事项不能代替发表非无保留意见的事项

D. 与使用者理解注册会计师的责任或审计报告相关的情形应该列为强调事项

8. 下列各项中，属于需要在审计报告中增加其他事项段的情形的有（　　）。

A. 与使用者理解审计工作相关的情形

B. 与使用者理解注册会计师的责任或审计报告相关的情形

C. 对两套以上财务报表出具审计报告的情形

D. 限制审计报告分发和使用的情形

9. 下列关于对应数据和比较财务报表的说法中，正确的有（　　）。

A. 审计意见中应该提及对应数据

B. 对应数据是本期财务报表的组成部分

C. 比较财务报表是为了与本期财务报表相比较而包含的上期金额和相关披露

D. 比较财务报表包含信息的详细程度不如本期财务报表信息

10. 如果上期财务报表已由前任注册会计师审计，注册会计师在审计报告中可以提及前任注册会计师对对应数据出具的审计报告。当注册会计师决定提及时，应当在审计报告的其他事项段中说明事项的有（　　）。

A. 上期财务报表已由前任注册会计师审计

B. 前任注册会计师发表的意见的类型

C. 前任注册会计师出具的审计报告的日期

D. 前任注册会计师应该承担的责任

（三）简答题

XYZ 会计师事务所的 W 注册会计师，2019 年度担任多家上市公司财务报表审计的项目合伙人，与审计报告相关的事项摘录如下：

（1）甲公司 2019 年发生重大对外投资损失，致使本年度利润首次亏损，甲公司采取了相应的应对措施，也在报表附注中进行了充分披露。W 注册会计师实施审计程序并与治理层

沟通后，认为可能导致对持续经营能力产生重大疑虑的事项或情况存在重大不确定性。因该事项属于与治理层沟通的事项，W 注册会计师拟将其作为关键审计事项在审计报告中沟通。

（2）W 注册会计师在乙公司审计报告日前获取并阅读了乙公司 2019 年年度报告的最终版本，发现其他信息存在重大错报，与管理层和治理层沟通后，该错报未得到更正，W 注册会计师在出具的审计报告中，指出其他信息存在的重大错报。

（3）W 注册会计师对丁公司管理层的诚信产生重大疑虑，以至于认为其作出的书面声明不可靠，出具了保留意见审计报告。

（4）己公司为戊集团公司的不重要的子公司，W 注册会计师作为集团注册会计师，在集团层面对己公司实施分析程序。

（5）2019 年 1 月 1 日，庚公司管理层在 2019 年度提前采用新的会计准则（法律允许），W 注册会计师认为该事项对财务报表使用者理解财务报表至关重要，在审计报表中增加其他事项段予以说明。

【要求】针对上述第（1）~（5）项，假定不考虑其他条件，逐项指出 W 注册会计师的做法是否恰当，如不恰当，请简要说明理由。

五、进阶练习答案

（一）单选题

1. 【答案】C

【解析】选项 C 不恰当，当实务中，审计报告通常载于会计师事务所统一印刷的标有该所详细通讯地址的信笺上，无需在审计报告中注明详细地址。

2. 【答案】D

【解析】选项 D 不恰当，评估的重大错报风险较高的领域或识别出的特别风险，属于从“与治理层沟通的事项”中选出“在执行审计工作时重点关注过的事项”考虑的因素。

3. 【答案】D

【解析】选项 D 不恰当，如果注册会计师能够通过实施替代程序获取充分、适当的审计证据，则无法实施原定的程序并不构成对审计范围的限制。

4. 【答案】A

【解析】在审计报告中包含强调事项段不影响审计意见。选项 B、选项 C 属于非无保留审计报告中的情形；选项 D 属于按照《中国注册会计师审计准则第 1324 号——持续经营》的规定，当可能导致对被审计单位持续经营能力产生重大疑虑的事项或情况存在重大不确定性时作出的报告的情形。

5. 【答案】D

【解析】选项 D 不恰当，比较信息包括对应数据和比较财务报表。针对比较财务报表，注册会计师需要发表审计意见，而针对对应数据来说，审计意见仅提及本期报表。

6. 【答案】D

【解析】选项 D，注册会计师应当确定沟通未更正原因，属于沟通更正时考虑的事项。

7. 【答案】D

【解析】如果注册会计师认为财务报表存在重大错报，或者注册会计师对被审计单位及其环境的了解需要更新，注册会计师应当作出恰当应对，包括修改注册会计师对风险的评估（选项 A）、评估错报（选项 B）、考虑注册会计师关于期后事项的责任（选项 C）。此种情形应该在本期解决，故选项 D 不恰当。

8. 【答案】D

【解析】选项 D 不恰当，当在得出审计结论时，注册会计师应当按照《中国注册会计师审计准则第 1251 号——评价审计过程中识别出的错报》的规定，考虑未更正错报单独或汇总起来是否构成重大错报。

9. 【答案】A

【解析】关键审计事项与治理层沟通，能够使治理层了解注册会计师就关键审计事项作出的审计决策的基础以及这些事项将如何在审计报告中作出描述，也能够使治理层考虑鉴于这些事项将在审计报告中沟通，作出新的披露或提高披露质量是否有用（选项 B、选项 C、选项 D 恰当），关键审计事项与治理层沟通，不涉及进一步明确各自责任，故选项 A 不恰当。

10. 【答案】C

【解析】选项 C 做法正确，如果以前针对上期财务报表发表了非无保留意见，且导致非无保留意见的事项已经解决，则针对本期财务报表发表的审计意见无需提及之前发表的非无保留意见。

（二）多选题

1. 【答案】AB

【解析】选项 C、选项 D 是评价财务报表是否在所有重大方面按照适用的财务报告编制基础编制的内容。

2. 【答案】ABC

【解析】选项 D 错误，财务报表审计报告中不对内部控制发表意见。

3. 【答案】CD

【解析】注册会计师签署审计报告的日期通常与管理层签署已审计财务报表的日期为同一天，也可以晚于管理层签署已审计财务报表的日期，选项 C、选项 D 正确。

4. 【答案】AB

【解析】选项 C 错误，形成保留或否定意见的基础部分的事项，属于没有得到满意解决的事项，为此不属于关键审计事项；选项 D 错误，除非法律法规禁止公开披露某事项，或者在极其罕见的情况下，如果合理预期在审计报告中沟通某事项造成的负面后果超过产生的公众利益方面的益处，注册会计师确定不应在审计报告中沟通该事项，则注册会计师应当在审计报告中逐项描述关键审计事项。

5. 【答案】BCD

【解析】选项 A 错误，非重要组成部分的会计记录已被政府有关机构无限期地查封不影响集团财务报表审计。

6. 【答案】AB

【解析】选项 A、选项 B 发表保留意见；选项 C，在获取充分、适当的审计证据后，如果认为错报单独或汇总起来对财务报表的影响远低于报表整体重要性，应该发表无保留意见；选项 D，如果无法获取充分、适当的审计证据以作为形成审计意见的基础，但认为未发现的错报对财务报表可能产生的影响重大且具有广泛性应该发表无法表示意见。

7.【答案】AC

【解析】强调事项段是对已在财务报表中恰当列报或披露（选项 B 错误），并且根据注册会计师的职业判断对财务报表使用者理解财务报表至关重要的事项的强调。与使用者理解注册会计师的责任或审计报告相关的情形应该列为其他事项（选项 D 错误）。

8.【答案】ABCD

9.【答案】BC

【解析】选项 A 错误，当财务报表中列报对应数据时，由于审计意见是针对包括对应数据的本期财务报表整体的，审计意见通常不提及对应数据。只有在特定情形下，注册会计师才应当在审计报告中提及对应数据；选项 D 错误，比较财务报表包含信息的详细程度与本期财务报表包含信息的详细程度相似。

10.【答案】ABC

【解析】当注册会计师决定在审计报告提及时，应当在审计报告的其他事项段中说明：（1）上期财务报表已由前任注册会计师审计（选项 A）；（2）前任注册会计师发表的意见的类型（选项 B）；（3）前任注册会计师出具的审计报告的日期（选项 C）。

（三）简答题

【答案】

（1）不恰当。对持续经营能力产生重大疑虑的事项或情况存在重大不确定性，在报告中单独列示。而不能作为关键审计事项在审计报告中沟通。

（2）恰当。

（3）不恰当。应该发表无法表示意见的审计报告。

（4）恰当。

（5）不恰当。应该在审计报表中增加强调事项段予以说明。

第二十章 企业内部控制审计

一、2020 年新教材内容主要变化

2020 年本章无实质变化。

二、本章近 5 年考情统计分析

本章考题主要以客观题为主，但也可涉及主观题（简答题），本章属于一般重要的考试章节之一，最近 3 年平均考试分值一般在 4 分左右。

（一）近 5 年考试分值分布

题型	2015 年	2016 年	2017 年	2018 年	2019 年
单选题	—	—	2	1	2
多选题	—	—	2	2	2
简答题	—	—	—	—	—
综合题	—	—	—	—	—
合计	0	0	4	3	4

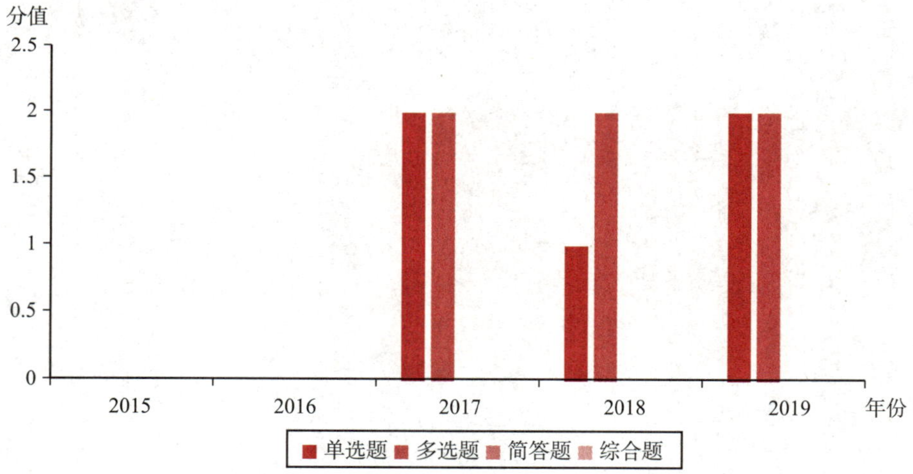

（二）近 5 年考试考点分布

高频考点内容	年度及题型分布
自上而下	2018 年单选、2017 年单选、2017 年多选
控制测试的有效性	2019 年单选
业务层面的控制测试	2019 年多选
内部控制缺陷评价	2019 年单选、2018 年多选、2017 年单选

三、重难点解析

本章内容独立于财务报表审计的重要章节，主要阐述财务报告内部控制与非财务报告内部控制、内部控制审计的含义、自上而下方法的步骤、识别、了解和测试企业层面控制、识别重要账户和列报及其相关认定、了解潜在错报的来源并识别相应的控制、选择拟测试的控制、控制测试的时间安排、非控制测试的范围、企业层面控制的测试、控制缺陷的分类、评价控制缺陷的严重程度、内部控制缺陷整改、形成审计意见、无保留意见内部控制审计报告、非无保留意见的内部控制审计报告、强调事项、非财务报告内部控制缺陷、其他信息的审计报告。

【小贴士】本章内容尽管相对独立，但是相关知识点与前序章节内容存在交叉或近似，所以在学习时应该对照学习。

测试控制的有效性（链接到第八章第三节）；企业层面控制的测试（链接到第七章第四节）；业务流程、应用系统或交易层面的控制的测试（链接到第七章第四节）；信息系统控制的测试（链接到第五章）；出具审计报告（链接到第五编对比学习）。

重难点1：财务报告内部控制与非财务报告内部控制★★

（一）财务报告内部控制

财务报告内部控制，是指公司的董事会、监事会、经理层及全体员工实施的旨在合理保证财务报告及相关信息真实、完整而设计和运行的内部控制，以及用于保护资产安全的内部控制中与财务报告可靠性目标相关的控制。从注册会计师的角度，具体分为如下两类：

1. 企业层面控制的内部控制

（1）与控制环境相关的控制。

（2）针对管理层和治理层凌驾于控制之上的风险而设计的内部控制。

（3）被审计单位的风险评估过程。

（4）对内部信息传递和期末财务报告流程的控制。

（5）对控制有效性的内部监督（即监督其他控制的控制）和内部控制评价。

（6）集中化的处理和控制。

（7）监控经营成果的控制。

（8）重大经营控制和风险管理实务的政策。

2. 业务流程、应用系统或交易层面的内部控制

（1）授权与审批。

（2）信息技术应用控制。

（3）实物控制。

（4）复核和调节。

（二）非财务报告内部控制

非财务报告内部控制，是指除财务报告内部控制之外的其他控制，通常是指为了合理保证除财务报告及相关信息、资产安全外的其他控制目标的实现而设计和运行的内部控制。

重难点 2：内部控制审计的含义★★★

（一）内部控制审计的定义

内部控制审计，是指会计师事务所接受委托，对特定基准日内部控制设计与运行的有效性进行审计。

（二）内部控制审计的范围

（1）针对财务报告内部控制，注册会计师对其有效性发表审计意见。

（2）针对非财务报告内部控制，注册会计师针对内部控制审计过程中注意到的非财务报告内部控制的重大缺陷，在内部控制审计报告中增加“非财务报告内部控制重大缺陷描述段”予以披露。

（三）内部控制审计基准日

内部控制审计基准日，是指注册会计师评价内部控制在某一时日是否有效所涉及的基准日，也是被审计单位评价基准日，即最近一个会计期间截止日。

注册会计师不可能对企业内部控制在某个期间段（如一年）内每天的运行情况进行描述，然后发表审计意见，这样做不切实际，并且无法向信息使用者提供准确清晰的信息（考虑到中间对内部控制缺陷的纠正），甚至会误导使用者。

【小贴士】对特定基准日内部控制的有效性发表意见，并不意味着注册会计师只测试特定基准日这一天的内部控制，而是需要考察一段足够长的时间的内部控制设计和运行情况。

（四）整合审计

整合审计是指注册会计师将内部控制审计与财务报表审计整合进行。

【经典模拟题】

【多选题】下列有关财务报表审计与内部控制审计的共同点的说法中，不正确的有（　　）。

A. 两者识别的重要账户、列报及其相关认定相同

B. 两者了解和测试内部控制设计和运行有效性的审计程序类型相同

C. 两者测试内部控制运行有效性的范围相同

D. 两者的审计报告意见类型相同

【答案】CD

【解析】选项 C 不正确，两者测试内部控制运行有效性的范围不相同；选项 D 不正确，两者的审计报告意见类型不相同，内控审计报告没有保留意见类型。

重难点 3：自上而下方法的步骤★★

自上而下的方法始于财务报表层次。以注册会计师对财务报告内部控制整体风险的了解开始，然后，将关注重点放在企业层面的控制上，并将工作逐渐下移至重要账户，列报及其相关认定。随后，确认其对被审计单位业务流程中风险的了解，并选择能足以应对评估的每个相关认定的重大错报风险的控制进行测试。

1. 从财务报表层次初步了解内部控制整体风险
2. 识别、了解和测试企业层面控制
3. 识别重要账户、列报及其相关认定
4. 了解潜在错报的来源并识别相应的控制
5. 选择拟测试的控制

重难点4：识别、了解和测试企业层面控制★★★

（一）企业层面控制的含义

企业层面的控制通常为应对企业财务报表整体层面的风险而设计，或作为其他控制运行的“基础设施”，通常在比业务流程更高的层面上乃至整个企业范围内运行，其作用比较广泛，通常不局限于某个具体认定。

（二）企业层面控制对其他控制及其测试的影响

【小贴士】其他控制主要是指业务流程、应用系统或交易层面的控制，该类控制主要针对业务流程层面而设计。

1. 间接影响

某些企业层面控制，对重大错报是否能够被及时防止或发现的可能性有重要影响，虽然这种影响是间接的，但这些控制可能影响注册会计师拟测试的其他控制及其对其他控制所执行程序的性质、时间安排和范围。

例如，某些控制环境相关的控制，管理层和治理层对待内部控制的态度，对业务流程层面的控制影响大多为间接的。

2. 直接监督

某些企业层面控制能够监督其他控制的有效性。当这些控制运行有效时，注册会计师可以减少原本拟对其他控制有效性进行的测试。

例如，财务总监定期审阅经营收入的详细月度分析报告。如果这个控制有效，可能可以使注册会计师修改其原本拟对其他控制所进行的测试程序。

3. 直接影响

某些企业层面控制本身能精确到足以及时防止或发现一个或多个相关认定中存在的重大错报。如果一项企业层面控制足以应对已评估的重大错报风险，注册会计师可能可以不必测试与该风险相关的其他控制。

例如，被审计单位设立了银行余额调节表的监督审阅流程，并且对下属所有分级机构作出定期检查，以确定所有下属单位已经做好银行余额调节表的编制、审阅及跟踪工作。如果这个监督审阅过程中的程序有足够的精确度以复核各个下属单位的工作是否恰当，那么注册会计师可以考虑测试这个企业层面的控制，并且不必对下属每个单位的银行余额调节表相关控制进行测试。

【小贴士】由于对企业层面控制的评价结果将影响注册会计师测试其他控制的性质、时间安排及范围，所以注册会计师可以考虑在执行业务的早期阶段对企业层面控制进行测试。

重难点5：识别重要账户、列报及其相关认定★★★

（一）重要账户、列报的定义

重要账户或列报是指如果某账户或列报可能存在一个错报，该错报单独或连同其他错报将导致财务报表发生重大错报，则该账户或列报为重要账户或列报。

【小贴士】识别重要账户或列报及其相关认定，是以确定重要性水平为基础。

（二）重要账户、列报的评价原则

1. 定量评价

超过财务报表整体重要性的账户或列报，无论是在内部控制审计还是财务报表审计中，通常被认定为重要账户或列报。金额超过财务报表整体重要性越多，被认定为重要账户或列报的可能性就越大。但账户或列报的金额超过财务报表整体重要性，并不必然表明其属于重要账户或列报。

2. 定性评价

即使账户或列报从金额上看并不重大，但注册会计师可能因为固有风险或舞弊风险的影响而将其确定为重要账户或列报。

例如，某负债类账户很可能被显著低估，则该负债类账户应被确定为重要账户。

【小贴士】在识别重要账户、列报及其相关认定时，注册会计师不应考虑控制的影响，因为内部控制审计的目标本身就是评价控制的有效性。

【小贴士】在内部控制审计中，注册会计师在识别重要账户、列报及其相关认定时应当评价的风险因素，与财务报表审计中考虑的因素相同。因此，在这两种审计中识别的重要账户、列报及其相关认定应当相同。

【经典真题】

【多选题·2019】对于内部控制审计，下列有关重要账户的说法中，正确的有（　　）。

A. 超过财务报表整体重要性的账户未必是重要账户

B. 在识别重要账户时，注册会计师不应考虑控制的影响

C. 在识别重要账户时，注册会计师无需确定重大错报的可能来源

D. 存在舞弊风险的账户，即使其金额小于财务报表整体重要性，仍是重要账户

【答案】ABD

【解析】选项C错误，在识别重要账户、列报及其相关认定时，注册会计师应当确定重大错报的可能来源。注册会计师可以通过考虑在特定的重要账户或列报中错报可能发生的领域和原因，确定重大错报的可能来源。

【单选题·2017】注册会计师执行内部控制审计时，下列有关识别重要账户、列报及其相关认定的说法中，错误的是（　　）。

A. 注册会计师应当从定性和定量两个方面识别重要账户、列报及其相关认定

B. 在识别重要客户、列报及其相关认定时，注册会计师应当确定重大错报的可能来源

C. 注册会计师通常将超过财务报表整体重要性的账户认定为重要账户

D. 在识别重要账户、列报及其相关认定时，注册会计师应当考虑控制的影响

【答案】D

【解析】选项 D 错误，在识别重要账户、列报及其相关认定时，不考虑控制的影响。

重难点6：了解潜在错报的来源并识别相应的控制★★

（一）了解潜在错报的来源

（1）了解与相关认定有关的交易的处理流程，包括这些交易如何生成、批准、处理及记录。

（2）验证注册会计师识别出的业务流程中可能发生重大错报（包括由于舞弊导致的错报）的环节。

（3）识别被审计单位用于应对这些错报或潜在错报的控制。

（4）识别被审计单位用于及时防止或发现并纠正未经授权的、导致重大错报的资产取得、使用或处置的控制。

（二）实施穿行测试

1. 需要实施穿行测试的情形

（1）存在较高固有风险的复杂领域。

（2）以前年度审计中识别出的缺陷（需要考虑缺陷的严重程度）。

（3）由于引入新的人员、新的系统、收购和采取新的会计政策而导致流程发生重大变化。

2. 穿行测试的规模

（1）一般而言，对每个重要流程，选取一笔交易或事项实施穿行测试即可。

（2）如果被审计单位采用集中化的系统为多个组成部分执行重要流程，则可能不必在每个重要的经营场所或业务单位选取一笔交易或事项实施穿行测试。

3. 穿行测试需要涉及的审计程序

注册会计师在实施穿行测试时，常常综合运用询问、观察、检查和重新执行。

重难点7：选择拟测试的控制★★★

（一）选择拟测试控制的基本要求

注册会计师应当针对每一相关认定获取控制有效性的审计证据，以便对内部控制整体的有效性发表意见，但没有责任对单项控制的有效性发表意见。

1. 选择具有重要影响的控制进行测试

注册会计师应当对被审计单位的控制是否足以应对评估的每个相关认定的错报风险形成结论。因此，注册会计师应当选择对形成这一评价结论具有重要影响的控制进行测试。

2. 不必测试与某项相关认定有关的所有控制

对特定的相关认定而言，可能有多项控制用以应对评估的错报风险；反之，一项控制也可能应对评估的多项相关认定的错报风险。注册会计师没有必要测试与某项相关认定有关的所有控制。

【小贴士】在确定是否测试某项控制时，注册会计师应当考虑该项控制单独或连同其他控制，是否足以应对评估的某项相关认定的错报风险，而不论该项控制的分类和名称如何。

（二）选择拟测试的控制的考虑因素（关键控制判断依据）

（1）哪些控制是不可缺少的?

（2）哪些控制直接针对相关认定?

（3）哪些控制可以应对错误或舞弊导致的重大错报风险?

（4）控制的运行是否足够精确。

【小贴士】与控制相关的风险越高，注册会计师需要获取的审计证据就越多。这与财务报表审计中的控制测试存在差异。

【经典真题】

【单选题·2018】在执行内部控制审计时，下列有关注册会计师选择拟测试的控制的说法中，错误的是（　　）。

A. 注册会计师应当选择测试对形成内部控制审计意见有重大影响的控制

B. 注册会计师无须测试即使有缺陷也合理预期不会导致财务报表重大错报的控制

C. 注册会计师选择拟测试的控制，应当涵盖企业管理层在执行内部控制自我评价时测试的控制

D. 注册会计师通常选择能够为一个或多个重要账户或列报的一个或多个相关认定提供最有效果或最有效率的证据的控制进行测试

【答案】C

【解析】选项C错误，企业管理层在执行内部控制自我评价时选择测试的控制，并非都属于关键控制。

重难点8：控制测试的时间安排★★★

（一）测试涵盖的期间

在整合审计中，控制测试所涵盖的期间应尽量与财务报表审计中拟信赖内部控制的期间保持一致。注册会计师应当在下列两个因素之间作出平衡，以确定测试的时间：

（1）尽量在接近基准日实施测试。

（2）实施的测试需要涵盖足够长的期间。

（二）被取代的控制的测试

1. 不再需要测试被取代的控制

如果注册会计师认为新的控制能够满足控制的相关目标，而且新控制已运行足够长的时间，足以使注册会计师通过实施控制测试评估其设计和运行的有效性，则注册会计师不再需要测试被取代的控制的设计和运行有效性。

2. 适当地测试被取代的控制

如果被取代的控制的运行有效性对注册会计师执行财务报表审计时的控制风险评估具有重要影响，注册会计师应当适当测试这些被取代的控制的设计和运行的有效性。

重难点9：控制测试的范围★★

1. 测试人工控制的最小样本规模（具体见教材表20－1）
2. 测试自动化应用控制的最小样本规模
3. 发现偏差的处理

【经典真题】

【单选题·2019】对于内部控制审计业务，下列有关控制测试的时间安排的说法中，错误的是（　　）。

A. 注册会计师应当获取内部控制在基准日之前一段足够长的期间内有效运行的审计证据

B. 注册会计师对控制有效性测试的实施越接近基准日，提供的控制有效性的审计证据越有力

C. 如果被审计单位在所审计年度内对控制作出改变，注册会计师应当对新的控制和被取代的控制分别实施控制测试

D. 如果已获取有关控制在期中运行有效性的审计证据，注册会计师应当获取补充证据，将期中测试结果前推至基准日

【答案】C

【解析】选项C错误，如果被审计单位为了提高控制效果和效率或整改控制缺陷而对控制作出改变，注册会计师应当考虑这些变化并适当予以记录。如果注册会计师认为新的控制能够满足控制的相关目标，而且新控制已运行足够长的时间，足以使注册会计师通过实施控制测试评估其设计和运行的有效性，则注册会计师不再需要测试被取代的控制的设计和运行有效性，但是如果被取代的控制的运行有效性对注册会计师执行财务报表审计时的控制风险评估具有重要影响，注册会计师应当适当测试这些被取代的控制的设计和运行的有效性。

重难点10：企业层面控制的测试★★

（一）针对管理层和治理层凌驾控制的风险设计的控制

针对管理层和治理层凌驾于控制之上的风险（简称“凌驾风险”）而设计的控制，对所有企业保持有效的财务报告相关的内部控制都有重要的影响。在不同的企业，管理层和治理层凌驾于内部控制之上的风险水平不同。注册会计师可以根据对被审计单位进行的舞弊风险评估作出判断，选择相关的企业层面控制进行测试，并评价这些控制是否能有效应对已识别的可能导致财务报表发生重大错报的凌驾风险。一般而言，针对凌驾风险采用的控制如下：

1. 针对重大的异常交易的控制
2. 针对关联方交易的控制
3. 与管理层的重大估计相关的控制
4. 能够减弱管理层伪造或不恰当操纵财务结果的动机及压力的控制
5. 建立内部举报投诉制度

（二）对内部信息传递和期末财务报告流程的控制

期末财务报告流程对内部控制审计和财务报表审计有重要影响，注册会计师应当对期末财务报告流程进行评价。

1. 被审计单位财务报表的编制流程，包括输入、处理及输出
2. 期末财务报告流程中运用信息技术的程度
3. 管理层中参与期末财务报告流程的人员
4. 纳入财务报表编制范围的组成部分
5. 调整分录及合并分录的类型
6. 管理层和治理层对期末财务报告流程进行监督的性质及范围

【小贴士】由于期末财务报告流程通常发生在管理层评价日之后，注册会计师一般只能在该日之后测试相关控制。

结合财务报表审计的要求，注册会计师还应当了解管理层为确保识别期后事项而建立的程序。注册会计师可以基于对财务报告流程的了解，确定可能发生错报的环节，识别用于防止或发现并纠正错报的控制，并对控制的有效性进行评估。

（三）集中化的处理和控制

1. 集中化的处理和控制的特点

集中化的处理可以视作企业内部的“外包”安排，以取得规模效益并通过将某些或全部的财务报告过程与负责经营的管理层分离以改进控制环境。集中化的财务管理可能有助于降低财务报表错报的风险。

2. 共享服务中心的测试

注册会计师在对共享服务中心执行审计程序时，可以先了解共享服务中心的服务对象以及服务范围，并分析其服务对象的重大财务报表错报风险。针对这些风险，注册会计师可以分析被审计单位是否有相关的内部控制用以降低其下属单位或分部财务报表发生重大错报的风险。

一般而言，特定服务对象单位与财务报表相关的风险越大，注册会计师在进行内控测试过程中可能越需要到共享服务中心或其服务对象单位测试与特定服务对象单位相关的内部控制。

【小贴士】一般而言，在对共享服务中心的内部控制进行了解或测试时，注册会计师还可以关注共享服务中心与财务报表相关的信息技术系统，特别是系统的复杂程度、使用的软件等因素，以选择合适的内部控制进行测试，其中包括集中处理环境下的信息技术一般控制是否有效。

（四）针对重大经营控制及风险管理实务的政策

（1）企业是否建立了重大风险预警机制，明确界定哪些风险是重大风险，哪些事项一旦出现必须启动应急处理机制。

（2）企业是否建立了突发事件应急处理机制，确保突发事件得到及时妥善处理。

重难点11：控制缺陷的分类★★★

（一）按缺陷成因分类

1. 设计缺陷

设计缺陷是指缺少为实现控制目标所必需的控制，或现有控制设计不适当、即使正常运行也难以实现预期的控制目标。

2. 运行缺陷

运行缺陷是指现存设计适当的控制没有按设计意图运行，或执行人员没有获得必要授权或缺乏胜任能力，无法有效地实施内部控制。

（二）按严重程度分类

1. 重大缺陷

重大缺陷是内部控制中存在的、可能导致不能及时防止或发现并纠正财务报表出现重大错报的一项控制缺陷或多项控制缺陷的组合。

2. 重要缺陷

重要缺陷是内部控制中存在的、其严重程度不如重大缺陷但足以引起负责监督被审计单位财务报告人员（如审计委员会或类似机构）关注的一项控制缺陷或多项控制缺陷的组合。

3. 一般缺陷

一般缺陷是内部控制中存在的、除重大缺陷和重要缺陷之外的控制缺陷。

重难点12：评价控制缺陷的严重程度★★★

注册会计师应当评价其识别的各项控制缺陷的严重程度，以确定这些缺陷单独或组合起来，是否构成内部控制的重大缺陷。

【小贴士】在计划和实施审计工作时，不要求注册会计师寻找单独或组合起来不构成重大缺陷的控制缺陷。

（一）评价控制缺陷严重程度考虑的因素

（1）控制不能防止或发现并纠正账户或列报发生错报的可能性的大小。

（2）因一项或多项控制缺陷导致的潜在错报的金额大小。

【小贴士】控制缺陷的严重程度与错报是否发生无关，而取决于控制不能防止或发现并纠正错报的可能性的大小。

（二）评价控制缺陷严重程度的主要情形

1. 控制缺陷是否可能导致账户或列报发生错报

（1）所涉及的账户、列报及其相关认定的性质。

（2）相关资产或负债易于发生损失或舞弊的可能性。

（3）确定相关金额时所需判断的主观程度、复杂程度和范围。

（4）该项控制与其他控制的相互作用或关系。

（5）控制缺陷之间的相互作用。

（6）控制缺陷在未来可能产生的影响。

2. 控制缺陷组合起来是否构成重大缺陷

如果多项控制缺陷影响财务报表的同一账户或列报，错报发生的概率会增加。在存在多项控制缺陷时，即使这些缺陷从单项看不重要，但组合起来也可能构成重大缺陷。

3. 评价控制缺陷导致潜在错报金额大小

（1）受控制缺陷影响的财务报表金额或交易总额。

（2）在本期或预计的未来期间受控制缺陷影响的账户余额或各类交易涉及的交易量。

4. 评价补偿性控制

在评价补偿性控制是否能够弥补控制缺陷时，注册会计师应当考虑补偿性控制是否有足够的精确度以防止或发现并纠正可能发生的重大错报。

（三）内部控制缺陷评价的步骤（具体见教材图 20－1）

【经典真题】

【单选题·2017】注册会计师执行内部控制审计时，下列有关评价控制缺陷的说法中，错误的是（　　）。

A. 如果一项控制缺陷存在补偿性控制，注册会计师不应将该控制缺陷评价为重大缺陷

B. 注册会计师评价控制缺陷的严重程度时，无需考虑错报是否已经发生

C. 注册会计师评价控制缺陷是否可能导致错报时，无需量化错报发生的概率

D. 注册会计师评价控制缺陷导致的潜在错报的金额大小时，应当考虑本期或未来期间受控制缺陷影响的账户余额或各类交易涉及的交易量

【答案】A

【解析】选项 A 错误，仅具有补偿性控制，关键在于补偿性控制是否发挥作用。

重难点 13：内部控制缺陷整改★

（一）总体要求

如果被审计单位在基准日前对存在缺陷的控制进行了整改，整改后的控制需要运行足够长的时间，才能使注册会计师得出其是否有效的审计结论。

（二）确定整改后控制运行的时间

（1）注册会计师应当根据控制的性质和与控制相关的风险，合理运用职业判断，确定整改后控制运行的最短期间（或整改后控制的最少运行次数）以及最少测试数量。

（2）整改后控制运行的最短期间（或最少运行次数）和最少测试数量（参见教材表 20－7）。

【小贴士】如果被审计单位在基准日前对存在重大缺陷的内部控制进行了整改，但新控制尚没有运行足够长的时间，注册会计师应当将其视为内部控制在基准日存在重大缺陷。

【经典真题】

【单选题·2019】执行内部控制审计时，下列有关注册会计师评价控制缺陷的说法中，错误的是（　　）。

A. 在评价控制缺陷的严重程度时，注册会计师无需考虑错报是否发生

B. 在评价一项控制缺陷或多项控制缺陷组合是否构成重大缺陷时，注册会计师应当考虑补偿性控制的影响

C. 在评价控制缺陷是否可能导致错报时，注册会计师无需量化错报发生的概率

D. 如果被审计单位在基准日完成了对所有存在缺陷的内部控制的整改，注册会计师可以评价认为内部控制在基准日运行有效

【答案】D

【解析】选项 D 错误，如果被审计单位在基准日前对存在缺陷的控制进行了整改，整改后的控制需要运行足够长的时间，才能使注册会计师得出其是否有效的审计结论。

重难点 14：形成审计意见★

注册会计师应当评价从各种来源获取的审计证据，包括对控制的测试结果、财务报表审计中发现的错报以及已识别的所有控制缺陷，形成对内部控制有效性的意见。

（一）形成审计意见的基础

（1）只有在审计范围没有受到限制时，注册会计师才能对内部控制的有效性形成意见；

（2）如果审计范围受到限制，注册会计师需要解除业务约定或出具无法表示意见的内部控制审计报告。

（二）内部控制审计意见类型

1. 无保留意见
2. 否定意见
3. 无法表示意见

【小贴士】相对于财务报表审计报告意见类型不存在保留意见。

重难点 15：无保留意见内部控制审计报告★

（一）适用条件

如果符合下列所有条件，注册会计师应当对内部控制出具无保留意见的内部控制审计报告：

（1）在基准日，被审计单位按照适用的内部控制标准的要求，在所有重大方面保持了有效的内部控制。

（2）注册会计师已经按照《企业内部控制审计指引》的要求计划和实施审计工作，在审计过程中未受到限制。

（二）内部控制审计报告要素

1. 标题
2. 收件人
3. 引言段
4. 企业对内部控制的责任段
5. 注册会计师的责任段
6. 内部控制固有局限性的说明段
7. 财务报告内部控制审计意见段

8. 注册会计师的签名和盖章

9. 会计师事务所的名称、地址及盖章

10. 报告日期

【小贴士】如果内部控制审计和财务报表审计整合进行，注册会计师对内部控制审计报告和财务报表审计报告需要签署相同的日期。

重难点16：非无保留意见的内部控制审计报告★

（一）否定意见内部控制审计报告

1. 适用条件

如果认为内部控制存在一项或多项重大缺陷，除非审计范围受到限制，应当对内部控制发表否定意见。

【小贴士】如果在发现内部控制重大缺陷的同时审计范围受到限制，应当发表无法表示意见而不是否定意见。

2. 撰写报告的考虑

（1）重大缺陷的描述。内部控制审计报告中应当包括重大缺陷的定义、重大缺陷的性质及其对内部控制的影响程度。

（2）企业内部控制评价报告。

①如果重大缺陷尚未包含在企业内部控制评价报告中，注册会计师应当在内部控制审计报告中说明重大缺陷已经识别、但没有包含在企业内部控制评价报告中。

②如果企业内部控制评价报告中包含了重大缺陷，但注册会计师认为这些重大缺陷未在所有重大方面得到公允反映，注册会计师应当在内部控制审计报告中说明这一结论，并公允表达有关重大缺陷的必要信息。

【小贴士】注册会计师还应当就这些情况以书面形式与治理层沟通。

（3）财务报表审计报告。如对内部控制发表否定意见，那么在财务报表审计中不应依赖存在重大缺陷的控制，需要实施实质性程序确定与该控制相关的账户是否存在重大错报。

①对财务报表发表无保留意见。如果实施实质性程序的结果表明该账户不存在重大错报，注册会计师可以对财务报表发表无保留意见。在这种情况下，注册会计师应当确定该意见对财务报表审计意见的影响，并在内部控制审计报告中予以说明。

如果对财务报表发表的审计意见未受影响，注册会计师应当在内部控制审计报告的导致否定意见的事项段中增加以下类似说明：“在××公司××年财务报表审计中，我们已经考虑了上述重大缺陷对审计程序的性质、时间安排和范围的影响。本报告并未对我们在××年×月×日对×公司××年财务报表出具的审计报告产生影响。”这一说明对于保证审计报告使用者理解注册会计师为何对财务报表发表无保留意见非常重要。

②对财务报表发表非无保留意见。如果对财务报表发表的审计意见受到影响，注册会计师应当在内部控制审计报告的导致否定意见的事项段中增加以下类似说明：“在××公司××年财务报表审计中，我们已经考虑了上述重大缺陷对审计程序的性质、时间安排和范围的影响。”

【经典真题】

【多选题·2017】下列有关财务报表审计与内部控制审计的共同点的说法中，正确的有（　　）。

A. 两者识别的重要账户、列报及其相关认定相同

B. 两者的审计报告意见类型相同

C. 两者了解和测试内部控制设计和运行有效性的审计程序类型相同

D. 两者测试内部控制运行有效性的范围相同

【答案】AC

【解析】选项B错误，内部控制审计没有保留意见，财务报表审计包括保留意见；选项D错误，在财务报表审计中，如不拟信赖内部控制，可以不实施控制测试。

（二）无法表示意见内部控制审计报告

1. 适用条件

如果审计范围受到限制，注册会计师应当解除业务约定或出具无法表示意见的内部控制审计报告。在未能解除业务约定的情况下，认为审计范围受到限制将导致无法获取发表审计意见所需的充分、适当的审计证据，出具无法表示意见的内部控制审计报告。

2. 撰写报告的考虑

（1）详述已发现的重大缺陷。发表无法表示意见时，如果在已执行的有限程序中发现内部控制存在重大缺陷，应当在报告中对重大缺陷作出详细说明，还应当包括下列内容：

①重大缺陷的定义。

②对识别出的重大缺陷的描述，该描述应当包括重大缺陷的性质，以及重大缺陷在存在期间对企业编制的财务报表产生的实际和潜在影响等信息。

（2）不应提及相关程序与特征。在出具无法表示意见的内部控制审计报告时，不应在内部控制审计报告中指明所执行的程序，也不应描述内部控制审计的特征，以避免对无法表示意见的误解。

（3）确定内控审计报告日期。内部控制审计报告的日期应为注册会计师已就该报告中陈述的内容获取充分、适当的审计证据的日期。

【小贴士】发表无法表示意见时，注册会计师应当就未能完成整个内部控制审计工作的情况，以书面形式与管理层和治理层进行沟通。

【经典真题】

【多选题·2018】在执行内部控制审计时，如果审计范围受到限制，导致注册会计师无法获取充分、适当的审计证据，下列做法中，正确的有（　　）。

A. 在内部控制审计报告中指明已执行的有限程序

B. 出具无法表示意见的内部控制审计报告

C. 在内部控制审计报告中对在已执行的有限程序中发现的内部控制重大缺陷进行详细说明

D. 在内部控制审计报告中指明审计范围受到限制

【答案】BCD

【解析】仅当通过已执行的有限程序发现内部控制存在重大缺陷时，才在内部控制审计报告中指明这些程序，故选项 A 错，选项 C 正确；如审计范围受到限制，应当解除业务约定或发表无法表示意见，故选项 B 正确。在发表无法表示意见时，应当在内部控制审计报告中指明审计范围受到限制，故选项 D 正确。

重难点 17：强调事项、非财务报告内部控制缺陷★

（一）强调事项

1. 总体要求

如果认为内部控制虽然不存在重大缺陷，但仍有一项或多项重大事项需要提请内部控制审计报告使用者注意，注册会计师应当在内部控制审计报告中增加强调事项段予以说明。

2. 增加强调事项段的情形

（1）如果确定企业内部控制评价报告对要素的列报不完整或不恰当，注册会计师应当在内部控制审计报告中增加强调事项段，说明这一情况并解释得出该结论的理由。

（2）如果注册会计师知悉在基准日并不存在、但在期后期间发生的事项，且这类期后事项对内部控制有重大影响，注册会计师应当在内部控制审计报告中增加强调事项段，描述该事项及其影响，或提醒内部控制审计报告使用者关注企业内部控制评价报告中披露的该事项及其影响。

（3）考虑相关豁免规定。如果法律法规的相关豁免规定允许被审计单位不将某些实体纳入内部控制的评价范围，注册会计师可以不将这些实体纳入内部控制审计的范围。这种情况不构成审计范围受到限制，但注册会计师应当在内部控制审计报告中增加强调事项段或者在注册会计师的责任段中，就这些实体未被纳入评价范围和内部控制审计范围这一情况，作出与被审计单位类似的恰当陈述。

【小贴士】如果认为被审计单位有关该项豁免的陈述不恰当，注册会计师应当提请其作出适当修改。如果被审计单位未作出恰当修改，注册会计师应当在内部控制审计报告的强调事项段中说明被审计单位的陈述需要修改的理由。

（二）非财务报告内部控制重大缺陷

1. 总体要求

对于审计过程中注意到的非财务报告内部控制缺陷，如果发现某项或某些控制对企业发展战略、法规遵循、经营的效率效果等控制目标的实现有重大不利影响，确定该项非财务报告内部控制缺陷为重大缺陷的，注册会计师应当以书面形式与企业董事会和经理层沟通其审计过程中注意到的非财务报告内部控制的重大缺陷，提醒企业加以改进。

2. 报告要求

在内部控制审计报告中增加非财务报告内部控制重大缺陷描述段，对重大缺陷的性质及其对实现相关控制目标的影响程度进行披露，提示内部控制审计报告使用者注意相关风险，但无需对其发表审计意见。

【经典真题】

【多选题·2018】在执行内部控制审计时，下列有关非财务报告内部控制重大缺陷的说法中，正确的有（　　）。

A. 注册会计师应当以书面形式与被审计单位董事会沟通发现的非财务报告内部控制重大缺陷

B. 非财务报告内部控制重大缺陷不影响内部控制审计报告的意见类型

C. 注册会计师可以以书面或口头形式与被审计单位经理层沟通发现的非财务报告内部控制重大缺陷

D. 注册会计师应当在内部控制审计报告中披露非财务报告内部控制重大缺陷

【答案】ABD

【解析】选项 C 错误，注册会计师应当以书面形式（不能是口头形式）与企业董事会和经理层沟通非财务报告内部控制缺陷重大缺陷，提醒企业加以改进。

四、进阶练习

（一）单选题

1. 下列有关财务报表审计与内部控制审计的说法中，恰当的是（　　）。

A. 两者测试内部控制运行有效性的范围相同

B. 两者的审计报告意见类型相同

C. 两者测试内部控制有效性的审计程序性质不同

D. 两者在识别重要账户、列报及其相关认定时应当评价的风险因素考虑的因素相同

2. 下列各项中，有关内部控制审计的说法正确的是（　　）。

A. 内部控制审计是财务报表审计的一部分

B. 内部控制审计是指财务报告内部控制审计，不包括非财务报告内部控制审计

C. 内部控制审计不同于内部控制评价

D. 注册会计师对被审计单位所有的内部控制发表审计意见，包括非财务报告内部控制

3. 下列有关注册会计师选择拟测试的控制的说法中，不恰当的是（　　）。

A. 注册会计师应当针对每一相关认定获取控制有效性的审计证据，以便对内部控制整体的有效性发表意见

B. 注册会计师没有必要测试与某项相关认定有关的所有控制

C. 在确定是否测试某项控制时，注册会计师应当考虑该项控制单独或连同其他控制，是否足以应对评估的某项相关认定的错报风险，而不论该项控制的分类和名称如何

D. 注册会计师应当对内部控制整体的有效性发表意见，但也有责任对单项控制的有效性发表意见

4. 下列选项中，不属于针对凌驾风险采用的控制的是（　　）。

A. 针对常规交易的控制

B. 针对关联方交易的控制

C. 能够减弱管理层伪造或不恰当操纵财务结果的动机及压力的控制

D. 与管理层的重大估计相关的控制

5. 下列有关控制缺陷的说法中，恰当的是（　　）。

A. 控制缺陷的严重程度取决于因一项或多项控制缺陷导致的发生错报的金额大小

B. 在计划和实施审计工作时，注册会计师应当寻找单独或组合起来不构成重大缺陷的控制缺陷

C. 控制缺陷的严重程度取决于控制不能防止或发现并纠正错报的可能性大小

D. 评价控制缺陷是否可能导致错报时，注册会计师需将错报发生的概率量化为某特定的百分比或区间

6. 在注册会计师在审计过程中注意到非财务报告内部控制重大缺陷时，下列做法中正确的是（　　）。

A. 以书面形式与企业董事会和经理层沟通

B. 发表无法表示审计意见

C. 在报告中增加说明段

D. 发表否定审计意见

7. 下列关于整改后控制运行的最短期间以及最少测试数量的说法中，正确的是（　　）。

A. 对于运行频率为每季 1 次的控制，整改后控制运行的最短期间为 2 个季度，且最少测试 1 个

B. 对于运行频率为每月 1 次的控制，整改后控制运行的最短期间为 2 个月，且最少测试 2 个

C. 对于运行频率为每周 1 次的控制，整改后控制运行的最短期间为 5 周，且最少测试 2 个

D. 对于运行频率为每天 1 次的控制，整改后控制运行的最短期间为 25 天，且最少测试 25 个

8. 下列关于内部控制审计报告的说法中，不恰当的是（　　）。

A. 注册会计师在完成内部控制审计和财务报表审计后，应当分别对内部控制和财务报表出具审计报告，并签署相同的日期

B. 如果认为内部控制存在一项或多项重大缺陷，除非审计范围受到限制，注册会计师应当对内部控制发表否定意见

C. 只要认为审计范围受到限制将导致无法获取发表审计意见所需的充分、适当的审计证据，注册会计师不必执行任何其他工作即可对内部控制出具保留意见或无法表示意见的内部控制审计报告

D. 如果对内部控制的有效性发表否定意见，注册会计师应当确定该意见对财务报表审计意见的影响，并在内部控制审计报告中予以说明

9. 下列选项中，不属于企业层面的内部控制的是（　　）。

A. 被审计单位的风险评估过程

B. 对控制有效性的内部监督

C. 固定资产的控制

D. 对内部信息传递和期末财务报告流程的控制

10. 下列关于注册会计师考虑实施穿行测试情况说法中，错误的是（　　）。

A. 对存在较高固有风险的复杂领域实施穿行测试

B. 每个重要流程应选取一笔交易或事项实施穿行测试

C. 对以前年度审计中识别出的缺陷实施穿行测试

D. 当引入新的人员、新的系统、收购和采取新的会计政策而导致流程发生重大变化时实施穿行测试

（二）多选题

1. 下列有关内部控制审计范围的说法中，正确的有（　　）。

A. 财务报告审计涉及的内部控制测试范围与内部控制审计中的测试范围不同

B. 针对非财务报告内部控制，注册会计师对注意到的非财务报告内部控制，在审计报告中增加“非财务报告内部控制缺陷描述段”予以披露

C. 针对财务报告内部控制，注册会计师对其有效性发表审计意见

D. 注册会计师应该区分财务报告内部控制和非财务报告内部控制，并分别就其有效性发表审计意见

2. 下列各项中，属于业务流程、应用系统或交易层面的内部控制的有（　　）。

A. 对接触计算机程序和数据文档设置授权

B. 被审计单位的风险评估过程

C. 授权与审批

D. 对内部信息传递和期末财务报告流程的控制

3. 在计划审计工作时，注册会计师应当评价相关事项对财务报告内部控制、财务报表及审计工作的影响，下列说法不恰当的有（　　）。

A. 注册会计师应当了解被审计单位在上年度内部控制发生的变化以及变化的程度，从而相应地调整审计计划

B. 考虑对注册会计师发现的控制缺陷均予以测试

C. 对于内部控制可能存在重大缺陷的领域，注册会计师应当在接近内部控制评价基准日的时间测试内部控制

D. 内部控制的特定领域存在重大缺陷的风险越高，注册会计师所需获取的审计证据客观性、可靠性越强

4. 会计师在评价不同的企业层面控制在性质和精确度上的差异对其他控制及其测试的影响时，下列说法中正确的有（　　）。

A. 企业层面控制对其他控制测试所执行程序的性质、时间安排和范围几乎没有影响

B. 某些企业层面控制有效时，注册会计师可能可以减少原本拟对其他控制的有效性进行的测试

C. 企业层面控制可能本身足以精确到足以及时防止或发现一个或多个相关认定中存在的重大错报

D. 有些企业层面控制可能影响注册会计师拟测试的其他控制

5. 注册会计师在内部控制审计工作中选择拟测试的控制时，下列说法中恰当的有（　　）。

A. 注册会计师为了评价内部控制的有效性而测试的控制与企业管理层在执行内部控制自我评价时选择测试的控制是一致的

B. 如果被审计单位内部控制信赖程度很低，注册会计师可以不测试内控

C. 注册会计师无须测试那些即使有缺陷也合理预期不会导致财务报表重大错报的控制

D. 如果企业层面的控制是有效的且得到精确执行，能够及时防止或发现并纠正一个或多个认定的重大错报，注册会计师可能不必就所有流程、交易或应用层面的控制的运行有效性获取审计证据

6. 下列关于在内部控制审计中，识别重要账户、列报及其相关认定的说法中，正确的有（　　）。

A. 注册会计师在确定重要性水平之后，应当识别重要账户、列报及其相关认定

B. 在识别重要账户、列报及其相关认定时，应当从定性和定量两个方面作出评价，包括考虑舞弊风险的影响

C. 超过明显微小错报临界值的账户，通常情况下被认定为重要账户

D. 注册会计师识别重要账户、列报及其相关认定时应当评价的风险因素与财务报表审计中考虑的因素相同

7. 注册会计师在选取拟测试的控制时，通常会选择关键控制，在选择关键控制时，注册会计师要考虑的因素有（　　）。

A. 哪些控制是不可缺少的

B. 哪些控制直接针对相关认定

C. 哪些控制可以应对错误或舞弊导致的重大错报风险

D. 控制的运行是否足够精确

8. 注册会计师对内部控制审计时，需要获取的有关控制运行有效性的审计证据，下列各项说法恰当的有（　　）。

A. 获取控制在所审计期间的相关时点是如何运行的审计证据

B. 获取控制是否得到执行审计证据

C. 获取控制由谁执行审计证据

D. 获取控制以何种方式执行审计证据

9. 注册会计师执行内部控制审计时，下列有关控制测试的时间安排的说法中，正确的有（　　）。

A. 在整合审计中，注册会计师控制测试所涵盖的期间应尽量与财务报表审计中拟信赖内部控制的期间保持一致

B. 如果被审计单位为了提高控制效果和效率或整改控制缺陷而对控制作出改变，注册会计师需要测试被取代的控制的设计和运行有效性

C. 在整合审计中测试控制在整个会计年度的运行有效性时，注册会计师可以进行期中测试，然后对剩余期间实施前推测试

D. 与所测试控制相关的风险越高，注册会计师获取的审计证据越需要接近基准日

10. 下列可以用于测试控制有效性的审计程序的有（　　）。

A. 询问　　　　B. 观察

C. 检查和重新执行　　　　D. 穿行测试

五、进阶练习答案

（一）单选题

1. 【答案】D

【解析】在财务报表审计中，如果预期不信赖内部控制，可以不实施内部控制测试，不测试内部控制的有效性；在内部控制审计中，注册会师应当针对所有重要账户和列报的每一个相关认定获取控制设计运行有效性的审计证据，以便对内部控制整体的有效性发表审计意见，故选项 A 错误；企业内部控制审计意见包括无保留、否定和无法表示意见三种类型，没有保留意见，故选项 B 错误；两者测试内部控制有效性的审计程序性质相同，故选项 C 错误。

2. 【答案】C

【解析】内部控制审计不是财务报表审计的一部分，故选项 A 错误；内部控制审计包括非财务报告内部控制，故选项 B 错误；注册会计师针对财务报告内部控制发表审计意见，而对非财务报告内部控制的重大缺陷，应增加"非财务报告内部控制重大缺陷描述段"进行披露，选项 D 错误；内部控制审计与内部控制评价的主体、范围等均存在差异，故选项 C 正确。

3. 【答案】D

【解析】选项 D 不恰当，注册会计师应当针对每一相关认定获取控制有效性的审计证据，以便对内部控制整体的有效性发表意见，但没有责任对单项控制的有效性发表意见。

4. 【答案】A

【解析】一般而言，针对凌驾风险采用的控制可以包括但不限于：（1）针对重大的异常交易（尤其是那些导致会计分录延迟或异常的交易）的控制，故选项 A 错误；（2）针对关联方交易的控制，故选项 B 正确；（3）与管理层的重大估计相关的控制，故选项 D 正确；（4）能够减弱管理层伪造或不恰当操纵财务结果的动机及压力的控制，故选项 C 正确。

5. 【答案】C

【解析】控制缺陷的严重程度取决于因一项或多项控制缺陷导致的潜在错报的金额大小，选项 A 错误；在计划和实施审计工作时，不要求注册会计师寻找单独或组合起来不构成重大缺陷的控制缺陷，选项 B 错误；评价控制缺陷是否可能导致错报时，注册会计师无需将错报发生的概率量化为某特定的百分比或区间，选项 D 错误。

6. 【答案】A

【解析】确定识别出的非财务报告内部控制缺陷为重大缺陷的，注册会计师应当以书面形式与企业董事会和经理层沟通，提醒企业加以改进，故选项 A 正确，选项 C 错误；同时在内部控制审计报告中增加非财务报告内部控制重大缺陷描述段；对非财务报告内部控制重大缺陷的性质及其对实现相关控制目标的影响程度进行披露，提示内部控制审计报告使用者注意相关风险，但无须对其发表审计意见，选项 B、选项 D 错误。

7. 【答案】B

【解析】选项 A 错误，对于运行频率为每季 1 次的控制，整改后控制运行的最短期间为

2 个季度，且最少测试 2 个；选项 C 错误，对于运行频率为每周 1 次的控制，整改后控制运行的最短期间为 5 周，且最少测试 5 个；选项 D 错误，对于运行频率为每天 1 次的控制，整改后控制运行的最短期间为 25 天，且最少测试 25 个。

8.【答案】C

【解析】选项 C 不恰当，只要认为审计范围受到限制将导致无法获取发表审计意见所需的充分、适当的审计证据，注册会计师应出具无法表示意见的内部控制审计报告。

9.【答案】C

【解析】选项 C，固定资产控制属于业务流程、应用系统或交易层面的内部控制。

10.【答案】B

【解析】选项 B 错误，一般而言，对每个重要流程，选取一笔交易或事项实施穿行测试即可。如果被审计单位采用集中化的系统为多个组成部分执行重要流程，则可能不必在每个重要的经营场所或业务单位选取一笔交易或事项实施穿行测试。

（二）多选题

1.【答案】AC

【解析】在内部控制审计中，审计意见覆盖范围是：针对财务报告内部控制，注册会计师对其效性发表审计意见；注册会计师针对内部控制审计过程中注意到的非财务报告内部控制的重大缺陷，在内部控制审计报告中增加“非财务报告内部控制重大缺陷描述段”予以披露，故选项 A、选项 C 正确，而选项 B、选项 D 错误。

2.【答案】AC

【解析】选项 B、选项 D 属于企业层面的内部控制。

3.【答案】AB

【解析】选项 A 不恰当，注册会计师应当了解被审计单位本期内部控制发生的变化以及变化的程度，从而相应地调整审计计划；选项 B 不恰当，注册会计师应当更多地关注内部控制审计的高风险领域，而没有必要测试那些即使有缺陷、也不可能导致财务报表重大错报的控制。

4.【答案】BCD

【解析】选项 A 错误，企业层面控制对其他控制测试所执行程序的性质、时间安排和范围有影响，尽管影响的程度不同，如某些与控制环境相关的控制。

5.【答案】CD

【解析】选项 A 不恰当，企业管理层在执行内部控制自我评价时选择测试的控制，可能多于注册会计师认为为了评价内部控制的有效性有必要测试的控制；选项 B 不恰当，如果被审计单位内部控制信赖程度很低，说明风险很大，注册会计师要重点予以关注。

6.【答案】ABD

【解析】选项 C 错误，超过财务报表整体重要性的账户，通常情况下被认定为重要账户。

7.【答案】ABCD

8.【答案】ACD

【解析】选项 B 不恰当，应该获取控制是否得到一贯执行审计证据。

9.【答案】ACD

【解析】选项 B 错误，如果被审计单位为了提高控制效果和效率或整改控制缺陷而对控制作出改变，如果注册会计师认为新的控制能够满足控制的相关目标，而且新控制已运行足够长的时间，足以使注册会计师通过实施控制测试评估其设计和运行的有效性，则注册会计师不再需要测试被取代的控制的设计和运行有效性。

10. 【答案】ABC

【解析】选项 D 错误，穿行测试属于识别内部控制的程序。

第二十一章 会计师事务所业务质量控制

一、2020 年新教材内容主要变化

2020 年本章主要变化知识点如下：

项目质量控制复核。

【小贴士】具体详见有关重难点。

二、本章近 5 年考情统计分析

本章考题主要以主观题（简答题）为主，但在客观题也可涉及，本章属于最重要的考试章节之一，最近 5 年平均考试分值一般在 6 分左右。

（一）近 5 年考试分值分布

题型	2015 年	2016 年	2017 年	2018 年	2019 年
单选题	—	—	—	—	—
多选题	—	—	—	—	—
简答题	6	6	6	4.8	6
综合题	—	—	—	—	—
合计	6	6	6	4.8	6

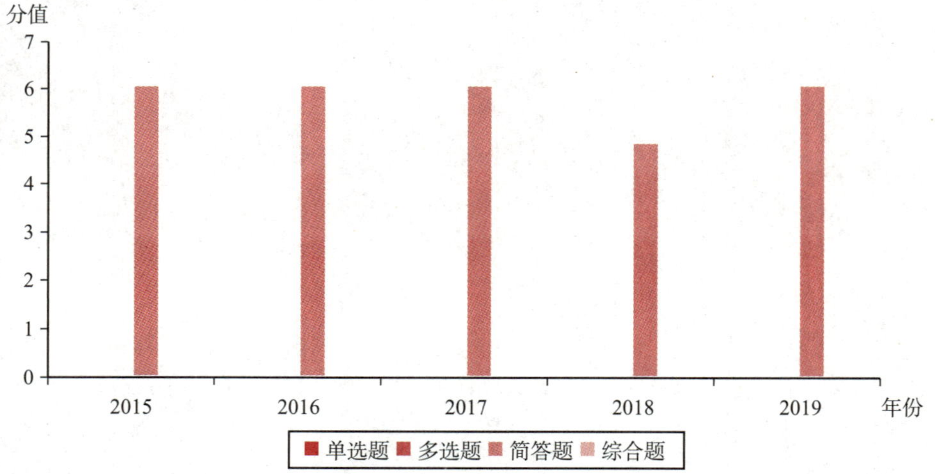

（二）近 5 年考试考点分布

高频考点内容	年度及题型分布
监控	2019 年简答、2018 年简答、2017 年简答、2016 年简答
业务执行	2019 年简答、2018 年简答、2017 年简答、2016 年简答、2015 年简答
人力资源	2019 年简答、2018 年简答、2015 年简答
相关职业道德要求	2016 年简答

三、重难点解析

本章内容依据《会计师事务所质量控制》准则撰写，主要阐述对业务质量承担的领导责任、满足独立性要求、客户关系和具体业务的接受与保持、业绩评价、工薪和晋升、项目组的委派、业务执行含义及其四大环节、指导、监督与复核、咨询、意见分歧、项目质量控制复核、业务工作底稿、实施检查、监控结果的处理等。

【小贴士】本章内容尽管相对独立，但是相关知识点与前序章节内容存在交叉或近似，所以在学习时应该对照学习。

客户关系和具体业务的接受与保持（链接到第二章第一节）；项目质量控制复核（链接到第十八章第一节）；业务工作底稿（链接到第六章）。

重难点1：对业务质量承担的领导责任★★

（一）对主任会计师的总体要求

（1）会计师事务所应当制定政策和程序，培育以质量为导向的内部文化。

（2）会计师事务所主任会计师对质量控制制度承担最终责任。

（二）行动示范和信息传达

（1）会计师事务所培育以质量为导向的内部文化，内部质量文化能否形成，有赖于会计师事务所各级管理层的努力。

（2）会计师事务所的领导层及其作出的示范对事务所的内部文化有重大影响。

（3）会计师事务所各级管理层应当强调质量控制政策和程序的重要性，应当按照法律法规、职业道德要求和业务准则的规定执行工作，根据具体情况出具恰当的报告。

（三）树立质量至上的意识

（1）合理确定管理责任，以避免重商业利益轻业务质量。

（2）建立以质量为导向的业绩评价、工薪及晋升的政策和程序。

（3）投入足够的资源制定和执行质量控制政策和程序，并形成相关文件记录。

（四）委派质量控制制度运作人员

（1）会计师事务所主任会计师（或合伙人）必须委派适当的人员并授予其必要的权限，以帮助主任会计师（或合伙人）正确履行其职责。

（2）承担质量控制制度运作责任的人员应当具有足够、适当的经验和能力以及必要的权限以履行其责任。

【经典真题】

【简答题（部分）·2018】ABC会计师事务所的质量控制制度部分内容摘录如下：

（4）审计项目组成员应当在执行业务时遵守事务所质量控制政策和程序。参与审计项目的实习生和事务所外部专家不受上述规定的限制。

【要求】针对上述第（4）项，指出ABC会计师事务所的质量控制制度的内容是否恰当，如不恰当，简要说明理由。

【答案】不恰当。理由同解析。

【解析】参加审计项目的实习生属于项目组成员，应在提供服务期间遵守事务所质量控制政策和程序。

【简答题（部分）·2017】ABC 会计师事务所的质量控制制度部分内容摘录如下：

（1）质量控制部负责会计师事务所质量控制制度的设计和监控，其部门主管合伙人对质量控制制度承担最终责任。

【要求】指出 ABC 会计师事务所的质量控制制度的内容是否恰当，简要说明理由。

【答案】不恰当。理由同解析。

【解析】应由会计师事务所的主任会计师/首席合伙人对质量控制制度承担最终责任。

重难点 2：满足独立性要求★★

（一）总体要求

会计师事务所应当制定政策和程序，以合理保证会计师事务所及其人员，包括聘用的专家和其他需要满足独立性要求的人员，保持相关职业道德要求规定的独立性。

（二）具体要求

（1）会计师事务所人员，将注意到的、违反独立性的情况立即告知事务所。

（2）会计师事务所将已识别的违反独立性政策和程序的情况，立即传达给需要与会计师事务所共同处理这些情况的项目合伙人，以及需要采取适当行动的会计师事务所和网络内部的其他相关人员以及受独立性要求约束的人员。

（3）项目合伙人、会计师事务所和网络内部的其他相关人员，以及受独立性约束的其他人员，在必要时立即向会计师事务所报告他们为解决有关问题所采取的行动，以使会计师事务所能够决定是否应当采取进一步的行动。

（三）获取书面确认函

（1）会计师事务所应当每年至少一次向所有受独立性约束的人员获取其遵守独立性政策和程序的书面确认函。

【小贴士】当有其他会计师事务所参与执行部分业务时，会计师事务所也可以考虑向其获取有关独立性的书面确认函。

（2）书面确认函既可以是纸质的，也可以是电子形式的。

【经典真题】

【简答题（部分）·2018】ABC 会计师事务所的质量控制制度部分内容摘录如下：

（2）审计部员工须每年签署其遵守事务所独立性政策和程序的书面确认函，其他部门员工须每三年签署一次该书面确认函。

【要求】针对上述第（2）项，指出 ABC 会计师事务所的质量控制制度的内容是否恰当。如不恰当，简要说明理由。

【答案】不恰当。理由同解析。

【解析】针对其他部门参与审计业务的人员/需要按照职业道德要求保持独立性的人员，会计师事务所也须每年至少一次获得这些人员遵守独立性政策和程序的书面确认函。

重难点3：客户关系和具体业务的接受与保持★

【小贴士】该节内容与第二章第一节初步业务活动的有关内容知识点一致。

【经典模拟题】

【多选题】会计师事务所在评价客户诚信情况时，获取与客户诚信相关的信息的途径有（　　）。

A. 与为客户提供专业会计服务的现任或前任人员进行沟通，并与其他第三方讨论

B. 询问会计师事务所其他人员或金融机构、法律顾问和客户的同行等第三方

C. 相关数据库中搜索客户的背景信息。例如，通过客户的年报、中期财务报表、向监管机构提交的报告等，获取相关信息

D. 会计师事务所可以考虑利用调查机构对客户的经营情况、管理人员及其他有问题的人员进行背景检查

【答案】ABCD

重难点4：业绩评价、工薪和晋升★

会计师事务所制定的业绩评价、工薪及晋升程序应当强调：

（1）使员工知晓会计师事务所对业绩的期望和对遵守职业道德基本原则的要求。

（2）向员工提供业绩、晋升和职业发展方面的评价和辅导。

（3）帮助员工了解提高业务质量及遵守职业道德基本原则是晋升更高职位的主要途径，而不遵守会计师事务所的政策和程序可能受到惩戒。

重难点5：项目组的委派★

（一）项目合伙人的委派要求

会计师事务所应当对每项业务委派至少一名项目合伙人。这样规定对于明确每项业务的质量控制责任，确保业务质量有特别重要的作用。

会计师事务所应当制定政策和程序，明确下列要求：

（1）将项目合伙人的身份和作用告知客户管理层和治理层的关键成员。

（2）项目合伙人具有履行职责所要求的适当的胜任能力、必要素质和权限。

（3）清楚界定项目合伙人的职责，并告知该项目合伙人。

（二）项目组其他成员的委派要求

（1）会计师事务所应当委派具有必要素质、胜任能力和时间的员工，按照职业准则和适用的法律法规的规定执行业务，以使会计师事务所和项目合伙人能够出具适合具体情况的报告。

（2）会计师事务所应当制定程序，评价员工的素质和专业胜任能力。在委派项目组以及确定所需的监督层次时，会计师事务所应当考虑员工是否具有的素质和专业胜任能力。

【经典真题】

【简答题（部分）·2018】ABC会计师事务所的质量控制制度部分内容摘录如下：

（1）在业务质量及职业道德考核成绩为优秀的前提下，连续两年业务收入排名靠前的高级经理可晋升合伙人。

【要求】针对上述第（1）项，指出ABC会计师事务所的质量控制制度的内容是否恰当，如不恰当，简要说明理由。

【答案】恰当。

【解析】本题强调在业务质量及职业道德考核成绩为优秀的前提下，说明符合质量的控制理念。

重难点6：业务执行含义及其四大环节★

（一）业务执行含义

业务执行是指会计师事务所委派项目组按照执业准则和适用的法律法规的规定执行业务，使会计师事务所和项目合伙人能够出具适合具体情况的报告。

【小贴士】会计师事务所应当要求项目合伙人负责组织对业务执行实施指导、监督与复核。

（二）业务执行的四大环节

1. 对业务执行情况的指导、监督与复核
2. 业务执行中的咨询
3. 意见分歧的处理与解决
4. 项目质量控制复核

重难点7：指导、监督与复核★★

（一）指导、监督与复核的总体要求

会计师事务所通常使用书面或电子手册、软件工具、标准化底稿以及行业和特定业务对象的指南性材料等方式，通过质量控制政策和程序，保持业务执行质量的一致性。

（二）指导的具体要求

（1）项目合伙人让审计项目组所有成员都了解拟执行工作的目标。

（2）项目合伙人应当通过适当的团队工作和培训，使经验较少的审计项目组成员清楚了解所分派工作的目标。

（三）监督的具体要求

（1）项目合伙人在业务进行中适时实施必要的监督，以检查各成员是否能够顺利完成业务工作。

（2）项目合伙人考虑项目组各成员的胜任能力和素质，以及是否有足够的时间执行审计工作。

（3）项目合伙人解决在执行审计业务过程中发现的重大问题，考虑其重要程度并适当修改原计划的方案。

（4）项目合伙人识别在执行审计业务过程中需要咨询的事项，或需要由经验较丰富的项目组成员考虑的事项。

（四）复核的具体要求

在复核已执行的工作时复核人员应当考虑以下事项：

（1）是否已按照职业准则和适用的法律法规的规定执行工作。

（2）重大事项是否已提请进一步考虑。

（3）相关事项是否已进行适当咨询，由此形成的审计结论是否已得到记录和执行。

（4）是否需要修改已执行审计工作的性质、时间安排和范围。

（5）已执行的审计工作是否支持形成的结论，并得以适当记录。

（6）已获取的审计证据是否充分、适当以支持报告。

（7）业务程序的目标是否已实现。

【小贴士】确定复核人员的原则是，由项目组内经验较多的人员复核经验较少的人员执行的工作。

【经典真题】

【简答题（部分）·2017】ABC会计师事务所的质量控制制度部分内容摘录如下：

（2）执行业务时，应当由项目组内经验较多的人员复核经验较少的人员执行的工作。

【要求】指出ABC事务所的质量控制制度的内容是否恰当。如不恰当，简要说明理由。

【答案】恰当。

【解析】本题强调项目组内经验较多的人员复核经验较少的人员执行的工作。如果是不考虑经验，交叉复核是不合理的。

重难点8：咨询★

（一）咨询的总体要求

会计师事务所应当建立政策和程序，以合理保证：

（1）就疑难问题或争议事项进行适当咨询。

（2）能够获取充分的资源进行适当咨询。

（3）咨询的性质和范围以及咨询形成的结论得以记录，并经过咨询者和被咨询者的认可。

（4）咨询形成的结论得到执行。

（二）咨询的具体要求

1. 形成良好咨询文化

会计师事务所通过制定咨询制度和相关的培训、奖惩制度，以及各级管理层的行动示范和信息传达，来逐步形成内部咨询文化，以妥当解决业务执行中的疑难问题或争议事项。

2. 合理确定咨询事项

项目组应当考虑就重大的技术、职业道德及其他事项，向事务所内部或在适当情况下向会计师事务所外部具备适当知识、资历和经验的其他专业人士咨询，并适当记录和执行咨询形成的结论。

3. 适当确定被咨询者

被咨询者既可以是事务所内部的其他专业人士，也可以是事务所外部的其他专业人士。

同时，被咨询者应当具备适当的知识、资历和经验。

4. 充分提供相关事实

项目组在向事务所内部或外部的其他专业人士咨询时，应当提供所有相关事实，以使其能够对咨询的事项提出有见地的意见。

5. 考虑利用外部咨询

会计师事务所在因缺乏适当的内部资源而需要向外部咨询时，按照规定，可以利用其他会计师事务所、职业团体、监管机构或提供相关质量控制服务的商业机构提供的咨询服务，但应当考虑外部咨询提供者是否能够胜任这项工作。

6. 完整记录咨询情况

项目组应当完整详细地记录咨询情况，包括记录寻求咨询的事项，以及咨询的结果，包括作出的决策、决策依据以及决策的执行情况。

项目组就疑难问题或争议事项向其他专业人士咨询所形成的记录，应当经被咨询者认可。

【经典真题】

【简答题（部分）·2016】ABC 会计师事务所首次接受委托审计上市公司甲公司 2015 年度财务报表，委派 A 注册会计师担任项目合伙人，相关事项如下：

（5）A 注册会计师就拟发表的审计意见类型咨询了事务所技术部，因技术部无不同意见，A 注册会计师未在审计工作底稿中记录这一情况。

【要求】指出事务所及其注册会计师的做法是否恰当。如不恰当，简要说明理由。

【答案】不恰当。理由同解析。

【解析】注册会计师应当完整详细地记录咨询情况，包括记录寻求咨询的事项，以及咨询的结果，包括作出的决策、决策依据以及决策的执行情况。

重难点 9：意见分歧★★

（一）意见分歧的来源

在业务执行中，时常可能会出现项目组内部、项目组与被咨询者之间以及项目合伙人与项目质量控制复核人员之间的意见分歧。

（二）处理意见分歧的总体要求

注册会计师处理意见分歧应当符合下列两点要求：

（1）会计师事务所应当制定政策和程序，以处理和解决项目组内部、项目组与被咨询者之间以及项目合伙人与项目质量控制复核人员之间的意见分歧。

（2）形成的结论应当得以记录和执行。

（三）意见分歧解决与否对审计报告的影响

（1）只有意见分歧问题得到解决，项目合伙人才能出具报告。

（2）意见分歧问题得到解决前，如果项目合伙人出具报告，不仅有失注册会计师应有的谨慎，而且容易导致出具不恰当的报告，难以合理保证实现质量控制的目标。

【经典真题】

【简答题（部分）· 2017】ABC 会计师事务所的质量控制制度部分内容摘录如下：

（5）项目合伙人对会计师事务所分派的业务的总体质量负责。如项目合伙人和项目质量控制复核人存在意见分歧，以项目合伙人的意见为准。

【要求】针对上述第（5）项，指出 ABC 会计师事务所的质量控制制度的内容是否恰当。如不恰当，简要说明理由。

【答案】不恰当。理由同解析。

【解析】意见有分歧，不能以项目合伙人的意见为准。

重难点 10：项目质量控制复核★★

（一）项目质量控制复核定义

项目质量控制复核是指会计师事务所挑选不参与该业务的人员，在出具报告前，对项目组作出的重大判断和在准备报告时形成的结论作出客观评价的过程。

（二）项目质量控制复核对象的确定

1. 项目质量控制复核的对象

（1）对所有上市实体财务报表审计实施项目质量控制复核。

（2）明确标准，据此评价所有其他的历史财务信息审计和审阅、其他鉴证及相关服务业务，以确定是否应当实施项目质量控制复核。

（3）对所有符合标准的业务实施项目质量控制复核。

2. 制定评价标准应考虑的事项

（1）业务的性质，包括涉及公众利益的程度。

（2）在某项业务或某类业务中识别出的异常情况或风险。

（3）法律法规是否要求实施项目质量控制复核。

（三）项目质量控制复核的具体要求

1. 项目质量控制复核的性质

复核的性质就是采用复核方法种类，会计师事务所通常采用的项目质量控制复核方法包括：

（1）与项目合伙人进行讨论。

（2）复核财务报表或其他业务对象信息及报告，尤其考虑报告是否适当。

（3）选取与项目组作出重大判断及形成结论有关的工作底稿进行复核。

除上述方法外，会计师事务所还可以视情况需要，采用其他适当的复核方法。例如，复核有关处理和解决重大疑难问题或争议事项形成的工作底稿，复核重大事项概要等。

2. 项目质量控制复核的范围

【小贴士】该知识点 2020 年大范围予以修订。

项目质量控制复核的范围取决于业务的复杂程度、客户是否为上市实体和出具不恰当报告等风险。

在对上市实体财务报表审计实施项目质量控制复核时，复核人员考虑的事项包括：

（1）项目组就具体业务对会计师事务所独立性作出的评价。

（2）项目组是否已就涉及意见分歧的事项，或者其他疑难问题或争议事项进行适当咨询，以及咨询得出的结论。

（3）选取的用于复核的业务工作底稿，是否反映项目组针对重大判断执行的工作，以及是否支持得出的结论。

3. 项目质量控制复核的时间

会计师事务所的政策和程序应当要求在出具报告前完成项目质量控制复核。项目质量控制复核人员应当在业务过程中的适当阶段及时实施复核，以使重大事项在报告日前得到满意解决。

如果项目合伙人不接受项目质量控制复核人员的建议，并且重大事项未得到满意解决，项目合伙人不应当出具报告。只有在按照会计师事务所处理意见分歧的程序解决重大事项后，项目合伙人才能出具报告。

4. 项目质量控制复核人员的资格标准

会计师事务所应当制定政策和程序，明确被委派的项目质量控制复核人员应符合的下列要求：

（1）履行职责需要的技术资格，包括必要的经验和权限。

（2）在不损害其客观性的前提下，提供业务咨询的程度。

5. 项目质量控制复核人员的客观性

会计师事务所需要制定政策和程序，以保持项目质量控制复核人员的客观性。因此，这些政策和程序要求项目质量控制复核人员符合下列规定：

（1）如果可行，不由项目合伙人挑选。

（2）在复核期间不以其他方式参与该业务。

（3）不代替项目组进行决策。

（4）不存在可能损害复核人员客观性的其他情形。

【经典真题】

【简答题（部分）· 2018】 ABC会计师事务所的质量控制制度部分内容摘录如下：

（3）对上市实体财务报表审计业务应实施项目质量控制复核，其他业务是否实施项目质量控制复核由各业务部门的主管合伙人决定。

【要求】 针对上述第（3）项，指出ABC会计师事务所的质量控制制度的内容是否恰当，如不恰当，简要说明理由。

【答案】 不恰当。

【解析】 针对上市实体财务报表审计以外的其他业务，应根据事务所制定的明确标准确定是否应当实施项目质量控制复核，不应由各业务部主管合伙人自行决定。

重难点11：业务工作底稿★★

（一）业务工作底稿的归档期限

鉴证业务工作底稿的归档期限为业务报告日后60天内。

【经典真题】

【简答题（部分）·2018】ABC 会计师事务所的质量控制制度部分内容摘录如下：

（5）历史财务信息审计和审阅业务的工作底稿应在业务报告日后 60 日内归档，除此之外的其他业务工作底稿应在业务报告日后 90 日内归档。

【要求】针对上述第（5）项，指出 ABC 会计师事务所的质量控制制度的内容是否恰当，如不恰当，简要说明理由。

【答案】不恰当。

【解析】所有鉴证业务的工作底稿的归档期为业务报告日后 60 日内。

（二）业务工作底稿的管理要求

（1）安全保管业务工作底稿并对业务工作底稿保密。

（2）保证业务工作底稿的完整性。

（3）便于使用和检索业务工作底稿。

（4）按照规定的期限保存业务工作底稿。

（三）业务工作底稿的保密

除特定情况外，会计师事务所应当对业务工作底稿包含的信息予以保密，这些特定情况包括：

（1）取得客户的授权。会计师事务所及其人员对客户的信息负有保密的义务。未经客户的许可，除下述的第（2）、（3）两种情况外，不得泄露客户的信息给他人或利用客户信息谋取私利，否则将承担相应的法律后果。

（2）根据法律法规的规定，会计师事务所为法律诉讼准备文件或提供证据，以及向监管机构报告发现的违反法规行为。

（3）接受注册会计师协会和监管机构依法进行的质量检查。

（四）业务工作底稿的完整性、使用与检索

无论业务工作底稿存在于纸质、电子还是其他介质，会计师事务所都应当针对业务工作底稿设计和实施适当的控制，以实现下列目的：

（1）使业务工作底稿清晰地显示其生成、修改及复核的时间和人员。

（2）在业务的所有阶段，尤其是在项目组成员共享信息或通过互联网将信息传递给其他人员时，保护信息的完整性。

（3）防止未经授权改动业务工作底稿。

（4）仅允许项目组和其他经授权的人员为适当履行职责而接触业务工作底稿。

【小贴士】对原纸质记录经电子扫描的业务工作底稿的控制。

对于原纸质记录经电子扫描后存入业务档案，会计师事务所应当实施适当的控制程序，以保证：

（1）生成与原纸质记录的形式和内容完全相同的扫描复制件，包括人工签名、交叉索引和有关注释。

（2）将扫描复制件，包括必要时对扫描复制件的索引和签字，归整到业务档案中。

（3）能够检索和打印扫描复制件。

会计师事务所应当保留已扫描的原纸质记录。

（五）业务工作底稿的保存期限

会计师事务所应当自业务报告日起，对业务工作底稿至少保存 10 年。

【经典真题】

【简答题（部分）·2018】ABC 会计师事务所的质量控制制度部分内容摘录如下：

（5）历史财务信息审计和审阅业务的工作底稿应自业务报告日起至少保存 10 年，除此之外的其他业务工作底稿应自业务报告日起至少保存 8 年。

【要求】针对上述第（5）项，指出 ABC 会计师事务所的质量控制制度的内容是否恰当。如不恰当，简要说明理由。

【答案】不恰当。

【解析】会计师事务所应当自业务报告日起对鉴证业务工作底稿至少保存 10 年，如果法律法规有更高的要求，还应保存更长的时间。

（六）业务工作底稿的所有权

业务工作底稿的所有权属于会计师事务所。会计师事务所可自主决定是否允许客户获取业务工作底稿部分内容，或摘录部分工作底稿，但披露这些信息不得损害会计师事务所执行业务的有效性。对鉴证业务，披露这些信息不得损害会计师事务所及其人员的独立性。

【经典真题】

【简答题（部分）·2017】ABC 会计师事务所的质量控制制度部分内容摘录如下：

（4）在所披露的信息不损害执行业务的有效性和会计师事务所及其人员的独立性的前提下，经项目合伙人批准，项目组可以向客户提供业务工作底稿的部分内容。

【要求】指出 ABC 会计师事务所的质量控制制度的内容是否恰当，如不恰当，简要说明理由。

【答案】恰当。

【解析】审计工作底稿的所有权属于会计师事务所。项目组可以代表事务所决策，是否向客户提供业务工作底稿的部分内容。

重难点 12：实施检查★★

（一）检查的周期

会计师事务所应当周期性地选取已完成的审计业务进行检查，周期最长不得超过三年。在每个周期内，应对每个项目合伙人的业务至少选取一项进行检查。

（二）检查的组织方式

会计师事务所确定周期性检查的组织方式应当考虑以下因素：

（1）会计师事务所的规模。

（2）分支机构的数量及分布。

（3）前期实施监控程序的结果。

（4）人员和分支机构的权限。

（5）会计师事务所业务和组织结构的性质及复杂程度。

（6）与特定客户和业务相关的风险。

【经典真题】

【简答题（部分）·2017】ABC 会计师事务所的质量控制制度部分内容摘录如下：

（3）每 6 年为一个周期，对每个项目合伙人已完成的业务至少选取两项进行检查。

【要求】指出 ABC 会计师事务所的质量控制制度的内容是否恰当，如不恰当，简要说明理由。

【解析】至少每三年对每个项目合伙人检查一项已完成的业务。

【答案】不恰当。

【简答题（部分）·2017】ABC 会计师事务所的质量控制制度部分内容摘录如下：

（4）质量控制对新晋升的合伙人每年选取一项已完成的业务进行检查，连续检查三年，对晋升三年以上的合伙人，每五年选取一项已完成的业务进行检查。

【要求】指出 ABC 事务所的质量控制制度的内容是否恰当。如不恰当，简要说明理由。

【答案】不恰当。

【解析】会计师事务所应当以不超过 3 年为一个周期，在每个周期内对每个项目合伙人的业务至少选取一项进行检查。

（三）确定检查的时间、人员与范围

（1）会计师事务所在选取单项审计业务进行检查时，可以不事先告知相关审计项目组。

（2）参与业务执行或项目质量控制复核的人员不应承担该项业务的检查工作。

（3）会计师事务所可以考虑外部独立检查的范围或结论，但这些检查并不能替代自身的内部监控。

重难点 13：监控结果的处理★

（一）评价实施监控程序发现的缺陷的性质和影响

（1）该缺陷并不必然表明质量控制制度不足以合理保证会计师事务所遵守职业准则和适用的法律法规的规定，以及会计师事务所和项目合伙人根据具体情况出具恰当的报告。

（2）该缺陷是系统性的、反复出现的或其他需要及时纠正的重大缺陷。

（二）适时将缺陷及补救措施告知相关人员

会计师事务所应当将实施监控程序发现的缺陷及建议采取的适当补救措施，告知相关项目合伙人及其他适当人员。

（三）提出补救措施

会计师事务所在评价各种监控发现的缺陷后，应当提出下列补救措施：

（1）采取与某项业务或某个成员相关的适当补救措施。

（2）将监控发现的缺陷告知负责培训和职业发展的人员。

（3）改进质量控制政策和程序。

（4）对违反会计师事务所政策和程序的人员，尤其是对反复违规的人员实施惩戒。

（四）监控结果表明出具的报告不适当时的处理

如果实施监控程序的结果表明出具的报告可能不适当，或在执行业务过程中遗漏了应有的程序，会计师事务所应当确定采取适当的进一步行动，以遵守职业准则和适用的法律法规规定。同时，会计师事务所应当考虑征询法律意见。

（五）定期告知监控结果

会计师事务所应当每年至少一次将质量控制制度的监控结果，传达给项目合伙人及会计师事务所内部的其他适当人员，以使会计师事务所及其相关人员能够在其职责范围内及时采取适当的行动。传达的信息应当包括下列内容：

（1）对已实施的监控程序的描述。

（2）实施监控程序得出的结论。

（3）如果相关，对系统性的、重复出现的缺陷或其他需要及时纠正的重大缺陷的描述。

【小贴士】对投诉和指控的调查，会计师事务所应当委派本所内部不参与该项业务的具有足够、适当经验和权限的人员负责对调查的监督。必要时，聘请法律专家参与调查工作。会计师事务所应当表明所有的投诉和指控都将得到记录、调查并会将结果反馈给投诉和指控人。反馈调查结果通常采取书面形式。

【经典真题】

【简答题·2019】ABC会计师事务所的质量控制制度部分内容摘录如下：

（1）质量控制部负责对事务所的质量控制制度进行监控，监控的内容为质量控制制度运行的有效性。

（2）经理级以上级别人员须每年签署其遵守事务所独立性政策和程序的书面确认函，其他人员签署该书面确认函的具体要求由其所在部门的主管合伙人决定。

（3）上市实体审计业务的项目质量控制复核人员由质量控制部委派，其他业务的项目质量控制复核人员由项目合伙人推荐，向质量控制部备案。

（4）审计过程中项目合伙人与项目质量控制复核人员出现意见分歧时，应咨询事务所专业技术委员会，如分歧仍不能解决，经首席合伙人和质量控制主管合伙人批准方可出具审计报告。

（5）审计工作底稿应当自财务报表日起至少保存十年。

【要求】针对上述第（1）~（5）项，逐项指出ABC会计师事务所的质量控制制度的内容是否恰当。如不恰当，简要说明理由。

【答案】

（1）不恰当。质量控制制度监控的内容还应当包括质量控制制度设计的适当性。

（2）不恰当。会计师事务所应当每年至少一次向所有需要按照相关职业道德要求保持独立性人员获取其遵守独立性政策和程序的书面确认函。

（3）不恰当。为保持项目质量控制复核人员的客观性，在可行的情况下，不由项目合伙人挑选。

（4）不恰当。只有意见分歧得到解决，项目合伙人才能出具报告。

（5）不恰当。会计师事务所的审计工作底稿应当自审计报告日起至少保存十年。

四、进阶练习

（一）单选题

1. 会计师事务所质量控制制度中制定的政策和程序，要求对质量控制制度承担最终责任的应当是（　　）。

A. 项目质量控制复核人　　B. 项目经理

C. 主任会计师　　D. 项目合伙人和签字的注册会计师

2. 下列有关会计师事务所获取有关独立性的书面确认函的说法中，不恰当的是（　　）。

A. 会计师事务所应当每年至少一次向所有需要按照相关职业道德要求保持独立性的人员获取其遵守独立性政策和程序的书面确认函

B. 当有其他会计师事务所参与执行部分业务时，会计师事务所也可以考虑向其获取有关独立性的书面确认函

C. 从规范性的角度考虑，书面确认函应当是纸质的

D. 通过获取确认函以及针对违反独立性的信息采取适当的行动，会计师事务所可以表明其强调保持独立性的重要性

3. 针对会计师事务所建立业务质量控制制度的目标和要素，下列说法中错误的是（　　）。

A. 质量控制制度不仅针对鉴证业务，也约束非鉴证业务

B. 质量控制制度只能合理保证业务质量，不能绝对保证

C. 在实务中，质量控制措施的实施，一部分可能由专职的质量控制人员执行，一部分可能是由业务人员或职能部门的人员执行

D. 会计师事务所应当将质量控制政策和程序形成书面文件或口头形式，并传达到全体人员

4. 为保证质量控制制度的具体运作效果，主任会计师必须委派适当的人员以帮助主任会计师正确履行其职责，下列说法不恰当的是（　　）。

A. 委派承担质量控制制度运作责任的人员，应当具有足够、适当的经验

B. 委派承担质量控制制度运作责任的人员，应当具有足够、适当的能力

C. 主任会计师必须委授予其必要的权限

D. 委派承担质量控制制度运作责任的人员对质量控制制度承担最终责任

5. 如果会计师事务所获知了违反独立性政策和程序的情况，下列做法中，不恰当的是（　　）。

A. 会计师事务所人员将注意到的、违反独立性要求的情况立即告知会计师事务所

B. 会计师事务所将识别出的违反这些政策和程序的情况，立即传达给需要与会计师事务所共同处理这些情况的项目合伙人

C. 在必要时立即向会计师事务所报告他们为解决有关问题所采取的行动，以使会计师事务所能够决定是否应当采取进一步的行动

D. 立即告知会计师事务所雇用的专家和关联会计师事务所的人员，以便他们采取适当

的行动

6. 会计师事务所承接的每项业务都是委派给项目组具体办理的，以下关于项目组的委派做法中，不恰当的是（　　）。

A. 会计师事务所应当对每项业务委派两名项目合伙人

B. 对于高风险的审计项目，会计师事务所要强调全体风险的责任意识

C. 对于高风险的审计项目，会计师事务所可以委派项目质量控制复核人实施项目质量控制复核

D. 会计师事务所应当制定政策和程序，监控项目合伙人连续服务同一客户的期限及胜任情况

7. 下列有关业务执行的相关表述中，不恰当的是（　　）。

A. 会计师事务所通常使用书面或电子手册、软件工具、标准化底稿以及行业和特定业务对象的指南性材料等方式，通过质量控制政策和程序，保持业务执行质量的一致性

B. 确定复核人员的原则是，由项目组内经验较多的人员复核经验较少的人员执行的工作

C. 被咨询者既可以是会计师事务所内部的其他专业人士，在适当情况下，也可以是会计师事务所外部的其他专业人士

D. 意见分歧问题未得到解决的，出具报告后要及时解决

8. 会计师事务所应当制定政策和程序，明确被委派的项目质量控制复核人员应符合的相关要求，下列说法中不恰当的是（　　）。

A. 质量控制复核人员需具备履行职责需要的技术资格

B. 质量控制复核人员具有必要的经验和权限

C. 在不损害其客观性的前提下，可适当提供业务咨询

D. 在不损害其客观性的前提下，项目组内意见分歧无法解决时，应代替项目组进行决策

9. 会计师事务所应当周期性地选取已完成的业务进行检查，下列说法中不恰当的是（　　）。

A. 会计师事务所应当周期性地选取已完成的业务进行检查，周期最长不得超过 3 年

B. 参与业务执行或质量控制复核的人员不应承担该项业务的检查工作

C. 在每个周期内，应对每个项目合伙人的业务至少选取一项进行检查

D. 在确定检查的范围时，会计师事务所不必考虑外部独立检查的范围或结论，因为这些检查并不能替代自身的内部监控

10. 会计师事务所应当每年至少一次将质量控制制度的监控结果，传达给项目合伙人及会计师事务所内部的其他适当人，下列做法不恰当的是（　　）。

A. 监控结果包括对已实施的监控程序的描述

B. 监控结果包括实施监控程序得出的结论

C. 向相关项目合伙人以外的人员传达已发现的缺陷，须指明涉及的具体业务

D. 如果相关，对系统性的、重复出现的缺陷或其他需要及时纠正的重大缺陷的描述

（二）多选题

1. 下列选项中，属于会计师事务所质量控制制度的目标的有（　　）。

A. 合理保证会计师事务所及其人员遵守职业准则

B. 合理保证会计师事务所及其人员遵守适用的法律法规

C. 合理保证会计师事务所和项目合伙人出具适合具体情况的报告

D. 合理保证会计师事务所的执业风险处于低水平

2. 会计师事务所可以通过合理的方式建立健康的高层基调，下列属于确定事务所的目标、优先考虑事项和价值观的有（　　）。

A. 对质量和道德的毫不动摇的重视

B. 在员工学习、培训和技能发展上的投入

C. 合伙人为员工树立一个日常行为中的正面典型

D. 确保执行良好的业务和财务管理的政策

3. 下列关于注册会计师对客户的诚信问题的观点，不恰当的有（　　）。

A. 客户的诚信问题必然会导致财务报表产生重大错报

B. 绝大多数的审计问题都来源于不诚信的客户

C. 会计师事务所在承接审计业务之前要考虑客户的诚信

D. 会计师事务所如果风险承受能力强，可以接受不诚信的客户

4. 以下各项中，会计师事务所针对解除业务约定制定的政策和程序应当包括（　　）。

A. 与适当层级的监管机构讨论会计师事务所根据有关事实和情况可能采取的适当行动

B. 如果确定解除业务约定或同时解除业务约定及其客户关系是适当的，会计师事务所应当就解除的情况及原因，与客户适当级别的管理层和治理层讨论

C. 考虑是否存在职业准则或法律法规的规定，要求会计师事务所保持现有的客户关系，或向监管机构报告解除的情况及原因

D. 记录重大事项及其咨询情况、咨询结论和得出结论的依据

5. 合理有效的监督工作，是提高会计师事务所工作质量，向客户提供符合质量要求的服务的必要保证。下列业务监督作法恰当的有（　　）。

A. 跟进审计业务的进程

B. 考虑项目组各成员的胜任能力和素质，包括是否有足够的时间执行审计工作，是否理解工作指令，是否按照计划的方案执行工作

C. 解决在执行业务过程中出现的重大问题，考虑其重要程度并适当修改原计划的方案

D. 识别在执行业务过程中需要咨询的事项，或需要由经验较丰富的项目组成员考虑的事项

6. 在审计过程中常会出现意见分歧，常常表现在不同的主体之间，下列说法恰当的有（　　）。

A. 项目组与被审计单位之间的意见分歧

B. 项目组与被咨询者之间的意见分歧

C. 事务所与监管机构之间的意见分歧

D. 项目合伙人与项目质量控制复核人员之间的意见分歧

7. 会计师事务所需要制定政策和程序，以保持项目质量控制复核人员的客观性，下列做法恰当的有（　　）。

A. 禁止由项目合伙人挑选项目质量控制复核人员

B. 在复核期间不以其他方式参与该业务

C. 不代替项目组进行决策

D. 小型会计师事务所识别出需要实施项目质量控制复核的业务，可以聘请具有适当资格的外部人员或利用其他会计师事务所实施项目质量控制复核

8. 会计师事务所监控发现各种缺陷后，应当提出相应的补救措施，下列措施恰当的有（　　）。

A. 采取与某项业务或某个成员相关的适当补救措施

B. 将监控发现的缺陷告知主任会计师

C. 改进质量控制政策和程序

D. 对违反会计师事务所政策和程序的人员，尤其是对反复违规的人员实施惩戒

9. 下列关于投诉和指控的处理说法，恰当的有（　　）。

A. 投诉和指控既可能源自会计师事务所内部，也可能源自会计师事务所外部

B. 会计师事务所还应当表明所有的投诉和指控都将得到记录、调查并会将结果反馈给投诉和指控人

C. 会计师事务所应当委派本所内部不参与该项业务的具有足够、适当经验和权限的人员负责对调查的监督

D. 如果收到匿名的投诉和指控，会计师事务所应当以适当的方式向全体人员表明，与实名的投诉和指控相比，匿名的投诉和指控更难调查和反馈，故明确要求必须用实名投诉和指控

10. 下列关于会计师事务所采用的项目质量控制复核方法，恰当的有（　　）。

A. 与项目组成员进行讨论

B. 复核财务报表或其他业务对象信息及报告，尤其考虑报告是否适当

C. 选取与项目组作出重大判断及形成结论有关的工作底稿进行复核

D. 复核有关处理和解决重大疑难问题或争议事项形成的工作底稿

（三）简答题

XYZ 会计师事务所审计质量控制相关的事项摘录如下：

（1）年度考核标准重视质量控制和职业道德，考核指标依次为业务收入、质量控制、职业道德，连续两年综合排名靠前的高级经理可晋升合伙人。

（2）审计项目组就存货估值问题向外部专家进行了咨询，出于保密原则的考虑，仅向所咨询的专家提供甲公司的部分信息。

（3）在风险评估中，要求项目组的关键成员应当参与讨论，专家也可根据需要参与讨论。对于跨地区审计项目，每个重要地区项目组的关键成员都应该参加讨论，但不要求所有成员每次都参与项目组的讨论。

（4）为提高审计质量，项目组实行工作底稿的二级复核制，第一层级为项目组成员的交叉复核，第二层级为项目合伙人的复核。

（5）为提高员工的责任意识，会计师事务所规定，实行项目合伙人和项目质量控制复核人对质量控制制度承担最终责任的双重责任制。

【要求】针对上述第（1）~（5）项，逐项指出 XYZ 会计师事务所的质量控制措施是否恰当。如不恰当，简要说明理由。

五、进阶练习答案

（一）单选题

1.【答案】C

【解析】选项 C 正确，会计师事务所质量控制制度中制定的政策和程序，应当要求主任会计师对质量控制制度承担最终责任。

2.【答案】C

【解析】选项 C 不恰当，书面确认函可以是纸质的，也可以是电子形式的。

3.【答案】D

【解析】选项 D 错误，会计师事务所应当将质量控制政策和程序形成书面文件，并传达到全体人员。

4.【答案】D

【解析】选项 D 错误，会计师事务所主任会计师对质量控制制度承担最终责任。

5.【答案】D

【解析】选项 D 不恰当，如认为必要，还应当立即告知会计师事务所雇用的专家和关联会计师事务所的相关人员，以便他们采取适当的行动。

6.【答案】B

【解析】选项 B 错误，对于所有的审计项目，会计师事务所要强调全体成员的风险意识。

7.【答案】D

【解析】选项 D 不恰当，只有意见分歧问题得到解决，项目合伙人才能出具报告。

8.【答案】D

【解析】选项 D 错误，为保持客观性，项目质量控制复核人员不应代替项目组进行决策。

9.【答案】D

【解析】选项 D 不恰当，在确定检查的范围时，会计师事务所可以考虑外部独立检查的范围或结论，但这些检查并不能替代自身的内部监控。

10.【答案】C

【解析】选项 C 不恰当，向相关项目合伙人以外的人员传达已发现的缺陷，通常不指明涉及的具体业务，除非指明具体业务对这些人员适当履行职责是必要的。

（二）多选题

1.【答案】ABC

【解析】质量控制制度的目标主要在以下两个方面提出合理保证：（1）会计师事务所及其人员遵守职业准则和适用的法律法规的规定（选项 A、选项 B）；（2）会计师事务所和项目合伙人出具适合具体情况的报告（选项 C）。

2. 【答案】ABD

【解析】选项 C，合伙人为员工树立一个日常行为中的正面典型，属于树立典型。

3. 【答案】AD

【解析】客户的诚信问题虽然不会必然导致财务报表产生重大错报，但绝大多数的审计问题都来源于不诚信的客户。注册会计师应当了解客户的诚信，拒绝不诚信的客户，以降低业务风险，故选择选项 A、选项 D。

4. 【答案】BCD

【解析】选项 A 错误，会计师事务所针对解除业务约定或同时解除业务约定及客户关系时制定的政策和程序之一是，与客户适当级别的管理层和治理层讨论会计师事务所根据有关事实和情况可能采取的适当行动。

5. 【答案】ABCD

6. 【答案】BD

【解析】在业务执行中，时常可能会出现项目组内部、项目组与被咨询者之间（选项 B）以及项目合伙人与项目质量控制复核人员之间的意见分歧（选项 D）。

7. 【答案】BCD

【解析】选项 A 错误，准则规定"如果可行，不由项目合伙人挑选"。

8. 【答案】ACD

【解析】选项 B 错误，准则规定"将监控发现的缺陷告知负责培训和职业发展的人员"。

9. 【答案】ABC

【解析】选项 D 错误，准则规定"如果收到匿名的投诉和指控，会计师事务所应当以适当的方式向全体人员表明，与实名的投诉和指控相比，匿名的投诉和指控更难调查和反馈，鼓励用实名投诉和指控"。

10. 【答案】BCD

【解析】选项 A 错误，准则规定"与项目合伙人进行讨论"。

（三）简答题

【答案】

（1）不恰当。考核指标不应该将业务收入放到第一位。

（2）不恰当。项目组在向会计师事务所内部或外部的其他专业人士咨询时，应当提供所有相关事实。

（3）恰当。

（4）不恰当。第一层级项目组成员的复核，应该是经验多复核经验少的。

（5）不恰当。会计师事务所主任会计师对质量控制承担最终责任。

第二十二章　职业道德基本原则和概念框架

一、2020 年新教材内容主要变化

2020 年本章主要知识点无实质性变化。

二、本章近 5 年考情统计分析

本章考题主要以主观题（简答题）为主，针对个别的知识点（如独立性、收费等），多为结合第二十三章审计业务对独立性的要求以主观题（简答题）的形式考查。

本章属于重要的考试章节，最近 5 年与第二十三章结合在一起出题，平均考试分值一般在 6 分左右。

（一）近 5 年考试分值分布

题型	2015 年	2016 年	2017 年	2018 年	2019 年
单选题	—	—	—	—	—
多选题	—	—	—	—	—
简答题	—	—	1	—	—
综合题	—	—	—	—	—
合计	—	—	1	—	—

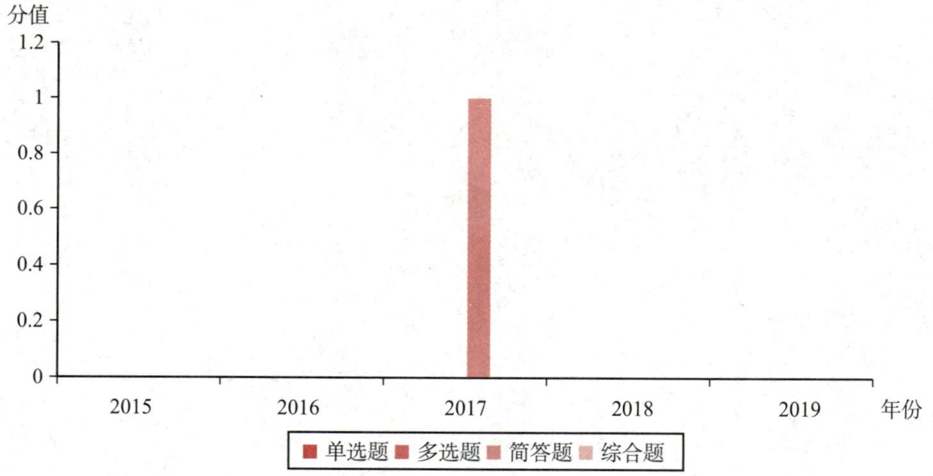

（二）近 5 年考试考点分布

高频考点内容	年度及题型分布
收费	2017 年简答

三、重难点解析

本章内容为注册会计师职业道德基本原则和概念框架，是审计的重要章节，主要内容包括注册会计师职业道德的基本概念、概念框架、注册会计师对职业道德框架概念的具体运用原则和要求及非执业会员对职业道德概念框架的运用介绍。

【小贴士】本章内容的学习，需要结合二十三章节内容。例如，独立性、收费、专业营销服务等内容。

重难点1：诚信★★

（一）含义

1. 定义

诚信，是指诚实、守信。也就是说，一个人言行与内心思想一致，不虚假；能够履行与别人的约定而取得对方的信任。

2. 总体要求

诚信原则要求会员应当在所有的职业关系和商业关系中保持正直和诚实，秉公处事、实事求是。

（二）判断发生牵连的事项

1. 会员如果认为业务报告、申报资料或其他信息存在下列问题，则不得与这些有问题的信息发生牵连：

（1）含有严重虚假或误导性的陈述。

（2）含有缺乏充分依据的陈述或信息。

（3）存在遗漏或含糊其辞的信息。

2. 具体事例

在审计、审阅或其他鉴证业务中，下列事项可能会导致上述问题的出现：

（1）引起重大风险的事项，如舞弊行为。

（2）财务信息存在重大错报而客户未对此作出调整或反映。

（3）导致在实施审计程序时出现重大困难的情况，例如，客户未能提供充分、适当的审计证据，注册会计师难以作出结论性陈述。

（4）与会计准则或其他相关规定的选择、应用和一致性相关的重大发现和问题，而客户未对此在其报告或申报资料中反映。

（5）在出具审计报告时，未解决的重大审计差异。

3. 应对策略

注册会计师如果注意到已与有问题的信息发生牵连，应当采取措施消除牵连。

【小贴士】在鉴证业务中，如果注册会计师依据执业准则出具了恰当的非标准业务报告，不被视为违反上述要求。

重难点2：独立性★★★

【小贴士】本部分内容结合教材第二十三章内容理解掌握。

（一）含义

1. 定义

独立性，是指不受外来力量控制、支配，按照一定之规行事。独立性原则通常是对注册会计师而不是非执业会员提出的要求。

2. 内涵

注册会计师的独立性包括两个方面——实质上的独立和形式上的独立。

（二）基本要求

（1）在执行鉴证业务时，注册会计师必须保持独立性。在市场经济条件下，投资者主要依赖财务报表判断投资风险，在投资机会中作出选择。如果注册会计师不能与客户保持独立性，而是存在经济利益、关联关系，或屈从于外界压力，就很难取信于社会公众。

（2）注册会计师执行审计和审阅业务以及其他鉴证业务时，应当从实质上和形式上保持独立性，不得因任何利害关系影响其客观性。

（3）会计师事务所在承办审计和审阅业务以及其他鉴证业务时，应当从整体层面和具体业务层面采取措施，以保持会计师事务所和项目组的独立性。

重难点3：保密★★★

（一）保密原则不允许的行为

保密原则要求会员应当对在职业活动中获知的涉密信息予以保密，不得有下列行为：

（1）未经客户授权或法律法规允许，向会计师事务所以外的第三方披露其所获知的涉密信息。

（2）利用所获知的涉密信息为自己或第三方谋取利益。

（二）保密范围及要求

（1）会员应当对拟接受的客户或拟受雇的工作单位向其披露的涉密信息保密。

（2）在终止与客户或工作单位的关系之后，会员仍然应当对在职业关系和商业关系中获知的信息保密。

（3）如果变更工作单位或获得新客户，会员可以利用以前的经验，但不应利用或披露以前职业活动中获知的涉密信息。

（4）会员应当明确在会计师事务所内部保密的必要性，采取有效措施，确保其下级员工以及为其提供建议和帮助的人员遵循保密义务。

（三）防范无意泄密

（1）会员在社会交往中应当履行保密义务。

（2）会员应当警惕无意泄密的可能性，特别是警惕无意中向近亲属或关系密切的人员泄密的可能性。

【小贴士】近亲属是指配偶、父母、子女、兄弟姐妹、祖父母、外祖父母、孙子女、外孙子女。

（四）可以披露涉密信息的情况

会员在下列情况下可以披露涉密信息：

（1）法律法规允许披露，并且取得客户或工作单位的授权。

（2）根据法律法规的要求，为法律诉讼、仲裁准备文件或提供证据，以及向有关监管机构报告发现的违法行为。

（3）法律法规允许的情况下，在法律诉讼、仲裁中维护自己的合法权益。

（4）接受注册会计师协会或监管机构的执业质量检查，答复其询问和调查。

（5）法律法规、执业准则和职业道德规范规定的其他情形。

重难点4：职业道德概念框架的内涵★★★

（一）职业道德概念框架

【小贴士】职业道德概念框架具有普遍适用性，指导会员处理对职业道德基本原则产生不利影响的各种情形，能够防止会员错误地认为只要守则未明确禁止的情形就是允许的。

职业道德概念框架是指解决职业道德问题的思路和方法，用以指导注册会计师：

（1）识别对职业道德基本原则的不利影响。

（2）评价不利影响的严重程度。

（3）必要时采取防范措施消除不利影响或将其降低至可接受的水平。

【小贴士】在运用职业道德概念框架时，会员应当运用职业判断，如下表所示。

<table>
<tr><td rowspan="4">识别各种产生不利影响的情形</td><td>没有对职业道德基本原则产生不利影响</td><td colspan="4">可以接受</td></tr>
<tr><td rowspan="3">对职业道德基本原则产生不利影响</td><td>处于可接受水平</td><td colspan="3">可以接受</td></tr>
<tr><td rowspan="2">超过可接受水平</td><td>不严重</td><td>采取防范措施消除不利影响或将其降低至可接受的水平</td><td>可以接受</td></tr>
<tr><td>严重</td><td colspan="2">消除产生不利影响的情形、拒绝接受业务委托或终止业务约定</td></tr>
</table>

（二）对遵循职业道德基本原则产生不利影响的因素及防范措施

对遵循职业道德基本原则产生不利影响的因素及防范措施如下表所示。

<table>
<tr><th rowspan="2">不利影响的因素</th><th colspan="2">注册会计师的防范措施</th></tr>
<tr><th>法律法规和职业规范规定</th><th>具体工作中采取的</th></tr>
<tr><td>（1）自身利益导致的不利影响。
（2）自我评价导致的不利影响。
（3）过度推介导致的不利影响。
（4）密切关系导致的不利影响。
（5）外在压力导致的不利影响</td><td>（1）取得会员资格必需的教育、培训和经验要求。
（2）持续的职业发展要求。
（3）公司治理方面的规定。
（4）执业准则和职业道德规范的规定。
（5）监管机构或注册会计师协会的监控和惩戒程序。
（6）由依法授权的第三方对会员编制的业务报告、申报资料或其他信息进行外部复核</td><td>（1）由所在的工作单位、行业以及监管机构建立有效的公开投诉系统，使同行、工作单位以及社会公众能够注意到不专业或不道德的行为。
（2）明确规定会员有义务报告违反职业道德守则的行为或情形</td></tr>
</table>

（三）道德冲突的解决

在遵循职业道德基本原则时，会员应当解决遇到的道德冲突问题。

1. 在解决道德冲突问题时，会员应当考虑下列因素：

（1）与道德冲突问题有关的事实。

（2）涉及的道德问题。

（3）道德冲突问题涉及的职业道德基本原则。

（4）会计师事务所或工作单位制定的解决道德冲突问题的程序。

（5）可供选择的措施。

2. 解决措施

（1）在考虑上述因素并权衡可供选择措施的后果后，会员应当确定适当的措施。

（2）如果道德冲突问题仍无法解决，会员应当考虑向会计师事务所或工作单位内部的适当人员咨询，寻求帮助解决问题。

（3）如果道德问题涉及会员与某一组织的冲突或是组织内部的冲突，会员还应当确定是否向该组织的治理层（如董事会）咨询。

（4）如果某项重大冲突未能解决，会员可以考虑向相关职业团体或法律顾问获取专业建议。

（5）如果以不提及相关方的方式与相关职业团体讨论所涉事项，或在法律特权保护下与法律顾问讨论所涉事项，会员通常能够在不违反保密原则的条件下获得解决道德问题的指导。在考虑所有相关可能措施后，如果道德冲突仍未解决，会员应当在可能的情况下拒绝继续与产生冲突的事项发生关联。会员可视情况确定是否解除业务约定或退出某项特定任务，或完全退出该项业务，或向所在会计师事务所或者工作单位辞职。

重难点5：可能对职业道德基本原则产生不利影响的因素及应对措施★★★

【小贴士】本部分内容结合教材第二十三章内容理解掌握。

（一）自身利益导致不利影响的情形

（1）鉴证业务项目组成员在鉴证客户中拥有直接经济利益。

（2）会计师事务所的收入过分依赖某一客户。

（3）鉴证业务项目组成员与鉴证客户存在重要且密切的商业关系。

（4）会计师事务所担心可能失去某一重要客户。

（5）鉴证业务项目组成员正在与鉴证客户协商受雇于该客户。

（6）会计师事务所与客户就鉴证业务达成或有收费的协议。

（7）注册会计师在评价所在会计师事务所以往提供的专业服务时，发现了重大错误。

（二）自我评价导致不利影响的情形

（1）会计师事务所在对客户提供财务系统的设计或操作服务后，又对系统的运行有效性出具鉴证报告。

（2）会计师事务所为客户编制原始数据，这些数据构成鉴证业务的对象。

（3）鉴证业务项目组成员担任或最近曾经担任客户的董事或高级管理人员。

（4）鉴证业务项目组成员目前或最近曾受雇于客户，并且所处职位能够对鉴证对象施加重大影响。

（5）会计师事务所为鉴证客户提供直接影响鉴证对象信息的其他服务。

（三）过度推介导致不利影响的情形

（1）会计师事务所推介审计客户的股份。

（2）在审计客户与第三方发生诉讼或纠纷时，注册会计师担任该客户的辩护人。

（四）密切关系导致不利影响的情形

（1）项目组成员的近亲属担任客户的董事或高级管理人员。

（2）项目组成员的近亲属是客户的员工，其所处职位能够对业务对象施加重大影响。

（3）客户的董事、高级管理人员或所处职位能够对业务对象施加重大影响的员工，最近曾担任会计师事务所的项目合伙人。

（4）注册会计师接受客户的礼品或款待。

（5）会计师事务所的合伙人或高级员工与鉴证客户存在长期业务关系。

这里的项目合伙人是指会计师事务所中负责某项业务及其执行，并代表会计师事务所在报告上签字的合伙人。在有限责任制的会计师事务所，项目合伙人是指主任会计师、副主任会计师或具有同等职位的高级管理人员。如果项目合伙人以外的其他注册会计师在业务报告上签字，中国注册会计师职业道德守则对项目合伙人作出的规定也适用于该签字注册会计师。

（五）外在压力导致不利影响的情形

（1）会计师事务所受到客户解除业务关系的威胁。

（2）审计客户表示，如果会计师事务所不同意对某项交易的会计处理，则不再委托其承办拟议中的非鉴证业务。

（3）客户威胁将起诉会计师事务所。

（4）会计师事务所受到降低收费的影响而不恰当地缩小工作范围。

（5）由于客户员工对所讨论的事项更具有专长，注册会计师面临服从其判断的压力。

（6）会计师事务所合伙人告知注册会计师，除非同意审计客户不恰当的会计否则将影响晋升。

（六）应对不利影响的防范措施

在具体工作中，应对不利影响的防范措施包括会计师事务所层面的防范措施和具体业务层面的防范措施。

1. 会计师事务所层面的防范措施

（1）领导层强调遵循职业道德基本原则的重要性。

（2）领导层强调鉴证业务项目组成员应当维护公众利益。

（3）制定有关政策和程序，实施项目质量控制，监督业务质量。

（4）制定有关政策和程序，识别对职业道德基本原则的不利影响，评价不利影响的严重程度，采取防范措施消除不利影响或将其降低至可接受的水平。

（5）制定有关政策和程序，保证遵循职业道德基本原则。

（6）制定有关政策和程序，识别会计师事务所或项目组成员与客户之间的利益或关系。

（7）制定有关政策和程序，监控对某一客户收费的依赖程度。

（8）向鉴证客户提供非鉴证服务时，指派鉴证业务项目组以外的其他合伙人和项目组，并确保鉴证业务项目组和非鉴证业务项目组分别向各自的业务主管报告工作。

（9）制定有关政策和程序，防止项目组以外的人员对业务结果施加不当影响。

（10）及时向所有合伙人和专业人员传达会计师事务所的政策和程序及其变化情况，并就这些政策和程序进行适当的培训。

（11）指定高级管理人员负责监督质量控制系统是否有效运行。

（12）向合伙人和专业人员提供鉴证客户及其关联实体的名单，并要求合伙人和专业人员与之保持独立。

（13）制定有关政策和程序，鼓励员工就遵循职业道德基本原则方面的问题与领导层沟通。

（14）建立惩戒机制，保障相关政策和程序得到遵守。

2. 具体业务层面的防范措施

（1）对已执行的非鉴证业务，由未参与该业务的注册会计师进行复核，或在必要时提供建议。

（2）对已执行的鉴证业务，由鉴证业务项目组以外的注册会计师进行复核，或在必要时提供建议。

（3）向客户审计委员会、监管机构或注册会计师协会咨询。

（4）与客户治理层讨论有关的职业道德问题。

（5）向客户治理层说明提供服务的性质和收费的范围。

（6）由其他会计师事务所执行或重新执行部分业务。

（7）轮换鉴证业务项目组合伙人和高级员工。

重难点6：专业服务委托★★

（一）接受客户关系

1. 确定接受客户时的考虑

在接受客户关系前，注册会计师应当确定接受客户关系是否对职业道德基本原则产生不利影响。

（1）注册会计师应当考虑客户的主要股东、关键管理人员和治理层是否诚信。

（2）客户是否涉足非法活动（如洗钱）。

（3）客户是否存在可疑的财务报告问题等。

2. 注册会计师防范措施

（1）对客户及其主要股东、关键管理人员、治理层和负责经营活动的人员进行了解。

（2）要求客户对完善公司治理结构或内部控制作出承诺。

3. 结果评价

（1）如果不能将客户存在的问题产生的不利影响降低至可接受的水平，注册会计师应当拒绝接受客户关系。

（2）如果向同一客户连续提供专业服务，注册会计师应当定期评价继续保持客户关系是否适当。

（二）承接业务

1. 遵循原则

（1）注册会计师应当遵循专业胜任能力和应有的关注原则，仅向客户提供能够胜任的专业服务。

（2）在承接某一客户业务前，注册会计师应当确定承接该业务是否对职业道德基本原则产生不利影响。

2. 防范措施

注册会计师应当评价不利影响的严重程度，并在必要时采取防范措施消除不利影响或将其降低至可接受的水平。防范措施主要包括：

（1）了解客户的业务性质、经营的复杂程度，以及所在行业的情况。

（2）了解专业服务的具体要求和业务对象，以及注册会计师拟执行工作的目的、性质和范围。

（3）了解相关监管要求或报告要求。

（4）分派足够的具有胜任能力的员工。

（5）必要时利用专家的工作。

（6）就执行业务的时间安排与客户达成一致意见。

（7）遵守质量控制政策和程序，以合理保证仅承接能够胜任的业务。

3. 如何利用专家工作

（1）当利用专家的工作时，注册会计师应当考虑专家的声望、专长及其可获得的资源，以及适用的执业准则和职业道德规范等因素，以确定专家的工作结果是否值得依赖。

（2）注册会计师可以通过以前与专家的交往或向他人咨询获得相关信息。

（三）客户变更委托

1. 客户变更业务承接应考虑的问题

（1）如果应客户要求或考虑以投标方式接替前任注册会计师，注册会计师应当从专业角度或其他方面确定应否承接该业务。

（2）如果注册会计师在了解所有相关情况前就承接业务，可能对专业胜任能力和应有的关注原则产生不利影响。注册会计师应当评价不利影响的严重程度。

（3）由于客户变更委托的表面理由可能并未完全反映事实真相，根据业务性质，注册会计师可能需要与前任注册会计师直接沟通，核实与变更委托相关的事实和情况，以确定是否适宜承接该业务。

2. 防范措施

（1）当应邀投标时，在投标书中说明，在承接业务前需要与前任注册会计师沟通，以了解是否存在不应接受委托的理由。

（2）要求前任注册会计师提供已知悉的相关事实或情况，即前任注册会计师认为，后任注册会计师在作出承接业务的决定前，需要了解的事实或情况。

（3）从其他渠道获取必要的信息。

【小贴士】如果采取的防范措施不能消除不利影响或将其降低至可接受的水平，注册会计师不得承接该业务。

重难点7：利益冲突★★

（一）成因

（1）注册会计师与客户存在直接竞争关系，或与客户的主要竞争者存在合资或类似关系，可能对客观和公正原则产生不利影响。

（2）注册会计师为两个以上客户提供服务，而这些客户之间存在利益冲突或者对某一事项或交易存在争议，可能对客观和公正原则或保密原则产生不利影响。

（二）评价不利影响程度

（1）注册会计师应当评价利益冲突产生不利影响的严重程度，并在必要时采取防范措施消除不利影响或将其降低至可接受的水平。

（2）在接受或保持客户关系和具体业务前，如果与客户或第三方存在商业利益或关系，注册会计师应当评价其所产生不利影响的严重程度。

（三）防范措施

（1）如果会计师事务所的商业利益或业务活动可能与客户存在利益冲突，注册会计师应当告知客户，并在征得其同意的情况下执行业务。

（2）如果为存在利益冲突的两个以上客户服务，注册会计师应当告知所有已知相关方，并在征得他们同意的情况下执行业务。

（3）如果为某一特定行业或领域中的两个以上客户提供服务，注册会计师应当告知客户，并在征得他们同意的情况下执行业务。

（4）分派不同的项目组为相关客户提供服务。

（5）实施必要的保密程序，防止未经授权接触信息。例如，对不同的项目组实施严格的隔离程序，做好数据文档的安全保密工作。

（6）向项目组成员提供有关安全和保密问题的指引。

（7）要求会计师事务所的合伙人和员工签订保密协议。

（8）由未参与执行相关业务的高级员工定期复核防范措施的执行情况。

（四）极端事项处理方式

（1）如果客户不同意注册会计师为存在利益冲突的其他客户提供服务，注册会计师应当终止为其中一方或多方提供服务。

（2）如果利益冲突对职业道德基本原则产生不利影响，并且采取防范措施无法消除不利影响或将其降低至可接受的水平，注册会计师应当拒绝承接某一特定业务，或者解除一个或多个存在冲突的业务约定。

重难点8：应客户的要求提供第二次意见★★

（一）含义

在某客户运用会计准则对特定交易和事项进行处理，且已由前任注册会计师发表意见的情况下，如果注册会计师应客户的要求提供第二次意见，可能对职业道德基本原则产生不利影响。

（二）不利影响的评价

（1）如果第二次意见不是以前任注册会计师所获得的相同事实为基础，或依据的证据不充分，可能对专业胜任能力和应有的关注原则产生不利影响。

（2）不利影响存在与否及其严重程度，取决于业务的具体情况，以及为提供第二次意见所能获得的所有相关事实及证据。

【小贴士】如果被要求提供第二次意见，注册会计师应当评价不利影响的严重程度。

（三）防范措施

1. 征得客户同意与前任注册会计师沟通
2. 在与客户沟通中说明注册会计师发表专业意见的局限性
3. 向前任注册会计师提供第二次意见的副本

（四）特殊情况处理

如果客户不允许与前任注册会计师沟通，注册会计师应当在考虑所有情况后决定是否适宜提供第二次意见。

重难点9：收费★★★

（一）基本原则

（1）收费是否对职业道德基本原则产生不利影响，取决于收费报价水平和所提供的相应服务。

（2）注册会计师应当评价不利影响的严重程度，并在必要时采取防范措施消除不利影响或将其降低至可接受的水平。

①让客户了解业务约定条款。

②特别是确定收费的基础以及在收费报价内所能提供的服务、安排恰当的时间和具有胜任能力的员工执行任务。

（二）具体情况分析

具体情况如下表所示。

示例	评价或考虑内容	防范措施
收费报价过低	在承接业务时，如果收费报价过低，可能导致难以按照执业准则和相关职业道德要求的要求执行业务，从而对专业胜任能力和应有的关注原则产生不利影响	（1）如果收费报价明显低于前任注册会计师或其他会计师事务所的相应报价，会计师事务所应当确保在提供专业服务时，遵守执业准则和相关职业道德规范的要求。 （2）使工作质量不受损害并使客户了解专业服务的范围和收费基础
或有收费	或有收费可能对职业道德基本原则产生不利影响。不利影响存在与否及其严重程度取决于下列因素： （1）业务的性质。 （2）可能的收费金额区间。 （3）确定收费的基础。 （4）是否由独立第三方复核交易和提供服务的结果	（1）预先就收费的基础与客户达成书面协议。 （2）向预期的报告使用者披露注册会计师所执行的工作及收费的基础。 （3）实施质量控制政策和程序。 （4）由独立第三方复核注册会计师已执行的工作

续表

示例	评价或考虑内容	防范措施
收取与客户相关的介绍费或佣金	可能对客观和公正原则以及专业胜任能力和应有的关注原则产生非常严重的不利影响	(1) 导致没有防范措施能够消除不利影响或将其降低至可接受的水平。 (2) 注册会计师不得收取与客户相关的介绍费或佣金
支付业务介绍费	注册会计师为获得客户而支付业务介绍费，可能对客观和公正原则以及专业胜任能力和应有的关注原则产生非常严重的不利影响	(1) 导致没有防范措施能够消除不利影响或将其降低至可接受的水平。 (2) 注册会计师不得向客户或其他方支付业务介绍费

【经典真题】

【简答题（部分）·2017】ABC会计师事务所委派A注册会计师担任上市公司甲公司2016年度财务报表审计项目合伙人。ABC会计师事务所和XYZ公司处于同一网络。审计项目组在审计中遇到下列事项：

(6) ABC会计师事务所推荐甲公司与某开发区管委会签订了投资协议，因此获得开发区管委会的奖励10万元。

【要求】针对上述第（6）项，指出是否违反中国注册会计师职业道德守则有关职业道德和独立性规定的情况，并简要说明理由。

【答案】

事项序号	是否违反（违反/不违反）	理　由
(6)	违反	ABC会计师事务所收取与甲公司有关的介绍费/收到的政府奖励实质构成介绍费，可能对客观和公正原则/专业胜任能力和应有的关注原则产生严重不利影响

重难点10：专业服务营销★★★

（一）含义

(1) 注册会计师通过广告或其他营销方式招揽业务，可能对职业道德基本原则产生不利影响。

(2) 在向公众传递信息时，注册会计师应当维护职业声誉，做到客观、真实、得体。

（二）具体要求

注册会计师在营销专业服务时，不得有下列行为：

1. 夸大宣传提供的服务、拥有的资质或获得的经验
2. 贬低或无根据地比较其他注册会计师的工作
3. 暗示有能力影响有关主管部门、监管机构或类似机构
4. 作出其他欺骗性的或可能导致误解的声明

（三）禁止行为

(1) 注册会计师不得采用强迫、欺诈、利诱或骚扰等方式招揽业务。

(2) 注册会计师不得对其能力进行广告宣传以招揽业务。

【小贴士】注册会计师可以利用媒体刊登设立、合并、分立、解散、迁址、名称变更和招聘员工等信息。

【经典真题】

【简答题（部分）·2014】2013年1月，DEF会计师事务所与XYZ会计师事务所合并成立ABC会计师事务所，相关事项如下：

（1）ABC会计师事务所以“强强联手，服务最优”为主题在多家媒体刊登广告，宣传两家会计师事务所的合并事宜。

【要求】针对上述第（1）项，指出ABC会计师事务所的做法是否恰当。如不恰当，简要说明理由。

事项序号	是否恰当（是/否）	理　由
（1）	否	“强强联手，服务最优”夸大宣传了事务所提供的服务/无根据地比较其他注册会计师的工作/违反职业道德守则中有关专业服务营销的要求

重难点11：礼品和款待★

（一）礼品和款待的承担主体

1. 注册会计师
2. 注册会计师近亲属

（二）禁止行为

注册会计师不得向客户索取、收受委托合同约定以外的酬金或其他财物，或者利用执行业务之便，牟取其他不正当的利益。

（三）应对措施

（1）注册会计师应当评价接受款待产生不利影响的严重程度，并在必要时采取防范措施消除不利影响或将其降低至可接受的水平。

（2）如果款待超出业务活动中的正常往来，注册会计师应当拒绝接受。

重难点12：对客观和工作原则的要求★

（一）总要求

在提供专业服务时，注册会计师如果在客户中拥有经济利益，或者与客户董事、高级管理人员或员工存在家庭和私人关系或商业关系，应当确定是否对客观和公正原则产生不利影响。

（二）防范措施

1. 退出项目组
2. 实施督导程序
3. 终止产生不利影响的经济利益或商业关系
4. 与会计师事务所内部较高级别的管理人员讨论有关事项
5. 与客户治理层讨论有关事项

（三）极端现象处理措施

如果防范措施不能消除不利影响或将其降低至可接受的水平，注册会计师应当拒绝接受业务委托或终止业务。

【小贴士】非执业会员对职业道德概念框架的运用，具体要求以阅读了解为主，在此不再赘述。

四、进阶练习

（一）单选题

1. 关于注册会计师职业道德的说法中正确的是（　　）。

A. 注册会计师如果注意到已与有问题的信息发生牵连，应当采取措施消除牵连。在鉴证业务中，如果注册会计师依据执业准则出具了恰当的业务报告，不被视为违反上述要求

B. 在执行鉴证业务时，注册会计师必须保持独立性

C. 注册会计师执行审计和审阅业务以及其他鉴证业务时，应当保持独立，不得因任何利害关系影响其客观性

D. 会计师事务所在承办审计和审阅业务以及其他鉴证业务时，应当从整体层面采取措施，以保持会计师事务所的独立性

2. 注册会计师执业会员专业胜任能力和应有的关注方面的说法中错误的是（　　）。

A. 专业胜任能力能力分为专业胜任能力的获取、专任胜任能力的保持及专业胜任能力的提升

B. 会员遵守执业准则和职业道德规范要求，勤勉尽责，认真、全面、及时地完成工作任务

C. 在审计过程中，会员应当保持职业怀疑态度，运用专业知识、技能和经验，获取和评价审计证据

D. 会员应当采取措施以确保在其授权下工作的人员得到适当的培训和督导

3. 注册会计师执业会员职业行为中允许出现的是（　　）。

A. 夸大宣传提供的服务、拥有的资质或获得的经验

B. 贬低或无根据地比较其他注册会计师的工作

C. 会员在推介自己曾经的从业经历，隐瞒曾经接受过的处罚

D. 某会计师事务所刊登办公地址迁移的公告

4. 下列事项中，不属于自身利益导致对职业道德不利影响的因素是（　　）。

A. 甲集团公司的审计业务收入占会计师事务所的全年总收入的50%

B. 事务所主任会计师与鉴证客户乙公司经理共同投资一家咨询公司

C. 会计师事务所与客户约定，如果出具标准意见类型审计报告，审计收费在业务约定书约定的基础上上浮15%

D. 会计师事务所为鉴证客户提供纳税筹划服务，为提高年度报表审计效率，事务所要求谁代理谁审计

5. 构成密切关系导致对职业道德基本原则产生不利影响的事项是（　　）。

A. 审计项目组组长的爱人担任客户公司副总经理

B. 项目组成员注册会计师同时拥有司法证书，在审计期间发现审计客户与第三方发生诉讼，接受审计客户聘任，担任客户的辩护人

C. 客户要求会计师事务所必须出具标准无保留意见类型的审计报告，否则将解除审计业务

D. 项目组进驻客户单位时，客户在公司会议室组织见面会，向项目组成员逐一介绍公司董事会员各主要管理层成员，以便于工作的沟通

6. 下列不属于注册会计师对可能产生利益传统导致职业道德准则不利影响的防范措施是（　　）。

A. 如果为存在利益冲突的两个以上客户服务，注册会计师应当告知所有已知相关方，并在征得他们同意的情况下执行业务

B. 如果为某一特定行业或领域中的两个以上客户提供服务，注册会计师应当告知客户，并在征得他们同意的情况下执行业务

C. 在与客户沟通中说明注册会计师发表专业意见的局限性

D. 分派不同的项目组为相关客户提供服务

（二）多选题

1. 注册会计师执业会员应当对职业活动中获得的涉密信息予以保密，对其行为约束的说法中错误的有（　　）。

A. 会员应当警惕无意泄密的可能性，特别是警惕无意中向近亲属或关系密切的人员泄密的可能性

B. 未经客户授权或法律法规允许，向会计师事务所以外的第三方披露其所获知的涉密信息

C. 利用所获知的涉密信息为自己或第三方谋取利益

D. 如果变更工作单位或获得新客户，会员可以利用以前的经验，但不应利用或披露以前职业活动中获知的涉密信息

2. 可能对注册会计师职业道德基本原则产生不利影响的因素包括（　　）。

A. 自身利益　　B. 自我评价　　C. 过度推介　　D. 外在压力

3. 会计师事务所应对不利影响的防范措施包括（　　）。

A. 向鉴证客户提供非鉴证服务时，指派鉴证业务项目组以外的其他合伙人和项目组，并确保鉴证业务项目组和非鉴证业务项目组分别向各自的业务主管报告工作

B. 向合伙人和专业人员提供鉴证客户及其关联实体的名单，并要求合伙人和专业人员与之保持独立

C. 对已执行的非鉴证业务，由未参与该业务的注册会计师进行复核，或在必要时提供建议

D. 向客户治理层说明提供服务的性质和收费的范围

4. 注册会计师应对专业服务委托可能给职业道德基本原则产生不利影响的防范措施包括（　　）。

A. 要求客户对完善公司治理结构或内部控制作出承诺

B. 就执行业务的时间安排与客户达成一致意见

C. 当应邀投标时，在投标书中说明，在承接业务前需要与前任注册会计师沟通，以了解是否存在不应接受委托的理由

D. 如果采取的防范措施不能消除不利影响或将其降低至可接受的水平，注册会计师不得承接该业务

5. 下列关于注册会计师应对造成职业道德不利影响的说法中，正确的有（　　）。

A. 注册会计师不得向客户或其他方支付业务介绍费

B. 注册会计师可以利用媒体刊登名称变更的信息

C. 注册会计师不得提供保管客户资金或其他资产的服务

D. 在提供鉴证服务时，注册会计师的服务应从外界看来没有偏见、无利益冲突、不受他人的不当影响

（三）简答题

ABC 会计师事务所的 A 注册会计师负责审计多家上市公司 2019 年度财务报表。审计项目组在审计中遇到下列事项：

（1）甲公司由于公司股东大会召开在即，和审计项目组约定，如果能够比审计业务约定时间提前 5 天出具审计报告，将额外支付 10 万元审计费给项目组。

（2）乙公司曾经因财务人员短缺，于 2019 年 4 月 1 日起向 ABC 会计师事务所借用一名注册会计师从事会计核算工作，该注册会计师的工作内容是将经过会计主管审核的记账凭证录入计算机信息系统。ABC 事务所未将该名注册会计师纳入乙公司 2019 年度财务报表审计项目组。

（3）A 注册会计师爱人持有丙公司 10 万股股票，于 2019 年 12 月 21 日出售。

（4）丁公司的财务经理于 2019 年 7 月 1 日离职加入 ABC 会计师事务所，A 注册会计师认为其熟悉业务，将其纳入丁公司 2019 年度财务报表审计项目组。

（5）戊公司要求审计项目组必须出具标准无保留意见类型的审计报告，否则将解除业务约定。

（6）2020 年 1 月 6 日，ABC 事务所喜迁新址，在主要媒体刊登事务所迁址和招聘 10 名注册会计师的广告。

【要求】针对事项（1）~（6）的情况，逐项判断 A 注册会计师和 ABC 会计师事务所是否存在违反中国注册会计师职业道德规范的相关规定，并简要说明理由。

五、进阶练习答案

（一）单选题

1. 【答案】B

【解析】注册会计师如果注意到已与有问题的信息发生牵连，应当采取措施消除牵连。在鉴证业务中，如果注册会计师依据执业准则出具了恰当的非标准业务报告，不被视为违反上述要求，因此不选择选项 A。注册会计师执行审计和审阅业务以及其他鉴证业务时，应当从实质上和形式上保持独立性，不得因任何利害关系影响其客观性，因此不选择选项 C。会

计师事务所在承办审计和审阅业务以及其他鉴证业务时，应当从整体层面和具体业务层面采取措施，以保持会计师事务所和项目组的独立性，因此不选择选项 D。

2.【答案】A

【解析】专业胜任能力可分为两个独立阶段：（1）专业胜任能力的获取；（2）专业胜任能力的保持，因此选择选项 A。应有的关注，要求会员遵守执业准则和职业道德规范要求，勤勉尽责，认真、全面、及时地完成工作任务（选项 B）。在审计过程中，会员应当保持职业怀疑态度，运用专业知识、技能和经验，获取和评价审计证据（选项 C）。同时，会员应当采取措施以确保在其授权下工作的人员得到适当的培训和督导（选项 D）。在适当情况下，会员应当使客户、工作单位和专业服务的以及业务报告的其他使用者了解专业服务的固有局限性。

3.【答案】D

【解析】会员在向公众传递信息以及推介自己和工作时，应当客观、真实、得体，不得损害职业形象（选项 C 不符合）。会员应当诚实、实事求是，不得有下列行为：（1）夸大宣传提供的服务、拥有的资质或获得的经验（选项 A）；（2）贬低或无根据地比较其他注册会计师的工作（选项 B）。因此选择选项 D。

4.【答案】D

【解析】选项 A 属于会计师事务所的收入过分依赖某一客户的情形，构成自身利益导致的不利影响。选项 B 属于鉴证业务项目组成员与鉴证客户存在重要且密切的商业关系，构成自身利益导致的不利影响。选项 C 属于会计师事务所与客户就鉴证业务达成或有收费的协议，构成自身利益导致的不利影响。选项 D 属于会计师事务所在对客户提供财务系统的设计或操作服务后，又对系统的运行有效性出具鉴证报告，构成自我评价导致的不利影响，因此选择选项 D。

5.【答案】A

【解析】选项 A 属于项目组成员的近亲属担任客户的董事或高级管理人员，构成密切关系导致的不利影响。选项 B 属于在审计客户与第三方发生诉讼或纠纷时，注册会计师担任该客户的辩护人，构成过度推介导致的不利影响，因此不选择选项 B。选项 C 属于会计师事务所收到客户解除业务关系的威胁，构成外在压力导致不利影响，因此不选择选项 C。选项 D 不属于介绍客户的礼品和款待，因此不构成密切关系导致的不利影响，因此不选择选项 D。

6.【答案】C

【解析】选项 A、选项 B 和选项 D 属于注册会计师防范利益冲突导致不利影响的防范措施，因此选择选项 C。

（二）多选题

1.【答案】BC

【解析】保密原则要求会员应当对在职业活动中获知的涉密信息予以保密，不得有下列行为：（1）未经客户授权或法律法规允许，向会计师事务所以外的第三方披露其所获知的涉密信息；（2）利用所获知的涉密信息为自己或第三方谋取利益，此题选项 B 和选项 C 看似属于保密要求，但缺少了限定词“不得”，因此选择选项 B 和选项 C。

2.【答案】ABCD

【解析】可能对职业道德基本原则产生不利影响的因素包括自身利益、自我评价、过度推介、密切关系和外在压力。

3.【答案】ABCD

【解析】选项 A 和选项 B 是会计师事务所层面的防范措施，选项 C 和选项 D 是具体业务层面的防范措施。

4.【答案】ABC

【解析】选项 A 是注册会计师接受客户关系时的应对不利影响的防范措施。选项 B 是注册会计师承接业务时应对不利影响的防范措施。选项 C 是注册会计师在客户变更委托时应对不利影响的防范措施。选项 D 是注册会计师接受专业委托时的要求，因此不选择选项 D。

5.【答案】AB

【解析】除非法律法规允许或要求，注册会计师不得提供保管客户资金或其他资产的服务，因此不选择选项 C。在提供鉴证服务时，注册会计师应当从实质上和形式上独立于鉴证客户，客观公正地提出结论，并且从外界看来没有偏见、无利益冲突、不受他人的不当影响，因此不选择选项 D。

（三）简答题

【答案】

（1）违反。项目组提前完成审计报告/受到外在压力导致不利影响。项目组额外收费/可能对客观和公正原则/专业胜任能力和应有的关注原则产生严重不利影响。

（2）不违反。事务所借调注册会计师从事的工作是主管会计审核后的凭证录入，没有行使管理职能，不能对原始数据构成影响，不存在自我评价导致的不利影响。

（3）不违反。鉴证业务项目组负责人近亲属没有在鉴证客户中拥有直接经济利益。

（4）违反。鉴证业务项目组成员担任或曾受雇于客户，且所处职位能够对鉴证对象施加重大影响，属于自我评价导致的不利影响。

（5）违反。会计师事务所受到客户解除业务约定的威胁，属于外在压力导致的不利影响。

（6）不违反。会计师事务所迁址和招聘广告属于合理的专业服务营销，没有对齐技能进行宣传，也没有采用强迫、欺诈、利诱或骚扰等方式招揽业务。

第二十三章　审计业务对独立性的要求

一、2020 年新教材内容主要变化

2020 年本章主要知识点无变化。

二、本章近 5 年考情统计分析

本章考题均为主观题（简答题），但是针对个别的知识点（如独立性、收费等），也可以结合职业道德原则和概念框架考核。

本章属于重要的考试章节之一，近年来一直与第二十二章联合出题，最近 5 年平均考试分值一般在 6 分左右。

（一）近 5 年考试分值分布

题型	2015 年	2016 年	2017 年	2018 年	2019 年
单选题	—	—	—	—	—
多选题	—	—	—	—	—
简答题	6	6	5	6	6
综合题	—	—	—	—	—
合计	6	6	5	6	6

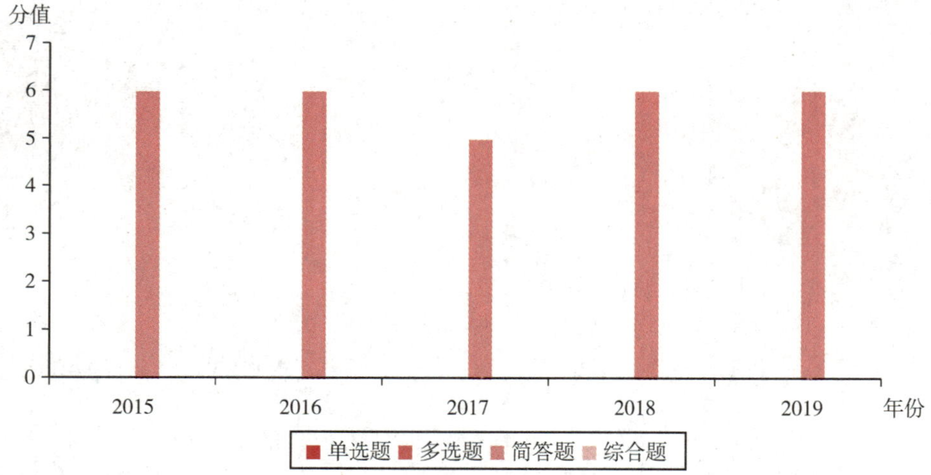

（二）近 5 年考试考点分布

高频考点内容	年度及题型分布
关联实体和网络事务所	2018 年简答
经济利益	2019 年简答、2017 年简答、2016 年简答
三种关系	2019 年简答、2018 年简答、2017 年简答

续表

高频考点内容	年度及题型分布
客户人员交流	2019 年简答、2018 年简答、2017 年简答
为审计客户提供非鉴证服务	2019 年简答

三、重难点解析

本章内容为注册会计师执业过程中对独立性的要求，是审计的重要章节，主要内容包括独立性的基本概念和要求、注册会计师在执业过程中可能遇到的经济利益、贷款和担保以及商业关系、家庭和私人关系、与审计客户发生人员交流、与审计客户长期存在业务关系、为审计客户提供非鉴证服务、收费及影响独立性的其他事项。

【小贴士】本章内容的学习，需要结合章节内容。本章内各节内容均需要全面学习和掌握。

重难点1：独立性的概念框架★★★

（一）独立性的内涵

独立性包括实质上的独立性和形式上的独立性。

（二）独立性概念框架的内涵

1. 内涵

独立性概念框架是指解决独立性问题的思路和方法，用以指导注册会计师：

（1）识别对独立性的不利影响。

（2）评价不利影响的严重程度。

（3）必要时采取防范措施消除不利影响或将其降低至可接受的水平。

2. 应对措施

（1）如果无法采取适当的防范措施消除不利影响或将其降低至可接受的水平，注册会计师应当消除产生不利影响的情形。

（2）如果无法采取措施消除不利影响或将其降低至可接受的水平，注册会计师应当拒绝接受审计业务委托或终止审计业务。

3. 适用情形

由于会计师事务所规模、结构和组织形式不同，会计师事务所人员对独立性承担的责任也不同。

（1）会计师事务所应当按照《会计师事务所质量控制准则第 5101 号——业务质量控制》的要求制定政策和程序，以合理保证按照职业道德守则的要求保持独立性。

（2）项目合伙人应当就审计项目组遵守相关独立性要求的情况形成结论，如下表所示。

<table>
<tr><td rowspan="4">识别的各种关系或情形</td><td>没有对独立性产生不利影响</td><td colspan="4">可以接受</td></tr>
<tr><td rowspan="3">对独立性产生不利影响</td><td>处于可接受水平</td><td colspan="3">可以接受</td></tr>
<tr><td rowspan="2">超过可接受水平</td><td>不严重</td><td>采取防范措施消除不利影响或将其降低至可接受的水平</td><td>可以接受</td></tr>
<tr><td>严重</td><td colspan="2">消除产生不利影响的情形、拒绝接受业务委托或终止业务约定</td></tr>
</table>

重难点2：网络与网络事务所★★★

（一）网络与网络事务所的定义

1. 定义

（1）网络是指由多个实体组成，旨在通过合作实现共享收益或分担成本、共享所有权、控制权或管理权、共享统一的质量控制政策和程序、共享同一经营战略、使用同一品牌、共享重要的专业资源中的一个或多个目的的联合体。

（2）网络事务所是指属于某一网络的会计师事务所或实体。

2. 独立性要求

如果某一会计师事务所被视为网络事务所，应当与网络中其他会计师事务所的审计客户保持独立。

【小贴士】有关对网络事务所独立性的要求，适用于所有符合网络事务所定义的实体，而无论该实体（如咨询公司）本身是否为会计师事务所。

（二）网络的确定

在判断一个联合体是否形成网络时，注册会计师应当运用下列标准：

（1）如果一个联合体旨在通过合作，在各实体之间共享收益或分担成本，应被视为网络。如果联合体之间分担的成本不重要，或分担的成本仅限于与开发审计方法、编制审计手册或提供培训课程有关的成本，则不应当被视为网络。如果会计师事务所与某一实体以联合方式提供服务或研发产品，虽然构成联合体，但不形成网络。

（2）如果一个联合体旨在通过合作，在各实体之间共享所有权、控制权或管理权，应被视为网络。这种网络关系可能通过合同或其他方式实现。

（3）如果一个联合体旨在通过合作，在各实体之间共享统一的质量控制政策和程序，应被视为网络。统一的质量控制政策和程序，是由联合体统一设计、实施和监控的质量控制政策和程序。

（4）如果一个联合体旨在通过合作，在各实体之间共享同一经营战略，应被视为网络。

①共享同一经营战略，是指实体之间通过协议实现共同的战略目标。

②如果一个实体与其他实体仅以联合方式应邀提供专业服务，虽然构成联合体，但不形成网络。

（5）如果一个联合体旨在通过合作，在各实体之间使用同一品牌，应被视为网络。同一品牌包括共同的名称和标志等。

（6）如果一个联合体旨在通过合作，在各实体之间共享重要的专业资源，应被视为网络。专业资源包括：

①能够使各会计师事务所交流诸如客户资料、收费安排和时间记录等信息的共享系统。

②合伙人和员工。

③技术部门，负责就鉴证业务中的技术或行业特定问题、交易或事项提供咨询。

④审计方法或审计手册。

⑤培训课程和设施。

【小贴士】注册会计师应当根据相关事实和情况，确定联合体共享的专业资源是否重要，并判断这些会计师事务所或实体是否为网络事务所。

【示例】名义上，一个联合体中的一家会计师事务所和其他几家税务所、评估机构或咨询公司没有使用同一品牌，但实质上，它们在人员及客户资源方面存在共享的情况，则上述实体属于同一网络。

（三）共享的资源被视为不重要的情形

（1）共享的资源仅限于共同的审计手册或审计方法。

（2）共享培训资源，而并不交流人员、客户信息或市场信息。

（3）没有一个共有的技术部门。

一个联合体通过合作，实现以下任何一个情况：

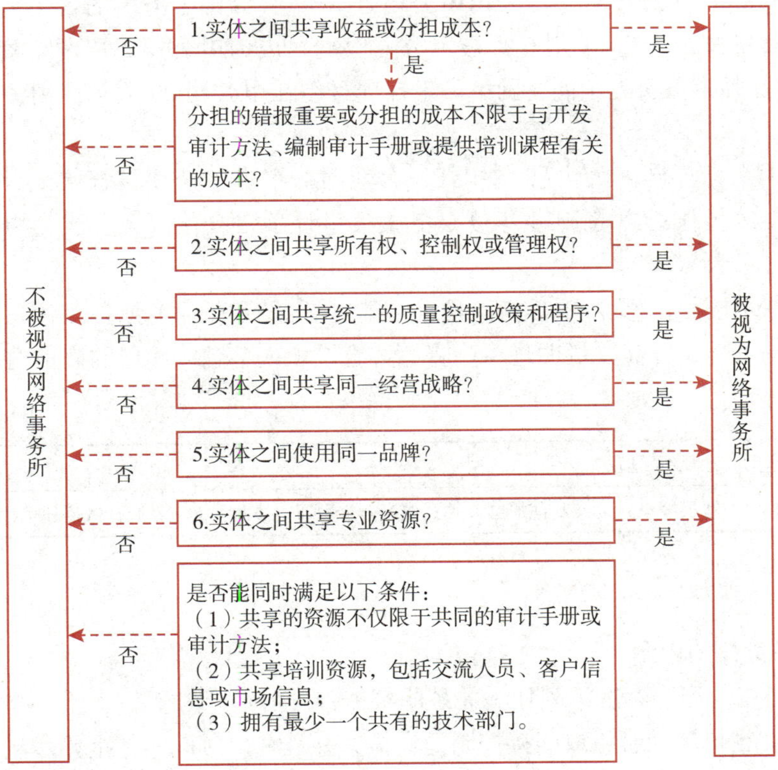

重难点3：公众利益实体★★★

（一）公众利益实体定位

公众利益实体包括上市公司和下列实体：

（1）法律法规界定的公众利益实体。

（2）法律法规规定按照上市公司审计独立性的要求接受审计的实体。

（二）视同为公众利益实体对待的标准

（1）非上市但按照上市公司审计独立性的要求接受审计的实体，如某些大型非上市金融企业。对于其债券在法律法规认可的证券交易所报价或挂牌，或是在法律法规认可的证券交易所或其他类似机构的监管下进行交易的实体，也应当作为公众利益实体对待。

（2）如果其他实体拥有数量众多且分布广泛的利益相关者（包括其管理层、股东、顾客、供应商、债权人、利益相关者、政府、特殊利益团体和媒体等），注册会计师应当考虑将其作为公众利益实体对待。需要考虑的因素包括该实体业务的性质（如金融业务、保险业务）、实体的规模和员工的数量等。

【经典真题】

【简答题（部分）·2015】上市公司甲公司是ABC会计师事务所的常年审计客户。乙公司是非公众利益实体，于2014年6月被甲公司收购，成为甲公司重要的全资子公司。XYZ公司和ABC会计师事务所处于同一网络。审计项目组在甲公司2014年度财务报表审计中遇到下列事项：

（2）B注册会计师自2009年度起担任乙公司财务报表审计项目合伙人，在乙公司被甲公司收购后，继续担任乙公司2014年度财务报表审计项目合伙人，并成为甲公司的关键审计合伙人。

【要求】针对上述第（2）项，指出是否可能存在违反中国注册会计师职业道德守则有关独立性规定的情况，并简要说明理由。将答案直接填入答题区相应的表格内。

【答案】

事项序号	是否违反（违反/不违反）	理　由
（2）	不违反	B注册会计师在成为公众利益实体的关键审计合伙人后还可以继续服务两年

重难点4：关联实体★★★

（一）关联实体的内涵

关联实体是指与客户存在下列任一关系的实体：

（1）能够对客户施加直接或间接控制的实体，并且客户对该实体重要。

（2）在客户内拥有直接经济利益的实体，并且该实体对客户具有重大影响，在客户内的利益对该实体重要。

（3）受到客户直接或间接控制的实体。

（4）客户（或受到客户直接或间接控制的实体）拥有其直接经济利益的实体，并且客户能够对该实体施加重大影响，在实体内的经济利益对客户（或受到客户直接或间接控制的实体）重要。

（5）与客户处于同一控制下的实体（即“姐妹实体”），并且该姐妹实体和客户对其控制方均重要。

（二）审计客户与关联实体关系

（1）在审计客户是上市公司的情况下，本章所称审计客户包括该客户的所有关联实体。

（2）在审计客户不是上市公司的情况下，本章所称审计客户仅包括该客户直接或间接控制的关联实体。

（三）评价及应对措施实施范围

如果认为客户存在的关系或情形涉及其他关联实体，且与评价会计师事务所独立性相关，审计项目组在识别、评价对独立性的不利影响以及采取防范措施时，应当将其他关联实体包括在内。

【经典真题】

【简答题（部分）2014】上市公司甲公司系ABC会计师事务所的常年审计客户，从事房地产开发业务。XYZ公司是ABC会计师事务所的网络事务所。在对甲公司2013年度财务报表执行审计的过程中存在下列事项：

（1）2013年10月，甲公司收购了乙公司25%的股权，乙公司成为甲公司的重要联营公司。审计项目组经理A注册会计师在收购生效日前一周得知其妻子持有乙公司发行的价值1万元的企业债，承诺将在收购生效日后一个月内出售该债券。

【要求】针对第（1）项，指出是否可能存在违反中国注册会计师职业道德守则有关独立性规定的情况，并简要说明理由。将答案直接填入答题区相应的表格内。

【答案】

事项序号	是否可能违反（是/否）	理　由
（1）	是	收购日后乙公司成为甲公司的关联实体，A注册会计师及其主要近亲属不得在乙公司拥有直接经济利益，应在收购生效日前处置该直接经济利益，得知持有该直接经济利益后立即处置该利益，则将因自身利益对独立性产生严重不利影响

【经典模拟题】

【多选题】ABC会计师事务所和DEF公司处于同一网络。ABC会计师事务所的常年审计客户甲公司，与上市公司乙公司为同一母公司的重要子公司，乙公司不是ABC会计师事务所的审计客户。A注册会计师担任甲公司审计项目合伙人，在甲公司2019年度财务报表审计中遇到下列事项中，构成关联实体关系对注册会计师独立性不利影响的有（　　）。

A. 项目合伙人A注册会计师的父亲于2019年5月买入乙公司股票1 000股，该股权对A注册会计师的父亲而言不属于重大经济利益

B. 审计项目组成员C的妻子于2019年9月购买了某金融机构金融产品50 000元。根据其金融机构及资金使用方签署的三方协议，该资金用于补充甲公司某不重要子公司的短期流

动资金

C. 2019 年 8 月，甲公司在海外设立子公司，聘请 DEF 公司提供设立申请服务，以及业务流程和财务流程文档的编制服务

D. 2019 年 12 月，DEF 公司的合伙人 E 应邀参加了甲公司为其经销商举办的研讨会，介绍了数据保护相关的监管要求及 DEF 公司的相关服务

【答案】ABC

【解析】审计项目组成员的主要近亲属在审计客户的关联实体中拥有直接经济利益，将造成因自身利益产生非常严重的不利影响，因此选择选项 A。审计项目组成员的主要近亲属不得在审计客户的关联实体中拥有重大间接经济利益，否则将因自身利益产生非常严重的不利影响，因此选择选项 B。DEF 公司和 ABC 会计师事务所处于同一网络，网络所为审计客户的关联实体提供构成财务报告内部控制重大组成部分的信息技术系统服务，将因自我评价产生不利影响，因此选择选项 C。选项 D 属于会计师事务所营销方式招揽服务，可能构成独立性的影响，因此不选择选项 D。

重难点 5：业务期间★★★

（一）含义

（1）业务期间自审计项目组开始执行审计业务之日起，至出具审计报告之日止。

（2）如果审计业务具有连续性，业务期间结束日应以其中一方通知解除业务关系或出具最终审计报告两者时间孰晚为准。

【小贴士】注册会计师应当在业务期间和财务报表涵盖的期间独立于审计客户。

（二）业务期间和财务报表涵盖期间示例

会计师事务所于 2010 年 3 月 1 日开始执行审计业务，这项工作将从 2010 年 3 月 1 日开始实施并持续到 2011 年 4 月 6 日。

1. 业务期间

2010 年 3 月 1 日至 2011 年 4 月 6 日（如果会计师事务所继续为该企业提供审计服务，业务期间将会延伸至第二年）。

2. 财务报表涵盖期间

2010 年 1 月 1 日至 2010 年 12 月 31 日。

3. 注册会计师保持独立性的期间

（1）自 2010 年 1 月 1 日开始，会计师事务所必须保持独立性，直到其终止作为客户的注册会计师这一角色。

（2）如果审计业务具有连续性，业务期间结束日应以其中一方通知解除业务关系或出具最终审计报告两者时间孰晚为准。

【经典真题】

【简答题（部分）·2015】上市公司甲公司是 ABC 会计师事务所的常年审计客户。乙公司是非公众利益实体，于 2014 年 6 月被甲公司收购，成为甲公司重要的全资子公司。XYZ 公司和 ABC 会计师事务所处于同一网络。审计项目组在甲公司 2014 年度财务报表审计中遇

到下列事项：

（1）A 注册会计师自 2012 年度起担任甲公司财务报表审计项目合伙人，其妻子在甲公司 2013 年年度报告公告后购买了甲公司股票 3 000 股，在 2014 年度审计工作开始前卖出了这些股票。

【要求】针对上述第（1）项，指出是否可能存在违反中国注册会计师职业道德守则有关独立性规定的情况，并简要说明理由。将答案直接填入答题区相应的表格内。

【答案】

事项序号	是否违反（违反/不违反）	理　由
（1）	违反	因针对甲公司的审计业务具有连续性，2013 年度审计报告出具后至 2014 年度审计工作开始前期间仍属于业务期间，A 注册会计师的妻子在该期间持有甲公司的股票，因自身利益对独立性产生严重不利影响

（三）非鉴证服务的影响

（1）如果一个实体委托会计师事务所对其财务报表发表意见，并且在该财务报表涵盖的期间或之后成为审计客户，会计师事务所应当确定下列因素是否对独立性产生不利影响。

①在财务报表涵盖的期间或之后、接受审计业务委托之前，与审计客户之间存在的经济利益或商业关系。

②以往向审计客户提供的服务。如果在财务报表涵盖的期间或之后，在审计项目组开始执行审计业务之前，会计师事务所向审计客户提供了非鉴证服务，并且该非鉴证服务在审计期间不允许提供，会计师事务所应当评价提供的非鉴证服务对独立性产生的不利影响。如果不利影响超出可接受的水平，会计师事务所只有在采取防范措施消除不利影响或将其降低至可接受的水平的情况下，才能接受审计业务。

【示例】如果会计师事务所在 2010 年 1 月 1 日至 2010 年 3 月 1 日期间为其审计客户提供了不被允许的非鉴证服务，将对独立性产生不利影响。

（2）防范措施。

①不允许提供非鉴证服务的人员担任审计项目组成员。

②必要时由其他的注册会计师复核审计和非鉴证工作。

③由其他会计师事务所评价非鉴证业务的结果，或由其他会计师事务所重新执行非鉴证业务，并且所执行工作的范围能够使其承担责任。

重难点 6：合并与收购★★

（一）基本要求

如果由于合并或收购，某一实体成为审计客户的关联实体，会计师事务所应当识别和评价其与该关联实体以往和目前存在的利益或关系，并在考虑可能的防范措施后确定是否影响独立性，以及在合并或收购生效日后能否继续执行审计业务。

（二）应对措施

（1）会计师事务所应当在合并或收购生效日前采取必要措施终止目前存在的利益或关系。

（2）如果在合并或收购生效日前不能终止目前存在的利益或关系，会计师事务所应当评价产生的不利影响。不利影响的严重程度取决于下列因素。

①利益或关系的性质和重要程度。

②审计客户与该关联实体之间关系的性质和重要程度，例如，关联实体是审计客户的子公司还是母公司。

③合理终止该利益或关系需要的时间。

（三）与治理层沟通

1. 沟通内容

会计师事务所应当与治理层讨论，在合并或收购生效日前不能终止利益或关系的原因，以及对由此产生不利影响严重程度的评价结果。

2. 会计师事务所继续执业的条件

如果治理层要求会计师事务所继续执行审计业务，会计师事务所只有在同时满足下列条件时，才能同意这一要求：

（1）在合并或收购生效日起的六个月内，尽快终止目前存在的利益或关系。

（2）存在利益或关系的人员不得作为审计项目组成员，也不得负责项目质量控制复核。

（3）拟采取适当的过渡性措施，并就此与治理层讨论。

3. 采取的适当过渡性措施

（1）必要时由审计项目组以外的注册会计师复核审计或非鉴证工作。

（2）由其他会计师事务所再次执行项目质量控制复核。

（3）由其他会计师事务所评价非鉴证业务的结果，或由其他会计师事务所重新执行该非鉴证业务，并且所执行工作的范围能够使其承担责任。

重难点7：经济利益的种类★★★

（一）直接经济利益

（1）个人或实体直接拥有并控制的经济利益（包括授权他人管理的经济利益）。

（2）个人或实体通过投资工具拥有的经济利益，并且有能力控制这些投资工具，或影响其投资决策。

【示例】常见的直接经济利益包括证券或其他参与权，诸如包括股票、债券、认沽权、认购权、期权、权证和卖空权等。

【经典真题】

【简答题（部分）·2018】上市公司甲公司是ABC会计师事务所的常年审计客户。XYZ公司和ABC会计师事务所处于同一网络。审计项目组在甲公司2017年度财务报表审计中遇到下列事项：

（1）项目合伙人A注册会计师的妻子在甲公司担任人事部经理并持有该公司股票期权1万股，该期权自2018年1月1日起可以行权。A注册会计师的妻子于2018年1月2日行权后立即处置了该股票。

【要求】针对上述（1）项，指出是否可能存在违反中国注册会计师职业道德守则有关独立性规定的情况，并简要说明理由。将答案直接填入答题区相应的表格内。

【答案】

事项序号	是否违反（违反/不违反）	理　　由
（1）	违反	A注册会计师不应参与甲公司审计/A注册会计师的妻子不得以任何形式/通过员工股票期权计划拥有甲公司的直接经济利益，否则将因自身利益对独立性产生严重不利影响

（二）间接经济利益

间接经济利益是指个人或实体通过投资工具拥有的经济利益，但没有能力控制这些投资工具，或影响其投资决策。

（三）判断直接经济利益和间接经济利益的方式

受益人可能通过投资工具拥有经济利益。确定经济利益是直接的还是间接的，决于受益人能否控制投资工具或具有影响投资决策的能力。

（1）如果受益人能够控制投资工具或具有影响投资决策的能力，这种经济利益为直接经济利益。

（2）如果受益人不能控制投资工具不具有影响投资决策的能力，这种经济利益为间接经济利益。

【示例】投资经理投资了共同基金，而这些共同基金投资了一揽子基础金融产品，那么在这种情况下，该共同基金属于直接经济利益，而这些基础金融产品将被视为间接经济利益。

（四）不利影响的影响因素

在审计客户中拥有经济利益，可能因自身利益导致不利影响。不利影响存在与否及其严重程度取决于下列因素：

1. 拥有经济利益人员的角色
2. 经济利益是直接的还是间接的
3. 经济利益的重要性

重难点8：对独立性产生不利影响的情形和防范措施★★★

（一）在审计客户中不被允许拥有的经济利益

（1）会计师事务所、审计项目组成员或其主要近亲属不得在审计客户中拥有直接经济利益或重大间接经济利益。

①项目组成员界定范围。审计项目组成员的定义中所包括的人员除了为执行审计业务成立的项目组外，还包括会计师事务所及网络事务所中能够直接影响审计业务结果的其他人员。

【示例】能对审计项目合伙人提出薪酬建议，以及进行直接指导、管理或监督的人员、为执行审计业务提供技术或行业具体问题、交易或事项的咨询的人员（如针对与审计相关的准备计提或价值评估工作进行复核的财务交易咨询部的专业人员），或对审计业务实施项目质量控制复核的人员等。

②主要近亲属范围界定：主要近亲属是指配偶、父母或子女。

（2）当一个实体在审计客户中拥有控制性的权益，并且审计客户对该实体重要时，会计师事务所、审计项目组成员或其主要近亲属不得在该实体中拥有直接经济利益或重大间接经济利益。

（3）当其他合伙人与执行审计业务的项目合伙人同处一个分部时，其他合伙人或其主要近亲属不得在审计客户中拥有直接经济利益或重大间接经济利益。

【小贴士】执行审计业务的项目合伙人所处的分部并不一定是其所隶属的分部。当项目合伙人与审计项目组的其他成员隶属于不同的分部时，会计师事务所应当确定项目合伙人执行审计业务时所处的分部。

【示例】某一审计客户的大部分业务发生在北京，执行此审计业务时均由北京分部的项目组成员（除合伙人外）负责，而项目合伙人是从香港分部被委派往北京分部协助其业务发展的，其身份隶属于香港分部，在此情况下，项目合伙人执行审计业务所处的分部通常被认为是北京分部，因此，在北京分部的其他合伙人或其主要近亲属不得在审计客户中拥有直接经济利益或重大间接经济利益。

（4）为审计客户提供非审计服务的其他合伙人、管理人员或其主要近亲属不得在审计客户中拥有直接经济利益或重大间接经济利益。

（二）对审计项目组成员其他近亲属的要求

如果审计项目组某一成员的其他近亲属在审计客户中拥有直接经济利益或重大间接经济利益，将因自身利益产生非常严重的不利影响。其他近亲属是指兄弟姐妹、祖父母、外祖父母、孙子女、外孙子女。

1. 不利影响的严重程度主要因素

（1）审计项目组成员与其他近亲属之间的关系。

（2）经济利益对其他近亲属的重要性。

2. 防范措施

（1）其他近亲属尽快处置全部经济利益，或处置全部直接经济利益并处置足够数量的间接经济利益，以使剩余经济利益不再重大。

（2）由审计项目组以外的注册会计师复核该成员已执行的工作。

（3）将该成员调离审计项目组。

【经典真题】

【简答题（部分）·2019】上市公司甲公司是 ABC 会计师事务所的常年审计客户。XYZ 公司和 ABC 会计师事务所处于同一网络。审计项目组在甲公司 2018 年度财务报表审计中遇到下列事项：

（2）审计项目组成员 B 注册会计师的父亲在丙公司持有重大经济利益。丙公司为甲公司不重要的联营企业，不是 ABC 会计师事务所的审计客户。

【要求】针对上述第（2）项，指出是否可能存在违反中国注册会计师职业道德守则有关独立性规定的情况，并简要说明理由。将答案直接填入答题区相应的表格内。

【答案】

序号	是否违反（违反/不违反）	理　由
（2）	违反	甲公司对丙公司有重大影响，且项目组成员 B 的父亲在丙公司持有重大经济利益，因自身利益对独立性产生严重不利影响

（三）会计师事务所的退休金计划

如果审计项目组成员通过会计师事务所的退休金计划，在审计客户中拥有直接经济利益或重大间接经济利益，将因自身利益产生不利影响。注册会计师应当评价不利影响的严重程度，并在必要时采取防范措施消除不利影响或将其降低至可接受的水平。

（四）主要近亲属因受雇于审计客户而产生的经济利益

1. 主要近亲属的界定

执行审计业务的项目合伙人所处分部的其他合伙人，或者向审计客户提供非审计服务的合伙人或管理人员的主要近亲属。

2. 不被视为损害独立性的情形

如果其主要近亲属在审计客户中拥有经济利益，只要其主要近亲属作为审计客户的员工有权（例如通过退休金或股票期权计划）取得该经济利益，并且在必要时能够采取防范措施消除不利影响或将其降低至可接受的水平，则不被视为损害独立性。

3. 需要尽快处置的损害独立性的经济利益

如果其主要近亲属拥有或取得处置该经济利益的权利，例如按照股票期权方案有权行使期权，则应当尽快处置或放弃该经济利益。

（五）在非审计客户中拥有经济利益

除了在审计客户中拥有经济利益外，会计师事务所、审计项目组成员和其主要近亲属在其他实体中拥有的经济利益也可能影响其独立性。

1. 审计客户也在该实体拥有经济利益

会计师事务所、审计项目组成员或其主要近亲属在某一实体拥有经济利益，并且审计客户也在该实体拥有经济利益，可能因自身利益产生不利影响。

（1）不被视为损害独立性。如果经济利益并不重大，并且审计客户不能对该实体施加重大影响，则不被视为损害独立性。

（2）被视为损害独立性。如果经济利益重大，并且审计客户能够对该实体施加重大影响，则没有防范措施能够将不利影响降低至可接受的水平。会计师事务所不得拥有此类经济利益。拥有此类经济利益的人员，在成为审计项目组成员之前，应当处置全部经济利益，或处置足够数量的经济利益，使剩余经济利益不再重大。

2. 审计客户的利益相关者同时在该实体拥有经济利益

（1）界定标准。会计师事务所、审计项目组成员或其主要近亲属在某一实体拥有经济利益，并且知悉；审计客户的董事、高级管理人员或具有控制权的所有者也在该实体拥有经济利益，可能因自身利益、密切关系或外在压力产生不利影响。

（2）不利影响存在与否及其严重程度主要取决于因素。

①该项目组成员在审计项目组中的角色，例如，项目合伙人、负责执行项目或对项目进度及质量进行汇报或能直接影响审计业务结果的其他人员，都被视为重要的角色。

②实体的所有权是由少数人持有还是多数人持有。

③经济利益是否使得投资者能够控制该实体，或对其施加重大影响。

④经济利益的重要性。

（3）防范措施。

①将拥有该经济利益的审计项目组成员调离审计项目组。

②由审计项目组以外的注册会计师复核该成员已执行的工作。

（六）受托管理人

如果会计师事务所、审计项目组成员或其主要近亲属作为受托管理人在审计客户中拥有直接经济利益或重大间接经济利益，将因自身利益产生不利影响。

1. 不利影响的人员范围

如果下列人员作为受托管理人在审计客户中拥有直接经济利益或重大间接经济利益，也将因自身利益产生不利影响。

（1）与执行审计业务的项目合伙人处于同一分部的其他合伙人。

（2）向审计客户提供非审计服务的其他合伙人和管理人员。

（3）上述人员的主要近亲属。

2. 允许拥有经济利益的条件

只有在同时满足下列条件时，才允许拥有上述经济利益：

（1）审计项目组成员及其主要近亲属和会计师事务所均不是受托财产的受益人。

（2）委托人在审计客户中拥有的经济利益对委托人并不重大。例如，在审计客户中拥有的经济利益占委托人的资产净值低于某个百分比（如5%）及其在实体中并未拥有可影响实体运营或财务上等重要决策的控制权或表决权。

（3）委托人不能对审计客户施加重大影响。

（4）针对委托人在审计客户中拥有的经济利益，受托管理人及其主要近亲属和会计师事务所对其任何投资决策都不能施加重大影响。

【经典真题】

【简答题（部分）·2016】ABC会计师事务所委派A注册会计师担任上市公司甲公司2015年度财务报表审计项目合伙人。ABC会计师事务所和XYZ公司处于同一网络。审计项目组在审计中遇到下列事项：

（2）2015年10月，审计项目组就某重大会计问题咨询了事务所技术部的B注册会计师。B注册会计师的妻子于2015年6月购买了甲公司的股票，于2015年12月卖出。

【要求】针对上述第（2）项，指出是否存在违反中国注册会计师职业道德守则有关独立性规定的情况，并简要说明理由。将答案直接填入答题区相应的表格内。

【答案】

事项序号	是否违反（违反/不违反）	理　由
（2）	违反	B注册会计师属于审计项目组成员/B注册会计师的咨询意见直接影响审计结果，其妻子在审计期间拥有直接经济利益，将因自身利益对独立性产生严重不利影响

（七）其他相关人员拥有经济利益

1. 相关人员范围

审计项目组成员应当确定下列人员在审计客户中拥有已知的经济利益是否因自身利益产生不利影响：

（1）除前述提及的人员外，会计师事务所合伙人、专业人员或其主要近亲属。

（2）与审计项目组成员存在密切私人关系的人员。

2. 不利影响主要取决因素

（1）会计师事务所的组织结构、经营模式和沟通机制。

（2）相关人员与审计项目组成员之间的关系。

3. 防范措施

（1）将存在密切私人关系的审计项目组成员调离审计项目组。

（2）不允许该审计项目组成员参与有关审计业务的任何重大决策。

（3）由审计项目组以外的注册会计师复核该审计项目组成员已执行的工作。

（八）通过继承、馈赠或因合并而获得经济利益

1. 界定

对会计师事务所、合伙人或其主要近亲属、员工或其主要近亲属的经济利益限制，也适用于通过继承、馈赠或因合并而获得的经济利益。

2. 以免造成独立性不利影响的应对措施

（1）如果会计师事务所获得经济利益，应当立即处置全部经济利益，或处置全部直接经济利益并处置足够数量的间接经济利益，以使剩余经济利益不再重大。

（2）如果审计项目组成员或其主要近亲属获得经济利益，应当立即处置全部经济利益，或处置全部直接经济利益并处置足够数量的间接经济利益，以使剩余经济利益不再重大。

（3）如果审计项目组以外的人员或其主要近亲属获得经济利益，应当在合理期限内尽快处置全部经济利益，或处置全部直接经济利益并处置足够数量的间接经济利益，以使剩余经济利益不再重大。

【小贴士】在完成处置该经济利益前，会计师事务所应当确定是否需要采取防范措施。

【经典真题】

【简答题（部分）·2017】ABC会计师事务所委派A注册会计师担任上市公司甲公司2016年度财务报表审计项目合伙人。ABC会计师事务所和XYZ公司处于同一网络。审计项目组在审计中遇到下列事项：

（1）A注册会计师因继承其祖父的遗产获得甲公司股票20 000股，承诺将在有权处置这些股票之日起一个月内出售。

【要求】针对上述第（1）项，指出是否存在违反中国注册会计师职业道德守则有关职业道德和独立性规定的情况，并简要说明理由。

【答案】

事项序号	是否违反（违反/不违反）	理　　由
（1）	违反	A注册会计师应当在有权处置时立即处置甲公司股票，否则将因自身利益对独立性产生严重不利影响

重难点9：贷款和担保★★★

（一）从银行或类似金融机构等审计客户取得贷款或获得贷款担保

会计师事务所、审计项目组成员或其主要近亲属从银行或类似金融机构等审计客户取得贷款，或获得贷款担保，可能对独立性产生不利影响。

1. 禁止接受的贷款或担保

如果审计客户不按照正常的程序、条款和条件提供贷款或担保，将因自身利益产生非常严重的不利影响，导致没有防范措施能够将其降低至可接受的水平。会计师事务所、审计项目组成员或其主要近亲属不得接受此类贷款或担保。

2. 可以接受的贷款或担保及防范措施

（1）如果会计师事务所按照正常的贷款程序、条款和条件，从银行或类似金融机构等审计客户取得贷款，即使该贷款对审计客户或会计师事务所影响重大，也可能通过采取防范措施将因自身利益产生的不利影响降低至可接受的水平。

（2）采取的防范措施包括由网络中未参与执行审计业务并且未接受该贷款的会计师事务所复核已执行的工作等。

（3）审计项目组成员或其主要近亲属从银行或类似金融机构等审计客户取得贷款，或由审计客户提供贷款担保，如果按照正常的程序、条款和条件取得贷款或担保，则不会对独立性产生不利影响。

（二）从不属于银行或类似金融机构等审计客户取得贷款或由其提供担保

会计师事务所、审计项目组成员或其主要近亲属从不属于银行或类似金融机构的审计客户取得贷款，或由审计客户提供贷款担保，将因自身利益产生非常严重的不利影响，导致没有防范措施能够将其降低至可接受的水平。

（三）向审计客户提供贷款或为其提供担保

会计师事务所、审计项目组成员或其主要近亲属向审计客户提供贷款或为其提供担保，将因自身利益产生非常严重的不利影响，导致没有防范措施能够将其降低至可接受的水平。

（四）在审计客户开立存款或交易账户

会计师事务所、审计项目组成员或其主要近亲属在银行或类似金融机构等审计客户开立存款或交易账户，如果账户按照正常的商业条件开立，则不会对独立性产生不利影响。

与贷款和担保有关的适用于会计师事务所的独立性要求如下表所示。

<table>
<tr><td rowspan="8">适用于会计师事务所</td><td rowspan="4">向审计客户取得贷款或获得担保</td><td rowspan="3">审计客户是银行或类似金融机构</td><td rowspan="2">按照正常程序、条款和条件取得该贷款/担保</td><td>该贷款对审计客户或会计师事务所影响重大</td><td>允许的（但需要采取防范措施）</td></tr>
<tr><td>该贷款对审计客户或会计师事务所影响不重大</td><td>允许的</td></tr>
<tr><td>不是按照正常的程序、条款和条件取得该贷款/担保</td><td colspan="2">不得接受（禁止的）</td></tr>
<tr><td>审计客户不是银行或类似金融机构</td><td colspan="3">不得接受（禁止的）</td></tr>
<tr><td>向审计客户提供贷款或担保</td><td colspan="4">不得接受（禁止的）</td></tr>
<tr><td rowspan="3">在审计客户开立存款或交易账户</td><td rowspan="2">审计客户是银行或类似金融机构</td><td>账户按照正常的商业条件开立</td><td colspan="2">允许的</td></tr>
<tr><td>账户没有按照正常的商业条件开立</td><td colspan="2">不得接受（禁止的）</td></tr>
<tr><td>审计客户不是银行或类似金融机构</td><td colspan="3">不得接受（禁止的）</td></tr>
</table>

与贷款和担保有关的适用于审计项目组成员及其主要近亲属的独立性要求如下表所示。

<table>
<tr><td rowspan="8">适用于审计项目组成员或其主要近亲属</td><td rowspan="4">向审计客户取得贷款或获得担保</td><td rowspan="3">审计客户是银行或类似金融机构</td><td rowspan="2">按照正常的程序、条款和条件取得该贷款/担保</td><td>该贷款对审计客户或会计师事务所影响重大</td><td>允许的（但需要采取防范措施）</td></tr>
<tr><td>该贷款对审计客户或会计师事务所影响不重大</td><td>允许的</td></tr>
<tr><td>不是按照正常的程序、条款和条件取得该贷款/担保</td><td colspan="2">不得接受（禁止的）</td></tr>
<tr><td>审计客户不是银行或类似金融机构</td><td colspan="3">不得接受（禁止的）</td></tr>
<tr><td>向审计客户提供贷款或担保</td><td colspan="4">不得接受（禁止的）</td></tr>
<tr><td rowspan="3">在审计客户开立存款或交易账户</td><td rowspan="2">审计客户是银行或类似金融机构</td><td>账户按照正常的商业条件开立</td><td colspan="2">允许的</td></tr>
<tr><td>账户没有按照正常的商业条件开立</td><td colspan="2">不得接受（禁止的）</td></tr>
<tr><td>审计客户不是银行或类似金融机构</td><td colspan="3">不得接受（禁止的）</td></tr>
</table>

重难点10：商业关系★★★

（一）商业关系的种类及防范措施

【小贴士】商业关系的主体是会计师事务所、审计项目组成员或其主要近亲属，如下表所示。

商业关系类别	防范措施
（1）在与客户或其控股股东、董事、高级管理人员共同开办的企业中拥有经济利益	（1）会计师事务所不得介入此类商业关系。 （2）如果存在此类商业关系，应当予以终止。如果此类商业关系涉及审计项目组成员，会计师事务所应当将该成员调离审计项目组。 （3）如果审计项目组成员的主要近亲属与审计客户或其高级管理人员存在此类商业关系，注册会计师应当评价不利影响的严重程度，并在必要时采取防范措施消除不利影响或将其降低至可接受的水平
（2）按照协议，将会计师事务所的产品或服务与客户的产品或服务结合在一起，并以双方名义捆绑销售	
（3）按照协议，会计师事务所销售或推广客户的产品或服务，或者客户销售或推广会计师事务所的产品或服务	

【示例】某会计师事务所通过与一家投资银行共同组成服务团队的形式，向潜在客户提供审计、公司财务顾问等一揽子专业服务。上述关系一般被视为商业关系。当该投资银行同时为该会计师事务所的审计客户时，会计师事务所不得介入此类商业关系。

（二）与审计客户或利益相关者一同在某股东人数有限的实体中拥有利益

1. 背景描述

如果会计师事务所、审计项目组成员或其主要近亲属，在某股东人数有限的实体中拥有经济利益，而审计客户或其董事、高级管理人员也在该实体拥有经济利益。

2. 不对独立性产生不利影响的条件（必须同时满足）

（1）不重要：这种商业关系对于会计师事务所、审计项目组成员或其主要近亲属以及审计客户均不重要。

（2）不重大：该经济利益对一个或几个投资者并不重大。

（3）不能控制：该经济利益不能使一个或几个投资者控制该实体。

（三）从审计客户购买商品或服务

1. 正常商业程序公平交易

会计师事务所、审计项目组成员或其主要近亲属从审计客户购买商品或服务，如果按照正常的商业程序公平交易，通常不会对独立性产生不利影响。

2. 交易性质特殊或金额重大

（1）如果交易性质特殊或金额较大，可能因自身利益产生不利影响。会计师事务所应当评价不利影响的严重程度，并在必要时采取防范措施消除不利影响或将其降低至可接受的水平。

（2）防范措施主要包括：

①取消交易或降低交易规模。

②将相关审计项目组成员调离审计项目组。

【经典真题】

【简答题（部分）·2019】上市公司甲公司是ABC会计师事务所的常年审计客户。XYZ公司和ABC会计师事务所处于同一网络。审计项目组在甲公司2018年度财务报表审计中遇到下列事项：

（6）甲公司研发的新型电动汽车于2018年12月上市。甲公司在ABC会计师事务所年会上为其员工举办了专场试驾活动，并宣布事务所员工可以按照甲公司给其同类大客户的优惠价格购车。

【要求】针对上述第（6）项，指出是否可能存在违反《中国注册会计师职业道德守则》有关独立性规定的情况，并简要说明理由。将答案直接填入答题区相应的表格内。

【答案】

序号	是否违反（违反/不违反）	理　由
（6）	违反	该试驾活动被视为ABC会计师事务所向其员工推销甲公司产品/属于禁止的商业关系，将因自身利益对独立性产生严重不利影响

【简答题（部分）·2018】上市公司甲公司是ABC会计师事务所的常年审计客户。XYZ公司和ABC会计师事务所处于同一网络。审计项目组在甲公司2017年度财务报表审计中遇到下列事项：

（6）乙公司是甲公司的子公司，从事小额贷款业务。2017年12月，乙公司和ABC会计师事务所联合对外发布行业研究报告，对该行业现状与前景进行分析，并介绍了乙公司的业务。

【要求】针对上述第（6）项，指出是否可能存在违反《中国注册会计师职业道德守则》有关独立性规定的情况，并简要说明理由。将答案直接填入答题区相应的表格内。

【答案】

事项序号	是否违反（违反/不违反）	理　由
（6）	违反	ABC会计师事务所通过和乙公司共同发布的行业研究报告推广了乙公司的业务/属于禁止的商业关系

【简答题（部分）·2017】ABC会计师事务所委派A注册会计师担任上市公司甲公司2016年度财务报表审计项目合伙人。ABC会计师事务所和XYZ公司处于同一网络。审计项目组在审计中遇到下列事项：

（4）D注册会计师和A注册会计师同处一个分部，不是甲公司审计项目组成员。D的母亲和甲公司某董事共同开办了一家早教机构。

【要求】针对上述第（4）项，指出是否存在违反《中国注册会计师职业道德守则》有关职业道德和独立性规定的情况，并简要说明理由。

【答案】

事项序号	是否违反（违反/不违反）	理　由
(4)	不违反	D不是甲公司审计项目组成员，其母亲与甲公司董事的合作不属于被禁止的商业关系

【简答题（部分）·2015】上市公司甲公司是ABC会计师事务所的常年审计客户。乙公司是非公众利益实体，于2014年6月被甲公司收购，成为甲公司重要的全资子公司。XYZ公司和ABC会计师事务所处于同一网络。审计项目组在甲公司2014年度财务报表审计中遇到下列事项：

(6) 甲公司的子公司丁公司提供信息系统咨询服务，与XYZ公司组成联合服务团队，向目标客户推广营业税改增值税相关咨询和信息系统咨询一揽子服务。

【要求】针对上述第（6）项，指出是否可能存在违反中国注册会计师职业道德守则有关独立性规定的情况，并简要说明理由。

【答案】

事项序号	是否违反（违反/不违反）	理　由
(6)	违反	XYZ公司和丁公司以双方的名义捆绑提供服务，因自身利益/外在压力对独立性产生严重不利影响/上述关系属于守则禁止的商业关系

【简答题（部分）·2014】上市公司甲公司系ABC会计师事务所的常年审计客户，从事房地产开发业务。XYZ公司是ABC会计师事务所的网络事务所。在对甲公司2013年度财务报表执行审计的过程中存在下列事项：

(2) 2013年12月，审计项目组成员B注册会计师通过银行按揭，按照市场价格500万元购买了甲公司出售的公寓房一套。

【要求】针对上述第（2）项，指出是否可能存在违反中国注册会计师职业道德守则有关独立性规定的情况，并简要说明理由。

【答案】

事项序号	是否可能违反（是/否）	理　由
(2)	是	该交易金额对B注册会计师而言较大，可能因自身利益对独立性产生不利影响

重难点11：家庭和私人关系★★★

如果审计项目组成员与审计客户的董事、高级管理人员，或所处职位能够对客户会计记录或被审计财务报表的编制施加重大影响的员工（以下简称“特定员工”）存在家庭和私人关系，可能因自身利益、密切关系或外在压力产生不利影响。不利影响存在与否及其严重程度取决于多种因素，包括该成员在审计项目组的角色、其家庭成员或相关人员在客户中的职位以及关系的密切程度等，如下表所示。

角色	描述	不利影响是否严重的因素	应对措施
审计项目组成员的主要近亲属处在重要职位	如果审计项目组成员的主要近亲属是审计客户的董事、高级管理人员或特定员工，或者在业务期间或财务报表涵盖的期间曾担任上述职务		只有把该成员调离审计项目组，才能将对独立性的不利影响降低至可接受的水平
审计项目组成员的主要近亲属可以对客户的财务状况、经营成果和现金流量施加重大影响	如果审计项目组成员的主要近亲属在审计客户中所处职位能够对客户的财务状况、经营成果和现金流量施加重大影响，将对独立性产生不利影响	（1）主要近亲属在客户中的职位。 （2）该成员在审计项目组中的角色	（1）将该成员调离审计项目组。 （2）合理安排审计项目组成员的职责，使该成员的工作不涉及其主要近亲属的职责范围
审计项目组成员的其他近亲属处在重要职位或可以对财务报表施加重大影响	如果审计项目组成员的其他近亲属是审计客户的董事、高级管理人员或特定员工，将对独立性产生不利影响	（1）审计项目组成员与其他近亲属的关系。 （2）其他近亲属在客户中的职位。 （3）该成员在审计项目组中的角色	（1）将该成员调离审计项目组。 （2）合理安排审计项目组成员的职责，使该成员的工作不涉及其他近亲属的职责范围
审计项目组的成员与审计客户重要职位的人员具有密切关系	如果审计项目组成员与审计客户的员工存在密切关系，并且该员工是审计客户的董事、高级管理人员或特定员工，即使该员工不是审计项目组成员的近亲属，也将对独立性产生不利影响	（1）该员工与审计项目组成员的关系。 （2）该员工在客户中的职位。 （3）该成员在审计项目组中的角色	（1）将该成员调离审计项目组。 （2）合理安排该成员的职责，使其工作不涉及与之存在密切关系的员工的职责范围
非审计项目组成员的合伙人或员工与审计客户重要职位的人员存在家庭或个人关系	会计师事务所中审计项目组以外的合伙人或员工，与审计客户的董事、高级管理人员或特定员工之间存在家庭或私人关系，可能因自身利益、密切关系或外在压力产生不利影响	（1）该合伙人或员工与审计客户的董事、高级管理人员或特定员工之间的关系。 （2）该合伙人或员工与审计项目组之间的相互影响。 （3）该合伙人或员工在会计师事务所中的角色。 （4）董事、高级管理人员或特定员工在审计客户中的职位	（1）合理安排该合伙人或员工的职责，以减少对审计项目组可能产生的影响。 （2）由审计项目组以外的注册会计师复核已执行的相关审计工作

【经典真题】

【简答题（部分）·2019】上市公司甲公司是ABC会计师事务所的常年审计客户。XYZ公司和ABC会计师事务所处于同一网络。审计项目组在甲公司2018年度财务报表审计中遇到下列事项：

（3）审计项目组成员C曾担任甲公司成本会计，2018年5月离职加入ABC会计师事务所，同年10月加入甲公司审计项目组，负责审计固定资产。

【要求】针对上述第（3）项，指出是否可能存在违反中国注册会计师职业道德守则有关独立性规定的情况，并简要说明理由。将答案直接填入答题区相应的表格内。

【答案】

序号	是否违反（违反/不违反）	理　由
(3)	违反	C 在财务报表涵盖的期间曾担任甲公司的特定员工/财务人员，因自身利益、自我评价或密切关系对独立性产生严重不利影响

【简答题（部分）·2018】上市公司甲公司是 ABC 会计师事务所的常年审计客户。XYZ 公司和 ABC 会计师事务所处于同一网络。审计项目组在甲公司 2017 年度财务报表审计中遇到下列事项：

（3）XYZ 公司合伙人 C 的丈夫于 2017 年 7 月加入甲公司并担任培训部经理。合伙人 C 没有为甲公司提供任何服务。

【要求】针对上述第（3）项，指出是否可能存在违反中国注册会计师职业道德守则有关独立性规定的情况，并简要说明理由。将答案直接填入答题区相应的表格内。

【答案】

事项序号	是否违反（违反/不违反）	理　由
(3)	不违反	合伙人 C 不是审计项目组成员，且其丈夫的职位对所审计的财务报表的编制不能施加重大影响，不会对独立性产生不利影响

【简答题（部分）·2017】ABC 会计师事务所委派 A 注册会计师担任上市公司甲公司 2016 年度财务报表审计项目合伙人。ABC 会计师事务所和 XYZ 公司处于同一网络。审计项目组在审计中遇到下列事项：

（3）2016 年 11 月，丙公司被甲公司收购成为其重要子公司。2017 年 1 月 1 日，甲公司审计项目组成员 C 的妻子加入丙公司并担任财务总监。

【要求】针对上述第（3）项，指出是否存在违反中国注册会计师职业道德守则有关职业道德和独立性规定的情况，并简要说明理由。

【答案】

事项序号	是否违反（违反/不违反）	理　由
(3)	违反	C 的妻子在甲公司审计业务期间/执行审计期间担任丙公司财务总监，将因自身利益、密切关系或外在压力对独立性产生严重不利影响

重难点 12：与审计客户发生人员交流★★★

（一）与审计客户发生雇佣关系

1. 一般规定

如果审计客户的董事、高级管理人员或特定员工，曾经是审计项目组的成员或会计师事务所的合伙人，可能因密切关系或外在压力产生不利影响，如下表所示。

类型	情形描述	独立性损害评价影响因素	应对措施
审计项目组前任成员或前任合伙人担任审计客户的重要职位且与事务所保持重要联系	如果审计项目组前任成员或会计师事务所前任合伙人加入审计客户，担任董事、高级管理人员或特定员工，并且与会计师事务所仍保持重要交往	除非同时满足下列条件，否则将被视为损害独立性： （1）前任成员或前任合伙人无权从会计师事务所获取报酬或福利（除非报酬或福利是按照预先确定的固定金额支付的，并且未付金额对会计师事务所不重要）。 （2）前任成员或前任合伙人未继续参与，并且在外界看来未参与会计师事务所的经营活动或专业活动	将产生非常严重的不利影响，导致没有防范措施能够将其降低至可接受的水平
审计项目组前任成员或前任合伙人担任审计客户的重要职位但未与事务所保持重要联系	如果审计项目组前任成员或会计师事务所前任合伙人加入审计客户，担任董事、高级管理人员或特定员工，但前任成员或前任合伙人与会计师事务所已经没有重要交往	（1）前任成员或前任合伙人在审计客户中的职位。 （2）前任成员或前任合伙人在其工作中与审计项目组交往的程度。 （3）前任成员或前任合伙人离开会计师事务所的时间长短。 （4）前任成员或前任合伙人以前在审计项目组或会计师事务所中的角色，例如，前任成员或前任合伙人是否负责与客户治理层或管理层保持定期联系	（1）修改审计计划。 （2）向审计项目组分派经验更丰富的人员。 （3）由审计项目组以外的注册会计师复核前任审计项目组成员已执行的工作
前任合伙人加入的某一实体成为审计客户	如果会计师事务所前任合伙人加入某一实体，而该实体随后成为会计师事务所的审计客户	会计师事务所应当评价对独立性不利影响的严重程度	必要时采取防范措施消除不利影响或将其降低至可接受的水平
审计项目组某成员拟加入审计客户	如果审计项目组某一成员参与审计业务，当知道自己在未来某一时间将要或有可能加入审计客户时，将因自身利益产生不利影响	会计师事务所应当制定政策和程序，要求审计项目组成员在与审计客户协商受雇于该客户时，向会计师事务所报告。在接到报告后，会计师事务所应当评价不利影响的严重程度，并在必要时采取防范措施消除不利影响或将其降低至可接受的水平	（1）将该成员调离审计项目组。 （2）由审计项目组以外的注册会计师复核该成员在审计项目组中作出的重大判断

2. 属于公众利益实体的审计客户

（1）关键审计合伙人加入审计客户担任重要职位。

①关键审计合伙人的界定。关键审计合伙人是指项目合伙人、实施项目质量控制复核的负责人，以及审计项目组中负责对财务报表审计所涉及的重大事项作出关键决策或判断的其他审计合伙人。其他审计合伙人还可能包括负责审计重要子公司或分支机构的项目合伙人。

②对独立性的影响。如果某一关键审计合伙人加入属于公众利益实体的审计客户，担任董事、高级管理人员或特定员工，将因密切关系或外在压力产生不利影响。

③“冷却期”的规定。除非该合伙人不再担任关键审计合伙人后，该公众利益实体发布了已审计财务报表，其涵盖期间不少于 12 个月，并且该合伙人不是该财务报表的审计项目组成员，否则独立性将视为受到损害。从不再担任关键审计合伙人至最早可以加入客户的这一期间，称为“冷却期”。

【示例】假设会计师事务所审计一家以公历年为会计年度的上市公司的2009年度的财务报表。如果某审计项目组的前任关键审计合伙人曾为该客户2009年度审计工作执行任务，且该客户发布已审计2010年度财务报表的日期是2011年3月31日，此人最早可以加入该客户并担任董事、高级管理人员或特定员工的时间是在2011年4月1日。

（2）前任高级合伙人加入审计客户担任重要职位。

①对独立性影响评价。如果会计师事务所前任高级合伙人（或管理合伙人，或同等职位的人员）加入属于公众利益实体的审计客户，担任董事、高级管理人员或特定员工，将因外在压力产生不利影响。

②防范措施。除非该高级合伙人离职已超过12个月，否则独立性将被视为受到损害。

（3）因企业合并原因导致前任成员加入审计客户担任重要职位。如果由于企业合并的原因，会计师事务所前任关键审计合伙人担任属于公众利益实体的审计客户的董事、高级管理人员或特定员工，在同时满足下列条件时，不被视为独立性受到损害：

①当前任关键审计合伙人接受该职务时，并未预料到会发生企业合并。

②前任关键审计合伙人在会计师事务所中应得的报酬或福利都已全额支付（除非报酬或福利是按照预先确定的固定金额支付的，并且未付金额对会计师事务所不重要）。

③前任关键审计合伙人未继续参与，或在外界看来未参与会计师事务所的经营活动或专业活动。

④已就前任关键审计合伙人在审计客户中的职位与治理层讨论。

（二）临时借调员工

1. 临时借调员工的要求

如果会计师事务所向审计客户借出员工，可能因自我评价产生不利影响。

（1）会计师事务所只能短期向客户借出员工，并且借出的员工不得为审计客户提供中国注册会计师职业道德守则禁止提供的非鉴证服务。

（2）也不得承担审计客户的管理层职责。

（3）审计客户有责任对借调员工的活动进行指导和监督。

2. 防范措施

（1）对借出员工的工作进行额外复核。

（2）合理安排审计项目组成员的职责，使借出员工不对其在借调期间执行的工作进行审计。

（3）不安排借出员工作为审计项目组成员。

（三）最近曾任审计客户的董事、高级管理人员或特定员工

如果审计项目组成员最近曾担任审计客户的董事、高级管理人员或特定员工，可能因自身利益、自我评价或密切关系产生不利影响。

【示例】如果审计项目组成员在审计客户工作期间曾经编制会计记录，现又对据此形成的财务报表要素进行评价，则可能产生这些不利影响。

1. 在财务报表涵盖的期间

（1）不利影响评价。如果在被审计财务报表涵盖的期间，审计项目组成员曾担任审计客户的董事、高级管理人员或特定员工，将产生非常严重的不利影响。

（2）应对措施。导致没有防范措施能够将其降低至可接受的水平。会计师事务所不得将此类人员分派到审计项目组。

2. 在财务报表涵盖的期间之前

（1）不利影响评价。如果在被审计财务报表涵盖的期间之前，审计项目组成员曾担任审计客户的董事、高级管理人员或特定员工，可能因自身利益、自我评价或密切关系产生不利影响。

【示例】如果在当期需要评价此类人员以前就职于审计客户时作出的决策或工作，将产生这些不利影响。

（2）不利影响存在与否及其严重程度主要取决于下列因素：

①该成员在客户中曾担任的职务。

②该成员离开客户的时间长短。

③该成员在审计项目组中的角色。

（3）防范措施

会计师事务所应当评价不利影响的严重程度，并在必要时采取防范措施将其降低至可接受的水平。防范措施包括复核该成员已执行的工作等。

（四）兼任审计客户的董事或高级管理人员

具体内容如下表所示。

兼任情况	不利影响	应对措施	要求
如果会计师事务所的合伙人或员工兼任审计客户的董事或高级管理人员	将因自我评价和自身利益产生非常严重的不利影响	导致没有防范措施能够将其降低至可接受的水平	会计师事务所的合伙人或员工不得兼任审计客户的董事或高级管理人员
如果会计师事务所的合伙人或员工担任审计客户的公司秘书	将因自我评价和过度推介产生非常严重的不利影响	导致没有防范措施能够将其降低至可接受的水平	会计师事务所的合伙人或员工不得兼任审计客户的公司秘书

【小贴士】会计师事务所提供日常和行政事务性的服务以支持公司秘书职能，或提供与公司秘书行政事项有关的建议，只要所有相关决策均由审计客户管理层作出，通常不会损害独立性。

【经典真题】

【简答题（部分）·2018】上市公司甲公司是ABC会计师事务所的常年审计客户。XYZ公司和ABC会计师事务所处于同一网络。审计项目组在甲公司2017年度财务报表审计中遇到下列事项：

（2）B注册会计师曾担任甲公司2016年度财务报表审计的项目质量控制复核人，于2017年5月退休，之后未和ABC会计师事务所保持交往。2018年1月1日，B注册会计师受聘担任甲公司独立董事。

【要求】针对上述第（2）项，指出是否可能存在违反中国注册会计师职业道德守则有关独立性规定的情况，并简要说明理由。将答案直接填入答题区相应的表格内。

【答案】

事项序号	是否违反（违反/不违反）	理　　由
（2）	违反	B注册会计师在2017年已审财务报表发布前就已担任甲公司独立董事，因密切关系和外在压力对独立性产生严重不利影响

【简答题（部分）·2017】ABC会计师事务所委派A注册会计师担任上市公司甲公司2016年度财务报表审计项目合伙人。ABC会计师事务所和XYZ公司处于同一网络。审计项目组在审计中遇到下列事项：

（2）B注册会计师曾担任甲公司2011年度至2015年度财务报表审计项目合伙人，之后调离甲公司审计项目组，担任乙公司2016年度财务报表审计项目合伙人。乙公司是甲公司重要的子公司。

【要求】针对上述第（2）项，指出是否存在违反中国注册会计师职业道德守则有关职业道德和独立性规定的情况，并简要说明理由。

【答案】

事项序号	是否违反（违反/不违反）	理　　由
（2）	违反	B注册会计师在冷却期不应参与甲公司的审计业务，否则将因密切关系或自身利益对独立性产生严重不利影响

【简答题（部分）·2016】ABC会计师事务所委派A注册会计师担任上市公司甲公司2015年度财务报表审计项目合伙人。ABC会计师事务所和XYZ公司处于同一网络。审计项目组在审计中遇到下列事项：

（3）审计项目组成员C曾任甲公司重要子公司的出纳，2014年10月加入ABC会计师事务所，2015年9月加入甲公司审计项目组，参与审计固定资产项目。

【要求】针对上述第（3）项，指出是否存在违反中国注册会计师职业道德守则有关独立性规定的情况，并简要说明理由。

【答案】

事项序号	是否违反（违反/不违反）	理　　由
（3）	不违反	审计项目组成员C在财务报表涵盖期间之前加入事务所，且其在审计项目组中的工作，不涉及评价其就职于甲公司的子公司时所作的工作/出纳工作，因此，不会对独立性产生不利影响

【简答题（部分）·2015】上市公司甲公司是ABC会计师事务所的常年审计客户。乙公司是非公众利益实体，于2014年6月被甲公司收购，成为甲公司重要的全资子公司。XYZ公司和ABC会计师事务所处于同一网络。审计项目组在甲公司2014年度财务报表审计中遇到下列事项：

（4）C注册会计师曾是ABC会计师事务所的管理合伙人，于2014年1月退休后担任甲公司董事。

【要求】针对上述第（4）项，逐项指出是否可能存在违反中国注册会计师职业道德守则有关独立性规定的情况，并简要说明理由。

【答案】

事项序号	是否违反（违反/不违反）	理　　由
（4）	违反	C注册会计师作为高级合伙人在离职后十二个月内加入甲公司担任董事，因外在压力对独立性产生严重不利影响

重难点13：与审计客户长期存在业务关系★★★

（一）一般规定

1. 不利影响的成因

会计师事务所长期委派同一名合伙人或高级员工执行某一客户的审计业务，将因密切关系和自身利益产生不利影响。

2. 评价不利影响严重程度的取决因素

（1）该人员加入审计项目组的时间长短。

（2）该人员在审计项目组中的角色。

（3）会计师事务所的组织结构。

（4）审计业务的性质。

（5）客户的管理团队是否发生变动。

（6）客户的会计和报告问题的性质或复杂程度是否发生变化。

3. 防范措施

会计师事务所应当评价因密切关系和自身利益产生的不利影响的严重程度，并在必要时采取防范措施消除不利影响或将其降低至可接受的水平。

防范措施主要包括：

（1）将该人员轮换出审计项目组。

（2）由审计项目组以外的注册会计师复核该人员已执行的工作。

（3）定期对该业务实施独立的质量复核。

（二）属于公众利益实体的审计客户

1. 关键审计合伙人任职时间

（1）关键审计合伙人的界定。

①关键审计合伙人是指项目合伙人、实施项目质量控制复核的负责人，以及审计项目组中负责对财务报表审计所涉及的重大事项作出关键决策或判断的其他审计合伙人。其他审计合伙人还包括负责审计重要子公司或分支机构的项目合伙人。

②一个决策或判断是否关键取决于具体的事实和情况。作出该决定需要运用职业判断。一般来说，关键决策或判断的事项将对财务报表整体产生重大影响，作出这些决策或判断的其他审计合伙人则应视为关键审计合伙人。

【示例】负责对长期资产是否有重大减值或重大税项的不确定性作出结论的其他审计合伙人，应被视为关键审计合伙人；而如果仅向负责作出这些决策的个人提出相关建议，提出建议的人本身不会因此而成为关键审计合伙人。

（2）关键审计合伙人任职期间（“5+2”）。

①如果审计客户属于公众利益实体，执行其审计业务的关键审计合伙人任职时间不得超过五年。

②如果某人在审计项目组担任的职务均属于关键审计合伙人，在确定其任职时间时，担任这些职务的年限需要合并计算。

【示例】某审计经理担任某上市公司2010~2011年度财务报表审计的签字注册会计师，其晋升为合伙人后担任2012~2013年度财务报表审计的项目合伙人。根据职业道德守则中关键审计合伙人和项目合伙人的定义，该合伙人作为关键审计合伙人的任职年限包括2010年、2011年、2012年及2013年。

（3）“冷却期”的规定。

①在任期结束后的两年内，该关键审计合伙人不得再次成为该客户的审计项目组成员或关键审计合伙人。

②该两年的冷却期应为连续的两个完整年度。

③只有在完成了冷却期后再次提供服务时，服务年限才可以重新计算。

【示例】某一审计客户属于公众利益实体，某合伙人自2008年度财务报表审计开始担任该审计客户的关键审计合伙人。其中，因故没有担任2010年度财务报表审计的关键审计合伙人，随后其继续担任2011年度及2012年度财务报表审计的关键审计合伙人。该合伙人的五年任期应从2008年算起，但2010年度不计算在该合伙人对该审计客户的五年任期之内。

（4）“冷却期”的禁止行为。在两年的冷却期内，该关键审计合伙人也不得有下列行为：

①参与该客户的审计业务。

②为该客户的审计业务实施质量控制复核。

③就有关技术或行业特定问题、交易或事项向项目组或该客户提供咨询。

④以其他方式直接影响业务结果。

（5）特例情形（“5+2+1”）。

①在极其特殊的情况下，会计师事务所可能因无法预见和控制的情形而不能按时轮换关键审计合伙人。

②如果关键审计合伙人的连任对审计质量特别重要，并且通过采取防范措施能够消除对独立性产生的不利影响或将其降低至可接受的水平，则在法律法规允许的情况下，该关键审计合伙人在审计项目组的时限可以延长一年。

2. 其他合伙人任职时间

（1）其他合伙人界定。其他审计合伙人还可能包括负责审计重要子公司或分支机构的项目合伙人。

（2）对独立性不利影响的评价。审计项目组的其他合伙人与属于公众利益实体的审计客户之间长期存在业务关系，将因密切关系和自身利益产生不利影响。

（3）不利影响的严重程度主要取决于下列因素：

①该合伙人与审计客户存在业务关系的时间长短。

②该合伙人在审计项目组中的角色。

③该合伙人与客户治理层或管理层交往的性质、频率和范围。

（4）防范措施。

会计师事务所应当评价不利影响的严重程度，并在必要时采取防范措施消除不利影响或将其降低至可接受的水平。防范措施主要包括：

①将该合伙人轮换出审计项目组，或终止其与审计客户存在的业务关系。

②定期对该业务实施独立的质量控制复核。

3. 确定轮换时间

（1）考虑关键审计合伙人在审计客户成为公众利益实体之前为之的服务时间。如果审计客户成为公众利益实体，在确定关键审计合伙人的轮换时间时，会计师事务所应当考虑，在该客户成为公众利益实体之前，该合伙人已为该客户提供服务的时间。

（2）关键审计合伙人在审计客户成为公众利益实体之前为之的服务时间具体情形应当：

①在审计客户成为公众利益实体之前，如果关键审计合伙人已为该客户服务的时间不超过三年，则该合伙人还可以为该客户继续提供服务的年限为五年减去已经服务的年限。

②如果关键审计合伙人为该客户服务了四年或更长的时间，在该客户成为公众利益实体之后，该合伙人还可以继续服务两年。

③如果审计客户是首次公开发行证券的公司，关键审计合伙人在该公司上市后连续提供审计服务的期限，不得超过两个完整会计年度。

适用于一般公众利益实体的审计客户，如下表所示。

	轮换前最长服务年限	“暂停”服务期间
已为公共利益实体的审计客户		
一般情况	5年	2年
特殊情况（详见上文）	6年	2年

适用于客户成为公众利益实体后的轮换时间，如下表所示。

在审计客户成为公众利益实体前的服务年限（X年）	成为公众利益实体后继续提供服务的年限	“暂停”服务期间
X≤3	（5－X）年	2年
X≥4	2年	2年
如客户是首次公开发行证券	2年	2年

【经典真题】

【简答题（部分）·2019】上市公司甲公司是ABC会计师事务所的常年审计客户。XYZ公司和ABC会计师事务所处于同一网络。审计项目组在甲公司2018年度财务报表审计中遇到下列事项：

（1）项目合伙人A注册会计师曾负责审计甲公司2013年度至2015年度财务报表，之后调离甲公司审计项目组，担任乙公司2016年度至2017年度财务报表审计项目合伙人，乙公司是甲公司不重要的子公司。

【要求】针对上述第（1）项，指出是否可能存在违反中国注册会计师职业道德守则有关独立性规定的情况，并简要说明理由。将答案直接填入答题区相应的表格内。

【答案】

序号	是否违反（违反/不违反）	理　由
（1）	不违反	A注册会计师不是甲公司2016年度及2017年度关键审计合伙人/2016年度及2017年度不计入甲公司关键审计合伙人五年连续任期

【简答题（部分）·2017】ABC会计师事务所委派A注册会计师担任上市公司甲公司2016年度财务报表审计项目合伙人。ABC会计师事务所和XYZ公司处于同一网络。审计项目组在审计中遇到下列事项：

（2）B注册会计师曾担任甲公司2011年度至2015年度财务报表审计项目合伙人，之后调离甲公司审计项目组，担任乙公司2016年度财务报表审计项目合伙人。乙公司是甲公司重要的子公司。

【要求】针对上述第（2）项，指出是否存在违反中国注册会计师职业道德守则有关职业道德和独立性规定的情况，并简要说明理由。

【答案】

事项序号	是否违反（违反/不违反）	理　由
（2）	违反	B注册会计师在冷却期不应参与甲公司的审计业务，否则将因密切关系或自身利益对独立性产生严重不利影响

【简答题（部分）·2016】ABC会计师事务所委派A注册会计师担任上市公司甲公司2015年度财务报表审计项目合伙人。ABC会计师事务所和XYZ公司处于同一网络。审计项目组在审计中遇到下列事项：

（1）甲公司于2014年8月首次公开发行股票并上市。A注册会计师自2010年度起担任甲公司财务报表审计项目合伙人。

【要求】针对上述第（1）项，指出是否存在违反中国注册会计师职业道德守则有关独立性规定的情况，并简要说明理由。

【答案】

事项序号	是否违反（违反/不违反）	理　由
（1）	不违反	A注册会计师在甲公司首次公开发行股票后/上市后担任关键审计合伙人的时间没有超过2年，不违反有关独立性规定

【简答题（部分）·2015】上市公司甲公司是ABC会计师事务所的常年审计客户。乙公司是非公众利益实体，于2014年6月被甲公司收购，成为甲公司重要的全资子公司。XYZ

公司和 ABC 会计师事务所处于同一网络。审计项目组在甲公司 2014 年度财务报表审计中遇到下列事项：

（2）B 注册会计师自 2009 年度起担任乙公司财务报表审计项目合伙人，在乙公司被甲公司收购后，继续担任乙公司 2014 年度财务报表审计项目合伙人，并成为甲公司的关键审计合伙人。

【要求】针对上述第（2）项，指出是否可能存在违反中国注册会计师职业道德守则有关独立性规定的情况，并简要说明理由。

【答案】

事项序号	是否违反（违反/不违反）	理　由
（2）	不违反	B 注册会计师在成为公众利益实体的关键审计合伙人后还可以继续服务两年

重难点 14：为审计客户提供非鉴证服务★★★

（一）一般规定

1. 基本要求

（1）会计师事务所向审计客户提供非鉴证服务，可能对独立性产生不利影响，包括因自我评价、自身利益和过度推介等产生的不利影响。在接受委托向审计客户提供非鉴证服务之前，会计师事务所应当确定提供该服务是否将对独立性产生不利影响。

（2）在评价某一特定非鉴证服务产生不利影响的严重程度时，会计师事务所应当考虑审计项目组认为提供其他相关非鉴证服务将产生的不利影响。如果没有防范措施能够将不利影响降低至可接受的水平，会计师事务所不得向审计客户提供该非鉴证服务。

2. 接受委托对审计客户关联实体提供非鉴证服务

（1）不提供的非鉴证服务。会计师事务所通常不向审计客户的下列关联实体提供中国注册会计师职业道德守则限制的非鉴证服务：

①不是会计师事务所的审计客户，但能够直接或间接控制审计客户的实体。

②不是会计师事务所的审计客户，但在审计客户中拥有直接经济利益的实体，该实体能够对审计客户施加重大影响，并且经济利益对该实体重大。

③不是会计师事务所的审计客户，但与审计客户处于同一控制下的实体。

（2）提供非鉴证服务的条件（同时满足）。如果有理由认为同时满足下列条件，会计师事务所可以向上述关联实体提供非鉴证服务：

①向上述关联实体提供的非鉴证服务的结果不构成实施审计程序的对象，该服务不因自我评价产生不利影响。

②已采取防范措施将非鉴证服务所产生的任何不利影响予以消除，或将其降低至可接受的水平。

3. 向成为公众利益实体的审计客户提供非鉴证服务（原来不是公众利益实体，后来成为公众利益实体的）

如果审计客户成为公众利益实体，在同时满足下列条件时，会计师事务所向其提供非鉴证服务不会损害独立性：

（1）以往向该实体提供的非鉴证服务符合中国注册会计师职业道德守则有关向非公众利益实体提供非鉴证服务的规定。

（2）在客户成为公众利益实体之前终止，或之后尽快终止中国注册会计师职业道德守则不允许向公众利益实体提供的非鉴证服务。

（3）在必要时已采取防范措施消除对独立性产生的不利影响，或将其降低至可接受的水平。

【经典真题】

【简答题（部分）·2019】上市公司甲公司是ABC会计师事务所的常年审计客户。XYZ公司和ABC会计师事务所处于同一网络。审计项目组在甲公司2018年度财务报表审计中遇到下列事项：

（5）甲公司是丁公司的重要联营企业。2018年8月，XYZ公司接受丁公司委托对其拟投资的标的公司进行评估，作为定价参考。丁公司不是ABC会计师事务所的审计客户。

【要求】针对上述第（5）项，指出是否可能存在违反中国注册会计师职业道德守则有关独立性规定的情况，并简要说明理由。将答案直接填入答题区相应的表格内。

【答案】

序号	是否违反（违反/不违反）	理　由
（5）	不违反	对丁公司投资标的的评估结果不会对甲公司财务报表产生影响/不构成实施审计程序的对象，不会对独立性产生不利影响

（二）管理层职责

1. 管理层职责的界定

管理层按照对利益相关者最有利的方式行使多项管理职能。管理层负有领导和指挥的职责，如针对人力资源、财务资源、有形或无形资源的取得、配置和控制作出重大决策。

2. 管理层职责活动的判断

（1）视为管理层职责的活动。会计师事务所应当根据具体情况确定某项活动是否属于管理层职责。下列活动通常被视为管理层职责：

①制定政策和战略方针。

②指导员工的行动并对其行动负责。

③对交易进行授权。

④确定采纳会计师事务所或其他第三方提出的建议。

⑤负责按照适用的会计准则编制财务报表。

⑥负责设计、实施和维护内部控制。

（2）不被视为管理层职责的活动。如果会计师事务所代客户从事日常和行政性的事务或不重要的活动，通常不被视为代行管理层职责。下列活动不被视为管理层职责：

①执行一项已由管理层授权的非重要交易。

②跟踪法定申报资料规定的提交日期，并告知审计客户这些日期。

③向管理层提供意见和建议，以协助管理层履行职责。

3. 注册会计师的应对策略

（1）会计师事务所承担审计客户的管理层职责，将对独立性产生非常严重的不利影响，导致没有防范措施能够将其降低至可接受的水平。这些不利影响包括因自我评价、自身利益和密切关系产生的不利影响。会计师事务所不得承担审计客户的管理层职责。

（2）在向审计客户提供非鉴证服务时，为避免承担管理层职责的风险，会计师事务所应当确保由管理层的成员负责作出重大判断和决策，评价服务的结果，并对依据服务结果采取的行动负责。

（三）编制会计记录和财务报表

会计师事务所向审计客户提供编制会计记录或财务报表等服务，随后又审计该财务报表，将因自我评价产生不利影响。

1. 编制财务报表是管理层的责任

按照适用的会计准则规定编制财务报表是管理层的职责，这种职责包括：

（1）设计、实施和维护与编制财务报表相关的内部控制，以合理保证财务报表不存在由于舞弊或错误导致的重大错报。

（2）编制或更改会计分录或者确定交易的账户分类。

（3）编制或更改以电子形式或其他形式存在的、用以证明交易发生的原始凭证或原始数据（如采购订单、工时记录和销售订单）。

（4）选择和运用恰当的会计政策。

（5）作出恰当的会计估计。

2. 不对独立性产生不利影响的活动

具体如下表所示。

活动	事项及防范措施
沟通审计相关的事项	在审计过程中，会计师事务所与审计客户管理层就下列事项进行沟通，通常不会对独立性产生不利影响： （1）对会计准则或财务报表披露要求的运用。 （2）与财务报表相关的内部控制的有效性，以及资产、负债计量方法的适当性。 （3）会计调整分录的建议
提供特定技术支持	审计客户可能要求会计师事务所在下列方面提供技术支持，如果会计师事务所不承担审计客户的管理层职责，通常不会对独立性产生不利影响： （1）解决账户调节问题。 （2）分析和积累监管机构要求提供的信息。 （3）将按照某种会计准则编制的财务报表，转换为按照另一种会计准则编制的财务报表

续表

活动	事项及防范措施
向非公众利益实体的审计客户提供日常性和机械性的工作	如果会计师事务所向不属于公众利益实体的审计客户提供编制会计记录和财务报表相关的服务，只要属于日常性和机械性的工作，并且已采取措施将因自我评价产生的不利影响降低至可接受的水平，则不会损害其独立性。 此类服务包括： （1）根据来源于客户的数据提供工资服务。 （2）在客户确定或批准账户分类的基础上记录交易。 （3）将已记录的交易过入总分类账。 （4）将客户批准的分录过入试算平衡表。 （5）根据试算平衡表中的信息编制财务报表。 在所有情况下，会计师事务所应当评价不利影响的严重程度，并在必要时采取防范措施消除不利影响或将其降低至可接受的水平。 防范措施主要包括： （1）由审计项目组以外的人员提供此类服务。 （2）如果审计项目组成员提供此类服务，则由审计项目组以外的合伙人或高级员工复核已执行的工作
非审计项目组成员向公众利益实体的审计客户提供日常性和机械性的工作	如果会计师事务所向属于公众利益实体的审计客户的分支机构或关联实体提供编制会计记录和财务报表的服务，只要提供的服务属于日常性、机械性的工作，且提供服务的人员不是审计项目组的成员，在满足下列条件之一的情况下，不会损害其独立性： （1）接受服务的分支机构或关联实体从总体上对被审计财务报表不具有重要性。 （2）服务所涉及的事项从总体上对该分支机构或关联实体的财务报表不具有重要性
在紧急或特殊情况下提供的会计和记账服务	如果遇到紧急或极其特殊的情况，审计客户无法作出其他安排，经相关监管机构同意，会计师事务所可以在下列情况下向审计客户提供中国注册会计师职业道德守则不允许提供的编制会计记录和财务报表的服务： （1）只有该会计师事务所拥有服务的资源，并且熟悉客户的系统和程序，能够协助客户及时编制会计记录和财务报表。 （2）如果限制该会计师事务所提供服务，将给客户带来严重的困难，如导致客户无法向监管机构提供报告。 在上述情况下，会计师事务所只能安排审计项目组成员以外的专业人员在短期内一次性提供这些服务，并且应当就此事项与治理层讨论

3. 特殊事项的处理

除非出现紧急或极其特殊的情况，并征得相关监管机构的同意，会计师事务所不得向属于公众利益实体的审计客户提供下列编制会计记录和财务报表的服务：

（1）工资服务。

（2）编制所审计的财务报表。

（3）编制所审计财务报表依据的财务信息。

【小贴士】原则上是禁止注册会计师从事上述工作的。

【经典真题】

【简答题（部分）·2015】 上市公司甲公司是ABC会计师事务所的常年审计客户。乙公司是非公众利益实体，于2014年6月被甲公司收购，成为甲公司重要的全资子公司。XYZ公司和ABC会计师事务所处于同一网络。审计项目组在甲公司2014年度财务报表审计中遇到下列事项：

（5）丙公司是甲公司新收购的海外子公司，为甲公司不重要的子公司。丙公司聘请 XYZ 公司将其按照国际财务报告准则编制的财务报表转化为按照中国企业会计准则编制的财务报表。

【要求】针对上述第（5）项，指出是否可能存在违反中国注册会计师职业道德守则有关独立性规定的情况，并简要说明理由。

【答案】

事项序号	是否违反（违反/不违反）	理　由
（5）	违反	该服务不属于日常性和机械性的工作，将因自我评价对独立性产生严重不利影响

（四）评估服务

1. 含义

评估包括对未来发展趋势提出相关假设，运用适当的方法和技术，以确定资产、负债或企业整体的价值或价值区间。

2. 影响独立性的因素及防范措施

（1）影响独立性的因素。向审计客户提供评估服务可能因自我评价产生不利影响。不利影响存在与否及其严重程度主要取决于下列因素：

①评估结果是否对财务报表产生重大影响。

②在确定和批准评估方法以及其他重大判断事项时，客户的参与程度。

③是否可获得权威的评估方法和指南。

④在运用权威标准或方法进行评估时，评估事项的固有主观程度。

⑤基础数据的可靠性和范围。

⑥对能引起评估金额发生重大波动的未来事项的依赖程度。

⑦财务报表披露的范围和详细程度。

（2）防范措施。会计师事务所应当评价不利影响的严重程度，并在必要时采取防范措施消除不利影响或将其降低至可接受的水平。

防范措施主要包括：

①由未参与提供评估服务的专业人员复核已执行的审计或评估工作。

②不允许提供评估服务的人员参与审计业务。

3. 对独立性不产生不利影响的评估业务

如果审计客户要求会计师事务所提供评估服务，以帮助其履行纳税申报义务或满足税务筹划目的，并且评估的结果不对财务报表产生直接影响，则通常不对独立性产生不利影响。

4. 对独立性产生不利影响的评估业务

（1）审计客户不属于公众利益实体。在审计客户不属于公众利益实体的情况下，如果评估服务对被审计财务报表具有重大影响，并且评估结果涉及高度的主观性，则没有防范措施能够将因自我评价产生的不利影响降低至可接受的水平。会计师事务所不得向审计客户提供这种评估服务。

（2）审计客户属于公众利益实体。在审计客户属于公众利益实体的情况下，如果评估结果单独或累积起来对被审计财务报表具有重大影响，则会计师事务所不得向该审计客户提供这种评估服务。使用“被审计财务报表”一词是为了明确在确定是否具有重大影响时所使用的财务报表。在执行集团审计时，它指该集团的合并财务报表。在执行单一实体审计时，它指该单一实体的财务报表。

【经典真题】

【简答题（部分）·2015】 上市公司甲公司是ABC会计师事务所的常年审计客户。乙公司是非公众利益实体，于2014年6月被甲公司收购，成为甲公司重要的全资子公司。XYZ公司和ABC会计师事务所处于同一网络。审计项目组在甲公司2014年度财务报表审计中遇到下列事项：

（3）在收购过程中，甲公司聘请XYZ公司对乙公司的各项资产和负债进行了评估，并根据评估结果确定了购买日乙公司可辨认净资产的公允价值。

【要求】 针对上述第（3）项，指出是否可能存在违反中国注册会计师职业道德守则有关独立性规定的情况，并简要说明理由。

【答案】

事项序号	是否违反（违反/不违反）	理　由
（3）	违反	该评估结果对甲公司合并财务报表影响重大，因自我评价对独立性产生严重不利影响

（五）税务服务

1. 税务服务种类

税务服务通常包括下列种类：

（1）编制纳税申报表。

（2）为编制会计分录计算税额。

（3）税务筹划和其他税务咨询服务。

（4）协助解决税务纠纷。

2. 决定不利影响严重程度的因素

会计师事务所向审计客户提供某些税务服务，可能因自我评价和过度推介产生不利影响。不利影响存在与否及其严重程度主要取决于下列因素：

（1）税务机关采用的税收核定和征管系统，以及会计师事务所在该过程中的角色。

（2）税收法律法规的复杂程度，以及应用时进行判断的程度。

（3）业务的具体特征。

（4）客户员工的税务专业水平。

3. 编制纳税申报表的服务

具体内容如下表所示。

具体服务情形	对独立性的影响
（1）编制信息，以协助客户履行纳税申报义务，例如计算应向税务机关缴纳的税额。 （2）对已发生交易的纳税申报处理方法提供建议。 （3）代表审计客户向税务机关提供所要求的附加信息和分析	由于纳税申报表须经税务机关审查或批准，如果管理层对纳税申报表承担责任，会计师事务所提供此类服务通常不对独立性产生不利影响

4. 计算当期所得税或递延所得税负债（或资产）

（1）禁止或允许计算当期所得税或递延所得税负债（或资产）。在审计客户属于公众利益实体的情况下，除非出现紧急或极其特殊的情况，并征得相关监管机构的同意，会计师事务所不得计算当期所得税或递延所得税负债（或资产），以用于编制对被审计财务报表具有重大影响的会计分录。

（2）紧急或极特殊情况的应对。如果遇到紧急或极其特殊的情况，审计客户无法作出其他安排，经相关监管机构同意，会计师事务所可以在下列情况下，提供本章不允许提供的以编制会计分录为目的的税额计算服务：

①只有该会计师事务所拥有服务资源，熟悉客户的情况，能够协助客户及时计算当期所得税或递延所得税负债（或资产）。

②如果限制会计师事务所提供这些服务，将对客户造成严重困难，如导致客户无法向监管机构提供报告。

【小贴士】在上述情况下，会计师事务所只能安排审计项目组成员以外的专业人员在短期内一次性提供这些服务，并且应当就此事项与治理层讨论。

（3）计算当期所得税或递延所得税负债（或资产）对独立性的影响及应对，如下表所示。

	导致不利影响严重程度的因素	不利影响的防范措施
基于编制会计分录的目的，为审计客户计算当期所得税或递延所得税负债（或资产），将因自我评价产生不利影响	（1）税收法律法规的复杂程度，以及应用时进行判断的程度。 （2）客户员工的税务专业水平。 （3）税额对于财务报表的重要性	（1）由审计项目组以外的专业人员执行此类业务。 （2）如果审计项目组成员执行此类业务，由审计项目组以外的合伙人或高级管理人员复核税额的计算。 （3）向外部税务专业人员咨询

5. 税务筹划或其他税务咨询服务

（1）注册会计师不得提供的税务筹划或税务咨询服务。如果税务建议的有效性取决于某项特定会计处理或财务报表列报，并且同时存在下列情况，将因自我评价产生非常严重的不利影响，导致没有防范措施能够消除不利影响或将其降低至可接受的水平，会计师事务所不得为审计客户提供此类税务建议：

①审计项目组对于相关会计处理或财务报表列报的适当性存有疑问。

②税务建议的结果或执行后果将对被审计财务报表产生重大影响。

【示例】在某些国家或地区，将租赁支出做税前扣除的税务建议有效性，取决于在编制财务报表时将租赁作为经营性租赁进行会计处理。如果在这种情况下，审计项目组对该经营性租赁的会计处理的恰当性存有疑问，则不得为该审计客户提供此类税务服务。

（2）税务筹划或其他税务咨询服务的种类。税务筹划或其他税务咨询服务有多种类型，例如，向审计客户提供如何节税，或如何运用新的税收法律法规的建议如下表所示。

税务服务种类及影响因素	内容
决定不利影响严重程度的因素	（1）在确定如何在财务报表中对税务建议进行处理时涉及的主观程度。 （2）税务建议的结果是否对财务报表产生重大影响。 （3）税务建议的有效性是否取决于会计处理或财务报表列报，以及是否对会计处理或财务报表列报的适当性存有疑问。 （4）客户员工的税务专业水平。 （5）税务建议是否具有相应的税收法律法规依据。 （6）税务处理是否得到税务机关的认可
不对独立性产生不利影响的税务筹划或其他税务咨询服务	（1）服务范围界定。在提供税务筹划和其他税务咨询服务时，如果此类服务具有法律依据，或得到税务机关的明确认可，通常不对独立性产生不利影响。 （2）防范措施。会计师事务所应当评价税务建议产生不利影响的严重程度，并在必要时采取防范措施消除不利影响或将其降低至可接受的水平。防范措施主要包括： ①由审计项目组以外的专业人员提供此类服务。 ②由未参与提供此类服务的税务专业人员向审计项目组提供服务建议，并复核会计处理和财务报表列报。 ③向外部税务专业人员咨询。 ④得到税务机关的预先认可
基于纳税申报或税务筹划目的的评估业务	评估对独立性的不利影响： （1）在向审计客户提供税务服务时，会计师事务所可能应审计客户的要求提供评估服务，以协助客户进行纳税申报或税务筹划。如果评估结果将对财务报表产生直接影响，会计师事务所应当按照本章关于评估服务的规定处理。 （2）如果评估服务仅为满足税务目的，其结果对财务报表没有直接影响（即财务报表仅受有关涉税会计分录的影响），且间接影响并不重大，或者评估服务经税务机关或类似监管机构外部审查，则通常不对独立性产生不利影响。 （3）如果评估服务未经税务机关或类似监管机构审查，并且其对财务报表的影响重大，会计师事务所应当评价所产生不利影响的严重程度
	不利影响存在与否及其严重程度主要取决于下列因素： ①评估方法是否具有明确的税收法律法规依据，以及评估固有的主观程度。 ②基础数据的可靠性和范围。
	会计师事务所应当评价不利影响的严重程度，并在必要时采取防范措施消除不利影响或将其降低至可接受的水平。防范措施主要包括： （1）由审计项目组以外的专业人员提供该服务。 （2）由其他专业人员复核审计工作或税务服务的结果。 （3）得到税务机关的预先认可

6. 帮助解决税务纠纷

（1）禁止行为。

①在提供税务服务时，如果会计师事务所人员在公开审理或仲裁的税务纠纷中担任审计客户的辩护人，并且所涉金额对被审计财务报表影响重大，将因过度推介产生非常严重的不利影响，导致没有防范措施能够消除不利影响或将其降低至可接受的水平。

②会计师事务所人员不得在为审计客户提供税务服务时担任辩护人。

（2）例外情形。在公开审理或仲裁期间，会计师事务所可以继续为审计客户提供有关法庭裁决事项的咨询。

【示例】协助客户对具体问题作出回复，提供背景材料或证词，或分析税收问题。

（3）对独立性影响的评价。如果会计师事务所代表审计客户解决税务纠纷，一旦税务机关通知审计客户已经拒绝接受其对某项具体问题的主张，并且税务机关或审计客户已将该问题纳入正式的法律程序，则可能因过度推介或自我评价产生不利影响。

（4）不利影响存在与否及其严重程度主要取决于下列因素：

①引起税务纠纷的事项是否与会计师事务所的建议相关。

②税务纠纷的结果对被审计财务报表产生重大影响的程度。

③该事项是否具有明确的税收法律法规依据。

④解决税务问题的程序是否公开。

⑤管理层在解决税务纠纷时所起的作用。

（5）防范措施。会计师事务所应当评价不利影响的严重程度，并在必要时采取防范措施消除不利影响或将其降低至可接受的水平。防范措施主要包括：

①由审计项目组以外的专业人员提供该税务服务。

②由其他未参与提供该税务服务的税务专业人员，向审计项目组提供服务建议，并复核会计处理。

③向外部税务专业人员咨询。

【经典真题】

【简答题（部分）·2014】上市公司甲公司系 ABC 会计师事务所的常年审计客户，从事房地产开发业务。XYZ 公司是 ABC 会计师事务所的网络事务所。在对甲公司 2013 年度财务报表执行审计的过程中存在下列事项：

（3）甲公司聘请 ABC 会计师事务所为其提供税务服务，服务内容为协助整理税务相关资料。ABC 会计师事务所委派审计项目组以外的人员提供该服务，不承担管理层职责。

【要求】针对上述第（3）项，指出是否可能存在违反中国注册会计师职业道德守则有关独立性规定的情况，并简要说明理由。

【答案】

事项序号	是否可能违反（是/否）	理　由
（3）	否	由审计项目组以外的人员提供该税务服务，且未承担管理层职责，一般不会对独立性产生不利影响

（六）内部审计服务

1. 内部审计活动

（1）内部审计的目标和工作范围因被审计单位的规模、组织结构、治理层和管理层需求的不同而存在很大差异。

（2）内部审计活动的内容通常包括：

①监督内部控制。

②检查财务信息和经营信息。

③评价经营活动的效率和效果。

④评价对法律法规的遵守情况。

2. 允许提供内部审计服务的情况

为避免承担管理层职责，只有在同时满足下列条件时，会计师事务所才能为审计客户提供内部审计服务：

（1）审计客户承担设计、执行和维护内部控制的责任，并指定合适的、具有胜任能力的员工（最好是高级管理人员），始终负责内部审计活动。

（2）客户治理层或管理层复核、评估并批准内部审计服务的工作范围、风险和频率。

（3）客户管理层评价内部审计服务的适当性，以及执行内部审计发现的事项。

（4）客户管理层评价并确定应当实施内部审计服务提出的建议，并对实施过程进行管理。

（5）客户管理层向治理层报告注册会计师在内部审计服务中发现的重大问题和提出的建议。

3. 利用自身提供内部审计服务的不利影响评价

具体如下表所示。

不利影响描述	如果会计师事务所向审计客户提供内部审计服务，并且在财务报表审计业务中使用该服务的结果： （1）可能导致审计项目组不能恰当评价内部审计工作。 （2）在评价时不能保持应有的职业怀疑态度，这将因自我评价产生不利影响
不利影响的严重程度主要取决于下列因素	（1）相关财务报表金额的重要性。 （2）与这些财务报表金额相关的认定层次的错报风险。 （3）对内部审计服务的依赖程度
防范措施	（1）会计师事务所应当评价不利影响的严重程度，并在必要时采取防范措施消除不利影响或将其降低至可接受的水平。 （2）采取的防范措施主要包括由审计项目组以外的专业人员提供该内部审计服务等

4. 不允许提供内部审计服务的情形

具体如下表所示。

不允许提供的服务类型	具体服务内容	对独立性的不利影响及要求
涉及承担管理层职责的内部审计服务	涉及承担管理层职责的内部审计服务主要包括： （1）制定内部审计政策或内部审计活动的战略方针。 （2）指导该客户内部审计员工的工作并对其负责。 （3）决定应执行来源于内部审计活动的建议。 （4）代表管理层向治理层报告内部审计活动的结果。 （5）执行构成内部控制组成部分的程序。 （6）负责设计、执行和维护内部控制。 （7）提供内部审计外包服务，包括全部内部审计外包服务和重要内部审计外包服务，并且负责确定内部审计工作的范围	（1）如果会计师事务所向审计客户提供内部审计服务，并在执行财务报表审计时利用内部审计的工作，将因自我评价对独立性产生不利影响。 （2）如果会计师事务所人员在为审计客户提供内部审计服务时承担管理层职责，将产生非常严重的不利影响，导致没有防范措施能够将其降低至可接受的水平。 【小贴士】会计师事务所人员在向审计客户提供内部审计服务时不得承担管理层职责

续表

不允许提供的服务类型	具体服务内容	对独立性的不利影响及要求
不得向属于公众利益实体的审计客户提供内部审计服务	（1）与财务报告相关的内部控制。 （2）财务会计系统。 （3）对被审计财务报表具有重大影响的金额或披露	在审计客户属于公众利益实体的情况下，会计师事务所不得提供有关的内部审计服务

【经典真题】

【简答题（部分）·2018】上市公司甲公司是 ABC 会计师事务所的常年审计客户。XYZ 公司和 ABC 会计师事务所处于同一网络。审计项目组在甲公司 2017 年度财务报表审计中遇到下列事项：

（5）甲公司内审部计划对新并购的子公司执行内部控制审计。因缺乏人手，甲公司聘请 XYZ 公司协助执行该项工作，但 XYZ 公司不参与制定内审计划或管理层决策。

【要求】针对上述第（5）项，指出是否可能存在违反中国注册会计师职业道德守则有关独立性规定的情况，并简要说明理由。将答案直接填入答题区相应的表格内。

【答案】

事项序号	是否违反（违反/不违反）	理　　由
（5）	违反	该内部审计服务涉及甲公司与财务报告相关的内部控制，将因自我评价对独立性产生严重不利影响

【简答题（部分）·2014】上市公司甲公司系 ABC 会计师事务所的常年审计客户，从事房地产开发业务。XYZ 公司是 ABC 会计师事务所的网络事务所。在对甲公司 2013 年度财务报表执行审计的过程中存在下列事项：

（5）甲公司内审部负责对所有子公司的内部控制进行评价。由于缺乏人手，甲公司聘请 XYZ 公司对其中 3 家子公司与财务报告相关的内部控制实施测试，并将结果汇报给甲公司内审部。该 3 家子公司对甲公司不重大。

【要求】针对上述第（5）项，指出是否可能存在违反中国注册会计师职业道德守则有关独立性规定的情况，并简要说明理由。

【答案】

事项序号	是否可能违反（是/否）	理　　由
（5）	是	该项服务属于内审服务，因其涉及与财务报告相关的内部控制，将因自我评价对独立性产生严重不利影响

（七）为审计客户提供信息技术系统服务

1. 含义

（1）信息技术系统可用于积累原始数据，构成与财务报告相关的内部控制的组成部分，或生成影响会计记录或者财务报表的信息。

（2）信息技术系统也可能与审计客户的会计记录、财务报告内部控制和财务报表无关。

（3）会计师事务所提供信息技术系统服务是否因自我评价产生不利影响，取决于服务和信息技术系统的性质。

2. 不对独立性产生不利影响的信息技术系统服务

如果会计师事务所人员不承担管理层职责，则提供下列信息技术系统服务不被视为对独立性产生不利影响：

（1）设计或操作与财务报告内部控制无关的信息技术系统。

（2）设计或操作信息技术系统，其生成的信息不构成会计记录或财务报表的重要组成部分。

（3）操作由第三方开发的会计或财务信息报告软件。

（4）对由其他服务提供商或审计客户自行设计并操作的系统进行评价和提出建议。

3. 向不属于公众利益实体的审计客户提供有关信息技术系统服务

（1）因自我评价产生不利影响的情形。如果出现下列情形之一，会计师事务所向不属于公众利益实体的审计客户提供有关信息技术系统的设计或操作服务，将因自我评价产生不利影响：

①信息技术系统构成财务报告内部控制的重要组成部分。

②信息技术系统生成的信息对会计记录或被审计财务报表影响重大。

（2）提供服务的条件（同时满足条件）。如果存在上述情形，提供信息技术系统服务将因自我评价产生非常严重的不利影响，只有通过采取适当的防范措施以确保同时满足下列条件，会计师事务所才能提供此类服务：

①审计客户认可自己对建立和监督内部控制的责任。

②审计客户指定具有胜任能力的员工（最好是高级管理人员）作出有关系统设计和操作的所有管理决策。

③审计客户作出与系统设计和操作过程有关的所有管理决策。

④审计客户评价系统设计和操作的适当性及结果。

⑤审计客户对系统运行以及系统使用或生成的数据负责。

（3）应对措施。

①根据审计工作对某项特定信息技术系统的依赖程度，会计师事务所应当确定该非鉴证服务是否只能由审计项目组以外的、不同业务主管领导下的人员提供。

②会计师事务所应当评价剩余不利影响的严重程度，并在必要时采取防范措施消除不利影响或将其降低至可接受的水平。

③可采取的防范措施包括由其他专业人员复核已执行的审计或非鉴证工作等。

4. 向属于公众利益实体的审计客户提供有关信息技术系统服务

在下列情况下，会计师事务所不得向属于公众利益实体的审计客户提供或设计与操作信息技术系统相关的服务：

（1）信息技术系统构成财务报告内部控制的重要组成部分。

（2）信息技术系统生成的信息对会计记录或被审计财务报表影响重大。

【简答题（部分）·2019】上市公司甲公司是ABC会计师事务所的常年审计客户。XYZ公司和ABC会计师事务所处于同一网络。审计项目组在甲公司2018年度财务报表审计中遇到下列事项：

（4）甲公司聘请 XYZ 公司提供人力资源系统的设计和实施服务，该系统包括考勤管理和薪酬计算等功能。

【要求】针对上述第（4）项，指出是否可能存在违反中国注册会计师职业道德守则有关独立性规定的情况，并简要说明理由。将答案直接填入答题区相应的表格内。

【答案】

序号	是否违反（违反/不违反）	理　由
（4）	违反	人力资源系统包括薪酬计算功能，生成的信息对甲公司会计记录或财务报表影响重大/构成财务报告内部控制的重要组成部分，将因自我评价对独立性产生严重不利影响

【简答题（部分）·2018】上市公司甲公司是 ABC 会计师事务所的常年审计客户。XYZ 公司和 ABC 会计师事务所处于同一网络。审计项目组在甲公司 2017 年度财务报表审计中遇到下列事项：

（4）甲公司聘请系统实施服务商提供财务系统的优化设计和实施服务，聘请 XYZ 公司负责执行系统用户权限测试。系统实施服务商与 ABC 会计师事务所不属于同一网络。

【要求】针对上述第（4）项，逐项指出是否可能存在违反中国注册会计师职业道德守则有关独立性规定的情况，并简要说明理由。将答案直接填入答题区相应的表格内。

【答案】

事项序号	是否违反（违反/不违反）	理　由
（4）	违反	为甲公司进行财务系统的用户权限测试属于财务系统实施服务/且涉及承担管理层职责，将因自我评价对独立性产生严重不利影响

【简答题（部分）·2017】ABC 会计师事务所委派 A 注册会计师担任上市公司甲公司 2016 年度财务报表审计项目合伙人。ABC 会计师事务所和 XYZ 公司处于同一网络。审计项目组在审计中遇到下列事项：

（5）丁公司是甲公司的母公司，聘请 XYZ 公司为其共享服务中心提供信息系统的设计和实施服务。该共享服务中心承担丁公司下属各公司的财务及人力资源等职能。丁公司不是 ABC 会计师事务所的审计客户。

【要求】针对上述第（5）项，指出是否存在违反中国注册会计师职业道德守则有关职业道德和独立性规定的情况，并简要说明理由。

【答案】

事项序号	是否违反（违反/不违反）	理　由
（5）	违反	丁公司共享服务中心承担甲公司的财务职能/所涉及的财务系统构成甲公司财务报告内部控制的重要组成部分/生成的信息对甲公司财务报表影响重大，为共享服务中心提供设计和实施服务将因自我评价对独立性产生严重不利影响

【简答题（部分）·2016】ABC 会计师事务所委派 A 注册会计师担任上市公司甲公司

2015 年度财务报表审计项目合伙人。ABC 会计师事务所和 XYZ 公司处于同一网络。审计项目组在审计中遇到下列事项：

（6）甲公司购买的成本核算软件由 XYZ 公司和一家软件公司共同开发和推广。该软件公司不是 ABC 会计师事务所的审计客户或其关联实体。

【要求】针对上述第（6）项，指出是否存在违反中国注册会计师职业道德守则有关独立性规定的情况，并简要说明理由。

【答案】

事项序号	是否违反（违反/不违反）	理　由
（6）	违反	ABC 会计师事务所的网络所参与了甲公司重要财务系统的设计/参与设计的成本核算软件构成甲公司财务报表内部控制的重要组成部分/生成的信息对会计记录或被审计财务报表影响重大，将因自我评价对独立性产生严重不利影响

（八）诉讼支持服务

1. 诉讼支持服务的界定

诉讼支持服务可能包括下列活动：

（1）担任专家证人。

（2）计算诉讼或其他法律纠纷涉及的估计损失或其他应收、应付的金额。

（3）协助管理和检索文件。

2. 不利影响评价

（1）会计师事务所向审计客户提供诉讼支待服务，可能因自我评价或过度推介产生不利影响。

（2）如果向审计客户提供诉讼支持服务涉及对损失或其他金额的估计，并且这些损失或其他金额影响被审计财务报表，会计师事务所应当遵守关于评估服务的规定。

（3）对于其他诉讼支持服务，会计师事务所应当评价不利影响的严重程度，并在必要时采取防范措施消除不利影响或将其降低至可接受的水平。

（九）法律服务

1. 法律服务的内容

（1）定义：法律服务通常是指为客户提供商业性的法律服务。

【示例】为起草合同、诉讼、并购提供法律意见和支待，以及向客户内部的法律部门提供帮助。

（2）要求：提供法律服务的人员应当取得相应的专业资格，并经过执业所要求的法律培训。

（3）不利影响评价：会计师事务所向审计客户提供法律服务，可能因自我评价和过度推介产生不利影响。

2. 决定不利影响严重程度的因素

（1）会计师事务所在审计客户执行某项交易时向其提供法律服务，例如提供合同起草、法律咨询、尽职调查和重组服务，可能因自我评价产生不利影响。

（2）不利影响存在与否及其严重程度主要取决于下列因素：

①服务的性质。

②服务是否由审计项目组成员提供。

③与财务报表有关的事项的重要性。

（3）防范措施。会计师事务所应当评价不利影响的严重程度，并在必要时采取防范措施消除不利影响或将其降低至可接受的水平。防范措施主要包括：

①由审计项目组以外的专业人员提供该服务。

②由未参与提供法律服务的专业人员向审计项目组提出建议，并复核会计处理。

3. 代表审计客户解决纠纷或进行法律诉讼

（1）禁止行为。在审计客户解决纠纷或进行法律诉讼时，如果会计师事务所人员担任辩护人，并且纠纷或法律诉讼所涉金额对被审计财务报表有重大影响，将因过度推介和自我评价产生非常严重的不利影响，导致没有防范措施能够将其降低至可接受的水平。

【小贴士】会计师事务所不得为审计客户提供此类服务。

（2）不利影响评价。在审计客户解决纠纷或应对法律诉讼时，如果会计师事务所人员担任辩护人，并且纠纷或法律诉讼所涉金额对被审计财务报表无重大影响，则应当评价因自我评价和过度推介产生不利影响的严重程度，并在必要时采取防范措施消除不利影响或将其降低至可接受的水平。

（3）防范措施主要包括：

①由审计项目组以外的专业人员提供该服务。

②由未参与提供法律服务的专业人员向审计项目组提出建议，并复核会计处理。

4. 担任审计客户的首席法律顾问

（1）不利影响评价。会计师事务所的合伙人或员工担任审计客户首席法律顾问，将因自我评价和过度推介产生非常严重的不利影响，导致没有防范措施能够消除不利影响或将其降低至可接受的水平。

（2）禁止行为。首席法律顾问通常是一个高级管理职位，对公司法律事务承担广泛责任。会计师事务所人员不得为审计客户提供担任首席法律顾问的服务。

【经典真题】

【简答题（部分）·2016】 ABC 会计师事务所委派 A 注册会计师担任上市公司甲公司 2015 年度财务报表审计项目合伙人。ABC 会计师事务所和 XYZ 公司处于同一网络。审计项目组在审计中遇到下列事项：

（5）甲公司聘请 XYZ 公司担任某合同纠纷的诉讼代理人。诉讼结果将对甲公司财务报表产生重大影响。

【要求】 针对上述第（5）项，指出是否存在违反中国注册会计师职业道德守则有关独立性规定的情况，并简要说明理由。

【答案】

事项序号	是否违反（违反/不违反）	理　　由
(5)	违反	为审计客户担任诉讼代理人，且该纠纷所涉金额对被审计财务报表有重大影响，将因自我评价/过度推介对独立性产生严重不利影响

（十）招聘服务

会计师事务所为审计客户提供人员招聘服务，可能因自身利益、密切关系或外在压力产生不利影响。

1. 会计师事务所通常可以提供下列服务

（1）审查申请者的专业资格。

（2）对申请者是否适合相关职务提出咨询意见。

（3）对候选人进行面试。

（4）对候选人在财务会计、行政管理或内部控制等职位上的胜任能力提出咨询意见。

2. 会计师事务所不允许提供的服务

如果属于公众利益实体的审计客户拟招聘董事、高级管理人员，或所处职位能够对客户会计记录或被审计财务报表的编制施加重大影响的高级管理人员，会计师事务所不得提供下列招聘服务：

（1）寻找候选人，或从候选人中挑选出适合相应职位的人员。

（2）对可能录取的候选人的证明文件进行核查。

3. 不利影响存在与否及其严重程度主要取决于下列因素

（1）要求提供协助的性质。

（2）拟招聘人员的职位。

4. 防范措施

会计师事务所应当评价不利影响的严重程度，并在必要时采取防范措施消除不利影响或将其降低至可接受的水平。

【小贴士】任何情况下，会计师事务所都不得承担管理层职责，聘用决策应当由客户负责作出。

【经典真题】

【简答题（部分）·2014】上市公司甲公司系 ABC 会计师事务所的常年审计客户，从事房地产开发业务。XYZ 公司是 ABC 会计师事务所的网络事务所。在对甲公司 2013 年度财务报表执行审计的过程中存在下列事项：

（4）甲公司拟进军新的产业，聘请 XYZ 公司作为财务顾问，为其寻找、识别收购对象。双方约定服务费为 10 万元，该项收费对 ABC 会计师事务所不重大。

【要求】针对上述第（4）项，指出是否可能存在违反中国注册会计师职业道德守则有关独立性规定的情况，并简要说明理由。

【答案】

事项序号	是否可能违反（是/否）	理　由
（4）	是	XYZ公司为甲公司寻找、识别收购对象，可能承担管理层职责，将因自我评价/过度推介对独立性产生不利影响

（十一）公司理财服务

1. 公司理财服务活动

公司理财服务主要包括下列活动：

（1）协助审计客户制定公司战略。

（2）为审计客户并购识别可能的目标。

（3）对资产处置交易提供建议。

（4）协助实施融资交易。

（5）对合理安排资本结构提供建议。

2. 对独立性产生不利影响的防范措施

会计师事务所提供财务服务，可能因自我评价或过度推介产生不利影响。会计师事务所应当评价不利影响的严重程度，并在必要时采取防范措施消除不利影响或将其降低至可接受的水平。

防范措施主要包括：

（1）由项目组以外的专业人员提供该服务。

（2）由未参与提供财务服务的专业人员想审计项目组提供有关该服务的咨询建议，并复核会计处理。

3. 公司理财服务的结果直接影响财务报表

（1）会计师事务所提供财务服务，可能因自我评价产生不利影响。

【示例】对资本结构或融资的安排提出建议，将直接影响在财务报表中报告的金额。

（2）不利影响存在与否及其严重程度主要取决于下列因素：

①在确定然后恰当处理财务建议对财务报表产生的影响时，涉及的主观程度。

②财务建议的结果对在财务报表中记录的金额的直接影响程度，以及记录的金额对财务报表整体影响的重大程度。

③财务建议的有效性是否取决于某一特定会计处理后财务报表列报，并且根据适用的会计准则，对该会计处理或列报的适当性存在疑问。

（3）防范措施。

会计师事务所应当评价不利影响的严重程度，并且在必要时采取以下防范措施消除不利影响或将其降低至可接受水平。防范措施主要包括：

①由审计项目组以外的专业人士提供该服务。

②由未参与提供财务服务的专业人士向审计项目组提出有关服务的建议，并复核会计处理。

4. 特殊情形

（1）情形对独立性的影响。公司理财建议的有效性取决于某一特殊会计处理方法或财务报表列报方法。如果财务建议的有效性取决于某一特定会计处理，并且同时存在下列情形，将因自我评价产生非常严重的不利影响：

①根据适用的会计准则，审计项目组对有关会计处理的适当性存在疑问。

②财务建议的结果将对被审计财务报表产生重大影响。

（2）应对措施：禁止提供此类服务。在上述情况下，没有防范措施能够将不利影响降低至可接受的水平。会计师事务所不得提供此类财务服务。

重难点 15：收费★★★

sj202302

（一）收费结构

1. 收费总额对独立性的影响及防范措施

（1）如果会计师事务所从某一审计客户收取的全部费用占其收费总额的比重很大，则对该客户的依赖及对可能失去该客户的担心将因自身利益或外在压力产生不利影响。

（2）不利影响的严重程度主要取决于下列因素

①会计师事务所的业务类型及收入结构。

②会计师事务所成立时间的长短。

③该客户对会计师事务所是否重要。

（3）防范措施。会计师事务所应当评价不利影响的严重程度，并在必要时采取防范措施消除不利影响或将其降低至可接受的水平。防范措施主要包括：

①降低对该客户的依赖程度。

②实施外部质量控制复核。

③就关键的审计判断向第三方咨询。例如，向行业监管机构或其他会计师事务所咨询。

2. 从某一审计客户收取的全部费用比重很大

（1）如果从某一审计客户收取的全部费用占某一合伙人从所有客户收取的费用总额比重很大，或占会计师事务所某一分部收取的费用总额很大，也将因自身利益或外在压力产生不利影响。

（2）不利影响的严重程度主要取决于下列因素：

①该客户在性质上或数量上对该合伙人或分部是否重要。

②该合伙人或分部合伙人的报酬对来源于该客户的收费的依赖程度。

（3）防范措施。会计师事务所应当评价不利影响的严重程度，并在必要时采取防范措施消除不利影响或将其降低至可接受的水平。防范措施主要包括：

①降低对来源于该客户的收费的依赖程度。

②由审计项目组以外的注册会计师复核已执行的工作或在必要时提出建议。

③定期实施独立的质量控制复核。

3. 连续两年从属于公众利益实体的某一审计客户收取的全部费用比重较大

（1）防范措施的选择。如果会计师事务所连续两年从某一属于公众利益实体的审计客户及其关联实体收取的全部费用，占其从所有客户收取的全部费用的比重超过 15%，会计师事务所应当向审计客户治理层披露这一事实，并讨论选择下列何种防范措施，以将不利影响降低至可接受的水平：

①在对第二年度财务报表发表审计意见之前，由其他会计师事务所对该业务再次实施项目质量控制复核（简称“发表审计意见前复核”）。

②在对第二年度财务报表发表审计意见之后、对第三年度财务报表发表审计意见之前，由其他会计师事务所对第二年度的审计工作再次实施项目质量控制复核（简称“发表审计意见后复核”）。

（2）无法将不利影响降低至可接受水平时的应对。在上述收费比例明显超过15%的情况下，如果采用发表审计意见后复核无法将不利影响降低至可接受的水平，会计师事务所应当采用发表审计意见前复核。

（3）持续超过15%的应对。

①如果两年后每年收费比例继续超过15%，则会计师事务所应当每年向治理层披露这一事实，并讨论选择采取上述哪种防范措施。

②在收费比例明显超过15%的情况下，如果采用发表审计意见后复核无法将不利影响降低至可接受的水平，会计师事务所应当采用发表审计意见前复核。

【小贴士】会计师事务所在计算收费占比时，应以向该审计客户提供所有服务收取的全部费用（即不仅仅是审计费）为分子，以向所有客户提供所有服务收取的全部费用为分母。

（二）逾期收费

如果审计客户长期未支付应付的审计费用，尤其是相当部分的审计费用在出具下一年度审计报告前仍未支付，可能因自身利益产生不利影响。

会计师事务所通常要求审计客户在审计报告出具前付清上一年度的审计费用。如果在审计报告出具后审计客户仍未支付该费用，会计师事务所应当评价不利影响存在与否及其严重程度，并在必要时采取防范措施消除不利影响或将其降低至可接受的水平。

可采取的防范措施包括由未参与执行审计业务的注册会计师提供建议，或复核已执行的工作等。

会计师事务所还应当确定逾期收费是否可能被视同向客户贷款，并且根据逾期收费的重要程度确定是否继续执行审计业务。

（三）或有收费

1. 定义

或有收费是指收费与否或收费多少取决于交易的结果或所执行工作的结果。如果一项收费是由法院或政府有关部门规定的，则该项收费不被视为或有收费。

2. 不利影响评价及应对

（1）不利影响评价。会计师事务所在提供审计服务时，以直接或间接形式取得或有收费，将因自身利益产生非常严重的不利影响，导致没有防范措施能够将其降低至可接受的水平。

（2）应对措施。会计师事务所不得采用这种收费安排。

3. 非鉴证服务与或有收费

（1）会计师事务所在向审计客户提供非鉴证服务时，如果非鉴证服务以直接或间接形式取得或有收费，也可能因自身利益产生不利影响。

（2）禁止情形。如果出现下列情况之一，将因自身利益产生非常严重的不利影响，导致没有防范措施能够将其降低至可接受的水平，会计师事务所不得采用这种收费安排：

①非鉴证服务的或有收费由对财务报表发表审计意见的会计师事务所取得，并且对其影响重大或预期影响重大。

②网络事务所参与大部分审计工作，非鉴证服务的或有收费由该网络事务所取得，并且对其影响重大或预期影响重大。

③非鉴证服务的结果以及由此收取的费用金额，取决于未来或当期与财务报表重大金额审计相关的判断。

（3）影响不利影响评价的因素。在向审计客户提供非鉴证服务时，如果会计师事务所采用其他形式的或有收费安排，不利影响存在与否及其严重程度主要取决于下列因素：

①可能的收费金额区间。

②是否由适当的权威方确定有关事项的结果，并且该结果作为或有收费的基础。

③非鉴证服务的性质。

④事项或交易对财务报表的影响。

（4）应对措施。会计师事务所应当评价不利影响的严重程度，并在必要时采取防范措施消除不利影响或将其降低至可接受的水平。防范措施主要包括：

①由审计项目组以外的注册会计师复核相关审计工作，或在必要时提供建议。

②由审计项目组以外的专业人员提供非鉴证服务。

重难点16：影响独立性的其他事项★★

具体内容如下表所示。

	不利影响	不利影响严重程度影响因素及禁止行为	防范措施
薪酬和业绩评价政策	如果某一审计项目组成员的薪酬或业绩评价与其向审计客户推销的非鉴证服务挂钩，将因自身利益产生不利影响	（1）推销非鉴证服务的因素在该成员薪酬或业绩评价中的比重。 （2）该成员在审计项目组中的角色。 （3）推销非鉴证服务的业绩是否影响该成员的晋升	（1）将该成员调离审计项目组。 （2）由审计项目组以外的注册会计师复核该成员已执行的工作。 【小贴士】关键审计合伙人的薪酬或业绩评价不得与其向审计客户推销的非鉴证服务直接挂钩职业道德准则并不禁止会计师事务所合伙人之间正常的利润分享安排
礼品和款待	会计师事务所或审计项目组成员接受审计客户的礼品或款待，可能因自身利益和密切关系产生不利影响	【小贴士】禁止行为 如果会计师事务所或审计项目组成员接受审计客户的礼品，将产生非常严重的不利影响，导致没有防范措施能够将其降低至可接受的水平。会计师事务所或审计项目组成员不得接受礼品	会计师事务所或审计项目组成员应当评价接受款待产生不利影响的严重程度，并在必要时采取防范措施消除不利影响或将其降低至可接受的水平。如果款待超出业务活动中的正常往来，会计师事务所或审计项目组成员应当拒绝接受

续表

	不利影响	不利影响严重程度 影响因素及禁止行为	防范措施
诉讼或诉讼威胁	如果会计师事务所或审计项目组成员与审计客户发生诉讼或很可能发生诉讼，将因自身利益和外在压力产生不利影响	(1) 诉讼的重要性。 (2) 诉讼是否与前期审计业务相关	(1) 如果诉讼涉及某一审计项目组成员，将该成员调离审计项目组。 (2) 由审计项目组以外的专业人员复核已执行的工作。 【小贴士】如果此类防范措施不能将不利影响降低至可接受的水平，会计师事务所应当拒绝接受审计业务委托，或解除审计业务约定

【经典真题】

【简答题（部分）·2016】ABC 会计师事务所委派 A 注册会计师担任上市公司甲公司 2015 年度财务报表审计项目合伙人。ABC 会计师事务所和 XYZ 公司处于同一网络。审计项目组在审计中遇到下列事项：

（4）A 注册会计师受邀参加了甲公司年度股东大会。全体参会人员均获得甲公司生产的移动硬盘作为礼品。

【要求】针对上述第（4）项，指出是否存在违反中国注册会计师职业道德守则有关独立性规定的情况，并简要说明理由。

【答案】

事项序号	是否违反（违反/不违反）	理　由
(4)	违反	A 注册会计师不得收受甲公司的任何礼品/收受甲公司礼品属于不当行为

四、进阶练习

（一）单选题

1. 注册会计师独立性的内涵是（　　）。

A. 识别对独立性的不利影响

B. 评价不利影响的严重程度

C. 独立性包括实质上的独立性和形式上的独立性

D. 必要时采取防范措施消除不利影响或将其降低至可接受的水平

2. 网络事务所的说法中错误的是（　　）。

A. 网络是指由多个实体组成，旨在通过合作实现共享所有权、控制权或管理权

B. 网络事务所是指属于某一网络的会计师事务所或实体

C. 如果某一会计师事务所被视为网络事务所，应当与网络中其他会计师事务所的审计客户保持独立

D. 如果一个联合体旨在通过合作，在各实体之间分享重要的专业资源，应被视为网络

3. 关于公众利益实体说法中错误的是（　　）。

A. 公众利益实体包括上市公司和法律法规界定的公众利益实体

B. 大型非上市金融企业其债券在法律法规认可的证券交易所报价或挂牌，不是公众利益实体

C. 如果其他实体拥有数量众多且分布广泛的利益相关者，注册会计师应当考虑将其作为公众利益实体对待

D. 法律法规认可的证券交易所或其他类似机构的监管下进行交易的实体，应当作为公众利益实体对待

4. 关联实体的的判断标准中说法错误的是（　　）。

A. 能够对客户施加直接或间接控制的实体，并且客户对该实体重要

B. 在客户内拥有直接经济利益的实体，并且该实体对客户具有重大影响，在客户内的利益对该实体重要

C. 客户拥有其直接经济利益的实体，并且客户能够对该实体施加重大影响，在实体内的经济利益对客户重要

D. 与客户处于同一控制下的实体

5. ABC 会计师事务所于 2019 年 11 月 21 日首次接受委托，承接甲公司 2019 年财务报表审计业务，在 2019 年审计业务约定书中双方约定审计报告出具日期为 2020 年 1 月 10 日，ABC 会计师事务所于 2020 年 1 月 10 日签发了审计报告，对业务期间理解正确的是（　　）。

A. 2019 年 11 月 21 日至 2020 年 11 月 21 日

B. 2019 年 11 月 21 日至 2020 年 12 月 31 日

C. 2019 年 11 月 21 日至 2020 年 1 月 10 日

D. 2019 年 1 月 1 日至 2020 年 1 月 10 日

6. 假设 ABC 会计师事务所于 2018 年 11 月 1 日首次接受委托，承接甲公司 2018 和 2019 年财务报表审计业务，双方约定 2019 年 3 月 5 日和 2020 年 3 月 5 日分别对 2018 和 2019 年度的财务报表出具审计报告，并且决定在 2020 年 5 月 1 日后双方终止审计业务关系。则 ABC 事务所应当保持独立性的期间是（　　）。

A. 2018 年 1 月 1 日至 2020 年 3 月 5 日

B. 2018 年 1 月 1 日至 2020 年 5 月 1 日

C. 2018 年 11 月 1 日至 2020 年 3 月 5 日

D. 2018 年 11 月 1 日至 2020 年 5 月 1 日

（二）多选题

1. 会计师事务所防范业务期间对独立性不利影响的措施包括（　　）。

A. 不允许提供非鉴证服务的人员担任审计项目组成员

B. 必要时由其他的注册会计师复核审计和非鉴证工作

C. 由其他会计师事务所评价非鉴证业务的结果，或由其他会计师事务所重新执行非鉴证业务，并且所执行工作的范围能够使其承担责任

D. 评估在财务报表涵盖的期间或之后、接受审计业务委托之前，与审计客户之间存在的经济利益或商业关系

2. 上市公司甲公司是 ABC 会计师事务所的常年审计客户，与上市公司乙公司为同一母

公司的重要子公司，乙公司不是该事务所的审计客户，下列事项中和关联实体存在关系构成不利影响的有（　　）。

A. 项目合伙人A注册会计师的爱人买入乙公司股票2 000股，该股权对A注册会计师的爱人而言不属于重大经济利益

B. B注册会计师曾作为审计经理签署了甲公司2013年度至2018年度审计报告，之后调离甲公司审计项目组，加入事务所质量控制部，负责复核所有上市公司审计客户的财务报表

C. 审计项目组成员的妻子在网贷平台上购买了互联网金融产品10万元。根据其与网贷平台及资金使用方签署的三方协议，该资金用于补充甲公司某不重要子公司的短期流动资金

D. 甲公司在海外设立子公司，聘请XYZ公司提供设立申请服务，以及业务流程和财务流程文档的编制服务

（三）简答题

1. 上市公司甲公司是ABC会计师事务所的常年审计客户。XYZ公司和ABC会计师事务所处于同一网络。注册会计师A为项目合伙人，审计项目组在甲公司2019年度财务报表审计中遇到下列事项：

（1）2019年10月，甲公司收购了戊公司30%的股权，戊公司成为甲公司的重要联营公司。审计项目合伙人A注册会计师在收购生效日前3天得知其妻子持有戊乙公司发行的价值5万元的企业债，承诺将在收购生效日后30天内出售该债券。

（2）2015年10月，审计项目组就某重大会计问题咨询了事务所技术部的B注册会计师。B注册会计师的妻子于2019年6月购买了甲公司的股票，于2019年12月卖出。

（3）项目组成员注册会计师C的爱人于甲公司2018年报公布后购买了甲公司股票5 000股，于2019年报审计开始前售出。

（4）项目组成员注册会计师D的女儿大学毕业后，应聘到甲公司财务部门工作，任职岗位为出纳，注册会计师D在本次审计中负责函证业务。

（5）项目组全体成员受邀参加甲公司年会，部分成员在年会抽奖环节中分别获得二、三等奖品。

（6）审计项目组成员E注册会计师的父亲在丙公司持有重大经济利益。丙公司为甲公司不重要的联营企业，不是ABC会计师事务所的审计客户。

【要求】针对上述第（1）~（6）项，指出是否可能存在违反中国注册会计师职业道德守则有关独立性规定的情况，并简要说明理由。将答案直接填入答题区相应的表格内。

事项序号	是否违反（违反/不违反）	理　由
（1）		
（2）		
（3）		
（4）		
（5）		
（6）		

2. ABC会计师事务所委派A注册会计师担任上市公司甲公司2019年度财务报表审计项目合伙人。ABC会计师事务所和XYZ公司处于同一网络。审计项目组在审计中遇到下列事项：

（1）A注册会计师因继承其祖父的遗产获得甲公司股票10 000股，承诺将在有权处置这些股票之日起一个月内出售。

（2）甲公司研发的电动式行李箱于2019年12月上市。甲公司在ABC会计师事务所年会上特地为其员工进行了产品展示，针对事务所员工以成本价进行销售。

（3）乙公司是甲公司的子公司，从事行业信息指数发布业务。2019年12月，乙公司和ABC会计师事务所联合对外发布行业研究报告，对该行业现状与前景进行分析，并介绍了乙公司的业务。

（4）D注册会计师和A注册会计师同处一个分部，不是甲公司审计项目组成员。D的母亲和甲公司某董事岳母共同开办了一家出国留学中介。

（5）甲公司的子公司丁公司提供信息系统咨询服务，与XYZ公司组成联合服务团队，向目标客户推广代理记账、税务咨询和信息系统咨询一揽子服务。

（6）2018年12月，审计项目组成员B注册会计师通过银行按揭，按照市场价格300万元购买了甲公司出售的商品房一套。

【要求】针对上述第（1）~（6）项，逐项指出是否存在违反中国注册会计师职业道德守则有关职业道德和独立性规定的情况，并简要说明理由。

事项序号	是否违反（违反/不违反）	理　由
（1）		
（2）		
（3）		
（4）		
（5）		
（6）		

3. 上市公司甲公司是ABC会计师事务所的常年审计客户。XYZ公司和ABC会计师事务所处于同一网络。审计项目组在甲公司2019年度财务报表审计中遇到下列事项：

（1）2019年度财务报表审计项目组合伙人为注册会计师A。A注册会计师曾担任甲公司2012年度至2016年度财务报表审计项目合伙人，之后调离甲公司审计项目组，担任乙公司2016年度至2018年度财务报表审计项目合伙人。乙公司是与甲公司无联系的非公众利益实体。

（2）2019年10月，丙公司被甲公司收购成为其重要子公司。2020年1月1日，甲公司审计项目组成员B的妻子加入丙公司并担任财务总监。

（3）审计项目组成员C曾担任甲公司成本会计，2018年5月离职加入ABC会计师事务所，同年10月加入甲公司审计项目组，负责审计固定资产。

（4）XYZ公司合伙人D的爱人于2019年7月加入甲公司并担任培训部经理。合伙人D

没有为甲公司提供任何服务。

（5）E注册会计师曾担任甲公司2018年度财务报表审计的项目质量控制复核人，于2019年5月退休，之后未和ABC会计师事务所保持交往。2020年1月1日，E注册会计师受聘担任甲公司独立董事。

（6）F注册会计师自2015年度起担任巳公司财务报表审计项目合伙人，在巳公司被甲公司收购后，继续担任巳公司2019年度财务报表审计项目合伙人，并成为甲公司的关键审计合伙人。

【要求】针对上述第（1）~（6）项，逐项指出是否可能存在违反中国注册会计师职业道德守则有关独立性规定的情况，并简要说明理由。将答案直接填入答题区相应的表格内。

序号	是否违反（违反/不违反）	理　由
（1）		
（2）		
（3）		
（4）		
（5）		
（6）		

4. 上市公司甲公司是ABC会计师事务所的常年审计客户。XYZ公司和ABC会计师事务所处于同一网络。审计项目组在甲公司2019年度财务报表审计中遇到下列事项：

（1）甲公司是乙公司的重要联营企业。2019年10月，XYZ公司接受乙公司委托对其拟投资的标的公司进行评估，作为定价参考。乙公司不是ABC会计师事务所的审计客户。

（2）丙公司是甲公司新收购的海外子公司，为甲公司不重要的子公司。丙公司聘请XYZ公司将其按照国际财务报告准则编制的财务报表转化为按照中国企业会计准编则制的财务报表。

（3）甲公司负责税务方面的财务人员离职，聘请ABC会计师事务所为其提供税务服务，服务内容为协助整理税务相关资料。ABC会计师事务所委派审计项目组以外的人员按照公司财务经理的要求提供该服务，不承担管理层职责。

（4）甲公司内审部计划对新并购的子公司内部控制进行全面规范，因缺乏人手，甲公司聘请XYZ公司协助执行子公司内部控制该项工作，但XYZ公司参与制定内部控制制度制定但不参加管理层决策的讨论。

（5）甲公司聘请XYZ公司提供考勤系统的设计和实施服务。

（6）在一起经济纠纷中，甲公司聘请ABC会计师事务所注册会计师B担任专家证人，注册会计师B不是甲公司审计项目组成员。

【要求】针对上述第（1）~（6）项，逐项指出是否可能存在违反中国注册会计师职业道德守则有关独立性规定的情况，并简要说明理由。将答案直接填入答题区相应的表格内。

序号	是否违反（违反/不违反）	理　由
(1)		
(2)		
(3)		
(4)		
(5)		
(6)		

5. ABC会计师事务所委派A注册会计师担任上市公司甲公司2019年度财务报表审计项目合伙人。ABC会计师事务所和XYZ公司处于同一网络。审计项目组在审计中遇到下列事项：

（1）甲公司聘请XYZ公司担任某合同纠纷的诉讼代理人。诉讼结果将对甲公司财务报表产生重大影响。

（2）甲公司拟进军新的产业，招聘财务人员，聘请XYZ公司作为招聘考核组顾问，为其寻找、识别招聘对象。双方约定服务费为3万元，该项收费对ABC会计师事务所不重大。

（3）由于上市公司监管愈来愈严格，部分审计客户开始流失，甲公司审计收费连续两年占ABC事务所全年收入20%左右。

（4）甲公司拟投资新项目，聘请XYZ公司共同制作投资可行性分析方案。

（5）审计项目组成员已经通过甲公司面试，拟于年度报表审计结束后受聘甲公司财务经理职位。

（6）审计项目组成员F注册会计师与甲公司出纳员是恋人关系，二人决定于2020年2月14日办理结婚登记手续。

【要求】针对上述第（1）~（6）项，逐项指出是否存在违反中国注册会计师职业道德守则有关独立性规定的情况，并简要说明理由。

事项序号	是否违反（违反/不违反）	理　由
(1)		
(2)		
(3)		
(4)		
(5)		
(6)		

五、进阶练习答案

（一）单选题

1. 【答案】C

【解析】选项A、选项B和选项D是独立性概念框架的内涵，选项C是独立性的内涵，因此选择选项 C。

2. 【答案】D

【解析】如果一个联合体旨在通过合作，在各实体之间共享重要的专业资源，应被视为网络，因此选择选项 D。

3. 【答案】B

【解析】如某些大型非上市金融企业。对于其债券在法律法规认可的证券交易所报价或挂牌，或是在法律法规认可的证券交易所或其他类似机构的监管下进行交易的实体，也应当作为公众利益实体对待，因此选择选项 B。

4. 【答案】D

【解析】关联实体是指与客户存在下列任一关系的实体：(1) 能够对客户施加直接或间接控制的实体，并且客户对该实体重要（选项 A）；(2) 在客户内拥有直接经济利益的实体，并且该实体对客户具有重大影响，在客户内的利益对该实体重要（选项 B）；(3) 受到客户直接或间接控制的实体；(4) 客户（或受到客户直接或间接控制的实体）拥有其直接经济利益的实体，并且客户能够对该实体施加重大影响，在实体内的经济利益对客户（或受到客户直接或间接控制的实体）重要（选项 C）；(5) 与客户处于同一控制下的实体（即“姐妹实体”），并且该姐妹实体和客户对其控制方均重要。因此选择选项 D。

5. 【答案】C

【解析】根据业务期间的定义，ABC 事务所承接甲公司财务报表审计业务时间的起点是接受委托的日期 2019 年 11 月 21 日，终点是出具审计报告日，2020 年 1 月 10 日。

6. 【答案】B

【解析】ABC 事务所保持独立性期间的起点是 2018 年 1 月 1 日，审计业务具有连续性，终点是“解除业务关系与出具审计报告两者孰晚之日”，即 2020 年 5 月 1 日。

（二）多选题

1. 【答案】ABC

【解析】选项 D 是会计师事务所确立是否对独立性产生不利影响的因素，不是防范措施，因此不选择选项 D。

2. 【答案】ACD

【解析】审计项目组成员的主要近亲属不得在审计客户的关联实体中拥有直接经济利益，否则将因自身利益产生非常严重的不利影响，因此选择选项 A。审计项目组成员的主要近亲属不得在审计客户的关联实体中拥有重大间接经济利益，否则将因自身利益产生非常严重的不利影响，因此选择选项 C。ABC 会计师事务所的网络所为审计客户的关联实体提供构成财务报告内部控制重大组成部分的信息技术系统服务，将因自我评价产生不利影响，因此选择选项 D。关键审计合伙人在两年的冷却期内不得为该客户的审计业务实施质量控制复核，否则将因密切关系和自身利益产生不利影响，因此不选择选项 B。

（三）简答题

1. 【答案】

事项序号	是否违反（违反/不违反）	理　由
(1)	违反	收购日后戊公司成为甲公司的关联实体，A注册会计师及其主要近亲属不得在乙公司拥有直接经济利益，应在收购生效日前处置该直接经济利益，得知持有该直接经济利益后立即处置该利益，则将因自身利益对独立性产生严重不利影响
(2)	不违反	B注册会计师属于审计项目组成员/B注册会计师的咨询意见直接影响审计结果，其妻子在审计期间拥有直接经济利益，将因自身利益对独立性产生严重不利影响
(3)	违反	因针对甲公司的审计业务具有连续性，2018年度审计报告出具后至2019年度审计工作开始前期间仍属于业务期间，C注册会计师的妻子在该期间持有甲公司的股票，因自身利益对独立性产生严重不利影响
(4)	违反	D注册会计师的女儿在审计客户担任出纳，能够对审计客户的财务状况、经营成果和现金流量施加重大影响，将对独立性产生不利影响
(5)	违反	审计项目组成员不得接受甲公司的宴请及收受任何礼品/接受宴请及收受甲公司礼品属于不当行为
(6)	违反	甲公司对丙公司有重大影响，且项目组成员E的父亲在丙公司持有重大经济利益，因自身利益对独立性产生严重不利影响

2. 【答案】

事项序号	是否违反（违反/不违反）	理　由
(1)	违反	A注册会计师应当在有权处置时立即处置甲公司股票，否则将因自身利益对独立性产生严重不利影响
(2)	违反	专场展示及成本价销售被视为ABC会计师事务所向其员工推销甲公司产品/属于禁止的商业关系，将因自身利益对独立性产生严重不利影响
(3)	违反	ABC会计师事务所通过和乙公司共同发布的行业研究报告推广了乙公司的业务/属于禁止的商业关系
(4)	不违反	D不是甲公司审计项目组成员，其母亲与甲公司董事岳母的合作不属于被禁止的商业关系
(5)	违反	XYZ公司和丁公司以双方的名义捆绑提供服务，因自身利益/外在压力对独立性产生严重不利影响/上述关系属于守则禁止的商业关系
(6)	违反	该交易金额对B注册会计师而言较大，可能因自身利益对独立性产生不利影响

3. 【答案】

序号	是否违反（违反/不违反）	理　由
(1)	不违反	A 注册会计师在冷却期结束后参与甲公司的审计业务，不会对独立性产生不利影响
(2)	违反	B 的妻子在甲公司审计业务期间/执行审计期间担任丙公司财务总监，将因自身利益、密切关系或外在压力对独立性产生严重不利影响
(3)	违反	C 在财务报表涵盖的期间曾担任甲公司的特定员工/财务人员，因自身利益、自我评价或密切关系对独立性产生严重不利影响
(4)	不违反	合伙人 D 不是审计项目组成员，且其爱人的职位对所审计的财务报表的编制不能施加重大影响，不会对独立性产生不利影响
(5)	违反	E 注册会计师在 2019 年已审财务报表发布前就已担任甲公司独立董事，因密切关系和外在压力对独立性产生严重不利影响
(6)	不违反	F 注册会计师在成为公众利益实体的关键审计合伙人后还可以继续服务两年

4. 【答案】

序号	是否违反（违反/不违反）	理　由
(1)	不违反	对乙公司投资标的的评估结果不会对甲公司财务报表产生影响/不构成实施审计程序的对象，不会对独立性产生不利影响
(2)	违反	该服务不属于日常性和机械性的工作，将因自我评价对独立性产生严重不利影响
(3)	不违反	由审计项目组以外的人员提供该税务服务，且未承担管理层职责，一般不会对独立性产生不利影响
(4)	违反	该内部审计服务涉及甲公司与财务报告相关的内部控制，将因自我评价对独立性产生严重不利影响
(5)	违反	考勤系统生成的信息对甲公司会计记录或财务报表影响重大/构成财务报告内部控制的重要组成部分，将因自我评价对独立性产生严重不利影响
(6)	违反	会计师事务所向审计客户提供诉讼支待服务，可能因自我评价或过度推介产生不利影响

5. 【答案】

事项序号	是否违反（违反/不违反）	理　由
(1)	违反	为审计客户担任诉讼代理人，且该纠纷所涉金额对被审计财务报表有重大影响，将因自我评价/过度推介对独立性产生严重不利影响
(2)	违反	XYZ 公司为甲公司寻找、识别招聘对象，可能承担管理层职责，将因自我评价/过度推介对独立性产生不利影响
(3)	违反	连续两年从属于公众利益实体的某一审计客户收取的全部费用比重较大，会对独立性产生严重不利影响

续表

事项序号	是否违反（违反/不违反）	理　由
（4）	违反	XYZ 公司制作可靠性分析方案可能导致自我评价或过度推介产生不利影响
（5）	违反	审计项目组某一成员参加审计业务，当知道自己在未来某一事件将要加入审计客户时，将因自身利益产生不利影响
（6）	违反	审计项目组成员与审计客户的员工存在密切关系，将对独立性产生不利影响